寻根与铸魂

——中华丰收文化研究

唐 珂 主编

中国科学技术出版社
·北 京·

图书在版编目（CIP）数据

寻根与铸魂：中华丰收文化研究 / 唐珂主编 . --
北京：中国科学技术出版社，2022.10
ISBN 978-7-5046-9509-3

Ⅰ.①寻… Ⅱ.①唐… Ⅲ.①农业—传统文化—研究
—中国 Ⅳ.① F329

中国版本图书馆 CIP 数据核字 (2022) 第 050350 号

策划编辑	王晓义
责任编辑	王　琳
封面设计	郑子玥
正文设计	中文天地
责任校对	焦　宁　邓雪梅　张晓莉
责任印制	徐　飞

出　　版	中国科学技术出版社
发　　行	中国科学技术出版社有限公司发行部
地　　址	北京市海淀区中关村南大街 16 号
邮　　编	100081
发行电话	010-62173865
传　　真	010-62173081
网　　址	http://www.cspbooks.com.cn

开　　本	787mm×1092mm　1/16
字　　数	510 千字
印　　张	25.5
版　　次	2022 年 10 月第 1 版
印　　次	2022 年 10 月第 1 次印刷
印　　刷	北京中科印刷有限公司
书　　号	ISBN 978-7-5046-9509-3 / F·991
定　　价	99.00 元

编　委　会

目　录

演进篇　中华丰收文化的发展嬗变

铸魂篇　中国农民丰收节的塑形铸魂

中华丰收文化：
承天顺时，应运而生

　　中华丰收文化是围绕中国人祈愿农业丰收的习俗信仰、节日庆典以及促进农业丰收的农牧物种、养殖技艺而形成的精神祈愿和生产实践的文化总和。本书所指的"丰收"，不单是农牧业的产量丰收，而是经济效益、社会效益、生态效益的全面丰收。寻根与铸魂是中华丰收文化研究的使命。马克思深刻指出："人们自己创造自己的历史，但是他们并不是随心所欲地创造，并不是在他们自己选定的条件下创造，而是在直接碰到的、既定的、从过去承继下来的条件下创造。"[①]研究中华丰收文化，首先要探寻中华丰收文化的根脉和渊源，梳理并提炼中华民族精神中的核心成分。中华丰收文化包容了不同时代、不同地域和不同民族的农耕文化，也包含了从域外传入的农业文明成果，是多元文化融合发展的文明瑰宝。

　　习近平总书记强调："中华文明源远流长、博大精深，是中华民族独特的精神标识，是当代中国文化的根基，是维系全世界华人的精神纽带，也是中国文化创新的宝藏。"[②]2018 年是中国农民丰收节元年。这一年的秋分日，被赋予了新的内涵、新的使命，成为中国亿万农民的节日。本书旨在从丰收文化的视角，追溯中华农耕文明的源头，再现中华优秀传统农耕文化的曲折历程，重塑中华丰收文化的万年根脉、千年演进、百年铸魂的辉煌历史，为中华民族伟大复兴添力赋能。

[①]　马克思. 路易·波拿巴的雾月十八日［M］// 马克思，恩格斯. 马克思恩格斯文集. 中共中央马克思恩格斯列宁斯大林著作编译局，译. 人民出版社，2009：470-471.

[②]　新华网. 习近平在中共中央政治局第三十九次集体学习时强调　把中国文明历史研究引向深入推动增强历史自觉坚定文化自信［EB/OL］.（2022-05-28）［2022-06-20］. http://cpc.people.com.cn/n1/2022/0528/c64094-32432830.html.

一、中华丰收文化是农耕文化的璀璨明珠

农耕文化的起源都与大江大河有着不解之缘，但是并非地球上的大江大河都有缘参与人类原生农耕文明的孕育。纵观世界历史，最先孕育农业文明的地方，大都分布于北纬30°和南纬20°附近。靠近赤道的区域，温热多雨，野生动植物资源丰富，远古人类的生存压力不大，并不需要人类种养；靠近北、南两极的区域，则气候酷寒，不适宜露地的农业种养。在亚欧大陆，流经多个国家的多瑙河，俄罗斯西南部的伏尔加河，流经中国、哈萨克斯坦和俄罗斯的额尔齐斯河，以及中国与俄罗斯的界河黑龙江，等等，都处于北纬30°以北，它们流经的地区也没有成为农耕文明起源地。同样，北美洲的密西西比河、南美洲的亚马孙河、非洲中西部的刚果河，也都被排除在早期文明之外。润泽世界原生文明的，只有非洲的尼罗河、西亚的幼发拉底河和底格里斯河、南亚的恒河和印度河、东亚的黄河和长江。在这些孕育人类早期文明的母亲河中，只有中国的黄河和长江是自西向东流淌，流向与地球纬线大致平行，也只有中华文化延续上下五千年；其余几条大河的流向更接近地球经线的走向，它们孕育的原生文明在历史进程中先后中断了。其中的奥秘在于，纬线流向的河流所孕育的农耕区域，各地的气候环境和人文社会差别不大，上下游流域的文化习俗差别小，容易融合互通，使原生文化得以传承和发展。这正是中华文明连绵不辍、发展壮大的重要原因之一。[①]

中华民族先祖逐水而生，傍水而居，繁衍生息，蓬勃兴旺。中华农耕文化源远流长，积淀深厚，起源、发展、兴盛皆得益于江河滋养。农耕文明具有超凡的融合力和博大的生命力，不断统合各个族群的农耕习俗，融汇外来文化，兼容并蓄，择善而从，为中华传统文化提供了源源不断的养分。

作为世界文明体系一部分的中华文化，是人类唯一绵延不断的文明。上古时期的黄帝、颛顼、帝喾、唐尧、虞舜，首先在黄河中下游地区兴起，立邦国、筑城郭、兴稼穑、定礼制、开教化，点亮了中华文明的曙光。继之而起的夏、商、周三代，以中原华夏为文化中心区，跨江越岭，开疆拓土，巍巍然凝聚成辽阔的中华文化圈。甲骨文、金文、城郭、宫殿、青铜器等标志文明高度的文化要素登上了历史的舞台。农耕文化的精髓在于丰收文化。所有的农牧活动都是祈愿丰收、力争丰收、庆祝丰收、享受丰收的过程。数千年来，中华农耕文化特别是丰收民风民俗与其他传统文化交融互动，智慧地显示出古朴坚韧的民族性格，塑造了中华民族特有的生活方式与价值取向，成就了中华民族伟大的群体人格和精神基因，这些成为中华文明绵延不绝、永续发展的根本缘由。

在漫长的农业历史进程中，中华民族形成了食为政首的重农思想、礼乐规范的约束

---

① 朱冠楠. 江河流向与农耕文化［N］. 中国水利报，2019-01-31（06）.

机制、休戚与共的群体观念、家国同构的宗法范式和循序行事的时间制度；产生了天人合一、民胞物与的和谐观念，不偏不倚的中庸之道，吾以观复的圜道理论。中国人创造了绿色环保的传统农业、精耕细作的技术体系、独具特色的丝茶文化、科学合理的饮食结构等。中国传统农业遵循"应时、取宜、守则、和谐"的基本法则，形成独具特色的农业哲学与农业技术体系，体现了中华民族弥足珍贵的思想文化观念与精神价值取向。

中华丰收文化伴随农耕文化而生，跟随农耕文化而长，是农耕文化的璀璨明珠。

二、中华丰收文化的核心是重农兴邦

在人类文明史上，中国的政治、经济、文化长期领先于世界。中国是一个早熟早慧的国家，早在两千多年前，就进入了封建社会，形成了体系完整的封建制度。历朝历代的政治家、思想家、农学家，针对各自不同的时代和自然环境，提出了许多治国安邦、兴农富民的政策和措施。虽然经受了无数次沧桑巨变、改朝换代的考验，中华文明始终传承不衰，出现过汉代的文景之治、唐代的贞观之治、明代的洪武永乐之治和清代的康乾盛世等繁荣兴旺的时代。

战国时期的政治家商鞅最早将富国强兵与重视农业联系起来。商鞅把"治、富、强、王"列为国家的最高政治目标。这里的"治"指社会秩序良好，"富"指国库充盈，"强"指军事兵力强盛，"王"即统一天下。要实现这一目标，必须大力发展农业生产。他说："善为国者，仓廪虽满，不偷于农。"[1] 意思是粮食多了也不能放松农业生产。商鞅首次在理论上将农业定为"本业"，而将农业以外的其他经济行业一概称为"末业"，主张"事本"而"抑末"。这就是中国历史上推行"重农抑商"政策的理论由来。"国富"是商鞅变法的首要目标。实现"国富"的途径，就是要加强和发展农业生产，做到"民不逃粟，野无荒草，则国富"[2]。在这个意义上，商鞅的"国富论"实质就是重农论、丰收论。

战国时代的思想家孟子也像商鞅一样渴望国家实现统一富强的"王道"。孟子主张采用仁政达到国家统一富强的目标。他说："不以仁政，不能平治天下。"[3] 施行仁政，首先要使人民生活富足，安居乐业。孟子提出要让农民拥有赖以生活的"恒产"，即耕地。他指出："民之为道也，有恒产者有恒心，无恒产者无恒心。苟无恒心，放辟邪侈，无不为己。"[4] 孟子认为，圣明的君王治理天下，要做到"易其田畴，薄其税敛，民可使富

---

① 《商君书·农战》。
② 《商君书·去强》。
③ 《孟子·离娄章句上》。
④ 《孟子·滕文公章句上》。

也"①。他同样强调了治国之要，就是使粮食丰收，减轻赋税，使人民生活富足。孟子反对"禁末"，认为国家不能抑制工商业的发展。他认为社会分工是必不可少的，社会必须做到"通功易事，以羡补不足"②。可见，孟子思想的精华是"重农不抑商"。

商鞅的"国富论"和孟子的"民富论"都重视发展农业，重视粮食丰收，这是国家稳定和谐的根本保障。前者主张国富以强兵，实现国家统一；后者则主张仁政以富民，实现社会和谐。前者重在"立国"，后者重在"治国"。到战国后期，出现了融合两派观点的新的治国理论，有研究者称之为"上下俱富论"。管子和荀子集中地阐述了这个新的理论。管子吸收了商鞅的"农本"思想，把农业称为"本事"，认为农业是社会经济的基础，只有发展农业生产，才能使国库充盈、人民富足。管子指出，人民生活富裕了，才会遵纪守法，提出了"仓廪实而知礼节，衣食足而知荣辱"③的千古名言。管子思想的逻辑是："民事农则田垦，田垦则粟多，粟多则国富。国富者兵强，兵强者战胜，战胜者地广。"④要建立一个富强而祥和的国家，应该是国与民同富，要把"国富"与"民富"统一起来："善为国者，必先富民，然后治之。"⑤显然，管子思想更具有治国的实用性。荀子的经济思想核心是"以政裕民"，与今天常说的"政策兴农"很相近。荀子说："轻田野之赋，平关市之征，省商贾之数，罕兴力役，无夺农时，如是则国富矣。夫是之谓以政裕民。"⑥这就是要求统治者要减轻农民的赋税负担，合理征收集市商品的交易税，少抽调民夫徭役，尤其不要妨碍农事耕作，这样国家就富裕了。荀子在历史上第一次阐明了"国富"应当是国家财富总量的增加，明确提出"上下俱富"。荀子特别反对官吏贪污腐败，他以极其激愤的语气说："聚敛者，召寇、肥敌、亡国、危身之道也！"⑦

总之，中华丰收文化的根源，来自古代的重农论、国富论、民富论、上下俱富论等思想理论。⑧这些理论的共同目标，都是国家富强安定、人民丰衣足食。在古代社会，农业是国计民生的基础。要实现国家长治久安，就要大力发展农业生产，夺取粮食丰收。

---

① 《孟子·尽心章句上》。

② 《孟子·滕文公章句下》。

③ 《史记·管晏列传》。

④ 《管子·治国》。

⑤ 《管子·治国》。

⑥ 《荀子·富国》。

⑦ 《荀子·王制》。

⑧ 本部分"国富论""民富论""上下俱富论"观点选自：曹幸穗. 中国历史上的重农思想与农政演变［M］// 王伟光. 建设社会主义新农村的理论与实践. 北京：中共中央党校出版社，2006：47-55.

三、中国农民丰收节是铸魂复兴的新民俗

中国农民丰收节的设立和国家乡村振兴战略有着密切关系。党的十九大以来，中国特色社会主义进入了新时代。2018年6月，习近平总书记主持召开中央政治局常务委员会会议，审议通过并由国务院批复，同意将每年的秋分日定为中国农民丰收节，这是中华人民共和国成立以来第一个在国家层面专门为农民设立的节日。中国农民丰收节的确立，充分体现了以习近平同志为核心的党中央对"三农"工作的高度重视，以及对广大农民的深切关怀。中国农民丰收节的设立，正是顺应农时、发展优秀农耕文化、振兴乡村文化的必要之举，它开创了农民节庆活动的新篇章，营造出重农强农的政策氛围，凝聚起爱农支农的社会力量，推动着乡村振兴战略实施，具有十分重要的时代意义。

中国农民丰收节的设立是承天顺时，应运而生，是继往开来之举。节日名称中的"中国"，凸显了地域性和民族性的文化内涵；节日名称中的"农民"，特指丰收节的主人，是节日的主体；节日名称中的"丰收"，蕴含着深厚悠远的民俗文化渊源；节日名称中的"节"，则是指中国传统习俗中具有特殊寓意和功能的日子。中国自古以农立国，农耕文化是中华民族传统文化的根基和源泉，在一个有着上万年农耕文化的农业大国里设立农民丰收节，具有重大现实意义和深远历史影响。

中国农民丰收节的设立具有重要的时代意义。它既是在中国大力实施乡村振兴战略的背景下设立的，又是对乡村振兴战略的呼应和促进，更是对农民同胞的重视和关怀。在精神层面，中国农民丰收节将增强亿万农民振兴乡村的热情和信心，有助于把各方面的力量、各方面的资源动员、聚集起来，推动乡村实现全面振兴。

中国农民丰收节既重视传统文化的延续，更突出新时代的文化创新，是新时代乡村民俗文化创新的典范。中国农民丰收节是亿万农民庆祝丰收、享受丰收的节日，也是五谷丰登、国泰民安的生动体现。中华农耕文化历史悠久、源远流长。中国农民丰收节作为一个崭新的文化符号，被赋予新的时代内涵，这将有助于宣传展示中国悠久厚重的农耕文化，传承弘扬中华优秀传统文化，推动传统文化和现代文明有机融合，进一步增强民族文化的自信心和自豪感。

农耕生产是人们赖以生存的主要生活资料来源。在古代农耕社会中，先民对土地的崇拜很重要的原因之一是土地能够生产粮食。所以，在当今工业化、城镇化加快推进的过程中设立中国农民丰收节，让人们以节日为媒介，释放情感、传承文化、寻找归属，是对中华优秀传统农耕文化的传承发展。"春生，夏长，秋收，冬藏"，丰收节和农事传统密切相关。从节气上看，春种秋收、春华秋实，秋分时节硕果累累，最能体现丰收的情怀。秋分作为二十四节气之一，昼夜平分，这一天正是秋高气爽之际，既是秋收、秋耕、秋种的最佳时节，又是蟹肥菊黄、稻谷飘香、踏秋赏景的大好时节，必将促

进乡村旅游业的发展，从而助力于乡村振兴战略。

中国农民丰收节的重大意义还在于它能够通过节日的平台，促进中华民族大家庭的和睦团结，有利于中华民族共同体的融合发展。中国地域辽阔、物产丰富，各地收获时节有所不同，但多数地方都在秋季收获。秋季是一年中农业收获的主要时节，所以中国农民丰收节兼顾南北方差异，既便于全国各地城乡群众包括农民群众参与，也利于展示农业的丰收成果，具有鲜明的农事特点。从民俗上看，在中华民族大家庭中，包括汉族在内的众多民族，都有着各自庆祝丰收的传统节日，如蒙古族的"那达慕大会"、藏族的"望果节"、畲族的丰收节、彝族的火把节、土家族的"摆手节"、佤族等的"新米节"、壮族的"尝青米"、黎族的"啦奥门"、沿海地区的开渔节，等等。这些节庆活动大多凭依农业文化或牧业文化，兼及林、副、渔等产业文化，有数百种之多。它们大多数集中在秋天举行，像一颗颗璀璨的明珠点缀着中华大地。通过中国农民丰收节这个重要的文化平台，让众多丰收节庆活动分别展示出它们的光彩，必将有力地促进中华民族命运共同体的健康发展。

本书分为"寻根""演进""铸魂"三篇，在对中华民族丰收节俗历史梳理的基础上，从理论和实践两个维度，着重对中国农民丰收节的根脉起源、历史传承、创新发展进行系统梳理、研究，在博大精深的中华农耕文化中寻找历代庆丰收习俗活动的文化基因和精髓，为丰富当今中国农民丰收节的文化内涵、促使其真正成为亿万国民喜闻乐见的重要节日而提出重要的对策思考。

"寻根篇"从考古发掘、民间传说和农牧故事中探寻远古时期中华农耕文化的曙光、丰收文化的形成、丰收节庆的缘起、丰收习俗的传承和丰收文化的传播。"寻根篇"的时间跨度为史前农业文明产生至公元前21世纪夏朝的建立。

"演进篇"主要是关于从夏、商、周三代至明清时期，中华农耕文化中丰收节庆风俗的演变、传承和发展，时间跨度为公元前21世纪至清朝结束。在此期间，中国丰收节庆明显呈现出三条主线：以农耕文化为基础的大一统封建国家形成后，从中央到地方政府祭祀活动的制度化发展；民间丰收节庆习俗的发展；古代少数民族的节日传承。这段历史为当今丰收节庆活动奠定了牢固的基础。

"铸魂篇"着重分析新时代的中国农民丰收节的民俗文化渊源，结合中国农民丰收节的设立以及全国各地丰收节庆的举办情况，梳理当代丰收文化的不同特点，提炼各地举办节庆活动的成功经验，总结中国农民丰收节的功能与使命，论述其新时代特质和赋能乡村振兴的宗旨，为进一步开展中国农民丰收节提出重要的对策建议。

中华优秀传统丰收文化是中华文明的瑰宝，是中华民族大家庭共同创造的珍贵文化财富。全面贯彻落实中共十九大报告提出的要求，"深入挖掘优秀传统农耕文化蕴含的思想观念、人文精神、道德规范，结合时代要求继承创新，让中华文化展现出永久魅力和时代风采"，就是本书撰写的意义所在。

寻根篇
中华丰收文化的奠基肇始

中华丰收文化：
万年起源，滥觞启航

　　本篇以农业起源时代的作物驯化和引进为要旨，追溯中华丰收文化的根源。由于史前时代缺少文字记载，本篇的论述依据主要是神话传说和近代以来的农业考古资料。本篇共设四章，分别是"民间信仰蕴含的丰收文化""粟作与中华丰收文化""稻作与中华丰收文化""麦作与中华丰收文化"。

　　中华民族在距今1万年前后发明了农业。虽然当时还没有成熟的文字，但是我们的祖先留下了大量的农业神话传说。这是宝贵的文化遗产，具有极为重要的民俗学和文学意义。文明始终处在不断发展变化的过程中。祖先崇拜是世界各个民族共有的文化现象，也是流传至今的传统丰收文化活动的主题内容。

　　悠悠五千年，黄河和黄土哺育的伟大中华文明，成为人类历史上唯一绵延不断的文明。中华文明的重大事件，几乎都在黄河流域哺育的义化中首先登台演绎。黄河流域首先驯化出黍和粟的栽培品种，是世界上黍和粟的起源中心。黄河成为中华民族的母亲河，黄河流域成为中华民族的农业起源地，既是地球气候巨变的产物，也是优越地理区位的赐予。正是由于1万多年前全球气候变化，中国先民为了应对生存压力而发明了农业。农业的产生推动了人类社会的一系列重大进步，人类完成了从"生态利用"到"生态改造"的飞跃。黍和粟的野生种因抗逆性强、生育期短的特性，成为中华民族首选的驯化栽培作物。驯化黍粟标志着原始农业的产生。华夏文明肇启，以黄河流域黍粟文化为主流。黄河流域从新石器时代至秦汉时期，农业经济一直领先于长江流域。最早的成熟文字甲骨文、为农业服务的二十四节气、代表当时人类高科技水平的青铜冶炼技术，以及耒、耜、铁犁等农具，牛耕，乃至水利工程，都在黄河流域率先登上文明的舞台。

　　中国是世界上最早将野生稻驯化为人工栽培稻的国家。考古资料表明，长江流域的稻作起源很早，与黄河流域的粟作起源几乎在同一时期，甚至稍早。但是在文明的初期，长江稻作农业发展缓慢，渐渐落后于黄河流域的粟作农业。后来长江稻作农业的加速发展，是借助于北方人口的三次大南迁。三次南迁分别发生于公元4世纪初的晋永嘉之乱后、8世纪中期的唐安史之乱后、12世纪前期的宋靖康之变后。这三次影响深远的人口南移，将国家的经济重心和文化重心转移到了长江以南，促进了南方的经济大开发。稻作文化是农耕文化的重要方面，是中华文化的重要组成部分。考察稻作文化的起源、发展、传播和演变规律，对于认识中华丰收文化的起源和发展，具有溯本清源的意义。

小麦原产于西亚地区。综合目前的考古资料，中国共有30多处有年代数据的早期小麦遗存，山东胶州赵家庄遗址的小麦遗存年代较早，考古测年时间为公元前2500年。早期传入的小麦多数分布在龙山文化，年代在公元前2500—前2000年；其次是二里头文化，年代在公元前2000—前1000年。

作为一个外来的高产粮食作物，小麦进入中国以后，需要进行一系列的本土化改造，才能扎根生长。原产西亚的小麦是一种"秋播夏收"的越冬生长作物，但是中国本土遵循的是"春种、夏耘、秋收、冬藏"的农耕节律。因此，小麦在传入初期，需要进行一系列的本土化改造。首先是春播改造，以适应"春种"的农耕习惯。其次是小粒化改造。华夏先民对待这种带有硬皮的小麦籽粒，依然是像粟米和稻米那样蒸煮而食，做成"麦饭"，于是选育出用于蒸煮的小粒麦种。农业考古发现，出土于中原和中国东部地区的史前炭化小麦籽粒，只有同期西亚小麦籽粒的一半大小。最后是面食方式改造，将西方的"粉食—烘烤"方式改造成"粒食—蒸煮"方式。华夏先民发明了石磨，加工出面粉，做成包子、饺子、面条。

汉武帝时，大力推广利用关中地区的冬闲田地，恢复小麦秋播夏收的种植方式。冬小麦很快成为粮食丰收的主角，成为朝野共同争取的丰收目标。在古代，人们通过两条途径来促进小麦增产丰收：一是扩大小麦的种植面积，做到"宜麦处皆植麦"，经过历朝历代政府不遗余力地推行，取得了很大成效；二是提高小麦单产，在有限的耕地上产出更多的小麦。中国人为了促使小麦丰收，发明了许多相关的轮作复种制度，例如，稻麦一年两熟的复种制、"稻—稻—麦"一年三熟制等。此外，还有类似的"麦—棉""麦—粟""麦—豆"等一年两熟制，以及小麦与苹果林、红枣林、梨树林结合的林下间作方式。总之，小麦传入后，中国先民充分发挥冬小麦的特性，与中国本土起源的作物组合成充满智慧的轮作复种方式，前茬收获后立即种植后茬，往复循环，地无闲隙，人无闲时，地尽其利，人尽其力。这是中国丰收文化中最珍贵的农业遗产。

第一章

民间信仰蕴含的
丰收文化

民族始祖是一个民族的精神支柱，是民族凝聚力的纽带，也是民族血缘观念的认同要素。民族始祖的确立，既有历史和政治的多重因素，也有文化交融认同的机缘。中华民族是中国各民族平等团结互助和谐的共同体。中华民族的共同始祖是华夏先民历经千百年的历史选择。本章着重阐述中华早期先民的始祖崇拜、农神崇拜和图腾崇拜，从中找寻丰收文化的根脉和源头。

第一节　中华民族的始祖圣贤

农业神话传说具有民俗学和民间文学的价值，虽然不能完全作为信史来研究农业的起源，但是可以作为农业历史研究的重要参考。要科学地追寻农业及丰收文化的起源，仍然要以考古发掘资料为主，研究、分析出土的遗存，同时要对比一些少数民族残存的原始经济生活方式，从中解开原始农业及丰收文化起源之谜。

一、关于农业起源的神话与传说

农业起源不是一场翻天覆地的革命，而是一个逐渐演化的过程。在漫长的古代，各种文明要素相继出现并不断完善，最终形成了灿烂辉煌的古代文明。过去常说中国农业起源于神农氏时期，这是依据文献记载和民间传说的理解。今天已积累了大量的考古发掘资料，出土了丰富的实物遗存，研究者已经对中国少数民族的原始农业形态进行了大量的田野调查。通过考古资料和民族地区的田野调查资料，我们已经逐渐拂去了历史的封土积尘，揭开了农业起源的层层面纱，窥见了七八千年至一万年前原始农业的细节，可以对神话传说进行鉴别剖析、科学诠释和实验验证，而不再是依靠神话传说来认知农业起源的状况。当然，考古资料、田野调查和神话传说仍然可以相互启发。在研究中国农业起源时，仍然需要借鉴神话发展的历史形成过程。[①]

祖先崇拜往往把最早的先祖予以神化，使之成为民族的创始英雄或伟大的神话传说人物。纪念、敬奠、祭祀这些伟大先祖，感谢他们护佑在世的人们安康幸福、风调雨顺、五谷丰登，这就是丰收节庆活动得以萌芽、产生并不断发展的原始动因。

二、远古氏族部落的冲突和融合

从人类进化的观点看，一个民族的始祖只有一个。在始祖之后，通过族群分离和人口迁徙，同一族源的不同族群形成各自不同的先祖。中华民族是复合性的整体概念，由多个原始氏族部落发展而成，因此中华民族的始祖就不止一个，如"三皇五帝"都被视为中华民族的人文始祖，其中实际包括了始祖和先祖，中华民族的集合体在春秋至秦汉时期已逐步确立起来。

远古时期的中国，氏族和部落林立，是英雄辈出的时代。炎帝、黄帝和蚩尤就是当时三大部落的"大神"，其实就是古文献记载中中国远古时代的三个部落首领。关于黄帝的文献记载和传说比较多，这大概是因为定居中原的氏族和部落中，黄帝部落的力量比较强大，文化比较发达，年深日久，以黄帝为领袖的部落就成为中原文化的代表，成为华夏的重要始祖。

炎帝部落和黄帝部落最早都居住在现在的陕西省境内。黄帝和炎帝并列为中华民族远古始祖。如今中国人皆称自己是"炎黄子孙"，而黄帝的号"轩辕"二字也代表了神州大地，鲁迅先生就留下了"我以我血荐轩辕"的名句。

炎帝部落的发祥地在今陕西省宝鸡市岐山县东面，部落向外发展的路线大约是：沿渭水东下，再顺黄河向东，到了今河南省西南部，最后到达今山东地区。传说中的炎帝姓姜，号神农氏，可能是由于这个部落最早从事农业的缘故。

黄帝姓姬，号称轩辕，亦称有熊氏。黄帝部落的发祥地在今陕西省北部，后来部落向东迁徙，沿着洛水南下，到达今陕西省大荔县、朝邑县境内；然后东渡黄河，顺着中条山和太行山脉向东北而去，抵达今山西省南部的黄河之滨，最后才定居在今河北省张家口市涿鹿县附近。黄帝部落的后裔分为各姬姓方国，从迁徙到定居的过程中，由游牧发展到农耕的生产方式和定居的生活方式，人们开始驯养家畜，种植粮食作物。

---

① 游修龄. 中国农业通史：原始社会卷：第2版［M］.北京：中国农业出版社，2020：28.

蚩尤是九黎部落的领袖，原是居住在中国东部的夷人，活动地区主要在今山东省南部，极盛时到达山东省北部，西至河南省东部，南达安徽省中部，东面是东海。后来由于与炎、黄两族相争，一部分黎族部落南下，与南方的土著苗蛮部落居住在一起，因此后人认为蚩尤是南方苗蛮部落的祖先。

由上可知，蚩尤的九黎部落最早生活在中国中部地区。当炎帝部落挺进到中部地区时，就和九黎部落发生了激烈冲突。经过长期斗争，炎帝部落被九黎击败，被迫逃往涿鹿，在这里联合了黄帝部落与九黎对抗，九黎族首领蚩尤在战斗中被杀，这就是历史上所说的"涿鹿之战"。在长期的部落争斗中，九黎部落与炎、黄两族斗争很激烈，时间也较长久，九黎部落寡不敌众，一部分加入了炎、黄部落，另一部分南下到达荆楚一带，和苗蛮集团居住在一起。

炎、黄两大部落共同击败九黎部落之后不久，炎、黄之间又发生了重大冲突，双方在阪泉（今址不详，大致在河北省、山西省境内）接连打了三次大仗，最后炎帝部落被黄帝部落打败，这就是古代传说中的"阪泉之战"。此后，炎、黄两个部落进一步结合，并且融合了部分九黎部落，定居于中原，共同开发了黄河中下游地区。

从史前社会迈入国家门槛以后，黄河流域的先民都认为自己是黄帝的后代。到了春秋时期，中原先民被称为"华夏"或者"诸夏"，有时单称"华"或"夏"，他们成为汉族的前身。在古代，人们认为中原居于四方之中，居住在这里的人被称为"华族"，中原地区也称为"中华""中国"。经过长期的交流和交往，神州大地上的各氏族部落不断融合发展，中原文化逐渐扩展到全国各地，"中华"二字逐渐成为整个中国的称谓，中华民族命运共同体最终形成。

神话把拯救人类的功劳都归功于像女娲那样的"大神"，然而实际上，人类只有通过与大自然的顽强斗争才能拯救自己，人类的发展和一切进步都只有依靠自己的斗争才能取得。

那么，为何古人要把这些功劳归功于诸神？大概是由于当时的生产力极其低下，使得每一项发明创造、每一个微小的进步都不可能由一个人来完成，甚至不能由一个世代的人来完成。对于那些要经过几万年才能取得的成就，后人不可能知道谁是最早的发明者。于是，人们为感恩那些古代的发明家，便把前人所取得的成就视为神才能创造的奇迹。所以，神话中就出现了钻木取火的燧人氏、亲尝百草的神农氏。

神话反映了远古时代人们对自然和文化现象的理解与想象，而传说是早期人类不经意的艺术创作，是由神话演变而来且具有一定历史性的故事，是最早的口头叙事文学。正如前文已经提到的那样，后世的文字记载是对口头流传的神话故事的"追忆"，难免会有后人的附会和想象，因此不同时期的传说有时会出现矛盾和分歧。

古人把成千上万的"集体发明家"变成了一个神，我们今天再听这些神话时，就要把这些神还原成"集体发明家"，从这些神的身上看到我们的祖先认识自然、改造自然的伟大精神。

远古时期，由于没有文字记载，我们只能从传说和神话中寻找历史的蛛丝马迹，典型的神话人物要数造人的女娲和农业文明的始祖神农。

三、女娲的传说

女娲是中华民族的共同人文始祖之一，是远古时代中华民族崇拜的母亲神。女娲文化源远流长、博大精深、内容丰富，是丰收文化的起源之一。在中国上古神话传说中，女娲是伟大的女神。在柏杨著的《中国帝王皇后亲王公主世系录》一书中，女娲被列入"三皇五帝"表系，名"风"，庙号"女帝"，在位130年。此书给原本是幻想的神话人物以这般确切的记载，或多或少把远古和神话现实化、历史化了。

传说中女娲的功绩主要有三：一是创造了人类或者人类中的一部分——中国人；二是炼石补天，断鳌足，立四极，修复了破损而可能倒塌的苍天；三是制乐教化天下，扫除野蛮，建立人类文明。根据《淮南子·览冥训》等典籍记载：在远古时代，四根天柱忽然倾倒，九州大地顿时裂毁，大火蔓延不熄，洪水泛滥不止。女娲不忍看到人类受灾，于是炼出了"五色石"，用以补好倾倒的天空，折神鳌之足以撑四极，平洪水、杀猛兽，人类始得安居。

有关远古的神话传说中，从最初的女娲化神，然后到女娲化万物，再到女娲造人和补天，这一系列的伟大功绩都是在天地对立的状态中展开的。在女娲诞生之前，世界是无天无地无人的状态；自女娲诞生之后，她先以身化神，神的出现才导致了天的诞生；此后女娲又以身化万物，万物便随之出现，大地也出现了，此时天地间一片祥和。

传说中有女娲"结草为扇"的故事，似乎是用扇来挡脸遮羞的。女娲与其兄伏羲结为夫妇，需要编结一把扇子遮挡面孔，反映出男女婚配已经有了羞赧感，显然已经远离了野蛮时代而进入文明社会。人们怀着对女娲的敬爱之心，代代颂扬又代代增益其德，不断加以高度的幻想和神化，于是女娲形象日趋丰富，日益完善，终于成为中华先民的始祖，成为征服自然灾害、造福后世的英雄。

女娲的故事，反映了中国远古人民最奇伟瑰丽的想象，古代文献的记录也反映了古代作者的审美情趣。《山海经·大荒西经》说女娲的肠子变成了十个叫"女娲之肠"的神，居住在"栗广之野"。郭璞对《山海经》的注释称女娲为"人面蛇身，一日七十变"的人蛇合身神。多变、善变象征着智力发达，能迅速适应多变而恶劣的环境；蛇身则为其许多变化中婀娜多姿的常态而已。

中国人选择女娲做中华第一女神，集伟大的创世功绩于其身，以此颂扬创造和献身精神。女娲的伟业具有超世价值和道德示范意义，她奋力征服自然，心甘情愿、无悔无怨，最后又融入自然。这符合古人自然法则的选择，道法自然，是最自由的选择。

对照当今的考古发现，女娲应当是旧石器时代一位重要的女性氏族首领。女娲造人的神话反映出早期人类存在着母系氏族社会，是早期血缘时代之母系社会中女性占据人口生产主导地位的反映。大自然中有了人类的生息繁衍，然后才会从采集、渔猎的生产活动中产生农业的萌芽，最后有早期农业的诞生，因此女娲的神话特性后来又发生演变，成为与农耕文明有关的大神。

女娲补天的远古传说还包含了尊重自然、保护环境的要义，如今已经传到了联合国。为纪念保护臭氧层的《蒙特利尔破坏臭氧层物质管制议定书》签署 25 周年和联合国工业发展组织参与"补天行动"20 周年，中国艺术家袁熙坤创作并捐赠的《女娲补天》雕塑于 2012 年 11 月 21 日正式入驻维也纳联合国中心。袁熙坤雕塑作品的创意，就来自中国古代女娲补天的神话故事，雕塑家借用女娲补天的精神呼吁国际社会积极行动起来，保护臭氧层，应对全球气候变化。

四、神农的传说

神农是中国古史传说中肇创农业的"三皇"之一，也有人把神农理解为农神。原始人对于农业的起源，不可能站在独立的人的角度去理解，而是借助神和人不分的思维方式，把谷物的来源归功于上天的恩赐。《逸周书》就认为："神农之时，天雨粟，神农遂耕而种之。"这"天雨粟"，"天"是抽象的，天上怎么会掉下粟谷呢。东汉思想家王充在《论衡·感虚篇》中对此做了合理的解释："雨谷之变，不足怪也。何以验之？夫云雨出于丘山，降散则为雨矣……夫谷之雨，犹复云布之，亦从地起，因与疾风俱飘，参于天，集于地，人见其从天落地也，则谓之天雨谷。"他举一个实例说："建武三十一年中，陈留雨谷，谷下蔽地。案视谷形，若茨而黑，有似于稗实也……遭疾风暴起，吹扬与之俱飞，风衰谷集，堕于中国，中国见之，谓之雨谷。"王充对"天雨粟"现象做了科学的解释。一般百姓，径直把"天雨谷"附会成神农所赐，也不足为奇。

古籍中涉及神农的文献达 53 种之多。其中记载的内容，早期的叙述简略，以后逐渐增添、扩大，越来越丰满完备，最终完成了整个塑神的过程。比如，中国最早的国别史著作《国语》，只记述了神农族系的来源："黄帝以姬水成，炎帝以姜水成"，并不涉及农业起源。其后《吕氏春秋·孟夏纪》只提到神农"死祀于南方，为火德之帝"，也不涉及五谷之事。到《庄子·盗跖篇》，提到了"神农之世……民知其母，不知其父"，在《庄子·胠箧篇》里提到神农时"民结绳而用之"，将发明"结绳"增加进来，仍没有提到五谷农耕。到《周易·系辞》，相关内容增加了发明农具："神农氏作，斫木为耜，揉木为耒，耒耜之利，以教天下。"到《管子·轻重篇》，才提到神农与农耕的直接关系："神农氏作，树五谷淇山之阳，九州之民，乃知谷食。"这之后的古籍，不断把神农的丰功伟业扩大化，几乎将中国文明早期的重大发明，都附加在神农身上。例如，《淮南子·修务训》说，神农氏尝百草，一日而遇七十毒；《广博物记》卷二十二说，神农懂医药、针灸；《世本》说神农懂音乐，会作琴瑟；等等。上文引述的《逸周书》，明确把神农的农耕发明具体化了。再后来的文献，一步步把神农采药的地点、神农所在的"神农穴"等都以实地真名落实下来，以至于各地开始建立神农庙，演绎神农的生平事迹。[①]由此可以看出，关于神农的传说，时代越晚，掺进的东西越多，几乎反映了原始社会的整体面貌。实际上，这些发明创造都不是一个"自然人"百年生涯所能全部经历的。

《吕氏春秋·十二纪》中列出的"五帝"有三种组合，其中第三种组合首次以炎帝代替了神农，后世有人以此认为炎帝即神农，二者系同一人。自此，中国人开始自称"炎黄子孙"，"黄"是指黄帝，而"炎"指炎帝，就是指神农。于是历史传说的情节就变为：神农是伏羲之后的部落首领，被称为炎帝，名石年，姜姓，羊图腾，号神农氏，可能是神农氏族部落的首领，出生在姜水（今陕西省宝鸡市境内），传说在位140年（约公元前3216—前3077年）；一说炎帝在位120年，卒葬于今湖南省株洲市炎陵县鹿原陂（又名炎陵山、皇山）。炎帝不但和黄帝一样，是中国上古时代的一位英雄和领袖，而且是农业和医药的发明者，后来还成为道教神话中的重要人物。炎帝的后裔有蚩尤氏、烈（厉）山氏、共工氏、四岳氏等。

传说中，炎帝神农氏的出生过程十分神奇，他的母亲在梦中感受到龙气就怀孕了，此后便生下了炎帝；炎帝出生后长着人的身躯、牛的脑袋，出生三天后就会说话，五天后就会走路，七天后竟长出了牙齿；长大后身材高大，将近三米；传说他还发明了蜡烛，被后人尊为照明之神。

从"神农"这个名称可见，炎帝就是一位被神化了的农人，或许因为他对农业的杰出贡献而被后世贯以"神"的称呼。古代的哲人一般是不轻易把人称为神的。《国语·楚语》记载楚昭王曾向楚大夫观射父请教有关神的事，观射父回答说："古者民神不杂……民是以能有忠信，神是以能有明德，民神异业，敬而不渎，故神降之嘉生，民以物享，祸灾不至，求用不匮。"范文澜在《中国通史》中说："对民有利益的人和物，才能尊敬为神，神一定是聪明正直，不害民的。害民的是妖、厉、怪，不得称为神。"[②]

---

① 游修龄. 稻作史论集 [M]. 北京：中国农业科技出版社，1993：93-101.

② 范文澜. 中国通史：第一册 [M]. 北京：人民出版社，2009：150.

因此，凡是在认识自然、改造自然中有突出贡献的人，才会被称为神。神农在农业方面、医药方面有非常突出的贡献，所以才被称为"神农"。

神农还有其他一些称呼，如"炎帝""地皇""烈山氏"等。"炎帝"，可能与当时炎热的气候有关。《淮南子·天文训》说："南方火也，其帝炎帝，其佐朱明，执衡而治夏。"在长江流域的湖北、湖南的先民之所以崇拜炎帝，造就出炎帝，与当地的炎热气候是有关的。关于《汉书·古今人表》"炎帝神农氏"条，张晏在注释中做了说明："以火德王，故号曰炎帝；作耒耜，故曰神农。"这就是说，古代以五德循环来表示社会演替的规律，炎帝之时注重火德，于是称为"炎帝"。又因为炎帝发明了农具，因而称其为"神农"。"地皇"的称谓，是由于神农的时代是中国人由游牧生活转向农耕生活的开始，人们对大地无比崇拜，神农躬耕于土地，于是被后人尊为"地皇"。"烈山氏"这个名称，应当与刀耕火种有关，先民开创原始农业时要付出极大的代价，放火烧山，整理出平地，才可能播下种子。

传说中神农的时代比黄帝时代还要早一些。归在神农氏这位"圣人"身上的创造发明十分丰富。根据文献所载，神农发明了启土锄地的木制耒、耜，教人种植五谷；他的儿子名叫柱，教人种植蔬菜；神农尝百草，发明了医药；神农发明了手工业，既"耕而作陶"，又在"耕而食"的同时能"织而衣"；神农设立了集市，开始了物品交易……各种传说描述了中华先民进入新石器时代的全部过程。当时的人们积累了辨认和培植可食植物的丰富经验；发明了农业生产工具石刀、石镰、石铲和大石耜，以及木制的耒、耜等农具；人们在烧光了树木杂草的土地上种植稻、粟等粮食作物以及白菜、芥菜等蔬菜，开始了"锄耕农业"；当时还出现了石磨盘等原始的农具。制陶业得到进一步发展，西北地区的彩陶文化便是明证。新石器时代晚期，家畜饲养业得到发展，"六畜"齐全，原始农业与畜牧业之间出现了第一次社会大分工，导致氏族间偶然地出现了一些交换活动；人们已经学会用麻类纤维织布缝衣，比缝制兽皮遮身更进了一步；由于对农作物的辨认，这时人们尝试各种植物的作用，初步取得了一些草药治病的认识。

上述所有的社会进步，似乎都和神农发明农业有关。可以认为，神农时代是中华文明的初始、奠基时期。汉代《越绝书》记载了春秋末年楚国风胡子的一段话：

> 时各有使然。轩辕、神农、赫胥之时，以石为兵，断树木为宫室。死而龙臧，夫神圣主使然。至黄帝之时，以玉为兵，以伐树木为宫室，凿地夫玉，亦神物也，又遇精圣主使然。死而龙臧。禹穴之时，以铜为兵，以凿伊阙，通龙门，决江导河，东注于东海。天下通平，治为宫室，岂非圣主之力哉。当此之时，作铁兵，威三军，天下闻之莫敢不服。此亦铁兵之神，大王有圣德。

这段话讲到了石器、玉器、铜器、铁器的依次进化及作用，说神农处在以石、木为主要物质材料的时代。这里明显把神农放在中国农业文明先贤的第一阵营，反映了人们对神农的崇拜。

神农氏是上古农业的奠基者和探索者，是农业文明的始祖，对原始文化有不可磨灭的贡献。关于神农发明农业，历史文献有颇多记载，《白虎通义·号》说："古之人民，皆食禽兽肉。至于神农，人民众多，禽兽不足，于是神农因天之时，分地之利，制耒耜，教民农作。"由此可见，神农在发明农业的过程中，还发明了农业工具，制作耒耜。工具是衡量文明的重要标志，耒耜对于松土、除草有重要意义。其实神农的发明是多方面的，涉及原始农业的各方面。如《绎史》卷四记载：神农作陶冶斤斧，为耒耜锄耨，以垦草莽，然后五谷兴动，百果藏实。

在农耕社会，水井对于农耕和人们的定居生活是十分重要的，洗濯、浇灌都离不开水井，因而井的发明是一件大事。《水经注·漻水》记载："神农既诞，九井自穿，汲一井则众水动。"可见神农提升了水井技术。其他如医药的发明，《新语·道基》说："至于神农，以为行虫走兽，难以养民，乃求可食之物，尝百草之实，察酸苦之味，教民食五谷。"《淮南子·修务篇》说："（神农）尝百草之滋味，水泉之甘苦，令民知所避就，当此之时，一日而遇七十毒。"可知神农发明医药，同农业是有关的。

有关神农各种发明的传说，很难一一地详细考证。在没有文字的洪荒时代，这些发明不可能记录下来，只能以口耳相传的形式传承于世。《世本·作篇》是最早记载神农的典籍，辑录了燧人、庖牺（伏羲）、神农、黄帝、颛顼、尧、舜、夏、商、周各个时代的制作发展，如燧人氏造火、庖牺氏作琴、神农氏和药、蚩尤作兵（兵器），是研究制造工艺起源的重要文献。关于神农的某些传说就出自《世本·作篇》，值得认真研究。

神农是传说，是神话人物，当然更是社会发展到一定阶段的产物。当中华先民由采集、渔猎经济时代迈入农耕文明的门槛，在社会经济发生重大转型的过程中，必然会出现杰出的族群首领，神农就是其中最优秀的代表。神农之所以能成为这样杰出的人物，与他个人的天慧与努力分不开。他善于学习，观天察地，了解万物习性，勇于创造发明。《绎史》卷四引《逸周书》云："神农之时，天雨粟，神农遂耕而种之。"这是说神农利用野生的粟籽发展农业。古代的神话小说《拾遗记》对炎帝神农氏发明农禾的事迹做了生动的描述："炎帝时有丹雀衔九穗禾，其坠地者，帝乃拾之，以植于田，食者老而不死。"这说明炎帝是很注意观察事物的人。《绎史》卷四引晋皇甫谧《帝王世纪》云："炎帝神农氏人首牛身。"正因为神农对农业有巨大贡献，而耕牛是古代农业社会最重要的役畜，把神农附会为神牛，间接反映出神农与农业的关系。需要指出的是，农业发展到牛耕的阶段，已经是出现神农传说之后两三千年的事情了。

燧人、伏羲、神农、黄帝、蚩尤等传说中的人物，其实都可以被看成一种象征，一种文化符号，指代一定的时代或某个部落。以神农为代表的这些文化符号反映了华夏民族历史进化的早期过程，体现了先民共同的创造活动。因此，神农反映的是农业文明，是一个印记，是中华农耕文明的一个里程碑。

人类社会的进步是群体的进步，《庄子·眩箧》记载了许多远古氏族的名称，如容成氏、大庭氏、柏皇氏、中央氏、栗陆氏、骊畜氏、轩辕氏、赫胥氏、尊卢氏、祝融氏、伏羲氏、神农氏等，这些氏族反映了不同时期或不同空间的群体。神农的贡献当然也是其中一个氏族的群体贡献，是远古时期一个进入农耕文明的氏族部落在历史舞台上的精彩表现。

总而言之，神农是中华古代文明曙光时期的杰出人物，或者说是对农耕文明有着巨大贡献的群体的缩影。神农发明农业的精神是勇于创造的精神、不怕牺牲的精神、积极奉献的精神，永远值得中华民族为之骄傲。

第二节　伏羲文化

"三皇五帝"是中华民族的人文始祖，尽管对其世系至今仍有不同的见解，但在神农炎帝、轩辕黄帝之前，传说中还有一位"三皇之首""百王之先"的大神，那就是太昊氏伏羲。传说伏羲是天上雷神的儿子。一说雷神就是燧人氏。雷电劈到树木便生火，与钻木取火相似。此外，传说雷神闪电发威时便是一条威严的大龙，所以伏羲成了人首龙身（一说人首蛇身）的神。

一、变革婚俗，教民渔猎及驯养牲畜

相传伏羲生于成纪，定都在陈地。《三皇本纪》记载，伏羲"蛇身八首，有圣德。仰则观象于天，俯则观法于地。旁观鸟兽之文，与地之宜，近取诸身，远取诸物，始画八卦，以通神明之德，以类万物之情。造书契以代结绳之政。于是始制嫁娶，以俪皮为礼。结网罟以教佃渔，故曰宓牺氏，养牺牲以充庖厨，故曰庖牺。"长沙东郊子弹库出土的楚帛书记载其为创世神，因此伏羲是中国有文献记载的最早的创世神。伏羲风姓，又名宓羲、庖牺、包牺、伏戏，亦称牺皇、皇羲，史记中称伏牺，在后世与太昊、青帝等诸神合并，被官方称为"太昊伏羲氏"，亦有青帝太昊伏羲一说。

伏羲应当是旧石器时代晚期至新石器时代早期的氏族部落领袖，古文献记录下了关于他的各种神话传说。伏羲的传世形象为人首龙（蛇）身，与女娲兄妹相婚，生儿育女，并制定了人类的嫁娶制度，实行男女对偶制，用鹿皮为聘礼。这一方面说明当时社会迈出了原始的群婚野合阶段，中华先民有了姓氏并绵延至今；另一方面反映出中华先民由母系氏族社会进入了父系氏族社会，结束了长期以来子女只知其母不知其父的状态。

《楚帛书·甲篇》释文说：在天地尚未形成、世界处于混沌状态之际，先有伏羲、女娲二神结为夫妇，生下四子，分别名叫青干、朱四单、白大楠和墨干，他们后来成为四神。当时没有日月，由四神轮流代表四时。四神懂得阴阳参化，开辟了大地，又由大禹与契来管理大地，制定历法，使星辰升落有序，山陵畅通，并使山陵与江海之间阴阳通气。这个传说涉及人类起源，相当于许多民族的创世纪神话，可见伏羲是中华民族最早的人文始祖。在汉代画像砖、画像石刻上，就留下了伏羲、女娲的许多蛇身人首形象，两人蛇尾缠绕在一起，象征人类的婚姻和多子多福。在中华传统节俗文化中，伏羲和女娲同为福佑社稷的正神。

伏羲之所以受到古人的尊崇，是因为他做了许多好事。例如在经济方面，相传伏羲教民结绳为网，用以捕鸟打猎，发展了渔猎经济。原始畜牧业的出现一般是在新石器时代早期。传说伏羲教民驯养牲畜，发展了家畜饲养业。除此之外，如前所述，伏羲又被称为庖牺氏，是由"养牺牲以充庖厨"而得名，这应当和人们开始定居有关，只有进入稳定的生活状态，才有可能去追求饮食美味。

二、人文贡献

伏羲最大的历史贡献应当是人文方面的。传说他根据天地万物的变化，发明了占卜八卦，创造了最早的文字，从而结束了结绳记事的历史，这说明中国早期的原始图画文字或刻画符号和伏羲有关。文字的发明是划时代的大事，古代人类是结绳记事，或在木头、石片、骨片上刻画原始符号，以此记忆重大事件。在黄河流域的仰韶文化和大汶口文化遗址中，发现了最早的刻画符号，后世的汉字就是由此逐渐发展起来的。

古文献中的伏羲，仰观天上的云彩、下雨下雪、打雷打闪，俯瞰地上刮大风、起大雾；又观察飞鸟走兽，根据天地间阴阳变化之理，创造了八卦，即以八种简单却寓意深刻的符号来概括天地之间的万事万物，这是"观天测地"，创造易学八卦的故事。占卜和八卦，则和《周易》有关，实际上是先民为了原始农业或生活的需要，根据物候规律而观察宇宙星辰和自然万物，并以此预测未来事物发展的规律性，这正是原始历法的开端。伏羲创立八卦，世人奉之为天神，尊其为八卦祖师，认为他开启了中华民族的文化之源。八卦中所蕴含的"天人和谐"的整体性、直观性的思维方式和辩证法思想，是中华传统文化的重要源点。

伏羲还发明了琴、瑟、陶埙等乐器，创作乐曲歌谣，将音乐带入人们的生活，这些都代表着文明程度的提高，反映出先民开始追求精神享受。这些发展和节庆活动有关。

三、伏羲文化与河洛文明

古文献中记载，"河出图，洛出书，圣人则之"。这一传说在新近的考古发现中得到了部分证实。

黄河与洛河交汇处的河洛地区，近年发现了5000多年前的"河洛古国"遗址——双槐树古国时代都邑遗址，被考古学家称为"阶段性重大考古成果"。双槐树遗址位于黄河南岸的高台地上、伊洛汇流入黄河处的河南省巩义市河洛镇，是距今5300年前后的巨型聚落遗址，属于仰韶文化中晚期。专家们一致认为，该遗址是迄今为止在黄河流域发现的中华文明形成初期规格最高的具有都邑性质的中心聚落。其社会发展模式、承载的思想观念以及诸多凸显礼制和文明的现象，被后世所承袭和发扬。双槐树遗址发掘的意义重大，对于本书研究的主题而言，有两方面的成果值得参考：一是关于农桑文明的最早遗物的出土，二是河洛国地理位置和"北斗九星"图的出现。

关于农桑文明的遗物，是河洛古国出土的国宝级的文物牙雕蚕——中国最早的骨质蚕雕刻艺术品，它与青台遗址等周边同时期遗址出土的迄今最早的丝绸实物一起，实证了约5300年前黄河中游地区的先民已经开始养蚕缫丝。

从地理位置上看，伊、洛二水汇流后在此处汇入黄河，专家们认为与《周易》所称"河出图，洛出书，圣人则之"的记载相合；在河洛古国的中心居址内，发现了一处用九个陶罐组合模拟北斗星的天文遗迹。这些发现和伏羲发明河洛之书、"仰则观象于天，俯则观法于地"等记载相吻合。

伊、洛二水入黄的地理方位以及古星象图，都和当时的天文、祭祀、原始宗教等内容有关，蕴藏着先民认知世界中的无穷奥妙，并与伏羲时代人们开始观察节气以指导农业的传说互相印证。据对"北斗九星"图的专家解读，"北斗九星"遗迹上端代表北极附近，古人认为北极是天的中心。在"北斗九星"遗址上端，有一副完整的麋鹿骨架，头朝南并向着门道，这似乎和古人对祥瑞动物麋鹿的敬仰、冬至祭天的传统有关，并可能和冬至节气有关。九个陶罐和麋鹿都埋于地下，房子的主人（有可能是一位谙习巫术或天文的古国首领）犹如骑在麋鹿身上，向诸部落氏族表达自己是地上呼应上天的王者。[①] 带队挖掘该遗址的专家分析，"'北斗九星'遗迹有政治礼仪功能，主人借此神化自己，表达自己是呼应天上中心的地下王者，也表明当时人们已经具有相对成熟的天

[①] 周心晨，时连根. 在"河洛古国"发现了我国最早的骨质蚕雕艺术品 [J]. 蚕桑通报，2021（1）：64.

象授时观，用以观察节气、指导农业"①。

无独有偶，考古团队在河南省荥阳市的青台遗址也发现了陶罐摆放而成的"北斗九星"图案，同时还存在"北斗九星"祭祀区、近似圜丘的天坛形状的遗迹。这些发现都进一步印证了传说中的伏羲文化发源地、黄帝所统一的黄河流域与河洛古国遗址高度吻合，古人的礼仪思维、祭祀活动与天文观察相吻合。这很容易让人们联想到后世的"天人合一"思想，包含着与农耕文明有关的丰收节庆的根源。

四、伏羲崇拜传千载

伏羲文化是自远古以来中华先民创造的龙文化、姓氏文化、渔猎文化、八卦文化、天文历法文化、原始图画文字文化的总称。龙文化实际上是先民的图腾崇拜。传说伏羲立九部，设九佐，以龙纪官，号龙师，可见他首创了龙文化。后来龙图腾成为维系中华民族的一个精神徽记。八卦文化和河洛图策的传说有关，后来成为《周易》的思想基础。相传伏羲通过仰观俯察，了解自然万物，所画八卦是用八个符号代表天、地、水、火、风、雷、山、泽，再进行排列组织，从中寻找天地自然和人之间的变化规律。这种对世界的初步认识和把握方式，孕育着中国传统哲学的萌芽。此外，伏羲钻木取火，教民熟食，制定历法，探索节气，开创了最早的中华文明。

在中国民间，伏羲已经成为"大神"，并早已进入社祭节庆活动，受到人们的尊崇敬祭。这样的风俗在一些地方保存下来，甘肃省天水市至今还保留着伏羲庙以及祭祀伏羲的风俗，当地百姓把伏羲称为"人宗爷"。

伏羲庙位于甘肃省天水市秦州区西关伏羲路，原名太昊宫，俗称"人宗庙"，始建于明成化十九年至二十年（1483—1484）。大门内侧东西墙角有唐代古槐。伏羲庙前后历经九次重修，形成规模宏大的建筑群，如今已是中国规模最宏大、保存最完整的纪念上古"三皇"之一伏羲氏的明代建筑群，为全国重点文物保护单位。该庙坐北朝南，临街而建，院落重重，宏阔幽深，整个建筑群包括牌坊、大门、仪门、先天殿、太极殿，沿纵轴线依次排列，层层推进，庄严雄伟。

在天水，相传农历正月十六日为伏羲的生日。每年这一天到来，当地许多民众都会自发到伏羲庙祭奠"人宗爷"，形成伏羲庙庙会的传统风俗，举行隆重而盛大的祭祀仪式，追思华夏人文始祖肇启中华文明的丰功伟绩，弘扬伏羲文化，祈求他赐予人们幸福吉祥，获得新年好运。这种祭祀活动已经带有传统丰收文化的含义。

---

① 王新玲，"河洛古国"掀起神秘面纱［J］．中国报道．2020（7）：94-96.

第三节 后土信仰与丰收文化

黄河文明的核心就是土地，而后土信仰的形成就是这种具有区域特性的农耕文明的体现。土地是农耕文明的根本，也是古代政治制度的基础，广大农民对于土地的依赖形成了中华传统农耕文化，每年在春社、秋社两个社日举办活动，春祈秋报，普天同祭。人们在春天播种时祈求风调雨顺，盼望丰收；秋天收获时，载歌载舞，向大地感恩。古代的春社和秋社，反映了人们对土地、对丰收的祈福，对土地的重视和依赖，而后土崇拜正是丰收文化的一种表现。

一、后土是土地崇拜之神

"后"的本义是发号施令者，即君主。《说文解字》对"后"的解释是："继体君也。"《尔雅》释义："后者，君也。"诸侯亦称后。后来"后"成为帝王妻子的专用名称，《礼记》记载："天子之妃曰后。"

后土文化是最早形成于河东地区的原始文化，至今留存有大量后土文化的遗迹、遗址和传说故事。在甲骨文中有个会意字"司"，指一个人张开大口，意为"发号施令者"。人在右边写为"司"，人在左边写成"后"。"司"和"后"是两个对映字，最初是同一个字的两种刻写方式，后来分别被添加了义项，才分为两个字。由此可知，"后"是甲骨文本字，与繁体的"後"字无关。

"后稷"和"后土"，都是上古汉语"定语后置"的组词称谓。在甲骨卜辞和钟鼎金文中，定语后置的人名和地名很多。例如，"丁祖""司母""妇好""城颍""州屈"等。如果按照现代汉语的词序，这些人名、地名都要倒过来说。也就是说，"后稷""后土"实际就是"稷后""土后"。"后"的本意是领袖人物，初时为职官，继为祭祀供奉的神灵。需要注意的是，"后"最初不含性别指向，男女都可成为领袖。后稷、夏后等，都是男性。

土地之神的塑造确立，表明当时农耕文明已经进入成熟阶段。因为农业生产离不开土地，需要供奉一个神灵来保护土地，保障丰收。这是原始信仰的原初功能。由于农耕牧养直接受到环境气候变化的影响，经常遭遇各种灾害，生产上存在巨大的不确定性和不稳定性，于是人们借助神灵信仰和图腾崇拜来寻找精神慰藉。远古人类崇拜的自然万物，种类非常多，举凡日月星辰、土地山岳、河流湖池、雷电风雨，直至动物植物，无所不包。后土文化将土地祭为神祇，其中蕴含的历史信息是：农耕当惜土，重土祈神佑。这就是"后土"文化产生的社会渊源。古代保护土地的意识延续到今天,丰富了保护生态环境的思想,显示出中华文明千古一脉的承传与弘扬。[①]

进入父系氏族社会后,原来母系氏族社会的遗风并未完全消失,而是不断有所表现,后世王朝中出现的"母仪天下"的故事,就是原始遗风的一种回光返照。在甲骨文与金文中,"后"字均为女人形状。但是,后土并不专指女性,例如,在春秋时,后土指共工氏之子。

在上古时代,"后"的另一个含义是天子,如"夏后氏";又用以称诸侯,如"风后""后羿"。而"土"字的另一个含义已经家喻户晓,就是生长万物的土地,《释名·释天》曰:"土,吐也,能吐生万物也。"这种说法和中国传统中的"天阳地阴"相吻合。土地是人类赖以生存的重要物质基础,土地被视为"人类的母亲"。因此,后土被奉为社神、土地神或地母。古文献中关于后土的记载很多,大多集中在《左传》《礼记》《山海经》《淮南子》等典籍中,后土已经成为古代的一个"大神"。

千百年来,人们对后土的崇拜蔚然成风,历代民众为了达到丰衣足食、安居乐业之目的,建庙塑像,祭祀后土,敬奉地母神,以求赐福消灾、传承子嗣、五谷丰登,希望后土给众生带来吉祥康泰。

二、后土信仰源自人们对丰收的渴望

后土崇拜是黄河流域中华先民的原始信仰。在几千年的历史进程中,中华传统农耕文明完成了萌易、生道、立儒、融佛的理性升华。早在新石器时代,华夏先民从采集、渔猎经济逐渐过渡到定居的农耕经济,土地在人们生活中所占比重越来越大,社会意义越来越重要。人们的生产生活越来越依赖土地,自然而然地对大地产生出由衷的崇敬膜拜之情,于是形成了祭祀土地神、社神的风俗。

中华传统农耕文化中,后土信仰源于古人对土地的崇拜,天为阳,地为阴,帝又与后相对,于是有"皇皇帝天,皇皇后土"之说,后土与黄帝同列中央之神。《礼记·郊特牲》曰:"地载万物,天垂象。取材于地,取法于天,是以尊天而亲地也,故教民美报焉。"这是说古人生活有赖于土地,故"亲地";"故教民美报",是教育民众向后土献祭美好的报答,即举办"酬神""娱神"的答谢活动,实际上就是丰收文化的发展演变。人们把社(土地)稷(谷物)奉为国家的象征,把土地人格化、神化,希望通过对土地的祭祀,祈求福佑万民、社稷平安。这种源自土地祭祀的土地崇拜,是最原始的农耕文化的产物,不仅是一种为满足精神和心理冀求的举动,更显示了人们对丰收的

---

① 张天柱.黄河后土文化探析［M］.北京:中国轻工业出版社,2020:5-6.

企盼和渴望、对国泰民安的希冀和向往。

总而言之，后土崇拜萌芽于原始社会母系氏族阶段，兴于春秋时期，汉朝时各地已经建立了后土祠。在山西省的汾阴脽上，坐落着有名的扫地坛和后土祠。传说轩辕黄帝扫地是为了祭祀后土神，于是留下了著名的历史遗迹——扫地坛。黄帝在汾阴的祭祠综合了生殖崇拜、女性祖先崇拜、土地崇拜等内容，人们到这里来祭神、祭祖、祭祀后土，祈求得到神灵的保佑。可见后土信仰反映出人们对繁衍生息、获得丰收的渴望，并融入了中华传统农耕文明中。

几千年来，先民对天、地的原始崇拜，就是崇拜天、地的自然性质，敬畏其伟大作用。人们感到土地广大无边、力大无穷、孕育万物、负载万物，人们的衣食住行都离不开土地，因此早期的土地神拥有很高的地位。人们依赖土地的"恩赐"，渴望丰收，自然而然地形成对土地的敬畏和崇拜。就土地崇拜而言，古人把土地拟人化、神灵化，上自天子，下至普通百姓，无不信奉该神。这样的习俗一直延续到了明清时期，每年皇帝都要率领群臣举行盛大的祭祀仪式，民间庆祝丰收的活动也蔚然成风。

三、道教中的后土信仰

古人对后土的崇拜经历了很长时间，当中华本土宗教道教诞生以后，后土信仰又融入了道教文化之中，这和古人的生殖崇拜、土地崇拜有关。

生殖崇拜是世界原始文化共同的表现形态之一。许多古人类学家认为，生殖器崇拜、生殖崇拜和母祖崇拜是人类历史上曾经有过的几个重要阶段。生殖器神奇的功能是人类对其产生崇拜的重要原因：它能使男女相互结合在一起，产生出鲜活的新生命，促使氏族部落得到繁衍。在世界各地众多民族中，无论是在原始艺术和风俗中，还是在早期的宗教文化中，都可以看到生殖器崇拜的内容。

从"后"的象形字、母亲哺育婴儿的乳房，到土地生长粮食和植物供人食用而产生出来的联想，女人和大地关系到每个人的自身繁衍和长大，关系到每个氏族部落的生存和发展，这是女人生殖完成的，也是土地给予的，先民自然就产生了对生殖的崇拜、对生殖器的崇拜、对生命之源的崇拜，这就是后土——"母祖神"崇拜的来源。

后土曾经是代表自然和祖先的神灵，后来进入了道教的神龛，变为"四御"或"六御"之一，全称"承天效法厚德光大后土皇地祇"，亦称"承天效法土皇地祇"，这位掌管阴阳生育、万物生长和大地山川的女神，是道教中尊敬的神祇"四御"中的第四位天帝。"皇天后土"是中华传统文化中的说法，可见主宰大地山川的后土，与主宰天界的玉皇大帝一样，都是尊贵的大神。

四、山西省著名的后土祠

山西省是中华农耕文明和后土文化的发源地，后土崇拜已经有几千年历史。山西省至今仍然保留着各种各样的后土祠，其中的汾阴后土祠、石楼殿山寺后土圣母庙最为有名，前者历史悠久，后者已经和道教文化高度融合。

汾阴后土祠 汾阴后土祠位于山西省万荣县黄河之畔的庙前村，占地面积 25286 平方米，当地民间称"后土庙"。万荣古称"汾阴"。该后土祠在历史上极为有名，从先秦时期开始，这里就是古代帝王祭祀土地之神后土以及华夏始祖地皇女娲的地方。相传最早由黄帝在汾阴扫地设坛祭祀女娲，后世从尧、舜时期到夏、商、周三代，国君都要到此举行祭祀活动。

汉朝皇家崇拜后土风气更甚。公元前 164 年，汉文帝派官吏到这里修建后土庙。公元前 113 年，汉武帝在雍县（今陕西省凤翔县南）祭天，曾说："今上帝朕亲郊，而后土无祀，则礼不答也。"（《汉书·郊祀志》）太史令司马谈、祠官宽舒建议在汾阴祭祀后土，汉武帝听从建议，立后土祠于汾阴，并先后多次到汾阴祭祀后土，祠中又建万岁宫。汉宣帝曾两次到汾阴祭祀后土，汉元帝曾三次到汾阴祭祀后土。到了汉成帝时，皇家祭祀后土的活动改在长安北郊，祭祀上天的活动改在长安南郊。公元前 13 年，汉成帝因久无子嗣，率群臣和赵皇后、赵昭仪浩浩荡荡前往汾阴祭祀后土，此后又多次前往汾阴祭祀后土以求子嗣。公元 42 年，东汉光武帝也率群臣到汾阴祭祀后土。

《旧唐书·张说传》记载，大臣张说于公元 722 年上奏唐玄宗："汾阴上有汉家后土祠，其礼久废，陛下宜因巡幸修之，为农祈谷。"大唐由此恢复后土祠习俗，且此俗已经加入了"为农祈谷"的含义，成为唐代皇家的丰收节庆活动，并且仪式极为隆重。唐朝诗人李峤《汾阴行》描述了当时的盛况："河东太守亲扫除，奉迎至尊导銮舆。五营夹道列容卫，三河纵观空里闾。"

宋朝皇家承继先代习俗，天子亲率群臣到祠祭祀，并在后土祠内重塑了后土圣母像，使后土祠被誉为"海内祠庙之冠"。当时民间的后土祭祀之风亦盛，百姓每年春天到祠举行祭祀活动。金、元两朝，后土文化依然流行。明朝皇家在北京安定门外修建的地坛，便是汾阴后土文化的延续，地坛遂成明、清两朝祭祀土地神的皇家场所。而在晋南地区，民间仍在后土祠举行隆重的祭祀活动。原后土祠多次经黄河水灾，又多次重修，于 1870 年移建于庙前村北高崖上，一直留存至今。

现今的后土祠虽无汉唐荣光，但祠内有山门、舞台、献殿、正殿、东西五虎殿、秋风楼等，仍为庞大的古代建筑群，为全国重点文物保护单位。祠内藏有汉武帝《秋风辞》碑刻、宋真宗亲自撰写并书丹的碑刻《汾阴二圣配飨铭》，极为有名。民间习俗保持至今，每逢农历三月十八日，要在祠中举行规模盛大的祭祀活动。献殿两侧的对联很有意思："后配六合之天至上至尊圣德自应崇代代，土为万物之母资生资育世人所以称娘娘。"由此可见后土崇拜与土地丰收的紧密关系。

后土圣母庙　后土圣母庙位于山西省石楼县城西40千米的殿山寺。殿山寺坐北朝南，占地面积2375平方米，建筑面积约1500平方米。后土圣母庙有正殿、戏台、山门、东西配殿、厢房及11孔窑洞，大多数为寺内明代建筑群，其中的戏台为元代建筑。

先民的后土信仰融入道教文化以后，人们把后土塑造成一位端庄的女性，掌阴阳，滋万物，对民间来说其实就是俗称的"后土娘娘""地母""地母元君""地母娘娘""娘娘神"等。后土信仰至今仍然存在于华北地区的民间社会。道教中的后土信仰以庙宇为依托，以神社为实体，以祭祀和社火活动仪式为通神的媒介，以适应民众的基本心理需求为旨归，以神话叙事来体现信仰传承的普化性。人们相信，该神是大地之神、农业获得丰收的保护神以及赐予生育之力的女神。由此可见，后土崇拜是非常值得丰收文化历史研究的重要对象。

第四节　西王母崇拜

有关西王母的神话源于古代的秋收祭祀，西王母的原型就是先民丰收祭祀所供奉的始祖母。西王母的本质具有始祖神与丰收神的双重神性，只要是在收获的季节，无论是夏收还是秋收，人们自然会举行祭祀仪式。

一、文献中的西王母传说

"西王母"一词出自《庄子》《山海经》等古文献。传说西王母居于西方的昆仑丘（昆仑山），故称西王母，她是上古神话中一位至高无上的女神。

在民间，老百姓称西王母为"王母娘娘"，因此她又名"王母""金母""西姥"。民间传说中，还有把西王母说成是玉皇大帝配偶的。《山海经》里凡称"帝"者，除非特意指出是尧、舜或禹，否则都是专指黄帝。黄帝原来是人间的帝王，传说他从地界"乘龙飞天"后就成了天帝，也就是道家所称的玉皇大帝——宇宙的主宰。所以，黄帝（天帝、玉皇大帝）的配偶嫘祖被神化为西王母，坐镇于天宫瑶台，成为玉皇大帝之外最高的神祇。

在黄帝大战蚩尤的传说中，西王母（嫘祖）帮助黄帝战胜对手，起到了不可替代的作用。从此，黄帝之妻女嫘就被人们尊为"嫘祖"（史称嫘祖始蚕）和"雷祖"（掌管风雨雷电诸事）。这就是最初被神化的西王母。

《穆天子传》里有一段关于西王母的记载：周穆王是个富有传奇色彩的帝王，曾经立志周行于天下，"将皆使有车辙马迹焉"，他曾到西山之丘拜访西王母。很显然，西王母似乎是周穆王时代西部地区的一个部落女酋长，对周天子倾慕有加，周穆王也就顺势封了她一个西王母的大号。《穆天子传》的校注者依照《山海经·大荒西经》中的西王母形象，进行了一番描写。

二、西王母崇拜融入道教文化

《山海经·西山经》中就有关于西王母的记载：共工曾经在玉山的一个洞穴中，见到一个长着豹子尾巴、老虎獠牙的人，自称"金元圣母"，是掌管刑罚和灾疫的天神，手下有三只青鸟，这就是较早的文献中描述的西王母形象。

秦汉以后，民间修仙归隐之道十分流行，西王母成了女性修仙者向往的神仙，传说她可以赐福民间，保佑百姓多子多福。西汉时期，民间对西王母极端崇拜，《汉书》曾多次记载了人们手持"西王母筹策"，从西域传递而来，沿途奔走呼号，四处拜祭，以求平安和多福，此事甚至惊动了朝廷。汉代画像砖上，西王母常常和东王公在一起，二者一为居于西方昆仑山的女神仙，一为居于东海的男神仙。

在中国古代传说中，西王母还被称为"金母元君""太灵九光龟台圣母"。无论名称怎样演变，西王母都是百姓心中的女性大神，实际上代表了远古时期母系氏族社会中的一位女性首领。

三、西王母传说和丰收文化的关系

有学者把西王母神话的叙事要素与古代秋收庆典的诸环节进行了比较研究，提出了西王母神话源于秋收祭祀的观点，认为西王母的原型就是丰收祭祀所供奉的始祖母。[①]土地与丰收是生存之本，因此丰收祭在任何农耕社会中都是重要的祭祀活动。特别是在上古时期，以农耕为主的生产方式决定了古人对土地的依赖与信奉，而女性又与农耕有着密切的关系，农耕的起源与女性密不可分。女性在农耕时代除了生儿育女，还发明了谷物种植技术，在农业生产中有着不可替代的作用。同时，女性繁衍后代的生理特征与土地上庄稼生产、丰收又有着天然的相似性。因此，女性在上古时代的农耕社会有着重要地位，女性祖先常以始祖母神、丰收之神的身份出现在丰收祭的仪式中来接受祭祀。

英国剑桥学派"神话—仪式"学说创立者简·艾伦·赫丽生（Jane Ellen Harrison）在《希腊宗教研究导论》一书中，把古希腊丰收女神德墨忒耳的神话原型追溯到节日祭祀仪式的各个环节，认为德墨忒耳是古代希腊人在丰收祭时所祭祀的地母神、谷物神、

① 杨文文. 西王母神话与上古丰收庆典［J］.民俗研究，2014（2）：99-105.

死而复生之神。可见女神崇拜在世界各地都有着相似的起源与广泛的影响，而西王母神话属于女神神话研究范畴，产生于原始丰收祭，从人们对西王母的原始崇拜到土地崇拜中，可以发现西王母崇拜与丰收节庆的关系，可以找到中华丰收文化的来源。

第五节　后稷文化：农耕时代的农神信仰

后稷文化是农耕时代的农神信仰。后稷作为谷物神、农神和始祖神的复杂综合体，对中华文化影响深远。

一、后稷其人

后稷，姬姓，名弃，其母为有邰氏女，名叫姜嫄。后稷于夏禹时代生于稷山（今山西省稷山县），被尊为稷王（也作稷神）、农神、耕神、谷神。传说他少年时喜欢种树、麻、菽，成年后善种谷物，教民耕种与稼穑之术。尧舜时，他为司农之神，第一个建立粮食储备库，制定畎亩法，曾放粮救饥，赐百姓种子，被认为是禹最倚重的三公之一。

后稷是黄帝的玄孙，帝喾的嫡长子。后稷的母亲姜嫄是帝喾的元妃。《史记·周本纪》载，有邰氏之女姜嫄踩了巨人的脚印而生下了弃。这种传说附会了"神迹"的神秘色彩。后稷少年时，就被父母所弃。《诗经·大雅·生民》描述稷是母亲踏着天帝脚印生出来的，后被尧提携为相。尧封后稷于有邰（今陕西省武功县西南）。《竹书纪年》多处记载了后稷的传说："汤时大旱七年，煎沙烂石，天下作饥，后稷是始降百谷，烝民乃粒，万邦作乂。""汤遭天旱七年，明德以荐，而旱不止，故迁社，是以周弃代为稷，欲迁句龙，而德莫继，故作夏社。""尧水九年，汤旱七年，天下弗安，黎民饥阻，拯民降谷，功在后稷，后稷不克，上帝不临，耗斁下土，宁丁我躬！"由此可知，后稷是夏朝建立以前的重要历史人物，生活在新石器时代晚期。

后稷作为谷物神、农神和周人始祖这一复杂综合体，对中华文化影响深远。关于后稷的神话故事在民间广为流传。经过千百年的发展，后稷形象已经从单纯的远古传说演变为代表中华农耕文明的文化符号。

二、后稷历史文化遗存

山西省稷山县以及周边地区是中华农耕文明的发祥地之一，羲和观天制历，后稷教民稼穑，文物古迹遍布各地。在几千年以农为本的社会中，农神后稷一直得到官府和民间的推崇，在各地留下了许许多多的历史文化遗存和传说。稷山县的后稷文化遗存尤其丰富，不仅有各种文物古迹，而且有流传在当地民间的后稷文化，对于中华丰收节庆史具有重要的研究价值。

稷山县位于山西省西南部。稷王山矗立于南边，汾河横穿稷山县中部。在稷山县境内发掘出旧石器时代遗址 2 处、新石器时代遗址 38 处。周人始祖后稷便是在这里教民稼穑，点亮了农耕文明的曙光。后稷生活的年代，是华夏民族的第一个国家——夏朝诞生的前夕。尧、舜、禹都把都城建在稷山附近，即今山西省南部的平阳县、永济市、盐湖区。

大禹承继帝位，命姬弃为后稷，当地的山因此名曰"稷山"，又称"稷神山""稷王山"。商代以来，朝廷和当地民间都要上山朝拜、祭祀后稷，蔚然成风。到了明朝初年，政府于每年农历四月十七日派遣官员前来致祭，稷王山的"稷峰叠翠"成为稷山县古八景之一。

稷山县稷王庙　稷王庙建于稷山县城中心，是祭祀中国农业始祖后稷的古代庙宇，为全国重点文物保护单位。稷王庙创建于元朝，原先位于县城以南 25 千米的稷王山上，相传那里是后稷教民稼穑之地。原庙于清朝道光十年（1830）失火焚尽。道光二十三年（1843）在城内重建此庙，以此奉祀后稷。庙内存有献殿、正殿、姜嫄殿等建筑。此庙将琉璃、木刻和石雕三种艺术汇为一体，木雕石刻技艺精湛，献殿的前檐阑额有耕耘、播种、收割、碾打等古代农事浮雕图。

万荣县稷王庙无梁殿　稷王山以西也有一座古老的稷王庙，位于万荣县西北隅的南张乡太赵村，以无梁殿而闻名，始建于北宋时期，是山西省重点文物保护单位。该庙整个建筑没有通长大梁承托。原庙宏伟壮观，颇具规模，抗日战争中被日军烧毁，仅保存下来正殿（即无梁殿）和民国十年（1921）重修的舞台。

新绛县稷益庙　稷益庙俗称阳王庙，位于山西省运城市新绛县阳王镇，始建年代不详，是祀奉后稷和伯益这两位历史人物的庙宇，为全国重点文物保护单位。该庙于元朝至元年间重建，明朝弘治、正德年间扩建重修，殿内东、南、西三面的壁画面积多达 130 平方米，基本保存完好，为明代壁画中的巨幅佳作。彩绘壁画内容主要有文武百官及百姓朝圣景象，后稷、伯益的历史传说，山川园林，等等，描绘了先民烧荒狩猎、斩杀蛟龙、伐木耕获的原始农耕渔猎生产方式，反映了古老的农耕文明以及朝拜后稷等"圣贤"的情景，堪称中国古代壁画中的精湛之作。

稷益庙的出现并非偶然。后稷和伯益都是大禹的贤臣，后稷的主要功绩是教民稼穑，伯益最突出的贡献就是佐禹治理洪水、平治水土，并根据当地地势低洼的特点教民种植稻谷，促进了农业的发展。伯益在其他方面也有贡献，如传说伯益发明了凿井技术，其后人善于驯养鸟兽，这些和农耕灌溉技术的进步、家畜业的发展有关。

　　稷益庙明代壁画中反映了官民朝拜的"三圣帝君"，即古代"三皇"太昊伏羲氏、炎帝神农氏、黄帝轩辕氏；画中还出现了身穿绛衣的五谷之神和土地神；东壁两侧绘有后稷降生的传说故事；西壁所绘内容主要有大禹、后稷、伯益等历史人物，以及祭祀、群仙、耕获、田猎等图。大禹右边的后稷手执谷穗，俨然是教民稼穑的农神形象。

　　稷益庙的左边为祭庙，摆放猪、牛、羊"三牲"祭祀贡品，祭桌上有三个牌位：中间为"昊天玉皇上帝位"，即历代国家正统祭祀的最高神"天神"之位，左边为后稷神位，右侧为伯益神位。祭庙上部的壁画为烧荒狩猎图：山上正放火烧荒打猎；山下有一官吏向伯益报告开荒和狩猎的情况；山下的耕获场景中，后稷正在教民耕稼。

三、古代农神和后稷文化

　　后稷出生在黄河流域的稷山，是先秦时期西北周人认同的始祖，原本是一位真实的历史人物。随着农耕文明的进步以及后稷在农耕方面的历史作用，他由历史人物逐渐成为一位伟大的农神和中华农耕文明的代表性人物，并且进入了国家祭祀和民间庆丰收的风俗文化活动中。后稷传说和祭祀有着丰富多彩的历史文化内涵，形成了一种特定的文化现象——后稷文化。

　　几千年来，教民稼穑的后稷逐渐被世人神化，演变成保佑农业丰收的农神、稷神、谷神、"百谷之王"和周人的始祖神，他的故事和对他的祭祀活动至今仍在中国北方地区广为流传。稷神不仅仅代表着北方以稷、粟等为主要农作物的农耕文化，而且也受到南方稻作文化地区人们的尊奉，在南方往往被称为谷神或谷魂。这和历代政府的努力倡导是分不开的。

　　稷神的诞生和文化传承是通过祭祀活动来完成的，正如《孝经纬》所说："稷，五谷之长也，谷众不可遍祭，故立稷神以祭之。"汉朝蔡邕《独断》也说："以稷五谷之长也，因以稷名其神也。"因此，后稷文化的本质就是中华先民对农耕、五谷的崇拜。人们需要一位专门的神灵来保佑风调雨顺、五谷丰登，稷神便应运而生，更由此升华出"社稷"——国家的概念。历代王朝重视农业，敬祭天地时都要拜祭稷神，这种祭祀制度一直延续到明清时期。

　　汉代不仅在朝廷，而且各地郡县都设有稷神祭坛，每年的农历二月十五日、八月十五日、十二月初八日都要举行大祭典礼。到了唐代，一年四季总共要祭祀四次。明朝时，县以下的乡里，每百户人家都要设稷神方坛，供百姓祭祀五谷之神。清代地方县乡政权求雨抗旱时，也要到祭坛敬祭稷神。由此可见，后稷文化包括了祭祀风俗，已经成为古代重要的丰收节庆活动。后稷文化如同炎黄文化、关公文化等传统文化一样，从文化层面折射出几千年来中国以农为本的历史现象，也是中华传统丰收文化的重要传承。

后稷是中华民族历史上极具特殊意义的人神叠合的传说人物。作为历史上真实存在过的人，后稷是姬姓周人认同的始祖，并被载入司马迁等历史学家的史册。后稷是华夏先民崇拜的稷神、农神，无论天子还是黎民百姓都世代敬拜于农祀神坛。如今，中国还设立了"后稷奖""后稷特别奖"，旨在传承后稷重视农业的传统，纪念他为中华农业文明做出的开创性贡献，奖励一批农业高新技术的优秀新成果、新产品，加速实现农业科技成果的商品化、产业化，推动中国现代农业的发展。可见后稷文化已经被赋予了新的含义，超越了传统农耕文化的内涵，成为新时代农业科技发展的新精神象征。

第六节　图腾崇拜及丰收节庆元素

图腾文化是人类历史上古老、奇特的一种文化。图腾文化的核心是原始人的图腾观念，而图腾观念又激发了人的想象力和创造力，于是图腾的对象、名称、标志、禁忌、仪式、信仰、圣物、神话和艺术等便由此产生，从而形成了独特的图腾文化。

一、图腾文化

在原始社会，人们面对大自然显得如此渺小，因此习惯把某种动物、植物或自然物当作自己的亲属、祖先或保护神，相信它们能够保护自己及家人，保护氏族、部落，并且能够赋予自己超人的力量、勇气和技能。图腾得到了人们的尊崇，氏族、家族等社会组织有时也以图腾作为自己的标志物。

中国的图腾崇拜，在考古发掘和神话传说里有着丰富的资料。相传黄帝率熊、罴、貔、貅、豹、虎六兽同炎帝殊死搏斗，其实这六兽是以各种图腾为代表的六个氏族。《诗经·商颂》中的"天命玄鸟，降而生商"，这"玄鸟"可能就是商人部族的图腾。金沙遗址出土的太阳神鸟金箔，就是蜀族的图腾标志。云南众多的少数民族，几乎每一个民族都有自己的图腾。图腾崇拜的对象，有的是现实的自然之物，也有的是人类运用抽象、概括的思维能力创造出来的虚拟之物，比如龙、凤。

图腾崇拜容易产生古老的宗教形式，因此也是氏族社会的原始宗教，随着氏族社会一起产生。人类从母系氏族社会过渡到父系氏族社会之后，图腾崇拜就逐渐减弱，或者仅保留一些残余形式。尽管如此，图腾文化一直存在于人类的精神生活当中。尤其是在各种节庆活动中，往往包含着图腾崇拜的文化元素，这在当今各民族的丰收节庆活动中能够找到许许多多的证据。

二、龙图腾和龙文化

龙图腾是华夏民族的古老图腾，它的形成和远古时代的各种传说有关。相传远古时期的太昊伏羲氏曾经统领着九大部落，这些部落都有各自的图腾，如蟒蛇、雄鹿、老虎、鳄、巨蜥、红鲤、苍鹰、白鲨、长须鲸等。伏羲抓住了九大部落各自不同的图腾特色，以蟒蛇图腾为基础，选用鳄图腾的头、雄鹿图腾的角、老虎图腾的眼、巨蜥图腾的腿、苍鹰图腾的爪、红鲤图腾的鳞、白鲨图腾的尾、长须鲸图腾的须，组成了一个世间从未有过的虚拟动物——龙的图腾。新图腾的产生意味着华夏众多部落第一次大结盟的形成，这从古代文献典籍以及出土文物上的古鼎铭文、甲骨文、古籀文、小篆等古文字中可以找到依据。

从古籀文、大篆、小篆到宋体的"龙"字的演变，传递出一个重要的信息："龙"的命名与天空中的雷鸣电闪有着密切的关联。如《山海经·海内东经》说："雷泽中有雷神，龙身而人头。"《淮南子·地形训》亦云："雷泽有神，龙身人头。"多种典籍均记载雷神的形象为龙身人头，这表明远古时期的龙图腾和大自然的雷鸣电闪现象结合在了一起。天上打雷下雨，将滋生万物，从某种角度讲，雷神主宰着万物生长，故此《尚书·洪范》说："雷于天地为长子……出则万物亦出。"

在伏羲氏生活的新石器时代，人们发现，每逢雨水降临，天空中顷刻间乌云汹涌、雷鸣电闪，闪电的图像蜿蜒奔驰，一伸一曲，极为耀眼，和龙的图腾极为相似。随着历史的发展，龙就衍化成了沟通天地的瑞兽。龙的形象集日月精华，汇天地灵气，具百兽形态，兼具包容四海、吐纳百川的胸襟。龙逐渐成为中华民族的保护神灵、文化标志以及吉祥嘉瑞的象征，显示出无与伦比的凝聚力、巨大的感召力和吸引力。

天空降下雨水，决定着万物生长，因此当中华先民进入农耕社会以后，对龙的图腾崇拜，如龙王祭祀、祈求龙王降雨之类的活动，包含着人们对风调雨顺、五谷丰登的良好愿望，融入一些地方的丰收节庆习俗中。各地建立的龙王庙、举办的龙王祭祀活动便由此而来。许多地方的人们在吉庆节日期间要"耍龙灯"，表演"舞龙"。由此可见，丰收文化产生的根源，和先民对龙的图腾崇拜有着密切的关系。

三、北辛祭祀神兽：原始先民图腾文化的活化石

华夏先民的龙图腾是众多图腾中最著名的。在农耕社会还存在着其他图腾崇拜，从中也可以发现丰收节庆文化产生的过程。其中，农神后稷生活的稷山县产生的图腾文化——北辛祭祀神兽，历经几千年风雨保留至今，可谓从原始农耕时代传承下来的图腾文化的活化石。

北辛祭祀神兽是中国古老的祭礼风俗，孕育于新石器时代农耕社会中的先民对大自然和祖先的崇拜，萌生于夏、商王朝"驱鬼逐疫"的祭祀礼仪，最终在周朝成为规范化的祭祀制度。北辛祭祀神兽从民间风俗演变成一种国事庆祝活动，继而又在民间广为传承，即通过娱人悦众的民俗节庆活动，祈求图腾对象和自然神灵保佑人们除灾趋吉，调和阴阳五行，以期达到风调雨顺、五谷丰登、国富民安和天下太平的目的。可见北辛祭祀神兽民俗表演活动和中华传统丰收文化完全联系在一起。

稷山县北辛庄周边五村位于汾河下游，是产生后稷文化的厚重之地，也是传承北辛祭祀神兽的地方。几千年来，当地百姓形成了北辛祭祀神兽的风俗传统，珍贵的老兽头被村里的老艺人珍藏至今。该项目如今已经成为非物质文化遗产。北辛祭祀神兽实际上是一种民俗祭祀仪式表演，祭祀队伍由二三十人组成，所有表演者要穿戴兽头与兽皮。队伍由"首人"领头，旗手一人，持棍手四人或八人；拳板手四人或八人，每人双手拿拳板敲击发出有节拍的声音；另有十二个踩着高跷的"神兽"，这些"神兽"由夔牛、瑞虎、独角兽、仙鹿等组成。所有的表演者都是年轻力壮、身手灵活的男性，他们头系草绳，身披芦苇衣，面部涂上红黑两色，象征着神灵的载体。按照传统习俗，北辛庄村、南辛庄村、荆庄村、崔村和下庄村（历史上称为"五社"）每年要举行三次祭祀活动：正月二十三日要举行祭祀姜嫄圣母的活动，祈求神灵保佑人丁兴旺；农历三月初五要举行祭祀龙王的活动，祈求风调雨顺，避免旱灾和洪灾；农历四月十七日，要举行祭祀后稷的活动，祈求五谷丰登。这三次祭祀活动中，后两次和农事有关，其中第三次和丰收节有关。整个活动带有原始先民图腾信仰的神秘色彩、神兽服饰的神异丰采、仪式法器道具的朴素特色。

2018年中国首届中国农民丰收节举办期间，北辛祭祀神兽成为农民丰收节的一个节目亮点，稷山县政府和文化遗产传承人走进了中央电视台《稻花香里说丰年》专题节目。此后，原旭东、宁水龙、刘彦俊三位当地非物质文化遗产传承人又在《我有传家宝》电视节目中，从不同角度向专家和观众介绍了北辛神兽的文化内涵和当地祭天庆丰收的传统习俗。2019年春节期间，稷山县北辛祭祀神兽表演者被邀请到山西省怀仁市，参加了闹元宵节庆活动，深受当地群众欢迎。

粟作与中华丰收文化

粟和黍都是中国很早驯化栽培的古老作物。中国传统文献中通常将粟和黍归入粟类叙述和记载，通称为稷。本章依循古例，把粟和黍一并纳入丰收文化的考察范围。

黄河流域是粟的发源地。历史上，黄河是一条迁徙不定的大河。早在人类社会出现之前，黄土高原早已是千沟万壑，大量黄土沿河而下，堆积成了广阔的冲积平原。这片肥沃的黄土原野，孕育出了辉煌灿烂的中华农耕文明，伴生着中华丰收文化的初花早果。

第一节 中国粟作农业的起源

一、黄河与黄土孕育了中华文明

最早记载黄河流域的地理著作《尚书·禹贡》和《山海经》称黄河为"禹王故道"。据这两书的记述，在夏、商、周时代，黄河下游河道仍然是自然泛流状态，尚未出现容纳主流的河道。于是，黄河流出孟津隘口，进入华北大平原后，在低洼处形成大量湖泊。湖泊间由河水串通，在湖泊出口处分为大大小小的泛荡分流，在平原上散漫流淌，大致流经现今修武、获嘉、新乡、卫辉、淇县、汤阴以及安阳、邯郸、邢台等地，穿过大陆泽，散流进入渤海。

公元前 770 年，周平王迁都洛阳。中国的经济中心从黄河中游向下游方向转移。这时候，人们已经认识到，黄河是一条既有益也有害的大河，开始筑堤防洪，开发淤积滩涂。堤防工程的修建使黄河受到人为约束，散漫众流归于一道，形成了地理意义上的有主流河道的黄河。

但是，人工堤防的河道约束，会使顺流而下的大量泥沙淤积在河道中，造成河床不断抬高。公元前602年，黄河在黎阳宿胥口（今淇河、卫河汇流处）发生了历史上记载的第一次大决口。河水夺漯川至长寿津（今河南省滑县东北），又与漯川分流，向北注入漳河，主流经现在的濮阳、大名、冠县、临清、平原、沧州等地，在黄骅流入渤海。此后黄河相继发生过多次历时较短、范围较小的决口改道，但不久就被堵复，回归故道。这条河道一直维持到西汉时期，称为"西汉大河"，历经600多年。

黄河第二次改道发生在公元11年。黄河在今河北省临漳县西决口，向东南冲进漯川故道，流经现今的河南省南乐县和山东省聊城市的朝城镇、阳谷县，至禹城又冲决漯川，向北漫流，直到现今的临沂、惠民等地，至利津入海。公元69年，汉明帝派王景治河，将河分流，在豪阳至千乘（今山东省高青县东北）筑堤千里。此后，黄河虽然多次发生短时期、短距离决口分流，但是基本保持了相对稳定的"东汉河道"，安流持续近千年。

大量古籍都从不同角度、不同立场记载了黄河流域自然山川、社会经济、人文风俗的状况。从中国古代传说中的河图、洛书，到《老子》（《道德经》），再到儒家的四书五经，这些中华文化宝典大都产生于黄河流域。在中华五千年文明史中，黄河流域有三千多年处于政治、经济、文化中心。

黄河流经当今中国九省区，与"黄土地""黄帝""黄皮肤"等概念密不可分，是中华民族重要的精神纽带之一。《汉书·沟洫志》说："中国川源以百数，莫著于四渎，而河为宗。"川流不息、不舍昼夜的黄河，正是中华文明永续不绝的血脉。

黄土高原土壤便于开垦播种，且具垂直纹理，利于毛细现象生成，可以把下层的肥力和水分带到地表，形成黄土特有的自肥现象。土层沉积深厚，结构疏松，保持着大部分原始矿物成分，土质肥沃。地表植被稀少，加之黄土结构松散，具有良好的透水性，为掘土木棒等原始农具的使用带来便利。[①]黄河流域冬春干旱、夏季多雨的气候特征，决定了农作物只能是春种秋收。粟类作物的生长周期与之吻合。此外，粟类作物对灌溉并无严格要求，是最能适应干旱区域的作物。粟籽粒小，发芽时需要的水分少，稍有墒情即可发芽；其叶片狭长、窄小，蒸腾系数小，根系发达，可充分吸收地下水分，遇小雨或墒情可立即恢复生机，叶片舒展，充分进行光合作用。另外，黍、粟生长期短，可避开春旱、秋霜，堪称高效作物。尤其是黍类品种一年可种两季，如农历二月初播种，三个多月或三个月就可成熟，五月可以种第二茬。这是其他作物难以做到的。[②]黍类作物特别耐旱、耐瘠，分蘖力强，具有再生能力，生长旺盛，又比较耐盐碱，适合在西北地区的黄土高原种植。

---

① 何炳棣，马中. 中国农业的本土起源［J］.农业考古，1984（2）：43-52.

② 王星光. 黄河中下游地区生态环境变迁与夏代的兴起和嬗变探索［D］.郑州：郑州大学，2003.

二、农业起源的推动力

原始时代的祖先们，是不是过得很艰难？是不是经常忍饥受寒，危机四伏？人类学和考古学告诉我们：原始时代的人们享受着高质量的舒适和安全，而且掌握了相当高水平的狩猎采集生产技能。那时的人们之所以不从事农业生产，并不是因为他们缺少知识和能力，而是出于"经济效益"的理智决策。他们每天只需要花很少的时间去采集和狩猎，就能维持质量不低的生活。类似的例子是，美洲的土著印第安人，每天去山上采集野生橡子就可以获得比种燕麦更多的营养食物，而捞捕鲑也是举手之劳，轻而易举。同样，生活在非洲撒哈拉沙漠边缘的狩猎民族，每天用不到 3 小时就足以获得营养全面的食物。而今天许多贫穷国家的农民，每周大约要用 40 小时干农活，平时还很少能吃上肉蛋食品。在"不耕可饱餐，不养得美食"的场合，如果人们还要去开荒种地，放牧养羊，那就无异于自讨苦吃。

原始人的生活如此悠然自得，可是为什么最终还是不约而同地选择了农业生产？这是因为，到了距今 13000 年前，地球气候发生了一次巨大的变化。一场全球性的暖流标志着最后的冰河期走向终结。随着气候日益变暖，树林侵入了草食野兽赖以生活的草原。草原面积大大缩小了，由此给人类带来一种前所未有的生态灾难。这时候，原始人赖以为生的许多大野兽突然减少，甚至绝迹了。例如长毛象、长毛犀牛、野牛、野鹿都灭绝了，少数幸存下来的大兽数量也在急剧减少。这种生态变化导致获取猎物变得极为困难。

在这个变化过程中，人们赖以谋生的对象渐渐从动物转向了植物。可是，仅仅依靠采集野生植物来维持生活，同样会遇到资源枯竭的问题。到了大约距今 12000 年前，人类已经无法完全依靠野生动植物来维持生计了。采集狩猎的劳动回报率持续下降，促成了经济活动向农业的转变。

这就是说，由于生态变化和人口增长，人类第一次遇到了生存压力，或者称之为挑战。这个压力和挑战迫使人们寻求新的谋生之路，有意识地饲养、驯化野生动物和栽培野生植物。

回溯到 1 万多年前的农业起源时代，世界上最先孕育农业文明的古国，大都分布于北纬 30° 附近。从这个地带向赤道靠拢，则温热多雨，野生动植物资源丰富，远古人类的生存压力不大，并不迫切需要开展农业种养；如果向北极方向移动，则气候酷寒，不适宜露地的农业种养。因此，北纬 30° 成为世界农业文明的发祥地，蕴含着地理环境的必然性。

由此可以看出，农业的发生，需要同时具备两个条件：有适宜动植物生长的环境，同时缺少人类生存所需的野生资源。如果不是处于这样的生存环境，农业就不会发生。也就是说，环境太差或太好的地方，都不会成为农业文明的最初诞生地。古往今来，人类的一切发明创造都是面临挑战和积极应对的结果。

最早的农耕文明，大都分布于大江大河中下游的沿岸低丘或冲积平原。然而，北纬30°的农业起源中心之外的大江大河，都无缘参与原生农耕文明的孕育。比如，在亚欧大陆，流经10多个国家的多瑙河，俄罗斯西南部的伏尔加河，流经中国、哈萨克斯坦和俄罗斯的额尔齐斯河，以及中国与俄罗斯的界河黑龙江，等等，都处于北纬30°以北，都没有进入农耕文明起源地之中。同样，北美洲的密西西比河、南美洲的亚马孙河、非洲中西部的刚果河，也都被排除在早期农耕文明之外。[①]

三、黄河流域的粟作考古遗址

迄今为止，考古工作者已在甘肃省的秦安大地湾遗址、民乐东灰山遗址，陕西省的宝鸡北首岭遗址、宝鸡斗鸡台遗址、西安半坡遗址、临潼姜寨遗址，河北省的武安磁山遗址，河南省的新郑裴李岗文化遗址，山西省的万荣荆村遗址，山东省的滕县北辛文化遗址等40余处新石器时代遗址中发现过炭化粟粒、粟壳。

1. 黄河流域新石器时代早期的粟作考古遗址

黄河流域的新石器时代早期考古遗址，出土遗物的碳-14测定年代，多数都在距今8000年至7000年前。最早的是河北省徐水县高林村乡南庄头村东北两千米处的南庄头遗址。考古学家在该遗址上发掘探测约20000平方米。根据碳-14测年，南庄头遗址的年代为距今10500年至9700年前。发掘出来的生产工具和食物加工工具有：石磨盘、石磨棒、块状石制品、片状石制品、骨锥、骨锄、骨镞、鹿角锥等。

新石器时代早期黄河下游的后李文化，也是新石器时代文化遗存之一。树轮校正年代在距今8500年至7900年前，其年代上限要达到距今9000年以上，整个文化的延续时间可能有1500—1800年。后李文化没有获得有关栽培作物的考古资料，但从发现的聚落形态以及大量的房址、陶器和石器中，已看到农业经济的缩影。农业生产工具和粮食加工工具种类繁多，功能齐全，有开垦土地用的石斧、种植作物用的石铲、收获果实用的石镰和石刀、加工食物用的石磨盘和石磨棒。这些工具基本上贯穿于从食物生产到食物加工的整个过程。陶猪的出土则暗示了动物的驯化和家养。以上情况综合反映了后李文化时期的经济生产方式还处于从采集、渔猎向农业种植和家畜饲养转变的过程中。

早期农业的发生，既有文化因素、生存因素，也有环境、气候等因素。农业的起

---

① 朱冠楠. 江河流向与农耕文明 [J]. 江河，2017（5）：72.

源是一个十分复杂的研究课题，除了古人类、古环境气候，还涉及土壤、植物、动物等方面，需要综合考察。

早期农业是"火耕农业"，先烧荒，既开发了土地，又有了草木灰肥料（当时人类无意识地积肥），以木器、角器挖穴点播，不耕地，不锄草，所以此时还不见石锄、石铲、石耜等锄草、翻土工具。南庄头遗址不见石锄、石铲等农具，而有石磨盘、石磨棒等食物加工工具。此外还有许多鹿角，推测其上本来应有尖木棒，但是木棒已经在悠久岁月中腐烂不存了。

需强调指出的是，粟是耐旱作物，生长期短，其野生祖本是禾本科的狗尾草。这种野生植物广泛分布于华北及周围地区。而黍类（黏黄米）则可能以野黍为祖本。南庄头在有人类活动痕迹的文化层发现较多的禾本科花粉，这是万年前先民发现和驯化原始粮食作物较直接的前提。[①]

接着，考古学家在陕西和甘肃一带发掘了一批具有代表性的新石器时代早期考古遗址。这批遗址因 1955 年首先发现于陕西省华县的老官台而称为老官台文化遗址。在陕西省关中和甘肃省陇东一带发现了十余处老官台文化遗址，如陕西宝鸡北首岭遗址、临潼白家村遗址、渭南北刘遗址、渭南白村遗址和甘肃秦安大地湾一期遗址等。老官台文化是黄河中游地区的新石器时代早期文化，为仰韶文化的源头之一。由于老官台遗址内涵较少，后来发掘了规模较大、同类遗存内涵丰富的甘肃秦安大地湾遗址，于是将"老官台文化"改称为"大地湾文化"。其年代距今 8000 年至 7000 年，主要分布在陕西省和甘肃省内的渭河流域。

大地湾文化的生产工具以石器为主，石器有磨制和打制两种。石器品种主要有铲、斧、矛、镞等。陶器多为手制，胎质以砂质红褐陶为主，烧制温度一般较低，质松易碎。器表除素面外，多饰有绳纹。陶器以圜底器、三足器和圈足器为主。器类有小口深腹平底罐、小口鼓腹罐、三足筒形罐、圜底钵、三足钵、圈足碗和小口壶等。在老官台一期遗址的一个灰坑中，发现了黍和油菜籽，说明当时已经有了农作物种植，也说明渭河流域驯化最早的农作物可能是黍类作物。大地湾文化的石器以打制为主，磨制石器的数量较少；但在石器中已出现石铲之类的翻土工具，说明当时已开始进入锄耕农业阶段。大地湾文化是一种已进入锄耕农业阶段的新石器文化。[②]

与大地湾文化年代相近的是裴李岗文化和磁山文化。裴李岗文化是 1977 年在河南省新郑市裴李岗村首先发现的。裴李岗文化类型遗址在河南中部地区已发现数十处之多，

---

① 徐浩生，金家广，杨永贺. 河北徐水县南庄头遗址试掘简报 [J]. 考古，1992（11）：961-970+986+1057-1058.

② 张忠培. 华县、渭南古代遗址调查与试掘 [J]. 考古学报，1980（3）：297-328+409-412.

如密县莪沟遗址、长葛石固遗址和舞阳贾湖遗址。此类遗址的年代距今 8000 年至 7000年。在新郑沙窝遗址中出土有炭化粟粒，在舞阳贾湖遗址中出土有稻作遗存。在这些遗址中还出土有牛、羊、猪、狗等家畜的骨骼和陶塑羊头与猪头。①

1976—1977 年正式发掘河北省武安县磁山遗址。该遗址位于靠近洺河的台地上。类似的遗址在武安县的岗南牛宗堡，江西万年、容城，河南北部的淇县等地，也有发现，遗址年代距今 8000 年至 7000 年。磁山遗址出土有大量粟的炭化遗存，还有狗、猪、鸡等家畜与家禽的骨骼。②

由上可知，以大地湾文化、磁山文化、裴李岗文化为代表的黄河中游地区新石器时代早期文化，出土了数量较多的石铲、石斧、石镰、石磨盘等农业工具，而其中的石铲是用于翻土耕种的工具，说明当时黄河流域的农业生产已越过"砍倒烧光""焚而不耕"的"火耕农业"阶段，进入"翻土耕种"的"锄耕农业"阶段。遗址的许多窖穴中堆积着很厚的炭化粟，靠近淮河的个别遗址中还出土了较多的炭化稻谷（米），表明当时的人们过着以种粟为主、种稻为辅的农业经济生活。遗址中出土有猪和狗等家畜的骨骼，反映了当时在农业生产发展的基础上，家畜饲养也获得了一定的发展。遗址中普遍出土骨镞、鱼镖等狩猎工具以及各种兽骨，说明当时渔猎生产仍是一项辅助性的经济活动。③

2. 黄河流域新石器时代中期粟作考古遗址

黄河中游地区的新石器时代中期遗存，主要是仰韶文化。仰韶文化是因 1921 年首先在河南省渑池县仰韶村发现而得名。仰韶文化的中心区域应在陕西省关中、山西省南部和河南省大部。在这广大地域内的仰韶文化，各自承袭新石器时代早期的大地湾文化、裴李岗文化和磁山文化等发展而来。仰韶文化是黄河中游地区新石器时代文化发展过程中的一个重要阶段。仰韶文化大约经历了 2000 年左右的发展历程，距今约 7000年至 5000 年。在这漫长的发展历程中，仰韶文化有着自身早、中、晚三个发展段落。④

在陕西西安半坡遗址、华县泉护村遗址和邠县下孟村遗址等仰韶文化遗址中，都曾发现有粟的种子。在半坡遗址的一个灰坑内，出土的炭化粟达数斗之多，说明当时粟的种植已达到相当高的水平。在河南郑州大河村遗址的一个房基内，发现有高粱的种子。陕西临潼姜寨遗址有黍出土。陕西华县泉护村遗址内还发现有稻谷遗痕。甘肃庆阳

① 中国社会科学院考古研究所河南一队. 1979 年裴李岗遗址发掘简报［J］. 考古, 1982（4）：337–340+449–450.

② 邯郸市文物保管所，邯郸地区磁山考古队短训班. 河北磁山新石器遗址试掘［J］. 考古, 1977（6）：361–372+433–434.

③ 游修龄. 中国农业通史：原始社会卷：第 2 版［M］. 北京：中国农业出版社, 2020：142.

④ 中国科学院考古研究所安阳发掘队. 1971 年安阳后冈发掘简报［J］. 考古, 1972（3）：14–25+66–68.

南佐遗址发现有仰韶文化晚期的炭化水稻，经鉴定为栽培稻。有的遗址中还发现有蔬菜种子，如在半坡遗址的一个房基内，曾发现一个陶罐内贮藏有芥菜籽或白菜籽。仰韶文化遗址中还发现有猪、狗、羊、牛等家畜的遗骸，说明家畜的饲养已相当普遍。

根据考古发掘资料，仰韶文化时期，黄河流域的先民过着十分稳定的定居生活，社会经济以农业为主，饲养家畜，兼营采集和渔猎。仰韶文化时期的居民种植的农作物主要是粟、黍，还种植稻和蔬菜。所饲养的家畜主要有狗和猪；羊、牛、鸡、马骨骼出土很少，难以确定是否为家畜、家禽。

大汶口文化是新石器时代中期黄河下游的考古遗址，因1959年发掘的山东省泰安县（今泰安市）大汶口遗址最具代表性而命名。大汶口文化主要分布于山东、苏北、皖北和豫东的汶河流域、泗河流域、沂河流域、淄河流域及淮河下游地区的广大地域，是本区新石器时代具有代表性的一种文化。已发掘的典型遗址有山东的泰安大汶口遗址、滕县岗上遗址、曲阜西夏侯遗址、邹县野店遗址、兖州王因遗址、诸城呈子遗址、日照东海峪遗址、胶县三里河遗址，江苏省的邳县刘林遗址、大墩子遗址等。大汶口文化的年代距今6000年至4000年，延续时间约2000年。在三里河遗址的一个窖穴中，曾发现1立方米的炭化粟，表明农业以种植粟为主；还发掘出大量牛、羊、猪、狗等家畜的骨骼。

3. 黄河流域新石器时代晚期粟作考古遗址

黄河中游地区的新石器时代晚期遗存是龙山文化。龙山文化是因1928年最早发现于山东省章丘县（今章丘市）龙山镇而得名。在黄河中游及其附近地区的龙山文化，是在当地仰韶文化晚期基础上发展起来的一种文化。遗址分布范围基本和仰韶文化相同而略有扩大，发现遗址的数量也比仰韶文化遗址明显增多。龙山文化的发展历程，大约经历了1000年左右，年代距今5000年至4000年。在龙山文化遗址中，还经常发现有猪、牛、羊、狗、鸡等家畜与家禽的骨骼。[①]谷物种植仍以粟为主，经济生活以农业生产为主，兼营畜牧和渔猎。遗址中常见的盉、盉、杯等酒器，不但数量多，且制作精致，造型也很美观。陶质酒器的增多，说明农业生产有了较大发展，从而促进了酿酒业的发达。

总的来看，新石器时代，黄河流域干旱而较温暖的气候适宜种植耐干旱的粟、黍类农作物。黄河流域各个文化系统中粟、黍类作物的发现，说明粟、黍类作物是当时黄河流域的主要农作物。水稻遗存的发现，则说明在适宜稻作的地区已经开始种稻。猪、狗等家畜的遗骸，也在各类文化遗址中普遍发现。大量考古发掘资料证明，新石器时代的黄河流域，其经济活动是农牧业并举的。

---

① 中国社会科学院考古研究所. 新中国的考古发现与研究［M］.北京：方志出版社，2007：96.

第二节　黄河流域的粟作历史文化

黄河流域是中华民族远古文明的发源地，粟作农业的发展进程比南方稻作农业的发展进程要快，粟文化的发展水平也在长时期内高于稻文化。诚如叶舒宪先生所说："与其说周人选中'稷'为其食物之源，不如说是黄土地选择了以稷为主要农作物的华夏文明。"[①] 中华文明最早发源于黄河流域，而此地适宜粟类作物的种植。早期的典籍文献中，反映粟文化的史料特别集中而丰富。

《诗经·国风·魏风》曰："硕鼠硕鼠，无食我黍！"《诗经·王风·黍离》曰："彼黍离离，彼稷之苗。行迈靡靡，中心摇摇。知我者谓我心忧，不知我者谓我何求。悠悠苍天，此何人哉！"这些传扬千古的诗句反映出黍和粟既是日常主粮，也是政府税源，更是社会财富的重要象征。《周礼》记载，农官到田间视察，选出粟良种悬挂于城门。"司稼掌巡邦野之稼，而辨穜稑之种，周知其名，与其所宜地，以为法，而悬于邑间……"这是通过政府的力量来推广良种的举措。汉代关中地区的《氾胜之书》，就有一套完整的育种标准。"取禾种，择高大者，斩一节下，把悬高燥处，苗则不败。"这是中国采取"穗选法"选育粟品种的最早记载。

《逸周书·佚文》在记述神农氏首创农耕时说："天雨粟，神农遂耕而种之。"《淮南子·本经训》描绘仓颉造字时的情景为"天雨粟，鬼夜哭"。古人把农耕肇兴与文字诞生这两件中华文明起源的大事都与粟齐列并举，可见粟在当时的地位之显赫。东汉泰山太守应劭的《风俗通义》说："稷，五谷之长。五谷众多，不可遍祭，故立稷而祭之。"稷有粟、禾、谷、黍、粱、粢、秫、秬、秠、穈、芑、稬等种类。今天习常称粟为谷子，脱壳后称小米。粟的野生形态是狗尾草，又称狐尾草、绿毛莠。考古学资料证实，在距今 12000 年前后，黄河流域的先民将野生的狗尾草驯化成粟并作为主粮。迄今考古发现最早已见到 10500 年前的炭化粟粒。[②]

一、粟作引领的农耕文化

1. 粟作实现了经济生活由游牧到定居的转型

粟作出现使中国北方先祖由采集经济生活过渡到生产经济生活，从狩猎过渡到农耕，标志着中华民族告别了居无定所、食不定时的原始蒙昧状态，开创了农业文明新纪

---

① 叶舒宪. 诗经的文化阐释——中国诗歌的发生研究［M］. 武汉：湖北人民出版社，1994：485.

② 张云，王慧军. 中国粟文化研究［M］. 北京：中国农业科学技术出版社，2014：36-38.

元。它不仅保障了人类的生存繁衍，而且为华夏民族进入文明社会提供了不可缺少的物质条件。定居的农耕生活既是华夏先民应对自然以求生存的结果，又激发了他们的聪明才智，故有房屋的修建、农具的改进、草药的研制、天象的观测、日用品的日趋丰富（表现为酒、酱、布、陶器等的制造），进而推进了天文学、地理学、化学、数学、物理学、中医学等科学的萌芽。

2. 粟作助推了农耕物候历的诞生

没有发明天文观测方法以前，人们要知道一年中寒来暑往的规律，就用肉眼来观察降霜下雪，河开河冻，植物抽芽发叶、开花结果，候鸟春来秋往，等等，这就叫物候。磁山遗址出土的陶薯草器、圭盘，说明当时已有一套完善的历法。陶薯草器是"立竿见影"以测"日"的插竿基座，通过观测日影长度来掌握方位、时辰、节令，指导农作。圭盘是用土或石制成的中心可插木杆的圆盘，是对一年四季阴阳变化的"制器"，一年四季二分（春分、秋分），二至（夏至、冬至），四立（立春、立夏、立秋、立冬），尽在其中。圭盘和陶薯草器同时在磁山文化遗址出土，说明传说中伏羲时代"作甲历、定四时"，实际在磁山文化时期已初步形成。

3. 粟作推动了农耕技术的进步

第一是推动粟品种选育。中国丰富的粟类作物优良品种，是数千年来劳动人民对其进行适应性培育、高产性培育、抗逆性培育、适口性培育的结果。汉代之前，"穗选法"已见诸记载，南北朝时期出现了类似今日的"种子田"，清代则出现了"一穗传"技术。这些方法和技术为传统粟作的发展做出了重要贡献。《诗经》中提到了"嘉种"的概念，也就是今天所说的"良种"。《管子·地员》记载了九州18类土壤所宜农作物品种36个，其中粟类品种有12个，黍类品种有10个。南北朝北魏农书《齐民要术》记载了86个谷子品种，并分述了各品种的特性。如"堕车"等24个品种"穗皆有毛，耐风，免雀暴"；"宝珠黄"等38个品种"中租大谷"（意即单秆不分蘖，穗子粗大）；等等。第二是推动旱地农业的农具发明和完善。春秋战国时期是中国传统农业精耕细作优良传统的形成时期，也是中国农业工具史上的飞跃发展期。要通过深耕熟耘和施肥灌溉等技术提高地力以增加产量，就要求有一套与之相适应的农具。牛耕和铁农具的出现和推广具有划时代意义。战国时期冶铁业的发展和铸造技术的进步，使生铁能够广泛用作生产工具。战国时期的铁农具有耒、耜、铧、镢、铲、㭴[1]、五齿㭴、镰、铚等，大大提高了劳动效率。战国时期还出现了用畜力牵引的耕犁，从此耕犁一直是最重要的农具，不断改革完善；发明了播种谷子专用的工具耧车，能将开沟、下种、覆土等作业环

---

[1] 㭴，古汉字，指一种翻土农具。

节合并进行，而且种子入土均匀，行距一致，深浅一致，既提高了播种质量，又提高了工作效率。耧车堪称世界农机具史上的重大发明。第三是发明了粟的加工贮藏技术。其中最重要的是春秋战国时期发明的旋转型石磨，这是加工农具史上的重大突破。粟米的贮藏方式有窖贮、仓贮、罐盆贮等。贮藏方法由地下窖藏发展到地上仓储。西周时期的谷物贮藏有仓、廪、庾、囷等多种方式。需要指出的是，当时的廪多用于贮藏谷种，显示出当时已经将食用谷子和种用谷子分开收藏，保证良种不受混杂串种。第四是促进了粟制食品的发明。除了日常将粟米蒸煮食用的饭、粥、面、饼之外，以粟为原料加工的食品还有酒、醋、糖饴等。谷草糠秕用作饲料。第五是粟米用途的拓展。例如，糜子面是传统制革工艺中用来熟化动物毛皮的主要原料。中国牧区民间至今还常用糜子面粉熟制羊皮。古代建筑的城墙以小米淀粉浆作为城砖的黏合剂，其黏合效果极佳，且能历经千年风雨而不松动。粟米浆可用作印染辅料。《齐民要术》关于"种红蓝花"的方法是，红蓝花摘取碓捣使熟，布袋绞去黄汁，"以粟饭浆清而醋者淘之"。

二、粟米承担的制度功能

1. 粟米是征收皇粮国税的实物形式

粟是百姓向朝廷完纳租赋的最重要的粮食作物。"赋粟"指征收田赋；"粟入"指税收的对象。《孟子·离娄上》说："求也为季氏宰，无能改于其德，而赋粟倍他日。"大意是，冉求担任季氏的家臣，没有能力改变季氏的德行，却使收取的赋税比往日高出一倍。以粟作为纳税的标准，充分体现了粟在农作物中的地位。

2. 粟作为实物货币和俸禄

在古代，谷帛即粮食和纺织品，是贵重物资，有时起着货币媒介的作用，与后世的金银相当。梁启超在《中国古代币材考》一文中说："古代以粟为币，全国所有之粟，以一部分供民食，以一部分资币材。当岁凶粟乏之时，而两者之用，皆不可须臾缺。"《管子·山国轨》中有"以谷准币"之语，可见当时的粟，兼具"食粮"和"货币"的双重职能。当粟为普通消费物品时，可与一般消费物品等值交换。当粟作为货币使用时，其价格常能左右甚至决定其他货物的价格。由于粟被当作一般等价物，因此远古时代，曾以粟为官吏公差的俸禄薪酬。由于粟可以作为财富的象征，也常常作为赏赐馈赠之物。《孟子·万章下》说："君馈之粟，则受之乎？"这就是用粟作为国家奖励物品的例子。

3. 粟是国家粮食储备的主要物资

积粟备荒、调粟救荒是古代国家保障粮食安全、维持社会稳定的主要措施。粟粒外层有坚硬的谷壳，能防潮、防热、防虫蛀、防霉烂。西汉郑玄注《周礼·地官》："九谷尽藏焉，以粟为主。"《王祯农书》说："五谷之中，惟粟耐陈，可历远年。"因此粟是古代官仓大量储积的"战备粮"和"救济粮"。战国时期，各国统治者广积粟谷，广聚财货。苏秦说齐宣王"齐粟如邱山"，许多诸侯国做到"粟支十年"。《管子·山权数》中有个丁氏富豪，"丁氏之家粟，可食三军之师"，后世因以"丁氏粟"作为"富豪"之代称。西汉文景之治时期，国家财力雄厚，"是以太仓有不食之粟，都内有朽贯之钱"。

4. 粟米是古代军粮之首

《管子·轻重乙》说："天下有兵，则积藏之粟足以备其粮……"《吕氏春秋·长攻》记述，伍子胥谏吴王说："非吴丧越，越必丧吴。今将输之粟，与之食，是长吾雠而养吾仇也。"《史记·项羽本纪》记载巨鹿之战时说："章邯军其南，筑通道而输之粟。"意思是，章邯驻军在巨鹿南面，修筑专用通道，以便给驻军运送军粮。这些史籍的记载，都说明古代以粟为军粮，谁有了足够的粮草，谁就能稳操胜券。粟不但是军粮，还是战马饲料。汉朝与匈奴作战，为保证马匹体力充沛，战马吃的精饲料都是粟米。战马的食量巨大，汉武帝时国家已拥有官马 40 万匹，其消耗饲料粟米之多，可想而知。这种状况一直延续到张骞出使西域，引进了汗血宝马的优良牧草苜蓿后，才有所改变。[①]

汉朝数十万军队长年屯驻在陇西郡和西域，军粮马料消耗巨大。汉代边塞防御系统的粮食来源，起初靠内地转运。千里运粮损耗过大，不可持久，汉武帝时开始就地屯田积谷。当地农民生产的粮食有剩余出卖，表明他们已经在当地建立起稳定的生活基础，西汉的募民实边政策取得了预期效果。[②]

三、黍粟成为中华文化建构的重要元素

在古代，粟与江山社稷齐列，不可须臾或缺。粟滋养了中华民族与中华文明，在政治、经济、文化等方面都产生了深远的影响。

1. 历代帝王奉稷为谷神

中国是农业古国，稼穑牧养已经超过 1 万年。五谷稷为首，稷指一种粮食作物，有粟、高粱、不黏的黍三种说法。粟在中华民族繁衍生息、发展壮大的历史中占有极为重要的地位。"社稷"代指国家，农官称"后稷"。稷是农业之神。古时的君主为了祈求国事太平、五谷丰登，每年都要到郊外祭祀土地和五谷神，即祭社稷。"社稷之忧""社稷之患""社稷之危""谨奉社稷以从"，这些古代常用的话语，实际都是指"国家"的忧虑、隐患、危难。从这里即可看到，粟（稷）在中华传统文化中有至高无上的地位，

① 赵旭腾. 漫话中国古代军粮［J］. 世界军事，2011（5 上）：82-86.

② 邵正坤. 汉代边郡军粮廪给问题探讨［J］. 南都学坛，2005（3）：11-15.

而不仅仅是一种粮食。

2. 累黍以定度量衡标准

度量衡是古代农业社会进展到一定阶段的必然产物。度器计量长短，量器计量容积，衡器计量轻重。中国的度量衡标准制定，都与粟类作物有关。"黄钟累黍"是中国古代度量衡的特有标准。在没有形成度量衡标准规范之前，人们往往将身边的农作物的籽粒选作衡量标准。古人通过观察比较，选用黍粒作为标准，主要是因为黍粒的大小均匀，色泽光洁，适合以一粒为基本计量单位。古人为长度、容量、质量三种物理计量建立了自然物标准。中国在秦汉时期已积累了这方面的知识并实验应用。

《汉书·律历志》说："度者，分、寸、尺、丈、引也，所以度长短也。本起黄钟之长。以子谷秬黍中者，一黍之广，度之九十分，黄钟之长。一为一分，十分为寸，十寸为尺，十尺为丈，十丈为引，而五度审矣。"就是把 90 粒中等大小的黍横排成行，1 粒为 1 分，10 粒为 1 寸，100 粒则是 1 尺，10 尺为 1 丈，10 丈为 1 引。

"量者，龠、合、升、斗、斛也，所以量多少也。以子谷秬黍中者千有二百实其龠，以井水准其概。十龠为合，十合为升，十升为斗，十斗为斛，而五量嘉矣。"就是把 1200 粒中等大小的黍装入黄钟律管的内部，其容积为 1 龠，10 龠为 1 合，10 合为 1 升，10 升为 1 斗，10 斗为 1 斛。

"权者，铢、两、斤、钧、石也，所以称物平施，知轻重也。一龠容千二百黍，重十二铢，两之为两。廿四铢为两，十六两为斤，三十斤为钧，四钧为石。"就是把黄钟律管内的 1 龠容积的黍（1200 粒）量分为 12 铢，24 铢为 1 两，16 两为 1 斤，30 斤为 1 钧，4 钧为 1 石。

可见，中国古代最初的度量衡标准制定，都是以黍的横排径宽和累积质量为标准的。《尚书·舜典》有舜"时月正日，同律度量衡"的记载，说明度量衡与乐律的结合很早就开始了。西汉刘歆采用当时早已退出主粮地位的黍来作为标准，正是继承夏、商、西周的历史成果。清朝康熙帝对此的解释是："固知昔人之定分寸，度空径，独有取于黍者。五谷唯黍粒均齐，余则不能无大小也。"[①]

3. 汉语言文字中的粟文化

汉语言中含有"粟"或相关称谓的词汇，是最直接、快速、全面地体现粟文化特征的一面镜子。粟在国家政治生活中占有特殊的重要地位，因此被赋予多种含义和寄托。当粟作为食粮时，常常和"菽""稻"等搭配，组成"菽粟""稻粟""稌粟"等词语，作为粮食的代称。例如，《国语·晋语》说："黍稷无成，不能为荣。"黍稷没有收获

---

① 游修龄. 粟黍余论——中国与西欧的对比 [J]. 中国农史，1995（2）：30-33+48.

之前，就不能举办庆典取乐。当粟被赋予政治色彩时，则被添附在官职或姓氏之上。例如，古代主管农业的官职往往带有"粟"字。秦代掌管谷食钱货的官吏称为"治粟内史"。《汉书·百官公卿表》记载："治粟内史，秦官，掌谷货，有两丞。"西汉时，专门设有搜粟都尉、治粟都尉等官职，掌管赋税、军粮、盐铁。汉武帝的顾命大臣、著名理财专家桑弘羊（约公元前155年—前80年）担任过治粟都尉，主管农业税收和教导农业生产。韩信在刘邦为汉王时曾任搜粟都尉，专营征集军粮之责。对于搜粟都尉，后人则以职官为姓氏，遂有姓粟者，如三国时魏郡太守粟举、北宋时南雄太守粟大用等。

4. 汉语成语中的粟文化

与粟相关的成语非常多。最为人们知晓的，当数"黄粱美梦""一枕黄粱""黄粱一梦"。它诠释了人生"舍"与"得"、"进"与"退"的辩证法，告诫人们，对功名的追求都是虚幻的，唯有恭谨求道，才是人生的出路。在此列举几个与粟文化有关的成语：

贯朽粟陈、贯朽粟腐、贯朽粟红：国库串钱的线断了，仓库的谷子烂了。比喻极为富有。汉武帝时，国力强盛，国库充盈，"太仓之粟，红腐而不可食，都内之钱，贯朽而不可校"。后人用"贯朽粟陈"来形容盛世钱粮之富足。

飞刍挽粟：飞，形容极快；刍，即饲料；挽，为拉车或船。指迅速运送粮草。东汉班固《汉书·主父偃传》载："主父偃谏伐匈奴，曰：'秦皇使天下飞刍挽粟。'"

不食周粟：比喻忠诚坚定，不因生计艰难而为敌方工作。《史记》曰："武王平殷乱，天下宗周。伯夷、叔齐耻之，义不食周粟。"意思是说，武王伐纣，伯夷、叔齐阻挠未果，天下归周后他们不吃周朝的谷子（也可泛指粮食），不享用周朝的俸禄而饿死于首阳山。

布袍脱粟：形容节俭清廉之吏。由于粟不及麦稻精细，唐代以后人们以"脱粟饭"谓粗糙之饭。大名鼎鼎的海瑞"布袍脱粟，令老仆艺蔬自给"。清代张廷玉《明史》中也有"布袍脱粟"的说法。

沧海一粟、太仓一粟：像大海或者大粮仓里的一粒谷子，比喻渺小。苏东坡在《前赤壁赋》中写道："寄蜉蝣于天地，渺沧海之一粟。"

毛发丝粟、毫发丝粟、寸丝半粟、一丝半粟：比喻极微小的东西。

杯水粒粟：一杯水，一粒粟，指极少量的饮食。

5. 日常口语中的粟隐喻

汉语的日常口语中，大量使用粟来比喻或形容事物的大小、轻重，"粟"成为重要的词素。

除了在成语中以粟之"小"来隐喻，口语中也用粟之"小"来慰人或自谦。对朋友的错误、疏漏，就安慰说是"粟错"；对自己取得的成绩、成果，则自谦说是"粟成"。对人对己，都取粟之"小"。

古人常用粟比喻微小之物，如把粟状小粒之金叫"粟金"，把粟状花纹叫"粟文"，把数量极少叫"粟许"，把小国林立叫"粟散"，把皮肤受凉所起的"鸡皮疙瘩"叫"粟肤"，等等。

在汉字中，有许多带有"禾"结构的字，一般都含有特殊意义。比如，东汉的《说文解字》释"稳"："蹂谷聚也，一曰安也。"意思是，蹂践聚集的谷粒，使谷壳和米分开，米即可食用，人心就安定了。一个看似寻常的"稳"字，个中竟蕴藏着"无粮不稳，不安则乱"的深刻哲理。[①]

总之，以粟文化为核心的农业文化是中国传统文化的"原型"、主体和核心。从进化史角度看，粟文化在初期充满着创造进取的精神，先民披荆斩棘、勇于探索，奠定了华夏文明的基础，将中国的农耕文明推向新高度。

第三节　粟作的原始丰收文化

丰收习俗根植于农耕社会，作为中华优秀传统文化的基因，历经沧桑演替和岁月积淀，有着深厚而广泛的民俗基础。中国传统的岁时节日体系萌芽于先秦时期，成长于秦汉魏晋南北朝时期，定型于隋唐两宋时期。最早的节庆活动都是以祭祀为主要目的，古代农业丰收祭祀的社神和稷神在新石器时代已出现。[②]丰收文化的产生，与原始的图腾崇拜和祭祀有着文化上的进化关系。因此，考察原始丰收习俗的形成，可以从氏族的图腾祭祀仪式入手。

一、考古资料所见的原始丰收祭祀

1. 南庄头遗址的狩猎丰收祭

本章第一节提到黄河流域的河北省徐水县南庄头遗址，虽然还未发现具有居址特征的遗迹，但发现了一个湖滨地带的栖息活动场所。这个迹象表明，南庄头的先民已经有了相对稳定的定居生活。遗址有一条东西向的浅灰沟，西端为锅底形洼坑，直径1米左右，深0.6米，上下叠压埋着3件大小不同的鹿角和角锥。它们属于3种鹿科动物的犄角（角制品）。这3件鹿角制品有规律地埋在同一个浅灰坑内，显然是有意放置的，

---

① 张云，王慧军. 中国粟文化研究 [M].北京：中国农业科学技术出版社，2014：119.

② 晁福林. 先秦民俗史 [M].上海：上海人民出版社，2001：282.

鹿角上有人为加工的痕迹。据此推测，这个灰坑可能是一处专为祈祷狩猎丰收而举行原始宗教活动的场所。[①] 这种情况，在后世的狩猎民族习俗中多有遗存。例如，鄂伦春族居民每次出猎，都怀着一种敬畏心理，进行祭祀和祈祷；而每次猎获，也要举行一定的仪式，表示赎罪和恩报，然后才能聚族狂欢，载歌载舞，分享狩猎丰收的喜悦。[②]

2."智能狩猎"是丰收祭的源头

在原始渔猎时代，人们发明了许多用于捕猎动物的工具，如梭标、投枪、石索球，以及用于远距离射杀的弓箭，等等。但是这些工具还不足以捕获体型庞大的野兽，如野牛、野马、野鹿等。即使杀伤力很大的石簇弓箭，也只能射杀小型的飞禽走兽。也就是说，在生物层面上，人类并不具有生存竞争优势。人类的体能，体力不如野牛，奔驰不如野马，撕搏不如虎豹。人类的优势在于智力。能够发明出设计巧妙的诱捕工具，人类就可以轻而易举地猎获凶猛体大的虎、豹、牛、马。

我们的祖先在新石器时代晚期，就开启了"智能狩猎"的先河。当时发明的"以柔克刚"的狩猎地网，称得上是巧夺天工的"智能"猎具。人类掌握了编织纤维绳索的技术以后，先是结网捕鱼，继而结网猎兽。其方法是，将植物纤维扭绞成结实的粗绳索，再编结成网眼可穿没兽蹄的大网。在野兽出没的道路上铺堆一些树枝杂草，把巨大的地网覆于草堆上，地网四角用绳索捆绑于近旁的树桩。一旦野兽经过而陷入地网，即便力大无比，也无力挣脱，只能"束腿就擒"。[③] 成语"天罗地网"，就由此而来。另一种"智能"装置是陷阱，这种方法比较普遍，近代还有许多山区少数民族采用。[④] 凭借这些设计巧妙的捕猎装置，猎获大型野兽不再是难事。每当有猎物落网，部落的人们就会欢呼雀跃，烧烤庆祝。这就是丰收庆典的雏形。

但是，这时候的猎获庆祝，正如上文提到的南庄头"鹿角丰收祭祀"一样，还不能称之为"节日"。因为一年中可能会有许多次猎获巨兽的机会，祭祀并非发生在一年一度、周而复始、具有特定意义的日子。不过，类似南庄头的猎获狂欢，已经具有了丰收祭的神灵信仰和群体习俗的功能。比如，南庄头先民将猎物向神灵和祖先献祭，在湖滨开阔地举行部落成员的联谊聚会。通过狂欢活动，交流捕猎经验，促进技术改进和提高；增进部落成员之间的利益认同，维护族群内部的团结和协作；尤其是在即兴的歌舞表演中，潜移默化地向部落的年轻一代传授狩猎技艺和生活本领，起到了丰收祭的教化作用。

---

① 徐浩生，金家广，杨永贺. 河北徐水县南庄头遗址试掘简报 [J].考古，1992（11）：961-970+986+1057-1058.

② 王丙珍，郭红，敖荣凤. 鄂伦春族狩猎禁忌的生态文化意蕴 [J].学理论，2012（31）：160-161.

③ 李玉明. 东北民族生存智慧的结晶——论北方民族渔猎工具 [D].长春：吉林艺术学院，2016.

④ 费孝通. 六上瑶山 [M].北京：中央民族大学出版社，2006：118.

3. 祈愿农业丰收的图腾崇祀

非常有趣的一个历史事象是，中国形成于先秦时代的十二生肖中，鼠、牛、虎、兔等十一种生肖，都是自然界存在的动物，唯独龙不是真实的动物。为什么古人要塑造出神秘莫测的龙图腾呢？东汉的文字学家许慎在《说文解字》中说出了真谛："龙，鳞虫之长。能幽能明，能细能巨，能短能长。春分而登天，秋分而潜渊。"这个解释反映了龙和农耕的密切关系。春分是播种的季节，黄河流域春天降水少，春雨贵如油，是农业耕作最需要水的时候。于是人们塑造出一个司掌降雨的龙。"春分而登天"，就是春分上天去降雨，保障庄稼丰收。到了秋分，谷物都收获了，不需要雨水了，就让龙潜入水底休息过冬，就是"秋分而潜渊"。

龙为司雨之神，历来各地都建有龙王庙。天旱不雨，人们就出迎龙王求雨。在关于龙的雕刻或绘画中，龙的口中总是含着一颗圆珠，称为"龙珠"。在各地民间舞龙的表演中，这颗"龙珠"被分离出来，由另一个人操控，向"龙"做各种嬉逗的动作，引诱"龙"去吞珠。这种娱乐表演，不是随意的娱乐创作，而是有着深刻的原始生殖含义。民间风俗在正月十五元宵节吃的汤圆，就是龙珠的化身。舞龙灯是祈求风调雨顺、人丁兴旺的习俗。风调雨顺为了庄稼丰收，人丁兴旺为了氏族繁衍，二者缺一不可。因此，迎龙求雨、舞龙戏珠的习俗，表达了期盼丰收、繁衍人口的美好祈愿，是中华民族丰收文化的重要形式，一代一代地传承下来，延续下去，成为中华民族团结、凝聚、富有生命力的宝贵文化遗产。

二、祭祀习俗中的粟文化

当丰收习俗的影响力涉及更大范围的社会经济活动时，就会产生出对应的丰收节日体系，以适应节日功能的扩展和道德教化的需要。黄河流域的粟文化，是华夏民俗文化的源头，对后世的农业民俗影响至深至巨。

1. 黍稷涵泳的德行品格

黍与稷从野生植物驯化而来，成为上古最主要和稳定的食粮。周人由此确立了他们的精神和物质的双重锻造者，并神而化之为"后稷"。自周代以来，各朝代的统治者都要在国都的西门外设立稷坛，以祭祀农神后稷。农神崇拜及由此衍生的一系列民俗，包含着消灾和报恩的双重目的。

粟不仅同中国先民的生活息息相关，而且还渗透在中国传统文化中。《管子·小问》中有一段齐国君臣之间的对话。齐桓公问："何物可比于君子之德乎？"隰朋答道："夫粟，内甲以处，中有卷城，外有兵刃，未敢自恃，自命曰粟。此其可比于君子之德乎！"桓公听后连声称善。以粟来比喻君子之德，足见粟之显赫尊贵。武王伐纣，伯夷、叔齐阻止未果，天下归周后，他们决意"不食周粟"，饿死于首阳山。孔子称赞伯夷、叔齐是"求仁得仁"，韩愈专门作了《伯夷颂》颂扬其德。

2. 后稷祭祀的丰收文化

稷为五谷之长。当谷物种植发展到一定阶段，在"万物有灵"的原始宗教观念支配下，土地及在土地上生长的谷物便被赋予了神格。农业丰收，民众相信这是自己诚心诚意的祭祀感动了农神，于是就会对其进行还愿式的报恩祭祀。[①] 农耕社会之初，农作物是最重要的植物，因而最受崇拜，几乎每一种农作物都有自己的神灵，执掌年成丰歉。比如，汉代佚名氏的《春秋佐助期》说："粟神名许给，姓庆天。""黍神名兰佺，兰郝。"后来，农作物诸神合而为一，稷成为华夏先民崇奉的谷物之神。

社会进入设官司职的文明时代后，"稷"的称谓被借代为农官。稷为田官之长，职责就是执掌天下播植。"后稷"也是对稷官的一种尊称，且后稷逐步被尊为稷神。从名称上看，后，为帝、君之意；稷，即一种粮食作物，有粟、高粱、不黏的黍三种说法。

周代祭祀以始祖神后稷为核心，以稷为粢盛，并尊后稷为唯一被全国祭祀的农神。《诗经·周颂·思文》歌颂后稷的功德可以和天相配："思文后稷，克配彼天，立我烝民，莫菲尔极。"周代常规之祭每年三次：仲春祈谷、仲秋报禾、孟冬大祭。祭祀社稷是全民性祈求丰收的活动，上自君王，下至庶民，都要参加。由于周人在其祭祀活动中重点凸显后稷，使之直接配食昊天上帝，从而奠定了稷神在中华民族祭祀文化中的显赫地位，最终在汉语的词汇中"社稷"一词成为统治者的江山、政权、国家的代称。[②]

《诗经·小雅·谷风》唱道："习习谷风，维风及雨。将恐将惧，维予与女。"这是对谷物的崇敬膜拜。当时的风俗是，每年都将割下的第一捆粟禾作为崇祀的对象，粟秆被扎成人偶。歌词的每一个唱段的开头，反复吟唱"习习谷风"，有着原始的避讳意图。人们将谷秆枯黄死去的罪责转嫁给风和雨，虔诚地对粟秆人偶说：不是我们在收割你，是风吹的，是雨打的。"将恐将惧"，表明人们在收割时总是抱着深重的负罪感。

《诗经》以粟（或稷）为自然和文化的符号表征，记录了先民生活的状态和方式，真实传达了先民的感情世界。《诗经》中所反映的以稷为中心的农业文化现象可划分为三个层次：一是稷的原始文化层，即指称谷物的稷文化；二是由谷物文化转化为谷神文化的现象；三是后稷文化现象。这三个层次组成了一个以稷为中心的稷农文化圈，成为中华民族农耕文明、农业精神、农业丰收、民生富庶、国家太平的象征。

农耕经济决定了土神和谷神的"社稷"是整个族群的共同之神，社日祭祀是氏族成员共同的利益和情感需要，是公共利益、群体意志、集体精神的表现。祭祀的核心就

---

① 叶舒宪. 诗经的文化阐释［M］.西安：陕西人民出版社，2005：481.

② 曹书杰. 后稷传说与稷祀文化［M］.北京：社会科学文献出版社，2006：353.

是保佑一方丰年的稷神。民间的稷神崇祀，表达了先民对谷物收获的报恩，是渴望丰年的心理祈盼，是庆贺丰收的情感宣泄。[①]

3. 民俗信仰中的粟文化

在稷神崇祀的习俗日渐成为华夏先民的情感认同和精神寄托之后，源自先秦原始信仰的传统稷神礼俗逐渐被世俗化、节庆化。与粟类作物相关的民俗在岁时风习、人生礼仪、衣食住行、生产社交等各方面都得以世代传习和演绎。

岁时节令中的春祈秋报　古人认为万物生长，全靠地神的恩赐和佑助。《孝经》说："社者，土地之神，能生五谷"；又说："社者，五土之总神。土地广博，不可遍敬，而封土为社而祀之，以报功也。"《礼记》说："社所以神地之道也。"古人认为，社神是孕育农作物的丰产之神，保佑风调雨顺、庄稼丰收。周朝每年举行三次国祭：第一次是仲春祈谷，春耕时节祭社，祈求一年的好收成，叫作"春祈"；第二次是中秋报谢，八月收获时节祭社，向社神报告收成并感谢恩赐，叫作"秋报"；第三次是年终祭社，庆祝一年的收获，祈求来年丰收。在朝廷举行春祈秋报的同时，民间也举行隆重的祭社活动。因此，春社、秋社两个社日成为很热闹的节日，实际上也就是民间收获的节日，即丰收节。乡村的土地制度、水利制度、集镇制度、祭祀制度，都是依据这一周期创立，并成为民众自觉遵循的生活模式。农事活动和岁时节令往往与社稷祭祀相联系，反映着人们的祈愿和追求。

4. 人生礼仪中的黍稷信物

黄河流域以粟为主粮，民间很自然会将粟作为普遍信仰的崇尚之物，进而产生谷物图腾。在黄河流域源远流长的乡村风俗中，民间的婚丧嫁娶等各项人生礼仪都有着粟的身影、粟的身价。

在中原传统民俗中，五谷总是与婚礼习俗相伴相随。宋代高承编撰的类书《事物纪原》记述了汉武帝聘李夫人时，由宫女撒粟米的故事。后世中原地区的传统婚礼，有撑红伞撒米的习俗。迎亲的当天，伴娘在新娘头顶撑开一把红伞，并向天空及伞顶撒小米。晋南婚俗，新娘下轿时，人们要撒五谷唱喜歌："撒五谷的女子生得俏，五谷盘子怀中抱。迎着新人撒三把，好似仙女撒金花。一撒金，二撒银，三撒新娘有福人。"这里，人们将谷物视若金银。陕西韩城婚礼上至今仍有"燎轿"环节。在迎亲婚车出发前，男方家长手持点燃的干草，围绕婚车转一周，并往车上撒些五谷，女方家长在女儿上车前亦如此。这是"火燎轿撒五谷"的习俗。陕北一些地方婚礼闹洞房，有"揣糜子"的游戏。[②]

---

① 李星星. 粟（小米农业）经长江上游南传的途径与方式［J］. 中华文化论坛，2005（4）：69-75.

② 乔林晓. 谷子糜子［N］. 人民日报（海外版），2013-02-27（24）.

同样，家里生子添丁，也以五谷作为吉祥嘉礼。古时有以粟米为图腾物的氏族，妇女生孩子时在带谷穗的谷草堆上分娩，称为"坐草"，孩子降生称为"落草"。"坐草"后，要将谷草插在大门或其他显要的地方，以供人们崇敬与祈祷。某家大门插上谷草后，生人不得随意进入，否则会惊动"谷魂"，对婴儿不利。目前，"插谷草"作为一种风俗仍残留民间，并衍生出一些新的意义来。在黄河中下游地区，孩子落地后，在大门上方插上谷草。"生男，插有根者；生女，插无根者。"一是告诉邻里这家生小孩了，生男生女，一看谷草便知；二是作为"暗房"（即产房）的标识，提示不该进来的人就不要进来了。在北方农村，"插谷草"衍生出盼丰收、报母恩、追求功名等意义。

粟米也作为陪葬的冥物。数千年来，中原先民有用谷物随葬的传统。《礼记·祭义》说："父母既殁，必求仁者之粟以祀之，谓礼终。"新疆小河墓地发现死者身上身下散置黍粒、麦粒。据杜宝《大业拾遗录》记载，隋朝吏部侍郎杨恭仁欲改葬学士舒绰，曰："此所拟之处，掘深五尺之外，亦有五谷。若得一谷，即是福德之地，公侯世世不绝。"[①]

以上的节日习俗和民间信仰，在乡村社会有着教化、训导功能。周期性的节日庆典给人们带来了物质生活的改善，蕴含着重视农业丰收、珍惜粮食等思想，也包含着祈福等信仰内容，带来了精神的慰藉、愉悦，是人神共欢的舞台。作为一种集体祭神仪式，它们显示了社区群体的存在、团结和力量，这种共同信仰是把全社区居民联为一体的文化黏合剂。[②]

5.黄河流域的传统丰收节日

黄河流域的民间丰收习俗，起源早，影响大，始终是引领中华民族大家庭的文化高地和精神向导。形成并流传于黄河流域特别是中原地区的丰收民俗很多，这里略举数例，以为史证。

春祈丰收的人日节　相传中国自汉朝开始有人日节俗，魏晋后日渐隆盛。成书于西汉的《东方朔占书》说："女娲初创世，定正月初一为鸡，初二为狗，初三为猪，初四为羊，初五为牛，初六为马，初七为人。"所以，后世各地的人日节都在正月初七举行。初七人日之后，初八是谷日，"其日晴则兆丰稔，阴则灾"。民谚有"初八天光光，秋后粮满仓"之说。人日节在六朝时，流传于东晋国都建康（今南京）。后来历经南朝宋、齐、梁、陈的更替，人日节的习俗就传遍了江南，直达岭南。《荆楚岁时记》记载："正月七日为人日，以七种菜为羹。剪彩为人，或镂金箔为人，以贴屏风，亦戴之头鬓。又造华胜以相遗。"后来，江南各地普遍定正月初七为人日，初八为谷日，初九为天日，初十为地日。"人视此四日之阴晴，占终岁之灾祥。"民俗中都以初七人日之后四天的阴

---

①　张云，王慧军.中国粟文化研究［M］.北京：中国农业科学技术出版社，2014：231.

②　刘毓庆，柳杨.晋东南炎帝史迹及其对华夏文明探源的意义［J］.晋阳学刊，2005（4）：20-25.

晴作为占卜年成丰歉的卜相，认为晴则岁丰吉祥，阴则饥馑灾异。

十月初十丰收节　相传农历十月初十是东汉蔡伦诞辰，后来演变为庆祝丰收的节日。民间以十月初十为"十全十美"的吉日，实（十）打实（十）招财进宝，丰衣足食。人们在这一天庆祝丰收，祭祀丰收之神炎帝神农氏，供奉谷王爷。这一天，也是年轻人结婚的吉日，为的是求得"十全美婚"。十月初十，正是秋收后的农闲时，亲朋好友欢聚一堂庆祝丰收，共享丰收喜悦。

腊月二十三日送灶节　又称"灶山节"，取其谐音称为"枣山节"。这是一年中最后一个节日。民间传说，黄帝、炎帝死后，转为灶神，日夕察看人间善恶。每到送灶节，灶神就要腾云返回天廷"白罪"，意即向玉皇大帝述职禀报。于是百姓要在腊月二十三夜晚，包上饺子，为灶神送行，祈求"上天言好事，回宫降吉祥"。可见当时也是以吃饺子为常俗，故敬为献祭食品。[①]流行于山西、陕西等地民间的"三月三，扳枣山"习俗中，有一种比馒头大的枣山大馍，大半尺，高可尺余，用于祭祀时更有高达二三尺者。大馍顶部加盖面筋做的花纹，其上置一颗大红枣。民间蒸枣山大馍，取意米面堆如山，象征粮食丰收。[②]

---

① 王志艳. 八千年文明看河南：走进河南文明［M］.哈尔滨：黑龙江人民出版社，2006：70.

② 符马活. 结字录：汉字里的格局与人生［M］.北京：朝华出版社，2016：160.

第三章

稻作与中华丰收文化

中国新石器时期的稻作遗址，在空间分布上不断扩大，以长江流域为中心，分别向北方的黄淮流域和南方的珠江流域扩展；在起源时间上不断提前，最早的稻作遗址距今已超过万年。与农耕文化相伴而生的稻作丰收文化，真正是中华丰收文化的另一条重要根脉。

中国在唐代中期以前，一直以粟类为主粮。唐代安史之乱后，南方稻作区成为国家经济中心，粟米逐渐退出主粮地位，代之而起的是稻米。今天的农民丰收节，更多继承了稻作民俗的丰收意涵，更多的是祈望稻米丰收。

第一节　中国稻作农业的起源和神话传说

历史文献中，对稻作文化的记载较粟作文化要少得多，原因就在于中国文明早期的文献多出自北方史家、儒家之手。直到 1973 年和 1976 年，对浙江余姚河姆渡遗址进行了两次大规模的科学考古发掘，出土的水稻遗存和稻作农业工具，年代为距今约 7000 年，早于黄河流域非常著名的仰韶文化和半坡文化，在世界考古界引起很大震动。自此，长江流域的史前考古、农业考古、稻作考古成为热点、焦点。此前近乎定论的中华文明起源于黄河流域的观点，迅速被长江流域的稻作考古发掘所改写，代之而起的是黄河流域和长江流域共同孕育中华文明的新观点。

一、野生稻的类型和分布

水稻的驯化和栽培，要比黍、粟的驯化复杂。因为水稻的野生种类及其分布，远比黍、粟复杂。全世界"稻属"下的"种"约有 25 个，其中栽培种仅 2 个，即亚洲栽培稻和非洲栽培稻。现代普通野生稻在中国境内的分布，南起海南省三亚市，北至江西省抚州市东乡区，东至台湾省桃园区，西至云南省盈江县。普通野生稻以多年生宿根繁殖为主，结实少，谷粒小，收获指数不超过20%；一年生野生稻以种子繁殖为主，收获指数可达60%。

中国先秦古籍称野生稻为"秜"。东汉的《说文解字》说："稻今年落，来年自生，曰'秜'。"稍晚成书的《齐民要术》引述今已亡佚的古书《字林》说："稻今年死，来年自生，曰'秜'。"这两种看似内容相似的解释，实则反映了中国古代存在一年生和多年生的两种野生稻，与今天的科学考察结果相一致。古籍中的记述差别是，《说文解字》说的是"稻今年落"，是种子落下，说明是一年生的野生稻；而《齐民要术》引《字林》说的是"稻今年死"，是稻秆枯黄死掉，说明是多年生野生稻。古汉字中还有一个"穞"字，也可以写作"旅""稆"，都是修饰语，是野生的意思，所以穞稻、稆稻、旅稻就是野生稻，穞麦、穞豆就是野生麦、野生豆。而"秜"则专指野生稻。

遍检中国古籍，有关野生稻的记载，共发现13处。但是很难与自然界的野生稻进行对应考辩。近年研究者对野生稻与栽培稻的缘属关系开展了多层次的植物学研究，为重新认识和解读中国古籍记载的野生稻，揭示稻作历史面貌，提供了路径和方法。

中国所处的北半球，在距今8500年至3000年的全新世阶段，是一个大暖期，尤其是距今7200年至6000年间是大暖期中的稳定暖湿阶段。当时华北地区远较现在温暖湿润，雨量较现在丰富，河流湖泊众多，野生稻的分布比现今所见的北界还要偏北。这一点从当时的植被种类偏于温带至热带型，也可以得到证实。虽然新石器时代遗址出土的稻谷遗存很多，但只有长江流域的河姆渡遗址和黄河流域的贾湖遗址两处出土了个别被鉴定为野生稻的谷粒。考古中很少或几乎没有发现野生稻谷遗存的情况，表明当时的栽培稻田和野生稻沼泽地已经有了生态环境上的隔离，同时也表明当时人们已主要以栽培稻为食粮，因此先民的居住遗址中没有发现野生稻的谷粒。[①]

有趣的是，在中国最早的成熟文字甲骨文中，没有看到"稻"字。但是，贾湖遗址的稻作考古说明，殷商时期黄淮流域已经种稻。既已种稻而没有造出"稻"字，这在文化史上是不合常理的现象。精通国学的农史学家游修龄教授从甲骨文中找到了深藏不露的"稻"字，只是它的字形不是今天的"稻"形。当时的"稻"字，被混在"黍"中，因此几千年来都没有被后人认出来。甲骨文中的"黍"字，出现的次数很多。其字形基本上分成两类。一类是带"水"旁的"黍"字，另一类是不带"水"旁的"黍"字。带"水"之"黍"应即稻，而不带"水"的"黍"才是今天所指的黍。[②]也就是说，在殷商时期，不独南方种稻，黄河流域也种稻。只是当初负责造字的先贤们，认为稻就

① 游修龄.中国稻作史［M］.北京：中国农业出版社，1995：6–12.
② 游修龄.稻作史论集［M］.北京：中国农业科技出版社，1993：202–207.

是种在水中的黍，都是日常的粮食。既然已经造出了旱地种植的"黍"，在它旁边加个"三点水"来表示"稻"，不就行了吗？这样的造字办法，真是纪实省功的大智慧，令人叹为观止。

与水稻起源相映衬的是，中国第一部关于水稻的专书《禾谱》也是迄今所见中国最早的水稻品种志。作者是北宋时期的泰和人曾安止。《禾谱》对水稻的"总名""复名""散名"做了分析，清晰地指出古今水稻名实之间的联系与差别。尤其可贵的是，作者能对古今水稻的异名进行辨析，比较古今水稻品种之间生物学特性的差异。现存《禾谱》载有籼粳稻 21 种（其中早稻 13 种、晚稻 8 种）和糯稻 25 种（其中早糯 11 种、晚糯 14 种），共 46 种，加上被删削的，共有 56 种。[①]

二、野生稻的驯化和选育

人类在将野生稻驯化成栽培稻之前，经过了一个漫长的自然采食阶段。人类学田野考察发现，在南亚的一些地区，目前还有采集野生稻为食粮的传统习俗。采集的方法有两种。一种是收获之前，先到沼泽中把稻穗捆成束，然后拿篮子逐个地将成捆的稻穗弯转到篮子里，同时轻轻敲打，即可获得稻粒。另一种方法是，拿一个敞口的布袋，在稻穗上面反复兜过去，谷粒即落在袋里。因野生稻的成熟期不一致，必须分次收获。据此可以推测，原始人在采集过程中已注意到，野生稻存在很容易掉粒、成熟期不一致、谷芒太长、不便于脱粒加工等缺点。后来，人们进行驯化选育时，自然就会有意识地避免野生稻的缺点，专门选择那些谷粒不易掉落的穗子、成熟期较一致的穗子、谷芒较短甚至没有芒的穗子。人们有意挑选那些具备目标性状的谷粒和穗子，经过持续多个生长世代的定向选育，便会获得不易掉粒、成熟期一致、短芒或无芒的植株。当然，实践中，人们所进行的选择远非如此简单，其中还需要考虑诸如米粒、形状、色泽、食味等因素，甚至还要符合祭祀之用。人们按照自己的意愿去选种繁殖，在水稻的后代中再进行反复的选择，最终育成了符合期望性状组合的理想品种。

早期的栽培稻为什么大多出现在长江中下游北纬 30° 附近？历史文献和考古事实一再表明，南方的原始农业是从块根类的芋头、薯蓣等作物开始的。继芋头、薯蓣以后，人类种植的是粟、黍、薏苡等，水稻是后来取代粟类登上主粮地位的。所以讨论水稻起源地不能没有野生稻存在这个大前提，但野生稻并不是唯一的大前提。因为原始居民仍然要通过狩猎获得动物性食物。食物来源既然通过林地采集、狩猎和少量种植可以得到满足，自然没有必要想到采集和加工都很麻烦费力的野生稻。也就是说，长江流域

---

① 彭兆荣. 线性是脉　社稷是魂——论国家文化公园之"中国范式"［J］. 中国非物质文化遗产，2022（1）：93-99.

以南的岭南地区缺乏驱使人们驯化栽培水稻的压力。长江中下游成为最先驯化出栽培稻的区域，是一种历史的必然。长江中下游地区属于江河湖泊密集的地带，既是野生稻分布的北部边缘，又有着丰富的野生稻群落，它们早已是人们采食的粮食。人们在采食过程中进行有意识的人为育种选择，便有了自然资源的可能性和现实需求的紧迫性。这就是长江流域水稻驯化栽培发源的原因。

三、稻作的起源与传播

中国是世界上最早将野生稻驯化为人工栽培稻的国家。中国人对稻的驯化可能始于距今 1.5 万年前后。当时正值晚更新世以来全球最寒冷的时期，先民为应对食物短缺的危机，开始有意识地选择野生稻进行采集和培育，华夏稻作农耕文化由此开始。2016 年 11 月，中国科学院院士谢华安、中国工程院院士颜龙安等一批水稻科技界和农业考古界的专家学者在"2016 年科技论坛——中国稻作起源地学术研讨会"上经过反复研讨，郑重联合签署了一份被称为"万年宣言"的《科学家建议》："我们认为，中国栽培水稻起源于 1 万年前的以江西省万年县仙人洞和吊桶环遗址为代表的长江中下游及其周边地区和以南地区。"[1]

迄今为止，新石器时期水稻遗址的年代，经测定在 12000 年以上的有湖南省道县玉蟾岩遗址、江西省万年县仙人洞和吊桶环遗址。

炭化稻谷遗存的分布集中在长江中游，其次为长江下游。似乎黍、粟和稻在发展的时间和空间方面，呈现出并驾齐驱的历史迹象。在探索某种作物的起源地时，往往以出土该种作物遗存最早的考古遗址作为首先考虑的对象。20 世纪 70 年代末，因河姆渡遗址发现了最早的水稻遗存，因此即以河姆渡为中国的水稻起源地，由此向四周传播。80 年代末至 90 年代，汉江上游和长江中游的舞阳贾湖、澧县彭头山等遗址发现的水稻遗存，年代更早于河姆渡，于是考古学界又倾向于认为长江中游或中下游是中国稻作起源中心，稻作由此向四周传播。

现在的考古发掘已经把稻作起源推到距今 10000 年前。那时候，长江中下游生活着什么氏族？黄河中下游生活着什么氏族？彼此间如何交流融合？考古学只能告诉我们那是什么文化，如裴李岗文化、仰韶文化、龙山文化、河姆渡文化，等等。它们区别的标志是陶器，诸如彩陶、黑陶、印纹陶；或者是石器，诸如石铲、石镰、石磨盘、磨棒石杵和石臼，等等。总之，考古学借以区别不同文化类型的是物而非人，而任何文化包括稻作文化的传播，都离不开人。

---

① 胡晓军. 中国栽培水稻源自江西万年 [N]. 光明日报，2016-11-29（9）.

稻作北移或黍粟南下，都不是一朝一夕完成的。它们要经历一个相当长的时期，年复一年，从小规模的迁徙、聚居、交流，逐渐扩大范围。贾湖遗址地处淮河上游，贴近黄河中游，已经出土了新石器时代早期的稻谷遗存。这为探讨、考证水稻的起源地点和传播路径增加了难度。稍往后，到了龙山文化、良渚文化时期，部族间的交往或战争渐趋频繁，石器和陶器形制的变化，出现了相互影响的痕迹，自然也意味着稻作文化和粟作文化的交流日趋平常。稻作在龙山文化中的落户，遂为稻作进一步向朝鲜、日本传播奠定了基础。朝鲜和日本稻作遗址的年代都较龙山文化为晚，客观地证明了这一点。朝鲜和日本成为中国稻作东传的终点站。[①]

从国内的地域类型和局部地区考察，可以看到，原先采行刀耕火种原始农业的山地，人们往往先在山上种陆稻，后来下到平地才改种水稻。根据对云南少数民族的调查，现在的傣族以种植水稻并以擅长灌溉技术著称，但是在清代嘉庆《临安府志》关于"纳楼土司"的记载中，当时傣族"居山者为旱摆夷[②]，种旱稻，用火耕"。景颇族、阿昌族也存在类似的经历。[③]

游修龄、曾雄生在《中国稻作文化史》一书中认为，长江中游和下游是迄今为止发现的最早的两个平行的稻作起源地区，"它们分别向北方和南方传播稻作，通过长江中游把水稻引向北方黄河流域的河南、陕西一带，通过长江下游把水稻引向黄河下游的山东，淮河下游的苏北、皖北一带。相反的方向是向东南沿海、台湾和西南传播"。[④]

四、稻米的籼与粳亚种的分化

稻是从多年生普通野生稻驯化而来，有水稻和陆稻之别，还有籼、粳亚种的区分。不过，水稻和陆稻不是亚种级的区别，只是生态类型的不同。在现今残存的刀耕火种农业中，各种作物混播占很大比例，陆稻常常和粟、黍、龙米、土米、薏苡等混种。陆稻和水稻的不同，只在于水稻的茎秆到根部存在发达的通气组织，向根系输送氧气，陆稻的这种通气组织则不发达。二者的其余生长习性都没有什么差别，陆稻也可以当水稻栽培。

追溯原始的稻作，是先有籼稻还是先有粳稻？或两者都有？考古发掘出土的众多稻谷遗存，有的全是籼稻，也有的全是粳稻，但更多的是既非籼稻，亦非粳稻，而是籼稻与粳稻并见于同一遗址中。从遗址的地理分布考察，同样存在与现代稻作分布状况类

---

① 刘芝凤. 中国稻作文化概论［M］. 北京：人民出版社，2014：40.

② "旱摆夷"是元明时期对傣族依山而居者的称谓。——引者注

③ 李根蟠，卢勋. 中国南方少数民族原始农业形态［M］. 北京：农业出版社，1987：142–156.

④ 游修龄，曾雄生. 中国稻作文化史［M］. 上海：上海人民出版社，2010：31–32.

似的现象，即出土于黄河流域的都是粳稻，出土于长江流域的籼稻、粳稻都有，出土于南方的则以籼稻为主。

早在 20 世纪 50 年代，水稻遗传育种家丁颖教授根据云南省和贵州省的籼、粳分布规律对二者起源做出的解释是，人们从低海拔和低纬度地区的野生稻中驯化选育出来的当是籼稻，随着水稻向海拔升高或纬度偏高的方向传播，便选出了耐寒的粳型稻来。[①]这个理论的要点是先有籼稻，后有粳稻，粳稻是从籼稻中分离出来的。

如果一个遗址中出土的谷粒数量很多，例如河姆渡遗址，可以用统计分析方法提高谷粒长宽比测定的可靠性，从而研判亚种。但多数考古遗址出土的稻谷数量都很少，甚至只有几粒，这种情况，除非属于非常典型的完整谷粒，否则很难采用谷粒的长宽比测定来进行研判。为此，进一步改善鉴别方法，即成为研究手段的重点之一。近年发展起来的新方法已不少，如利用电镜观察谷粒外颖表面的双峰乳突的差异，其准确率较之谷粒长宽比测定大为提高。

五、关于稻作起源的神话传说

在考察水稻起源的路径和方法中，除了上述的野生稻分布状况、考古遗址和文献记载，第四种考察资源就是世代流传的神话故事。我们可以从口口相传的活态资料中，看到远古人类认识和驯化水稻的星星点点历史印痕。

1. 民族传说中的农神

世界各地传说中的农神，一般都是女性，如埃及的伊西斯女神、希腊的德墨忒尔女神、罗马的科瑞斯女神、印度尼西亚的露·斯里女神、泰国的湄公母等。农神之所以都是女性，是由于农业起源于母系氏族社会，她们正反映了早期的原始农业社会的性质。根据游修龄先生的推测，中国的神农原初也应该是女性，之所以后来会变为男性，是因为中国文字的发明是在进入父系社会以后的事。这时候，男性主导社会，因此中国古籍中文字记载的神农，很自然地变为男性。

但是，在中国民间传说中，保留了文字出现之前的农神，有许多是女性。例如，蚕神嫘祖便是女性，而且相传她是黄帝的妻子。在中国少数民族中保留有更多女性农神。云南省的纳西族有"狮子山女神会"，按当地的传说，狮子山是女神的化身，她掌管远近一带的人口、农业生产和牲畜，还管辖着周围的男山神，她会保佑人畜平安，五谷丰登。[②]

在浙中和浙东地区的一些农村，在 20 世纪 50 年代之前，还普遍流行对女性五谷

① 渡部忠世. 稻米之路 [M].尹绍亭，等译. 昆明：云南人民出版社，1982：141-152.
② 高占祥. 中国民族节日大全 [M].北京：知识出版社，1993：390-391.

神和稻神的崇拜，形式多种多样，如奉化民间过去有青秧庙，庙神是秧姑娘和稻花仙姑，每逢节日，有祭祀祈求活动。[①]

2. 关于稻谷起源的传说

中国民间关于稻谷起源典型的传说是，在一次大洪水以后，天帝派动物送稻谷给人吃，只有狗成功地将稻谷送到人手里。当狗在水中游泳前进时，它所带的稻谷慢慢地都被洪水冲走了，只有粘在尾巴上的稻谷没有冲走。所以，此后人们种植的稻谷都是长在稻茎的顶端（尾巴）上的。这个传说流传于四川、湖北、广东和江苏等省。广东省有些地方的这个传说，是把狗换成老鼠。[②]

3. 民间对丰收的祈愿与信仰

在中国南方地区，因特殊的气候和地理位置，这里的稻作文化与海洋文化互相促进、融通，产生了浓重的敬神畏鬼、万物有灵的民俗心理，形成了稻作与渔业共通的、多神共祭的民间习俗和信仰崇拜。南方民间信仰的神灵有天公、观音、文昌神、财神、灶神、八仙、土地神等。与稻作文化最贴切的民间信仰是蛙神崇拜、蛇神崇拜和猴神崇拜，各地都建有相应的蛙庙、蛇庙和猴庙。比如，千年古镇樟湖每年农历七月初七是蛇王节，七月二十一是蛙神节，全村人都会抬着神灵轿巡境。民间祭祀众多的神灵，都是祈求阖家平安、风调雨顺、五谷丰登。[③]

4. 谷神崇拜

谷神崇拜的起源，与原始图腾崇拜有关。从事农耕的民族，把自己赖以生存的粮食作物奉为神明，加以膜拜，是一种起源古老又十分常见的信仰现象。在汉族和中国南方的很多少数民族中，普遍存在着对五谷神的崇拜。越是原始的谷神膜拜，仪式越是复杂。例如，德昂族的"祭谷娘"，要在种谷和收谷的每个季节和每道工序之前进行祭祀，这些祭祀都有一套琐细的礼仪。[④]汉族的五谷神祭祀，一般都在收获季节举行，由于各地农收的时间不同，祭祀时间也有先后。在南方各地的庙宇中，不论是妈祖庙、关帝庙还是城隍庙，在附殿内或副神中，多有五谷神（神农）或稻神供人祭奉香火。

5. 龙神崇拜

龙神崇拜也称龙王崇拜。龙王在人们的心目中是施云布雨的神仙。水稻以水为命脉，祭土地自然也少不了祭龙王。因此，龙王庙在各地，尤其是在缺水的山区，随处可见。江西省湖口县付垅乡王屋周村是一个汉族稻作民族村，虽然湖口县位于鄱阳湖与长

---

① 姜彬. 稻作文化与江南民俗［M］. 上海：上海文艺出版社，1996：644-646.

② 游修龄，曾雄生. 中国稻作文化史［M］. 上海：上海人民出版社，2010：383.

③ 刘芝凤. 中国稻作文化概论［M］. 北京：人民出版社，2014：187.

④ 乌丙安. 中国民间信仰［M］. 上海：上海人民出版社，1995：241.

江的交汇处，但付垅乡却在该县远离江湖水的山区之中，故这里除了供土地庙，还供奉龙王庙。据村内老人介绍，每年的祭礼非常隆重。立夏前，要抬庙里的菩萨到田地里转一圈，途中有仪仗队敲锣打鼓扛彩旗开路，除了走村串户巡境舞龙灯，还要包粽子，做糕点，搭台唱当地的民间戏剧清阳戏，少则三五天，多则十天半个月。该村的周姓和王姓抬菩萨的时间不同，周姓多在农历五月初十，王姓多在农历五月二十五。总之，祭礼多在春节期间和农历五六月缺水季节举行。祈雨仪式，要请出当地寺庙的主神关公、保生大帝、神农、土地公等。庙左边设主雨坛，在四方桌上安放一口水缸，贴一张写有"五湖四海龙王前来行云作雨龙神到此显"的两寸宽纸符。

6. 太阳崇拜

太阳崇拜是一种普遍存在的社会现象。太阳给人类以无限的遐想，与此相应，人们敬仰太阳，崇拜太阳，向太阳祈祷，创造出难以计数的令人激动不已的太阳神话。太阳神话是一切神话的核心，一切神话都是由太阳神话派生出来的。太阳"从仅仅是个发光的天体变成世界的创造者、保护者、统治者和奖赏者，实际上变成一个神，一个至高无上的神。"[①]在中国传统文化中，太阳是男性阳刚之气的象征。巡行中的太阳有时也被人们理解为一只正在飞行的鸟，它的名字叫"三足乌"。每年的二月初二，人们还会做太阳饼来祭祀太阳，俗称"太阳钱粮"。

7. 土地崇拜

土地既是万物生长之源，也是人类生存之本。也就是说，无论是人类早期的采集时代、狩猎时代，还是稍后的原始农耕时代、畜牧时代，土地对人们的生产和生活起着至关重要的作用。人们所赖以生存的一切，都取之于大地。土地有灵的观念就是在这种环境和影响下产生的。稻作地区对土地的崇拜主要体现在对土地庙的祭拜上。因为无论是旱稻还是水稻，稻田都离不开土地的支撑，所以土地祭拜在稻作地区是一项非常重要的活动。中南、西南、华南等地的稻作民族地区，有的村寨就有土地庙祭坛，只是祭坛的简陋或奢华根据该地的经济情况而定。有的地方仅用几块石头垒起祭拜，有的地方则修了小屋或气势如宫殿般的庙宇进行上堂祭拜。

8. 巫傩崇拜

2005 年国家文物部门公布的全国十大文物考古新发现中，第一项是浙江嵊州小黄山遗址。遗址面积 5 万多平方米，是目前长江中下游地区距今 9000 年前后规模最大的聚落遗址。这说明 9000 年前长江中下游的稻作地区就已经是人口密集地区。在 7800 年以前，洞庭湖进入长江的湖口一带，巫傩文化就十分普及和鼎盛了。第二项考古新发现

① 缪勒. 宗教的起源与发展 [M]. 金泽，译. 上海：上海人民出版社，1989：186.

是湖南高庙文化遗址出土的农耕祭祀文物。[①]当人们征服不了大自然时，因为需要而产生对鬼神的信仰，这就有了对太阳、雨、雷、电、土地、谷神等自然神的图腾崇拜，也就产生了巫傩文化。[②]高庙文化遗址出土了部落首领级的夫妻并穴墓和四人合葬墓等重要遗迹，发现了本区域新石器时代巫傩文化谱系的遗存。这使人们不难理解"楚巫"之盛的根由。高庙文化遗址出土的傩画足以说明古楚地的巫傩之风早在新石器时代初期就已经十分盛行了。

信仰可以使人们产生心灵的皈依。其一，人是群居动物，共同的祖先崇拜很容易使人产生亲情认同，进而使共同的信仰成为维系整个社会群体的精神纽带；共同的英雄神崇拜，也很容易使人产生共同的精神追求、价值标准和行为准则。其二，信仰可以给人以安慰。人们通过对鬼神、灵魂的崇拜，产生出灵魂不死的观念，克服面对死亡的恐惧。他们相信，死的只是肉体，而灵魂将获得永生。因而，对于古人而言，死亡并不那么可怕。其三，信仰可以给人强有力的安定感。人们相信世界上存在超自然的神秘力量，在无能为力的时候，可以通过祈祷获得希望，获得精神上的解脱。[③]

第二节　中国稻作考古遗址的时空分布

中国考古发掘的新石器时代遗址中，如果以发现有炭化的稻谷、米，有水田遗址，或者有稻的茎叶、孢粉及植物硅酸体等遗存作为稻作考古遗址的标准，在 20 世纪 80 年代以前发现 78 处[④]，90 年代增至 97 处[⑤]，21 世纪初，据裴安平综合统计，已达 182 处。[⑥]

在新石器时代稻作考古遗址数不断增加的同时，遗址在空间的分布上随之不断扩大；在时间上也不断提前，至今已突破万年。稻作考古遗址上至距今 10000 年前，下至距今 4000 年前，时间跨度超过 6000 年。但是，在稻作起源上，由于将野生稻驯化为栽培稻的过程的交叉复杂性，以及遗址发掘的随机性，单纯按年代先后判断稻作起源地，是不足为凭的。[⑦]

---

① 贺刚，陈利文. 高庙文化及其对外传播与影响［J］.南方文物，2007（2）：51-60+92.

② 刘芝凤. 中国稻作文化概论［M］.北京：人民出版社，2014：23.

③ 苑利，顾军. 中国民俗学教程［M］.北京：光明日报出版社，2003：55.

④ 游修龄. 中国稻作史［M］.北京：中国农业出版社，1995：21-24.

⑤ 卫斯. 卫斯考古论文集［M］.太原：山西古籍出版社，1998：39-51.

⑥ 裴安平，熊建华. 长江流域的稻作文化［M］.武汉：湖北教育出版社，2004：36-46.

⑦ 游修龄，曾雄生. 中国稻作文化史［M］.上海：上海人民出版社，2010：30.

一、稻作考古遗址的年代序列

由于考古鉴定技术的进步，现在可以在没有稻谷（稻米）遗存的条件下，从土层中寻找稻叶的硅酸体，从而找出栽培稻的证据，并分辨其为籼亚种或粳亚种。以下分别是新石器时代早期、中期和晚期的稻作遗址，表明许多地区在不同时间先后进入了原始农业阶段。

1. 新石器时代早期稻作遗址

湖南道县玉蟾岩遗址　玉蟾岩遗址是 1988 年发现的，位于湖南省道县寿雁镇白石寨村附近，经过 1993 年、1995 年、2004 年三次考古发掘，具有全新世初期华南洞穴堆积，呈现出由旧石器文化向新石器文化过渡的特征，以及冰后期气候转暖时人类生活的特征。该遗址的碳 –14 测定年代为距今（12320 ± 120）年。经 1993 年和 1995 年两次发掘，出土了共 4 颗稻谷壳，土样中还发现稻属植物硅酸体。出土稻谷的稃毛长度处于普通野稻与籼稻之间，表现出一种纵向缩短的趋向。出土稻谷的双峰乳突形状及其各项指标却与粳稻相似，并保持了江永县普通野稻的原始状态（江永县在玉蟾岩附近，至今还有普通野生稻分布①）。出土稻谷外稃无芒，完全不同于普通野稻，表明已具栽培稻的性质。根据这些特征显示的迹象可以推定玉蟾岩出土稻谷是一种兼有野、籼、粳综合特征的从普通野稻向栽培稻初期演化的最原始的古栽培稻类型，定名为"玉蟾岩古栽培稻"。②2004 年 11 月，一支经国务院批准，由中国和以色列联合组建的"中国水稻起源考古研究"考古队，对玉蟾岩遗址进行首次国际联合发掘。历时 1 个多月，终于在玉蟾岩堆积层中又发现了 7 颗古栽培水稻稻壳，经专家鉴定，其栽培年代距今约 12000 年。

江西万年仙人洞和吊桶环遗址　从 20 世纪 60 年代起，仙人洞和吊桶环遗址先后经历了 5 次考古发掘，其中 2 次是中美联合进行农业考古。这 5 次发掘科学完整地揭示了人类由旧石器时代向新石器时代过渡的地层堆积。两处遗址属于旧石器时代末期至新石器时代早中期的完整地层序列。也就是说，它们提供了一个研究人类如何从旧石器时代过渡到新石器时代的完整文化演进的地层。这种科学完整的地层堆积，从目前已知的考古资料看，不仅在中国少见，在世界上也是罕见的。

仙人洞和吊桶环遗址考古报告揭示，对两洞穴发现的栽培稻植硅石和水稻孢粉进行的分析，表明它们是现今所知世界上年代较早的栽培稻遗存之一，它与湖南道县玉蟾岩遗址和浙江浦江上山遗址发现的距今 1 万年的栽培稻交相辉映，昭示着长江中下游地

---

① 游修龄，曾雄生. 中国稻作文化史［M］. 上海：上海人民出版社，2010：28.

② 袁家荣. 湖南道县玉蟾岩 1 万年以前的稻谷和陶器［M］// 严文明、安田喜宪. 稻作、陶器和都市的起源. 北京：文物出版社，2000：31–41.

区是中国乃至世界稻作起源地。对仙人洞和吊桶环遗址出土的植硅石进行分析，表明从距今 1.7 万年开始就出现了大量的野生稻。由于出土的植硅石多数属于稻谷壳的类型，所以有专家认为这是人类最早食用野生稻的证据。碳 –14 测年数据表明，遗址栽培稻植硅石的时间大约是距今 1.2 万年。因此这里的人们开始栽培水稻的时间至少在距今 1.2 万年以前，这是目前世界范围内已知最早的稻作农业证据。由于它的发现，可把植稻农业及陶器的起源，以及新石器时代的开始，推到公元前 1 万年以前。

广东英德市牛栏洞遗址　1996 年，中山大学人类学系和英德市文化局、市方志办、市博物馆等单位的文物考古工作者对英德市境内的重点文物遗存进行了复查，并对牛栏洞遗址进行试掘，发掘面积约 20 平方米，获得了一批打制石器、少量磨制石器和陶片，以及大量的动物骨骼，确认这是一处具有重要意义的距今 1 万年前后的史前时期洞穴文化遗存。在考古探穴中发现了水稻硅酸体。经鉴定，确认是迄今发现的岭南地区最早的水稻遗存。

浙江浦江县上山遗址　中国距今万年以上的新石器时代早期遗址，如上述江西万年仙人洞和吊桶环遗址等是以滴穴、山地遗址类型为主，而上山遗址位于浙中盆地，四周平坦开阔，是人类早期定居生活的一种新的选择。2000 年 9 月至 2001 年 1 月，在浙江中部的浦江县发掘上山遗址，年代经碳 –14 测定为距今 11000 年至 9000 年，较河姆渡遗址又提前 3000 年，使稻作起源的早期地点与长江中游的彭头山八十垱遗址并驾齐驱，各自发展为长江中游和长江下游环太湖流域宁绍平原两大并行的稻文化源流。上山遗址出土的夹炭陶片的表面，发现较多的稻壳印痕，胎土中夹杂大量的稻壳。对陶片取样进行植物硅酸体分析显示，这是经过人类选择的早期栽培稻。上山遗址具有明显的由旧石器时代向新石器时代过渡的特征。该遗址还发现了结构比较完整的木构建筑基址，反映了长江下游地区在新石器时代早期农业定居生活发生、发展中的优势地位。

湖南澧县彭头山八十垱遗址　彭头山八十垱遗址位于湖南省澧县梦溪镇五福村夹河北岸，面积约 3 万平方米。遗址可分早、中、晚三期，文化堆积主要属彭头山文化时期，距今 8500 年至 7500 年。湖南澧县彭头山八十垱遗址不仅在陶片中发现了大量稻壳和稻谷，1996—1997 年更在遗址边缘的古河道淤泥中，出土了数以万计的稻谷和稻米，形态完好无损。据对谷粒形态及外稃双峰乳突的观察，这些稻粒群体中约 51.1% 的粒长接近粳稻，72.9% 的粒宽接近普通野生稻，91.7% 的谷粒长宽比又与籼稻接近。有些谷粒的粒形似籼稻，而外稃的双峰乳突似粳稻。在彭头山遗址发现了世界上最早的稻作农业痕迹——稻壳与谷粒，为确立长江中游地区在中国乃至世界稻作农业起源与发展中的历史地位奠定了基础。

河南贾湖遗址　贾湖遗址位于河南省舞阳县贾湖村，是中国新石器时代前期重要遗址。贾湖遗址是淮河流域迄今所知年代最早的新石器文化遗存，距今8000年至7000年。河南省文物研究所在整理贾湖遗址出土资料时，在房基或窖穴的一些烧土碎块内发现有掺和稻壳的印痕，通过扫描电镜的观察和现代稻壳的形态学比较，认为属栽培水稻。在出土的标本上，可清晰地看出三条纵长隆起的印痕和其稃上的长条格状的纹路。稻壳印痕的长宽之比在2以下，具有粳稻特征；也有个别标本的长宽比大于2，具有籼稻的特征。这一发现，不仅把中原地区人工栽培水稻的历史由距今6000年（仰韶文化和龙山文化遗址中有零星发现）提前至距今8000年，而且将使我国的水稻栽培史获得重新的认识。[①]

浙江萧山区跨湖桥遗址　跨湖桥新石器时代遗址位于浙江省萧山区湘湖村，经过1990年、2001年和2002年三次考古发掘，出土有大量的陶器、骨器、木器、石器等文物以及人工栽培水稻遗存。经碳-14年代测定和热释光测年，其年代在距今8000年至7000年。跨湖桥遗址的文化内涵不同于河姆渡文化和马家浜文化，是一种新的文化类型，出土的千余粒栽培稻谷米实物，将浙江栽培稻的历史提前了1000年。

2. 新石器时代中期稻作遗址

湖南皂市下层文化遗址　皂市下层文化因1977年和1981年两次发掘湖南石门县皂市遗址而得名。它主要分布在洞庭湖区的澧水中下游和沅水下游，分布地域较彭头山文化大大扩展。分布最密集的地块是澧县和临澧县境内的澧水北岩，初步统计发现20余处。经过发掘的遗址有石门皂市、临澧县胡家屋场两处。经碳-14测年，年代范围在距今8000年至7000年。皂市下层文化亦发现有水稻遗存。1986年，发掘胡家屋场遗址时，在出土的一件陶支座中发现稻谷颗粒；另外在孢粉分析中发现禾本科植物。皂市下层文化的动物遗存比较丰富，经鉴定有猪、水牛、羊、鹿等动物的遗骸，其中以水牛、鹿和猪的牙齿居多。这些动物是否由人工育养，有待进一步研究。考虑到彭头山文化和城背溪文化皆出现家畜饲养，推测这时期的动物应属于人工畜养；当然，不可排除猎物的可能性。[②]

浙江余姚河姆渡遗址　河姆渡遗址是长江流域新石器时代的代表性遗址，年代为距今7000年前后。河姆渡遗址于1973—1974年及1977年先后两次发掘，出土了大量此前罕见的原始农业遗存，其中最重要的有3项：大量的稻谷、整地工具骨耜和水牛遗骨。河姆渡遗址出土的稻遗存十分惊人，包括了稻谷、稻根、稻叶等各个部位。考古工作者对出土稻谷进行过两次测定。第一次按稻谷的长宽比，鉴别出籼稻和粳稻；第二次取样系完整的谷粒，测定结果和第一次类似，即籼多于粳。这说明河姆渡文化时期，水

---

① 佚名. 河南舞阳贾湖遗址发现栽培水稻［J］. 中国科技史料，1993（4）：48.

② 金则恭，贺刚. 湖南石门县皂市下层新石器遗存［J］.考古，1986（1）：1–11.

稻在从野生稻向驯化栽培稻转化的过程中，正处于开始籼粳分化但没有完全分化完成的阶段，籼稻的比重大于粳稻也证明籼稻是主型，粳稻是从籼稻分化出来的。因为在野生稻的多型性群体中籼型是主要的。

陕西李家村文化遗址　李家村文化因 1960—1961 年发掘陕西省西乡县李家村遗址而被认识并命名，主要分布于陕南的汉水上游。李家村文化的距今年代经碳 –14 测年为（6995 ± 110）年，经树轮年代校正，可能达到 8000 年。遗迹有居址、陶窑、灰坑、墓葬等。生产工具主要是磨制石器，仍有相当数量的打制石器，兼有骨器和陶器。工具的种类有垦荒翻地用的石斧、石铲，以及锛、凿、砍伐器、尖状器、刮削器、砍砸器，还有骨锥、骨镞、陶锉等。典型的生产工具有扁平舌刃铲、穿孔铲、扁圆形斧等。陶器的烧制火候较低，质地疏松，皆手制，彩陶罕见。陶质有夹砂陶和泥质陶。发掘时，在一些红烧土块中发现有稻壳印痕。[1]

浙江马家浜文化遗址　马家浜文化是太湖流域一种时代较早的新石器时代文化，因 1959 年发现于浙江嘉兴马家浜遗址而得名。主要分布区域在浙江北部、上海和江苏东南部太湖周围一带；其影响所及，东到海滨，西达宁镇山脉一带，南至杭州湾，北达江淮之间。马家浜文化的内涵十分丰富，可分为早、中、晚三期，根据早、中、晚期的多个碳 –14 测年数据，延续的年代为距今 7000 年至 5000 年。遗迹有居址、灰坑、墓葬和水稻田等。生产工具有石器和骨器。马家浜文化的草鞋山、崧泽、罗家角等遗址都发现了水稻遗存。崧泽遗址出土了稻的茎叶、稻谷、籽粒等。草鞋山遗址的炭化谷粒经鉴定有籼稻和粳稻两种。特别是草鞋山遗址还发现了 6000 年前的水稻田和水口、水沟、水塘、蓄水井等设施的遗迹[2]，出土有桃核、杏梅、圆菱角等作物的遗存。马家浜文化的家畜饲养业也比较发达，罗家角、草鞋山和圩墩等遗址都发现了数量较多的家畜骨骼，种类有猪、狗、水牛等。经济生活以农业为主，水稻是当时的主要农作物。[2]

湖北城背溪文化遗址　1973 年考古工作者对湖北省城背溪遗址进行考古调查，1983 年和 1984 年正式发掘并命名。城背溪文化主要分布于长江沿岸的秭归、宜昌、宜都、枝江等地，集中分布在长江三峡口和峡口附近地段。对城背溪文化诸遗址以兽骨作为标本进行碳 –14 测年，数据为距今（6800 ± 80）年。城背溪文化发现有稻作遗存。1983 年，调查枝城北遗址时，采集到满布炭化稻壳的陶片和红烧土块。1984 年再次发掘该遗址时，又在陶片中发现稻谷壳碎屑。城背溪文化还发现有家畜遗骸。在遗址中出土了大量动物骨骼，包括完整的水牛头骨。[3]

---

① 廖彩樑. 陕西西乡李家村新石器时代遗址［J］. 考古，1961（7）：352–354+7.
② 姚促源，梅福根. 浙江嘉兴马家滨新石器时代遗址的发掘［J］. 考古，1961（7）：345–351+354+5–6.
③ 杨权喜. 试论城背溪文化［J］. 东南文化，1991（5）：206–212.

重庆大溪文化遗址 1925 年考古学家发现了四川省巫山县（今重庆市巫山县）大溪遗址。其分布范围，西达三峡地区，东抵汉水，南至湘北的洞庭湖北岸，北达荆州地区北部。大溪文化有早、中、晚之分，其中、晚期距今 6000 年至 5000 年，大体和黄河中游地区的仰韶文化相当或稍早。大溪文化普遍发现了稻作遗存。如在大溪文化房屋建筑遗迹的红烧土中，夹杂着大量稻谷壳与稻末。在大溪文化的部分陶器胎质中，发现有用稻壳作掺和料的。湖北红花套遗址中出土的稻壳，经鉴定属于粳稻。大溪文化早期的水稻田遗存有田埂、田土龟裂纹和静水沉淀特点，田土中包含稻茎、叶、根须，显微镜下观察到大量稻壳、叶，测试出了稻的植物硅酸体，还发现了与耕作配套的水塘、水沟等水利设施的遗迹。[①]

3. 新石器时代晚期稻作遗址

浙江良渚文化遗址 良渚文化遗址是人类早期文化遗址之一。2019 年 7 月 6 日，中国良渚文化遗址获准列入《世界遗产名录》，标志着中华五千年中的新石器时代文化史得到国际社会认可。新石器时代晚期的良渚文化，是长江下游太湖流域一支重要的远古文明。浙江良渚出土的炭化稻米，有偏籼和偏粳的区分，表明其水稻栽培已经进入高度发展的阶段。钱山漾一地还出土有绢片、丝带和丝线，是中国最早的家蚕丝织物的遗存。正是这种发达的原始稻作农业，孕育出精美绝伦的良渚文化。迄今为止已发掘 50 余处良渚文化遗址，有村落、墓地、祭坛等各种遗存。良渚文化已使用轮制这种当时先进的陶器制作方式。良渚的玉器制作非常发达，玉器的种类有珠、管、璧、璜、琮、蝉等，其中玉琮的体形高达 18—23 厘米，上面雕刻圆目兽面纹，工艺精湛，形状内圆外方，象征古代的天地相通思想。将距今万年的玉蟾岩遗址、仙人洞和吊桶环遗址，与距今 4000 年的良渚文化遗址的文化内容相比，差别之大，恰好说明中国的新石器时代，人们从采集野生稻为食，到驯化出栽培稻，经历了长达 6000 年的时间才最终完成。

距今 4000 余年的屈家岭文化、武昌放鹰台文化、冷皮垭文化、天门石家河文化等遗址出土的稻谷遗存都属粳型。

湖北屈家岭文化遗址 屈家岭文化因首先发现于湖北省京山县（今京山市）屈家岭而得名。1955—1957 年两次发掘屈家岭遗址；1959—1960 年，考古学界开始普遍把这种遗存称为屈家岭文化。屈家岭文化直接承袭当地的大溪文化发展而来，分布范围在以江汉平原为中心的湖北省境内、湖南省北部与河南省西南部。屈家岭文化有早、晚期之分。就碳 –14 测年结果看，年代为距今 5000 年至 4000 年，大体和黄河中游的仰韶文化晚期、黄河中下游的龙山文化早期相当。屈家岭文化遗址的许多房屋墙壁和红烧土块

---

① 杨权喜. 试论城背溪文化 [J]. 东南文化，1991（5）：206–212.

内，都发现夹杂有不少稻草和稻谷壳。屈家岭文化晚期遗址的 2000 立方米烧土中，发现掺有大量稻谷壳，密集成层。据鉴定，稻谷颗粒大，属于粳稻，和现在长江流域种植的粳稻品种相近。另外遗址中还发现有饲养的猪、狗、羊等家畜的骨骸。屈家岭文化时期的社会经济，以种植水稻的农业生产为主，兼营畜牧与渔猎。大量陶纺轮、石纺轮的发现，反映其纺织业比较发达。①

湖北石家河文化遗址 石家河文化是长江中游江汉地区目前发现的面积最大、延续时间最长、等级最高的史前聚落群。石家河文化从距今 6500 年前开始有人类居住生活，在距今 4300 年前后达到鼎盛时期，是距今 5000 年至 4000 年期间长江中游地区社会和文化发展的最高文明代表。石家河文化是三星堆文化和楚文化的重要源头。石家河文化遗址与良渚文化遗址、石峁遗址共同被认为是中华文明起源的重要见证。

石家河文化的遗迹有城址、居址、灰坑、墓葬、陶窑等。生产工具以石器为主，骨制和陶制的工具较少。石器以琢磨和通体磨光的最多，打制的很少。主要器形有斧、铲、锛、锄、刀、凿、镞、矛、纺轮等，还有少量耘田器。工具中另有一些蚌镰、骨镞和骨锥等。陶纺轮的数量较多。石家河文化具有特色的遗存还有大量玉制品，有些可能具有礼器的性质，反映了社会分工与社会变革。石家河文化遗址的红烧土块中夹杂有稻草和稻壳遗存，遗址出土有饲养的羊、猪、狗的遗骸。在邓家湾遗址中，还发现有用泥捏制的猪、狗、羊、鸡等家畜、家禽的陶塑复制品。这是当时以农业为主、兼营畜牧业与渔猎这一社会经济状况的最佳写照。②

江西山背文化遗址 山背文化是以 1962 年调查发现并试掘的江西修水具山背遗址为代表的一种新石器时代晚期文化遗存，主要分布在鄱阳湖和赣江中、下游流域。经过发掘的主要遗址有修水山背跑马岭遗址、清江营盘里遗址等。山背文化距今约 4500 年。

山背文化的遗迹有居址、灰坑、墓葬等。生产工具以石器为主。石器磨制精致，器形长大、浑厚，种类有锛、斧、铲、镰、刀、镞，网坠、扁平长方形石斧和半月形穿孔石刀颇具特征。石锛是数量最多的生产工具，约占全部石器的 33%。山背文化发现较多稻作遗存。跑马岭遗址房基红烧土掺和料中有稻秆和稻谷壳，一件陶钵内发现有炭化稻谷痕迹。山背文化遗址房屋用红砂土掺稻壳泥筑墙。山背文化遗址出土的农业生产工具较多，发现的稻作遗存也较多，这说明当时山背地区的人们主要从事栽培水稻的农业生产。③

江西筑卫城文化遗址 在鄱阳湖周围及赣江中下游地区，广泛分布着一支被命名

① 单思伟. 屈家岭下层文化的界定、时空结构及相关问题［J］. 四川文物，2021（4）：30-42.
② 曹栋洋，何佳. 湖南宁乡市罗家冲遗址石家河文化遗存发掘简报［J］. 考古，2021（5）：3-26.
③ 彭适凡. 试论山背文化［J］. 考古，1982（1）：40-47.

为"筑卫城文化"或"樊城堆文化"的聚落文化的遗存[①]，其年代大约与山背文化相当，距今 5000 年至 4500 年。筑卫城文化的石质生产工具有锛、斧、镞、铲、刀、矛、钻、凿等，磨制都很精细。锛分为有段锛和常型锛两种，有段锛多呈长方形，段部多偏上。镞有柳叶形、扁菱形和三菱形之分。刀常见的是梯形和长方形，有对钻的单孔和多孔，少见半月形石刀。筑卫城文化与山背文化都是新石器时代晚期的稻作文化。湖口文昌洑等遗址都发现有稻作遗存。

成都宝墩文化遗址　宝墩文化遗址位于四川省成都市新津区。4500 多年前，古蜀先民选择新津宝墩区域建设聚落，成为我国长江上游地区时代最早、面积最大的史前城址。宝墩文化是成都平原稻作文明发源地，也是古蜀文明的源头。[②] 宝墩文化以水稻为主要农作物（约 84%），仅有少量粟、黍出现（约 16%）。宝墩文化晚期（距今 4000—3700 年），水稻植硅体浓度到达峰值后有所下降，粟、黍基本消失。这些考古发现揭示了以宝墩文化为代表的成都平原新石器文化，有着稻—旱兼作农业结构，这一结构至少持续至三星堆文化早期。[③]

二、稻作考古遗址的分布

长江中下游的洞庭湖、鄱阳湖一带和珠江流域是人类将野生稻驯化为人工栽培稻的发源地，无疑是中国，也是全世界稻作文明的发源地之一。它说明早在旧石器时代向新石器时代过渡时，中国南方稻作文明就掌握了驯化野生稻和栽培人工稻的技术。[④]

截至 20 世纪末，中国共发掘出 182 个稻作遗址，南北跨北纬 24°—38°，东西跨东经 108°—121°。其地域分布是：长江流域共 140 处，占总数 76.92%。其中长江下游 56 处，即浙江 28 处，江苏 23 处，上海 2 处，安徽 3 处，占总数 30.77%；长江中游 75 处，即江西 18 处，湖南 22 处，湖北 35 处，占总数 41.21%；长江上游 9 处，都在云南，占 4.95%。东南沿海 7 处，即广东 2 处，广西 1 处，福建 2 处，台湾 2 处，占总数 3.85%；江淮之间 13 处，即河南 8 处，陕西 2 处，江苏 2 处，安徽 1 处，占总数 7.14%；黄淮之间 22 处，即河南 7 处，陕西 3 处，甘肃 1 处，山东 6 处，安徽 1 处，江苏 4 处，占总数 12.09%。[⑤]

---

① 裴安平，熊建华. 长江流域的稻作文化［M］.武汉：湖北教育出版社，2004：82-88.
② 段祯. 宝墩文化遗址考古工作站将打造成公众考古示范基地［N］.成都日报，2022-01-22（4）.
③ 吕颖，张健平，唐淼，等. 植硅体分析揭示成都平原先秦农业发展及其环境背景分析——以宝墩和三星村遗址为例［J］.第四纪研究，2021（5）：1475-1488.
④ 刘芝凤. 中国稻作文化概论［M］.北京：人民出版社，2014：188.
⑤ 裴安平，熊建华. 长江流域的稻作文化［M］.武汉：湖北教育出版社，2004：36-46.

以上各地区稻作遗址的分布呈一定的规律，即以长江下游和中游为两个平行中心，向周围传播。全部遗址的时间距今 10000 年至 4000 年，跨度约 6000 年。但只有长江中下游的遗址具有这样漫长而全面的跨度，其余地区的遗址都偏晚，大抵在距今 5000 年或 6000 年以内。其中东南沿海遗址和长江上游遗址的时间最晚，都是距今 4000 多年；黄淮之间的遗址略早于东南沿海的遗址，距今 5000 余年；江淮之间的遗址又早些，在距今 6000 年前后。但有个别特别早的，如河南舞阳贾湖遗址的年代为距今 8500 年前后。

福建和台湾的稻作遗址较少，年代较晚，可能与发掘机会较少有关。黄河流域的稻作遗址数目虽然较少，但分布甚广，表明这一广大地区在新石器时代的气候条件适合水稻栽培，后因自然条件变化而未能延续。

历史进程显示的规律表明，长江中游和下游是迄今为止发现的两个平行的最早的稻作起源地区，它们分别向北方和南方传播稻作，通过长江中游把水稻种植引向北方黄河流域的河南、陕西一带，通过长江下游把水稻种植引向黄河下游的山东及淮河下游的苏北、皖北一带。相反的方向是向东南沿海、台湾和西南传播。其中还难以解释的是，河南舞阳贾湖遗址地处淮河上游，其年代早至 8500 年之前，而长江中游已知新石器时代稻作文化遗址的年代都较贾湖遗址为晚，如湖北屈家岭文化遗址的年代为距今 5000 年至 4000 年，较早的许多大溪文化遗址的年代为距今 6000 年至 5000 年。如果单纯地按年代先后比较，则可能是贾湖遗址的稻作文化反向南下，向鄂北传播。

遗址的地域分布有几个特点。一是长江流域明显可分为下游、中游和上游三个部分，长江下游、中游的遗址数目最多，分布最密集，下游集中于太湖地区，中游集中于湖南、湖北两省。二是华南地区的遗址数较少，分布较散。三是黄河流域和淮河流域遗址数目亦少，也很分散。因而长江中游和下游近十余年来一直是稻作起源研究的热点，其余地区的稻作遗址被视为扩散传播的结果。其中贾湖遗址位于淮河上游，处于北纬 33° 37′，是迄今为止在中国境内发现的年代较早、纬度最高的稻作遗址，也是研究的热点之一。

1. 长江中游流域

江汉地区的新石器时代早期稻作遗存，目前在湘南、陕南的汉水上游地区，鄂西的长江干流地区，湖南的洞庭湖西北区等地，均有发现。由于这些遗址分布的地域不同，文化面貌存在差异，时间上或有早晚之分，可以区别为不同的文化类型。大体说，它们是湘南的道县玉蟾岩洞穴遗存、洞庭湖区澧阳平原的彭头山文化、长江干流的城背溪文化、洞庭湖西北区澧水和沅水流域的皂市下层文化、汉江上游的李家村文化。除玉蟾岩洞穴遗存外，上述原始文化在时间上有早晚区别，或大体接近；文化面貌有的存有较大差异，各具特色，有的相近相似。但它们之间又具有该地区新石器时代早期文化的一般特点和共同因素。例如，皆已形成原始的定居聚落；遗址面积不大，文化层较薄；遗存显示的经济形态为原始农业，并以采集和狩猎经济为主；打制和磨制石器共存，打制石器数量较多，工具类型简单，砍砸器、切削器、石片石器、盘状器、网坠、石斧、石锛、石凿、石磨棒是几种较常见的工具类型；等等。[①]

长江中游发现农业遗存的遗址远不止以上这几处。但经过植物遗存辨别和检测的遗址并不多，甚至部分遗址的年代问题尚有争议。因此仅选取年代明确、植物遗存典型的遗址进行列示。

2. 长江下游流域

长江下游流域发现早期农业遗存的遗址主要包括距今 11000 年至 8600 年的浙江浦江上山遗址、10000 年至 8000 年前的浙江嵊州小黄山遗址、8200 年至 7200 年前的浙江萧山跨湖桥遗址、7500 年至 6500 年前的浙江余姚田螺山遗址、7100 年前的浙江桐乡罗家角遗址、7000 年至 6500 年前的浙江余姚河姆渡遗址、6300 年至 5700 年前的江苏苏州草鞋山遗址等。通过分析上述长江下游地区早期农业遗存，我们发现，至迟在全新世初期，中国已经开始人工栽培水稻。以杭州湾为界，北岸的罗家角遗址和草鞋山遗址以种植籼稻为主。

3. 黄河流域和淮河流域

在长江以北的黄河流域和淮河流域，已知的稻作遗址共 35 处，分布于陕西、河南、山东及苏北等地。其中江淮之间 13 处，黄淮之间 22 处。代表性遗址有 8800 年至 7700 年前的河南舞阳贾湖遗址、7100 年至 6800 年前的安徽蚌埠双墩遗址、6900 年至 6000 年前的安徽定远侯家寨遗址、6600 年至 5500 年前的江苏高邮龙虬庄遗址、6000 年前的安徽霍邱红墩寺遗址等。[②]

淮河流域的农业发展虽有短暂的时间缺环，但整体的发展序列仍是清晰的。年代最早的舞阳贾湖遗址已存在稻种亚型的分化，粳稻和籼稻各自占有一定比例。此后，粳稻所占比例随着时间的推移逐渐扩大，公元前 6000 年以后，遗址中的稻谷遗存绝大多数属于粳稻。这一过程体现了人们基于偏好的有意选择。

4. 珠江流域及南方山区

1996 年，在距今 12000 年至 8000 年的广东英德牛栏洞遗址的 31 个文化层中发现了 7 份土壤样品有水稻硅酸体，共 24 粒，其中双峰硅酸体 7 粒，扇形硅酸体 17 粒。对遗址的扇形硅酸体进行聚类分析，主要结论为，牛栏洞遗址的硅酸体属于一种非籼非粳的稻类型，其扇柄长度与现代籼稻相似，扇叶长与现代粳稻相似，双峰间距也与现代籼

---

① 向安强. 论长江中游新石器时代早期遗存的农业 [J]. 农业考古, 1991（1）: 121–135+12.

② 游修龄, 曾雄生. 中国稻作文化史 [M]. 上海：上海人民出版社, 2010: 431.

稻相似，垭深与现代粳稻相似，在水稻的演化序列上处于一种原始状态。报告又附带指出，从已发表的资料来看，距今万年的稻作遗址，除了牛栏洞遗址，还有湖南道县玉蟾岩遗址。后者出土的稻谷遗存具有籼稻、粳稻的综合特征，水稻双峰硅酸体具有粳稻特征。牛栏洞遗址文化层的水稻硅酸体虽与玉蟾岩的相似，但籼性明显增加。其原因有待研究。[①]

南方山区包括云贵高原、两广、闽台及湘、鄂、赣的南部，是历史上百越族的分布范围，其原始农业的起源也甚早。有人类居住的遗址可以一直追溯到旧石器时代，但由于采集和渔猎的资源丰富，向农业过渡的动力不是很强，因而种植业虽然出现也早，但进展很缓慢。福建和台湾的稻作遗址特点是数目很少，福建2处，台湾2处，时间也较晚。这可能与山地面积较大、发掘机会和发掘次数较少也有关系。台湾的台中营浦新石器遗址距今3000年，其文化面貌与凤鼻头文化近似。凤鼻头文化与福建昙石山文化有很多共性，可能属同一文化系统。

以上南方山区的稻作遗址，年代普遍晚于长江中下游地区的稻作遗址。这种现象也可以用来说明稻作起源于长江中下游地区，而不是更靠南的云贵高原、两广、闽台及湘、鄂、赣南部。

三、稻作发展奠定丰收文化的基石

在中国丰收文化中，稻作比粟作更具有传统文化的表征意义，因为自唐代中期以来，中国粟米便已逐步退出主粮地位，代之而起的是稻米。因此，稻米在丰收文化中不仅是民族传统的符号，更是现实丰收节的主体对象。今天的丰收节，继承了稻米民俗的丰收意涵，祈望稻米丰收。

1. 粟作与稻作的驯化比较

从粟作与稻作的起源条件看，两者的文化内涵也有明显的不同。例如，驯化和栽培粟的条件，与粟的野生种狗尾草的环境几乎相同，人们只要在狗尾草生长的地方，开垦甚至烧荒一片耕地，在上面播下粟种，并在生长出来的粟穗上逐年连续优选，这样就能选育出理想的粟品种；继续在周边的荒地开垦，就可以产生一片粟米种植区。另外，粟作使用的工具，可以直接从狩猎时代的工具转化而来，甚至比狩猎工具更为简单，削木为耒，修木为耜，蚌壳为镰，即可敷用。

早期粟作主要分布在华北地区，这里拥有深厚的黄土层。考古遗址多见于岗丘或河

---

① 顾海滨，张镇洪，邱立诚. 牛栏洞遗址水稻硅酸体的研究［C］// 英德市博物馆，中山大学人类学系，广东省博物馆. 中石器文化及有关问题研讨会论文集. 广州：广东人民出版社，1999：382–387.

旁阶地，依山傍水，周围有比较广阔的可资耕作的土地。由于黄土土质疏松，用比较简单的木石制作的耒耜即可翻耕，因而这里的人们较早从刀耕农业进入锄耕（耜耕）农业阶段。这些遗址均出土了相当数量的石锄、石铲（耜）一类农具，就说明了这一点。又由于黄土结构具有垂直的纹理，土壤可以通过毛细管作用将下层的水肥提升到地表，黄土这种"自肥"的特点，有利于耕地种植多年后休耕时地力的恢复，从而缩短轮歇期。[①]

水稻的驯化则不同。野生稻生长在湖边浅滩或沼泽地带，这些低洼之地常年易受水涝，不宜辟为耕地，因此驯化水稻的第一步，需要在湖边沼泽的台地上开垦出适合潴水种稻的水平耕地，这一点就比种粟困难得多。另外，稻作需要有一套专用的工具。原先的狩猎工具在水田耕作上不太适用，需要制作更大的木铲或石铲以平整土地，蓄水种稻；稻田的耕耘除草和稻穗收割，也需要专用的工具。还有一个更重要的条件，就是稻田需要引水灌溉，这就需要更多的智慧和更多的劳力投入。因此，仅以稻作和粟作的栽培条件看，稻作的技术和环境要求都比粟作高，这也就是虽然稻作起源比粟作早，但是在最初的年代稻作一直发展缓慢的原因。

新石器时代中期长江流域的原始稻作，其遗址一般位于河湖旁边肥沃的冲积地带，已进入耜耕阶段，并有初级的排灌设施，耕地不必频繁休耕，也能获得较高的产量，从而形成比较稳定的聚落。例如，年代相当于新石器时代中晚期之交的浙江省余姚市河姆渡遗址，单是 1973 年冬第一次发掘时，就在第四文化层发现约 400 平方米的稻谷、稻壳和稻草堆积，其厚度从 10—20 厘米到 30—40 厘米。这是谷物腐朽和长期自然下沉的结果。原先的厚度当在 1 米以上。据推测，假定平均厚度只有 1 米，其中 1/4 为稻谷和稻壳，换算成新鲜稻谷，当超过 120 吨。[②] 这些积存的谷物未必为一年所产，但当时谷物产量不菲，应是没有问题的，而且可能已有剩余和积累。说明该聚落已经拥有相当规模的田野农业。

时代稍晚的江苏草鞋山遗址已发现距今 7000 年至 5000 年马家浜时期的古稻田。草鞋山东西两片古稻田分别由 33 块和 11 块田丘组成。田块虽然不大，但已有作为灌溉水源的水井、水塘和排灌用的水渠；各个田块之间有水口相互串联，形成一个水田群。研究者认为，这些水田群"已具有我国历史时期水田结构的雏形，从原始形态发展到规模经营，说明稻作农业生产已日趋成熟"[③]。以后，从崧泽文化到良渚文化，出现了水田石

① 根据《左传》《国语》《礼记》记载，黄河流域远古时代的农业也应经过刀耕火种的阶段，逐步迈向以三年为轮作周期的"菑、新、畲"制。

② 严文明. 中国稻作农业的起源 [J]. 农业考古，1982（1）：19–31+151.

③ 谷建祥，邹厚本，李民昌，等. 对草鞋山遗址马家浜文化时期稻作农业的初步认识 [J]. 东南文化，1998（3）：15–24.

犁，南方稻作农业进入原始"犁耕农业"阶段。这种水田石犁的使用应该是以水田田块加宽和更为平整、灌溉设施更加完备为前提的，因此，实行犁耕的稻作，意味着种植水稻的田野农业发展到一个新的阶段。

2. 稻作起源的三个阶段

农业考古学者裴安平认为，中国史前稻作农业从起源到发展可分为三个阶段[①]：

第一阶段：距今10000年至7500年。这一时期的代表有湖南道县玉蟾岩文化遗址（距今10000年以上）、江西万年县仙人洞和吊桶环遗址（距今10000年以上）、广东英德牛栏洞遗址（距今10000年前后）、湖南澧县彭头山文化遗址（距今9200年至8300年）、湖南岳阳钱粮湖农场坟山堡、汨罗市附山园、华容县车轱山文化遗址（距今8000年）、河南贾湖文化遗址（距今8000年）等。这一时期的文化特征：①稻作农业已经出现，人类的生活方式正朝着有利于农业稳定发展的方向转化，但生产规模有限。②根据近代民族学研究，当时稻作农业的生产方式可能属生荒火耕类型。由于南方酸性土壤的影响，彭头山遗址并未发现任何骨器、木器等有机工具。但是考虑到遗址所处地理位置，有理由认为这类器具应该是主要的农具种类。③这一阶段稻谷的某些特点接近野生稻。仅从稻种的演变与人工选择角度，本阶段或许可称为"原栽培稻时期"，其基本意义是，人工栽培过的稻类不止一种，经人工选择后的主要栽培稻种也在不断演变。

第二阶段：距今7500年至5000年。这是新石器时代的中期阶段。考古界还从文化角度，以距今6000年为界，将其分为前后阶段。前一阶段的代表有长江中游的皂市下层文化、长江下游的河姆渡文化与罗家角下层文化等。后一阶段的代表有中游的大溪文化、下游的河姆渡中上层文化及马家浜文化等。裴安平认为，这一阶段的稻作农具有三个特点：①稻作农业在人类经济生活中开始占主导地位。②河姆渡第四层发现的大量稻谷属栽培稻籼亚种中晚稻型，说明大约在距今7000年前，中国水稻种植已进入真正的栽培稻阶段。③熟荒耜耕成为生产方式的突出特点。

第三阶段：距今5000年至4000年。这一时期属于新石器时代晚期。在之前水稻生产发展的基础上，稻作生产又跃上一个全新的阶段。这一时期的文化特征表现为：①人类社会贫富分化日益明显，田地私有制已出现。②农业工具与耕作技术进步，如出现了良渚文化中的三角犁状器、双翼耘田器、斜柄刀（石犁铧），中耕用具及开沟槽的"破土器"等，标志着农耕新技术已经在一定范围内由古人掌握。[②]

20世纪90年代农业考古取得突破性的进展，江西万年县、湖南道县及广东、浙江、河南等地陆续发掘出距今10000年至7000年的人工栽培稻遗址和相关文物后，江苏省

①　裴安平. 彭头山文化的稻作遗存与中国史前稻作农业［J］. 农业考古，1989（2）：102-108+2.

②　刘芝凤. 中国稻作文化概论［M］. 北京：人民出版社，2014：26-27.

苏州市草鞋山马家浜文化遗址和湖南省澧县城头山文化遗址发现了距今 9000 年至 6000 年的大面积稻田遗址。马家浜文化遗址东区发现水稻田遗存 33 块、水沟遗存 3 条、水井遗存 6 个[①]，"已具有中国历史时期水田结构的雏形，从原始形态发展到规模经营，说明稻作农业生产已日趋成熟"。因此，考古学界对稻作起源有了新的认识和科学评估。

总体上看，中国早期稻作农业遗存发现的稻种具有与现代稻种一脉相承的遗传性状，有着非常坚韧的小穗轴结构，是后者的祖本，为倾粳或倾籼的小粒型稻种。栽培稻基因的延续是驯化稻与前一阶段遗传漂变稻种的根本区别，它透视了人们选择稻种的长期性和可持续性，是人为干预的重要证据，但是，许多遗址都存在大量狩猎或利用野生植物的证据，因此仍不能推测此时的稻作农业在所有经济成分中的比重。[②]

稻作农业是文明起源的物质基础，但不等于说稻作农业一出现，就能进入文明社会。因为各地区农业的发展是不平衡的，稻作农业需要一个普及和提高的过程，才能真正成为"基础"。即使稻作农业的发展已经能够为文明起源提供物质基础，这也只是文明起源的一个必要条件，而不是充分的条件，必待其他各种条件的配合，才能引起社会的分化和转型。但像磁山遗址、河姆渡遗址这样的稻作农业的出现，预示了文明之春终将到来的重要信息。[③]这一点说明，稻作文明在丰收文化中的地位，应当受到更多关注。

第三节　稻作的丰收文化习俗

中国南方的稻作生产，除了海南省、广东省、广西壮族自治区、湖南省和云南省等部分地区历史上种植双季稻或三季稻，全国大多数稻作区只种一季稻，因此水稻耕作的习俗基本相同或相近。稻作地区各民族在水稻生产中形成的图腾崇拜、宗教信仰、生产规律、生活习惯、建筑艺术、民间文艺、语言服饰、节庆习俗、婚丧嫁娶等观念形态与生活方式，统称为稻作文化。

一、稻作民族的丰收祈愿

稻作民族根据农时节气安排农活，新一轮农活开始前，一般都有祭祀，以求神灵祖先保佑生产顺利、五谷丰收。湖南洪江出土了 7800 年前中国最早的农耕祭祀文化遗存，靖州苗族侗族自治县出土了距今 4500 年的箆纹陶饭钵。在悠久的历史中，约定俗

[①] 谷建祥，邹厚本，李民昌，等. 对草鞋山遗址马家浜文化时期稻作农业的初步认识 [J].东南文化，1998（3）：15-24.

[②] 彭博. 中国早期稻作农业遗存及相关问题 [J].农业考古，2016（1）：40-45.

[③] 游修龄. 中国农业通史：原始社会卷：第 2 版 [M].北京：中国农业出版社，2020：62.

成的生产习俗自然也是非常古老的。

1. 耕耤礼

耕耤礼是春耕前对神农举行的隆重祭礼。现在侗族聚居区等地仍有祭祀神农保佑丰收的耕耤礼民俗。耕耤礼的传说是：古时有位青年，经仙人点拨，挥锄开田，在第一丘田的后坎，得一眼泉水，常年不干，后又接连开出五丘田来。州官与青年商议后，就在田中设立"先农坛"。州府每年立春日在此处祭祀神农。稻谷播种前，人们择定一个良辰吉日，找一块向阳的良田，一般是寨里的"鼓田""公田"或"活路头"（即寨子里德高望重的领头人）家的稻田。在田块适中的地方，供上神农神位，耕耤礼开始。两侧站立寨老和乡官，服装师手执青旗立于东面，掌鼓者立于西面，吹侗箫、侗笛、木叶者立于南面，摇铃者立于旗鼓之前。当司仪人将犁耙及牛鞭、供品设于神农牌位前，耕耤礼开始。于是，鼓乐齐鸣，歌声顿起，众人叩拜神农。这时，人群中走出一人，驾起耕牛下田开犁，众人随即整地，寨老乡官则拿着盛有谷种的"青箱"随后播种。往返播种一轮，称为一"推"，九"推"完毕，则礼仪成。播种时，所有参与者，往南北方向来回走动行礼，以祈风调雨顺。后来，"这种耕耤礼就是由朝政（政府）出面，劝大家重视农业，搞好农业生产，战胜各种自然灾害，争取当年大丰收"①。

2. 祭祀"田公"

这是侗族的生产习俗。农民每年首次下田劳作，须以香烛果品在田头、路旁、树旁的土地神（田公）前祭拜，祈求土地神保佑五谷生长茂盛，劳作平安。侗族地区的耕耤礼不是祭神农，而是敬奉"田公田婆"。祭礼有"三俗"。"头俗"为敬奉"田公田婆"，在插秧前一天，由户主在田头插几张纸钱，烧一炷香，祈苗禾生长好，稻谷丰登；"二俗"为"壮秧祈愿"，插秧时，由户主选一把壮秧先插数行，然后一家大小才下田插秧；"三俗"为"姐妹禾蔸"，即在秧行之中，插上数蔸或十多蔸，表示出嫁了的女儿回娘家时有饭吃，也用作缺蔸的替补秧苗。②侗族祭祀田公的习俗，实际上是远古"万物有灵"的遗俗，民间笃信"天有灵，地有灵，稻谷有灵"。对大地田公的信仰，是中华民族群众的共同信仰，也是原始农业生产信仰习俗的重要组成部分。

3. 抬春色

稻作区还有一种称为"抬春色"的活动。在立春日的游行队伍中，必有装饰过的台阁，上坐歌妓，由两人抬着走。还有"高春""矮春"的分别："矮春"为一人坐台上；"高春"则用两人，一人立在台上，身后扎着一根直木，隐藏在另一个人的长衣中，与这人的肩平齐，然后再横扎一根木棍在直木上端，这横木隐藏在宽袖中，横木上再站一

① 刘芝凤. 中国稻作文化概论［M］.北京：人民出版社，2014：245-246.
② 刘芝凤. 中国侗族民俗与稻作文化［M］.北京：人民出版社，1999：95.

个人，随着迎春队伍游行。如路上遇到障碍，则由持长棍子的人用棍子拨开障碍物。抬春色亦称"阵阁"。有时是将童男童女抬在横木上，摆出具有各种象征意义的姿势，串村游行，以图一年风调雨顺，庄稼丰收。

闽南农村将抬春色称为"走古事"。相传，正月十五是"大帝菩萨"（罗公爹）生日，因此在元宵日"走古事"。相传"走古事"起源于清朝康熙年间。彼时当地常闹旱涝灾害，粮食连年歉收，民不聊生。有一罗氏族人，曾出任湖南武陵知县。他告老卸任返梓，即为乡民解脱天灾，将流传于湖南武陵一带的"走古事"民俗移授乡梓，以祈求风调雨顺，国泰民安。自此相继延流，迄今已有三百余年。据说，每年正月十四、十五，如有阴雨天气，待到"走古事"时总是天气晴朗，走完"古事"后又是阴雨绵绵，村民们都相信这是"罗公爹显灵，十分信奉罗公爹"。[①]

4. 开秧门

每年开春下秧田前，要择吉日，燃香烛，祭田神，然后拔出第一手秧，称为"开秧门"。开秧门的习俗，反映出稻作民族对水稻的敬重。开秧门一般选在谷种下田后的第四个"丁日""辰日"或"午日"，而且须在凌晨鸡不鸣狗不叫的时辰进行。一旦有鸡鸣狗叫，则预兆年成不好。俗言鸡鸣狗叫是"饥饿开口要吃"，不吉祥。开秧门时，家家户户要备足酒菜香纸，到秧田边敬"秧神"，祈求"秧神"保佑秧苗苗壮生长，颗粒饱满。有的地区是在播谷种"满月"的前一两天举行开秧门，稻农带上祭品到秧田边焚香烧纸，拔一小把秧，移栽田中。民谚有"会作田的作一丘，不会作的作一洲"。"一丘"指秧田而言。"一洲"即水灾，指大水浸漫稻田。有的地方，在谷种下泥前要敬"秧田菩萨"（稷神，又称幡神），在一支小竹竿上端夹一叠纸钱、三根线香，外套红纸，竖于秧田中，以求育秧顺意，叫作"立秧树"。撒种时，须默默无言，忌孩童围观喧哗，违则恐遭鸟啄；撒完种不得拍箩筐，必须绕秧田一周，以示闭门，违则恐遭鼠啮。开插前以纸钱牲饭酬过稷神，始得拔秧。

5. 薅田锣鼓

薅田，即除去杂草。《诗·周颂·良耜》曰："其镈斯赵，以薅荼蓼。"《国语·晋语五》曰："曰季使，舍于冀野。冀缺薅，其妻馌之。"韦昭注："薅，耘也。"《汉书·王莽传中》载："予之南巡，必躬载耨，每县则耨，以劝南伪。"这是说，王莽当了皇帝，坐车南巡，还要带上除草农具，到沿途各县薅草，鼓励耕作。北魏贾思勰《齐民要术·水稻》记载："稻苗渐长，复须薅；拔草曰薅。薅讫，决去水，曝根令坚。"稻农对水稻田的中耕除草，一般每年进行两次，并结合追施肥料。民间有打鼓薅田之俗。薅田时，组织几十人的薅田队伍，在田中以趾代锄，且行且拔杂草，进行踩薅。主人请鼓师立于田

---

① 刘芝凤. 中国稻作文化概论 [M]. 北京：人民出版社，2014：39.

塍，打鼓唱号子，鼓点有"早晨来""向太阳"等十余种。薅田人与之应和，随鼓点薅田。击鼓唱歌的内容主要是祈求土地神保佑丰收。

6. 扫阳春

稻作区每逢正月十五，年轻人身着盛装，敲锣打鼓，汇集溪边，老人小孩也前去助兴。开始，由寨上青年向稻田奔跑，抬竹竿的人奋力往前追扫，口中大喊："是非口舌、蛊毒、乌烟瘴气、打牌赌博，全扫掉！"年长者跟在后面，沿路插上写有"风调雨顺""五谷丰登""六畜兴旺"等字样的小三角旗。被撵的人，如谁跑不快而被绊倒，则视为不吉利。人们一直从寨头田垅跑到寨尾田垅，最后，扫向溪边，焚烧纸钱，意为送走天灾人祸，迎来丰收吉祥。

7. 驱虫害

在科学昌明之前，发生禾苗虫灾时，当地就请道人打醮，做蝗虫道场。道士设坛诵经、火化文书"升天"，陈述人间蝗虫为害，请上天收回虫害。现在，这些仪式已不会在农业生产中应用，但仍然存于遗存的习俗中。数十人的游行队伍沿途祭神，放萤火灯于阡陌之中。在湖南辰溪、麻阳等地，除拜佛、打黄醮外，还组织群众舞蝗龙。在侗族地区，一旦蝗灾出现，寨老便领导村民在一个晚上，人人打着火把，在田垄周游，接着到溪边放纸船，烧香纸，以驱蝗灾。在湖南芷江及新晃的平溪、西溪一带，当庄稼遭受病虫危害时，人们便用稻草扎成草龙，由小孩舞着游田垄，之后，到溪边火化。

8. 太公求雨

古时候每逢干旱，多有求雨之祭。一般由数村集资举行重大祭祀活动，俗称"打醮"。凡打醮，则在室外高设"神坛"，对天念经祷告，为期三至七天。打醮后，还要抬狗在村寨周游，前有鸣锣开道，后有道士祈祷，村民头戴斗笠，跣足，抬祭品随行。途经庙宇，便焚香叩头祈祷，求神灵降雨。观者则向狗身上泼水，或用清水洒向求雨人。求雨人则不断赞唱："好雨、好雨、好大雨。"如求雨果真灵验，求雨众人则聚资演戏，杀猪宰鸡酬神。有些地方则抬菩萨求雨。俗称"抬飞山太公求雨"。

需要说明的是，以上这些都是古代遗留下来的习俗，只能作为历史记忆来表演，不会在当下的农业生产中应用了。

9. 入仓祭

在湘黔桂交界地区，稻谷收割时，每丘田角都要留一蔸禾不收割，意为馈赠老鼠在野外吃，不要进屋。禾把脱粒，历来用木制的谷桶，可容二人击打。谷把脱粒后，将稻草撒于田中肥田，或扎成草笼，晒干后成堆，以备冬寒时喂牛垫圈。秋收结束时，以村寨为单位，请傩还愿。傩师傅带着傩戏班子进寨"还愿念经"，唱"丰收戏"，如《问土地》之类的傩戏，以示喜庆。有的地方盛行"阳戏""花灯"和"木棒戏"，演唱三至五天不等。演唱者对殷实人家和士绅要"打加官",请被打者拿钱致谢。稻谷收割结束那天,俗称"关仓门",有的地方称"洗谷桶",主人备丰盛的饭菜招待收割人,以示一年丰收之庆。

10. 丰收合拢宴

稻区古俗,每年收获之后,都要举行盛大隆重的街心酒。有的民族称"合拢宴""百家宴""长桌宴"。合拢宴是本村或联村举行的集体欢庆聚餐。一般是在村寨中心的旷地,摆上丰盛的酒宴,全村或数村老少同乐,尽情畅饮,共庆丰收归仓,互道吉祥安康。举办街心酒时,几十张甚至百余张桌子连成长龙筵席,各家各户把自家的好饭好菜齐端上来。当老人们入座,各家主人们也坐下,姑娘小伙子们开始向老人举杯敬酒,唱敬酒歌。然后众人举杯动筷,品尝丰收美味。街心酒自始至终充满喜庆气氛。在有的大寨,要划分为多个组,一连数日,轮流做东。丰收合拢宴表达了稻作民族的善良、友好、热情、团结的秉性,又展示了吉祥欢乐的丰收文化。

二、稻作民族的丰收节庆

稻作民族的节日非常丰富。不同的民族由于生态环境、历史背景不同,形成的节日也不同。大致可分为庆祝类节日、生产类节日、社交娱乐类节日、祭祀类节日等。节日的功能主要有:祭自然神、祭祖先与图腾神、恶日里驱魔禳灾、神诞祭祀等。主要内容是祭祀祖先,庆祝丰收。

民俗学界认为,节日起源于古老的祭祀仪式。传统节日的起源与原始宗教仪式有关。"节日"一词的本义就是祭祀,在有些文献中,甚至直接写作"祭"。中国稻作民族地区的节日,不论是全民族的节日,还是家族宗教节日,都有祭祀。

1. 侗年和苗年

侗族的年节称"侗年",流行于南方侗族聚居地区,内容是缅怀祖先、祭祀农耕神。相传侗族祖先原以打猎为主,后学会开荒种田,从事农耕而获丰收,秋后举行欢庆活动,从此世代相传为侗年。也有传说是,侗年源于杨姓家事。杨姓祖先是一位将军,因被派远征,担心在春节前不能回家团圆,于是族人商议,决定在他出征前提前过年。侗年的节期,不同地区各不相同。一般选在摘禾后的十月,俗称"禾蔸年"。有的地区选在农历十一月二十日后的辰、戌两日,如先遇上辰日即以辰日为年(即大年初一),以卯日为年三十。如遇戌日则以戌日为年。侗年节庆一般为七天。苗族则过苗年。苗年是祭祀祖先、庆祝丰收的传统节日。苗族多数地区是"岁首以冬三月,各尚其一",有的地区在腊月辰日过年,有的在农历十月过年,也有的在六月过年,有的在四月过年。布依族以农历十一月为岁首;哈尼族的年节为"十月年";傈僳族的年节称为"阔什节"，依物候观察决定过年时间，一般在农历十二月初五到次年正月初十这段时间。

2. 稻作地区汉族的春节

南方稻作地区汉族春节，别具特色。到了除夕，吃团圆饭前，都要先祭祖。在众多祭品中包括马蹄和年糕。年糕是团圆饭桌上的一道饭后甜品，分红糖白糖，即使不吃，饭桌上也少不了它。此外还有红糟鸡、鱼丸和肉燕。大年初一，出门拜年之前，必须先祭天，竹箧饭是必备的祭品。饭是盛在一个竹箧编的容器中，当中要插一朵纸红花，周围则插上筷子，有向天祈福之意。在福州，根据传统，这天还要吃一碗太平面。太平面是用红糟鸡汤泡的面线，面里加两个鸭蛋，顾名思义，太平面是寓意平安的。"鸭蛋"谐音"压乱"。

3. 芦笙节

芦笙节又称芦笙会，是稻作民族地区普遍在秋后或年节期间举行的赛芦笙活动，以庆丰收为主要内容。稻作民族中，无论是古百越民族还是山地型稻作民族，自古就地取材，削竹做芦笙。芦笙节因民族不同、区域不同，节会形式也不同。侗族常常是一个村寨与另一个村寨的人进行集体赛芦笙，声势浩大，一个芦笙队少则三四十人，多则上百人。苗族、瑶族、景颇族等则多是芦笙师带队，少则一人，多则十几人、二十人不等。芦笙师还有等级，总芦笙师称大学匠，在氏族芦笙祭祀中负责领队。二学匠、三学匠和四学匠则是分工不同。大学匠去世的丧礼比族长的丧礼还隆重。侗族的赛芦笙，在每年的农历八月下旬由不同的乡村举办。届时每个乡村都会组织芦笙队赶去赛芦笙，有上千人参加芦笙比赛，观众上万人。

4. 巡禾关公菩萨祭

稻作区有闹泥菩萨的农耕节庆活动，每年正月，各村排着日子举行。列队游街时，一般以一老者肩挑扬琴与大锣为队首，接着由小男孩拿五彩旗，抬关公菩萨，铜鼓乐队顺序排列，游街时各家各户在家置桌烧香放祭品迎关公。祭祀闹春田的活动程序是：关公菩萨面朝老祖屋，停于老祖房前，乐队在房中奏小乐或民间小调等乐曲，吃饭以表示欢迎。长汀县童坊镇举河村闹泥菩萨，以求菩萨保佑全村年年稻谷丰收，风调雨顺，同时到关公菩萨前烧香，烧纸钱，洒鸡血来许愿、还愿。接着由三个主祭人对其三拜九叩，然后由专职人员唱祝文，祈祷家族健康平安、人丁兴旺、财源广进、五谷丰登，主祭人再三拜九叩，再烧祝文，再三拜九叩，再者乐队出屋，到关公菩萨前演奏"烧香曲"。

5. 春龙节

中国民间有"二月二，龙抬头"的谚语，表示春季来临，万物复苏，蛰龙开始活动，预示一年的农事活动即将开始。稻作民族中，汉民族祭龙。清人潘荣陛在其《帝京岁时纪胜》中载："二日为龙抬头日。乡民用灰自门外蜿蜒布入宅厨，旋绕水缸，呼为引龙回。都用黍面、枣糕、麦米等物油煎为食，曰薰虫。"在稻作民族地区，传说每年的农历二月初二，龙也从沉睡中醒来，为大地布雨复苏，于是农民开始下地劳动。因此，二月初二也叫"春龙节""春耕节"和"农事节"。有些地区一年一度的"水龙节""活龙节"则是几百年来传承下来的原籍地传统节日。湖北江汉平原在正月十三至正月十五间有"祭龙会"，形式以舞龙、烧龙和拔河比赛为主。春节期间，全国各汉族地区多有庙会，节会间以舞龙、赛龙、龙灯造型等为主要内容。

6. 牛王节

在稻作民族地区，牛王节又称"牛过节"。时间大多在每年农历四月初八这一天。民间传说，这一天是牛的诞生日，给牛放一天假，并喂以青草、稀饭，有的还喂黑糯米饭、甜酒，牵牛到河边、塘边给牛洗澡。家人也在这天杀鸡、杀鸭如过节一般。人们用餐前要把酒肉陈于牛圈门上，烧香焚纸祭牛神，表示对牛辛苦劳作的敬谢。

侗族地区给牛过节，相传源于古时候，天上的"贯公"（天神）看到凡人刀耕火种很辛苦，种出来的粮食还是不够吃，于是叫天牛下凡传话："公赐你们三日一饭而饱。"可是天牛下凡后，一路上被凡间的景色迷住了，忘乎所以，把话错传为："公赐你们一日三餐不饱。"于是，给人们带来了更大的苦难。天牛请罪下凡，被"贯公"贬下人间给人犁田。天牛来到人间，勤勤恳恳为民出力，使得家家户户禾谷满仓，吃穿不愁。为了答谢牛的帮助，一些村寨把四月初八定为牛的生日或祭牛节。

7. 牛魂节

四月八牛过节在土家族地区也是一个重大的农事节日。有的地方分为"小四月八"和"大四月八"。过节这天，土家山寨杀猪宰羊打粑粑，亲戚朋友均被请来过节，十分隆重。

有些地方把四月初八当作祭"婆婆神"和"嫁毛虫"的日子，祈求莫起病虫害，保佑五谷丰登。四月初八是过"牛魂节"。过节这天，放牛的聚在一起，抓一只活的小鸡，带三个田螺，倒上酒，在水塘边插上三炷香，到牛栏和水塘边祭祀，牛也放进水塘里，意为牛公要走运，要同乐。祭拜完后，把小鸡煮来大家吃。田阳县百育镇六联村那贯组的壮族四月八祭田；湖南省怀化市新晃县贡溪乡四路村天井寨组的侗族四月八过牛节，这一天，牛休息，人上山赶歌坳。傣族地区称"泼水节"，节期在每年的四月初八；苗族在四月八过牛节的三天时间里，要进行斗鸟、跑马、芦笙舞等活动，场面热闹非凡。

在浙东的宁海旧俗中，四月八这天人们要"炊乌饭"，饲耕牛。究其来历，除《宁海县志》有一条"四月八日炊乌饭"的记载外，民间还有个神话传说：古时人们刀耕火种，仍无法除尽杂草，感到辛苦难言。佛发慈悲，唤来天牛，授予耕耘技术，命它下凡帮助。天牛慨然承诺，于四月八日下凡，甘愿以草为食，肩犁耕作，从此留在人间。人们为了感谢天牛，定四月八日为耕牛生日，给耕牛放耕一天，替耕牛沐浴全身，像庆贺人的生辰那样对待耕牛。于是，在宁海，浴佛变为浴牛，佛节变成了牛节。侗族、壮族、水族等也有四月八吃"社饭"（或乌饭）之俗。福建福鼎市硖门瑞云畲家四月八，这一天耕牛过节，为酬谢耕牛一年辛苦劳作，严禁鞭打，以定牛魂，还专供好草料和家酿最好的牛酒给牛吃喝，称"牛歇节"。闽西浦城地区四月八这天，天不亮（有的村庄为头天半夜过后）就把牛放养山上，让其自由一天。

8. 分龙节

分龙节是粟作地区和稻作地区共同的祈雨祭龙的传统节日。分龙节的日期因地而异。华北地区的分龙节多在每年的阴历五月二十三，也有的是在阴历五月二十。明代徐光启《农政全书》说："五月二十日大分龙，无雨而有雷，谓之'锁龙门'。"稻作民族之所以重视分龙节，是因为稻田缺水不活，离不开水。因此，稻作历史有多长，祈雨的习俗就有多长。对龙的崇拜传承了数千年。约定俗成的祭祀文化因地而异。

自古以来，古人在祈雨时，一定会举行隆重而盛大的节日仪式，仪式的主要内容，除了请巫傩师做祭祀，为了达到众人参与的效果，还多有傩舞、傩戏和傩技的表演，娱神娱人。祭礼中的龙，是天体星宿组成的"龙"，有代表天神之意。而舞者"以羽帽覆头上，衣饰翡翠之羽"。祭祀歌舞中男人的装束一脉相承。据说，翡翠鸟能预知雨水。祈雨时头戴翡翠鸟羽毛做成的羽冠，是对的降雨企望。古时为求雨水要请龙，为求止雨也要请龙，因此在谷物落土后进行"分龙"。旧时人们认为龙怕铁，所以分龙这天，禁止动用铁器和粪桶等出门，以祈求龙王不做水患，保佑丰收。

9. 尝新节

稻作民族的尝新节，并非是稻谷成熟收获后的尝新，而是从稻谷扬花抽穗、谷粒形成和排水晒田等环节开始，不断举行祭祀庆祝仪式，以示对新谷丰收在望的喜悦和庆祝。生活在平坝、河谷和丘陵地区的稻作民族，尝新时间大致在农历六月初六前后。而生活在山区或半山区的稻作民族，因海拔升高，气温降低，稻谷抽穗稍晚，尝新节一般在农历六月中旬，即六月初六推迟一周至两周。

10. 侗族喊天节

喊天节是有求雨祭天含义的侗族传统节日。相传，有一年大旱，河水断流，草木枯萎，稻谷颗粒无收。人们在极度恐慌之时，徒步千里，请来祭师，在农历六月十五这天举行祭天仪式，为黄岗 [①] 求雨。结果天帝感动，降了大雨。乡民知恩图报，感谢天神

---

① 黄岗村，位于贵州省黔东南苗族侗族自治州黎平县的著名侗族村寨。

降甘露，于是定在六月十五这天举行喊天节祭天神，延续至今，形成隆重的节日。另一种传说是，喊天节是祭雷婆。地上的人们把雷婆弄脏了，雷婆便跑到天上去。如果不祭祀她，她会发怒，不降雨，田地就会干裂，丰收就无望。当地人为了祈求雷婆的保佑，每年农历六月十五这天都要祭祀雷婆，以保六畜兴旺、天下平安。在祭祀的时候人人都要仰面朝天大声呼喊，喊天节因此得名。每年喊天节，各家各户根据自家的情况邀请客人前来参加，活动规模少则千人，多则上万人。

民间习俗是，举行喊天节时，乡民集资买一头无杂毛的黑猪。节日这天早上，全村老少早早穿上节日盛装，列队站在祭台前，祭台上摆了猪、腌鱼，烧过香纸后，寨老站在一个长凳上，敲一声锣，击三声鼓，抬头朝天大吼几声，接着就随鼓点大声念起祭天词："天呀！地呀！今日大吉大利！给好雾，下好雨，禾苗棉地得适宜。"[①]

稻作民族的祭祀节日，其祭祀对象一是与生产息息相关的天神，如龙王、雷神、土地神，二是给予他们生命并能创造财富的祖先神。一般全民性参与祭祀的节日是与生产习俗相关联的天地神祭祀，如侗族的喊天节、彝族的火把节、傣族的泼水节等。全村寨或一个姓氏的宗族举行的祭祀节日，多为祭祀本宗族的共同祖先。如苗族的牯脏节、侗族的祭萨玛、傣家的哈冲节等。家庭祖先祭祀多在除夕、大年初一、清明节、七月半鬼节、冬至节进行。所有的祭祀文化，都是为了祈愿平安，祈求丰收。

---

① 刘芝凤. 中国稻作文化概论［M］. 北京：人民出版社，2014：44—49.

第四章
麦作与中华丰收文化

有关麦类作物的起源一直是个有争议的话题，不过学术界仍倾向认为起源于西亚"新月沃土"地带。这个地带大体包括现今的以色列、巴勒斯坦、黎巴嫩、约旦、叙利亚、伊拉克东北部和土耳其东南部。在距今 8000 年前后，二粒小麦向东传播到伊朗高原北部与里海东南部之间的河谷地区，与当地自然生长的粗山羊草杂交，形成了一个新的栽培品种，即现今广泛种植和食用的六倍体小麦，也被称为普通小麦或面包小麦。考古资料证实，公元前 3000 年前后，小麦传入中国。

小麦进入中国古代文明的核心区域黄河中下游地区后，逐步取代了本土作物粟和黍，成为中国北方旱作农业的主粮，形成了现今"南稻北麦"的粮食生产格局。

第一节　小麦的引进与本土驯化

小麦在史前时代的传播，需要经历输出地和输入地在农耕方式、社会习俗、文化观念等方面的整合与重塑。每一种文明都根植于自己生存的土壤之中，凝聚着一个国家、一个民族的智慧和精神追求。这些民族文化因素决定了世界文化的多样性。[1]华夏文明在远古时代就与外来文化产生了千丝万缕的联系。小麦的传入和改造、受纳与融合，说明中华农耕文化是一个开放包容、多元融合的系统。

一、小麦传入中国的年代、地区和路线

1. 小麦传入中国的年代

公元前 3000—前 1500 年是中华文明形成过程中的关键时期，自龙山文化时代起，

---

[1] 刘歆益. 史前时代的农业全球化 [EB/OL]. （2019-07-13）[2022-06-23]. https://www.thepaper.cn/newsDetail_forward_4033658. 该文原载于"东方历史评论"微信公众号。

当地的农耕生产逐步地向多品种作物组合转化，水稻的比重逐渐增加，大豆普遍种植，小麦开始传入并逐渐普及。小麦传入中国后，促使中国北方旱作农业逐步由以种植粟为主向以种植小麦为主的方向转化。

近年来，陆续在黄河中下游地区发现了多处龙山文化的小麦遗存，其中比较重要的出土地点有：山东省日照市两城镇遗址、山东省聊城市校场铺遗址、山东省胶州市赵家庄遗址、河南省焦作市西金城遗址、河南省禹州市瓦店遗址等。这些重要的考古发现说明，作为一种外来的农作物品种，小麦在龙山文化时代传入黄河中下游地区后，很快便成为当地粮食作物的主要品种之一。到商代早期的一些遗址中，小麦的出土概率甚至可以与粟、黍的出土概率相差无几。

出土有中国公元前 1000 年以前小麦遗存的考古遗址有：甘肃省民乐县东灰山遗址、陕西省武功县赵家来遗址、安徽省亳州市钓鱼台遗址、云南省剑川县海门口遗址、西藏自治区山南地区昌果沟遗址，以及新疆维吾尔自治区的罗布泊古墓沟遗址、巴里坤兰州湾子遗址等。新发现的小麦遗存具有三个显著特点：一是这些早期小麦遗存大多数不再是偶然的发现，而是通过考古发掘或田野调查，有目的地采集土样进行浮选或筛选获得的结果；二是获取并研究早期小麦遗存不再是考古学的专利，许多地质学或生物学的学者也积极参与这项研究，并取得了显著成果；三是随着碳 –14 测年技术的不断进步，特别是加速器质谱计（AMS）测年方法的完善，一粒小麦就足以作为测年样品，而且测年数据相对更加准确。①

2. 小麦传入中国后的地区分布

在中国出土的公元前 1000 年以前的小麦遗存，分布在西起天山东缘、东至山东半岛的一条绵延数千千米的带状地区。这个带状地区跨越了三个考古学文化区域，自东向西分别是海岱地区、中原地区和西北地区。

海岱地区是一个考古学文化区域概念，指新石器时代的大汶口文化、海岱龙山文化以及青铜器时代的岳石文化的分布区域，主要包括现今的山东省以及安徽省北部、江苏省北部。在海岱地区出土有早期小麦遗存的地点有：山东省的胶州赵家庄、日照两城镇、聊城校场铺、烟台照格庄、章丘马安、济南大辛庄，以及安徽省蚌埠禹会村等。胶州赵家庄出土小麦遗存的重要性前面已经提及。两城镇、校场铺和禹会村三处遗址都出土了属于龙山时代的炭化小麦遗存。

中原地区是华夏文明形成的核心区域，特指新石器时代的中原龙山文化和青铜器时代的二里头文化的分布区域，大体包括现今河南省以及山西省南部、河北省南部。近些年在中原地区出土有早期小麦遗存的地点有：河南省的登封王城岗、博爱西金城、禹

---

① 靳桂云. 中国早期小麦的考古发现与研究［J］. 农业考古. 2007（4）：11–20.

州瓦店、邓州八里岗、新密新砦、偃师二里头等。20 世纪末在洛阳皂角树遗址也出土过早期小麦遗存。在中原地区的西金城遗址、瓦店遗址和八里岗遗址都出土了属于龙山时代的炭化小麦遗存。

西北地区涉及的地域范围广泛，地理单元复杂，大体涵盖了黄河上游地区、河西走廊和新疆维吾尔自治区的大部分区域。在西北地区发现的早期小麦遗存主要是通过环境考察或考古调查获得的，大多数具有直接年代测定数据。出土的早期小麦遗存集中分布在青海省东部、甘肃省河西走廊和新疆维吾尔自治区东部，绝对年代主要集中在公元前 2000—前 1500 年。其中的青海省大通金禅口遗址以及甘肃省金塔火石梁遗址和金塔缸缸洼遗址出土的炭化小麦遗存都达到或接近距今 4000 年。[①]

3. 小麦传入中国的主要路线

关于小麦传入中国的时间，基本确定为龙山文化时代。关于具体的传入路线，目前主要存在三种观点：一是绿洲通道（丝绸之路），麦类作物跨越新疆北部，穿过河西走廊的绿洲通道，进一步东传到黄河中下游地区；二是欧亚草原通道，麦类作物跟随欧亚草原早期青铜文化的传播，由西向东进入蒙古高原地区，进而由北向南进入黄河中下游地区；三是海上通道，由于出现了中国山东及东南沿海地区的早期小麦遗存，人们相信存在一条海上通道，麦类作物在西亚的"新月沃土"地带被驯化后，向西进入欧洲，向南进入北非，向东进入印度河流域，进而继续沿海岸线东进至东南亚、中国东南沿海及山东半岛。

上述三种关于传播路线的观点中，绿洲通道是比较流行的认识，但是与大多数考古学的实证资料不能吻合。植物考古所获得的小麦遗存测年数据，明显存在东早西晚的时代态势，即中国东部出土的小麦遗存年代要比西部地区的早，不符合绿洲通道的传播方向。绿洲通道的传播路线是西亚—中亚—帕米尔高原—塔里木盆地南北两侧的绿洲—河西走廊—黄土高原地区。但是，新疆吉木乃通天洞遗址出土的炭化小麦的测年早至公元前 3000 年，可为绿洲路线提供新的实证。欧亚草原通道近年逐渐成为主流观点，因为这条传播路线有较多的其他文化因素传播证据；而且，更有说服力的是，它的小麦遗存年代测定能够与传播方向相一致。草原通道的传播路线是西亚—中亚—中国北方文化区—黄河中下游地区。不过，目前草原通道上所发现的小麦遗存较少，个别文化遗址的小麦遗存测年偏晚，因此草原通道仍需进一步考古证实。海上通道假说在三者之中处于相对弱势，虽然可以在一定程度上解释中国境内早期小麦东多西少、东早西晚的考古现象，但目前还存在较大缺环，自南亚至东南亚、中国东南沿海这条线上经由考古工作证实的麦类遗存为数甚少，数据的可靠性也有待进一步检验。

---

① 赵志军 . 中华文明形成时期的农业经济发展特点［J］. 中国国家博物馆馆刊 . 2011（1）：19-31.

根据欧亚草原通道的观点，在距今 7000 年前后，小麦由西亚传入中亚，随后在当地逐步扩散，成为中亚地区河谷地带早期农耕生产的主要农作物种类。在公元前 3000 年前后，小麦被分布在欧亚草原东部地区的早期青铜文化所接受。这些青铜文化以畜牧和农耕混合生业模式为特点，小麦成为其种植的农作物品种之一。由于欧亚草原各个早期青铜文化之间的密切接触，小麦迅速由西向东传播，通过萨彦、阿尔泰、天山地区到达蒙古高原地区，被分布在蒙古高原南缘的北方文化区所接收。北方文化区与黄河中下游文化区之间的联系是北南走向的，小麦的传播方向出现了一个转折，通过多条北南走向的河谷通道，向南传播到了黄河中下游地区，例如滦河河谷、桑干河和永定河河谷、河套两端的黄河河谷等。西部地区小麦遗存的年代晚于东部地区，麦类作物大体沿着西亚—新疆—河西走廊—陕西—中原的途径自西向东逐渐传入。

东西方的史前文化交流是多种多样的，小麦传入的路线可能不止一条。在甘肃省河西走廊发现了多处公元前 2000 年前后的小麦遗存，例如前文提到的金塔火石梁遗址和缸缸洼遗址出土的小麦遗存。这说明西北地区与黄河中下游地区早期小麦的出现是同步的，即传入西北地区的小麦与传入黄河中下游地区的小麦在大致相近的年代走了不同的传播路线。西北地区早期小麦的传入有可能是通过绿洲通道，自中亚出发，向西越过帕米尔高原进入塔里木盆地，沿着塔克拉玛干沙漠南北两侧的绿洲通道向西传播，穿越河西走廊，进入黄土高原地区。由于河西走廊内也是绿洲与戈壁相间，这条传播路线才被称为"绿洲通道"，到了一定历史时期就成为著名的丝绸之路。[①]

二、小麦在中国的本土化改造

史前农业全球化是个解构和重组的过程。原有的作物组合，因循不同的路径和时间进行传播。本地物种和外来物种共同组成新的农业结构。这是一场巨大的农业变局。只有本土化的适应性改造才能催生出包括多季节种植和多生态适应的新型农业。小麦传入中国之后，同样经历了许多生态适应性和文化适应性的改造，才融入中华农耕文化的既有格局之中。

1. 冬小麦的春播改造

原产西亚的小麦是一种秋播夏收的越冬生长作物。这种生育繁殖特性是其在原生环境下自然选择的结果。西亚即地理上的亚洲西部，是联系亚、欧、非三大洲和沟通大西洋、印度洋的枢纽。其气候特点是冬雨夏干，因此最早驯化出冬天生长的秋播小麦。这种冬生作物显然不适合在中国北方的夏季风气候带种植。中国的自然环境最适合春播

---

① 赵志军. 小麦传入中国的研究——植物考古资料 [J]. 南方文物，2015（3）：44–52.

秋收的作物，中国人历来都遵循春种、夏耘、秋收、冬藏的农耕节律。因此，起源于西亚的冬小麦在传入中国的初期阶段，需要进行本土化的春播改造，以适应春种的农耕习惯。这种改造可能有两种途径。一种可能是最初传入的就是弱冬性的小麦品种，这种小麦品种可以秋播夏收，也可以春播秋收。小麦在进入中国之前，已经在中亚地区种植了两三千年，在那里可能已经驯化出弱冬性的小麦品种。另一种可能是华夏先民利用冬小麦的"春化变性"特点，对冬小麦种子进行春化处理。

现代农学已经揭示了冬小麦的生理机制。冬小麦必须经历一段时间的低温阶段才能由营养生长进入生殖生长，这个生理过程称为"春化"。如果直接将冬小麦种子用来进行春播种植，那么长出的麦苗是不能正常抽穗结实的。只有经过低温处理的冬小麦种子，才能解除冬性依赖，成为可以春播的小麦品种。四五千年之前的华夏先民，虽然还不知道冬小麦春化的植物生理知识，但是他们已经在生产实践中摸索出了解除冬小麦的冬性依赖的办法。具体做法就是，将冬小麦种子装在密封的陶罐、陶缸里，在冬天低温时放置在室外 40—50 天，然后在春天播种。这些原先的冬小麦就可以在夏天正常扬花抽穗，秋天结实成熟。在南方，例如福建、云南地区，没有冬天的低温环境，人们就将装有冬小麦种子的密封陶罐挂在深井的井壁上，利用水井里的低温环境，可以取得同样的麦种春化效果。经过连续几年的春化处理之后，这个小麦品种的冬性特征就越来越弱，最终被驯化成适合春播的小麦品种。[①]

总之，小麦传入中国的第一项本土化改造，就是改变原产地小麦的秋播冬长特性。到了汉武帝时，中国人才接受冬小麦的种植方式，首次在汉中地区推广种植冬小麦。

2. 小麦的小粒化改造

小麦传入中国后的第二项本土化改造是麦粒小粒化。小麦刚传入中国的时候，华夏民族对待这个外来的带有硬皮的小麦籽粒，依然像对待粟米和稻米那样蒸煮而食，当时称为"麦饭"。可以想见，麦粒熬煮的"饭"，即使熬煮的时间比粟米长，煮出的麦饭还是粗糙难咽，完全谈不上美味可口。虽然麦饭不好吃，可是小麦比粟好栽，而且比粟高产。于是，华夏先民采取了改造小麦籽粒的办法，选育出麦粒变小的品种，使麦粒蒸煮出来的麦饭，吃起来可口一些，而且蒸煮的时间也会缩短一些。

考古资料证明，华夏民族在史前时代，确实选育出了便于蒸煮的小粒麦种。近年在西亚和东亚开展的农业考古发现，对史前同一时期出土的麦粒大小进行比较，呈现出"西大东小"的明显差异，西亚出土的麦粒明显较大，中国北方出土的麦粒较小。而且，这种变化在小麦从中国西部地区向中原传播的过程中加速了。出土于中原和中国东部地

---

① 秦君，董毓琨，王海波. 冬小麦春化研究［J］. 河北农业科学，2000（4）：59-63.

区的炭化小麦，籽粒只有出土于西亚和欧洲的同时期炭化小麦的一半大小。[①] 这就是中国的"粒食—蒸煮"传统对外来谷物进行有意识本土化改造的结果。由此可见，一个民族形成的习俗，有时会表现得非常顽强，不会轻易改变。

3. 面食方式的本土化改造

到了汉代，小麦种植的面积越来越大，人们发明了畜力推拉的大型石磨，开始把小麦磨成面粉。但是用面粉制作的面食还是被人们按照蒸煮传统进行了本土化改造。比如，中国先民不是用面粉烤制面包，而是把面粉做成便于蒸煮的饺子和馄饨，或是更便于水煮的面条。

西方人用面粉烤制面包或烙饼，把烤肉、配料撒在比萨饼的表面，或者把肉块和蔬菜夹在面包的中间，所有的配料都是明摆的、看得见的。而中国人做的包子、饺子是把肉馅包起来的，看不到的。这样就产生了一个有趣的文化现象：西方是"好吃，看得见"，东方是"好吃，包里面"。

小麦是旱地高产作物，势必促使粟作农业向麦作农业的方向转化。植物考古资料证实，小麦的传入和由此造成的中国北方旱作农业生产特点的转变过程，起始于距今4000年前后。就整个中国北方地区而言，小麦代替粟逐渐成为主要粮食作物，实际上是一场农业结构方面的技术革命。由此造成了中国北方旱作农业种植制度的变革，并影响了中华文明的发展过程。

第二节　小麦取代粟、黍成为丰收主粮

中国的小麦属植物来源于西亚地区，这一点已经获得考古学和生物学的证实。目前世界普遍栽培的六倍体普通小麦是以四倍体小麦为母本，以二倍体节节麦为父本，通过天然杂交后形成的异源多倍体物种。由于中国本土的节节麦没有关键的FHSD基因，因此不可能参与普通小麦的起源与演化。[②]

一、小麦在中国北方的种植与传播

2006年6月至2008年1月，山东大学考古系对河南省焦作市西金城遗址进行了四次勘探发掘。该遗址距今4000年，属于龙山文化时期。在该遗址中共获得了740颗淀

---

① 刘歆益. 史前时代的农业全球化［EB/OL］.（2019-07-13）［2022-06-23］. https://www.thepaper.cn/newsDetail_forward_4033658. 该文原载于"东方历史评论"微信公众号.

② 刘登才，房洪. 中国节节麦在中国特有小麦系统演化中的作用［J］. 西南农业学报，2003（1）：32-35.

粒粒遗存，其中粟类淀粉粒遗存占总数的 88.5%，还有少量分别属于小麦、黍、大豆及稻谷的淀粉粒遗存。这个检测报告表明，早在 4000 年前，小麦已经成为黄河中下游地区农作物组合的成员。[①]

夏商周时期，由于发明了文字，人类文明进入了信史时代。关于小麦的传说和记载逐渐增多和翔实。在商代的甲骨文卜辞中，多次出现"秾""麰"两字。学界通常释"秾"为小麦，释"麰"为大麦。[②]但是甲骨文也有"麦"字，而且卜辞中多见"告麦""其告麦"，而不见"告秾"。根据游修龄先生的解释，甲骨文中的"秾"是指小麦植株，而"麦"则是麦穗。此外，卜辞多说"告麦"而不说"受麦"。二者的区别在于，"告麦"只是报告麦子成熟的信息；要是说"受麦"，则是指小麦丰收的庆典，正如"受年"是指庆祝粟丰收一样。商代只有"受年"而没有"受麦"，说明商代虽然已经种植小麦，但小麦还不是很重要的作物，还没有被纳入国家的丰收礼制之中。[③]

春秋战国时期，小麦仍不是重要的粮食作物，即使在黄河中下游的核心农业区，小麦的种植也不普遍。在《战国策·东周欲为稻》中，有一句"今其民皆种麦，无他种矣"的话，常常被引为两周时期中国已经普遍种麦的史证。但是，根据这句话出处的前后文意，它实际只是一个假设的叙事情景，并非历史实事的书写。原话的意思是：东周想种水稻，上游的西周不放水，东周为此很忧虑。谋士苏秦就对东周君说："让我去说服西周放水吧。"于是苏秦便去拜见西周君说："您不给东周放水，错了！您不放水，反而富了东周啊。现在东周的百姓都种麦子，没有种其他东西。您如果想坑害他们，不如给他们放水，让东周改种水稻；他们种上水稻后你就停水，这样东周只能听命于您了。"西周君听出苏秦是为他好，于是给东周放水。结果呢，苏秦同时拿到了东西两个君王的赏金。很显然，这个谋略故事里的"民皆种麦"不能看作信史。

《史记·大宛列传》记载了远在西域的小麦种植："大宛在匈奴西南，在汉正西，去汉可万里。其俗土著，耕田，田稻麦。""安息在大月氏西可数千里。其俗土著，耕田，田稻麦，蒲陶酒。"大宛和安息种稻和麦，可是汉朝属地敦煌却不种稻麦而种粟。可见，在汉初，无论内地还是西部边疆，小麦还不是主要的谷物。主要原因是当时的小麦以"麦饭"方式食用，用麦粒蒸煮的饭食，适口性差，不适合日常的食用。正如汉元帝时任黄门令的史游在《急就篇》所说："麦饭豆羹皆野人农夫之食耳。"

① 王强，王青，李明启. 河南博爱西金城遗址石器及陶器上残存淀粉粒反映的古人类植食性食谱——四千年前的麦作农业 [J]. 中国农史，2015（5）：3–11.
② 贾文，贾加林. 甲骨文中农作物"稻""黍""来（秾）""穀""稷"的考辨 [J]. 殷都学刊，2001（4）：4–9.
③ 游修龄. 殷代的农作物栽培 [J]. 浙江农学院学报，1957（2）：145–161.

近年出土的居延汉简、敦煌汉简和肩水金关汉简，记录了小麦的用途。

一是作为庶民兵卒的粮食。在居延汉简、敦煌汉简和肩水金关汉简中，出现次数最多的小麦用途是作为"卒"的粮食。卒包括镇守边疆的"戍卒"，他们兼营屯田，战时为卒，平时为民；或守望烽燧，或巡视屯田，或修渠垦荒，或放牧荒原。因此，根据平时的农牧劳作种类，"戍卒"也称"省卒""田卒""牧卒"等。这种情况，正是上文《急就篇》中称为"野人农夫"的庶民百姓，他们是"麦饭"时代消费小麦的主体。

二是作为小吏衙役的俸禄。在居延汉简、敦煌汉简和肩水金关汉简中，另一类消费小麦的群体是基层小吏和衙门力役。他们的食粮或俸禄，常常是用小麦支给。这类衙门体制内的下级吏员，包括负责边关事务的关佐、负责文书传递的书佐、负责兵营文案的尉史以及负责官驿迎送接待的候史等。他们的日常食粮以及微薄的薪酬俸禄，都用官仓中的小麦支付。

三是饲喂军马。在冷兵器时代，骑兵是克敌制胜的重要力量。服役的战马，一般没有时间在草原上自由觅食，必须使用粮草饲喂。《资治通鉴·汉纪十八》说："军马月之食，度支田士一岁。"即一匹军马一个月消费的饲料粮，相当于一个士兵一年的消费量。简文记载，"马日食一斗二升"，一年可达四十三石[①]。西北边关地区，粟米多由内地输送。汉代还有输粟封爵的制度，鼓励内地的富商大户把粮食输送到边疆，按其输送数量封官拜爵。但是，千里迢迢运来的粟米，不可能用作喂马的饲料。汉代的河西地区，土壤和气候都适宜种植小麦，可以利用屯田的士兵就地种麦，用作军马的饲料。

由上可见，在石磨发明以前，"麦饭"并不是高级食品，社会上层人士并不"廪麦食用"。小麦对庶民、兵卒、衙吏、役夫、农夫来说只是辅助性粮食，主要用于服役军马的饲料。

汉代推广石磨，把麦子磨成面粉，由粒食变为面食，是一次革命性的饮食进步。《急就篇》对这个时期的小麦用途，写为"饼饵麦饭甘豆羹"。颜师古注曰："漫面而熟之则为饼，饼之言并也，相合并也。麦饭，磨麦合皮而炊之也。"由此可知，汉代是面饼与麦饭并存的过渡时期。《说文解字》说："面，麦屑末也。"

《汉书·食货志》记载，汉武帝曾在关中地区大力推广种植冬小麦。这是因为当时的关中地区具备了种植冬小麦的条件：一是修建了大量水利工程，解决了春旱少雨的冬麦生长环境问题；二是发明了旋转石磨，解决了小麦面粉加工的问题；三是当时的关中地区人口稠密，出现了"人满为患"的情况，推广种植冬小麦可以与晚春播种的粟连茬轮作，实现"同一地块一年两熟"的大丰收。

---

① 汉代一石约为 60 千克。

成书于两汉之际的《礼记·月令》说："仲秋之月，乃劝种麦，无或失时，其有失时，行罪无疑。"东汉郑玄注："麦者，接绝续乏之谷，尤重之。"孔颖达疏："尤重之者，以黍稷百谷不云劝种，于麦独劝之，是尤重故也。"朝廷不劝种粟，独劝种麦，把种植冬小麦作为考核地方官吏政绩的内容，以此推动冬小麦的普及推广。西汉刘向的《说苑·辨物》说："主秋者昏中，可以种麦，上告于天子，下布于民。"昏中是星象，正处于九月种植冬麦季节。地方官吏要劝农种麦，同时把劝种结果上报朝廷。

在江苏省连云港市东海县尹湾六号汉墓出土的木牍《集簿》，为今天认识汉代小麦种植情况提供了原始的证据。这份《集簿》共 700 余字，内容包括汉代东海郡的行政建置、吏员设置、户口、垦田和钱谷出入等年度统计数字，是呈报朝廷的公文，类似于今天的地方工作报告。其中记载了东海郡种植冬小麦的面积为 107300 汉顷[①]，东海郡的提封面积为 512092 汉顷余，可知冬小麦播种面积占全郡疆土总面积的 20.95%；全郡共有耕地 256046 汉顷，可知冬小麦占全郡耕地总面积的 41.91%。由此判定冬小麦在西汉末年的东海郡中地位很高。[②]

汉代是我国小麦由饭食向面食转变的时期。烧饼、面条、馄饨、水饺、馒头、包子，都在这一时期先后出现，于是小麦就成了深受人们欢迎的粮食。社会的需要促进了小麦种植的发展。[③]

但是，两汉时期的小麦仍然处于"接绝续乏"的初期阶段，不能撼动本土起源的粟、黍的主导地位。陕西、山西等地发掘的西汉中晚期至东汉的考古遗址表明，粟、黍仍然是当时的主食品种，而小麦在人们膳食物结构中的比例较小。西汉政府设置"治粟都尉""搜粟都尉"等职官，表明朝廷仍然将粟米作为国家重要的粮食作物。

直到两晋时期，小麦才成为影响国计民生的重要粮食作物。当时人们已对小麦种植积累了丰富的丰收增产经验，北方地区进一步扩大了小麦的栽培面积。北魏的《齐民要术·卷二》中，详细记述了小麦种植各个环节的技术要求，包括麦田选择、耕耙、浸种、播种、防寒、麦田管理、施肥灌溉、病虫防治、收获储藏等一整套小麦种植技术。在《晋书·五行志》中，第一次把小麦排在粟（禾）之前，赫然写道："无麦禾，天下大饥。"这个描述表明，小麦的丰歉，已经成为影响国计民生的重要因素。

在唐代，小麦在中原得到了很广泛的种植。

---

① 关于"汉顷"与亩制及现代国际标准计量单位的换算关系，有学者做过研究，参见：杨际平. 从东海郡《集簿》看汉代的亩制、亩产与汉魏田租额［J］. 中国经济史研究，1998（2）：74–80.

② 卫斯. 我国汉代大面积种植小麦的历史考证——兼与（日）西嶋定生先生商榷［J］. 中国农史，1988，（4）：22–30.

③ 陈文华. 中国古代农业科技史讲话（一）［J］. 农业考古，1981（1）：114–124.

到了北宋，小麦和面食得到了大力推广。北宋郑獬在《收麦》诗中描写："小麦深如人，澶漫不见地。一苞十馀茎，一茎五六穗。实粒大且坚，较岁增三倍。"翻开《东京梦华录》，蒸饼、胡饼、冷掏（捞面条）、宽焦薄脆、猪羊荷包（肉包），这些充满烟火气的吃食，将现实和历史清晰生动地连接在一起。南宋时期，大批中原移民南下，将北方各种面食带到了南方。

明清时期，小麦栽培地区进一步拓展。明朝末年，宋应星在《天工开物》中说："燕、秦、豫、齐、鲁诸道，凡民粒食，小麦居半。"这说明明朝北方地区小麦已超过粟，居粮食作物的首位，奠定了"南稻北麦"的历史格局。

二、中国南方水田的稻麦两熟制

小麦传播到淮河以南种植，始自南北朝时期。北魏宣武帝正始元年（公元504年）诏令："缘淮南北所在镇戍，皆令及秋播麦，春纳粟稻，随其土宜，水陆兼用，必使地无余力，比及来稔，令公私俱济也。"这道诏令要求淮南驻军因土之宜播种不同的粮食作物，并且首先提到"及秋播麦"，说明当时对淮南种麦的重视。中国历史上的南北农业区划，向来以秦岭和淮河连线为界，界南属于南方农业区，界北属于北方农业区。北魏宣武帝明令淮南驻军就地种麦，实际就是开创了中国南方农业区冬麦种植的先河。

唐代初年，在长江流域产生了稻麦复种制，为小麦在南方水稻区扎根生长提供了历史机遇。唐高宗和武后时期，长江流域少数地方已出现稻麦两熟制，后来在盛唐时代成为普遍实行的种植制度。稻麦两熟制实行的地域主要是在长江三角洲、成都平原和长江沿岸地带；到晚唐以后，进一步扩大到珠江流域。

稻麦两熟制是集约程度较高的种植制度，必须具备一定的条件，才有可能实行。一是农田水利建设达到相当水平，土壤肥沃，土质良好，能灌能排，可水可旱，才能适应稻麦两种作物的生长；二是生产工具效能良好，能够迅速地收割与耕作，并能在不同的时候，根据作物生长的需要，车出或车入田水；三是有较好的肥料供应；四是有较高的栽培技术，例如能培育出适于稻麦两作的中晚稻品种，掌握水稻移植技术，这样才能解决稻麦两种作物大田生长期交错的矛盾；等等。[①]

从地区看，南方由于气候比较温暖，具有发展复种制的优越条件。岭南的双季稻、云南的稻麦复种制、新疆吐鲁番地区的粟麦复种制，出现都相当早，但它们对全国的农业经济影响不大。长江下游地区的稻麦复种制则不然，它不仅是主要粮食作物的复种制，而且发生在全国经济重心所在的地区，因而对全国农业经济发生重大影响，标志着

---

① 李伯重. 我国稻麦复种制产生于唐代长江流域考［J］. 农业考古，1982（2）：65–72.

复种制进入一个新的阶段。

夏秋两熟的复种制在南方稻作区的大幅推广，形成了稳定的农业生产结构，由此催生了国家农业赋税的改革，从过去一年征收一次农业税，改变为一年征收两次，故名"两税法"。这种农业税制在建中元年颁布以后，历代相沿不辍，一直实行至清末。两税法规定：农历六月份，农民已收获冬麦，插下晚稻，国家也在此时催纳夏税；农历十一月份，晚稻收割，冬麦已播种，国家征收秋税。对于封建国家来说，挑选这两个时间来征税，显然是最为有利的：一则农民有粮可征，二则农民有时间可送税粮。也就是说，既可征到税，又不扰民生产。两税法之所以规定"夏税勿过六月，秋税勿过十一月"，原因正在于此。因此可以说，唐代两税法的施行，正是南方稻麦两熟制大面积推广的反映。

到了宋代，南方稻麦两熟制获得进一步发展。现存宋代江浙两省的地方志，如《嘉泰吴兴志》《嘉泰会稽志》《乾道临安志》《宝祐琴川志》《淳祐玉峰志》《绍定吴郡志》等，都有种植麦类的记载。《宋史·食货志》特别记载："湖南一路，惟衡、永等数郡宜麦。"北宋政府"诏岭南诸县令劝民种田种豆及黍、粟、大麦、荞麦，以备水旱"，说明这时麦类作物已推广到珠江流域的岭南地区。有一次苏东坡游惠州，留下了"夹道皆美田，麦禾甚茂"的赞叹。范成大在桂林也留下了"秀麦一番冷，送梅三日霖"的诗句。这些诗文都真实记录了岭南两广地区在宋代普遍种麦的情形。

随着两宋之交北方人口大量南迁，南方稻麦两熟制得到了前所未有的发展。尤其是在长江下游，稻麦复种已经不是偶发的、零散的现象，而是具有普遍性的一种耕作制度了。随着小麦产量的增长以及种植加工技术的日趋成熟，它对人们的生产生活愈发重要，逐渐形成了"粟麦并重"的格局。不仅长江流域广泛种植小麦，在气候炎热的珠江流域麦类也得到推广种植。[①]

到明清时期，由于提高土地利用率的需求日益迫切，稻麦两熟制很快从苏南、浙北推广到整个长江中下游地区。清代的《补农书》记载："田极熟，米每亩三石，春花（即麦）一石有半。"在丰收之年，江浙农村的小麦产量等于水稻产量的一半。这说明在传统的南方水稻高产区，小麦的产量已经占据主要粮食作物总产量的1/3。就全国而言，加上以小麦为主粮的北方地区，小麦产量所占比重会更大，真正实现了南稻北麦，各领风骚的局面。

长江流域除了稻麦一年两熟制，个别地区也有稻麦一年三熟制。例如，同治《江夏县志》记载："早秧于割麦后即插，六月半获之，插晚秧于获早谷后，仲秋时获之。"这是"麦—稻—稻"的一年三熟制。

---

① 曾雄生.析宋代"稻麦二熟"说［J］.历史研究.2005（1）：86-106+191.

三、促进小麦丰收的种植智慧

根据历代农书的记载，中国历史上，积累了许多夺取小麦丰收的技术和经验，形成了小麦丰收耕耘的益农智慧。这是中华优秀农耕文化的重要方面，也是今天需要继承、弘扬的宝贵农业遗产。

1. 承天应时的种植布局

汉代大力推广冬小麦，当时称为"宿麦"，意思就是经过一个冬天睡眠的小麦。这个异域传入的新物种，与华夏本土起源的粮食作物不同。人们的驯化粮食作物都是春种秋收的，而小麦则是秋种夏收，穿越了岁末年初，经历两个年份。这就给习惯于春种的中国农民出了许多难题。小麦最初传入中国北方，因为这个区域与小麦起源地西亚"新月沃土"地区的气候环境最为相似。然而二者最大的不同是，西亚冬雨多湿，而东亚则春旱缺水。抗旱保墒是中国冬麦丰收的首要前提。中国先民麦田选择的秘诀是："承天应时，因地制宜，高田弃亩，低地弃甽。"这里"亩"取其本义，为"田垄"，"甽"同圳，指田中畦沟。全句的意思是，种植小麦要遵循地方的气候和时节，要灵活施策，择宜而从，干旱的地方，麦种不能种在垄上，低洼的地方，麦种不能播在沟里。汉代的《氾胜之书》就说："凡麦田常以五月耕，六月再耕，七月勿耕，谨摩平以待时种。五月耕一当三，六月耕一当再，若七月耕五不当一。"它强调麦田早耕，因为耕得早，有利于蓄水保墒，增进地力。北魏的《齐民要术·大小麦第十》提出："穬麦，非良地则不须种。薄地徒劳，种而必不收。"强调种植小麦，要选择良田。贫瘠的土地即便种了小麦，也不会有好收成。《齐民要术》还特别强调："小麦宜下田。歌曰：'高田种小麦，秫穆不成穗。男儿在他乡，那得不憔悴。'"作者贾思勰引用民歌指出小麦适宜在低地良田种植，高地麦不易结穗。这是针对北方干旱地区做出的麦田选择要求。低地比较湿润，适合麦苗生长；高地易旱，不能确保丰收。这是对"高田弃亩"的实际应用。总之，北方的麦田需要防旱保墒。但是，到了南方的多雨地区，就要选择高地作为麦田。低地易涝易渍，麦苗长不好；垄上容易排水，不会积涝。例如，明代的《农政全书》指出："南方种大小麦，最忌水湿……作垄如龟背。"同样，明代江南农书《便民图纂》也说："早稻收割毕，将田锄成行垄，令四畔沟洫通水。"这些农书都强调开沟作垄以利排水。南方的稻麦两熟田普遍重视排水防涝，这就是因地制宜夺取小麦丰收的智慧选择。

2. 巧夺天工的技术举措

选择了适宜的麦田，仅采取保墒除涝的措施还不能保证获得丰收，进一步的对策就是要有正确的种植技术。这里面，也有许多保障丰收的办法，比如麦种处理。《氾胜之书》载有"以酢浆并蚕矢"并在半夜"薄渍麦种"的做法。古人的经验是，用"酢浆"即甜酒和酸醋的糟粕，或者用"蚕矢"即蚕粪蚕沙来渍拌麦种，可使小麦"耐旱忍寒"。今天的农学术语称这种技术为"肥料拌种"。这种做法确实符合科学种田的原理。因为酒糟和蚕粪都是易于降解的有机肥，将它们与麦种拌合，能够使麦种发芽生根时就吸收到肥料，从而使麦苗更茁壮，增强了环境抗逆性，自然也就"耐旱忍寒"了。明代《群芳谱》指出，麦种以"棉籽油拌过，则无虫而耐旱"；同时还介绍了用干青鱼头粉、柏油及芥子末拌小麦种子，以防治"蛊虫"即麦根蛴螬象的办法。古代用有机药物拌种防除麦虫，远比今天的污染环境、污染食品的化学农药高明，这是值得我们继承、弘扬的宝贵农业遗产。

再如，人们对小麦的施肥灌溉也有许多智慧。古代种麦，强调要多施基肥，这样甚至可以增产 1 倍。宋代《陈旉农书》说："八月社前即可种麦，宜屡耘而屡粪，麦经两社（即跨越秋、春两个社日），即倍收而子颗坚实。"元代《农桑衣食撮要》及明代《群芳谱》等书，都提出麦田先种绿肥，耕翻后种麦，这样长出的麦苗"易茂"，即生长茂盛。《农桑衣食撮要》主张用灰粪拌麦种："古人云：无灰不种麦，以灰粪匀拌密种之。"也有用豆饼拌种的，如清代《补农书》说："吾乡有壅豆饼屑者，更有力。每麦子一升入饼屑二升，法与麦子同撮。但麦子需浸，芽出者为妙；若干麦，则豆速腐而并腐麦子。"这里不仅提出用豆饼拌麦种，还强调了先催芽再拌种的经验，以防止豆饼腐烂时害及麦种。这是宝贵的真知灼见。为了获得麦子丰收，还要求多次追肥。明代《农政全书》说："腊月宜用灰粪盖之。"清代《齐民四术》说："小麦粪于冬，大麦粪于春社，故有'大麦粪芒，小麦粪桩'之谚。"即大麦在抽穗时施用"壮穗肥"，而小麦要在分蘖壮秆时施用分蘖肥，以保证苗壮穗多。古代还有因麦地的土壤质地不同而施用不同肥料的做法。如《王祯农书》指出："江南水地多冷，故用火粪，种麦种蔬尤佳。"火粪就是烧制堆沤的厩肥。清代《农圃便览》提出用盐为麦肥："春分，耙二麦一遍，每亩撒盐一斗，则麦长盛。或耙后，至清明节内撒盐，亦好。"

在麦田灌溉方面，汉代《氾胜之书》主张麦田入冬前进行秋灌："秋旱，则以桑落时浇之。"明代《农政全书》强调："秋冬宜灌水，令保泽可也。"灌冬水既可抗旱，又能使麦苗耐寒而安全越冬。清代《三农纪》又指出，"麦苗将苞时，以水溉更佳"，指出在小麦孕穗时灌溉能够增产丰收。古代还注意在麦田保雪抗旱。如《氾胜之书》说："冬雨雪止，以物辄蔺麦上，掩其雪，勿令从风飞去。后雪，复如此，则麦耐旱多实。"《齐民要术》也有同样的记载。清代《沈氏农书》有"麦沉下浇一次，春天浇一次"的丰收经验。

麦田中耕管理，古时统称"锄麦"。这也是小麦丰收的重要环节，务必多耨勤锄。例如，《氾胜之书》提出，秋季要锄麦壅根，早春返青后又锄，到榆树结荚时，雨止后，候土背干燥再锄，这样"收必倍"，能够增产一倍。《齐民要术》提出，麦田要适时进行锄、耧、锋等作业，这样就能做到"麦倍收，皮薄面多"。《天工开物》说："麦苗生后，耨不厌勤，有三遍四遍者……功勤易耨，南与北同也。"《沈氏农书》说："凡菜麦锹沟之后，候干再到一番"，可收到"不起草，又可挨麦，不患风倒"的效果。秋沟即秋天做好麦田的开沟排水，然后再锄麦一遍，这样麦田不长杂草，麦苗也不易倒伏。说明南方麦田理沟，有利于排水、压草、抗倒伏，还有利于接麦茬种晚稻。①

3. 地尽其利的轮作种植

如前所述，小麦与中国的传统粮食作物放在一个农业系统中，就产生了奇妙无比的"四季无闲田"的土地利用方式。比如麦粟、麦豆、麦稻等组合的轮作方式。早在汉代，关中地区就发明了小麦与粟或豆的轮作。到了唐代，则在长江流域普遍实行麦稻轮作。明清时期，北方的小麦与豆、粟及其他秋杂粮形成两年三熟制。山西朔县出现了小麦与其他作物共同组成五年轮作制的多熟种植系统。在南方，浙江、湖南、江西的一些地方还出现了小麦与稻、豆组合的一年三熟制。有时候，小麦与后茬作物在播种季节上不能实现交替，这时就派生出轮作的变通方式——套种。套种是在冬麦收割之前十天半月，先行在麦垄间播下后茬的豆、棉、瓜等作物的种子。麦子收割后，麦茬行间先期播的作物正好生长起来。如此一来，虽然两种作物的生长期短期交叉，但经过套种方式，同样实现了一块土地上的一年两熟。这是非常智慧的土地利用方式。明代《农政全书》和清代《齐民四术》都记载了在小麦田内套种棉花的麦棉两熟制。另外明代的《农政全书》和清代的《补农书》《救荒简易书》以及不少地方志，都记载了在小麦田内套种大豆。此外，明清时期，盛行林麦间作，特别是果林种麦。《农政全书》有在杉苗行间冬种小麦的记载。清代《橡茧图说》有橡树行间冬种小麦的记载。至于小麦与苹果树、红枣树、梨树等间作，在各地农村几乎成为林下种植的"标配"方式。

在清代，曾经出现过轮作和套种并行使用的"两年十三收"的作物组合方式，堪称世界农业史上的奇迹。其具体做法是："如人多地少，不足岁计者，又有二年收十三料之法。即如一亩地，纵横九耕，每一耕上粪一车，九耕当用粪九车，间上油渣三千斤。俟立秋后种笨蒜，每相去三寸一苗，俟苗出后，不时频锄，旱即浇灌，灌后即锄；俟天社前后，沟中种生芽菠菜一料，年终即可挑卖；及起春时，种熟白萝葡一料，四月间即可卖。再用皮渣煮熟，连水与人粪盫过，每蒜一苗，可用粪一铁勺，四月间可抽蒜薹二三千斤不等。及蒜薹抽后，五月即出蒜一料。起蒜毕，即栽小蓝一料，小蓝长至尺余，空中可布谷一料，俟谷收之后，九月可种小麦一料，次年种麦后，即种大蒜。如此

---

① 中国农业百科全书总编辑委员会农业历史卷编辑委员会. 中国农业百科全书：农业历史卷 [M]. 农业出版社，1995：351-353.

周而复始，二年可收十三料，乃人多地少，救贫济急之要法。"①

总之，综合运用间作套种的集约种植，可以实现同一块耕地上的一年多熟，达到丰收增产。这种耕作方法的实施，反映了明清时期人们千方百计提高土地利用率的丰收愿望。

第三节　小麦的丰收文化习俗

面食文化的传播像一张硕大的网，一旦形成，便会铺天盖地向四域漫延扩散。传播的速度，更取决于本地饮食习惯与社会价值对新物种的反应。只有那些可以被本地传统改造的农作物才会被接纳，而无法融入本地饮食和社会传统的作物会被拒绝。

历史上，不同时代的动植物品种、农牧技术乃至生活起居方式，都有着文化传播的印记。这其中包括中华民族与世界其他民族的农业文化交流的印记。小麦进入中国的作物组合后，在成为主要粮食作物的同时，也加入了中国农耕文化习俗，形成具有中华文化特色的面食文化。

一、献祭礼仪中的面食祭品

《夏小正》中已有"祈麦实""树麦"等记载。殷商时代，国家农政体制中设有"告麦"制度。卜辞中常见"告麦""亡告麦""允有告麦"等，这些都是呈报小麦丰收的"命辞"，是偏僻采邑向朝廷禀报小麦收成情况的文告。此外还有"秾麦""受麦""田麦""登麦""食麦"等，可见商代对种麦和祭麦都很重视。到了西周，小麦开始进入国家丰收祭典，称为"尝麦"。周天子在每年夏麦收获后，即在寝庙荐祭，尝食新麦。《礼记·王制》中的祭品有："春荐韭，夏荐麦，秋荐黍，冬荐稻；韭以卵（鸡蛋），麦以鱼，黍以豚，稻以雁"，皆来自土地所长，家中所养，水中所获，以祭社神，确属报土地之功，更冀求来年丰收裕如。清代学者朱右曾的《周书集训校释·月令》解释说："孟夏之月，农乃登麦。天子乃以彘尝麦，先荐寝庙，成王始举行此礼也。"唐人徐坚《初学记》辑录佚书《祭记》曰："旧五月麦熟，荐新麦，作起溲白饼。"

用于"尝麦"的面食是祭祀礼俗中不可或缺的祭品。它是人与神交流的神物，蕴含着丰富的民俗内容和文化观念。面食祭品的种类与款式，历经数千年的演绎嬗变，形成了独具特色的面食祭品文化。

关于中国面食的起源，民间有"尧王饼"的传说。相传帝尧时，有一日大雨倾盆，

---

① 王毓瑚. 区种十种 [M]. 财政经济出版社，1955：81.

洪水冲塌京畿官仓，仓内的小籽粒被石墙重压砸成细末，渗和了雨水成了糊浆。当时的饮食习惯是用麦粒熬煮麦饭，人们都认为这些雨水渗和成的麦糊已经不能食用。但是帝尧惜粮如玉，不忍弃之，遂将麦糊置石板上晒干，薪火烤而食之，顿觉香气四溢，远胜麦饭滋味。由此便教民用石盘、石棒等捣麦为粉，和成面浆，涂铺石板上，薪火烘烤而成美食。后世称为"尧王饼"。[①]

山西省境内曾出土过春秋时期的石磨和丝箩。石磨磨麦为粉，丝罗筛粉，除麸取末，这是面粉的来由。有了加工的工具和办法，面食就普及开来。[②]到汉魏时期，面食祭祀日渐盛行，出现了品类繁多的面食祭品。其中影响最为深远的面食是"馒头"，时人写为"曼头"。宋代高承《事物纪原》记载了一个发明馒头的传说："诸葛武侯南征孟获，人曰：'蛮地多邪术，须祷于神，假阴兵以助之。'然蛮俗必杀人，以其首祭，神则向之，为出兵也。武侯不从，因杂用羊豕之肉，而包之以麦，像人头以祠，神亦向焉，而为出兵。后人由此为馒头。至晋卢湛祭法，始列于祭祀之品。"[③]山西省晋南和陕西省渭南一带面塑以虎等走兽样式为多，陕西省一带面塑以鸟、猴、蛇、兔的样式为多，河北省一带面塑以羊的样式为多，山东省和河南省一代面塑以鸟、兽样式为多。

在北方面食文化圈中，根据各自地域文化的特点，人们制作出许多具有地方特色的面食祭品。陕西省华县一带祭祖扫墓用"虎馍"，山东省莱州一带过年祭祖用"圣虫"，山西省忻州、霍州一带中元祭祖用"羊馍"，甘肃省庆阳一带祭祖用"花树"等，充分地展现了各个地区面食祭祀文化的独特风格。乾隆《延庆州志》记载，北京地区祭祀"罕用牲，只用面食及蔬菜、果品，或面作猪首、鸡、鱼之类，颇有梁武遗风"。这说明面塑艺术已经用于祭祀神祇。用作面塑的动物有传说中的麒麟以及狮、虎、象等，通常涂以丹碧，加以金饰，用以供神。[④]

二、面制食品的产生及其在丰收祭祀中的应用

中国面点文化把小麦制成的面粉幻化成万千美食，光是饺子就有 300 多种。中国人用擀、搓、压、煮、蒸、炒等手法，将面粉制作成富有地方特色的各种面食。[⑤]北京面食应时应节，适应民俗；山西面食制作精细，艳色重味；陕西面食质朴内秀，余味

① 赵中悦，王文军. 山西面食［M］. 太原：三晋出版社，2015：11.

② 邱庞同. 中国面点史［M］. 青岛：青岛出版社，1995：128.

③ 徐坚，等. 初学记［M］. 北京：中华书局，1962：642.

④ 秦炳奎，李畤纂. 光绪沁水县志：卷四［M］. 南京：凤凰出版社，2005.

⑤ 阎瑜. "和而不同"的哲学原理——以面食传播为例看民族文化的融合与发展［J］. 青岛科技大学学报（社会科学版），2011（4）：46-48.

绵长。①

面食作为重要的祭品，成为北方祭祀活动的重要组成部分。人们把面食视为珍贵食物。光绪年刊《五台新志·风俗》记载："麦珍如珠，非祭先、供客、婚丧不用，无故而食白面，人以为不祥。"在民间祭祀活动中，人们为了表达对神灵的尊崇，通常把当地最为珍贵的面食作为祭品献给神灵，使其成为表达情感和意愿的心灵寄托。

先秦时期，北方已经出现了早期的面食制品。《周礼·天官·笾人》记载："羞笾之实，糗饵、粉粢。凡祭祀，共其笾荐羞之实。"这里出现了"糗饵"和"粉粢"的面食，说明当时使用了面食祭品。"糗饵"，类似后世的炒面。《说文解字》说："糗，熬米麦也，又乾饭屑也，又粮也。"孔颖达疏引郑玄注："糗，捣熬谷也。谓熬米麦使熟，又捣之以为粉也。"

自秦汉至两晋南北朝时期，涉及面食的文献记载逐渐增多，如《释名》《四民月令》《饼赋》《齐民要术》等。其中《齐民要术》对面食的记载最为详细，书中列出了白饼、烧饼、粉饼、水引、碁子面、豚肉饼等十多种面食的制作方法。

唐人徐坚在《初学记》中辑录了已佚古籍《祭记》《祠制》《祭法》《四时列馔传》等书的佚文，可窥知当时的面食使用情况。如《祭记》载："五月麦熟荐新，起溲白饼。"《祠制》曰："夏荐下乳饼、曜；孟秋下崔瑞；孟冬祭下水引。"卢湛《祭法》载："春祠用曼头、汤饼、髓饼、牢丸；夏秋冬亦如之。夏祠别用乳饼，冬祠用环饼也。"《四时列馔传》载："春祠有曼头、饼；夏祠以薄夜代曼头，无能，作以白环饼。"②

宋人黄朝英的《靖康缃素杂记》记载："凡以面为食具者，皆谓之饼；故火烧而食者，呼为烧饼；水瀹而食者，呼为汤饼；笼蒸而食者，呼为蒸饼。"③这里说的就是馒头、面条、面饼、包子等面食种类。

宋人司马光在《司马氏书仪·丧仪》中提到的面食祭品有"薄饼、油饼、胡饼、蒸饼、枣糕、环饼、捻头、馎饦之类"④。这一时期的面食制品已经增加了许多种类，有的成为应节食品。比如，《东京梦华录·清明节》专门记载了清明节的面食："节日，坊市卖稠饧、麦糕、乳酪、乳饼之类。"⑤此外，《武林旧事·祭扫》也提到清明节祭祀"用麦糕稠饧"⑥。这反映了作为应节食品的面食普遍在清明扫墓活动中使用的情景。

① 邵万宽. 中国面点文化［M］. 南京：东南大学出版社，2014：201-205.

② 徐坚，等. 初学记［M］. 北京：中华书局，1962：262-643.

③ 黄朝英. 靖康缃素杂记［M］. 北京：中华书局，1985：12.

④ 司马光. 司马氏书仪［M］. 北京：中华书局，1985：115.

⑤ 孟元老. 东京梦华录［M］. 姜汉椿，译注. 贵阳：贵州人民出版社，2009：119.

⑥ 周密. 武林旧事［M］. 杭州：浙江人民出版社，1984：40.

明清时期的面食与民俗的紧密结合，使面食作为祭品的使用达到了一个全新的高度，面食祭品的使用进入了繁盛时期。《居家必用事类全集·饮食类》记载了很多祭祀用的馒头，有卧馒头、茧馒头、荷花馒头等。[①]关于馒头在祭祀中的具体使用，明代李诩在《戒庵老人漫笔》中明确记载："祭功臣庙，用馒头一藏，五千四十八枚也。"[②]可见，在明清时期，祭祀中所用的馒头不仅种类较多，而且使用量较大。到明清时期，中国的面食制品有了很大发展，面食祭品普遍用于各种祭祀和节庆活动之中。

三、小麦丰收相关的节庆习俗

1. 协田种麦

协田是与小麦种植有关的活动。商王在祭祀时要举行某种仪式，与后世帝王的籍田一样，表达一种"帝亲耕，后亲桑，为天下先"的重农劝农导向。甲骨文卜辞记载："王大令众人曰：协田！其受年？十一月。"这是商王在麦收时节举行"大令"仪式来庆祝小麦丰收的国家级农业祭祀活动。

2. 添仓节

祭祀仓神的这一天也被称为"添仓节"，是农历正月的最后一个节日。如山西大多数地区把添仓节分为"小添仓"和"大添仓"。《平遥县志·俗节》记载："二十日，夜设祭，名曰'小添仓'。二十五日，夜设祭，名曰'大添仓'。"添仓节的重要活动就是祭祀仓神。相传古时候，北方地区曾经大旱三年，导致人们颗粒无收，饿殍遍野。而当时朝廷照旧收粮纳税，不顾百姓的死活。于是当地的仓官私自开仓放粮，赈济灾民。他知道这样做的后果严重，所以他在正月二十五日放火焚仓，最后自焚而死。人们为了表达对他的敬意，把他尊为仓神，正月二十五日也被定为添仓节。

3. 龙神祭

祭祀龙神一般在农历五六月份，这时旱地作物特别需水，但经常发生旱灾。民间把止旱降雨之神称为"龙王爷"或"水神"。祭神求雨的方式有巫公求雨、跪庙求雨、抬神求雨、鞭身求雨和唱戏求雨等。这些祭神求雨的方式，都需要供奉面食祭品。如《邑侯刘公校正北霍渠祭祀记》记载了明代山西赵城县百姓祭祀水神的情景。据碑刻记载："赵平水绵邑，地脊民贫，不通经商，宦籍亦寥寥。所治生惟赖兹北霍渠胜水七分。祭渠当日，不过牲帛告虔，勠力一心而已。厥后增为旺祀，又增为节令祀。其品此增为一，彼增为二，彼又增为三、为四，愈增愈倍，转奢转费，浸淫至今，靡有穷已。及观其所陈设者何物，则面鱼、面蛇等，悉竞巧夸多，争艳斗奇。"由此碑刻可知，人们在

---

① 无名氏. 居家必用事类全集 [M]. 邱庞同，注释. 北京：中国商业出版社，1987：120.

② 李诩. 戒庵老人漫笔 [M]. 魏连科，点校. 北京：中华书局，1982：2.

祭祀水神的时候，通常大量陈设"面鱼、面蛇"等面食祭品，以致达到"兢巧夸多，争艳斗奇"的地步。[①]

4. 灶神祭

人们通常还会制作精美的面塑供品用于祭祀灶神。其中，比较出名的面塑供品枣山馍，广泛用于祭祀灶神的活动。枣山馍是一种面花，一般是将面团捏成桃子或石榴的形状，摆放成椭圆形，作为底盘，称为"坐节"；馍的顶首另置一节，做成"二龙戏珠""九凤朝阳"或"凤凰戏牡丹"的样式。在这些富有艺术性的面团之间的空隙，分别填上黄红枣粒，就做成了神圣的祭品枣山馍。

5. 天贶节

在中原地区汉族节俗中，有一个庆祝冬小麦丰收的节日——天贶节（贶 kuàng）。节期在冬小麦收割归仓后的农历六月初六，所以又称吃新节、尝新节、试新节。贶者，赐也。"天贶"就是上天的恩赐。按丰收文化分类，属于秋祈恩报的习俗。只是中原地区以麦熟为丰收，所以把秋祈恩报的日期移到了夏天的六月初六。民谚"六月六，新麦熬羊肉"，就是天贶节起源的初始凭依。

6. 抹黑节

锡伯族的抹黑节，在每年农历正月十六清晨举行。传说这天五谷之神（巡天神）要下凡巡视人间，人们互相往脸上抹黑，以此祈求五谷之神不要把黑穗病传到人间，确保小麦丰收，保佑百姓平平安安。

7. 俄罗斯族的丰收节

我国的俄罗斯族主要聚集在新疆、内蒙古、黑龙江等地，内蒙古自治区呼伦贝尔市所辖额尔古纳市的室韦俄罗斯族民族乡，是我国唯一的俄罗斯族民族乡。东正教是俄罗斯的国教，其宗教文化对我国的俄罗斯族影响深远。除此而外，俄罗斯族的传统节日主要包括新年和送冬节、桦树节、丰收节、迎冬节等。

丰收节是"四季节日"中的第三个节日。在苏联时期被称为"农业工作者日"。我国的俄罗斯族保持了丰收节这个传统节庆活动，时间是每年 10 月的第二个星期日。农民对丰收节日十分重视，秋收结束时，要在田里留下最后一束小麦，除尽周围的杂草，在小麦面前摆上面包、奶酪和盐等供奉之物，拜祭田野大地，感谢其赐予的恩惠，祈求来年获得更大的丰收。

---

① 张余，曹振武. 山西民俗［M］. 兰州：甘肃人民出版社，2003：39.

中华丰收文化：
一源三脉，根深叶茂

以上"寻根篇"四章，回溯了农耕文明的源头晨曦，昭示了中华丰收文化的涓滴滥觞。中国农业起源于1万年前。有了农业生产，必然有对丰收的渴求。有了对丰收的渴求，就会有丰收的目标、丰收的祈愿、丰收的思想、丰收的举措、丰收的匠术，当然还有丰收的欢乐。这一切，构成了中华丰收文化的绚丽华章，绘成了中华丰收文化的历史长卷。循此溯源索始，探微钩沉，我们可以发现，博大精深的中华丰收文化的根脉，概而言之，就是"一源三脉，根深叶茂"。

"一源"是丰收文化的传说之源。在农业起源的时代，还没有发明文字，还没有确切的历史记录，因此称为"史前时代"。对于尚未发明文字的史前时代，可以借助多条途径，一层层地揭开其神秘面纱。比如，生物学家通过实地考察野生物种，可以追溯作物和家畜的驯化起源；人类学家通过实地考察处于原始经济阶段的民族的生活状况，可以反推人类5000年前的生活；考古学家通过对出土的史前遗址遗物的分析研究，可以复原或者认知原始社会的概貌；民俗学家通过世世代代口头相传的神话传说，可以揭示尘封的历史，让远古人类的喜怒哀乐跃然纸上。

"寻根篇"利用了这些领域的研究成果，复原出中华大地的远古图景，探寻出丰收文化的星星之火、涓涓细流。通过学术逻辑的构架，把历史上关于农业起源的传说、女娲的传说、神农的传说、伏羲的传说、后稷的传说、西王母的传说，以及图腾崇拜、土地崇拜等神话传说的纷繁信息整合排列起来，就可以窥见中华丰收文化的源头。

"三脉"是粟作起源驯化之脉、稻作起源驯化之脉和麦作引进改造之脉。最初的丰收对象，重中之重是粮食的丰收。这三大粮食作物构成了丰收文化的核心要素和多彩底色。

黄河流域是中华民族远古文明的发源地。粟、黍是诞生于黄河流域的农耕文化的"长子"。河北徐水县高林村乡南庄头村东北2千米处的南庄头遗址是目前所知的最早出土粟粒的遗址。年代测定为距今10500年至9700年，正好是在距今1万年前后。此后发现的粟遗址，年代也多在八九千年之前。小小一粒粟，奠定了中华文明的坚实基石。粟作使人们实现了定居的生活，粟作助推了二十四节气的诞生，粟作推动了农耕技术的进步。总之，粟成为中华文化建构的元素符号，甚至成为国家的代称。"江山社稷"即指国家。另外，中国驯化的粟，在公元前2500—前1500年传入西亚，直达欧洲。粟是中华民族为世界农业史奉献的一大瑰宝。

与黄河文明并驾齐驱的是长江文明。这里孕育出影响深远的稻作文化。目前所知世界最早的栽培稻遗址是湖南道县玉蟾岩遗址。该遗址发掘出来的4粒炭化稻谷，考古测定的年代是（12320±120）年。我国考古年代超过1万年的栽培稻遗址还有江西万年仙人洞和吊桶环遗址、广东英德牛栏洞遗址和浙江浦江县上山遗址。这些遗址的发现，无可争议地证实长江流域是人类栽培稻的起源地。稻米在丰收文化中不仅是标志符号，更是现实农业丰收的主体对象。系统考察稻作文化的起源、发展、传播和演变规律，对于中华丰收文化的追根溯源具有特别重要的文化意义和现实意义。中国驯化选育的水稻，对世界农业文明的发展进步产生了深远和伟大的影响。公元前2500—前1500年，水稻种植广布东亚、南亚、东南亚各地。

第三个成为中华丰收文化主角的粮食作物是小麦。这是起源于西亚的域外传入作物。公元前2000—前1500年，小麦从不同路线先后传入中国。传播途径可能包括欧亚草原大通道、河西走廊绿洲通道以及沿着南亚和东南亚海岸线的古代海路。公元前3000—前1500年是中华文明形成过程中的关键时期。小麦传入中国后，促使中国北方旱作农业逐步由以种植粟为主转向以种植小麦为主。

小麦传入之初的1000多年里，中华民族的先民将之当作与稻米或粟米一样的粒食作物，用小麦籽粒蒸煮为麦饭食用。由于小麦籽粒外层有硬皮，麦粒蒸煮的麦饭显然不可口，为此专门选育出便于蒸煮的小粒型小麦品种。此外，中国先民还将西亚原产的冬小麦改造成春播小麦，以与中国春种、夏耘、秋收、冬藏的农事节律相一致。直到汉武帝时期，为了提高耕地利用率，朝廷在关中地区大力推行秋播夏收的冬小麦（时称宿麦）种植，以便与春末夏初播种的粟进行接茬轮作，实现粟麦轮作一年二熟。自此，冬小麦成为麦类的主栽品种，在北方是粟麦、粟棉、粟豆的二熟轮作，在南方是稻麦二熟轮作。小麦成为粮食作物的后起之秀，迅速取代的粟，把中国原有的"北粟南稻"改写为"北麦南稻"，这一粮食作物格局迄今未变。

在中华文明早期，粟、稻、麦三大粮食作物是丰收文化的主体。其中粟和稻由中国本土先民驯化选育并传播到周边许多国家和地区。当今世界上大量种植的玉米和马铃薯等粮食作物，是在 15 世纪末至 16 世纪初的"地理大发现"之后，才从美洲传遍世界各地的。

无论是普世的农耕文明，还是独特的丰收文化，都是一条川流不息的长河，在流淌中不断有新元素加入，也有旧的元素消退出去。比如中国的粟，如今已从主粮之首退入杂粮之列。中华丰收文化也从最初的"一源三脉"变为"一源众脉"。文明初期以粟、稻、麦为丰收信物；现今言及丰收，对象何止万千。每个地方各有不同的当家作物或品种，以至于出现"一村一品"的繁荣景象。

丰收的对象在变，但是丰收文化的意涵不变。找寻中华丰收文化的根脉，只为鉴史知来，辉熠千秋。

演进篇
中华丰收文化的发展嬗变

中华丰收文化：
多维矢向，多元融合

中华丰收文化是与时俱进的动态发展的文化。经历数千年的嬗变演进，丰收文化从原初的涓涓溪流，跨山越岭、纳川潴泽，发展成为波澜壮阔、奔腾东流的大河。本篇各章，率以年代时序为线脉，系统追溯梳理中华丰收文化的发展历程。揭示丰收文化嬗变演进的发展维度，昭示丰收文化"既具有大小又具有方向"的多维矢向特点。

一是丰收对象的内涵发展。这是丰收文化内生式发展的矢向模式。在原始农业时代，丰收的对象主要是粟、稻、麦。从公元前 2070 年夏朝建立，经历了夏、商、西周三朝"八家为井、同养公田"的土地国有制度。公元前 770 年进入春秋时代，土地国有的井田制逐渐瓦解，代之以小农经济为主体的土地私有制度。土地私有制的确立，促进了商品经济发展和农业内部的变革，促进了丰收对象的多元化组合，农作物呈现出生机勃勃的发展态势。一是种植的作物种类越来越多，不再只是粟、稻、麦三种；二是农业内部结构的生产专业化得到发展；三是都邑市集的人口成为农业商品化的推动者、丰收产品的稳定消费者以及丰收文化的分享者。丰收文化历来都不是农民的自娱自乐，而是全社会的共建共享。

农业内涵多元化首先是种养种类的多元化。正如司马迁在《史记·货殖列传》中所说："陆地牧马二百蹄，牛蹄角千，千足羊，泽中千足彘，水居千石鱼陂，山居千章之材。安邑千树枣；燕、秦千树栗；蜀、汉、江陵千树橘；淮北、常山已南，河济之间千树萩；陈夏千亩漆；齐、鲁千亩桑麻；渭川千亩竹；及名国万家之城，带郭千亩亩钟之田，若千亩卮茜，千畦姜韭：此其人皆与千户侯等。"这段话里说的"千"，并不一定是具体的 1000，而是指"很多"，有"数以千计"的意思。"千户侯"是食邑千户的封侯。汉代时，每户百姓要交纳税赋 200 钱。辖地千户的侯爵，每年可获得租税收入 20 万钱。

因此，司马迁用赞许的语气说，这些专业户的财富可与千户侯相等。司马迁提到的专业户包括畜牧业、渔业、林业、园圃业、药材业等种植牧养行业的从业者。他们每一户都有自己的丰收目标，而不再是局限于粟、稻、麦丰收的统一标准。这就是历史上中华丰收文化内涵发展的实证案例。

在古代，常常以"某某户"来特指从事专业化、商业化、规模化生产的农户，例如，茶户、橘户、种香户、素馨户①、荔枝户、鱼花户、猪公户，等等。有时也称他们为"某某农"，例如，棉农、烟农、茶农、蔗农、花农，等等。这些专业农户的丰收对象各不相同，追逐的丰收目标也不同。因此，传统农业的种养格局形成以后，丰收就不再专指粮食丰收了，而是种什么、养什么，就希望什么丰收，形成了丰收对象的多样化特征。

农业内涵多元化发展的另一个方向是农业布局的区域化。明清时期，由于农业商品化的发展，在一些地区形成了特定作物的集中产区。比如，江浙地区随着棉纺手工业的快速发展，棉花需求迅速扩大，出现"种花者多，而种稻者少"的情况。相关的丰收对象也从传统的水稻转向了引进的棉花。又如，明朝万历年间从南洋吕宋传入了嗜好类作物烟草。烟草最初只在闽广沿海种植，后来，由于种烟草获利远比粮食高，西南、中原、西北地区都出现了规模化的烟草集中种植区。这些种植烟草的地方所日求夜梦的自然就是烟草丰收了。

此外，还有甘蔗区、果菜区、花卉区等。明清时期，棉农、烟农、茶农、蔗农等专业户不断增多，分布不断扩展，反映了古代农业分工的不断细致化和专业化，也反映了丰收文化的多元化演变趋向。

二是丰收习俗的空间扩展。农耕牧养的一切付出都是为了丰收。这是人类生存繁衍的物质基础。早在新石器时代农业产生之初，就出现了丰收祭祀的雏形。这是丰收祈愿，也是耕作宣言。此后，中华丰收习俗随着民族融合、人口迁徙和环境变化，逐渐从民间习俗升华为国家礼制，成为传统社会传达国家重农意志的仪式场所。

原始的渔猎时代，血缘氏族是社会的基本单元。每当猎获野牛、野鹿之类的大兽，部落的人们就会围着篝火烧烤达旦，聚族共享。先民的这种庆祝仪式已经具有原始丰收祭的功能，包括用猎物向神灵祖先献祭、部落成员联谊聚会、交流捕猎经验、增进部落的利益认同、维护族群内部的团结协作，等等。

许多带有血缘民俗色彩的丰收节俗延续至今。例如，流行于东北地区的达斡尔族有个元宵抹灰节，就是自古传承下来的本源型的氏族节日。抹灰节有给睡懒觉者的脸

---

① 素馨是一种原产我国云南、四川、西藏等喜马拉雅山麓地区的芳香花卉。古代有专门种植素馨花出售的专业户。

上抹一把锅底黑灰的习俗。其意涵是"催人早起，下地干活"，含有"勤力务农、夺取丰收"的寓意。西南地区哈尼族有个里玛主节，"里玛主"在哈尼语中意为"春天的盛会"。在春季第一个属羊的日子，各家要在清晨五更时分，悄悄去自家的稻田里插秧，取意"开秧门"。哈尼族在节日里安排半夜插秧，带有"不违农时，趁早插秧"的导向暗示，潜移默化地产生了丰收祭的教化作用。这些都是血缘氏族内部的丰收习俗。

　　随着农牧业的发展，族群人口增多，人们的日常生产生活空间常常会超出血缘部落的范围。尤其是对公共农牧资源的利用、保护和配置，往往需要在部落之间进行协调和分配，避免发生利益冲突或配置失衡。比如，若干个血缘氏族共同生活在一条河流的上下游，就需要对引水和用水进行协调；多个部落共享一个大草原，需要对畜群的放牧、配种进行协调；多个部落生活在地缘相近的丘陵山区，需要建立统一的种植制度、交换制度甚至婚姻制度。于是，影响农牧业生产的丰收习俗就会从血缘氏族扩展到地缘部落。这是丰收文化在地域空间上的发展和扩张。例如，西北地区的塔吉克族有一个祖吾尔节。"祖吾尔"是塔吉克语"引水"之意。塔吉克族在春种前需要砸冰引水。这项工作必须由全灌区的村寨统一进行，形成了流域性的引水节日。引水节这天，流域内各村寨的成年人，各自骑马到渠道引水点，参加破冰和修整渠道的劳动。河水入渠之后，人们就分食各自带来的节日大馕，共同祈祷风调雨顺、庄稼丰收。还有流行于内蒙古科尔沁草原的其木哈尔节。"其木哈尔"是蒙古语"阉割"之意，是将雄性牲畜进行手术去势，阻断劣质雄性交配繁殖的机会，确保畜群健壮优化的畜牧技术。其木哈尔节主要有两项活动：一是选优，从各部落挑选的公畜中再遴选出公认的优良公畜；二是去劣，将畜群中剩下的全部公畜进行阉割。通过设立一个民俗丰收节来完成如此重要的家畜品种选育工作，是一项管理成本很低、功能效率很高的创举。可见，丰收节庆从血缘氏族扩展到地缘部落以后，不仅节日的地理空间扩大，而且其文化功能增多，协作交流便捷，情感认同加深。

　　当丰收习俗的影响力涉及更大范围的社会经济活动时，就会催生出更大范围的丰收节日体系，以适应节日功能的扩展和道德教化的需要。在中国各民族的丰收节庆中，存在一种节庆活动范围很广、社会影响很大、民族聚集力很强的丰收节类型。例如，著名的蒙古族"那达慕"就是最具区域性族群聚集特征的庆祝丰收类型。"那达慕"是蒙古语"娱乐、游戏"之意。这是一个表达丰收喜悦的节日。每年农历六月是牲畜膘肥体壮的季节，蒙古族人都要举行盛大的庆祝丰收的"那达慕"。其中祭敖包是最重要的节日活动，是草原民族崇尚天地自然、祈愿牧业丰收、追求幸福安康的集中体现。"那达慕"的影响所及，遍布蒙古族聚居的所有地方，甚至远在云南省的蒙古族聚居区，都会同期举办凸显蒙古族特色的"那达慕"。还有藏族农牧区庆祝丰收的"望果节"。"望果"

是藏语音译，"望"为"田地"，"果"为"转圈"，"望果"就是"绕着田地转圈"。"望果节"一般在秋收前择吉日举行。西藏农区的望果祭祀仪式，源起于3世纪，后来成为藏族农牧区的重要节日。这一节日的地缘分布，包括西藏自治区、青海省的藏族聚居区、四川省的藏族聚居区以及云南省的藏族聚居区。此外，与藏族有着族源关系的西藏门巴族，以及四川北部的羌族，至今仍然保留着与藏族一样的"望果节"活动。

以上是丰收习俗空间扩展的节日案例。通过共同的节日，一个民族分布于全国各地的支系部落整合起来，有利于提升民族认同感，增强民族凝聚力，促进跨地域的经济文化交流，促进农牧业良种和技术的传播，有益于人与人、人与社会之间的关系和谐，具有强烈的民族亲和力和感召力。

三是丰收礼仪的层级跃升。上面叙述的丰收习俗，都属于民间的"草根"丰收文化，与之对应的是国家层面的丰收礼制。礼与俗同时存在于国家礼制和民间习俗的两个层级之中。中国在殷商时代，逐渐建立了"纪农协功"的国家丰收礼仪。自此之后，历朝历代都通过各种丰收礼制，以制施政，不断强化"重农安民"的国家意志。

中国的丰收礼制都反映了祈求丰收、祈愿安泰的美好愿望。文明早期的农业礼制，大多依循《周礼》，后世尊以为法，不断习行流播。《周礼·地官司徒》记载："掌巡邦野之稼，而辨穜稑之种，周知其名，与其所宜地。以为法而悬于邑闾。"这是借助丰收礼仪开展的作物品种普查和展示。这种方式对于发展农业生产、推广作物良种，具有很好的示范和宣传作用。

原初流行于民间的尝新节，在国家礼制里衍化成了"荐新"的丰收仪礼。同一个节日，民间称"尝"而国礼称"荐"，反映的功能就大不相同。"尝"是对新获谷米的赏鉴，"荐"则是对作物良种的推荐引导。由此可见，"以礼化俗"的荐新节，实际上构成了作物良种的遴选、展示、推广的全过程。千百年传承的"荐新"礼制，兴农导民，厥功至伟。这是丰收礼仪层级跃升的典型范例。

第五章

夏商西周的农耕文明
和丰收祭祀文化

从公元前 21 世纪开始，地处黄土高原的中原地区首先跨入了文明的门槛，相继建立了夏、商、西周国家政权。夏、商、西周是精耕细作的传统农业的萌芽时期，在我国农业史上占有重要的历史地位。所谓精耕细作，就是摆脱了原始农业的刀耕火种、"听其自生自实"的粗放状态，在选种、整地、播种、中耕锄草、灌溉施肥、防治病虫害及至收获等各环节，有意识地给作物生长创造好的生长环境和肥水条件，以达到增产丰收的目的。[①] 这些传统农业的优良技术促进了农业的发展进步，为丰收文化的形成奠定了物质和民俗的基础。

第一节 夏商西周丰收文化的农耕基础

中华民族的丰收习俗历经数千年的传承，凝聚丰富的优秀传统文化基因，经过沧桑演替的岁月积淀，形成了牢固的丰收文化集体记忆，有着深厚而广泛的民俗基础。中华民族的远古先民，在每年谷物收获的季节都要举行庆典，称为"祭年"。这就是后世丰收节和丰稔祭的起源。相传我国开展祭社稷活动，从夏朝的大禹时代开始，历经四千多年而不辍。在民间，各地区各民族都有不同季节和形式的丰收祭活动。丰收节里的"节"，是指中国传统习俗中具有特殊寓意和功能的日子。古代社会，大凡与农、牧、渔各业收成有关的节日，都与节气时令有关，遵循农牧活动的时序，遵循特有的时间制度和时间观念，蕴含着丰富的人生哲理和文化内涵。

---

① 陈文华. 中国农业通史：夏 商 西周 春秋 卷 [M]. 北京：中国农业出版社，2020：14-18.

夏、商、西周是我国传统农业的奠基时期。这一时期，已经走过了原始农业的初创阶段，完成了主要农牧品种的野生驯化和种养技术的积累，创制了指导农牧生产的物候历，形成了在国家体制下的乡村组织和劳动组织，实现了农业生产的革命性飞跃发展。夏、商、西周时期农业生产活动中心地区主要在黄河流域中上游的黄土高原。这一地区早在新石器时代就已经从事相当发达的原始种植业和原始畜牧业生产，并且已显示出以种植业为主的特点。

一、夏、商、西周农业区域的演变

夏朝的统治疆域主体在豫西和晋西南地区，其农业开发也是在这一空间范围内进行的。《尚书·禹贡》将这一地区划分为冀州和豫州，其中冀州"厥田为中中"，豫州"厥田为中上"。按照当时的标准，也算不上是肥沃的地区。《夏小正》记载，当时种植的粮食作物有黍和麦，使用的农具是耒耜，饲养的家禽家畜有鸡、羊、马，此外人们还从事采集和捕捞，已经开始养殖桑蚕等。

当代考古事业发达，有关夏文化的考古遗址多达百余处，使我们对夏朝农业的面貌有了更多的认识。目前考古界所确认属于夏文化的二里头文化遗址群，可以分为两大类型：其一以豫西地区二里头遗址为代表，属于伊、洛、颍、汝诸水流域；其二以晋西南地区东下冯遗址为代表，属于汾河下游流域。考古发现，夏朝已经进入青铜时代，但是出土的青铜文物多是兵器、手工业工具、礼器和乐器，没有发现青铜农具。可见，夏朝主要还是使用石器、骨器、角器和蚌器作为农具。整地农具有石铲、骨铲、蚌铲，收割农具有石刀、石镰、蚌镰。木质的耒耜等工具也在使用。虽未出土粮食作物，但是根据文献记载以及这一地区新石器时代的考古资料判断，应该是种植粟、黍、稷、麻、麦、豆以及水稻等。饲养的家畜有猪、狗、鸡、羊、牛、马等。总的来说，夏朝是以种植业为主、以畜牧业为副、以渔猎为辅的生产结构。从生产力的角度观察，晋西南地区和豫西地区的农业没有太大的差别，处于同一水平。

夏朝的农业区主要有两个。其一位于黄河冲积扇地区。这里的地势平坦，土壤肥沃，水源丰富，至今仍然是我国的重要农业区。其二位于晋西南的黄土高原区。这里的地势较高，气候偏冷，降雨较少，无霜期较短，但是有汾河和黄河流过，灌溉便利，土质肥沃。这就是夏人在晋西南一带的虞舜地域内建立政权的环境基础和天然条件。夏朝后来迁都到豫西，促进了那里的农业发展。由于豫西的自然条件比晋西南更优越，更具有农业生产发展的潜在优势。[①]

商朝统治的范围比夏朝有所扩大，进一步向黄河下游的华北平原发展，南面则扩

---

① 邹衡. 夏商文化论集序［G］// 邹衡. 夏商周考古学论文集. 北京：文物出版社，1980：221-225.

展到长江中游的江汉平原，这个范围大体上是《尚书·禹贡》所说的豫州、冀州、青州、兖州以及徐州、荆州的一部分。早商文化划分为四个类型：一为二里冈型，以郑州二里冈遗址为典型代表，其分布范围大体上包括了今天的河南省全省、山东省的大部、山西省的南部、陕西省的中偏东部、河北省的西南部和安徽省的西北部。二为台西型，以河北省藁城区台西遗址为典型代表，分布地域主要在河北省境内，北已抵河北省中部的拒马河一带，南约与邢台地区相邻。三为盘龙城型，以湖北省黄陂区盘龙城遗址为典型代表，主要分布在湖北省中部和东部长江以北地区。四为京当型，以陕西省扶风县壹家堡遗址和岐山县京当铜器墓为典型代表，分布地域大抵在陕西省中偏西部。[①]

周朝建立于公元前 11 世纪中叶，定都镐京（今陕西省西安市）。公元前 771 年，周幽王被杀，周平王在西戎的威逼下迁都于洛邑（今河南省洛阳市）。整个周朝有 800 多年历史，分为西周和东周两个时期。周平王迁都以前史称西周，约有 250 年历史。其后为东周。东周又分为春秋时期和战国时期。西周是上古三代的鼎盛时期，社会生产力比商朝有所提高，农耕文明进一步发展，最强盛时势力南过长江，东北至今辽宁省，西至甘肃省，东到山东省。西周从武王灭商到幽王亡国，共传 12 王，11 代。

西周统治的范围比商代更为广阔，几乎遍及黄河与长江两条大河的中下游地区和部分上游地区。周文化可分为西方、东方和南方三大类型。

西方类型主要分布在今陕西省的泾渭地区和甘肃省东部的部分地区，还有山西省的霍山以南和河南省的洛阳市以西地区，这里是西周王朝的腹地。

东方类型包括三个地区：一是今洛阳市以东黄河两岸的河南省中部地区，这里是周王朝的畿内之地；二是燕山以南、太行山东麓的河北省西半部和河南省北部、东部以及山东省西南部地区，这里是燕、卫、宋、曹等封国的领地；三是山东半岛及其以南地区，这里主要是齐、鲁二国的封地。

南方类型是西周文化向南方发展的结果，在长江流域居于统治地位。一是顺汉水而下直至湖北省境内，这里在商末周初曾经是所谓荆蛮之地；二是从河南省中部顺淮水而下直达安徽省的江淮之间，这里在商末周初是所谓的淮夷之地。

二、夏、商、西周的粮食作物

夏、商、西周、春秋时期的粮食作物主要有黍、稷、粟、麦、稻、菽、麻等。大体说来夏、商时期以黍、稷为主，西周后期至春秋则更重视粟、菽的种植。

黍、稷均为禾本科一年生草本作物，喜温暖，不耐霜，适应性强，抗旱力极强，

---

① 白寿彝，徐喜辰，斯维至，等. 中国通史：第三卷 上古时代（上册）[M].上海：上海人民出版社，1994：32–41.

生育期短（50—90天），因此特别适合在我国北方尤其是西北地区种植。黍、稷本是同种作物，农学界一般将圆锥花序较密、主穗轴弯生、穗的分枝向一侧倾斜、秆上有毛、籽实黏性者称为黍，将圆锥花序较疏、主穗轴直立、穗的分枝向四面散开、秆上无毛、籽实不黏者称为稷。这是从现代植物学的观点来区分黍和稷，古人不了解黍、稷是同种作物，而是根据其穗形、籽实大小、黏性及种植期（稷早种早收，黍晚种晚收）的不同，视其为两种作物，经常黍稷连称。《夏小正》中只有黍而没有稷。商代甲骨文中"黍"字出现三百多次，"稷"字出现四十多次。《尚书·盘庚》中有说："惰农自安，不昏劳作，不服田亩，越其罔有黍稷。"《尚书·酒诰》中说（商族人）"往其艺黍稷"。河北邢台曹演庄遗址和藁城台西遗址里都发现过黍的遗存，说明黍、稷是商代最重要的粮食作物。《诗经》中提到的谷物最多的也是黍、稷。

周人的祖先叫弃，因为善于种植黍、稷，当上农官后叫后稷。把稷（谷神）和社（地神）合在一起叫社稷，"社稷"成为国家的代名词，可见黍、稷地位之重要了。因此《尔雅翼》说："稷为五谷之长，故陶唐之世，名农官为后稷。其祀五谷之神，与社相配，亦以稷为名。以为五谷不可遍祭，祭其长以该之。"

商周时期之所以大量种植黍、稷，是因为黍类作物特别耐旱、耐瘠，分蘖力强，具有再生能力，生长旺盛，又比较耐盐碱。在当时耕作技术粗放落后、缺乏施肥灌溉知识、土壤未得到很好改良、田里杂草丛生的情况下，黍、稷是最容易栽培的作物，也就成了人们的主要粮食。

我国北方特别是西北地区，应是黍、稷的起源地之一，黍、稷一直是当地的主要粮食。夏人和周人都起源于西北地区，他们的祖先长期种植黍、稷，因而他们长期继承这一传统，以黍、稷为主粮。这既是西北地区自然条件所决定的，也是历史因素发挥作用的结果。

粟历来是黄河流域的主要粮食作物，从新石器时代一直到唐宋时期都是如此。但是《夏小正》中提到的粮食却只有黍和麦，而没有粟。甲骨文有"禾"字，是粟的象形，一看就知道是粟的植株。甲骨文还有一些字是在"禾"上的分枝加一些小点或小圆圈，表示禾穗成熟，掉下谷粒。这些都反映出粟在商代是主要粮食之一。河南省洛阳市皂角树遗址出土过二里头文化时期的谷子遗存，河南省安阳市殷墟也出土过商代的粟粒遗存。商代粟的种植不如黍普遍，粟在粮食中的地位也不如黍。大约到西周之后，粟的种植才有较大的发展，至春秋时期粟的种植上升到首位。例如，晋国饥荒时向秦国借粮，秦国就拨粟接济。鲁昭公一次拨调粮食赠人就多达粟米五千庾[①]。到了战国，文献中

---

① 庾为古代计算容量的单位，一庾相当于十六斗。

更是经常以"菽粟"并提而不是"黍稷"连称来代表粮食。

麦也是商周时期的主要粮食作物之一。《夏小正》中已有"祈麦实""树麦"等记载，河南省洛阳市皂角树遗址也出土过二里头文化时期的小麦遗存。夏朝已种植小麦当无问题。甲骨文有"麦""秣""麳"等字，并有"秣麦""受麦""告麦""田麦""登麦""食麦"等卜辞，可见商代对麦的种植很重视。不过，在石磨发明以前，人们只是将麦粒煮成麦饭，还不会磨成面粉食用。只有到春秋末期以后，特别是战国以后，由于石磨的发明和普及，小麦的优越性才得以充分发挥出来，小麦的种植也才得以大面积推广。

菽即大豆。大豆原产地为我国东北地区。目前有关大豆的考古发现多在东北地区。大豆大概是商周之际才从东北传入中原地区，成为中原民众的粮食和蔬菜。豆苗可做菜羹，即所谓"藿羹"，豆子也可作为副食，还可制成豆豉和豆酱等调味品。但是，大豆相当难煮，食用不大方便，所以大豆种植在商周时期没有大的发展。只有石磨发明推广之后，人们才能将大豆磨成豆粉或豆浆，便于食用，也便于消化吸收，因而战国时期大豆种植就得到很快发展，大豆与粟并驾齐驱而成为主粮之一。

稻原产于长江流域，在七八千年前已传播到淮河流域，考古工作者在淮河上游流域的河南省舞阳县贾湖遗址和淮河下游流域的江苏省高邮市龙虬庄遗址都发现了这一时期的稻谷遗存。在仰韶文化和龙山文化时期，黄河流域就已经种植了水稻。因此，夏、商、西周时期水稻的种植也有一定的规模。据《史记·夏本纪》记载，禹"令益予众庶稻"，意思是禹让伯益把稻种分发给农民种植。夏王朝的疆域主要在淮河以北，这说明大禹治水之后在北方发展水稻生产。甲骨文中是否有"稻"字，学术界还有争议，但考古工作者在河南省郑州市白家庄、河南省安阳市殷墟、江苏省东海县焦庄和辽宁省大连市大嘴子等遗址都发现了商代的稻谷，足见商代有许多地方也种植水稻。至西周，水稻种植有较大发展。除了长江流域"其谷宜稻"的荆州和扬州，黄河流域的青州、幽州、兖州、豫州和徐州亦兼宜稻。只有雍州和冀州"其谷宜黍稷"。在陕西省岐山县孙家河遗址曾发现西周时期的稻谷印痕。

大麻为桑科一年生草本作物，雌雄异株。雄株称为枲，纤维细柔，可作为纺织原料；雌株称为苴，籽实可以食用。因此大麻在古代曾被列入五谷之中。总的来看，麻籽在商周粮食中所占的比重不大。

高粱亦称蜀黍、蜀秫、芦稷，为禾本科一年生草本作物。高粱秆直立，叶片似玉米，厚而较窄，圆锥花序，穗形有扫帚状和锤状两类，颖果呈褐、橙、白或淡黄色；种子卵圆形，微扁，质黏或不黏；性喜温暖，抗旱，耐涝，我国南北都有种植，以东北各地种植最多。农学界多认为高粱原产于非洲中部。即使高粱非中华本土所出，其传入年代也相当早，因为我国的夏、商考古遗址都发现了许多的高粱，说明当时高粱也必然是人们的粮食之一。

总的来说，夏、商、西周时期的粮食作物生产结构，在长江流域是以水稻为主，在黄河流域是以黍、稷和粟为主，麦、菽其次，麻、高粱等不占重要地位。由于夏、商、西周的政治、经济重心在黄河流域，所以从全局来说，当时的粮食结构是以旱作谷物为主，其中又以黍、稷和粟为主，其次是麦、菽，再次是水稻，最后是大麻和高粱。从地域上看，黄河中上游流域黍、稷、粟、麦占主导地位，黄河中下游流域黍、粟、麦、菽占主导地位，长江流域及其以南地区则是水稻占主导地位。从时序上讲，夏、商时期黍、稷比重最大，西周时期粟、麦有较大发展，至春秋时期则以禾（粟）、麦为主。菽的发展也较快，至战国时期则与粟并驾齐驱。

由此可见，夏、商、西周时期的农业，确已逐渐脱离原始状态而逐步走向成熟，田间生产技术也日益进步，精耕细作的耕作体系正处于孕育萌芽之中，为春秋至战国时期我国传统农业精耕细作体系的形成奠定了很好的基础。这一时期的农业在中国农业发展史上应该占有重要的地位。

上古三代时期的国策均是以农为本，农业是国家的主要经济门类，而夏朝奠定了我国三代时期的农业基础。夏朝的疆域是以黄河流域的中原地区为中心，但已经有了水稻栽种的记载，说明其管辖范围已经涉及长江流域。《论语·泰伯》记载，大禹"尽力乎沟洫"，变水灾为水利，服务于农耕。其实水利技术的大幅提高并非大禹一人所为，而是黄河流域人民在劳动实践过程中逐渐积累开发的结果。

三、夏、商、西周的农业成就

夏朝是我国形成国家建制的肇始朝代。农业生产置于国家政权的控制下进行。国家通过一系列的贡赋和徭役制度将社会构成一个庞大体系。夏朝的重点农业区在豫西和晋西南一带。商朝的重点农业区除豫州、冀州之外，还扩展到青州、兖州及徐州、荆州的一部分。西周的重点农业区是在商朝基础上，向西扩展到陕西的泾渭地区、陇东的部分地区，向南扩展到长江中下游北部的江汉地区和江淮地区。

夏朝的农业生产结构是以种植业为主，畜牧业同时发展，采集、渔猎也占一定的比重。商朝至春秋大体上保持了这一格局，种植业有较大的发展。传统农业生产结构中所谓的"五谷"和"六畜"在商周时期已经形成，并对后世产生深远的影响。夏、商、西周、春秋时期都是实行土地国有的分封制度，即全国的土地都归最高统治者国王（天子）所有，天子除了给自己留下一部分土地作为私田外，将大部分土地分封给属下的大小官僚，由各地封国的奴隶耕种。即所谓"夏后氏五十而贡，殷人七十而助，周人百亩而彻，其实皆什一也。"（《孟子·滕文公上》）就是缴纳十分之一的劳役地租。到西周时期，形成了历史上有名的井田制："方里而井，井九百亩，其中为公田。八家皆私百亩，同养公田。公事毕，然后敢治私事。"这一制度直到春秋末期才逐步解体。夏朝实行贡法，商朝实行助法，西周实行彻法。虽然名称各不相同，但大体上是从劳役地租向实物地租过渡，其剥削量则在 1/10 左右。春秋以后则是"履亩而税"，实行实物地租，这是个具有历史意义的进步。

夏朝时，人们还未掌握施肥养地技术，经常是耕种一两年之后，地力下降，就另外开荒耕种，原来的耕地"须荒十年八年，必须草木畅茂，方行复砍复种"。到了商周时期，由于耕作技术的进步，对耕地的需求日益迫切，因此缩短了抛荒时间，只要经过一两年的休耕就可以重新耕种。有些耕地只需休耕一年就可继续耕种，有的甚至连年都可种植，这就是《周礼·地官》所说的"不易之地""一易之地""再易之地"。上地是良田，可连年耕作，不需休耕，故曰"不易之地"；中地地力较差，需休耕一年，故曰"一易之地"；下地地力最差，需休耕两年，故曰"再易之地"。因此，"不易""一易"之地比起"再易"之地来说，其土地利用率又提高了一步。

商周时期的农业是"沟洫农业"，修治沟渠是商周农田基本建设中的主要工作。这项工作非单家独户所能完成，须组织众多劳力进行协作。由于当时的生产工具主要是木末，需要多人合力才能翻起土块，通常是采取三人一组的协作方式。《诗经·周颂》中提到的"十千维耦""千耦其耘"，表明在公田中大量采用这种劳动组合形式进行耕作。商周时期的栽培技术有很大的进步。一是整地已有一定技术规范，如田中的畎亩、田边的沟洫都有规格要求，此外还要注意向阳和水源等问题。二是播种时已注意到选择种子并且产生了良种的概念，还培育出一些粮食作物的不同品种。三是创造了包括除草和培土在内的中耕技术，并能利用焚烧野草灌水沤烂来改良土壤。四是已经掌握引水灌溉的技术。五是注意防治虫害，并能利用害虫的趋光性用火加以诱杀。由此可见，与"播种于地，听其自生自实"的原始种植方式相比，商周时期的栽培技术已有明显的进步，已经具备我国传统农业精耕细作技术的一些因素，可以视为精耕细作的萌芽时期。物候学、历法、气象学、土壤学和生物分类等与农业生产密切相关的科学已初步形成并对生产实践发挥了积极作用。物候学在夏朝盛行，历法到商朝已相当成熟。农业气象知识至西周更为丰富，文献记载也较为明确。土壤知识和生物分类学知识在西周、春秋时期也已臻于成熟。

商周时期畜牧业发达。一是设立了一系列管理官营畜牧业的职官，制定了有关制度。二是饲养技术已从单纯的放牧发展到放牧与圈养相结合。三是繁育技术已从自然交配发展到能够有意识地选择种畜进行配种。四是发明了阉割技术，改良畜肉的品质，有利于选择培养优良的畜种。五是发明了兽医技术，出现了专门兽医人员。

需要提到的是蚕桑业的发展。中国是世界上最早发明蚕桑业的国家。在河南省的双槐树遗址"河洛古国"发现了国宝级的文物——中国最早的骨质蚕雕艺术品。它与青台遗址等周边同时期遗址出土的迄今最早的丝绸实物一起，实证了距今 5300 年前后，黄河中游地区的先民已经开始养蚕缫丝。这与"西陵氏之女嫘祖为（黄）帝元妃，始教民育蚕，治丝茧以供衣服"①这一历史传说相吻合。骨质蚕雕艺术品长 6.4 厘米，宽不足 1.0 厘米，厚 0.1 厘米，用野猪獠牙雕刻而成，是一条正在吐丝的家蚕的形象。②这是仰韶时期与养蚕缫丝起源相关联的、直观的考古实物资料。

夏朝已有专用的蚕室，商代甲骨文已有"蚕""桑""丝""帛"等字，卜辞中也有多处视察养蚕、祈求养蚕能有好的收成的内容。商代后，黄河流域逐渐确立了蚕桑业中心的地位。西周至春秋，黄河中游的蚕桑生产最为兴盛。《诗经》中有不少描述蚕桑、丝织的诗句，这些诗句提到的植桑地大都在黄河中游的河洛、关中及山西南部。③《诗经》涉及蚕桑的地区相当于今天的陕西、山西、河南、河北、山东一带，《尚书·禹贡》记载的养蚕地区则扩展到长江流域，当时的扬州和荆州地区的贡品中都有丝织品。东周时或西周末出现了"锦"字。《诗经·小雅·巷伯》有"贝锦"，郑玄注："犹女工之集采色以成锦文。"用不同色彩的丝线织锦，需要采用先进的织法。锦的花纹五色灿烂，所以出现后便被视为一种贵重的织物。战国时"锦""绣"二字常连称以代表最美丽的织物，后来"锦绣"成为"美丽"的象征。直到今日，我们还以"锦绣山河"来形容我们祖国的美丽的土地。④

考古材料反映出商周蚕桑纺织技术已达到相当成熟的水平。比如，殷代青铜器的花纹中有"蚕纹"，形象是"身屈曲蠕动若蚕"⑤。殷墓中发现的玉饰中又有形态逼真的玉蚕。⑥更重要的是一些由于黏附于铜器，受到铜锈渗透而保存下来的丝绸残片。经过研究，其中有的是采用高级纺织技术织成菱形花纹的暗花绸和绚丽的刺绣。⑦西周和春

① 朱熹《通鉴纲目·前编》。

② 周心晨，时连根. 在"河洛古国"发现了我国最早的骨质蚕雕艺术品［J］. 蚕桑通报，2021（1）：64.

③ 邹逸麟. 有关我国历史上蚕桑业的几个历史地理问题［M］//邹逸麟. 椿庐史地论稿. 天津：天津古籍出版社，2005：451-452.

④ 夏鼐. 我国古代蚕、桑、称、绸的历史［J］. 考古，1972（2）：14.

⑤ 容庚. 商周彝器通考［M］. 北京：文友堂书店，1941：116-117.

⑥ 关于 1953 年安阳殷墓发现的玉蚕，参见《考古学报》1955 年第 9 期第 55 页。

⑦ 关于 1950 年安阳殷墓铜戈上有细绸，见《考古学报》1951（5）：19；殷代丝绸和刺绣的研究，见《远东博物馆馆刊》（英文），1937（9）：119-126.

秋的墓葬中也发现过玉蚕，即雕刻成蚕形的玉饰。[①]湖北、湖南等多处楚墓中都发现了丝织物。周代有了罗纱组织，故宫博物院收藏有一件周代玉刀，上面留有罗纱残片。更有趣的是远在俄罗斯的巴泽雷克冢墓中也出土了中国丝绸，有以彩色丝线绣出、杂处于花枝间的凤凰图案刺绣，还有由红绿二色纬线织出的斜纹显花的织锦。这些墓葬属于公元前5世纪，相当于我国的战国初期[②]。

第二节　夏商西周的丰收祭祀仪典

丰收祭祀不同于一般意义的农祭仪式，是指被历代王朝纳入礼制化体系的宗教仪典。这种隆重祀典已形成固定的模式和格局，其设祭场所、地点、规格以及举行仪式的日期、祭仪内容、与祭人员身份等，千百年来几乎陈陈相因，沿袭不变。虽然历史朝代屡经兴亡更替，但并不影响礼仪体制的延续。礼仪制度的确立，首先与事神、敬神的功利意愿有关。《说文解字》说："礼，履也，所以事神致福也。"《礼记·曲礼》说："祷祠祭祀，供给鬼神，非礼不诚不庄。"将宗教仪式制度化、规模化，就是为了营造一种隆重、庄严、神秘的气氛，向神灵充分表达至诚之意，以换取神灵的厚赐。广义而言，无非是《史记·礼书》所说的，"天地以合，日月以明，四时以序，星辰以行，江河以流，万物以昌"，也就是祈求风调雨顺、国泰民安、丰衣足食。礼仪体系的核心内容是郊天地、祭祖先、祀百神，而这一切宗教内蕴都具有中国古代丰收文化特征，与农事崇拜有直接的或间接的联系。

一、夏朝的丰收祭祀

原始崇拜方面，如彩陶文化、玉文化、金箔器物上的图案，艺术地表达了先民对日、月、动物和作物图腾的崇拜；祭祀文化方面，各种祭祀坑、祭台、祭坛的发现，把丰收节源头推向了远古时代；祖先崇拜方面，考古遗存中对祖母神、女神的崇拜，和土地神崇拜、社稷崇拜以及农神崇拜、谷神崇拜密切相关。

进入夏、商、西周时期，祭祀文化得到规范，在国家层面成为重要的礼仪制度，在民间普遍形成了民俗节庆活动。商朝的祭祀文化、古蜀三星堆祭祀文化都是典型代表。在云南晋宁区石寨山战国至西汉早期墓中出土的青铜铸造的贮贝器上，展现出当时社祭的场面：人们拥挤在社祭广场上，有的载歌载舞，有的忙于炊食，有的在祭祀祖

---

① 西周墓出土的玉蚕，见《洋西发掘报告》，1962：126；西周卫墓出土的，见《浚县辛村》，1964：64；春秋墓出土的，见《上村岭虢国墓地》，1959：22.

② 鲁金科，潘孟陶. 论中国与阿尔泰部落的古代关系，考古学报，1957（2）：37–39.

先，等等。商代以前的社祭有人牲（人殉）、"猎头"之类的血腥场面。古代滇文化水平晚于中原，但同样反映了民间农事祭祀的节日景象，以人祭的形式向地神（或称地母）、祖先神灵敬献心愿，以此祈求庄稼丰收、猎物捕获、人畜平安。

起源于祭祀活动的丰收节日融入了不少乐舞娱乐、农事等文化因素，但从这类节日的祭祀仪式中，还依稀可以看出丰收节日仍然是以祭祀习俗为主线。祭天起源于氏族社会，是先民与天的"交流"形式。祭天与祭地相对应，但它是更为高级一些的祭祀活动。不同民族有各不相同的祭天仪式，祭祀天神、上帝、上天则是华夏先民的重大祭祀。进入农耕社会后，先民意识到农作物的收成好坏不仅取决于土地，而且取决于天气：风调雨顺，将迎来五谷丰登；洪涝旱灾，将会导致歉收甚至颗粒无收。于是人们将对地的崇拜转向对天的崇拜，表达对上天之神滋润哺育万物的感恩之情。

天上众神太多，如天帝（上帝）、日神、月神、五纬（金、木、水、火、土五行之神）、十二辰及二十八星宿之神、雷神、雨神、风神等。"天"是最高的神灵，商朝在甲骨文中称之为"上帝""天帝"等。国家的祭天仪式通常由商王主持，表达人们对于天滋润、哺育万物的感恩之情，并祈求皇天上帝保佑丰收。祭天是在冬天举行，礼仪十分复杂，主要过程包括迎神、行礼、进俎、初献、亚献、终献等。

夏朝有祭祀土神的神社，《史记·封禅书》即说："自禹兴而兴社祀。"当时祀奉的社神是共工之子后土，《礼记·祭法》说："共工氏之霸九州也，其子曰后土，能平九州，故祀以为社。"后土也叫句龙，《春秋左传正义·昭公二十九年》载："共工氏有子曰句龙，为后土……后土为社。"在社前要植树，称为社木。

二、商朝的"纪农协功"丰收祭祀

殷商时代在追求农业丰收的过程中建立了"纪农协功"的丰收礼俗。各种农业仪式，特别是历代商王的亲耕籍田、因俗施政，演绎成体现国家意志的"重农安农"丰收礼制，包括祈愿丰收、御除灾殃以及告秋登尝等三方面的礼制。

"籍田"是商王举行的祭祀仪式的名称。这是为祈求丰收而举行的祭祀，有时要动员多达三千人，在祭祀时进行集体耕作。

我国是灾害频仍的国家。因此，古代的丰收礼制中析出一个特殊的门类，称为"御灾礼俗"。

商代的甲骨文里就体现了对农业灾祸的浓重忧虑，频繁出现关于谷物丰收与否的卜辞。例如："丁亥卜，今秋受年？吉刘。吉。"这是一条标准的占卜收成的卜辞。一是序辞，时在"丁亥"；二是命辞："今秋受年？"（今年秋天丰收吗？）；三是占辞，秋收时近臣往视禀报："吉刘。"（今年大丰收。）；四是验辞，商王亲验："吉。"①甲骨文里类似的卜辞很多，再如："癸巳贞：乙未王其登米？""甲辰贞：其登黍？"意思都是"今年收成好吗"的占问。如果届时丰收，商人就会在卜骨上补刻占验的吉语；要是收成不好，多数就没有验辞了。可见古代也流行"报喜不报忧"。

商朝的祭祀文化十分发达，极度崇信天命，重视鬼神。《左传·成公十三年》说："国之大事，在祀与戎。"先秦时期中原王朝最大的事情，莫过于祭祀和军事。商朝更是热衷于祭祀活动，商朝的墓葬中发了大量的人殉，就是用许多活人（战俘、奴隶或王室贵族）来献祭其崇拜的神灵。商人来源于古代东夷部落，除了崇拜玄鸟图腾，还有天帝崇拜、自然神灵崇拜、祖宗崇拜，我国现今少数民族的原始信仰中，也能找到这几类崇拜对象，其中就蕴藏着丰收文化起源的元素。

商人的祭祀文化中，祭祀的天神主要是处于至高无上地位的天帝，也称为"上帝"，甲骨卜辞中有向天帝卜问农业丰收、战事以及祸福凶吉的记载。商人崇拜的自然神灵主要有日神、月神、风雨云雪神、东西南北四方神、山神、河神等。这类对天地万物的崇拜实际上源于氏族社会的原始宗教信仰，当时人通过祭祀仪式的方式寻求"人神对话"，祈求得到自然神灵的保佑和恩赐，以期人畜平安、五谷丰登。当代民间对山神的祭祀就属此类祭祀的延续。商人的祭祀文化中还包括祖宗崇拜，史载殷人事鬼，相信伟大的祖先创造了历史，死后有鬼魂、神灵的存在，主要有高祖神、先公、先王、功臣、先妣及宗室和方国的祖先等神灵。上述三大类祭祀对象，反映出当时的人们对自然的敬畏和对祖宗的敬仰，因此至今在华夏各民族中都能找到传承下来的相关文化。

商代献祭的祭品主要有牛、羊、猪三牲，米、粱、黍等粮食以及制成的酒，人牲。以粮食作为祭品，一般是在农作物丰收之后，人们认为丰收是神灵和祖先保佑的结果，于是以新粮献祭于神灵、祖先，感谢其护佑之功，同时祈祷自身继续得到护佑，来年继续丰收。祭祀后的食材要分给参与祭祀的众人享用。甲骨文卜辞中有许许多多关于商朝祭祀活动的记载，这让人想起了当今许多民族仍然流行的尝新节、吃新节等丰收节庆风俗。由此可见，商朝的祭祀文化延续了新石器时代中华先民的原始崇拜及宗教信仰，并将其发展到极致，同时又影响着后世历朝历代官府和民间的祭祀文化。中华丰收文化的历史演变，也深受祭祀文化的影响。

在《诗经》里，有"多黍多稌"和"为酒为醴"相互对应的诗句，意思是说丰收了，拿收获的黍做酒，用收获的稌做醴。醴是一种甜酒，《玉篇》说："醴，甜酒也。"这句诗咏唱的是丰收后祭祀祖妣，要用黍酿的酒和稌酿的醴作为祭品。这说明当时已经有

---

① 胡厚宣. 从甲骨文字看殷代农业的发展［J］. 中国农史，1986（1）：27–30.

了粟（黍）文化与稻（秫）文化和合交融以后形成的丰收仪礼。如果分开看，醴正是源于南方种稻民族的丰收祭品。

在商朝的协田，既是一种劳作方式，也是一种国家祭祀仪式。在出土的甲骨文里，有一条卜辞是："□□卜，殻贞：王大令众人曰：协田。其受年？十一月。"卜辞里的"殻"是第一期卜人，因此可以判定"王"是殷王武丁。这条卜辞在甲骨文著录中有四处，即《殷虚文字前编》《簠室殷契征文·岁时》《殷虚书契续编》《战后京津新获甲骨集》等。各处的卜文皆有残缺，采用"残辞互足"的办法做了补订。除了首项的干支字残缺而以"□□"填入，这条卜辞的主体内容已经完整了。

在这则卜文中，"贞：王大令"是卜辞习用词汇；"令"是动词，即命令；"大"是副词，有广大之义，说明王所令者不专指一个人或几个人；"众人"是族众，包括平民和奴隶，是殷代的农业生产者，也是当兵打仗的人。

"协"在甲骨文卜辞和殷代铜器铭文中很常见，是一种祭祀。相当于周代的祫祭，即合祭。[①] 叶玉森说：卜辞屡见"协日"，金文亦数见。《说文解字》释"协"为"众之同和也"，释"祫"为"大合祭先祖亲疏远近也"。《方言》说："协，合也。"可见，"协""祫"古文声义并通，殷之"协祭"当即周之"祫祭"。徐中舒也说："协"，殷代祭名，盖即大合祭之祫。"协"有合力之意，古本与"合"相通。《尚书·尧典》有"协和万邦"，《史记·五帝本纪》有"合和万国"，都说明"协""合"互通。"协"在这条卜辞中当是动词。

"田"在卜辞中最常见的义项有两种，一是"田猎"，二是"田土"。这条卜辞的下文说"其受年"，表明了卜文中的"田"是指耕作的"田土"。[②]

最早提出"协田"是一种农业祭祀仪式的是著名甲骨文专家王襄。他在《簠室殷契征文·考释》中指出："协，祭名。田即田祖。"他认为卜文中的"田"不是田土，而是田神。他说："协，祭名。田，即田祖。"[③] 王襄还从《诗经》中找到了"协田"即"祭田祖"的文献印证："我田既臧，农夫之庆。琴瑟击鼓，以御田祖，以祈甘雨，以介我稷黍，以谷我士女。"《诗经·小雅·甫田》诗题的本意是通过协田仪式来庆祝粮食丰收。

协田是丰收祭祀，是与麦收有关的祭祀活动。在祭祀时要举行某种仪式，与后世帝王的"籍田"一样，表达一种"帝亲耕，后亲桑，为天下先"的重农劝农导向。"协田为祭祀"的具体内容，就是在每年开始收获之前，首先举行场面盛大的协田仪式，即

---

① 朱芳圃. 甲骨学：文字编［M］. 台北：台湾商务印书馆，1983：93.

② 张政烺. 张政烺文史论集［M］. 北京：中华书局，2004：581-590.

③ 王襄. 簠室殷契征文·考释：第五编［M］. 天津：天津博物院石印本，1925：1.

国家向田祖祈报丰收的祭祀仪式。卜文明确写着协田在十一月。殷商历法的正月相当于现今农历六月，那么殷历十一月、十二月就相当于现今农历的四五月，而这时正是麦熟时节。"在农事活动中，这是刻不容缓的确保丰收的劳动，需要商王举行'大令'的仪式来进行全国的动员。农谚有'麦熟一饷'的说法，非常形象地形容了麦收的季节时间很短，只有一顿饭的工夫，必须抓紧。所以'大令众人曰协田'的祭祀动员，实际上就是为了让众人抓紧收麦之意。"[①]

三、西周的丰收祭祀

西周农业祭祀是指周代祭祀体系中有关于农业方面的祭祀礼俗。它包括春郊祈谷、春祈秋报的社稷祭祀、祈年与五祀、求雨祭祀、丰收祭祀等。其中求雨祭祀又包括了雩祭、焚巫尫、作土龙和祭祀雨师，丰收祭包括了蜡祭、腊祭、祈来年和祭社、门闾等。

社稷　社稷之祀，曾盛行于史前各农业部落，至西周被加以礼制化，纳入国家宗教体系。所谓社稷，包括两种自然神灵，一是掌握五方土地之祇，一是主宰五谷生长之祇。西周以后，分别演变为人格化的农神句龙和后稷。社稷神具有等级制特点，作为国家和帝王所祭祀的太社、帝社以及太稷，享有最高等级标准。社稷祀礼被历代帝王列为大祀仪典，或将社稷二神合祀，或单独设坛分祀。社稷坛是举行农事礼仪的神圣场所，除了常祀之外，一些临时性农祭仪式也都在这里举行。天子籍田须祭于社稷，春祈于社，秋报于社，蜡祭于社，等等。此外，天旱祷雨祈于社，天涝扫晴鸣鼓于社，日食救于社，甚至发生火灾也要祷祭于社。西周坛兆建置是将宗国大社设立于库门内西侧，宗庙设立于库门内东侧，这便是《周礼》和《礼记》所说的"左宗庙、右社稷"之制。周王自立之王社，则构建于籍田附近。

社稷之祀　西周的社稷之祀分为春秋两季，具体时间在每季的仲月甲日。社稷之祀的礼仪包括祭法、用牲、祭服、用玉、礼器、乐舞和诗歌等内容。祈年的对象为田祖和田畯，两者为上古教民稼穑的先贤，五祀的对象为四方神，职能是掌管时令。

西周春郊祈谷的祭祀，祭祀对象为上帝，并以后稷为配享。祭祀时间是孟春月的上辛日，地点位于南郊。祭祀用玉为四圭有邸，祭服为玄冕大裘，用牲为牛牲。在祭祀时不但要卜日，还要卜牲，用禋祀之法，要立尸，并伴有乐舞和诗歌。

大雩　大雩之礼是与农事活动密切相关的宗教仪式，产生于原始农业种植阶段。殷商甲骨卜辞中已多次出现呼雩、舞雩的记录，但真正将其纳入礼制体系，作为国家的一项固定的、规范化的祀典，则始于周代。雩礼有坛兆建置，因为是祭天求雨，故所祀

---

① 郑慧生. 商代的农耕活动 [J].农业考古，1986（2）：42-45.

对象为天体诸神，祭坛选阳位，封筑于南郊圜丘近旁，配以五人帝。定于每年仲夏举行仪式，奏盛乐，舞皇舞。另外还派遣官员祈祀山川百源，以祈谷实。如遇大旱，天子则亲至南郊祭祀求雨，谢过自责。

雩祭分为常雩和旱雩，常雩为每年四月的天子大雩，旱雩则是在夏季时，遇到旱灾才要举行。常雩为天子之祀，诸侯除鲁国之外皆不可举行，旱雩则是天子、诸侯都可以举行。雩祭的对象包括五帝、上公和山川百源，礼仪主要以舞为主。此外还有其他类似的求雨祭祀，如与巫术有密切关系的焚巫尪，即用焚烧或者暴晒的方式来祈雨，还有作土龙、祭祀雨师等。

郊祀　祀天礼地，由来已久。早在新石器时代晚期，中国各历史文化区的农业部落已产生祭祀天地的仪式。原始信仰认为，具有自然属性的天神地祇可生养万物，有功于人，所以要祈求并报谢天地的养育之恩。正如《礼记·郊特牲》所说："地载万物，天垂象。取财于地，取法于天，是以尊天而亲地也，故教民美报焉。"人们通过祭祀来取悦于天神地祇，保佑农业丰收。

郊祀天地的礼仪制度，始于周代，自此形成了历代王朝沿袭奉行的郊祀仪典。《说文解字》的解释是："距国百里为郊。"《春秋公羊传·僖公三十一年》载："天子祭天。"注云："郊者，所以祭天也。天子所祭，莫重于郊。"《史记·封禅书》载："祀上帝于郊，故曰郊。"郊祀包括两种隆重祀典，即冬至祀天于南郊，夏至祀地于北郊。坛兆设置突出天阳地阴、天圆地方特点。①

西周祭天的正祭，于每年冬至之日在国都南郊圜丘举行，"圜丘祀天"与"方丘祭地"都在郊外，故此也称"郊祀"。祭天之日的清晨，周天子亲率百官来到郊外，手持镇圭，面向西方，立于圜丘东南侧。随着鼓乐齐鸣，报知天帝降临这里享受人间祭品。接着是宰杀牺牲，将牺牲和玉璧、玉圭、缯帛等祭品一起堆在柴垛上，天子点燃积薪，这就是"燔燎"，也叫"禋祀"。祭乐声中，由活人扮饰的"尸"登上圜丘，代表天帝接受祭享。此时人们要向"尸"献上牺牲的鲜血，再依次进献"五齐"——五种不同的酒，先后递献全牲、大羹（肉汁）、铏羹（加盐的菜汁）、黍稷、饮食等祭品。"尸"要用三种酒（称为"酢"）答谢祭献者。饮毕，天子与舞队同舞黄帝时传下来的《云门》之舞。最后的仪式称为"嘏"（后世也叫"饮福"），即祭祀者分享祭祀所用的酒醴，"尸"要向天子赐福，天子把祭祀用的牲肉赠给宗室臣下（称为"赐胙"）。西周的祭天之礼传之后世，但用神主或神位牌取替了"尸"。

籍田　籍田之礼是历代帝王十分重视的农事礼仪，以当政帝王象征性的躬耕来显

---

① 李锦山. 中国古代农业礼仪、节日及习俗简述 [J]. 农业考古，2002（3）：75–87.

示最高统治者对农业的关注，意在劝民力田。籍田礼始于西周。《礼记·月令》记载，每年孟春之月，"天子乃以元日祈谷于上帝。乃择元辰，天子亲载耒耜，措之参保介之御间，帅三公九卿诸侯大夫躬耕帝籍"。《春秋传》说："天子籍田千亩于南郊，诸侯百亩于东郊。"《周礼·甸师》说："甸师掌帅其属而耕耨王籍，以时入之，以供粢盛。"天子的千亩籍田称作帝籍、王籍，收获的谷物主要用于宗教祭祀。籍田设在京城南郊，是为了祭祀方便，因为圜丘和王社都建在这里。举行籍田之礼时先祭昊天上帝和社神，以祈谷实。籍田时要举行一系列仪式，"及籍，后稷监之。膳夫、农正陈籍礼。太史赞王，王敬从之。王耕一坺[①]，班三之，庶民终于千亩"。开耕那天，负责祭祀的官吏分别献郁香酒和甜酒，周王将香酒灌祭于地，自己饮用甜酒。于是驾至南郊，百官和庶民跟随其后。开始籍田时，由化装为农神的官员负责督察，膳夫和农官安排具体礼仪。太史引导周王，用耒耜翻耕一坺田土，百官各翻耕三坺，农夫们则要把千亩籍田全部耕完。然后由太史、司徒等官员检查春耕效果。周王在膳夫引导下，以太牢之礼祀神。

丰收祭祀　丰收祭祀包括蜡祭、腊祭、祈来年、祭公社与祭门闾。蜡祭是周代农业祭祀中的典型代表，它的目的包括息农事、报农功、庆丰收和息老送终。蜡祭的对象包括八神，时间为夏历的十月，蜡祭的祭服和饰物都体现了送终丧杀之意。蜡祭的仪式完成后要进行饮酒礼和射礼。腊祭也属年终的丰收祭祀，对象为先祖五祀，时间也是在夏历的十月。祈来年的对象为天宗，时间在十月。祭公社与门闾在祈来年之后举行，公社是国人立的大社，门闾是指村门一类，祭门闾在祭公社之后。这些祭祀内容组成了周代的年终丰收祭祀。[②]

年终丰收祭是人们对于一年辛勤劳作的总结性祭祀。既包含了对农业神灵的报答之情和对万物的感谢，也体现了对第二年农业收成的祈祷。丰收祭的祭祀对象基本涵盖了农业神、祖先神等内容，涉及面非常广泛。这表明了丰收祭在年终对于"百物"的感谢之情。

蜡祭是丰收报祭的一种，在每年夏正十月举行，祭祀对象为对农业生产有功的八位神灵。蜡祭的目的主要是息农事和报答神灵对于农业生产的保佑，表达人们对一年辛苦获得丰收回报的一种感激之情，同时也标志着本年度农事活动的结束。

蜡祭所祭祀的神灵皆有功于农业生产。先啬，指神农之类教人稼穑的古代圣贤；司啬，为后稷之类的农官；农，为古农官，管理农事，教导农业技术；邮表畷是监督农耕的田官所住的临时治所和田间标识，坊和水庸则是对农业生产起到重要作用的灌溉系统；虎、猫是为禽兽，能够除害以造福于农业生产，例如，猫可捕鼠，虎能捕食野猪，

① 坺，古汉字，同"垡"。
② 李强.周代农业祭祀研究［D］.长春：吉林大学，2017：153.

皆有功于稼穑。

蜡祭的祝辞体现了祈祷之意。《礼记·郊特牲》载:"土反其宅,水归其壑,昆虫毋作,草木归其泽。"郑玄注:"此蜡祝辞也。若辞同,则祭同处可知矣。壑,犹坑也。昆虫,暑生寒死,螟螽之属为害者也。"①

蜡祭的用乐为六乐。《周礼·春官·大司乐》载:"凡六乐者,一变而致羽物及川泽之祇,再变而致裸物及山林之祇,三变而致鳞物及丘陵之祇,四变而致毛物及坟衍之祇,五变而致介物及土祇,六变而致象物及天神。"郑玄注:"此谓大蜡索鬼神而致百物,六奏乐而礼毕。"②

《礼记》所载的全国狂欢庆丰收的景象。一方面表现了一年即将结束,另一方面也体现了丰收祭的特点,即在一年的辛勤劳作后,人们庆祝丰收的愉快心情。"可见犒劳百姓使他们得到轻松愉快也是蜡祭具有的客观效果。"③

另一种丰收祭祀是腊祭。蜡祭与腊祭为两种不同的祭祀。蜡祭是天子之礼,祭祀对象为先啬、司啬等神灵,祭服为皮弁素服;腊祭是诸侯之礼,祭祀对象为先祖和五祀,祭服是黄衣黄冠。

腊祭是夏历十月举行的一场祭祀先祖五祀的农业祭祀,它和蜡祭的目的有相同之处,既有报答农功之义,又是"劳农以休息之"的标志,只是在祭祀对象上有所差别。腊祭是诸侯之礼,天子不行腊祭。腊祭时,诸侯为主祭者,田夫身着黄衣黄冠,作为助祭者参加仪式。腊祭的对象为先祖和五祀。《礼记·月令》载:"腊先祖、五祀。劳农以休息之。"郑玄注:"腊,谓以田猎所得禽祭也。"④孔颖达疏:"'腊先祖、五祀'者,腊,猎也,谓猎取禽兽以祭先祖、五祀也。其腊先祖、五祀,谓之息民之祭。"⑤

祭祀"五祀"就是报答门、户、行、中溜和灶这五位与生活紧密相关的神灵一年来的保佑和庇护,使得自己这一年来生活顺利,农业生产也获得丰收。

《诗经·周颂·丰年》载:"丰年多黍多稌,亦有高廪,万亿及秭。为酒为醴,烝畀祖妣。以洽百礼,降福孔皆。"《诗序》载:"《丰年》,秋冬报也。"《毛诗诂训传》云:"丰,大。稌,稻也。廪,所以藏齍⑥盛之穗也。数万至万曰亿,数亿至亿曰秭。"《〈毛诗传〉笺》云:"丰年,大有年也。万亿及秭,以言谷数多。"孔颖达疏:《丰年》诗者,

---

① 郑玄,孔颖达.礼记正义[M].上海:上海古籍出版社,2008:1073.

② 孙诒让.周礼正义[M].北京:中华书局,1987:1753.

③ 杨琳.中国传统节日文化[M].北京:宗教文化出版社,2000:354.

④ 郑玄,孔颖达.礼记正义[M].上海:上海古籍出版社,2008:726.

⑤ 郑玄,孔颖达.礼记正义[M].上海:上海古籍出版社,2008:727.

⑥ 齍,古汉字,指盛谷物的祭器。

秋冬报之乐歌也。经言年丰而多获黍稻，为酒醴以进与祖妣，是报之事也。"又云："言今为鬼神祐助而得大有之丰年，多有黍矣。既黍积之多，复有高大之廪，于中盛五谷矣。其廪积之数，有万与亿及秭也。"《诗经·周颂·丰年》中所记的内容是在黍稻丰收之后，献酒于先祖之礼，目的是报答先祖对农业的保佑，属于报祭农功的诗歌。

西周丰收祭还包括祈来年、祭公社和祭门闾。这三种祭祀同蜡祭、腊祭共同组成了周代年终的丰收祭祀。祈来年的祭祀对象为天宗，是为第二年的农业生产顺利而举行的祈祷之祭。祭公社和祭门闾是祭祀公社及村门或者里门，祭公社在祭门闾之前。

祈来年　祈来年就是祈祷下一年的农业生产可以顺利进行，时间是夏历十月，对象为天宗，包括日、月、星、辰、寒、暑。《礼记·月令》载："天子乃祈来年于天宗。"郑玄注："天宗，谓日月星辰也。"孔颖达疏："'祈来年于天宗'者，谓祭日月星辰也。"《吕氏春秋·孟冬》载："天子乃祈来年于天宗。"高诱云："祈，求也。求明年于天宗之神。宗，尊也。凡天地四时皆为天宗。万物非天不生，非地不载，非春不动，非夏不长，非秋不成，非冬不藏，《书》曰'禋于六宗'，此之谓也。"郑玄、孔颖达所谓的"天宗"就是指日月星辰，而高诱所云的"天宗"内容则更为广泛，包括了天地四时，即为六宗。

祭公社与祭门闾　公社是国人公共之社。《礼记·祭法》载："王为群姓立社曰大社。王自为立社曰王社。诸侯为百姓立社曰国社。诸侯自为立社曰侯社。"孙诒让云："周时有公社，有私社。"又云："公社之祭，王侯及治民大夫主之，故州有社，而党族则别祭禜酺；私社之祭，贵家大族主之，故《祭法》云'大夫以下'，明平民百家以上尚不得立社也。"

丰收祭是全国性质的祭祀，不可能祭祀私社，所以《礼记·月令》所说的"祠于公社"，因为是王侯大夫治民之社，所以称之为"公社"。《吕氏春秋·孟冬》载："大割，祠于公社及门闾，飨先祖王祀，劳农夫以休息之。"高诱注："祠于公社，国社、后土也。"[1]高诱之意甚明，"祠于公社"就是祭祀治民的公社，也为国社，社神为后土。

祭门闾是祭祀村门和里门等门神。《礼记·月令》载："天子乃祈来年于天宗，大割祠于公社及门闾。"管东贵认为："这里的'门'可能是指'村门'之类的门。因为在下面就要讨论到的腊祭中有对'五祀'的祭祀。其中之一亦是'门'，五祀中的门很明白是指宗庙或居室中的门。所以'祭门闾'中的门应该是指村门之类的门，观其与'闾'对举，亦以村门为宜。"[2]由上可知，蜡祭、腊祭、祈来年和祭公社、门闾组成了周代年

---

① 吕不韦，陈奇猷.吕氏春秋新校释［M］.上海：上海古籍出版社，2002：529.

② 管东贵.中国传统社会组织的血缘解纽——主要以台湾社会为例［J］.中国史研究，1995（2）：19-23.

终的丰收祭祀。

周朝之后，历代王朝按照《周礼》制定祭天仪式，仍在冬至祭天，但遇到皇帝登基、册立太子、册立皇后、御驾亲征以及重大节日等情况，也会进行祭天仪式。到了明清时期，皇帝代表万民苍生向上天祈求天下安泰、万物丰收，此时的祭天仪式在天坛祈年殿举行，仪式规程和配物比前代略有增减。

民间也有祭天活动，但在后世演变为冬至祭祖的传统习俗，称为"冬祭""拜冬""烝尝"等。无论是官方祭天还是民间祭祖，都表达了向上天祈求风调雨顺、丰衣足食的朴素愿望。

祭地　祭地是古代人对地神、地母神、社稷社等神灵的祭祀活动。远古时已有对土地的崇拜。大地生长五谷，养育万物，故此古代有"父天而母地"的说法。地神又称"地坻""地祇"。古文献称土地神为"社"，"社"通常是主管某处土地之神。社祭称为"宜"。在殷商甲骨文里已有对"社土"祭祀的记载，还有祭祀山岳河流的大量记录。土地祭祀的主要目的就是祈求农作物的丰收。

《礼记·王制》载："天子祭天地，诸侯祭社稷。"周王朝正式的祭地礼仪，是每年夏至之日在国都北郊水泽之中的方丘上举行。水泽，即以水环绕；方丘，指方形祭坛。两者象征四海环绕大地。据文献记载，夏以五月，商以六月，周以夏至，招地于泽中方丘。祭地用的牺牲取黝黑之色，用玉为黄琮，黄色象土，琮为方形象地。祭地礼仪与祭天礼仪大致相近，祭后挖掘坎穴将牺牲等祭品埋入土中。

第三节　保障丰收的物候历与天文历

人们在长期的生产实践和生活过程中，对周围生物的周期性现象和季节、气候的关系会有所认识，如植物的发芽、开花、结实，候鸟的迁徙，某些动物的冬眠等，都在每年的某一季节发生，于是人们就将这些现象出现的时候作为季节的标志，以便于生产和生活的安排，这就是所谓"物候"。随着人们对物候知识和天文知识的不断了解，人们观察大自然的变化，并从中寻找变化的规律，一代一代地积累着经验，总结出最为重要的变化节点，从而追求与大自然的和谐共生。《夏小正》和土圭观测日影等保障丰收的物候历与天文历，是先秦时期"敬授民时"仪式的产物，对农业生产具有时令节气的指导意义。二十四节气也在人们对物候规律的观察中逐渐诞生。

一、《夏小正》的物候知识

物候知识早在原始农业产生之前的采集、狩猎时代就已萌芽。农业产生以后，人们更需要注意物候的变化，以便安排农事。进入夏、商两代，虽然已经出现了天文历，但物候历还是被继承下来并有所发展。《夏小正》中，每个月都用物候来指示，有的月份还用了好几个物候。如正月的物候的就有：启蛰，雁北乡，雉震呴，鱼陟负冰，囿有见韭，田鼠出，獭祭鱼，鹰则为鸠，柳稊，鸡桴粥，梅、杏、杝、桃则华。在《诗经》中有关西周的内容中，有很多物候方面的记载。特别是《诗经·豳风·七月》全面地记述了一年的农事活动，几乎每个月都有物候内容，如周历的纪日物候有："一之日"，"觱发"，"于貉"；"二之日"，"栗烈"，"其同"，"凿冰冲冲"；"三之日"，"于耜"，"纳（冰）于凌阴"；"四之日"，"举趾"，"其蚤"，"献羔祭韭"。周历的纪月物候有：三月，"蚕月条桑"，"采蘩祁祁"；四月，"四月秀葽"；五月，"五月鸣蜩"，"五月斯螽动股"；六月，"六月莎鸡振羽"，"六月食郁及"，等等。这是中国以诗歌来总结和传授物候知识的最早记载，《诗经·豳风·七月》堪称"最早的物候学的诗歌"[①]。

当华夏先民进入农耕社会以后，发现播种与收获等生产活动有很强的季节性，早晚相差几天，农耕的结果就大不相同，人们需要掌握天文和时间规律，以便指导农事。黄河流域的中华先民为准确测量天气的季节变化规律，创造了土圭，于是就有了"立竿见影"的成语。中国人发明的土圭是人类最早的计时工具，用以观察日影长度并确定日辰。土圭构造简单，被称为最早的日晷。根据《尚书·尧典》记载，早在国家形成以前的尧帝时期，土圭就出现了。考古实物中的土圭通常由晷针和晷面组成，后来被称为日晷或日规，材料已经变成了石料或金属，还加上了具有传统风格的工艺。

孔子曾说，"吾得夏时焉"，说明春秋时传承、保留了夏朝的历法。夏朝的农业生产比原始社会有了较大发展，人们在农业活动中对物候规律的掌握和应用也有了较大的进步，人们已经根据北斗星斗柄所指方位来确定月份。天文历法知识反过来进一步指导农业生产，于是便出现了我国最早的天文历法和物候学著作《夏小正》。尽管《夏小正》成稿的时间尚有争议，相传夏禹曾"颁夏时于邦国"，后人认为成书年代可能是商代或商周之际，但毫无疑问，该书积累了夏朝以及以前的先民几千年的天文历法知识和经验，以及物候学在农事运用方面的规律。

《夏小正》由"经""传"两部分组成，仅四百余字，每年按十二个月划分，用朴素和原始的文字记载了每月的物候、气象、星象和重大政事、重要农事，大多数是二字至四字组成一个完整句子。《夏小正》的内容除了农耕之外，还有对家畜饲养及副业的时间指导。由于古代农事与祭祀活动都有很严格的季节性，故而《夏小正》是先秦时期敬授民时仪式的产物，又对祭祀文化等内容具有时间上的指导意义。

① 曹婉如. 中国古代的物候历和物候知识［M］// 自然科学史研究所. 中国古代科技成就. 北京：中国青年出版社，1978：257–263.

二、土圭观测日影

《夏小正》表明先民已经掌握了物候法,认识到在大自然周而复始的运动中,万物呈现出变化的规律,每一个经典的瞬间都预示着后一个物候的变化即将来临。人们既置身于天象、地理、万物的时空变化中,又似乎超越了这种变化。

人们在土圭观测日影的过程中,发现了一年中最长和最短的日子,这两个时间点正是一年当中的两个极点——被称为"至点",即"二至"(夏至和冬至),于是二十四节气中两个重要的节气便由此产生了。

《尚书·尧典》记载:尧帝"乃命羲和,钦若昊天,历象日月星辰,敬授民时"。尧帝命令历法官员羲和等四人测天授时。这个记载在山西省襄汾县陶寺城遗址陶寺古观象台遗址得到了实证。陶寺古观象台距今约有 4700 年,是夏朝以前的遗址,它由 13 根夯土柱组成,呈半圆形,半径 10.5 米,弧长 19.5 米。经在原址复制模型进行模拟实测,人们发现了神奇的结果:从第 2 个狭缝看到日出时为冬至日,第 12 个狭缝看到日出时为夏至日,第 7 个狭缝看到日出时为春分、秋分。陶寺古观象台遗址是先民利用"立竿见影"的原理,通过土柱狭缝观测塔尔山日出方位的重要地点,先民以此来确定季节、节气,安排农耕。该遗址不仅是中国上古时期天文历法重要的实物例证,证实了《尚书·尧典》的记载,反映了当时真实的历史背景与社会现实,更说明先民很早就发明了二十四节气。历史上,丰收文化主要是围绕二十四节气而发展的,而先民的天文历法知识、二十四节气的产生,是我国丰收文化的重要源头。值得注意的是,陶寺古观象台也是一个祭祀仪式的场所。

商朝的卜筮文化十分发达,凡是遇到大小事情,人们都要占卜问卦。甲骨文中武丁时期的卜辞中有一条:"庚申,月有食。"这是世界上关于发生日食、月食的最早文字记载。经天文学家推断,公元前 1311 年 10 月 24 日这一天的凌晨,确实发生了一次月食,可见甲骨文的记载是相当可信的。占卜的目的,主要是为政务、农业、军事和祭祀等服务。以甲骨文中的"年"字为例,它和现在的"季"字差不多,上面为"禾"字,下面为"人"字,解释为人背着一捆稻禾,象征着每年收获一次,由此进一步说明了时间和收成之间的关联。

观测星辰的变化,其中一个目的就是服务于农业,这和商人对太阳和月亮的自然崇拜有关。商人认为日食和月食预示人世间会发生重大灾异,将影响庄稼的收成。商人也观测星象的运行,《尚书》记载,当时人们认为一些星辰的出现预示风雨的来临。在上古三代,风雨的变化是农业能否丰收的重要因素。天旱了会颗粒无收,人们要求雨;雨水多了会有洪涝发生,同样也要祭拜上天。商朝的雨神叫"雨妾",《山海经》描述雨妾为人的形象，肤黑，双手各有一条蛇（或龟），左为青蛇，右为红蛇。还有一种说法，每到天旱时节，商王要面向自然山川求雨，杀牲祭祀，甚至采用焚人等极端的方式。《淮南子》记载：商汤当政时曾经连续七年大旱，求了无数次雨，都没能奏效，巫师占卜的结果是必须用人祭才能感动上天，商汤竟决定焚烧自己来祈求大雨，也许是这个至诚的行为"感动"了上苍，一场突如其来的大雨将刚刚点燃的火堆浇灭。

中国历代丰收节庆活动中，都有祈求风调雨顺的内容，中华传统的雨神或龙神崇拜也许由此而来。

卜筮文化的发达，促使商人的时间观念有了重要进步，日、旬、月、季、年的计算方式更为准确。例如记日法，商人发明了六十干支记日法，从商王的先祖王亥起，开始用干支记日。在殷墟甲骨文中发现的六十干支表，就反映出商人以十日为一旬，每旬的最后一日，王室要举行占卜预测活动。

商人的历法反映出人们对月的认识，即以月亮盈亏一次为一个月，月份有大有小，十二个月为一年，历法中已经出现了闰月。当时的历法已经脱离了单纯的太阴历，而是一种"阴阳合历"。太阴历以月亮盈亏一次为一月，太阳历以地球绕日一周为一年。一年如果仅有十二个月，每年有十天左右的误差，于是商人每过一定的年份就设置一个闰月放在年底。开始是三年置一闰月，五年置两闰月，最后采取十七年置七闰月的办法。

年的概念也和祭祀文化有关。无论王室和民间，都十分重视祭祀活动。商朝的王室每年要举行一次重大的神灵拜祭仪式，敬祭天地祖宗，因此在甲骨文中，一年称为"一祀"。

总之，人们通过观察太阳运行的方位来确定时辰，用太阳产生的影子变化规律来确定时刻，观测星象来制定历法，把一年分作春秋两季，展现出对天文有了规律性认识。年、月、日的计算方法更为精细，这和历法以及指导农耕活动有关，更和二十四节气的发展有着密切的关系，也与祭祀仪式的择日举行有关。这对于中华传统丰收文化的研究有所启示。

上古三代，人们继承了氏族社会的祖先崇拜和自然崇拜。祭祀文化在殷商时期表现得十分强烈。西周部分继承了殷商的祭祀文化，但周人没有像商人那样"好鬼神"，而是把各种礼仪文化制度化，并传承于民间。

西周时期的祭祀制度更为完备，从天子到士都有宗庙，用以祭祀各自的祖先，祖先神灵可以起到保佑及赐福于子孙的作用。周朝最高的神灵叫"上帝"，实为上天之帝。最有功德的祖先就是农神后稷。后稷可以配享郊祀。祭祀自然山川诸神的祭礼叫"旅""望"，天子和诸侯死后可以配享祀礼。祭祀祖宗的礼仪种类繁多，比较重要的有禘、烝、尝等祭礼。

其他如宗庙祭祀仪式、主祭者事前的斋戒沐浴、牺牲祭品、各种祭典的程序等，在西周时期基本上用制度确定下来，记载于《周礼》《仪礼》《尚书》等文献中，后来进入儒家经典，影响深远。

《诗经》充分反映了西周生活的各方面，分为风、雅、颂三部分。其中"颂"共有40篇，反映的是贵族在宗庙中祭祀鬼神和赞美祖先、统治者功德的乐曲颂词，又分为"周颂""鲁颂"和"商颂"。"周颂"是周王室的宗庙祭祀诗，除了单纯歌颂祖先功德，还有一部分是酬神及向自然神灵或祖宗神灵祈求丰年的音配诗。因此，"周颂"是祭祀文化的文学作品，从中展现了西周初期农业生产的情况，并且描述了贵族的丰收节庆的场景，如《诗经·周颂·丰年》咏道："丰年多黍多稌，亦有高廪，万亿及秭。为酒为醴，烝畀祖妣。以洽百礼，降福孔皆。"此诗歌颂了周初农业大丰收时的美好情景，大意解读为：粮食丰收，高大的粮仓储放着无数的米粮，人们捧出用新粮酿出的清酒和甜酒，献给家族的祖妣，举行各种祭祀礼仪，祈盼祖宗神灵赐福子孙，保佑后世五谷丰登。这首《丰年》既描述了庆丰收的喜悦心情，又有祭拜祖宗的内容，还有对来年获得更大丰收的祈盼，活脱脱就是西周丰收节庆活动的真实写照。庄稼丰收、捧出新米酒祭拜并酬谢祖先、祈盼神灵赐福于后人，这些内容和后世的丰收文化内容几乎相同。

第六章

春秋战国时期的
农耕文明与丰收文化

春秋战国为"古今一大变革之会",是社会制度、伦理观念、道德风俗的重大重构时期,在思想文化方面表现为诸子勃兴、百家争鸣。在中华农耕文明之光的照耀下,诸子的治国、学术理念,在不同的历史时期都得到践行、应用与研究,表达了不同社会阶层对现实与未来的见解、理想与追求,奠定了中华文明的思想理论基础,在中国思想史上占有崇高地位,同时也为丰收节庆习俗传承和发展奠定了思想基础。

春秋战国时期"化民成俗",社会生活习俗相应发生着深层次的推陈出新,呈现出一幅异彩纷呈的历史场景。周朝分为西周和东周两个时期。公元前 771 年镐京陷落,西周灭亡;公元前 770 年,平王东迁,定都成周(今河南洛阳),周朝此后的这段时期称为东周。东周又可分为春秋时期(公元前 770 年—前 476 年)和战国时期(公元前 475 年—前 221 年)。

第一节　春秋战国时期农耕文明的发展

东周时,鲁国史官编撰的史书《春秋》记录了从鲁隐公元年(公元前 722 年)到鲁哀公十四年(公元前 481 年)共 242 年的大事,经过孔子的整理修订,成为儒家经典之一。由于《春秋》所述与当时的历史事件大致对应,所以历史学家便把《春秋》的书名作为书中记事时代的代称。为了史事完整,史家将春秋起始时间前移到周平王元年(公元前 770 年),截止年是周敬王四十四年(公元前 476 年),总共 295 年。春秋时代,周王室的权威减弱,诸侯群雄纷争。这期间,先后有齐桓公、晋文公、宋襄公、秦穆公、楚庄王等恃强凌弱,称霸四方,史称"春秋五霸"。春秋后期,黄河流域的诸侯国历经"三家分晋"和"田氏代齐"等重大变革，北方大诸侯的实力被分割削弱，南方的大诸侯伺机奋起，形成了新的诸侯称霸格局，重组成为"齐桓公、晋文公、楚庄王、吴王阖闾、越王勾践"这"新五霸"。在"新五霸"中，前两者属黄河流域的诸侯，而后三者属长江流域的诸侯。这个现象表明，中国在春秋时代后期，政治、军事、经济的重心从黄河流域转移到了长江流域。长江流域开始了第一次历史大开发。因为在当时能当上"霸主"，没有发达的农业和强大的军事是办不到的。

春秋以后，齐、楚、燕、韩、赵、魏、秦七个大诸侯国连年战伐，因此历史上将这七大诸侯国并存的时期称为战国时期。《战国策·燕策》说："凡天下之战国七，而燕处弱焉。"《战国策》的资料大部分出于战国时代，可见当时七大诸侯国很可能已有"战国"的自称。到西汉末年刘向编辑《战国策》时，开始把"战国"作为一个历史时期的名称。战国时期开始于周元王元年（公元前 475 年），止于秦王政二十六年（公元前 221 年）秦灭六国，共 255 年。

由于春秋五霸、战国七雄不断兼并融合，各种文化不断交织。农业方面，开始出现了铁制农具；思想文化方面，百家争鸣，人才辈出，学术风气活跃。当时人总结出了二十四节气这一农耕文明的硕果，丰收文化得到进一步发展。

战国时期，全国分裂割据的政局继续发展，列国间兼并吞灭，逐渐形成齐、楚、燕、韩、赵、魏、秦七雄均势并立的局面。《战国策》叙录称当时"万乘之国七，千乘之国五，敌侔争权，盖为战国"。五个千乘之国，是指鲁、卫、郑、宋、中山五国，亦不过苟存于一时，终相继为强国吞并。《淮南子·要略》说："溪异谷别，水绝山隔，各自治其境内，守其分地，握其权柄，擅其政令。下无方伯，上无天子，力征争权，胜者为右，恃连与国，约重致，剖信符，结远援，以守其国家，持其社稷，故纵横修短生焉。"

一、春秋时期的农业区划

周王朝失去对全国的控制力之后，各诸侯国经济迅速发展，形成具有明显地方特色的列国文化。春秋时期可分为七个农业区，再加上周王朝京畿小地盘，合为八个区。

周王畿农业区　春秋时期，周王朝只在名义上是天下的共主，实际上已降到诸侯国的地位，只拥有大体上西至今天河南省洛阳市的新安县及宜阳县，北至沁阳市、修武县，东至原阳县，南至临颍县、鲁山县等属于原来王畿的方圆六百里的土地。不过，这里是黄河冲积扇地区，土壤和水资源都远远优于各诸侯国，夏、商以来一直是农业最发达的地方，也是当时农业生产水平最高的农业区。

秦农业区　秦襄公护送平王东迁有功，北列为诸侯，得赐岐以西之地，此地成为秦农业区。经过长期经营，秦打败犬戎，占据了以岐丰为中心的广阔地域，至秦穆公时已发展为一个大国。这里原是西周的腹地，向来农业发达，因此秦国的农业生产水平在当时各国当中也是位于前列的。

晋农业区 晋农业区以今天山西省为主体。虽然山西省南部自夏、商以来农业就很发达，但境内还有很多土地没有得到开发。如晋国的"南鄙之田"，就是"狐狸所居，豺狼所嗥"的荒野。春秋时期，人们已"翦其荆棘，驱其狐狸豺狼"（《左传·襄公十四年》），将之开发成农田。发达的农业为晋国称霸创造了物质基础。

燕农业区 燕农业区地处今华北平原北部的河北省平原，以黄河、海河、滦河冲积平原为主体，海拔多在 50 米以下，地势平坦辽阔，境内主要属于海河水系，水资源较丰富，也是自商周以来的主要旱作农业区之一。

齐鲁农业区 齐鲁农业区地处今天山东省境内。齐、鲁同居东海之滨，自商、周以来农业得到发展，但仍是地广人稀，还有很多地方没有开发。如齐国原来"负海舄卤，少五谷而人民寡"（《汉书·地理志下》），到了春秋时期已是"膏壤千里宜桑麻"（《史记·货殖列传》）的农业发达地区。

楚农业区 楚国地处长江流域，气候温暖，雨量充沛，适合发展稻作农业。楚国为增强国力，大力开垦荒地，从"筚路蓝缕，以启山林"到"书土田，度山林"，前后不过 50 年，就使农业得到迅速发展，成为春秋时期的强国。

吴越农业区 吴、越地处长江下游，以长江三角洲的平原水乡为中心，地势低平，湖泊众多，河流纵横。此地主要湖泊有高邮湖、太湖，主要河流有长江、钱塘江，有水乡泽国之称。"厥土为涂泥，其谷宜稻"的今扬州市，属亚热带季风气候，四季分明，春夏多雨，夏季湿热，年降水量超过 1200 毫米，浙江省部分地区甚至达到 1700 毫米，历来是我国最发达的稻作区。吴、越正是凭借发达的稻作农业提供的雄厚物质基础同北方诸国争雄称霸。

巴蜀农业区 巴蜀农业区主要分布在四川盆地，海拔约 500 米。长江横贯全境，有嘉陵江、涪江等支流，属于亚热带湿润季风气候，冬暖夏凉，雨量充沛，年降水量 1000 毫米左右，无霜期最长可达 330 天，境内河流纵横，灌溉便利，适合水田作业。早在商周时期，巴蜀农业区就是"土植五谷，牲具六畜。桑蚕麻纻鱼盐铜铁丹漆茶蜜……皆纳贡之"（《华阳国志》），农业非常发达，为巴、蜀两国的发展奠定了坚实的物质基础。[①]

春秋战国时期，尽管各国争斗激烈，但大多数时候周王室在表面上仍然维持着天子的身份，诸侯国为了壮大国力，"尊王攘夷"，采取了重农强军的各种政策，重视农业

---

① 邹衡. 夏商文化研究［M］// 邹衡. 夏商周考古学论文集. 北京：文物出版社，1980：244.

发展，并以此作为称霸天下的经济基础。

随着井田制的逐渐瓦解和金属农具的出现，春秋战国时期的农业生产力有了进一步提高。特别是战国中叶以后，铁制工具在农业和手工行业中逐渐普及，有力推动了社会生产的发展。社会分工更细，各行各业的兴盛促进了商品的生产和流通，各国发行自己的货币，使商业活动空前活跃。

春秋战国时期的生产工具发生了很大的变化，主要就是铁制农具的出现。考古学界认为，中国最早使用铁的时间大约在公元前 7 世纪至公元前 6 世纪，《左传》记载了春秋时期晋国铸刑法于铁鼎之上，而战国墓葬中发掘出来一些铁制的兵器、农具和器皿，这和几百年来冶铁技术的发展有关。但在整个战国时期，铁制农具相对不多，农具仍然以石器、木器、骨器或贝器为主，实用的青铜农具也极少。

农业灌溉和排水技术的提高、畜拉犁耕作方式的出现、肥料的合成发酵和使用、大片新土地的开垦，都是粮食产量得以提高的重要因素。但是，各国重农抑商思想的提出、土地制的改革、称雄争霸的战备需要等，应当是促进农业发展的根本原因。

二、春秋战国时期粮食贮藏与食用配给

春秋战国时期，东周京畿之地的洛阳民众习惯"种稻为食"，这与今天的旱地农业有明显不同。洛阳东周王城发现战国地下粮窖 70 多座，挖筑在地势高畅处，口大底小，一般口径 10 米，深 10 米左右，窖壁光滑坚实，内铺多层木板，利于隔水防潮，粮食不致霉坏。[①] 韩都新郑有可移式的战国小型贮粮陶窖发现，窖口内敛如瓮口，下由 3 节直径达 87 厘米的陶圈叠垒起来，4 个大小相同的扇形凹槽砖拼成圆形窖底，窖口的陶圈还设有两个对流通风小孔。陶窖结构合理，便于移动，可因需要任意加高或降低，又能防潮和防鼠盗。陕西宝鸡茹家庄和沣西等地秦墓，还先后出土了一批春秋至战国贮粮仓囷的陶制模型。因顶呈锥尖，出檐，桶形。据其形制分析，实际建筑物可能分高台式、平地式和半地穴式三种，囷体一孔一门，封闭性能好，便于通风对流和调节温度、湿度，于粮食入库、核验、称量、翻仓亦均便。秦简《仓律》有云："入禾仓，万石一积而比黎之为户。"[②] 谷物入仓，以万石为一积而隔以荆篱，设置仓门，可见秦国的粮食丰收状况和贮藏规模。

粮食定量和定时就餐。春秋战国时，普通社会习守一日两餐的饮食习俗。云梦秦简第 864 简《日书》有云："食时辰"（7—9 时），"下市申"（15—17 时）。"下市"一云"哺时"，相当于汉初马王堆帛书《阴阳五行》的"下哺"。甘肃天水放马滩秦简《日

---

① 徐治亚，赵振华.洛阳战国粮仓试掘纪略 [J].文物，1981（11）：55-65+50.
② 韩伟.秦国的贮粮设施浅议 [J].考古与文物丛刊，1983（3）：23.

书》记时法有云，"夙食"在 7—9 时，"暮食"在 19 时前后。晚餐的进餐时间延后，大概因当地日照时间长，习俗略异，但也是一日两餐制。至于粮食的定量，据《管子·国蓄》载，齐国的粮食定量是："大男月食四石，大女月食三石，吾子（小男小女）月食二石。"换算之，成年男子年粮约为 48 石，成年女子年粮 36 石，孩童年粮 24 石。粮食定量会因地因时因人而异。而如《墨子·杂守》记载宋国的粮食定量是："斗食，终岁三十六石。日再食。"

"日再食"，就是一日两餐，平均每餐 5 升[①]，月定粮 3 石，年定量 36 石。相比之下，齐国国民的定粮标准高一些。可见，定粮标准是按身份、性别、成年与否、力作内容等区别对待。从事农业劳动的隶臣，在二月至九月的农作月份，每月可加发 0.5 石，月粮为 2.5 石。给官府服役者，男子最多月粮 2 石，女子 1.5 石，依身份高下逐次减等，最低者，月粮为 1 石。孩童月粮是 0.5 石。如以日定量计，成人在 3 升至 8 升之间，孩童是 1 升。

由上可见，战国时，普通民众基本维持着一日两餐的常俗，一般早餐稍多，晚餐稍减，以适应"日出而作，日入而息"的劳作规律。官方颁行的口粮定量，只是一个标准限量，并未有法定制度保障。例如，春秋齐景公时，霖雨十有七日，里中穷民"饥饿不得糟糠"，晏子三请发粟于民，仍不见许。[②]战国时的官方粮食定量管制，仅用以制约普通民众，对于贵族阶层来说，无所谓定量，也无所谓一日几餐。普通民众是一日两餐制，中上层社会是一日三餐制。通常是两餐之外，又增加一夜餐。《庄子·逍遥游》有云："三餐而反，腹犹果然。"《战国策·齐策》云："士三食不得餍。"是讲上至贵显阶级，下至士阶层，为一日三餐制。《黄帝内经·素问》记战国秦汉之际行一日十六时制，除有"早食""下哺"之外，又称 19—21 时为"晏哺"，有时称"夜食"。根据战国末期的《晏子春秋·内篇谏上》，一日三餐制已得到社会的广泛认可，逐渐推广开来。

三、春秋战国时期的重农思想

春秋战国时期是中国传统农业奠基的重要阶段。先秦时期的重农思想影响着各国的基本国策，为数千年持续发展的农耕文明奠定了政治、社会、经济、思想与文化的基础，也成为中国人重视丰收节庆活动的重要因素。春秋战国时期呈现出经济繁荣、文化昌盛、百家争鸣的特征，是华夏农耕文化的第一个高峰。这时的中国处于攻伐兼并的高潮，"富国强兵"成为各诸侯国治国安邦的不二选择。尽管不同学派"各持一端，崇其

---

① 据专家考证和博物馆收藏的战国铜升实物的容积测量，当时的"升"相当于现在的 201.9 毫升。
　　参见：吴慧.中国历代粮食亩产研究［M］.北京：中国农业出版社，2016：25–42.

② 陈涛.晏子春秋：卷五［M］.北京：中华书局，2007：173.

所善"，但无不认定农业是治国安邦的根本所在，高度重视农业。

春秋战国时期的重农思想可概括为：农强则国强，积粮备战为施政之要，耕战为最高国策，重农抑末是主流。[①]天下诸侯积粮成风[②]，有关农战耕战的论述甚多。现将这一时期的重农思想归结如下。

1."国富论"的重农思想

最早提出"国富论"的代表人物是战国著名政治家商鞅。商鞅把"治、富、强、王"列为国家的最高政治目标。他说："善为国者，仓廪虽满，不偷于农。"[③]意思是粮食多了也不能放松农业生产。商鞅在秦国变法，首先提出了农战政策："国之所以兴者，农战也。""国待农战而安，主待农战而尊。"[④]"农"是指农业生产的发展，"战"是指对其他诸侯国进行兼并战争。意思是以强大的农业支持对外战争，争取战争的胜利，把推行农战政策作为达到国家富强的基本手段。

商鞅首次在理论上将农业定为"本业"，而将农业以外的其他经济行业一概称为"末业"，主张"事本"而"抑末"。[⑤]这就是我国历史上推行"重农抑商"政策的理论由来。"国富"是《商君书》中出现频率很高的词汇。商鞅的"国富论"实际上是一种重农与重税论。它在特定的时代条件下是暂时可行的和有效的，但也带有严重的历史局限性和利益分配的偏颇性。

战国后期著名的法家学派代表人韩非继承了商鞅的思想并进一步发展。韩非主张"重本抑末"，把"本"解释为"农"，用"末"专指"工商业"。法家学派提出以赏罚手段趋百姓致力农耕的"重本"思想及措施，依靠国家政权的力量，建立以"农战"为核心的利益导向结构，驱民归农。由于过分强调"农战"，就走向了极端、狭隘。[⑥]

2."民富论"的重农思想

与"国富论"相对立的是"民富论"，其代表人物是孟子。商鞅主张以武力征服达到统一，孟子则主张用仁政感化达到统一。他说："不以仁政，不能平天下。"施行仁

---

① 任继周. 论华夏农耕文化发展过程及其重农思想的演替 [J]. 中国农史，2005（2）：53-58.

② "秦地半天下"，"积粟如丘山"见《史记·张仪列传》；楚国"粟支十年"，齐国"粟如丘山"，燕、赵二国也是"粟支数年"，见《史记·苏秦列传》；韩国的宜阳县"城方八里，材士十万，粟支数年"，见《战国策·东周》；"使万室之都必有万钟之藏"，"使千室之都必有千钟之藏"，见《管子·国蓄》；等等。

③ 见《商君书·农战》。

④ 司马迁. 史记 [M]. 北京：中国文化出版社，1965：36.

⑤ 见《商君书·弱民》《商君书·内外》等篇。

⑥ 牛银栓，同春芳，邓国取. 春秋战国时期法家"重农"思想探析 [J]. 洛阳农业高等专科学校学报，1999（3）：59-61.

政，首先要使人民生活富足，安居乐业。孟子提出要让农民拥有赖以生活的"恒产"，即耕地。他指出："民之为道也，有恒产者有恒心，无恒产者无恒心。苟无恒心，放辟邪侈，无不为己。"[1]孟子认为，圣明的君王治理天下，要做到"易（治）其田畴，薄其税敛，民可使富也。"[2]人民的粮食充裕了，生活富足了，难道还会有"不仁"的行为吗？[3]孟子反对法家的"禁末"（抑制工商业），认为社会分工是必不可少的，主张"通功易事，以羡补不足"。[4]孟子所竭力提倡的"仁政富民"思想，体现在农业经济政策上就是"重农不抑商"，这是很值得称道的。

3. "上下俱富论"的重农思想

战国后期，出现了"上下俱富论"的重农思想，其理论核心是主张国家在政策取向上必须做到"上下俱富"，否则，国富民贫或民富国虚都是危险的。管子和荀子比较集中地阐述了这种新的理论。

《管子》吸收了商鞅的"农本"思想，把农业称为"本事"，认为农业是社会经济的基础，只有发展农业生产，才能使国库充盈和人民富足。[5]《管子》指出，人民生活富裕了，才会遵纪守法，提出了"仓廪实而知礼节，衣食足而知荣辱"的千古名言。同时，农业生产搞好了，才能抵御外敌的入侵。《管子·治国篇》说："富国多粟生于农，故先王贵之。凡为国之急者，必先禁末作文巧，末作文巧禁，则民无所游食，民无所游食则必农。民事农则田垦，田垦则粟多，粟多则国富，国富者兵强，兵强者战胜，战胜者地广。"这一耕战理论概括起来就是：开垦土地——种植谷物——积存粮食——富国强兵——发动战争——开疆拓土。他说："善为国者，必先富民，然后治之。"要建立一个富强而祥和的国家，应该是国与民同富，而不能把二者对立起来。显然，管子的经济观比商鞅的狭隘"国富论"更具有治国的实用性。

荀子的经济思想核心是"以政裕民"。荀子说："轻田野之税，平关市之征，省商贾之数，罕兴力役，无夺农时，如是则国富矣。夫是之谓以政裕民。"这要求统治者减轻农民的赋税负担，合理征收集市商品的交易税，减少商人（非农人口）的数量，少抽调民夫徭役，尤其不要妨碍农事耕作，这样国家就富裕了。荀子的理论贡献在于他第一次阐明了"国富"应当是国家财富总量的增加，并将之定义为"上下俱富"，而在他之前

---

[1] 见《孟子·梁惠王上》《孟子·离娄上》《孟子·梁惠王上》。

[2] 见《孟子·尽心上》。

[3] 原文是："民非水火不生活，昏暮叩人之门户，求水火，无弗与者，至足矣。圣人治天下，使有菽粟如水火。菽粟如水火，而民焉有不仁者乎？"

[4] 见《孟子·滕文公下》。

[5] 见《管子·五辅》："明王之务，在于强本事，去无用，然后民可使富。""实墟圹，垦田畴，修墙屋，则国家富。"

的"国富论"往往只是指国库财政收入的增加。

4. "爱民、富民、教民"的重农思想

孔子生活的鲁国，其文化传统与西周一脉相承。《史记·货殖列传》也说："邹鲁滨泗，犹有周公遗风。"周人奉后稷之余绪，素有重农的优良传统。"孔子的思想，主要是在鲁国这个特定的社会环境中产生和形成的。孔子既属于那个时代，又属于他那个国家。或者说，他的思想既有时代特色，又有鲁的印记。"[①]孔子的重农思想是实在的，其特色是"爱民、富民、教民"，体现在他的治国方略、仁政礼治之中。[②]

本着爱惜民力的原则，孔子率先提出了"使民以时"的主张："道千乘之国，敬事而信，节用而爱人，使民以时。"[③]"使民以时"犹如《孟子·梁惠王上》所说的"不违农时"，即在农民耕种或收获的季节，为政者不要以征兵、征工等妨碍农业生产。与爱民思想相关，孔子又提出了"足食足兵，民信之矣"[④]，把富民视为治国安邦的重要手段。他素以"博施于民而能济众"为"圣德"[⑤]，力主"泛爱众"，"因民之所利而利之"。《孔子家语·贤君》中记载，哀公问为政之道，孔子对以"省力役，薄赋敛，则民富矣"，并进一步指出，民富以后，不应放松对农民的教育。《说苑·建本》记载："子贡问为政，孔子曰：'富之，既富乃教之。'"爱民、富民、教民的主张充分体现了孔子重农思想的特色，它突出了事农之人——农夫的利益与作用，而不是停留在"民以食为天"的表面认识上；它是对统治阶级的严格要求，而不是一味地强调制民、责农、劝农。[⑥]

5. "爱农、国患"的重农思想

学术界普遍认为墨子是先秦时期手工业者和平民阶层的代表，其实墨子更为重农爱农。墨子高度重视农业，认为农业是一国之本，粮食的丰歉直接关系到国家稳定与否。他说："农事缓则贫，贫且乱政之本。"[⑦]"食者，国之宝也。""食者，圣人之所宝也。"[⑧]他将粮食生产视为"圣人"治理国家的法宝。

《墨子》一书有大量内容论述"国患""尚同""尚贤""辞过""天志""非命""节葬""非攻"等问题，处处关乎"耕稼""树艺""五谷"，重农爱农意识贯穿整个思想体

---

① 李启谦. 结合鲁国社会的特点认识和评价孔子的思想［J］. 齐鲁学刊，1987（6）：41-51.

刘兴林. 孔子重农的特色［J］. 古今农业 1996（1）：7-12.

② 见《论语·学而》。

③ 见《论语·颜渊》。

④ 见《论语·雍也》。

⑤ 见《论语·尧日》。

⑥ 刘兴林. 孔子重农的特色［J］. 古今农业，1996（1）：7-12.

⑦ 吴毓江，孙启治. 墨子校注［M］. 北京：中华书局，1993：437.

⑧ 吴毓江，孙启治. 墨子校注［M］. 北京：中华书局，1993：37.

系。墨子论"七患"，将"畜种寂粟不足以食之"列为危及国家稳定与安全的七种大患之一。墨子在《非乐》中说："民有三患，饥者不得食，寒者不得衣，劳者不得息。三者，民之巨患也。"[1]对于如何解决老百姓的心腹之患，墨子认为应该从源头上加以控制，这就是通过"节用""节葬""非乐"等方法增收节支，以"兼爱""非攻"等思想来减少战争，保障农时，减轻农民负担，促进社会经济发展。

第二节　助力农业丰收的二十四节气

中国是世界上较早使用历法的国家之一，二十四节气就是中国古代劳动人民总结的助力农业丰收的天文气象历法。"春雨惊春清谷天，夏满芒夏暑相连。秋处露秋寒霜降，冬雪雪冬小大寒。每月两节不变更，最多相差一两天。上半年来六廿一，下半年是八廿三。"这首中国《二十四节气歌》在国际气象界广为人知，二十四节气也被誉为中国的"第五大发明"。

二十四节气是上古农耕文明的产物，它是先民顺应农时，通过观察天体运行，认知一岁中时令、气候、物候等的变化规律而形成的知识体系。目前学术界基本认为二十四节气起源于上古时期，到了春秋战国时期基本成形，秦汉之时趋于完善和定型。

一、二十四节气的起源

二十四节气是何时起源的呢？考古学证据告诉我们，二十四节气的出现时间可能比想象中更早。

1978年，在山西省临汾市襄汾县发现了陶寺遗址（绝对年代为公元前2300年—前1900年），该遗址中发现了一个古老的天文观象台。"2003年，在陶寺中期小城内发现大型夯土建筑基址 II FJT1，由三层半圆形夯土台基组成，东西直径40米，南北29米，面积约1000平方米。台基南部与城墙相连，东部有13根柱子，12道缝隙，其中东1至东10号缝隙是人为在一道圆弧状夯土墙上刻挖而成的。2004年，又在第三层生土台基芯中部发现一个四道的同心圆圈。"[2]中国社会科学院考古研究所山西队自2003年12月22日至2005年12月22日进行了为期两年的实地模拟观测。"从观测点可以观察到冬至——夏至——冬至一个太阳回归年20个时节的缝中线日半出或日切。这12道缝中，1号缝没有观测功能，7号缝居中，为春分、秋分观测缝。7号缝向南间隔5道缝

---

① 吴毓江，孙启治. 墨子校注［M］. 北京：中华书局，1993：380.

② 中国社会科学院考古研究所山西队，山西省考古研究所，临汾市文物局. 山西襄汾县陶寺中期城址大型建筑 II FJT1 基址 2004—2005 年发掘简报. 考古，2007（4），3–25+97+100–101+2.

至冬至日半出。除 2 号缝观测冬至、12 号缝观测夏至各用一次之外,其余缝皆于上半年和下半年各使用一次。"① 由此可见,祖先们建造这个观象台的目的,就是为了确定季节、节气,以便安排农耕,助力农业丰收。所以我们认为,二十四节气这一农耕历法的起源,其实在 4000 多年前就有了比较科学的依据。

五帝时代天文学和历法的进步有着坚实的考古学基础。如前文所述,在距今 5300 年前后的河南中部巩义双槐树遗址中,人们发现了九个有意埋放的呈北斗星形状的陶罐,为"黄帝考定星历"提供了历史背景。在《史记·五帝本纪》中,出现了"载时以象天""絜诚以祭祀"以及关于帝喾"历日月而迎送之"的记载,反映了当时农业社会生产力的进步和天文学的发达。"历日月"在中华传统文化中是天文学和历法方面的专业术语。考古学证据显示,上古天文学和历法的起源远远早于黄帝时代,河南濮阳西水坡遗址的规制显示出当时先民对春分、秋分、冬至、夏至等节气以及东宫苍龙、西宫白虎等星宿的运行规律的掌握,对后世的宇宙体系、时空体系、节气体系、阴阳哲学和礼仪制度等产生了深远影响。② 还有学者以彩陶为证,从考古学角度论证了仰韶文化的来源之一大地湾文化的发展程度非常之高,指出了圭表的应用、日晷的诞生以及阴阳文化理论模型的构建完成,都与二十四节气历法联系紧密。③ 此外,《周易》也与天文学有密切的关系,同时与历法、节气相关联。陈遵妫在其《中国天文学史》中说:"中国古代天文学是在《周易》哲学思潮影响下发展起来的。"

二、春秋战国时期二十四节气的基本成形

"吾以观复"的循环观念,是与农业周期性生产规律有关的思想与认识。春秋战国时期,中华农耕文明中的一个伟大发明二十四节气取得了重要进展。二十四节气同先民对农业生产、自然气候、年时月令的认识有关,也成为中华丰收文化的重要脉络。此期出现的月令节气学说以及月令图式,反映出古代中国人特有的阴阳、天地、时空认识,表明中华民族已由农业产生出农耕文化,并以此表达出先民对宇宙、人间的基本看法,丰富了中华民族的传统哲学内涵。这种对天道宇宙变化规律的认识,是通过人们对物候、天象、农事活动的周期性变化的仔细观察而得到的,它深刻地影响着中国古代几千年来的自然观、历史观、价值观以及科学技术的发展,对中华传统丰收文化更是产生了重要的影响。《尚书·尧典》中提出了"日中""日永""宵中""日短"的概念,即现在

① 中国社会科学院考古研究所山西队. 陶寺中期小城大型建筑基址 II FJT1 实地模拟观测报告［M］// 解希恭. 襄汾陶寺遗址研究. 北京:科学出版社,2007,192-201.
② 隋云鹏.《史记·五帝本纪》的考古学基础［N］. 学习时报,2021-06-07（A3）.
③ 李林贤. 日影是仰韶文化彩陶纹饰的构建本原［J］. 西部学刊,2020（9）:137-143.

所说的春分、夏至、秋分、冬至。到了春秋战国时期，二十四节气逐渐成为一个完整的体系，文献所载的节气现象基本确立，是其基本成形的标志，主要反映在《逸周书·时训解》《管子》《吕氏春秋·十二月纪》等文献中。

1. 二十四节气的形成

我国现存著名的古老天文台周公测景台（"景"通"影"），位于今河南省登封市区东南的告城镇。周公是西周初年的著名政治家、军事家，曾两次辅佐周武王东伐纣王。武王逝后，周公又扶持年幼的周成王治理国政，并力主把国都从宗周镐京（今西安市西南）迁到成周洛邑（今洛阳市）。周公测景台就是迁都洛邑后在阳城（今登封市告城镇）建造的。

把观测日影的圭表建在阳城，是因为在周朝的政治观念中，兴建圭表事关"正四时、立法度"，必须符合堪舆风水的准则。周公谙熟堪舆之学。"堪"指天道，是天体运行的规律；"舆"指地道，是气候变化的规律。天上的北极星是"天帝之星"，位于天庭之中；地上的圭表代表治国之基，必须建在"王邑之中"。古代堪舆学把经过登封的东西走向的纬线称为"天脐线"，而把连接洛邑与阳城的南北走向的经线称为"天轴线"。阳城正好处在天脐线与天轴线的交叉点上，是风水上的"天中地心"。在这个风水宝地建立圭表，可以"仰观天象，俯察地理"，可以"招徕万方，号令天下"。

圭，是在地面上垒起的一个小土堆；表，是在圭上直立的一根木杆。周公给圭表制定了规范：圭的四周要向阳开阔，使日光全天照射；表的木杆长八尺。古人通过每天日中（正午 12 时）观测日影，掌握了冬天日影长、夏天日影短的规律。《周礼·春官·冯相氏》有载曰："冬夏致日，春秋致月，以辨四时之叙。"东汉经学大师郑玄对此注云："冬至，日在牵牛，景丈三尺。夏至，日在东井，景尺五寸。"意思是冬至那天影长 13 尺，夏至那天影长 1 尺 5 寸。[①] 后来又在冬至与夏至的中点定出春分，在夏至与冬至的中点定出秋分，产生了二十四节气中最早的四个节气，即"二至二分"。到战国后期《吕氏春秋》成书时，又在"二至二分"相邻连线的中间，划出四个时点，确立了"四立"即立春、立夏、立秋、立冬。于是，二十四节气中最关键的八个节气立春、春分、立夏、夏至、立秋、秋分、立冬、冬至就确定下来了。西汉的《淮南子》记载了完整的二十四节气，形成了与今天一样的二十四节气名称，是目前能见到的二十四节气的最早文字记载。公元前 104 年，在司马迁等人的提议下，汉武帝令天文学家落下闳、邓平等人改定历法，取名为《太初历》，其中把二十四节气正式纳入国家历法体系。

---

① 东汉 1 尺相当于现在的 23.75 厘米，1 寸相当于现在的 2.38 厘米。

2.《逸周书》记载的节气内容和物候名称

《逸周书》是我国先秦时期的历史文献汇编，主要记载从周文王、武王、周公、成王、康王、穆王、厉王到景王年间的政事。一说《逸周书》是孔子删定《尚书》后剩下的篇章，当今学者一般认为此书主要篇章出自战国人之手，部分文字可能经汉代儒生改易或增附。尽管存在争议，但此书基本上出自春秋战国时期，反映西周时期的历史。

二十四节气的内容和七十二物候的名称，在《逸周书·时训解》"第五十二"中已经全部记录下来，明确了中气在每个月中的使用顺序。中华先民把五天称为一候，每三候（十五天）称为一气（即节气），全年共有七十二候二十四节气。该书把节气和物候现象结合起来，又和时事、政治、民生紧密联系起来。例如：

> 惊蛰之日，獭祭鱼；又五日，鸿雁来；又五日，草木萌动。獭不祭鱼，国多盗贼；鸿雁不来，远人不服；草木不萌动，果蔬不熟。
>
> 大雪之日，鹖鸟不鸣；又五日，虎始交，将帅不和，荔挺不生，卿士专权。

可见每个节气都联系上了物候自然现象，并被赋予了另外的意义，这些新的解读既有合理的观察，也有科学结论。如惊蛰之后的第十日"草木不萌动，果蔬不熟"的结论比较合理，因为到了惊蛰之日，地面温度上升，草木初生，如果此时草木还不生长，就说明当时气温偏低，或遇到春寒，季节出现反常现象，植物的果实自然就不会成熟。也有不少解读文字和国家政事、宫闱之事联系起来，似乎和《周易》中的凶吉预测有关，符合当时人们的认识水平。

《逸周书》已完全具备了二十四节气和七十二物候形成的条件，但在"周月解""时训解""月令解"中并没有明确提到二十四节气和七十二物候的名称和数量，只是记录了每个节气现象，即"中气以著时应"并予以解读，因此二十四节气和七十二物候的名称的出现，应当是在此书之后。

3.《管子》记载的节气名称

《管子》是较早记载二十四节气的典籍之一。《管子》记录了春秋时期齐国政治家、思想家管仲及其学派的言行事迹，西汉刘向编定《管子》时共有86篇，保存至今的还有76篇。《管子·幼官》不仅记录了春秋战国时期一二十个节气的名字，而且列举了相应的候应以及为政者应当采取的措施。这些节气名称有：清明、绝气、大暑、中暑、小暑、期风、小卯、白露、中卯、下卯、始寒、小榆、中寒、中榆、大寒等，其中有的节气名称已经失传，或者和当今的节气名称不一样。

4.《吕氏春秋》记载的八个节气名称

战国晚期成书的《吕氏春秋》又称《吕览》，是秦国丞相吕不韦召集众门客编撰的一部杂家名著。该书分为"十二月纪""八览""六论"。其中的"十二月纪"以月命名，分别为孟春纪、仲春纪、季春纪、孟夏纪、仲夏纪、季夏纪、孟秋纪、仲秋纪、季秋纪、孟冬纪、仲冬纪、季冬纪，每纪的首篇重在讲述天文、历象、物候等自然现象以及天子在衣食住行各方面应遵守的规制。

《吕氏春秋·十二月纪》中，出现了立春、春分、立夏、夏至、立秋、秋分、立冬、冬至这八个节气名称。这八个节气即"二至""二分""四立"，是二十四节气的主干节气。"二至""二分"这两个节气的出现应当是在原始社会时期，有了土圭就有了最早的节气观察结果。"四立"的出现应当是在西周时期，它们是代表着春、夏、秋、冬四季起点的节气名称，也和《周易·系辞》中的"两仪生四象"有关，因"四象"又称"四时"，即春、夏、秋、冬。但《吕氏春秋·十二月纪》把以前对八个节气的认识正式确定下来，仍然具有重要的意义。此后，一直到西汉的《淮南子》问世，二十四节气才有了完整的名称。

三、二十四节气的深刻内涵

二十四节气是指干支历中表示季节、物候、气候变化以及确立"十二月建"的特定节令。它是通过观察太阳周年运动，认知一年中时令、气候、物候等方面变化规律所形成的知识体系。

古代的二十四节气的时间计算方法和现在有所不同。古代二十四节气是干支历中表示自然节律并以此确立"十二月建"的依据，最初是依据斗转星移制定。北斗七星循环旋转，斗柄绕东、南、西、北旋转一圈，为一周期，谓之一"岁"（摄提）；每一旋转周期始于立春，终于大寒。现行的二十四节气的计算方法较之过去有所改进，是依据太阳在回归黄道上的位置而制定的，即把太阳周年运动轨迹划分为二十四等份，每15度为一等份，每一等份为一个节气，始于立春，终于大寒。

二十四节气是古人遵循道家的"法天则地，合以天光"，"移光定位，正立而待之"思想，结合长期的生产实践和天文、气象知识总结出来的。节气在古代称"气"，每个月内含有两个气，一般在前的叫"节气"，在后的叫"中气"，一年十二个月共二十四个节气，每个季节有六个节气。

二十四节气起源于远古时期的农耕文明。上古先民顺应农时，通过观察天体运行，形成了对一岁（年）中时候（时令）、气候、物候等变化规律的知识体系。最早发现的两个节气是夏至、冬至"二至"和春分、秋分"二分"，然后是立春、立夏、立秋、立冬"四立"，这八个节气构成了二十四节气的主干。其中，"四立"反映了一年春、夏、秋、冬四个季节的开始；"二分""二至"则是从天文变化的角度来划分的，反映了太阳与地球之间高度变化的两个转折点；小暑、大暑、处暑、小寒、大寒五个节气反映的是气温的变化，表示一年当中不同时期的寒热程度；雨水、谷雨、小雪、大雪四个节气反映的是降水现象，表明降雨、降雪的时间和强度；白露、寒露、霜降三个节气反映的是冷空气状态下的水汽凝结、凝华现象，但实际上反映的是气温逐渐下降的过程和程度；小满、芒种这两个节气，反映夏收作物的成熟和收成情况；惊蛰、清明这两个节气，反映的是自然界的物候现象，尤其是惊蛰日，是用春雷的来临以及地下蛰虫的复苏，来预示春回大地。从以上节气的名称可以看出，二十四节气的划分综合考虑到了季节、气候、物候等自然现象的变化规律。

二十四节气反映了黄河中下游中原地区的农耕生产与大自然的节律息息相关，每个节气都表示时候、气候、物候这"三候"的不同变化规律和对应关系，表达了人与自然、人与天象之间独特的关联，蕴含着中华传统文化丰富的历史积淀和哲学意蕴。它不仅指导着人们的农事生产，同时还对古人的衣食住行、文化观念产生了重要的影响。

四、二十四节气与传统节庆民俗

所有节庆民俗活动基本上由主题内容、历史事件（或重要人物）、文化元素和时间要素等组成，中华传统节庆民俗也不例外。从汉朝开始，二十四节气被列入历法，并融入后世的农历当中，不仅起着指导农耕生产的重要作用，而且大多数节日和二十四节气有着共生或融合的关系，起着调节生活氛围的作用。

1. 与节气有关的节庆日

节日和节气集中展示着民俗文化的各种特性，人们通过周而复始的岁时节日，年复一年地传承着文化传统。在许多传统节庆活动中，都融入了节气的文化内涵和时间因子。这里以立春和秋分为例进行阐释，这两个节气曾经都是重要的节日。

立春　立春为二十四节气之首，有万物起始、一切更生之义，意味着开启了新的一个轮回。立春在古代曾经是一个隆重的节日，叫"立春节""正月节""岁节""改岁""岁旦"等。古代的立春祭就是节气和节日合一的日子，也是蕴含着古老祭祀文化的传统节日，主题为拜神、祭祖，有一套祭祀礼仪。至今有的地方仍然保留着立春祭祖的习俗，如"春祠荐新"，到祠堂给祖先献上新春祭品；另外一些地方的立春祭则是祭春神（祭祀主管农事的春神句芒）、太岁、土地等神灵，有化煞消灾、祈福纳吉的含义，例如浙江地区立春前一日要迎春，人们抬着句芒神上山，同时还要祭太岁；有的地方流传着打春、探春、咬春、鞭春牛、迎春、挂风车、踏青等农耕习俗。古代还有在立春日举行籍田礼的传统，内容包括祈求地母保佑丰年，等等。

秋分 秋分这天，太阳运行到黄经 180 度，直射地球赤道，因此全球大部分地区的 24 小时昼夜均分，各为 12 小时。此后北半球开始昼短夜长，天气由热转凉。秋分祭月，被称为"望月节""拜月节""祭月神"等，是有名的中华传统节俗。早在西周时，国君就有春分祭日、夏至祭地、秋分祭月、冬至祭天的习俗。如今北京的日坛、月坛、天坛、地坛就是明、清朝廷的祭祀场所。因此秋分既是节气日，也是传统的祭月节，如今的中秋节就是由祭月节演化而来的。另外，我国历史上一直有"春祈秋报"的节庆习俗，秋分这天，天子要率朝廷大臣祭拜先农神，地方官府在秋分日要设立秋社，供百姓祭祀先农神，各地民间百姓曾经长期保持着赶秋社的节庆习俗。到了现在，各地的尝新节、吃新节等丰收节日，仍然选择在秋分日前后庄稼成熟前夕举行，内容有割新稻、做新米饭祭献祖先及土神谷神等，祈祷农事顺利、五谷丰登。

上述两个节气的例子充分说明，节气和历史上的许多传统节庆日有着密切的关系。有的节日民俗已经消失，但大多数中华传统节日都离不开二十四节气文化，或者说两者已经高度结合在一起。

2. 节气本身是节庆日

春秋战国以来，二十四节气指导着农事活动，影响着古人的衣食住行，甚至是文化观念，许多节气曾经就是传统的节庆日。时至今日，清明和冬至这两个节气仍然是我国的传统节日。

清明 清明既是二十四节气之一，也是传统祭祖的节日。按照古代的计算方法，节气的产生由北斗七星斗柄旋转指向而定，因此斗转星移与二十四节气有着密切关系。在不同的季节和不同的时间，北斗七星会指向不同的方位。当斗柄指向正东偏南的"乙"位时，就意味着清明节气——清明节的到来。清明期间，万物生机盎然，吐故纳新，气温开始升高，大地呈现春和日丽之象，正是人们郊外踏春和扫墓的时节。清明节时不忘祖德，这正是古代祖先崇拜和孝道文化的内涵，节气和祭祖习俗的结合、节气和春天旅游休闲的结合，就形成了当代的清明节。

冬至 冬至又称"日短至""冬节""亚岁""拜冬""小年"等，既是二十四节气中一个十分重要的节气，也是民间的传统节日。冬至是"二至"之一，为二十四节气中第二十二个节气，标示着北半球的太阳高度最小，白昼时间最短、黑夜最长的一天。冬至以后，太阳直射点逐渐向北移动，北半球白昼开始逐渐变长。古人认为冬至是一年当中大地阳气最弱的一天，此后则阳气渐渐回升，因此对这天极为重视，自古便有了"冬至大如年"的说法。因地域不同，冬至节俗存在着差异，如在南方沿海地区有冬至祭祖的传统，中国北方地区有吃饺子过节的习俗，四川等地有吃羊肉的习俗。

3. 二十四节气蕴含着中华丰收文化的主题内容

二十四节气是一部全年的农业气候历，偏向实用，而节日是以精神为主，两者相互交融，相互依存。

二十四节气是中华农耕文明的结晶，节气和农业播种、生产、秋收、贮藏等有着直接联系。例如，春、夏、秋之季的节气来临之时，人们为了获得丰收，就有了"春祈秋报"节气活动，祈盼稷神、社神、土地神、谷神、农神等神灵保佑五谷丰登，或者由于获得丰收而对神灵予以酬谢；立春、清明、秋分、冬至等节气来临之时，人们一代一代地拜祭祖宗，不忘祖恩，祈盼祖宗继续给予护佑。实际上，这就是节气文化融入自古以来的中华传统文化的表现。当代中国少数民族的丰收节庆活动的主题内容当中，大多数保持着传统的自然崇拜、神灵崇拜和祖宗崇拜，以及由此产生的祭祀文化和宗教活动。我们不应简单地将其看成封建迷信，而应当辩证看待，认识其中体现的人类社会对未来的良好意愿。

从某种意义上讲，对二十四节气的历史起源、文化内涵、传承发展的研究，实际上就是对中华丰收文化的起源、发展和传承的研究。

五、二十四节气对农事和民俗产生巨大的影响

二十四节气是中国人通过观察太阳周年运动，认知一年中时令、气候、物候等方面的变化规律所形成的认知体系和社会实践，是中华民族的祖先历经几千年的农业生产实践创造出来的宝贵科学遗产。2016年11月30日，中国二十四节气被正式列入联合国教科文组织《人类非物质文化遗产代表作名录》，被誉为"中国的第五大发明"。从气候学角度看，二十四节气是中国人在长期的生产实践中逐步认识到的季节更替和气候变化规律，反映出中华先民对气候的认知。

二十四节气作为中国古代的一种补充历法，在中国传统农耕文化中占有极其重要的位置，蕴含了中华民族悠久的文化内涵和历史积淀，古人通过它能够直观、清楚地了解一年中季节气候的变化规律，以此掌握农时，合理安排农事。它不仅在农业生产方面起着指导作用，同时还影响着古人的衣食住行，甚至是文化观念。二十四节气虽以中原地区的气候特征和农事为主，但对其他地区的农耕活动也具有一定的参考价值。

二十四节气和七十二候紧密结合，在几千年的发展演变过程中，各地都形成了难以计数的农谚、俚语、诗歌、传说等民间文学，深刻地影响着各地的风俗习惯，影响着人们在某个节气所养成的独特生活方式和约定俗成的行为习惯。这些生活方式和行为习惯代代相传，逐渐演变成二十四节气特有的民俗文化，有的甚至演变成了复合型的传统节日。这些习俗和节日寄托着古人对美好生活的向往与热爱。进入当代，随着社会生活

的发展、思想观念的转变，有些节气民俗逐步被简化，甚至被人们所淡忘。这些具有传承意义的传统节气民俗，应当引起我们的高度重视。

第三节　祭祀乐舞与丰收文化

载歌载舞，是中华传统丰收节的一种表现形式，尤其是在我国少数民族的丰收节庆活动中，热烈的歌舞起到烘托节日气氛、提高人们情绪的重要作用。歌舞和节俗似乎也是共生的关系，早期的乐舞屡屡出现在农事庆祝活动和祭祀文化中。先秦时期的农事活动不仅仅是春耕夏耘和秋敛冬藏，和农事有关的祭祀活动也占了很大的比重，涉及农事的乐舞反映在农事祭祀、农事劳作以及农事时令等诸多方面。先秦农事祭祀乐舞方面，在田祖祭、雩祭和蜡祭等节庆活动中有较为典型的表现。

一、祭祀田祖的乐舞

先秦的祭祀田祖和蜡祭活动，是人们向田祖祈求丰收或者是获得丰收后酬谢田祖的活动，最终目的也是为了来年的丰收。田祖为"始耕田者"。《山海经》称叔均为田祖，但其他古文献称先啬、神农、后土、田正为田祖，如《周礼·春官》记载，"凡国祈年于田祖"，是指神农氏。《诗经·小雅·甫田》有云："琴瑟击鼓，以御田祖。"《毛诗诂训传》解释说："田祖，先啬也。"孔颖达疏："以迎田祖先啬之神而祭之。"宋代的朱熹将其解读为神农。周王室要在祭祀社稷之神的祭坛周围插上合适的树木，作为田祖的象征，称其为"田主"。

农事祭祀大都是古人为获得丰收而举行的酬神祭祀活动，祭祀仪式中要配上祭祀乐舞以娱田祖。"琴瑟击鼓，以御田祖"，就是要用弹奏琴瑟及击打土鼓的方式，来迎接并祭祀田祖之神，以此求得风调雨顺、来年"千斯仓""万斯箱"。对于《诗经》中的农事诗《七月》《丰年》《良耜》等篇章，孔颖达在疏中认为，它们就是祭祀田祖的配乐诗。

二、雩祭与乐舞

另一种起源很早的农事祭祀是雩祭，就是人们为求雨而举行的祭祀活动。雩祭要配以乐舞，《周礼·地官》记载宫中有"舞师"这一职位，其职责之一就是"舞旱暵之事"。祭地时，"乃奏太簇，歌应钟，舞《咸池》"。《周礼·春官》也有类似的记载：祭祀天神，"乃奏黄钟，歌大吕，舞云门"。祭祀之舞又叫作"雩"，如《礼记·月令》记载，仲夏之月要举行"大雩"仪式，天子"用盛乐"。当然，只有重大的雩祭仪式才配有盛大的乐舞，一般的雩祭只有普通的雩舞表演。

雩祭的祭词一般只有固定的四字段式，往往是主持人以歌唱或咏颂的形式进行，由于祭祀活动时间较长，所以唱颂祭词极有可能是反复歌唱。

《桑林》是商朝一种国家级的祈雨求丰收大型祭祀乐舞。史载商汤在宋国睢阳的桑林门祈雨成功，万民欢腾，作歌颂扬汤王的恩德，乐名《桑林》，又名《大》，后人称其为《汤乐》。许多祭祀乐曲都要配舞，《桑林》也不例外。到了春秋末期，殷商后裔宋国表演的《桑林》成为深受诸侯国瞩目的盛大歌舞节目。

古代中国以农立国，风调雨顺是全天下的追求，所以一旦遇到洪水或者干旱等不利于农业生产的情况，各种大规模的祭祀活动就会出现。除了朝廷的雩祭，民间的"求雨"和"止水"，各地盛行的祭祀龙王爷的活动，等等，都属此例。后世甚至还出现了搭戏台为龙王爷唱戏之类的情况，这些娱神活动都可追溯到先秦时期的雩祭。

三、蜡祭与乐舞

蜡（音 zhà）祭即年终大祭，是历史悠久的中华传统祭祀节日，起源于原始部落的狩猎活动，人们把捕获的动物作为牺牲祭品敬祭祖宗。张自烈《正字通》、应劭《风俗通义》、蔡邕《独断》都言："夏曰清祀，殷曰嘉平，周曰蜡，汉曰腊"，认为先秦至汉朝期间，蜡祭演变成了腊祭，成为年终大祭节庆日。《说文解字》称："冬至后三戌，腊，祭百神也。"这是说腊祭时间是在冬至后的第三个戌日举行，祭祀各种神灵。

《周礼·月令》记载：孟秋之月，"农乃登谷，天子尝新，先荐寝庙"；仲秋之月，"天子乃难，以达秋气，以犬尝麻，先荐寝庙"；季秋之月，"天子乃以犬尝稻，先荐寝庙"；孟冬之月，"大饮烝。天子乃祈来年于天宗，大割祠于公社及门闾，腊先祖五祀，劳农以休息之"。由此可知，朝廷的腊祭，和秋天的丰收节庆祭日相当，从"天子尝新，先荐寝庙"，到腊祭时天子祈求来年丰收、祭祀先祖，要慰劳天下农家休养生息，丰收节庆的意义不言而喻。腊祭后来进入了道家文化，道家认为有"五腊"，蜡祭为天腊、地腊、道德腊、民岁腊和王侯腊的合称：正月一日为天腊，五月五日为地腊，七月七日为道德腊，又以十月十二日为民岁腊，十二月正腊日为王侯腊。"五腊"日，适宜修斋、祭祀先祖，可见蜡祭在民间影响深远。

蜡祭仪式中，人们要说唱《蜡辞》，可见《蜡辞》是远古时期的农事祭祀之歌。祭祀仪式中还有其他乐事活动，如吟唱《诗经·颂》《诗经·豳风·七月》之类。民间的蜡祭还会和乡饮酒礼之类活动一并举行，关于《礼记》所载蜡祭的注疏文献中，就有"此一节明蜡月乡饮酒之乐，各依文解之"的注疏，可知乡饮酒礼活动的乐事也会在蜡祭中使用。

除了以上祭祀田祖、雩祭和蜡祭等仪式上的乐事活动，在古文献里还记载了许多先秦时期的农事祭祀乐曲和舞蹈，如伏羲之乐《立基》，神农之乐《下谋》《扶》，葛天氏之乐，等等，值得作为传统丰收文化很好地研究。

第四节　春秋五霸和战国七雄的丰收文化

春秋战国乱世，有"礼崩乐坏"的政治变革和"礼从宜，使从俗"的人文育成。社会大动荡带来的社会构成反复组合，使社会生活习俗相应发生着深层次的推陈出新。如浙江省绍兴市出土的春秋晚期《徐尹鼎》铭云："敬盟祀，纠建涂俗，以知恤辱。"这可能是淮水流域徐人一支南迁附越后，申述要以故俗自承自律自新，说明战乱造成人口流动，越地习俗引入了外来调节机制。可见当时形成的观念形态和处理方式上的随机应变，"因民成俗"，社会具有广纳开放性状。当时的社会习俗，一方面是各地域之间对固有旧貌的传承和发扬，另一方面因社会变革与地域间交往融会而发生种种变异，从而展现出一幅异彩纷呈与凝塑内蕴的历史场景。

一、春秋战国的礼与俗

礼是俗的升格，俗是礼的底蕴。俗经理性规范，存合理，汰恶陋，有意模式化，可上升为维系上层社会运作和稳定下层社会的礼；同样，礼亦可对俗进行统整，随时加入俗的成分。俗是礼之源，礼是俗之流。《慎子》说，"礼从俗"，正有上述意义。显然，礼、俗两者之间存在着相互依存、交叉纠葛、彼此交流、循环推进的关系。广容性、节仪化的礼，可与虽狭隘却实践性强的俗互相补苴罅漏，因势利导而返诸社会，发挥改造社会风气的功能。

春秋战国时各国统治者对丰收礼俗的统整均有不同程度的重视。统整的手段是靠政教、公德原则和因地因民制宜的"化"，在尊重习俗的前提下用理性的礼乃至法进行"劝导"。春秋战国时期，列国"启土安疆"的"领土国家"意识相继确立，定民之居，编户齐民，移风易俗，原先依文化差异和地缘种族划分国人、野人的界线逐渐消泯。《孟子·万章章句下》说："在国曰市井之臣，在野曰草莽之臣，皆谓庶人。"在当时的战乱和兼并等因素推动下，这一现象成为民族混融潮流中的各个地域文化圈形成的一大表征。

春秋时列国人口大增，于是启土安疆，垦辟草莱。《战国策·燕策》云："国之有封疆，犹家之有垣墙"，都、城、郡、县而外的"鄙野之人"，皆为其国臣民。《孟子·梁惠王下》云："臣始至于国境，问国之大禁，然后敢入。"《荀子·富国》云："观国之治乱臧否，至于疆易而端已见矣。"《韩非子·内储说上》云："人王之境内，闻王之国俗。"乡里通常按社区、家庭组成、户数、财产、职业、政治地位等运作要素划分人群，人际关系是观其风俗的重要方面。不过，当时的战乱和社会动荡，毫无疑问深深影响到乡里风气。是时俚言俗语有云："天下大乱，无有安国，一国尽乱，无有安家，一家皆乱，无有安身。"乡里风气，并非如"居处相乐，行作相和"那么纯正。因此，列国治民，修其礼，纪其法，普遍留意到移风易俗，用以抑制城乡社会间淫风恶习的泛滥。

1. 敬鬼神

春秋战国时期的信仰习俗，是早先宗教活动性质渐变的结果，属于社会意识范畴的操作系统和表现形式。在社会演进机制、政教导向与宗教内涵等多重因素作用下，原本基于宗教崇拜的祭祀行为，就已不再限于宗教领域，一则是上层社会祭祀礼仪化，再者是普通社会亦相继形成了重实用功利的祭祀习俗，出现了信仰上"礼""俗"错综交合的两大传承脉络。

当时，上层社会有所谓吉、凶、宾、军、嘉"五礼"，吉祀敬鬼神，凶祀哀邦国，宾祀亲宾客，军祀诛不虔，嘉祀合婚好。礼有五经，莫重于祭。战国早期郑器《哀成叔鼎》铭云："永用禋祀，尸于下土。""尸"主下土众神之祀。《礼记·祭法》称："燔柴于泰坛，祭天也；瘗埋于泰折，祭地也，用骍犊；埋少牢于泰昭，祭时也；相近于坎坛，祭寒暑也；王宫，祭日也；夜明，祭月也；幽宗，祭星也；雩宗，祭水旱也；四坎坛，祭四方也；山林川谷丘陵能出云、为风雨、见怪物，皆曰神，有天下者祭百神，诸侯在其地，则祭之，亡其地，则不祭。"及至乱世，神道泛滥，民间亦淫祀盛起，凡在天下九州之民者，咸献其力，以供皇天上帝社稷寝庙山林名川之祀。民间祭祀行事，所祀对象，则大致有人鬼、天神、地祇、物魅四门。

当时的信仰习俗虽极繁复，但以祭祖、祭天、社祭三者最具重要性。三者本为部分统治者拥有的祭祀特权，然在这一时期逐渐普遍化、平民化。祭祖已由原先狭隘的祖宗神崇拜，发展为人文气息浓郁的伦理规范，于社会家族中发挥着"追养继孝""志意思慕之情""报本反始""慎终追远，民德归厚"的敬奉先人及凝聚家族的功能。祭天亦由君王专擅的特权，而渐与天道灾祥、阴阳五行观念相杂糅，发挥着"国家淫僻无礼，则语之尊天事鬼""天之所欲则为之，天所不欲则止"的政治伦理功能。社祭也因张弛于民间，"可以合欢聚众，取亲于乡里"，成为平民在世事机阱、神威不测的情况下，慰藉心灵的一条途径，其娱乐性亦远远超出宗教性，从而发挥着安抚民心、稳定社会秩序的功能。

2. 祭祖

祭祖习俗，可分为丧祭和吉祀两类。庙是供奉先祖神主之处，据《礼记·王制》说："天子七庙，三昭三穆，与太祖之庙而七；诸侯五庙，二昭二穆，与太祖之庙而五；

大夫三庙，一昭一穆，与太祖之庙而三；士一庙；庶人祭于寝。"天子七庙的排列布局，是始祖以下，祖孙同列，父子异列，以昭穆为序。第一、三、五、七等奇数后代为昭，居左；第二、四、六、八等偶数后代为穆，居右；始祖庙则居中。诸侯五庙，分太祖庙、显考庙、皇考庙、王考庙、考庙。考庙亦称祢庙，为供奉父亲神主之庙。诸庙亦按昭穆辈次布列，但除始祖外，至多只能祀父、祖、曾、高四代祖先。大夫二庙，除始祖庙外，只有父、祖二庙。士一庙，祖先神主皆供奉其内。庶人无庙，只许在家中祭祖。总之，立庙有严格的等级礼制。

当时在庙中的祭祖，主要有间祀和时祀两大类。间祀是不常举行的祭祀，有祫和禘两种。祫是合先君之主于太祖庙而祭之，其于诸侯则"祝迎四庙之主"（父、祖、曾、高四代祖先神主），合祭于太祖庙。禘是大祭，集合远近祖先神主，包括高祖之上已致庙之主，陈于太祖庙而祭之。据说天子或诸侯逢三年丧毕祫祭一次，次年禘祭一次，以后则三年一祫，五年一禘。时祀是四时之祭，分春祠、夏礿、秋尝、冬烝。在民间还有不定期选吉日祭祖的祠祭，如云梦秦简《日书》云："祠亲，乙丑吉"，"祠父母良日，乙丑、乙亥、丁丑亥、辛丑、癸亥"。古代用于祭祀的费用甚大，《礼记·王制》称："祭用数之仂，丧，三年不祭，唯祭天地社稷为越绋而行事。""丧用三年之仂"，郑玄注：仂指"一岁经用之数用其什一"。可知一年中每家用于祭祀的费用通常要达到年收入的十分之一，若遇有丧事，竟将费去年收入的三倍以上。

3. 祭天

天作为人格化的至上神，是周人天命观的产物，并非直接由天空自然神转化而来，其神性的社会属性多于自然属性。周人是在吸收殷人的上帝信仰的同时，把社会道德、政治制度、王朝政权的兴替和社会关系准则天意化，人为造就出"皇天上帝""昊天上帝""皇天""天""上皇""天帝""上帝"等名称的天的信仰，而天子又是人间与天帝联络的合法代表，唯有天子才能祭天。①

《周礼·春官·司服》记载，天子祭天，通常是在国之南郊择一地点，起土为坛，循时令而于冬季某个日子举行。因祀于郊外，故"郊"又成了祭天的专称。有时祭天还兼祀日神、月神等天上诸神，《礼记·祭义》云："郊之祭，大报天而主日，配以月。"一般情况下，又常常是天地合祭，故《吕氏春秋》有言，季冬之月，"天子乃与卿大夫饬国典，论时令，以待来岁之宜，乃命太史，次诸侯之列，赋之牺牲，以供皇天上帝、社稷之享"。祭天属于吉祀，要穿吉服，"王之吉服祀昊天上帝，则服大裘而冕"。《周礼·春官·大司乐》说，祭天时有歌乐，"乃分乐而序之，以祭，以享，以祀，乃奏黄

① 朱天顺. 中国古代宗教初探［M］. 上海：上海人民出版社，1982：262-265.

钟，歌大吕，舞云门以祀天神"。《国语·周语中》记载的祭品有璧之类的礼玉，又有牛、羊、犬、猪等牲畜，尤以牛牲居多。但《史记·老庄申韩列传》则强调，"禘郊之事，则有全烝"，须用全牲升荐之。牲牛还得披上有绣的锦袍，庄子即说过，郊祭之牛，"养食之数岁，衣以文绣"。祭仪主要是用烧祭，《礼记·祭法》云，"燔柴于泰坛，祭天也"。孔颖达疏："积薪于坛上，而取玉及牲置柴上，燔之使气达于天也。"

祭天本为天子所专擅，但至春秋时，诸侯国君亦有行的。如鲁侯以周公之胤的缘故，即享有这一特权。鲁侯祭天，也十分重视牲牛的完美无缺。《春秋·宣公三年》载，"郊牛之口伤，改卜牛，牛死，乃不郊"，就因牛口有伤，即占卜而改换一牛，不料此牛又莫名其妙地死了，鲁人深感不吉，郊天就只得取消。《春秋公羊传》记载，鲁成公七年春正月的一次郊天，因牲牛的角被鼷鼠啃蚀而将牛做了更换，"鼷鼠又食其角，乃免牛，不郊，犹三望"，不但免牲不用，连祭天也放弃，仅做了三次望祀山川之祭。由此可见，诸侯国君的祭天，也是循时令而为，可与山川之祭合在一起举行，出于虔敬心理，特讲究用牲之洁，但若遇到变故，可以避而不祭，这与天子祭天是有所不同的。

春秋以降，天帝信仰渐已社会化，产生出种种天道灾祥之说。《国语·周语中》说："天道赏善而罚淫"，无论对于统治者还是对于常人来说，天都被视为有同样神效。《论语·八佾》曰，"获罪于天，无所祷也"，得罪了天，祈祷也没用。《墨子·天志上》称："顺天意者，兼相爱，交相利，必得赏；反天意者，别相恶，交相贼，必得罚。"天道灾祥观对人们的社会生活有了很深的介入。日常生活禁忌，无不受天的威力所左右，说明原本被统治者垄断的天帝崇拜之礼，已因平民社会的参与而俗化，人们可以借简单的迷信禁忌，表达对天的虔敬，其中惩恶扬善的人文精神也有所升华。与此同时，社会政治组织机构的复杂化，又反馈于贵族阶层的郊天之祀，带来了天帝信仰的分衍。

4. 社祭

社祭是中国古代通乎上下层社会的重要祭祀行事。据《孝经》说："社，土地之主也，土地阔不可尽敬，故封土为社，以报功也。"《礼记外传》说："社者，五土之神也。"古人又有将社神说成是人格神的转化，如《礼记·祭法》说，共工氏之子曰后土（一名句龙），"能平九州，故祀之以为社"。《淮南子》又说："禹劳力天下，死而为社。"然则社神不外是农业社会土地崇拜的产物，故社祭，除主祭社神外，凡属地祇之神，如作为百谷之主的稷神、山林川泽百物之神，通常亦兼于社祭场所祭之。

人非土不立，故社神必不止一位。《史记·封禅书》有言，"亳有三社主之祠"；云梦秦简有"三土皇""土神""地朾神""田大人""田亳主"等。社祭场所之设也必然普遍，自天子至庶民都有社。《礼记·祭法》规定："王为群姓立社，曰大社。王自为立社，曰王社。诸侯为百姓立社，曰国社。诸侯自立社，曰侯社。大夫以下，成群立社曰置社。"大社、王社、国社、侯社属于官方之社；大夫不特立社，与庶民共社，是为民间之社。民间之社主要有州社和里社，《周礼·地官》云："以岁时祭祀州社，则属其民而读法。"州为地方组织体，其下有里，据说庶民二十五家为一里，里各立社称里社。

古代立社的位置，大体分国城中和郊外两类。如天子之社，乃置于国城中正寝即路寝的西面，与东面祖庙相对应，谓之"左祖右社"。社封土为坛，据说用土分青、赤、白、黑、黄，各按东、南、西、北、中的方位相配，但这恐是后制，于春秋战国则未必然。《左传·哀公七年》云，"曹人或梦众君子立于社宫"，知国社是有围墙圈之。晏子说"社束木而涂之"，则其围墙是束木为垣，外涂泥。民间的社大多置于郊外。社中一般植有松、柏、栗、梓、槐等社树，又有社主，或立石为主，或以木主。

在正常年份，社祭一年共举行四次。《礼记·月令》说，仲春之月，"择元日，命民社"。郑玄注："祀社日用甲"；季夏之月，"以祠宗庙社稷之灵，以为民祈福"；孟冬之月，"大割祠于公社"。另外《礼记·月令》佚文有："仲秋择元日，命人（民）社。"《礼记·郊特牲》称社祭"日用甲，用日之始也"。是知社祭分春、夏、秋、冬四季举行四次，祭日在相关月内的第一个甲日，这与后世社日在立春和立秋两节气后的第五日戊日举行不一样。但四次社祭的隆重程度有差别，春、夏、秋的三次只是例行公事，常祭而已，唯孟冬之月的社祭称"大割"，要大杀群牲割而献功，可见非同一般，最为重要。《国语·鲁语下》称春季的社祭为"社而赋事"，称冬季的社祭"蒸而献功，男女效绩"，也说明冬日社祭的热闹隆重，远超过其他几次。不妨说，孟冬之月甲日的社祭，与岁终十二月蜡祭乡饮酒，是春秋战国社会仅有的两大具有普遍意义的时令节日。

社祭，可分官方和民间两类。官方社祭，拘执于礼仪，肃穆有加而庄重太过。《礼记·郊特牲》渲染说："社祭土而主阴气也，君南向于北墉下，答阴之义也。"君王在社祭中的一举一动都要纳入礼制程式，站位南向而背临社墙北垣，还要衣冠整齐，"端冕而祀之"，摆威势，示虔敬，缺乏生气。往往在祭社神的同时，又兼祭稷神、山川诸神，如夏季的"祠宗庙社稷之灵，以为民祈福"，就属于官方的社祭。"天子社稷皆大牢，诸侯社稷皆少牢"，祭祀用牲要体现主祭者的身份等列。或云："牛曰大牢"，"羊曰少牢"。但《春秋公羊传》何休注则云："牛羊豕凡三牲，曰大牢；羊豕凡二牲，曰少牢。"两说不同。

民间社祭，远比官方社祭来得生动活泼，人多场面热闹，形式也不拘一格。《礼记·郊特牲》形容说："唯为社事，单（殚）出里；唯为社田，国人毕作；唯社，丘乘共粢盛，所以报本反始也。"可见，民间社祭，里中百姓人家尽数出动，祭社神时，还举行田猎活动，人们都积极跻身参与，不甘落后。丘间庶民共同向社神献上上好粢食。《礼记·王制》还称，庶民社祭的祭品，"春荐韭，夏荐麦，秋荐黍，冬荐稻；韭以卵，麦以鱼，黍以豚，稻以雁"，皆来自土地所长、家中所养、水中所获，以祭社神，确属报土地之功，更冀求未来顺当有福而生活裕如。特别是冬祭时荐稻米，伴以雁，雁可能即属社猎中所射获品，该品又内寓"雁取知时飞翔有行列"，不失时序，则寄意尤深，大概指望社神能保佑来年风调雨顺，以使农事有个好收成。当此之时，里人祭祀同福，忧虑抛过，治事暂停，娱乐沉醉。《淮南子》说的"穷乡之社，扣瓮拊瓶，相和而歌，自以为乐"，应也符合春秋战国时的民间社祭。难怪鲁庄公会对齐国民间社祭的热闹场面生出神往之情，俗心触动，竟不顾礼数约束，不听臣下劝阻，亲往观赏。

除正常年份中的节令性社祭外，当时又有非常事态下的临时性社祭。例如，天候灾异可社祭。《左传》记载，文公十五年夏六月辛丑朔，鲁人见到"日有食之，鼓，用牲于社"。人君或大夫有病可社祭。包山楚简第248简记载，大司马卓滑救郙之岁（公元前316年）四月，左尹因患"腹心疾"，"举祷社一猪"。天子出征，先告祭社及宗庙，可临时"立军社，奉主车"，军社设于军营之右，载大社之主于车从行。征伐后献俘有社祭，鲁昭公十年秋七月，鲁平子伐莒取郠，"献俘，始用人于亳社"。诸侯会盟有社祭，僖公十九年夏六月，郑子会盟于邾，邾人执鄫子用于"次睢之社"，还"叩其鼻以衈社"。另外，男女私结信约亦可盟于社，如春秋时泉丘二女私奔鲁国贵显孟僖子，男女三人"盟于清丘之社，曰：有子，无相弃也"。

社祭在春秋战国时的政治生活和社会生活中影响不小，官方借此信仰，可以巩固统治者的权位和推广其政教要略；当战争胜负未测、天候异常或人力难控灾象发生时，可激励精神，安抚动荡的人心。民间社祭，庶民在乱世中能有个心灵信仰的支柱，暂求得居处同乐，行作同和，欢欣忘忧，其稳定社会秩序的功能，亦是官方所期望的，故民间社祭能与官方社祭并行而不在禁止之列。大概当时规定的大夫不特立社，与庶民共社，是有因俗导民、教民成礼的官方政治用心的。[①]

二、神灵忌讳

春秋战国时期兵革不休，诈伪并起，社会动荡不定，人们对现实感到无力，故常寄望于神灵信仰，以求能趋吉避凶，在精神上有个安全感。春秋时的神灵信仰虽仍有泛灵性质，但已与商和西周时期的宗教崇拜体系有很大的不同，不再止于"先鬼而后礼"，而是重构人神世界的生活秩序以及神权与政体的统一，而将泛灵信仰转向社会化、平民化、普世化、客观化、世俗化。人们心目中的种种亡灵、神灵、鬼灵、物灵、生灵，其神性善、恶、中性可变，大致基于人们自身生活经验的积累和社会行为利益。人们为避免受其贻害，在信仰方式上并非一味采取回避接触和莫名畏惧等消极防范措施，而是通常用某些约定俗成的、

① 杜希宙，黄涛.中国历代祭礼［M］.北京：北京图书馆出版社，1998：47–76.

多多少少经历过验证却又被迷信思想所歪曲的社会性忌讳，进行约束和自律，于信仰系统上则采用了定期、定时、定对象、祭祀或临时致祭的处理方式。有的忌讳行为甚至已转化为规约社会行为规范的俗信，深深影响着当时的精神生活、社会生活和政治生活。

当时人们祭神都重功利和时效，故《左传·昭公元年》称："山川之神，则水旱疬疫之灾，于是乎禜①之；日月星辰之神，则雪霜风雨之不时，于是乎禜之。"禜指聚草束木于祭地，备祭品致祭，一般于疫病流行、灾祸发生或气候失序之际行之。《左传·僖公五年》又称："登观台以望而书，礼也，凡分、至、启、闭，必书云物，为备故也。"登台望天象，占其吉凶而书之，以早为之备。可见客观的功利性已在纠正宗教行事的盲目性。

试举当时最重鬼神的楚地民俗观之。《吕氏春秋·异宝》有云："荆人畏鬼而越人信机。"《左传·昭公十二年》说，楚人有"桃弧棘矢"以御不祥之俗。据《庄子》说，是"插桃枝于户，连灰其下，童子入不畏，而鬼畏之"。这类迷信行为又见于丧俗，鲁襄公入楚为楚王吊丧，就曾"使巫以桃、苅先袚殡"，即用桃棒、笤帚先在棺材上扫除凶邪。包山二号楚墓出土了根雕动物避邪和笤帚，江陵望山一号楚墓也有这种根雕避邪发现。《战国策·齐策》记载，当时社会上流传的"东国之桃梗"与"土偶人"斗言的寓言，大概也与桃木避不祥的俗信有关。《新论·言体》称，楚灵王"简贤务鬼，信巫祝之道，斋戒洁鲜，以祀上帝，礼群神，躬执羽绂，起舞坛前"。《楚辞》对日御羲和、风伯飞廉、雨师萍翳、雷公、云神丰隆等，均有人格化描述。包山二号楚墓出土的卜筮祭祷竹简，记述了墓主生前患腹心疾，祷鬼神以求病愈之事，所祷对象有先祖先君、老僮、祝融、鬻熊、熊绎、新王父（亲祖父）、新父（生父）、新母（生母）、兄弟、继（绝）无后者、不辜鬼、人禹、二天子、岁星、司命、司禄、蚀、南方、后土、宫后土、社、地主、宫地主、野地主、宫、坐山、五山、高丘、下丘、大水、行、门等，包括天地山川星辰等神当时对鬼神的祭祀，通常同时祭几位神灵。②这些都足以表明楚人的崇信鬼神之风。

三、乡饮酒的习俗与禁忌

乡饮酒，是中国古代官方特许的民间社会饮食习俗，指的应是乡里的会饮。

《尚书·酒诰》记载，早在西周初期，统治者有感于殷人"庶群自酒，腥闻在上"，以至亡国，故规定民间社会无故不得"群饮"，违者则"尽执拘"，以"其杀"论。到春秋战国时，这种戒规的执行情况大体发生了两大转变，一是城市远比乡里宽松，二是西方的秦国严于东方列国。《列子·说符》说，梁都城内的富商虞氏，"登高楼，临大路，设乐陈酒，击博楼上"。燕国都城内，荆轲与高渐离可以日酣饮于燕市，酒的买卖

---

① 禜，古汉字，指一种祈求神灵清除灾祸的祭祀。
② 湖北省荆沙铁路考古队.包山楚墓［M］.北京：文物出版社，1991：364-369+561.

之兴隆不难想见。宋都商丘，酒家邻比，有庄氏酤酒，以"悬帜甚高"招揽买者，不仅酒美，且"升概甚平，遇客甚谨"，唯因养了条猛犬，吓得买者转沽别家之酒。[1] 而地处西偏的秦国，风气却有别于东方列国，百姓"甚畏有司而顺"。秦律明确规定："百姓居田舍者毋敢酤酒，田啬夫、部佐谨禁御之，有不从令者有罪。"[2] 禁民间社会无故群饮，尽管在执行程度上有国家之间的差别、城乡之别，但对于乡里违情的惩处，各国大体还是比较一致的。即使是政治环境较为宽松的齐国，亦有戒饬。唯独对于"乡饮酒"这一礼俗，不仅为各国所许可，还受到官方的大力倡导。

《仪礼·乡饮酒礼》和《礼记·乡饮酒义》等篇，对于乡饮酒的内容、烦琐节仪及行事意义有详细描述。《国语·齐语》说，乡饮酒的目的是使乡里百姓知"尊贤养老之义"，使民"尊让则不争，洁敬则不慢，不慢不争则远于斗辨矣，不斗辨则无暴乱之祸矣"。《礼记·乡饮酒义》说："民知尊长养老，而后乃能入孝弟，民入孝弟，出尊长养老而后成教，成教而后国可安也。"乡饮酒对于统治者的政权稳固有好处，又利于制造祥和气氛，难怪会得到官方的利用和倡导。

举行乡饮酒，一般有四种情况：一是乡里三年大比，宾宴贤能，进行会饮；二是乡大夫饮国中贤者酒；三是州长每年春秋会民习射而饮之酒；四是党正年终蜡祭与民群饮。其中第三种会民习射，带有乡里习武选贤的训练性质，即《礼记·王制》说的"习射上（尚）功"，又称为"乡射礼"，通由射前饮宴、三番射、射后饮宴三部分节仪组成。三番射即三次竞射，参射者第一番射带试射性质，虽射中也不计成绩，后两番射都要计算成绩，特别是第三番射，要节乐歌舞而射。上海博物馆藏战国铜杯、成都百花潭战国墓出土铜壶、故宫博物院藏战国铜壶，均绘刻有反映射礼题材的图像。如百花潭铜壶上，在一射庐的前檐外，立着一位手执长旌的唱获者，一释获者跪于檐下执筹，射庐中有二人正在耦射，后檐下有一人，左手持弓，似为司射，另有五人，正等待着依次入庐竞射。《国语·齐语》有云："春以搜振旅，秋以狝治兵。是故卒伍整于里，军旅整于郊。""有拳勇股肱之力秀出于众者，有则以告。"大体亦可归为第三种会民习射的乡礼。不过，乡饮酒礼所主旨的"尊长、养老、见孝悌之道"，主要还是体现于第一、二、四种场合。

据《国语·齐语》说，齐国在每年正月，乡长要向国君复事。"有居处好学、慈孝于父母、聪慧质仁、发闻于乡里者，有则以告，有而不以告，谓之蔽明，其罪五（罪在五刑）……有不慈孝于父母、不长悌于乡里、骄躁淫暴、不用上令者，有则以告，有而不以告，谓之下比。"这种事其实是官方对乡饮酒礼进行后导的继续，目的在于使"匹夫有善，可得而举也，匹夫有不善，可得而诛也"，仍旧贯彻了"乡饮酒之礼者，所以

① 刘雨 . 西周金文中的射礼 [J]. 考古，1986（12）：1112–1120.
② 睡虎地秦墓竹简整理小组 . 睡虎地秦墓竹简 [M]. 北京：文物出版社，1990：22.

明长幼之序也"。

《庄子·则阳》的"合十姓百名"，彼此间并无多少血缘关系的组织，地域性系统是其主流，按长幼确定乡里社交的尊卑关系，自然是一条能为习俗所认同的简明易操作的原则。故《礼记·王制》云："习乡上（尚）齿"；《国语·齐语》云："乡不越长"，"乡里以齿，长幼不相踰也"。乡饮酒的礼俗待遇通常也正是按这种据年龄长幼的"尚齿"原则进行的。《礼记·乡饮酒义》即说："少长以齿。"《论语·乡党》也说："乡人饮酒，杖者出，斯出矣。"乡饮酒时，要按年龄高低序位，结束后，要等扶杖的老人都出离后，才能轮到后辈出去。《礼记·乡饮酒义》还说："六十者坐，五十者立侍，以听政役，所以明尊长也。"享用的饮食器具，"六十者三豆，七十者四豆，八十者五豆，九十者六豆，所以明养老也"。可见，尚齿序位，是乡饮酒礼最理想化的形式。

在乡饮酒的四种类型中，尤数年终的蜡祭群饮最为盛大，是国中平民岁末庆丰收、迎神报功、祈来年和会饮的固定性传统行事。据《礼记·郊特牲》说："蜡也者，索也，岁十二月合聚万物而索飨之也。"是时要祭农神、百种、水神等，要"迎猫，为其食田鼠也；迎虎，为其食田豕也；迎而祭之也"，要"黄衣黄冠（指草服）而祭，息田夫也"。另据《周礼·地官·党正》说，这种"国索鬼神而祭祀"的蜡祭群饮，官方要"以礼属民，而饮酒于序，以正齿位，壹命齿于乡里，再命齿于父族，三命而不齿"。即先祭后饮，饮酒的序位要"习乡尚齿"，按年龄高低确定尊卑上下关系，擢选为"壹命"者，应是乡里的年高望重者，擢选出的"再命"者，才能是本门户的父系宗亲之长者，而后是"三命"，就不必非从年龄大的人中选，虽年轻后生，只要是"发闻于乡里者""秀出于众养"，均可得举。

乡饮酒醉乱狂欢而不拘礼节的场面，至战国时东方列国仍不乏见。《史记·滑稽列传》记有淳于髡描叙齐国的"州闾之会"，言其"酒极则乱"，男女杂坐同席，合尊促坐，行酒稽留，握手无罚，罗襦襟解，杯盘狼藉。《楚辞·招魂》述楚国祭祀聚饮，也是"士女杂坐，乱而不分"，竽瑟狂会，吴歈蔡讴，妖玩杂陈。其中虽掺杂了许多上层社会生活内容，但毕竟保留了相当一些民间狂饮的素材，有助于加深对子贡观蜡所见"一国之人皆狂"的乡饮酒的了解。这是官方导向"尊长、养老、见孝悌之道"的乡饮酒礼的另一侧面。

四、春秋战国的习俗文化圈

春秋战国时期的霸权迭兴和列国争雄，打破了西周以来的王权体制，由此出现的社会大动荡、大变革，解开了束缚人们思想的网罗。社会习俗的运作，相应注入了继往开来的活力。在古代文化史上，可谓导入了一个繁花纷呈的黄金时期。

春秋战国的社会习俗，地缘性差异和相互间的取纳融会十分明显，与当时的人文政治地理圈分合是一致的，大体也分成七大习俗文化圈：

以周为中心，春秋时期北到晋国南部，南到郑国、卫国，即战国时的周和韩国、魏国、赵国南部，地处黄河中游，为中原文化圈。

在中原北面，包括赵国北部及中山、燕国等，为北方文化圈。

黄河下游山东地区，为齐鲁文化圈。

长江中游南北地区，为楚文化圈。

淮水及长江下游地区，为吴越文化圈。

西南的四川和云贵地区，为巴蜀滇文化圈。

西北陕甘广大地区，为秦文化圈。

这七大文化圈，因社会阶层、种族、地域的差异，社会生活习俗的形态有所不同。如周地三晋民性俭啬而刚武，尚功利，饮食多羹、菹、肉酱、干脯，代表了北系饮食文化的主流，服饰有质朴风格。北方文化圈燕和中山等国，民性重节文，有侠气，尚仁义，服饰颇矜夸。齐鲁则崇尚礼交，好儒备礼，民性豁达，服饰舒裕有文彩，丧葬具节仪，重祭祖。楚地信鬼神，好辞善舞乐，饮食重鲜品实肴而不重酱羹，偏爱花椒及水产禽类，擅多种烹调术合用，口味尚甜辛，代表了南系饮食文化的主流，婚俗多姿多态，服饰轻丽。吴越民性脆野，生活方式善博采近域而具开放性，爱食鱼，以椎髻为俗，服饰拙而有式。巴蜀滇习俗奇特，好群聚娱乐行祭，服饰多显宽松。秦地尚武，信仰禁忌甚多，婚姻家庭关系重家政而轻宗法，女子喜持强，服饰厚实。诸如此类构成了各地的习俗文化特色，对后来的秦汉社会生活影响至深，余绪久久回荡于后世。

显然，春秋战国的社会习俗文化，其地缘性和发展上的不平衡性是存在的。造成这种差异的原因，一是地理、气候、物产等自然条件不一；二是列国割据，各握权柄而擅其政令；三是各地所固具的历史传统及时代演变流程并不处在同一个层面。因此，唯有多层次、多视角、全方位认识春秋战国的社会生活习俗，兼察其渊源和流变，才能较充分较客观地把握其各方面。

必须看到，在春秋战国各地的社会历史文化板块长期碰撞交合中，各地之间又自有一股凝塑的力量，生活习俗也有许多的一致性，特别是以礼调节人际关系，以礼建构社会伦理形态，以礼经纬等级贵贱和社会秩序，以礼强调个人的立身处世，并且礼逐渐俗化，成为习俗中带有自觉意识的运操中枢，这方面的共性是十分明显的。正是通过人群的地缘交往、种族的混合、政教的推挽，这种习俗文化的运作，影响力不断扩大，带动着具有社会性和全民性的人文精神和行为观念标准的积成，这也是中国古代社会的重要传统之一。

第七章

秦汉时期丰收
文化的礼制化

秦汉时期，是我国丰收文化习俗产生和发展的重要时期，以农耕文明为基础的大一统封建国家形成后，从中央到地方的各级政府继续沿袭先秦时期的祭祀传统，将不同类别的祭祀活动进一步规范化、制度化，形成了独具中华民族文化特色的祭祀体系。与此同时，广大人民群众在生产生活中总结出一系列农事经验，在民间初步形成了与丰收相关的节令习俗。秦汉时期作为中国历史上农业经济迅速发展的时期，各种农事习俗呈现出多姿多彩的特点。画像砖作为从秦汉时期保留下来的珍贵文物，让人们能直观感受到这一时期农业社会的发展情况。社会习俗能统一人们的思想和行为，保持社会的向心力和凝聚力。在统一多民族国家的形成过程中，多民族的文化认同无疑为这一时期的丰收文化发展注入了强大动力。

第一节　秦汉农业经济的发展

农业经济的持续发展是丰收文化得以延续的根本保障。农业是中国古代主要的经济形式，农业技术的成熟和农业管理方式的完备，成为中国古代经济形态的突出特征之一。中国古代农耕生产是以小农个体经营为主的，这就要求民众个体要具备丰富的生产经验，保持良好的乡风民俗。民间的各种生产习俗就是在以农为本的实践和意识中产生、发展和传承的。而丰收文化源于农耕社会，是农耕文化在意识和行为领域的一种体现，受到社会中多数人的支持并为农业生产和农民生活服务。

一、秦汉时期的农业经济

在中国古代社会，农业经济的发展表现在生产工具的进步、生产效率的提高以及农时历法的成熟等方面。农业生产活动会受自然环境因素，尤其是季节转换的制约，这是劳动者在生产实践中得出的结论。两汉时期，巴郡阆中（今四川省阆中市）人落下闳等人创立的《太初历》是我国古代一部比较完整的历法。太初历使月份与季节配合得更合理，农业经济得到明显发展。此后的历朝历代，统治阶级大多都将岁时节气上升为礼俗规范，由专门的官员掌管节期历律的制定。

人们在农业生产中，对节气的认识得到了提高。除此之外，铁犁牛耕的普及、耕作技术的提高、土地政策的进步，这些都是农业经济得到发展的直接表现。农业经济的进步，让人民群众在稳定的条件下能够生产出更多的粮食，使人民群众的物质需求得到更好的满足。为了庆祝收获带来的喜悦，丰收文化习俗便应运而生。从这个层面讲，农业经济的持续发展是丰收文化得以延续的根本保障。

秦汉时期注重水利建设，渠灌流行。都江堰灌区是中国历史上重要的农耕地区之一。公元前256年，秦昭襄王命李冰出任蜀郡太守。当时的蜀郡因为水患一直让百姓苦不堪言。李冰率领民众修建都江堰水利工程，治理岷江水患，将洪水长期肆虐的川西泽国变成沃野千里的天府之国。都江堰工程分为渠首工程和广布于川西平原的航运灌溉系统两大部分，是李冰继承大禹以来蜀地水利优秀传统，并融合中原先进治水经验的集大成之杰作。[①] 在都江堰水利工程引领下，数千平方千米的成都平原，形成了发达的水网，支撑了众多城镇与乡村聚落2000多年来的可持续发展。这片地区在历史上的大多数时间都维持着繁荣的人居景象，被称为"天府之国"。都江堰水利工程是我国传统文化中"天人合一"思想的高度展现，也是全世界公认的维持人与自然和谐的典范。汉文帝时，蜀郡太守文翁"穿湔江口，灌溉繁田千七百顷"，使得都江堰水利工程更加完善。水具方面，翻车和吸水水利装置渴乌的出现，更使提水灌溉的效率大大提高。

秦统一六国时期，封建生产关系开始确立。汉代农业经济得到良好的恢复，社会生产力不断提高。虽然在政治上，汉朝还有诸侯分封，但在经济上，旧的生产关系已经发生了根本转变，表现在生产劳动上，农业生产佃耕和雇佣的模式已经常见。秦汉时期是我国封建制度确立的时期，农副业生产达到很高水平，精耕细作的生产传统业已形成。除了中原传统农业区域，边区的农业开发也有长足进展。在这种前所未有的形势下，农业生产风俗给人以焕然一新之感，出现了许多富有时代气息的独特的生产风俗

---

① 彭邦本. 从大禹到李冰：上古水利理念初探——以古蜀治水史迹及其影响为中心［M］// 都江堰建堰2260周年国际学术论坛组委会. 纪念都江堰建堰2260周年国际学术论坛论文选编. 北京：中国水利水电出版社，2005：146-152. 彭邦本. 上古蜀地水利史迹探论［J］. 四川大学学报（哲学社会科学版），2007（6）：87-96+142.

事象。①

　　汉朝时期，我国经济发展，人口增加，但是经济发展还不平衡，呈现出北方强于南方的局面。自两汉开始，国家对全国人口有了普查记录。当代学者李剑农根据《汉书·地理志》所记人口数字，比较计算其大略，在《中国古代经济史稿》中对汉朝的人口、郡县等情况等做了阐释，从中可见当时社会经济之状态。第一，北方地区经济开发程度高。"全国郡国一〇三，江南仅得七郡国，即会稽、丹阳、豫章、长沙、武陵、零陵、桂阳是也；岭南亦仅得七郡，即南海、郁林、苍梧、合浦、交趾、九真、日南是也。合计仅一四郡国。"第二，人口呈现北多南少的分布特征。"全国人口五千九百五十九万四千九百七十八口。南部郡国数仅及北部七分之一强，南部人口数则仅及北部十五分之一强。""前汉全国分为十三部，其中司隶校尉部及豫州、冀州、兖州、青州、徐州等六部，共计面积仅约占全国八分之一，其人口则占全国百分之六十八以上。"除此之外，东汉人口分布之疏密略有变动。因首都自长安迁至洛阳，西北关中区人口稍有减少，江南岸稍有增加。依《后汉书·郡国志》所记，江南七郡国，东汉将原会稽一分为二，曰会稽、吴郡，总共有八郡。西汉七郡国总共有人口约250万，东汉时期已激增至600万以上，且黄河中下游的人口最为密集，江南地区因开发较少的缘故，人口十分稀疏。②这说明当时的社会经济状况主要是北方较为发达，南方地区仅仅开始得到进一步的开发。

　　当时的土地开发，南方不及北方。黄河流域人多地少，而关中地区土地占全国的1/3。这里所说关中，包括今陕西省及甘肃省东部、四川省北部在内，是秦汉时期经济发展的中心。当时全国大部分农用土地集中于关中地区。《史记·货殖列传》谓"关中地于天下三分居一，人众不过什三，然量其富则十居其六"。关中富裕是有历史原因的，秦汉两代，都是采用的"强干弱枝"政策，迁徙原东方六国之富强豪族，将其聚居在内地。西汉诸位皇帝，自高祖以后，元帝以前，即位不久后就在长安附近预造陵寝，选东方高资望族，迁徙到陵寝建造地建立城邑，汇聚了大量人口于关中地区，故关中之富力特盛。经王莽之乱以后，汉朝的都城移至洛阳，关中的经济地位下降了。尽管此时关中地区经济、土地占有比例较高，但就全国而言，经济领域之重心，仍在黄河流域。

　　西南地区在这一时期的经济也有所发展。秦汉时期，中原地区的传统水利设施、农业工具、农业技艺都得到了发展。伴随着陕南地区人口的快速增长、水利的全面兴修、稻田种植面积的扩大及耕作技术的提高，农业开发迎来了第一次高潮。随着中原统

①　周耀明，万建中，陈华文.汉族风俗史：第二卷　秦汉·魏晋南北朝汉族风俗［M］.上海：学林出版社，2004：41.

②　李剑农.中国古代经济史稿［M］.武汉：武汉大学出版社，2006：134–135.

治势力的进入，西南地区一些河谷平地和郡县治所周围，农业生产迅速达到了中原农业发达地区的水平。居住在今四川西南部、云南、贵州以及广西西部的少数民族在秦汉时期统称"西南夷"。从考古发掘出土资料看，战国晚期西南地区开始出现铁器，这是西南地区农业发展进步的重要标志，其铁器主要来源于巴蜀地区。此时西南地区的水利工程得到极大发展，农业生产受天气影响的程度降低，高产作物水稻的种植也更为普遍，渔业、畜牧业、桑蚕业等相关产业得到发展。

二、画像砖、画像石反映的秦汉农事习俗

自西汉中期以后，大土地所有制的地主经济得到发展，各地有能力营造画像石墓室和祠堂的社会阶层或豪门集团成长壮大起来，为汉画像石墓葬的兴起提供了经济基础。特别是到东汉时期，土地兼并逐步加剧，豪强地主兼营商业，富商大贾兼并土地，形成了以大土地所有制为基础的封建豪强地主经济。东汉仲长统称："豪人之室，连栋数百，膏田满野，奴婢千群，徒附万计。船车贾贩，周于四方，废居积贮，满于都城。琦赂宝华，巨室不能容，马牛羊豕，山谷不能受。妖童美妾，填乎绮室，倡讴伎乐，列乎深堂。"类似情景在两汉画像石中也有明显的反映。这种膨胀发展起来的大土地所有制的封建地主经济，更推动了汉代厚葬之风和画像石墓的盛行。[①]东汉墓出土的画像砖、画像石中的许多内容反映了当时农业发展进步的情况。

画像砖在秦代随着墓葬制度的发展而兴起，到了汉代则发展到顶峰。在这一时期，墓葬由战国时期的木椁墓演变成砖室墓，因此人们用空心砖来修建墓室，用画像砖来装饰墓室。秦至西汉初期，画像砖多用于装饰宫殿衙舍的阶基；西汉中期以后，画像砖主要用于墓室壁画；东汉则是画像砖艺术的鼎盛期。东汉的画像砖主要分布在河南省和四川省，这些地区的墓葬因使用了大量画像砖而得名，且地域性强。

汉代砖墓包括空心砖墓，空心砖、小砖混合结构墓，小砖墓，等等。画像砖分空心和实心两种，画像砖的图案内容异常丰富，有播种、收获、桑园、采莲、采盐、煮盐、射猎、市集交易、舂米、酿造等，车马出行、尊老养贤、讲学授经、借贷等，楼阙、宅院、粮仓、庖厨、宴饮、乐舞百戏等，还有神话人物和神话故事，如伏羲、女娲、阿王母和仙人六博等。装饰纹样有米格纹、太阳纹、小方格纹等。画像砖采用平面浅浮雕、阳线刻、阴线刻和高浮雕等多种艺术手法制作，用雕刻和陶模压印而成，还有彩绘和铭文，生动地反映了当时的社会生活、风俗和信仰，是中国美术发展史上的一座里程碑。

---

① 蒋英炬，杨爱国．汉代画像石与画像砖［M］．北京：文物出版社，2001：22–23.

　　四川地区的汉画像砖以分布地域广、反映内容丰富、艺术手法多样著称。分布地区东起巫山县、忠县，西抵平武县、宝兴县，北起广元市、渠县，南达西昌市、宜宾市。其中成都地区的发现最丰富，这与汉代该地区富庶有关。四川的画像砖主要是东汉早期和东汉晚期的，偏重对社会生产、经济生活的描述，如插秧耕种、打井晒盐、采桑种莲、冶铁织布等。

　　汉画像石出现于汉武帝之后。汉画像石是附属于墓室与地面祠堂、阙等建筑物上的雕刻装饰，是我国古代为丧葬礼俗服务的一种独特的艺术形式，具有浓郁的民族色彩和时代特征。因为是刻在石材上的画，故称为画像石。画像石由于生动形象地记录了当时的社会生活，所以，成为研究汉代政治、经济、思想、艺术、风俗等方面内容的宝贵资料。已故著名史学家翦伯赞就非常重视汉画像石的历史资料价值。他认为，"除了古人的遗物以外，再没有一种史料比绘画、雕刻更能反映出历史上的社会之具体的形象。同时，在中国历史上，也再没有一个时代比汉代更好在石板上刻出当时现实生活的形式和流行的故事来"，"这些石刻画像假如把它们有系统地搜辑起来，几乎可以成为一部绣像的汉代史"。[①]

　　陕西省绥德县延家岔东汉画像石墓的画像石上，刻有一农夫身着短衣，手执镰刀，站在沉甸甸的谷穗旁，正欲开镰收割，表明经过春天整地播种、夏天锄草施肥的辛勤劳动，终于迎来了秋天的收获。山东省、江苏省、河南省、四川省、陕西省等地出土的画像石上常见有渔猎的图像。猎人们牵犬架鹰、执毕、荷戟、弯弓，或骑马或徒步，围猎各种飞禽走兽。被射的兽鸟或中箭落地，或惊慌奔逃。这些狩猎、捕鱼图像皆反映了当时的社会生产情况和地主庄园中的经济活动。[②]

　　成都市郊出土的《弋射收获图》画像砖，图上部为弋射，图下部有六人在田里集体收获。左边三人正弯腰割穗，所用工具是单手使用的手镰，古代称为"铚"。《说文解字》说："铚，获木短镰也。"此镰形状和远古时代收获用的石刀相似，汉代则用铁铸，专用以割谷穗。《释名·释用器》说："铚，获禾铁也；铚铚，断禾穗声也。"右边二人用大镰刀刈谷草。这种镰，是汉代钹镰的一种，是当时比较先进的农具。双流县牧马山汉葛出土的一种铁镰，就与收割图上的镰一样。[③]这反映出当时成都平原收获时的场景。

　　画像不仅生动地反映了汉代社会生活，而且也为研究汉代农业生产和农具发展提供了珍贵的图像资料。四川德阳市出土的一块画像砖清晰地描绘了这一时期民众播种的情形。画像砖上农人的装束，和"舂米""收获""盐井"等各种生产类画像砖中的劳动

① 蒋英炬，杨爱国 . 汉代画像石与画像砖［M］. 北京：文物出版社，2001：3.

② 蒋英炬，杨爱国 . 汉代画像石与画像砖［M］. 北京：文物出版社，2001：47-51.

③ 刘志远，余德章，刘文杰 . 四川汉代画象砖与汉代社会［M］. 北京：文物出版社，1983：38-40.

者相同，头戴便帽，有的上身赤裸。前四人正挥动农具，前排第二人还回头顾盼。其手执的农具，和成都羊子山出土的《弋射收获图》画像砖中右下角两农夫所执农具相同，这种农具比收割庄稼的短镰长大，为汉代镰刀的一种，后世称为"艾"，刈草之用。前后工序配合紧密，生动地反映了汉代农业生活的真实场面。[1]

秦汉牛耕普遍，铁质农具普遍使用，耕犁得到了进一步改进，已经有了犁壁。后世的耕犁都是在汉代犁的基础上加以改进的。目前学界普遍认为，牛耕起源于殷商，发展于战国，普及于两汉。考古发掘也证明汉代普遍施行牛耕。甘肃省武威市磨咀子墓群出土的西汉末年的木牛和木犁模型、山西省平陆枣园村出土的新莽时期的壁画、江苏省睢宁双沟出土的东汉画像石、山东省滕县宏道院出土的东汉画像石、陕西省米脂出土的东汉画像石、内蒙古自治区和林格尔出土的东汉壁画中的牛耕图，都直观地反映了汉代牛耕的情景。

在作物种植方面，秦汉时期主要种植"五谷"，其中麦、稻较为普遍。秦汉时期，黄河中下游地区一年一熟的连作制已经成熟，并且因为土地等原因，出现了轮种复种的现象。如谷子收获后再种冬麦，逐步形成两年三熟制。东汉时，两年三熟的耕作制度较以往又有进步，还出现了套种、混种的现象，如瓜、豆套种，黍、桑套种。而此时长江流域以水田为主，种植水稻，牛耕方式还未普及，主要采用火耕水耨，"民食鱼稻，以渔猎山伐为业"，其农业在此方式下也得到了发展。

秦汉时期，随着江南人口的增加和经济的进一步发展，南方种稻业的发展十分突出，有关"大造稻田"的记载不胜枚举。而且北方部分地区已推广种稻。西汉哀帝时，贾让曾经建议"多穿漕渠于冀州地，使民得以溉田……故种禾麦，更为粳稻"。秦彭在山阳（今山东省西南部）任太守，"兴起稻田数千顷"。东汉时张堪在渔阳任太守，"于狐奴（今北京密云西南）开稻田八千余顷，劝民耕种，以致殷富"。刘靖都督河北诸军事，"水溉灌蓟南北，三更种稻，边民利之"。这就为我国秦汉以后北麦南稻种植格局的确立打下了基础。粮食生产增加，酿酒业也得到发展。"中山冬酿""苍梧清"等就是当时的名酒。2006年年初，考古专家在安徽省六安市三十铺镇双墩村汉墓中，出土了一壶汉代酒。

秦汉时期的渔业较以往有所发展。汉朝造船业发展，以渔为业的情况已经遍布全国。汉代还有陂塘养鱼的习俗。另外，秦汉时期蚕桑与粮食一样重要。人们有"天下以农桑为本"的看法。齐鲁一带、长江流域、四川、江南等地的蚕桑业都有发展。就连内蒙古、甘肃一带都有桑蚕业发展的记录。以四川为例，东汉陈华在四川巫县任县令时，

---

① 刘文杰，余德章. 祭祀灵星舞的画象砖质疑［J］. 农业考古，1985（2）：126-129.

"就惠政，桑生两万余株，民以为给"。蚕桑业发展，故而当时的纺织业也跟着发展起来了。

秦汉时期，农产品的种类明显增加。江南地区的农业，形成了以种植水稻为主、林牧渔业为辅的多种经营模式，从而丰富了农副产品的种类。马王堆一号、三号汉墓出土的农产品，大致可分为谷物、豆类、瓜果、蔬菜等。其中的谷物类，包括稻、麦、粟等；豆类出土时为豆制品，经鉴别有大豆和赤豆两种；瓜果类有甜瓜、枣、梨、梅等；蔬菜类有葵、芥菜、姜、藕等。除粮食作物外，秦汉时期的经济作物种类亦多，有苎麻、茶叶、生漆、芸薹（油菜）等。

此外，秦汉时期养殖业也比较发达。江西省湖口县文桥乡在 1983 年发现一座东汉墓，随葬品中有陶制的马、牛、羊、猪、狗、鸡等模型，说明家禽家畜养殖业已很兴旺。江南粮食的丰产丰收，也促进了酿酒业的发展。各种盛酒的陶敦、陶钟、陶坛和饮酒器盅、樽等物品的大量出土，都反映了酿酒业的发展。除了家庭小规模种植，秦汉还出现了大规模的园圃种植。司马迁在《史记·货殖列传》中描述了园圃业生产的状况："水居千石鱼陂，山居千章之材。安邑千树枣；燕、秦千树栗；蜀、汉、江陵千树橘；淮北、常山以南，河济之间千树萩；陈、夏千亩漆；齐、鲁千亩桑麻；渭川千亩竹……"而这种大规模种植的同时，秦汉的佣耕比较盛行，西汉后期土地兼并，这种现象更加普遍。

三、二十四节气成为丰收圭臬

二十四节气起源是中国传统农学指时体系中最具特色的重要组成部分。二十四节气的形成经历了漫长的过程，春秋战国时期已经基本形成，到了秦汉时期臻于完备并定型。

西汉时期，淮南王刘安组织一群学者、门客辑录的《淮南子》的问世，意味着二十四节气拥有了完整的名称和体系。二十四节气载于《淮南子·天文训》，较之秦汉以前的文献记载有了明显的进步，主要表现在以下三方面。

1. 二十四节气的名称与顺序

关于二十四节气名称的系统记载，最早见于先秦时期的典籍《逸周书·时训解》。但据版本学专家卢文弨等人考证，《时训解》中的一些节气名称的前后次序和汉代有所不同，今本《时训解》的二十四节气名称和顺序可能经过了汉代学者的整理和修改。刘安的《淮南子·时则训》所载二十四节气的名称和顺序已经与后世完全相同，历经两千多年均无改变。因此，《淮南子·时则训》标志着二十四节气的定型。

2.二十四节气的天文定位

《淮南子·天文训》是按"斗转星移"的原则，根据北斗星斗柄的指向来确定二十四节气。正北的子辰与正南的午辰相连（经），正东的卯辰和正西的酉辰相连（纬），形成两条相互垂直的线，叫作"二绳"。斗柄"中绳"分别为冬夏"二至"和春秋"二分"，与《鹖冠子》"斗柄东向，天下皆春；斗柄南向，天下皆夏；斗柄西向，天下皆秋；斗柄北向，天下皆冬"的记载一致。"二绳"把天穹划分为四区，即分别由丑寅、辰巳、未辛、戌亥组成的"四钩"。每一方的中心处叫"维"。"东北为报德之维，西南为背阳之维，东南为常阳之维。""两维之间，九十一度十六分度之五而升，日行一度，十五日为一节，以生二十四时之变。"

3.二十四节气的气候意义

《淮南子·天文训》以阴阳二气的消长为理论依据，简要阐述了二十四节气的气候意义。例如，认为"二至"分别是阴阳二气盛衰转换的枢纽，有相应的物候与日晷长短：

> 日冬至，井水盛，盆水溢，羊脱毛，麋角解，鹊始巢；八尺之修，日中而景丈三尺。日夏至而流黄泽，石精出；蝉始鸣，半夏生；蚊虻不食驹犊，鸷鸟不搏黄口；八尺之景，修径尺五寸。景修则阴气胜，景短则阳气胜。

"二分"则分别以"雷行""雷戒"为标志，它们所在的夏历二月和八月，"阴阳气均，日夜分平"，是冬半年和夏半年的分界，因此"二月会而万物生，八月会而草木死"。立春"阳气解冻"，立夏"大风济"，立秋"凉风至"，立冬"草木皆死"，这些描述相当准确。《淮南子·天文训》只对"二绳""四维"上的八个节气的气候意义做出了解释，其他节气的气候意义实际上已经包括在它们的名称中了。这些描述和阐释建立在精密的天文观察的基础上，标志着中国古代人民对二十四节气的认识发展到了一个新阶段。

四、二十四节气与节庆民俗活动

除了《淮南子》，司马谈《论六家要旨》中也提到"阴阳""四时""八位""十二度""二十四节气"等概念。成书年代不详的《周髀算经》中也记载了二十四节气，将气候、物象和农耕生产密切结合。公元前104年制定的《太初历》，正式把二十四节气定于历法，明确了二十四节气的天文位置。二十四节气为中华传统节俗规定了主要的时间要素，由此衍生出来的节庆活动是民俗文化发展的重要脉络，围绕"二分""二至"

等节气而产生的民俗庆祝活动，大都和农事有关。

第二节 秦汉祭祀活动的制度化

"国之大事，在祀与戎。"（《左传·成公十三年》）在中国古代早期社会，祭祀同战争一样，是国家重要的政治活动。祭祀是国家头等大事。"祭有祈焉，有报焉，有由辟焉"，说出了祭祀的三大功能，即祈福、恩报和御灾。在国家政治及民间信仰中，祭祀同样发挥着巨大的作用，对中国古代社会的发展具有重要意义。从社会功能上看，祭祀可以维护国家统一和社会稳定，有社会伦理教化的功能，进而能够提高民众的重农意识，这是人们祭祀活动产生的内在动力。从类型上看，祭祀天地自然属于古代吉礼的范畴，是五礼之冠。自有相关历史记载以来，便有大量与之相关的文献留存。我国古代吉礼大体可分为祭祀天神、地祇、人鬼三类，《周官·大宗伯》称之为"天神人鬼地祇之礼"，于天神曰"祀"，于地祇曰"祭"，于人鬼曰"享"，即祭祀可以分为祀天地、祀日月风雨、祭地祇、享祖神几大类。祀天地的活动又可以分为郊祀与圜丘、祈谷求丰年、雩祀祈甘雨、大飨明堂、"受命"天子封泰山、祭五帝、令节祭天等具体行为。[①] 祀日月风雨分为祭日于坛、祭月于坎，以及祭星、祭风云雷雨、祭太岁月将等。祭地祇包括方泽祭地母、祭社与稷、五祀及祭山川城隍。享祖神也有祖先祭拜和祭祖等礼仪，其中祭祖包括在天子宗庙和民间祠堂的祭礼。

秦汉时期祭祀天地、日月、祖先等活动的形式虽有一定的变化，但其中蕴含的观念和思想并无根本改变，都表达出人们对大自然、对祖先的敬畏之情。祭祀制度从春秋战国时期形成体系，此后历朝历代均沿袭相承，有所损益，形成了中国古代独具特色的祭祀文化。

一、秦汉农业祭祀的礼制整合

早在战国时代，秦国就有祭祀的传统，分布于全国的神祠组成了其国家祭祀的主要基础。秦统一六国之后，将原六国对山川的祭祀习俗以及齐国的八主祠信仰纳入帝国中央祠官的管理之中，推动了祭祀的制度化发展。秦朝以战国时期秦国的祭祀为国家祭祀的主要形式，加上六国的部分祭祀习俗，构建起秦帝国的祭祀体系，其中又主要是对秦、齐两国祭祀传统和祭祀对象的继承。从此，统一王朝的国家祭祀体系首次完备。

秦始皇整合不同的祭祀对象和祭祀传统，并以不同的形式加以管理，帝国的国家

---

① 杨志刚.中国礼仪制度研究［M］.上海：华东师范大学出版社，2001：433–458.

祭祀得以有序运转。秦帝国的祭祀对象大致可分为三部分：以雍为核心、分布密集的关中神祠；以齐地八主祠为主体的东方诸祠；以"华以西""崤以东"为标准划分的名山大川祭祀。从地理分布上看，这些可以粗略地划分为东西两部分。除名山大川，齐国以外的东方诸国祭祀在秦朝几乎不见痕迹。有学者认为，这一现象，或源于东方诸国与秦不同的祭祀传统。①

秦朝的祭祀主要有两个特征：第一是以名为"祠""畤"的神祠为主要祭祀对象，第二是祭祀的地理范围十分广泛。所谓"畤"，专指秦汉时期祭祀天地五帝的固定处所，比如陕西凤翔县南郊就有五畤原，是秦汉时祭祀天帝的处所。另据《史记·封禅书》载："秦文公梦黄蛇自天下属地，其口止于鄜衍，于是作鄜畤，祭白帝。宣公作密畤于渭南，祭青帝。灵公作吴阳上畤，祭黄帝，作下畤，祭炎帝。献公作畦畤栎阳，祭白帝。汉高祖立黑帝祠，命曰北畤。"由此可见，秦汉时期"五畤"的信仰习俗被纳入国家祭祀的范畴。

关于先农神的祭祀，过去一般认为始自汉代。而在湖南湘西龙山里耶古井中出土的里耶秦简上，考古专家在20多枚秦简上发现了秦人祭祀先农神炎帝的内容，认为这些秦简将关于"祀先农"的历史记载从汉代提早到秦代。这批秦简提供了四方面的信息：一是秦人祭祀先农的日期为"秦始皇三十二年三月二十日"；二是祭祀所用供祭物品有盐、黍米、母羊、羊头、豚肉、酒、肉汁、肉、食等；三是祭祀规格为地方乡县基层的"少牢"礼（提供牛羊猪三种牲祭的叫"太牢"，只提供猪羊的叫"少牢"）；四是原先认为祭祀完毕后有"分胙"习俗，即在祭祀仪式完毕后，"少牢"所有祭肉要分给参与祭祀的人，但秦简反映当时撤供后的祭品却是卖掉。

秦川牛祭祀的地理范围广泛，反映出在不同地域有着不同的祭祀习俗。秦帝国东西方祭祀虽有不同，但都是在帝国的统一祭祀框架之下进行的。秦朝开创性地将祭祀分为国家祭祀和地方祭祀。《史记·封禅书》记载："诸此祠皆太祝常主，以岁时奉祠之。至如他名山川诸鬼及八神之属，上过则祠，去则已。郡县远方神祠者，民各自奉祠，不领于天子之祝官。"由此可见，国家祭祀的经常性神祇与地方祭祀的山川诸神广泛分布在国家的不同区域，形成了种类繁多、规程不一的祭祀类别。

秦朝的国家祭祀又可分为两个层次，规格有高下之分：一为天子亲祭之祀，如雍四畤；另一层次为皇帝不亲祭或偶尔亲巡的，如"上不亲往"的西畤、畦畤，以及齐地的八神祠及名山大川祠。至于"郡县远方神祠"，则不领于太祝，属于地方祭祀或民间祭祀。除了国家祭祀与官方祭祀，秦汉时期还有受到官方管理的民间祭祀，主要为里社

---

① 田天.秦汉国家祭祀史稿［M］.北京：生活·读书·新知三联书店，2015：59.

之祭。先秦时期的"社"为一种民间组织，里社之祭一般伴随有"会饮食"的情况，是民间的主要群体交往活动之一。1975年出土的湖北云梦睡虎地秦墓竹简就对秦汉时期官方及民间的祭祀活动有一些记载。[①]

对社稷、先农与灵星的祭祀，是秦汉时期三种重要的农神祭祀，稳定地存在于地方官方祭祀中。汉承秦制，对于这些祭祀行为，在继承的基础上有发展与改革。汉高祖刘邦统一全国，建立汉王朝，推行了一系列休养生息发展社会生产的政策，致力于对社会各方面的恢复，其中也包括恢复和完善国家祭祀制度。刘邦一开始主要运用秦代的祀官体系和礼仪制度，并根据社会生产的具体情形，逐步恢复了秦代的国家祭祀。但汉初的祭祀也并非全部照旧，比如，由于经济衰退，对神灵祭祀的规格有所降低，这是当时社会生产状况决定的。恢复的祭祀习俗和礼仪主要在关中地区，而在中央势力尚难以达到的地方，仍然允许其沿用旧有习俗。农业是秦汉时期生活、生产的基础与核心，向农神祈求风调雨顺、保障农业生产也是古人朴素的祭祀观念，对社稷、先农、灵星等的祭祀便是从这一点出发，并被汉代统治者不断强调。在两汉时期，汉高祖、汉武帝、汉章帝分别以诏书下达地方，以保障祭祀。这类祭祀虽然是地方郡县举行的，但是仍然不失其重要地位。

通过不同层面对祭祀的复兴，汉帝国的国家与地方祭祀体系的重建工作大致完成。汉高祖对国家祭祀的调整可归纳为三点：承秦祠、设诸巫、兴民祀。所谓承秦祠，是指从汉高祖二年（公元前205年）开始确立的国家祭祀活动。刘邦启用秦朝原先的祀官，并承认雍地为国家祭祀的中心，肯定了雍地作为時文化中心的地位，恢复了秦朝在关中地区的主要祭祀，也确立了国家祭祀承秦的大框架。设诸巫，指汉高祖在天下大定后于长安兴建的一批祭祀场所。刘邦将与刘氏先祖相关的祭祀立于长安宫中，由专门的巫官进行管理。这些祭祀，开启了西汉王朝祭祀中东方祭祀传统的复兴之路。最后，所谓兴民祀，是指地方性的，以公社、私社为中心的祭祀活动。

基层祭祀的恢复，是汉帝国整顿祭祀体系的重要一步。[②]西汉初期，虽然完成了统一，但是东西异制，郡国并行，故而刘邦建立的国家祭祀制度并非在全国均有影响力。即便是到了吕后当政国家经济得到恢复的时期，变化亦不大。汉文帝、景帝时期，国家经济恢复加快，也有了更多的精力用于其他方面的建设，为消除地方势力对中央政府的威胁，采取了一系列的措施。文帝采纳贾谊"众建诸侯而少其力"的建议；景帝采纳晁错"削藩"的建议，削减了几个诸侯王的封区，导致了以"清君侧"为借口、以吴王刘濞为首的"七国之乱"。"七国之乱"平定后，景帝下令取消了诸侯王的治民权，又削

①　睡虎地秦墓竹简整理小组.睡虎地秦墓竹简［M］.北京：文物出版社，1990：19.

②　田天.秦汉国家祭祀史稿［M］.北京：生活·读书·新知三联书店，2015：101.

弱了诸侯王的统治机构，降低了王国官职的等级，使之成为中央直接管理的一级地方行政单位，基本上解决了诸侯王制度的弊病，进一步加强了中央集权，以地方祭祀为主的山川祭祀收归中央，基层祭祀得到统一发展。

"五德终始说"是封建王朝对其统治基础合法性来源的论证，在秦代表现为祭祀白、青、黄、赤四帝之祠。汉朝建立，自认为得到"水德"，故崇尚黑色。汉高祖立北畤，补雍四畤为雍五畤，祀黑帝。到了汉文帝时，五帝祭祀与国家政治联系更加紧密，成为国家祭祀的焦点。当时，儒生、方士均提倡进行五帝祭祀。在新垣平的建议下，文帝在长安东北建立五帝庙，后又立长门五帝坛。这些与改正朔、易服色有关。后来新垣平被诛杀，文帝再无心进行祭祀改革，但是所建立的五帝庙、五帝坛得以保留，汉代五帝祭祀的传统得以建立。汉景帝时期，祭祀制度更趋稳定，但是此时的国家祭祀主要为关中祭祀，而关东地区在诸侯的治理下逐步恢复了原东方祭祀传统。崤山以东的名山大川祭祀及齐地的八神祭祀并未被纳入国家祭祀之中。秦王朝原有的郊天之礼，在雍五畤举行。

经过汉初的休养生息，加上几十年对祭祀的恢复与发展，汉武帝时期对祭祀制度进行了大的变革。汉武帝设立了后土祠，在郊祭礼中增添了祭地之典。继而，他创立了全新的至上神太一，为之建立甘泉泰畤。两种祭祀相互配合，与雍五畤祠一同构成了汉王朝的郊祭礼。泰畤与后土祠在后代往往并称，这是汉武帝对帝国祭祀体系最为重要的改革。在汉族信仰习俗中，太一作为最高天神，并不是"天"，但也等于简约的"天"。这对秦代的祭祀制度做了极大的改变。

元鼎四年（公元前113年），汉武帝于汾阴立后土祠，后土祭祀成为汉家郊祭之中的祭地之典，太一和后土祭祀也成为西汉祭祀的最高等级。在秦代的祭祀中没有祭地礼，之前，后土也并非最高的土地神，是汉武帝第一次提出了祭土地神为郊祭礼的一部分。太一与后土之祭，都有清晰的东方文化印记。后土作为最高的地神，主要功能为化育百谷，以祈丰年，是国家统治者对自然力量尊崇的产物。此时，东方传统真正被吸纳进王朝祭礼，并直接改造了最高国家祭祀。随着至上神被重新定义，国家祭祀中心也发生了变更。可以说，武帝朝国家祭祀的大变革，正是从泰畤、后土祠的建立而起的。

汉武帝时期还颁行《太初历》，认为这是一个新纪元的开始，故而在泰山修明堂，汉武帝亲赴泰山，告于诸神。泰山成为东方郊祀的地理中心。汉武帝在泰山完成封禅后，也开始祭祀五岳。在以甘泉宫为新的祭祀中心之后，雍地的祭祀也在进行，且多次与匈奴有关。甘泉泰畤成立之后，有遮蔽雍地、成为辐射整个关中地区的祭祀中心之势。不过，将武帝朝作为一个整体时段来看，在前期，雍地仍是不易的祭祀中心。武帝中后期雍五畤祭祀稍见疏离，但因其与回中道和西北边境的密切联系，地位并未衰降。

从这两个阶段考虑，雍地仍可视为武帝朝的祭祀中心。从空间上而言，武帝突破了以雍为唯一祭祀中心的秦人旧制，增设了泰畤、后土祠和泰山为新的祭祀中心。几大祭祀中心承担着不同的功能，成为国家祭祀运作的支点。从参与的力量而言，儒生、祠官与方士在武帝朝的祭祀活动中发挥着不同的作用，共同参与了国家祭祀形态的塑造。由不同力量推动国家祭祀改革，是汉武帝巩固大一统王朝的重要环节。[①]

汉武帝对国家祭祀进行了大刀阔斧的整改，先立泰畤，后土祠，创建汉家郊祭；经营云阳甘泉宫，使之成为汉王朝，尤其是关中地区最大的祭祀中心；封禅泰山，修造明堂，大兴仙人祭祀，以泰山为轴心辐射和带动了山东半岛祭祀环与五岳祭祀；他还改造了雍五畤祭仪，并打通回中道，通过雍地控制陇西、北地。借由这三大祭祀中心，中央得以控制散布于全国的众多神祠，使之运转如意。武帝所建立的国家祭祀体系，有着多个祭祀中心，包容其他祭祀信仰有对外扩张倾向。所谓多个祭祀中心，即泰畤、后土祠、雍地、泰山等国家认可的祭祀中心，这些祭祀场所使官方祭祀活动得以正常维持，并达到礼制的平衡。而包容其他祭祀信仰使这一时期的祭祀活动得以接纳、吸收各地区不同的风俗习惯，造成了祭祀格局的灵活多元特色。对外扩张的倾向自秦朝以来继续保持，汉武帝时期依然未在首都建立最高规格的祭祀，而是采取巡行出游的方式管理国家祭祀中繁多的神祠。这种做法，承认并尊重祭祀对象与其地理位置的关系，也必须借助长距离巡狩才能实施。[②]

昭帝幼年即位，壮年驾崩，并不热衷祭祀，武帝创设的诸多祭祀活动一时无以为继。宣帝效仿武帝故事，对祭祀有所整改，国家祭祀的运转趋于稳定。这一时期的国家祭祀，在地理分布上仍保留着战国与秦的一些痕迹，但从神祠性质与国家管理方式来看，已逐渐走向成熟与规律。然而，这历经百年才逐步成形的局面并未持续太久。元帝即位后，儒生"复古"声浪渐高，要求合乎经典、去除方术因素。成帝初年，南郊郊祀制度首次成为汉帝国的最高国家祭祀，但不久又被废止。随后，新旧祭祀制度展开了拉锯战。在这期间，旧的祭祀体系屡受冲击，逐渐瓦解。历经30余年的废立反复，南郊郊祀制度终于在平帝元始五年（公元5年）彻底取代了泰畤祭天、汾阴祭地的旧传统，遍布各地的神祠最终全部退出了中央祠官典掌的国家祭祀体系。

二、汉代的郊祀

《通典·郊天上》说，西汉前期由于天下初定，礼仪制度尚未完备，30余年间天地之祠五徙，或以岁时祠九天于宫中，或于夏四月郊祀上帝于雍地五田寺，间或于正

---

① 田天. 秦汉国家祭祀史稿［M］. 北京：生活·读书·新知三联书店，2015：157–177.
② 田天. 秦汉国家祭祀史稿［M］. 北京：生活·读书·新知三联书店，2015：207–208.

月祠甘泉圜丘。尽管祭祀地点和具体时间不统一，但祭仪和祭法仍遵循古制。《西汉会要》记载了经学家丞相匡衡的"上言"："祭天于南郊，就阳之义也；瘗地于北郊，即阴之象也。""宜于长安定南北郊，为万世基。"自汉平帝始，确立祭祀天地常位，以冬至祠天于南郊，用黍稷为祭品燔燎祭天；以夏至祭地于北郊，瘗埋黍稷祭地神。古本《大戴礼·公冠记》有汉昭帝祭天地祝辞，祈求农业丰收的意愿昭然可见。其祭天祝辞云："皇皇上天，照临下土。集地之灵，降甘风雨。庶物群生，各得其所。"祭地祝辞云："薄薄之土，承天之神。兴甘风雨，庶卉百谷。莫不茂者，既安且宁。"

近年在汉长安城遗址北郊发现了与祀天地相关的大型礼仪性建筑，主要遗迹为天齐祠和五帝祠。遗址主体是一巨型盆状圆坑，有人工开挖痕迹，整个工程土方量约150万立方米。巨坑正北为长方形缺口，中央有一平台。在圆坑西北和北侧约1.5千米范围内，散布大量汉代陶器碎片、瓦砾和散水石，估计应为祠庙类建筑遗迹。巨坑东源约480米处，分布5座呈十字形排列的大型夯土祭坛，应即五帝坛遗迹。[1]这处规模庞大的礼仪性建筑营造于西汉前期，据《汉书·郊祀志》记载：文帝前元十四年（公元前166年）于长安北郊渭阳作五帝庙，第二年又建五帝坛。

另外，汉长安城南郊还分布有西汉圜丘、社稷坛、明堂、灵台等大型礼制建筑[2]。可能兴建于西汉中、晚期。《通典·郊天上》记载，东汉初期，光武帝制定郊兆，在洛阳城南七里构筑圜丘，祭坛形制为"圆坛八陛，中又重坛，天地位其上"。光武帝中元二年（公元57年），又在洛阳城北四里构筑祠地的四陛方坛，以五岳、山川、四海、四渎等群神从祀。其后历代帝王，均于国都南郊兴建圜丘祀天，其祭法采用燔燎方式。祭祀日期大都选择冬至日，也有选择正月上辛日的。春郊祈谷实，冬祀则报谢天恩。祭地一般选择夏至，也有选择正月上丁日或次辛日的。祭用牛牲，仪式完毕将祭品瘗埋于坛北。早春为一年耕作之始，而夏至则是庄稼生长茂盛的阶段，选择这些日期祭祀具有孳生特性的地祇，显然具有异乎寻常的意义。[3]

西汉末年，匡衡等建议改革祭祀制度，建立南郊郊祭制度，将天地之祀移步至长安南郊，规范祭祀行为。匡衡的这次改革，主要是为了避开太一、后土、五帝等具体神祇，进而强调天、地的神圣地位。此后，天作为国家祭祀中的最高神，其形象类型于一种抽象的道德规范。王莽倡导元始仪，标志着儒家思想和祭祀理论的成功融合。郊祀礼的清整与规范，直到唐代方始完成。与此同时，旧体系中的畤、庙、祠退出了国家祭

---

① 秦建明，张在明，杨政．陕西发现以汉长安城为中心的西汉南北向超长建筑基线［J］．文物，1995（3）：4–15.

② 黄展岳，张建民．汉长安城南郊礼制建筑遗址发掘简报［J］．考古，1960（7）：36–39+73.

③ 李锦山．中国古代农业礼仪、节日及习俗简述［J］．农业考古，2002（3）：75–87.

祀，但并未尽数圮废，而是以不同形式被地方祭祀和民间祭祀所继承，并由此延续着自己的生命。

随着南郊郊祀的确立，国家祭祀秩序得到重构，其权威亦被重新定义。方术与地缘因素逐步被剔除出国家祭祀，国都集合了原先散落于四方的千百神祇，将曾分散于诸多祠庙的神性集于一身。西汉末年，国家的行政中心与祭祀中心终于合而为一。在这个意义上，郊祀制度的成立，彻底改变了古代国家祭祀的性质。统一帝国的国家祭祀，也摆脱了先秦时代的构架，开启了全新模式。作为国家祭祀的一部分，山川祭祀的地位、仪制乃至性质也随之发生了变化。伴随着国家祭祀在空间上的收缩，中央不再控制名山大川的祭祀权，对五岳四渎外的绝大部分山川的祭祀都进入地方祭祀行列。就山川祭祀格局而言，国家权力退向边缘，地方与民间色彩渐趋浓厚。

东汉时期农业祭祀的神灵系统十分庞大。汉光武帝时期的祭祀活动主要有即位告天、郊祭和封禅，以及祭祀宗庙、社稷等。东汉时期除了继承西汉已有的祭祀系统，也有自己的创新，如光武帝时期加强了对宗庙的祭祀，完善了祭祀制度。上古时期就有四季祭四帝的习俗，即于立春日祭青帝，立夏日祭赤帝，立秋日祭白帝，立冬日祭黑帝，汉平帝增加了立秋前十八日祭黄帝。"迎时气，五郊之兆。自永平中，以《礼谶》及《月令》有五郊迎气服色，因采元始中故事，兆五郊于洛阳四方。中兆在未，坛皆三尺，阶无等。"迎气是为了迎接四季，祈求丰收。汉桓帝好神仙事，增加了对老子的祭祀。"延熹八年，初使中常侍之陈国苦县祠老子。九年，亲祠老子于濯龙。文罽为坛，饰淳金扣器，设华盖之坐，用郊天乐也。"[①]汉代以后的祭祀制度大多严袭秦汉时期，稍有变革。

第三节　秦汉时期民族文化认同的丰收习俗

农业经济的发展与共同的文化认同是丰收文化习俗发展的内在因素，历代政府的积极倡导则是丰收文化习俗得以传承和创新的外在推动力量。我国是一个历史悠久的农业大国，农业的发展与经济政治的稳定息息相关，"重农"则国盛，"轻农"则国衰，农业作为历代王朝的支柱产业，受到统治者的高度重视。秦汉时期，祭祀是国家的重大礼制，其中不乏与农业相关的祭祀习俗。

一、秦汉政府的重农政策

秦汉时期，中央政府对农事信仰是十分敬重的。在中国古代，国君、皇帝是统治

---

① 张影，邹晓东. 两汉祭祀文化研究［M］. 哈尔滨：哈尔滨工程大学出版社，2017：41–42.

者的最高代表，同时，广大农耕生产者也与他们的利益息息相关，他们会在重要节令期间推行农政措施，督促百姓搞好农业生产。诸如郊祀、籍田、朝日夕月、禋祀、祭拜风云雷电和岳镇海渎山川等自然诸神，是历代统治者必须敬重的。这些大大小小各具神格的神灵，在中华农业发展史上曾产生过各种不可低估的文化影响。中国古代礼制体系和庞杂的习俗信仰，就是紧紧围绕着农业社会和农业经济这个大环境、大背景而不断发展、演变和完善的。①

二、秦汉时期的迎春祭祀

秦汉时期，举国上下会在立春之日举行隆重的迎春仪式。是时，京师百官身着青衣，郡国以下官吏头戴青帻，树立青幡，将泥土制成的农夫塑像和耕牛塑像置于门外，提醒百姓立春时节已到，应准备生产事宜了。此外，朝廷还要率百官乘耕车，到郊外举行亲耕籍田的礼仪。皇帝象征性地用耒器耕地三下，百官依官职高低依次耕作。皇帝在亲耕籍田仪式举行后，便下令郡国守相巡行管辖地区，颁布春令，督促农民及时耕种。天子籍田是封建政府一项重大的礼仪活动，它同迎春仪式一样，都旨在宣示国家对农业的重视，奉劝百姓重农、务农，莫违农时。随着季节的变换，封建朝廷还不断发布诏书，劝督农桑，向官吏及百姓训诫农事活动的重要性，并通过赈贷种粮、官员监督等方式推动农业生产。②历朝历代的统治者都保持着这样的传统仪式，稷、先农与灵星，就是秦汉时期三种重要的农神，稳定地存在于地方官方祭祀中。

我国是一个多民族国家，各民族在历史上通过相互间持续的交流融合，形成了多种多样的民族关系，共同对中华民族的历史形成和发展产生着重要影响。社会习俗能统一人们的思想和行为，保持社会的向心力和凝聚力。共同的生活习惯与文化认同是一种无形的纽带，可以将散乱芜杂的社会成员统一在共同的生活原则和价值认同中，从而实现社会行为的和谐有序。早期农耕文明的考古遗址，如四川三星堆遗址、陕西临潼姜寨遗址、西安半坡遗址，其营地格局都表现出一种向心模式，反映出我国古代人民通过习俗活动来凝聚群体力量的情景。人们通过各种习俗活动来增强家族观念、氏族观念乃至民族观念，使之成为维系氏族的纽带。

三、秦汉时期的丰收文化认同

秦汉时期，中国统一多民族国家正式形成。当时，北方主要的少数民族有匈奴、乌桓、鲜卑等，西南的原始民族有冉、駹、僰、邛、筰、濮、氐、羌等。各民族的习俗与

---

① 李锦山．中国古代农业礼仪、节日及习俗简述［J］．农业考古，2002（3）：75-87.

② 庄华峰．中国社会生活史：第2版［M］．合肥：中国科学技术大学出版社，2014：253.

秦汉中央王朝有交融之处，相互之间也有较大影响。如《后汉书·卫飒传》载："迁桂阳太守。郡与交州接境，颇染其俗，不知礼则。飒下车修庠序之教，设婚姻之礼，期年间邦俗从化。"另外在《宗均传》《应奉传》《栾出传》等部分，也有类似的记载。秦及汉初，西南闭塞，与中原联系殊少。共同的文化认同是丰收文化得以持续发展的内在动力。

习俗以其独到的群体凝聚力，使某地域内的民众形成契合感情融洽，产生团结和秩序。尤其是到了异土他乡，习俗的群体凝聚力极易显现出它的力量。在浓厚的乡土、乡情观念的文化心理作用下，人们很容易凝成一个团结一致、共同对外的群体。习俗的这种凝聚作用，尤其是在国难当头、民族危亡的关头，会产生极为重要的积极作用。习俗不仅统一社会成员的行为方式，更重要的是维系着群体和民族的文化心理，使人们有共同的文化认同。例如，分布在世界各地的华人华侨，公认自己为华夏后裔，习用中华民族传统民俗，始终与自己的民族保持认同感。[1]

丰收文化的基础是共同的文化认同，就是在共同生活基础上形成的文化传统，这种传统具有凝聚人心的力量。丰收文化以民俗认同为中心，在不同的历史时期表现出不同的特色，是民俗演化过程中的适应性调节。每当一些元素消失后，就会有新的元素补充进来，由此构成传统丰收文化的内在的自足性、自愈性。这些民俗元素在不同时代加入具体的内容，适应民众生产生活而作出改变和调整，是民众生产生活实践的产物。中国丰收文化得以延续、发展的根本原因在于，民俗文化具有独特的自愈机制，这种自愈机制的力量来源于中国文化认同中体现出来的信仰与价值体系。当社会面临转型，文化发生巨变的时候，农业文化作为根基性的传统，常常保持着相对稳定的特性，并且在民俗传统中寻找中国文化发展的力量，以此获得文化自觉和自信，以农业民俗为核心的文化被传扬、重建，由此实现文化自愈过程中的文化创造性转换和创新性发展。

第四节　秦汉时期的丰收节庆

我国历代国家层面的丰收祭祀礼仪，如郊祀、祭社稷、大雪、籍田、祭先蚕等仪式，都是天子亲自率领群臣祈祷丰年。在国家礼制仪轨的影响和传导下，秦汉时期民间的丰收节庆活动得以繁盛起来，某些内涵得以在各民族、各地区沿袭和继承。

一、祭社稷

社稷是国家祭祀的重要神灵，是社神和稷神的合称。社神就是人们常说的土地神，

---

① 向怀林.中国传统文化要述［M］.重庆：重庆大学出版社，2016：177.

稷神就是五谷神。《孝经援神契》云："社，土地之主，稷，五谷之主，俱土神，而所主之功异。所主既异，故其配亦异。"汉高祖刘邦在立国之初就举行了社稷神祭祀，据《汉书·高帝纪》记载，汉二年"二月癸未，令民除秦社稷，立汉社稷"。《史记·封禅书》也记载了这件事情："高祖十年春，有司请令县常以春二月及腊祠社稷以羊豕，民里社各自财以祠。"汉平帝时，王莽奏议："帝王建立社稷，百王不易……王者莫不尊重亲祭，自为之主，礼如宗庙双兴，礼仪稍定，已有官社，未立官稷。"于是在官社后立官稷，以夏禹配食官社，后稷配食官稷。东汉基本采用新朝制度，汉光武帝在洛阳建社稷，号称"太社稷"，在宗庙之右，每年的二月、八月、腊月祠祀，均以太牢祭。州郡县也立社，以羊豕供祭。

另外董仲舒在其《春秋繁露》中也讲到了当时春夏秋冬不同时节求雨之情况。"春旱求雨，令县邑以水日祷社稷山川。"而在雨水太多的年份，也要进行祭祀，祈祷丰收。汉武帝二十一年，"八月甲申，朔丙午，江都相仲舒告内史中尉：阴雨太久，恐伤五谷，趣止雨。止雨之礼，废阴起阳。书十七县，八十离乡，及都官吏千石以下，夫妇在官者，咸遣妇归……祝之曰：'雨以太多，五谷不和，敬进肥牲以请社灵，社灵幸为止雨，除民所苦，无使阴灭阳。阴灭阳，不顺于天。天意常在于利民，愿止雨。'"人们认为洪涝是由于阴盛阳衰造成的，女子属阴，故而在发生洪涝后进行祭祀止雨，要求女子藏匿起来，不准出门。①

这里面反映了阴阳五行的观念。阴阳五行具有很强的比附性和类比性，如社祭和祭祀求雨中的"五脏"，每个季节用的"内脏"代表五行中的一种，祭服的五种不同颜色代表不同的季节。《淮南子·时则训》记载了天子四时祭祀孟春、季春、孟夏、仲夏、季夏、孟秋、仲秋、季秋、孟冬、仲冬的情况，天子穿着不同颜色的衣服与四时对应，这是阴阳五行思想的明显反映，如春衣青衣，孟夏、仲夏衣赤衣，季夏衣黄衣，秋衣白衣，冬衣黑衣。《白虎通义·社稷》认为，稷吸收了阴阳之气，同时为五谷之长，因此要祭祀稷神。"稷，五谷之长，故封稷而祭之也。稷者，得阴阳中和之气，而用尤多，故为长也。"②总之，祭祀社稷作为秦汉时期祈求丰收的重要农事习俗，得到官方的大力支持。

二、社日

秦汉时期，民间百姓要祭社。社日，便是祭社神的日子。据研究，作为节日，社

① 苏舆，钟哲.春秋繁露义证［M］.北京：中华书局，1992：438-439.
② 张影，邬晓东.两汉祭祀文化研究［M］.哈尔滨：哈尔滨工程大学出版社，2017：33-34.

曰"起源于三代，初兴于秦汉，传承于魏晋南北朝，兴盛于唐宋，衰微于元明及清"[①]。自古以来，对社的祭祀活动具有广泛的社会参与性。《礼记·祭法》云："王为群姓立社曰大社。王自为立社曰王社。诸侯为百姓立社曰国社。诸侯自为立社曰侯社。大夫以下成群立社曰置社。"不难看出，秦汉时期社的祭祀有着严格的等级限制。《礼记·郊特牲》记载："唯为社事，单出里。唯为社田，国人毕作。"为了祭社，全里的人都要动员起来，共同参加和服务，由此相互联系，社神也就成为一个与众多社会事务有关的神灵，受到百姓崇拜。

社祭涉及的内容非常广泛，如农业上，春耕播种时祭社，是为春祈；秋收后祭社，是为秋报。祈祷时即使没有具体的目的，也蕴含了民众祈求免去灾祸的意图。比如，《左传·昭公十八年》描述道："郑子产为火故，大为社，祓禳于四方，振除火灾，礼也。"这就是当时民众祭祀祈福的重要例证。另外，在两汉时期，民众天文知识较为匮乏，遇到日食、月食、大旱等不寻常的自然现象时，也要自发献祭于社。

三、后土

后土是秦汉时期人们信仰的土地神。西汉时期，董仲舒极力倡导祭祀之礼，他认为，祭祀中最重要的是祭祀天地的郊祭。自西汉中叶开始，为了祈祷农业的丰收，汉武帝就曾多次祭祀后土。《史记·封禅书》及《汉书·武帝纪》均有对汉武帝祭祀后土、祈祷丰年的记载。如《史记》记载，在后土祠建立不久，"其夏六月中，汾阴巫锦为民祠魏脽后土营旁，见地如钩状，掊视得鼎……天子曰：'间者河溢，岁数不登，故巡祭后土，祈为百姓育谷。今岁丰庑未报，鼎曷为出哉？'"《汉书》记载元鼎五年，汉武帝有诏书曰："朕以眇身托于王侯之上，德未能绥民，民或饥寒，故巡祭后土以祈丰年。"由此可见，祭祀后土最为直接的目的就是祈求丰收，并且皇帝对此祭祀活动十分重视。

四、籍田

历代帝王都举行籍田礼仪。《西汉会要·籍田》记载，西汉孝文帝即位不久便颁诏："夫农，天下之本也，遂开籍田，朕亲率耕，以给宗庙粢盛。"汉景帝诏书说："朕亲耕，后亲桑，以奉宗庙粢盛祭服，为天下先；欲天下务农蚕，素有蓄积，以备灾害。"汉武帝亦下诏："朕亲耕籍田，以为农先。"西汉籍田设在京城东郊，其旁建有先农坛和籍田仓，所祀对象即神农氏。天子春季行籍田之礼时须祠祭先农，以一太牢祀。东汉籍田礼规定：正月始耕，以乙日祠先农并耕于乙地。籍田之日，有司请行事，就耕位。天子、公卿、诸侯、百官以次耕，推耕之数沿袭周制。

---

① 萧放.社日与中国古代乡村社会［J］.北京师范大学学报（社会科学版），1998（6）：27-35.

籍田礼毕，各郡国行政长官皆劝民始耕。根据《后汉书·礼仪上》，东汉帝王除了在京郊籍田，有时去外地巡狩也举行亲耕仪式。如汉明帝永平中二月，东巡耕于下邳；汉章帝元和中正月，北巡耕于怀县。《宋书·礼志》记载，刘宋籍田仪式定于孟春上辛后吉亥举行，由皇帝率百官至籍田，祠祭先农后亲耕。籍田令率领属员，耕完一亩，然后撒种平土。

汉初，每年春天要举行籍田礼，劝人民及时从事农业生产，不要贻误农时，并祈求农业丰收。汉代帝王耕籍田，往往和祭祀先农联系在一起。《汉旧仪补遗》曰："春始东耕于籍田，官祠先农。先农即神农炎帝也。祠以一太牢。"耕籍既是祭祀活动，又是一项劝农的政治活动。与皇帝籍田礼相对应的就是皇后的桑蚕礼。汉代无论是籍田礼还是桑蚕礼，都表现了统治者对农业生产的重视。桓宽在《盐铁论·授时篇》中，发表了对县官亲耕籍田的看法："县官之于百姓，若慈父之于子也；忠焉能勿诲乎？爱之而勿劳乎？故春亲耕以劝农，赈贷以赡不足，通滀水，出轻系，使民务时也。"东汉荀悦则认为兴农桑是国家五政之一，十分重要，如《申鉴·政体》所言："兴农桑以养其生，审好恶以正其俗，宣文教以章其化，立武备以秉其威，明赏罚以统其法，是谓五政。"[1]可见，秦汉时期皇帝十分重视兴农桑以化民的行为。

五、祭先农

秦汉时期的农神，除社稷外，最重要的便是先农与灵星。先农祭祀在先秦时期已见于官方祭祀，汉以后与籍田礼相结合，成为国家祭祀的一部分。从里耶秦简的记载中可知，秦代郡县已出现有规律的先农祭祀活动，其传统应可以上溯至先秦。灵星祭祀始发于西汉，所祀对象为心宿（龙星）中的一组小星，以祈雨为主要诉求。西汉高祖、武帝都曾令天下祀灵星。至晚到西晋时期，灵星祠仍广泛分布于地方郡县。农神见于国家重祭，但因其与农业生产及基层事务的运作息息相关，农神祭祀更盛于郡县的基层官方祭祀，地位也更为重要。地方农神祭祀的频繁程度远过于国家祭祀，与此同时，还存在着农神的民间祭祀或其他附属祭祀。后代地方的农神祭祀，多承自秦汉，其传统相当稳定，易代而不改。[2]

郡县官方以乙未日祠先农，以羊、豕等为牺牲。自先秦至东汉，这一层次的先农祭祀礼节相对稳定。有关秦汉民间祠祀中的先农祭祀，目前所见的材料极为有限，或与巫术有关。民间祠祀的习俗常有区别，与官方统一的祭祀活动相比较，先农、灵星等的祭祀规程较为随意，并无严格统一的标准。比如周家台秦简中就发现了"祠先农"简，

① 张影，邹晓东.两汉祭祀文化研究［M］.哈尔滨：哈尔滨工程大学出版社，2017：54.

② 田天.先农与灵星：秦汉地方农神祭祀丛考［J］.中国国家博物馆馆刊，2013（8）：60-67.

其中有"人皆祠泰父，我独祠先农"之句。周家台秦简记载的"祠先农"带有巫术性质，并非官方记载的"祠先农"。里耶秦简中也有关于"祠先农"的一些描述，表明秦汉祭祀中体现出的对农业的重视。

六、填仓节

填仓节又称天仓节，为民间流行的祭谷仓神的节日。传说农历正月二十五日是谷仓神诞辰，故于此日举行活动，祈求谷仓神保佑五谷丰登，粮食满仓。溯其渊源，当与远古时期的谷神崇拜有关。秦汉时期，填仓节的日期定于正月尾，因此时正值早春，农事将兴而仓廪已虚，故祈求谷神佑助庄稼生长茂盛，秋来粮谷满仓。汉画像石刻中，凡表现墓主宴居的场面，常有"此上人马皆食于天仓"之类的题记，说明这种信仰在当时即十分盛行。

七、元日

元日，又称元旦、正旦、朔旦、正朔、正朝、元会等，后世又称春节。秦汉时，元日作为节日已经初步形成。元日节俗主要形成于汉代，现代春节的许多风俗事象皆可从那时追寻到源头。春秋战国时代，华夏诸族的历法正处于草创时期，各地历法制度不一，故未能有统一的节日。秦代用颛顼历，以建亥孟冬之月（今农历十月）为岁首。汉初沿用秦制，到汉武帝太初元年（公元前104年），乃命司马迁、落下闳等改颛顼历而另作《太初历》，恢复夏制，以夏历正月为岁首，正月初一为元日。历法的改定为元日节俗的形成和发展确立了固定的日期，从此，元日年节就成了汉族社会最重要的节日而长传不衰。虽然此后元日又有不同名称，但农历正月初一的节期却至今未变。

八、伏日

伏日，又称作伏祭，与腊日相对，节期当在初伏某日。据《史记·秦本纪》记载，伏祭始于秦德公之时，至汉代已十分盛行。田家往往于此日聚会，杀猪宰羊屠狗饮乐，稍做歇息，养力以事秋作。汉代杨恽《报孙会宗书》说："田家作苦，岁时伏腊，烹羊炮羔，斗酒自劳。"《汉书·张良传》也记载："每上冢伏腊，祠黄石。"上冢在当时称作升墓、上墓、祠墓，可见当时还有在伏日为先人扫墓的习俗。西汉中期以后，伏祭活动盛况空前，一次集会往往有数百人甚至上千人参加，称为会祭、墓会或冢会，车骑如云，牲牢齐备。山东沂南汉墓画像石中，就有表现冢会伏祭的内容。

第八章

三国两晋南北朝
时期的民族融合与丰收文化

公元 2 世纪末，东汉统治衰落，中国历史由此进入长达 400 年的战乱分裂时期。魏晋以后，南方地区先后经历了东晋、宋、齐、梁、陈五朝，加上三国时期的东吴，合称"六朝"。北方进入了少数民族政权频繁更迭的乱世。先后有前赵、成汉、前凉、后赵、前燕、前秦、后燕、后秦、西秦、后凉、南凉、南燕、西凉、北凉、夏、北燕这 16 个割据政权，史称"十六国"。实际上，这一时期还有代、冉魏、西燕、翟魏、蜀以及割据仇池的氏族杨氏等政权。其中有五大割据政权，史称"五胡"。一是公元 351 年羯族首领石勒建立的后赵；二是氏族首领符健建立的前秦；三是鲜卑族首领拓跋氏统辖北方全境的北魏，不久分裂为东魏和西魏；四是取代东魏的北齐；五是取代西魏的北周。之后，北周兼并了北齐，统一了北方。北周部将杨坚篡夺了政权，建立了隋朝，接着挥师南下灭陈，重新实现了国家的南北统一。

三国两晋南北朝时期是中国历史上一个大动荡、大变革、大融合的时代。民族关系的发展，促进了各民族之间的丰收文化交流，为统一多民族国家的形成和发展起到了积极作用。

第一节 三国两晋南北朝时期农业祭祀制度的演变

三国两晋南北朝时期，国家只出现过短暂的大一统，举行国家祭祀的次数较少。三国时期，吴、蜀两国的祭祀都较为简略；魏虽有祀典，但是没有形成常制。民间祭祀多以社祭为常。[①] 西晋建立，承袭曹魏制度，间接地继承了东汉的很多礼仪制度。西晋

---

① 陈戍国. 中国礼制史：魏晋南北朝卷［M］. 长沙：湖南教育出版社，2002：28.

时期对五帝的祭祀合并为对"昊天上帝"的祭祀，实行南郊祭天、北郊祭地的国家祭祀制度。在此期间的许多少数民族割据政权，大多在其统治区域推行汉化政策，在丰收文化中既融入了中原汉族的习俗，又保留了北方畜牧民族的文化特色。其最大特点是在民族融合过程中加入了畜牧丰收的习俗内容，特别是以"食肉饮酪"为特征的丰收礼仪习俗，逐渐在中原地区乃至南方地区传播开来，成为这一特定时期的特色鲜明的丰收文化符号。

一、魏晋时期农业祭祀的承袭

东晋时期，王朝偏居一隅，且战争威胁严重，祭祀制度向礼学回归，为此，东晋统治者十分主张国家的统一。晋元帝大兴二年（公元319年）三月，司马睿即为告天，对天神、地祇等众神同在郊天坛祭献，这是以往没有出现过的情况。祭社稷方面，《宋书·礼志》谓汉魏有官社而无稷，故常二社一稷，"晋初仍魏，无所增损"，"至太康九年改建宗庙，而社稷坛与庙俱徙，乃诏曰社实一神，其并二社之祀"。

在汉族古代宗教中，孟春祈谷、冬至报享等天地祭祀活动已包含了农神崇拜的成分。秦汉以后单独出现了先农与先蚕两位农神。汉文帝以降，每年初春天子亲耕籍田，并在先农坛、先蚕坛祭祀两位农神，皇后率后宫妃嫔去桑园采桑，以示国家对农业生产的重视。魏晋时期对农神的祭祀基本承袭汉制，未有大的改动。籍田礼方面，晋武帝泰始四年（公元268年）正月丁亥，武帝司马炎耕于田籍，第二天他下诏书："方今阳春养物，东作始兴，朕亲率王公卿士耕籍田千亩。"在其后的统治期间，武帝又两度进行籍田仪式，泰始十年（公元274年）十二月，又颁布籍田令称：

> 夫国之大事，在祀与农，是以古之圣王躬耕帝籍，以供郊庙之粢盛，且以训化天下。近世以来，耕籍止于数步之中，空有慕古之名，曾无供祀训农之实，而有百官车徒之费。今修千亩之制，当与群公卿士躬稼穑之艰难，以率先天下。主者详具其制，下河南处田地于东郊之南，洛水之北，平良田水中者；若无官田，随宜便换，而不得侵民也。[①]

晋武帝司马炎虽重视籍田活动，但其籍田令没有贯彻始终，到东晋明帝时便不再进行籍田礼，专门负责籍田的官职也取消了。东晋时只有哀帝在兴宁二年（公元364年）有过一次籍田，这与史书中对两晋经济发展"自丧乱以来，农桑不修，游食者多，

---

① 陈戍国.中国礼制史：魏晋南北朝卷［M］.长沙：湖南教育出版社，2002：178.

皆由去本逐末故也"①的记载相互印证，故而籍田主要在西晋举行。

当时皇后也进行先蚕之礼。中国是养蚕缫丝业的发源地，有着悠久的养蚕缫丝传统。蚕桑业也有自己的神灵，先蚕就是蚕神，是最先发明养蚕的人，随着蚕桑业的发展而成为后人崇拜祭祀的偶像。中国很早就有关于蚕神的记载。相传蚕神是天驷星，在天文上，辰是龙，蚕在辰月孵化生蚁，蚕又与马同气，所以说天驷就是蚕神。嫘祖，西陵之女，黄帝正妃，在《淮南子》《通鉴外纪》《农书》等史书中都记载了嫘祖发明养蚕缫丝技术，并在民间广泛传播，因此受到后世的爱戴，被尊为蚕神。自北周以后，历代皆以西陵氏为蚕神进行祭祀，民间蚕农也奉祀之。民间信仰的蚕神，除嫘祖外，还有马头娘、蚕姑、青衣神、蚕花五神等，这是历代祭祀的不同蚕神。《隋书·礼仪志》称："晋太康六年，武帝杨皇后蚕于西郊。"《宋书·礼志》亦云：

> 皇后采桑坛在蚕室西，帷宫中门之外，桑林在其东，先蚕坛在宫外门之外而东南。取民妻六人为蚕母。蚕将生，择吉日，皇后著十二笄，依汉魏故事，衣青衣，乘油盖云母安车，驾六马。女尚书著貂蝉，佩玺，陪乘，载筐钩。公主、三夫人、九嫔、世妇、诸太妃、公太夫人、公夫人，及县乡君、郡公侯特进夫人、外世妇、命妇，皆步摇，衣青，各载筐钩从。蚕桑前一日，蚕宫生蚕著薄上。躬桑日，太祝令以一太牢祠先蚕。皇后至西郊，升坛，公主以下陪列坛东。皇后东面躬桑，采三条；诸妃公主各采五条；县乡君以下各采九条。悉以桑授蚕母。还蚕室。事讫，皇后还便坐，公主以下以次就位，设飨赐绢各有差。宋孝武大明四年，又修此礼。②

总而言之，魏晋时期的籍田礼与先蚕礼沿袭了两汉旧俗，在祭祀礼仪、祭祀规格上都有很大的提升，表现出统治阶级对农业生产的重视。自古以来，中国推行农桑并重的经济政策，先蚕之礼与先农之礼相辅相成，成为官方鼓励农业生产的重要举措。但因这一时期战乱的影响，官方无法长时间以某一特定的程序进行农业祭祀，史书典籍中的记载亦只有为数不多的个案。

东晋穆帝依循周礼，设雩坛于南郊祭天坛旁，旱则大雩社稷、山林、川泽。舞僮用八佾六十四人，皆玄服，持羽翳，歌颂《云汉》诗章。南北朝时期，梁武帝对雩坛设置持有异议，认为雨属阴，将雩坛设在南郊阳位于礼有悖。东方既非盛阳，又主生长，故祈雨祈晴都应在东方，于是迁雩坛于东郊。他又认为，雩祭采用燔柴燎祀，以火祈水

---

① 严可均.全晋文［M］.北京：商务印书馆，1999：1351.

② 沈约.宋书［M］.北京：中华书局，2019：240.

不合情理，下令停用柴燎，改为瘗埋之礼。梁武帝大同五年（公元539年），又将雩坛筑于籍田兆域之内。雩祭时间选择在四月之后。天子身着法服祈雨，大雩礼于坛，祭献一头黄牡牛。此外，还要祈祀社稷以及山林、川泽等常兴云雨诸神灵，皇帝亲赴太庙祭祖先。整个仪式历时较长，十分繁冗。《通典·大雩》记载，北齐雩坛在都城北郊方泽东边，坛体圆形，设有燎祭坛。若至五月天旱不雨，皇帝便派遣三公祈祭五帝于雩坛，礼用玉帛，燎祭，祭祀日期选择在每年孟夏龙星出现之时，精心挑选毛色呈青、白、黑、赤、黄的牲畜各两头，分祭五方上帝。如果孟夏后国都仍不降雨，还要祈祀岳镇海渎及诸山川能兴云雨的神灵，每过七日，仪式一换。若仍无雨，便要闭市禁屠，皇帝素服露坐听政，减膳撤乐，百官不许打伞扇遮阳取凉，令各家堆造土龙祈雨。

二、南北朝时期农业祭祀的概况

中国史学界将宋、齐、梁、陈四朝称为南朝，这是与北边众多少数民族政权相对而言的。自公元317年东晋建立至公元589年陈朝灭亡，分裂混乱长达270余年。北朝则自公元316年西晋被前赵所灭，到公元581年隋朝建立，其间265年，史称"北朝五胡十六国"。这一时期各少数民族政权内的祭祀活动均继承以往，稍有不同者，则是北方游牧民族的畜牧文化融入官民的丰收祭祀习俗之中，形成了农牧并存的丰收礼制文化特点。

此时期各政权为了突出自己的神圣性大都强调祭祀，而儒、释、道在这一阶段竞相发展。佛、道文化相互竞争的同时，儒家出现了经今古文之争，各种思想流派均发展较快。大多数政权，特别是南朝政权的统治者对儒学也大有兴趣。大体而言，南朝统治者重视农业，重视丰收礼制，官方对祝愿丰收的籍田礼、蚕桑礼仪的重视远在两晋之上。这表现在两方面：一是不少皇帝颁布重农桑的诏书，亲行籍田之礼，皇后则修亲桑之礼；二是臣下开展了对籍田礼、蚕桑礼仪的认真讨论，君臣实施此礼颇为讲究。[1] 如刘义隆、刘骏、萧衍等均十分重视籍田礼、先蚕礼。南朝多数政权，除了开国皇帝没有时间进行籍田以外，后代的诸位皇帝基本亲自籍田，并且要求皇后进行先蚕之礼。[2]

确保农业丰收是中国封建社会一切生产活动的首要目标，即便在战乱频繁时期也是如此。国家需要更多的军饷，民间需要安身度荒的口粮，因此，确保农业生产稳定进行，力争获得更大丰收，便成为战乱之中统治政权的最大祈愿。对于危害农业生产的水、旱、虫、雹、霜等自然灾害，统治者如临大敌，祭祀避之。其中对水灾、旱灾尤其如此。由于生产力和科技水平的限制，人们不可能完全依靠自己的力量战胜这些灾害，

① 陈戍国.中国礼制史：魏晋南北朝卷［M］.长沙：湖南教育出版社，2002：298.

② 陈戍国.中国礼制史：魏晋南北朝卷［M］.长沙：湖南教育出版社，2002：298-307.

因而只能求助于各种神灵保佑。在一些民俗遗存中，如扬州庐江郡龙舒县陆亭的神树、湘东地区的雨母山、来阳县的雨濑、安成郡罗宵山的石井，都有掌管降雨之神，人们祭这些神，大多是出于农业生产的需要。六朝时期，丝织业也是一项重要的生产活动，而桑多蚕旺，就为丝织业的发展提供了充足的原料。江南地区正月十五以膏粥祭蚕神，其目的也是求得蚕桑业发展。农业、蚕桑业这两项生产活动，直接关系到人们物质生活中的衣食两方面，民间祭祀通过生产活动这个环节，又间接地与人民生活联系着。①

南北朝时期，荆州位于南北政权对峙的缓冲地带，受到南北地方文化两方面的影响。六朝时期是中国历史上的重大变革时期，域内外文化得到广泛交流，民众生活出现了新的形态。荆楚是南北东西的连接地带，它在吸纳、融合域内外文化方面有着得天独厚的优势，五方杂处的居民带来了五方不同的民俗。南北民俗、东西民俗、胡汉民俗、中印民俗在荆楚这一特定区位混融，从而在荆楚民俗生活中留下多元复合的鲜明印记。②南朝梁宗懔编撰的民俗书籍《荆楚岁时记》③以笔记形式记载了楚地的祭祀活动，从中可以窥探楚人敬鬼神、重祭祀的习俗，也可以大致了解南北朝时期民间祭祀的情况。

北方少数民族政权为显示各自的正统地位，也对儒家礼制进行推广和学习，这些就推动了传统礼制的传播。北朝时期，各政权的统治者均出生于少数民族，但是他们向汉族学习，其宗法观念、礼仪制度等均类似于汉族政权。北朝政权的性质接近于南朝，在与南朝的长时间对立中，也形成了趋于完整的礼制。它们的祭祀制度与汉政权类似，略有差异。在籍田礼方面，北方游牧民族有些在定居后开始以农业粮食为主要食物，统治者也开始有了籍田之礼。北魏道武帝拓跋珪在位期间进行第一次籍田，而后是否籍田，史书中没有明确记载。直到北魏孝文帝拓跋宏即位，在延兴二年（公元 472 年）又开始籍田。北魏宣武帝元恪即位以后，于景明四年（公元 503 年）正月乙亥进行籍田，同年"三月己巳，皇后先蚕于北郊"，这是北朝第一次皇后祭祀先蚕的记载。到北魏孝明帝元诩时期，北魏历史上进行了最后一次籍田，而后北魏分裂。

北齐、北周等也进行了籍田礼、先蚕礼，且两国籍田之礼类似。总体来说，北朝皇帝、皇后偶有进行籍田、桑蚕之礼，其典礼大多依照晋制，略有改动。南北朝时期，除了建立政权的民族外，其他少数民族有挹娄（先秦就存在，原叫肃慎，又叫靺鞨）、夫馀、失韦（又叫室韦）、契丹、柔然（又叫蠕蠕）、拓跋、高车、突厥、吐谷浑、党

---

① 梁满仓. 魏晋南北朝皇家宗庙制度述论［J］.中国史研究，2008（2）：13–35.

② 萧放. 岁时记与岁时观念——以《荆楚岁时记》为中心的研究［M］.武汉：华中师范大学出版社，2019：147.

③ 关于《荆楚岁时记》的版本及来源问题，此书各版本均有讲述，而《岁时记与岁时观念——以〈荆楚岁时记〉为中心的研究》一书中有较为详细的记录。

项、于阗、巴蜀等，他们的一些制度习俗受中原文化和佛、道文化的影响也十分深刻。

南朝宋孝武帝时的北郊祭坛遗址，坐落在南京钟山中峰向南延伸的山梁顶部，北依主峰，坐北朝南。坛体周边由四层台面组成，每层台面的外缘都用加工过的岩石顺山势垒砌，最下层略呈正方形。主坛体表面用较纯净的黄土堆筑四个配祀小坛，坛基上发现一些祭坑，有的坑中瘗埋有兽骨。郊坛南面正中位置，顺山坡砌筑呈子午向的石阶神道。[①]

总之，魏晋南北朝时期的农业祭祀呈现出承上启下的特点，在多民族融合发展的时代大背景下，以籍田礼、先蚕礼等为核心的农业祭祀被各政权沿用下来，在长期的发展过程中加入了各自民族的特色，这为后来隋唐时期农业文化的繁荣奠定了坚实的基础。

三、战乱中魏晋南北朝农业的曲折发展

近300年南北分立的格局，不仅使秦汉时期建立起来的统一帝国分裂为南北对峙的政治实体，同时在经济、社会与文化上也形成了南北各异的地域特色。造成南北长期分立的原因十分复杂，但支撑分立局面的最重要因素，是地域分隔与民族构成。地域的分隔，使南北有相对独立的活动空间与生存基础；民族文化的差异，导致民族政权之间相互对立，相互排斥。随着北朝政权汉化程度的加深，民族之间的文化矛盾逐渐消融，南北的对立就主要体现在王朝政治的对立上，而支持南北朝政的是南北各异的地域经济与社会。[②] 这样复杂多元的社会结构与民族关系，是魏晋南北朝时期丰收文化的社会土壤。

魏晋南北朝时期尽管战乱不止，农业经济遭到严重破坏，但各时代总有一些重视农业的统治者，只要社会稍微安定就会奖励农耕，发展生产。此时的南方相对安定，北方移民大量涌入，农业生产得到前所未有的发展，大量荒地得到逐渐开垦，火耕水耨的耕作习俗被精耕细作逐步替代，为隋唐以后中国经济重心的南移奠定了基础。所以魏晋南北朝时期的农业风俗，呈现出一种局地偏安和南北融合的特点。

南北朝时期颜之推创作的《颜氏家训》称："生民之本，要当稼穑而食，桑麻以衣；蔬果之畜，园场之所产，鸡豚之善，埘圈之所生。"这颇能说明当时农业风俗的特点，可见当时人们已对作物与气候的关系有较科学的认识，十分重视适时播种。北魏《齐民要术》阐明以节气为依据安排耕、种、收，后世各代也都以二十四节气作为决定农时的依据。各种作物的播种时间，据《齐民要术》记载，主要根据节气和物候现象的早迟以

---

① 贺云翔，邵磊，王前华.南京首次发现六朝大型坛类建筑遗存［N］.中国文物报，1998-09-08（01）.
② 萧放.岁时记与岁时观念——以《荆楚岁时记》为中心的研究［M］.武汉：华中师范大学出版社，2019：41-43.

及土壤肥瘠、墒情等综合情况确定，如"麦黄种麻，麻黄种麦"，"良田宜种晚，薄田宜种早，良地非独宜晚，早亦无害，薄田宜早，晚必不成实也"，等等。

在农业习俗中，民众又把谷子、黍、大麦、小麦、稻、豆类、胡麻、瓜等许多农作物的播种时间分为"上时""中时"和"下时"三种。如谷子的播期，"上时"是二月上旬麻菩杨生的时候；"中时"是三月上旬清明节桃树始花时；"下时"为四月上旬枣树生叶和桑花落时。假如不慎错过了作物的最佳播种时间，民众又以"催芽"的方法来"补时"。南方种稻，以三月播种为宜时。播种时，先把稻种用水淘净，除去浮种，以免秋天生成稗子。稻种泡五夜后，捞出放草篮中，保持一定的温度和湿度以催芽，芽长到二分长时开始播种。

为了把握好播种季节，南方有以候鸟为物候的习俗，春耕生产全凭对候鸟的观测来安排，表现出典型的农业社会特点。《荆楚岁时记》载："春分日，民并种戒火草于屋上。有鸟如乌，先鸡而鸣，架架格格。民候此鸟则入田，以为候。"同书又曰："四月有鸟名获谷，其名自呼，农人候此鸟，则犁耙上岸。"[①]获谷即布谷鸟，可见当时农业耕作以鸟为候。获谷即为布谷，它的叫声总是四声为一节，"布谷布谷"就是它的名字了。《四民月令》载："布谷鸣，收小蒜，草始茂。"布谷鸟的到来，说明转入炎热的夏季，这是植物孕育果实的时期。这些都是南北朝时期耕作技术进步的具体表现。

魏晋南北朝时，北方农耕已有几千年的历史，积累了大量经验，耕作方式趋向精细；南方由于北方流民迁入，带去了先进的耕作技艺，农业迅速发展。由于南北自然条件的差异和作物品种的不同，耕作习俗各有特点。江南一带，自三国的吴国以来，农业生产就逐步得以发展。孙权父子曾于吴大帝黄武五年（公元 226 年）亲自倡导农耕。西晋武帝咸宁三年（公元 277 年），曾"分种牛三万五千头，以付二州将吏士庶，使及春耕"。由于封建国家一再提倡牛耕，所以铁犁牛耕这一时期在南方得以较广泛地推广，尤其是地主庄园资财雄厚，牛耕应用更为普遍。

魏晋南北朝时期，一般自耕农家有自己的耕牛。而佃农可以到官家借牛。晋室南渡以后，随着北方移民的大量迁入，南方水田也开始精耕细作。人们已经对作物与作物、作物与环境之间的关系有了比较深刻的认识，为了提高土地利用率，轮作、间作、套作和混播等方式已被广泛使用，这就从根本上改变了汉代以前普遍流行的一年一熟的种植制度，而使北方流行起二年三熟制，南方出现了一年二熟制或一年三熟制。而此时园圃农业更加丰富，北方已经出现几十种不同的蔬菜。

---

① 宗懍，杜公瞻，姜彦稚.荆楚岁时记［M］.北京：中华书局，2018：38.

四、魏晋南北朝时期的农田水利建设

魏晋南北朝时期，各政权为发展自身的农业经济，十分重视农田水利的修复和完善，加之连年的战乱使原有的水利设施受到破坏，统治者为维护政权的稳定，不断加强农业基础设施建设。西晋太康年间（公元280—289年），杜预修复的六门，下结二十九陂，使诸陂散流，灌溉各处农田。杜预因而被当地人称为"杜父"。北魏太平真君五年（公元444年）兴修的引黄灌溉工程艾山渠，在选址、工程布置等方面都有独到之处。三国魏嘉平二年（公元250年）修建戾陵堰、车箱渠引㶟水（中游为今永定河），渠道自堰上引水，东过蓟城西北，下入今潮白河，长百余里，"所概田万有余顷"，此工程从坝址的选择到渠线的布置，都相当合理。

东魏、北齐都建都于邺，在旧的漳水十二渠基础上修复了一些水利工程。前秦、西魏、北周都建都长安，也修建了一些水利工程。淮河流域的水利兴修多与军事屯田有关，最著名的是三国魏屯田，大大促进了此地区灌溉事业的发展。江南的农田水利，自三国吴到两晋和南朝宋齐梁陈，重点在太湖流域。太湖西北以塘坝蓄水为主的水利发展较快。[①]这些工程在当时都发挥了较大的作用。

另外，入隋以后，尚有开皇二年（公元582年）引杜阳水灌三畤原；薛胄为兖州刺史，堰沂泗水，号"薛公丰兖渠"；赵轨为寿州总管长史，改开芍陂三十六门，灌田五千余顷；等等。[②]可见，魏晋南北朝时期官方对农田水利建设的力度十分可观，而农田水利的修建也为这一时期农业高质量的发展打下基础，从而为农业丰收创造了条件。

五、耕地的扩大与开发

三国两晋南北朝时期，政府对农田的开发首先表现在对传统关中地区的开发上。东汉末年，张鲁割据汉中期间，保境安民，施行五斗米教，对北方破产农民有很大吸引力，大量难民逃奔汉中。韩遂、马超争夺关陇时，"关西之民，从子午谷奔之者数万家"，使汉中农业人口大大增加。史载张鲁在汉中时，"汉川之民，户出十万，财富土沃"，与东汉后期汉中郡57344户相比，几乎增加了一倍。

公元219年，刘备击败曹军，夺取汉中后，汉中成为蜀汉北伐基地。诸葛亮在汉中开府理事，充分利用汉中地区农业地理的有利条件，征战闲暇"休士劝农"，目的是"民安食足，而后用之"。并实行屯田，同时诸葛亮还在汉中设立督农机构，负责劝课

① 周耀明，万建中，陈华文.汉族风俗史：第二卷 秦汉·魏晋南北朝汉族风俗［M］.上海：学林出版社，2004：252.
② 李剑农.中国古代经济史稿［M］.武汉：武汉大学出版社，2006：328-331.

农桑，保证军粮供应。诸葛亮为增加劳动力，先后从西县（今甘肃天水市）、两当迁入汉中千余户，从兴古（今云南罗平县）移入汉中2000人，从四川涪陵移入汉中3000人。诸葛亮在汉中的屯田及移民使一度因战乱而荒芜的大片田地重新得到利用。同时，诸葛亮还在汉中建造储蓄军粮的大型仓库。正是诸葛亮的经营，使汉中农业在战争期间得以持续发展。"武侯屯汉中，治赤崖以诸军资。"直到蜀汉政权终了时，包括汉中在内的蜀汉地区仍是一片"百姓布野，余粮栖亩"的和平繁荣的农业景观。[①]

流民的大量迁入又是持续不断进行的。史载南朝宋武帝永初三年（公元422年），"秦雍流民南入梁州，庚中，遣使送绢万匹，且曹荆、襄之谷以赈之"，秦雍迁出流民大约占关中总人数的三分之一，且大部流向陕南地区。以后实行土断政策，呼召役调，流寓人口大多成为陕南的编户齐民。由当时安康、怀宁、怀昌、长乐、永乐、安业诸县郡之设立，可知侨民已习惯陕南环境，由漂泊流离，渐趋安定。秦雍流民南下，不仅使陕南增添了劳动力，也带来了关中先进的农业生产技术，促进了陕南地区传统农业技术的发展。

江南地区的经济社会在这一时期也得到前所未有的发展。曹操从汉献帝建安元年（公元196年）开始实行屯田，一年就收获百万斛谷，故而开始在其控制地区各州郡推行屯田。"五年中，仓廪丰实"，每年可以收获粮食千万斛。屯田分为兵屯和民屯，每个参与屯田的家族有自己固定使用的土地，主要种植稻、粟、桑、麻等作物。三国前期，牛耕、水利灌溉等就已推广到江南会稽等地。由于农业生产技术的提高和农业生产的发展，这一地区的人口也就渐渐增多。荆州的人口，由西汉的359余万人增至620余万人；扬州的人口，由西汉的320余万人增至433余万人。这种情形就说明在三国时期东南一带的经济逐渐得到开发。

孙吴政权统治江南时，江北的自耕小农不愿做政府屯田土地上的屯田客，渡江至江南，一次就有十余万户之多。他们不仅给江南带来了进步的农业生产工具和先进的生产技能，同时也扩大了江南的耕地面积，这就成为东吴在江东立国的有利条件。[②]东吴建立之初，孙权也实行过屯田，解决了北方南下流民和土地结合的问题，扩大了江南的耕地面积。东吴注重水利的建设和发展，大多围绕其都城建邺展开。东吴的水利工程连接秦淮河和破冈渎，又将后者与云阳接通，这一水道成了后来南朝的主要运输航道。三国吴大帝黄龙二年（公元230年），东吴开始和台湾地区的同胞有了接触。此时台湾的高山族还分为多个部落，已经有了农业，土地肥沃，吃五谷、鱼肉，但是生产工具还基

---

① 吴宾.秦汉魏晋时期陕南地区农业开发研究[J].华中农业大学学报（社会科学版），2007（3）：43-47.

② 王仲荦.魏晋南北朝史[M].上海：上海人民出版社，2016：91.

本为石器，纺织方面，能做细布也能做斑文布，另外，东吴还和南洋地区有往来。

公元 280 年，西晋统一全国后，在全国范围内实行占田法，中原地区的农业经济得到了恢复与发展。据《晋书》记载，西晋人口从公元 280 年的 245.984 万户增长到公元 282 年的 377 万户。但是此时世家大族的土地并没有被触及，助长了大庄园经济的发展。此时的人口与东汉冲帝永嘉元年（公元 145 年）全国 993 万户的人口数据仍相差较大。① 西晋统一全国后，经济得到了短暂的发展，之后便形成了南北对峙的局面。就北方而言，北魏未能统一北方之前，民族纷争，情势混乱。从北魏道武帝拓跋珪即位到北魏孝文帝改革之间的 100 多年间，北魏重视农业的发展，孝文帝推行均田制之后发展更加迅速。但是南北朝的经济都偏向粗放型，黄河中下游等地区的农业受到了畜牧业的冲击。

从东晋元帝建武元年（公元 317 年）到隋文帝开皇九年（公元 589 年）灭陈，前后 270 多年的历史，可以分作两个阶段。第一个阶段，自东晋建国到孙恩领导农民起义（公元 317—404 年）。在这一阶段，北方流亡南下的劳动人民和江南的土著居民开始汇合，他们一边辛勤地开发江南，一边应招征战。第二个阶段，从晋末刘裕秉国到陈亡（公元 405—589 年）。从这个阶段开始，由于孙恩领导的农民起义沉重打击了世族专政的统治，从而推动了江南经济的发展。但是，江南经济获得巨大发展以后，地主阶级聚积了大量财富，人民的生活却没有改善，世家大族在富裕生活中日益腐化，他们终于招致侯景之乱，给江南经济带来了巨大的破坏。南朝陈的统治时代，不仅疆域比之前狭小，经济发展的速度也不如侯景乱梁以前那么迅速了。

六、男耕女织的小农经济趋于稳固

男耕女织是中国社会家庭分工的传统格局，历史悠久。凡是适宜种桑的地区，几乎家家植桑育蚕，缫丝织帛。魏晋南北朝时，北方经济虽遭到严重破坏，但女子纺织作为传承已久的家庭副业并未中断，也保持了前代固有的生产技术。

南北朝时北人南迁较多，北人习惯于罗纨绮縠等丝织优美之服物，桑蚕业也随之南移，较东汉后期有进步。三国时孙吴据江东，孙权的部属一半以上是北方南迁的人，他们提倡桑蚕之业。《三国志·吴志》记华核谏孙皓疏："广开农桑之业，积不訾之储"，又称"宜暂息众役，专心农桑"，可见，桑蚕业已被当时政府积极提倡。当时社会已经有了奢靡之风，且当时在南方已经有了穿丝织品的习惯，可以描述为"内无儋石之储，而出有绫绮之服"。② 自司马氏统一三国后，再经永嘉之变，人口南移现象加重，江左

---

① 王仲荦. 魏晋南北朝史［M］. 上海：上海人民出版社，2016：195.

② 吕思勉. 秦汉史［M］. 南京：江苏人民出版社，2017：545.

桑蚕业有了新的发展。故自东晋至南朝各代，朝廷对于人民所征收之租调，皆布绢兼收；唯江左本为麻布产区，桑蚕业虽渐兴起，仍不能与麻相抗。就官库收入之实际情形察之，绢之收入，亦远不如布之多。

当时南北不同地区的丝织业也得到迅速发展，比如，《周书·武帝纪》记载：北周武帝建德六年（公元 577 年）九月，初令"民庶以上，唯听衣绸、绵绸、丝布、圆绫、纱、绢、绡、葛、布等九种，余悉停断。朝祭之服，不拘此例"。在北方，丝织物与麻织物都是普通百姓生活中常见的服饰。这一时期，纺织的效率也有所提高。《西京杂记》谓，汉宣帝时宝光妻"六十日成一匹"，其所用之机，复杂至一百二十蹑，此其织机之构造，不便于一般运用可知。然此属于特别绫、锦之织机，至于普通绫机，其用蹑当不如此多，然亦多至五六十蹑。三国时期，对纺织技术加以改进，许多先进的纺织技术也由北方传到南方。[①]

北魏时，由于官府大力奖励植桑，家庭育蚕织帛之俗有了很大发展。尤其是今山东省，古已闻名的"齐纨鲁缟"声名不衰，齐地名贵的大文绫、连珠孔雀罗、冰纨、方空、吹纶絮和鲁地薄如蝉翼的阿缟等，一部分是家庭纺织的产品。江南地区的家庭纺织则以织布为主，以麻为原料，产品称为"绤"或"绨"；另外又有"南布"，或称"筒中细布"，有可能是棉布。无论南北，此时的家庭纺织大都是一机一杼，男耕女织的经济形态进一步稳固。

魏晋南北朝时期，匈奴、鲜卑、羯、氐、羌等少数民族在迁徙和战争中先后进入中原，利用不同的方式，在原传统的汉族聚居区建立起自己的政权。一方面，他们给汉族地区带来了胡服、胡床、胡食、胡坐等少数民族游牧文化；另一方面，他们在建立和巩固自己政权的时候，需要主动学习汉族先进的农耕文化，从而引起了少数民族文化与汉族文化的强烈碰撞和密切交流。值得注意的是，北魏政权统一北方后，孝文帝实行迁都和改制，朝廷提倡鲜卑贵族与汉族士族之间的通婚，对于民族文化的交流和融合起了催化作用，促进了鲜卑族等少数民族的汉化。从十六国割据到北魏统一北方，再由北魏分裂为东魏、西魏到被北齐、北周取代，民族文化间的交流和融合始终是社会文化发展的主流。各民族间文化背景、传统观念、生产方式的不同，也给社会文化发展提供了更多的抉择机会，使魏晋南北朝的社会文化尤其是农业文化呈现出多姿多彩的特征。[②]

---

① 李剑农.中国古代经济史稿［M］.武汉：武汉大学出版社，2006：317–321.

② 周耀明，万建中，陈华文.汉族风俗史：第二卷 秦汉·魏晋南北朝汉族风俗［M］.上海：学林出版社，2004：227.

第二节　多民族农业丰收习俗的碰撞与融合

三国两晋南北朝时期是中国历史上政局极为动荡的年代，突出体现在社会动荡、政权割据、民族大融合等方面。但与此同时，这一时期也是介于秦汉、隋唐之间的一个重要的能量积聚期、结构调整期、思想文化变革期。这一时期，政治、经济上孕育萌生的诸多新元素，对此后中国历史发展均具有重大影响。民族迁徙与融合、农牧结构调整、生产关系变革、思想文化多样性发展，为隋唐盛世的出现奠定了坚实的基础。这一时期，儒、释、道文化充分融入中华传统文化中，对农业文化产生了重要影响，使得与丰收相关的民俗文化得到快速发展。

一、立春

在传统的农耕社会，古人相当重视立春岁首。立春岁首对于农耕社会来说，具有重要的意义。立春是一个重要的农事节气。魏晋南北朝时，立春之礼仍延续以往的习俗。《后汉书·礼仪志》记载："立春之日……立青幡，施土牛耕人于内外。"南朝徐陵《杂曲》亦有"立春历日自当新，正月素幡底须故"的诗句。《荆楚岁时记》也讲道，"立春日悉剪彩为燕以戴之"，"立春日，贴宜春于门"。宜春即宜春帖，是一种贴在门上的饰物。从这些记载可以看出，魏晋南北朝时期，每当春暖之时，民众会用纸绢制成的小饰物戴在头上，以示迎春，立春发展到这一时期有立春幡、戴春胜、贴宜春等一系列习俗。春象征着生长、播种、耕耘。全国多地传承着在立春岁首拜神祭祖、纳福祈岁、驱邪攘灾、除旧布新等与丰收相关的民俗文化活动，这一系列的节庆活动构成了后世岁首节庆的雏形，它们的民俗功能也一直遗存至今。

二、社日

社有秋社、春社之分。社日是祭祀社神的日子。春社是祈求丰收的日子，秋社是报答丰收的日子。魏晋南北朝时期，关于民间社日祭神，《荆楚岁时记》记载："社日，四邻并结宗会社，宰牲牢，为屋于树下，先祭神，然后享其胙。"[①]古时的社日节期依据干支历法来定，后来因历法变动，改用阴历定节期。春社按立春后第五个戊日推算，一般在农历二月初二前后。秋社在立秋后第五个戊日，约新谷登场的农历八月。古代把土地神和祭祀土地神的地方都叫"社"，按照中国民间的习俗，每到播种或收获的季

---

① 宗懔，杜公瞻，姜彦稚.荆楚岁时记［M］.北京：中华书局，2018：28.

节，农民们都要立社祭祀，祈求丰收，酬报社神。《荆楚岁时记》中也说："秋分以牲祠社……以占来岁丰歉。"这里祭祀用到酒肉，而在岁末，"并以豚酒祭灶神"，同样如此。①《齐民要术·大小麦第十》中讲到播种期时说："八月戊社前种者为上时；下戊前为中时；下戊后为下时。"这里的"社前"即秋社前。

社日祈求农业丰收的风俗也与这一时期道教的流布有关。早期道教吸收了民间社神信仰，《道要灵祇神鬼品经》列有豫州、雍州、梁州、荆州、扬州、徐州、青州、兖州、冀州九州社神名号，民间相对分散的社神信仰在道教文化中有了集中的反映。道教也吸收了社日祭祀社神的风俗。魏晋南北朝时期，大体上一年有两个社日，分别在二月、八月。社日在古代社会是很盛行的节日，晋嵇含《社赋序》讲："社之在于世，尚矣。自天子至于庶人，莫不咸用。"社神信仰在民间的盛行，是基于土地是农业生产的重要资源，在民间信仰中便以为农业丰收与土地神密切相关。

三、三月三

春社、寒食、三月三都是荆楚地区重要的节日，旨在祈求生产丰收。三月是重要的农时季节，江汉地区人在三月三日听取蛙声以占卜天气的水旱与农事的丰歉，这是江汉地区的古老传统。农人听蛙声卜水旱，早鸣早熟，晚鸣晚熟。古谚云："田家无五行，水旱卜蛙声。"荆州人三月三日，"初三卜蛙声，上昼叫，上田熟；下昼叫，下田熟；声哑水小，声响水大"。天门人亦"听蛙声卜岁，上昼鸣，上乡熟；下昼鸣，下乡熟；终日鸣，上下俱熟；终日无声，则岁歉"。②人们在三月三这一天有许多习俗同农业的发展及收获联系在一起，赋予这个节日独特的意义。

四、寒食节

寒食节在魏晋南北朝时期逐渐定型。《荆楚岁时记》记载："去冬节（冬至）一百五日，即有疾风甚雨，谓之寒食。禁火三日，造饧大麦粥。"寒食节在汉代尚无固定日期，或为五月五日，或为冬至后百五日。但到魏晋南北朝时则已固定为清明节前一日。其主要节俗为禁火寒食。另外，有蹴鞠、秋千、施钩之戏，有斗鸡、镂鸡子、斗鸡子之俗。寒食节虽然起源于对人的纪念，在某种程度上也是农耕社会的产物。

---

① 宗懔，杜公瞻，姜彦稚．荆楚岁时记［M］．北京：中华书局，2018：73.
② 萧放．岁时记与岁时观念——以《荆楚岁时记》为中心的研究［M］．武汉：华中师范大学出版社，2019：192.

五、浴佛节

随着佛教传入中土，中国古代的寺院中也渐次出现了纪念释迦牟尼诞生的浴佛仪式。《荆楚岁时记》记载："四月八日，诸寺各设斋。以五色香汤浴佛，共做龙华会。以为弥勒下生之征也。"[①] 龙华会即浴佛节，据传，弥勒佛本来是释迦牟尼的弟子，但他先于其师而入灭，上升到兜率天内院（后称"弥勒净土"）作"补处菩萨"，即"未来佛"。浴佛节在东汉时仅限于寺院举行，到魏晋南北朝时流传至民间。是时，民众会煮豆微撒以盐，邀人于路，请食之，以为结缘。

六、七月半

七月十五与佛教盂兰盆节在魏晋时期开始融合。从节俗上看，它们分别依托于中国古代传统的夏祭和秋祭，将传统的祭祀与佛教的传说结合为新的民俗节日。[②]《荆楚岁时记》首次记载了荆楚地区七月十五的盂兰盆节。农历七月是农业丰收的时节，万物本乎天，人本乎祖。人们在祭祀天地山川的同时也对自己的祖先进行祭祀。"七月日至，可以有事于祖"，人们希望在农业上受到神灵的帮助，保证农业丰收，逐渐形成了春祈秋报的农事信仰习俗。在丰收之际，人们会进行庆祝，祭祀天地、祖宗。其中包括向祖先之灵献祭，将成熟的谷物等作为祭品。七月十五的原始意义在于秋尝与祭月，它与七月七日不仅时间相连，在节俗性质上亦有一致性，都有在收获时节向神灵告祭的含义。二者虽然向不同方向发展，但它们之间有着密切的关系，我们在民俗志资料中常见乡村秋祭是从七月初一或初七至七月十五。

七、中秋节

魏晋南北朝时期，中秋节虽未形成，但后世中秋节的许多习俗活动已初露端倪。当时中秋前后，有送人礼物的习惯，《荆楚岁时记》载："八月十四，民并以朱水点儿头额，名为天灸，以厌疾。又以锦彩为眼明囊，递相饷遗。"这表明在魏晋南北朝时期荆楚地区有中秋节期间亲友互送"明目囊"的习俗。《荆楚岁时记》引《续齐谐记》曰："（邓绍）八月旦入华山采药，见一童子执五彩囊，承柏叶上露，皆如珠满囊。绍问：'用此何为？'答曰：'赤松先生取以明目。'言终便失所在。"据此，当时的人在八月中秋有互馈"明目囊"之俗。梁简文帝《明眼囊赋》讲道："俗之妇人，八月旦，多以锦

---

① 宗懔，杜公瞻，姜彦稚 . 荆楚岁时记［M］. 北京：中华书局，2018：39.

② 萧放 . 岁时记与岁时观念——以《荆楚岁时记》为中心的研究［M］. 武汉：华中师范大学出版社，2019：137.

翠珠宝为明眼囊，因竞渡凌晨取露拭目。"可见时俗甚为风行，但日期则不固定，或八月十四，或八月初一，故而还没有形成正式的中秋节。

中秋赏月的习惯在魏晋南北朝时期也是得以延续，比如，《晋书》记载称："瑞尚书镇牛诸，中秋夕与左右微服泛江。"但总的说来此时尚未形成习俗。中秋赏月成为一种普遍参与的习俗活动，则要到唐代。中秋是农业收获的时节，是中国较早的丰收节之一，魏晋南北朝时期人们收获后也会进行庆祝，但是时间一般在立秋前后，不具体在八月十五。

八、重阳节

重阳节起始于上古，普及于西汉。魏晋南北朝时期，重阳节的习俗逐渐成形。古人认为"九"为阳数之最，月在九，日也在九，故曰重阳。此节汉时已有流行，只因其与饮宴、登山、娱乐结合在一起，在魏晋南北朝时期更受士庶欢迎，成为一个很有特色的节日。《荆楚岁时记》载："九月九日，四民并籍野饮宴。"可见，这一时期，九月九日平民也出外郊游。隋杜公瞻注："九月九日宴会，未知起于何代，然自汉至宋未改。"[①]求长寿及饮宴，构成了重阳节的基础。三国时，魏文帝曹丕《九日与钟繇书》说："岁往月来，忽复九月九日。九为阳数，而日月并应，倍嘉其名，以为宜于长久，故以享宴高会。"[②]当时节俗已定型了。重阳节主题是求长寿、戴茱萸、酿菊酒、赏菊及祭扫酒业神等。晋代文人陶渊明在《九日闲居》诗序文中说："余闲居，爱重九之名。秋菊盈园，而持醪靡由，空服九华，寄怀于言。"[③]这里同时提到菊花和酒。大概在魏晋时期，重阳日已有了饮酒、赏菊的做法。

九、腊八节

南北朝时佛教盛行。据佛家传说，腊月初八为释迦牟尼成道日，各地寺院习惯于这天设腊八粥供佛。民间礼佛成风，竞相效之，腊八习俗遂流传至今，而先秦和秦汉时期盛行的腊八古节则渐渐被人淡忘。腊日某些内容，也逐渐融入元日春节之中。腊八起源的说法很多，学界有一观点认为，在汉代以前是以祭祀的时节为时间标识，汉代历法完备后，岁祭与历年并重。西晋灭亡，古代礼制崩解，民众时间观念世俗化，岁时伏腊宗教祭祀的岁度周期已从与历年周期并行的位置下降，人们更注重历法年节，腊祭大礼地位沦落。

---

① 宗懔，杜公瞻，姜彦稚.荆楚岁时记［M］.北京：中华书局，2018：65.

② 黄逸之，王新才.陆游诗［M］.武汉：崇文书局，2014：274.

③ 傅东华.陶渊明诗［M］.武汉：崇文书局，2014：61.

同时，魏晋时期腊祭日的礼俗开始分化，一部分成为岁除的内容，一部分保留在腊日中，这时腊日有了固定的日期。先民腊月岁末用猎获的禽兽祭祀众神和祖先，祈求新的一年避灾迎祥。到南北朝时，将这一日定为十二月八日。魏晋以前，腊日不定。魏以土旺，土衰于辰，故以辰为腊。晋以金旺，金衰于丑，故晋以丑为腊。南朝宋据水德，故以十二月辰日为腊。但到南北朝之后，民间将腊日节期基本上固定于农历十二月初八，这就是后来历代都非常重视的腊八节。

在腊八节这天，天气转冷，农耕活动停止，而谷仓中则存满了秋天收获的粮食。腊日本来就是古代人民岁末祭祀祖先、祭拜众神、庆祝丰收的节日，在祭拜祖先和神仙的同时，还将丰收的各类谷物煮在一起，就成了腊八粥，其中蕴含着丰收节庆的文化内涵。

十、元宵祭蚕

魏晋南北朝时期，元宵除了继承汉朝时张灯的习俗，还有祭祀农神。正月十五，在后来是非常隆重的元宵节，但在魏晋南北朝时主要是一个以祭祀占卜为主、与蚕事活动紧密相关的节日。当天主要祭祀门户，祭祀蚕神。"正月十五日，作豆糜，加油膏其上，以祠门户。先以杨枝插门，随杨枝所指，仍以酒脯饮食及豆粥插箸而祭之。"

魏晋南北朝时期，农家除饲养畜禽外，养蚕习俗十分流行。北魏时期，黄河流域的蚕业生产在全国仍居重要地位。据《齐民要术》所记，当时蚕有一化、二化、三眠、四眠之分，农家在蚕的饲养，蚕室的温度、湿度及采光等环境条件的掌握和调节，蚕病敌害的防治方面，都有一套约定俗成的做法。在南方，已能在一年中分批多次养蚕，南朝宋人郑辑之在《永嘉记》中说："永嘉（今浙江温州）八辈蚕。"指的就是一年多次养蚕。魏晋南北朝时期，道教文化发展迅速，并融入一些民间节日活动中。由于民间信仰认为蚕神主宰着蚕桑的收成，便在传说中蚕神所降之日"正月半""作糕糜"祭蚕神，希望来年蚕桑丰收。据《荆楚岁时记》记载："老人月半作粥之，加肉覆其上，登屋食之，咒曰：'登高糜，挟鼠撤职，欲来不来，待我三蚕老。'则是为蚕逐鼠疫矣。"由此可知，正月十五与祭祀门户和祭祀蚕神等相关，是一个祭祀性的节日。①

祭祀蚕神也受到皇室的重视。《晋书》记载："魏文帝黄初七年正月，命中宫蚕于北郊，依周典也。"这种自上而下祭祀蚕神的活动，说明在古代农耕社会中，蚕的养殖对于人们的生活具有重要意义，是人们生活物资的重要来源。祭蚕神习俗在道教文化中则表现为请蚕神，《赤松子章历》中的"保蚕章"，通过道士章奏请神，祈祷蚕神为人们实现"收茧万石，得丝千斤"的愿望。《荆楚岁时记》引《续齐谐记》记载称："吴县张成

---

① 周耀明，万建中，陈华文．汉族风俗史：第二卷　秦汉·魏晋南北朝汉族风俗［M］．上海：学林出版社，2004：372.

夜起，忽见一妇人立于宅东南角，谓成曰：'此地是君家蚕室，我即此地之神。明年正月半，宜作白粥，泛膏其上以祭我，当令君蚕百倍。'言绝而失之。成如言作膏粥，自此后大得蚕。"这种吸收民间蚕神信仰、希望农业丰收的章奏科仪，也自然是服务于民俗活动，进而在民间产生影响。[①]

十一、其他相关习俗

除了以上节庆习俗，还有一些与农业有关的习俗，比如《荆楚岁时记》中记有："六月必有三时雨，田家以为甘泽，邑里相贺。曰贺嘉雨。"[②]中国民间把夏至后的十五天分成三个"时"，一般头时三天，中时五天，末时七天。此时的降水对农业产量影响很大，有"夏至雨点值千金"之说。

魏晋南北朝时期，冬至日有朝会、送鞋袜于舅姑、食赤豆粥等风俗，皆传承自前代。记录南朝历史的纪传体史书《宋书》记载："冬至朝贺享祀，皆如元日之仪，又进履袜。"后魏崔浩《女仪》称："近古妇常以冬至日进履袜于姑舅。"《荆楚岁时记》也称："共工氏有不才子，以冬至日死，为疫，畏赤豆，故作粥以禳之。"可见，魏晋南北朝时期在冬至日的习俗种类繁多。关于除夕，《荆楚岁时记》记载："岁暮，家家具肴蔌诣宿岁之位，以迎新年。相聚酣饮。留宿岁饭，至新年十二日则弃之街衢，以为去故纳新也。"这些习俗节庆与农耕社会的发展息息相关。

魏晋南北朝是社会文化大变动大融合的时期，中国古代民俗文化观念与生活方式在这一时期发生了重大变化。少数民族的风俗文化盛行，丰富并融入了中原汉族的风俗礼仪。匈奴、鲜卑、羯、氐、羌等少数民族在迁徙和战争中先后进入中原，并趁统治者内部争斗时，利用不同的方式，在传统汉族聚居区建立起自己的政权，带来了内涵丰富的少数民族文化，引起了不同民族文化之间的强烈碰撞和频繁交流，刺激了风俗礼仪的变动与重构。故而当时的文化习俗也有胡汉融合、南北异趣的特点，甚至呈现出叛古、趋时、突变、多元的特点。随着历史发展，南北有别的许多习俗在学习交融中不断同化，到隋唐之后，其中一些已成为一体之风俗。

第三节　魏晋南北朝时期畜牧业丰收文化的兴起

自东汉末期开始，中国陷入旷日持久的战争动乱之中。原先生活于北方草原的游牧民族人口大量涌入中原内地，形成了历史上最为广泛和深刻的民族大融合。这次历史

---

① 宗懔，杜公瞻，姜彦稚. 荆楚岁时记［M］.北京：中华书局，2018：18.
② 宗懔，杜公瞻，姜彦稚. 荆楚岁时记［M］.北京：中华书局，2018：55.

大变革为魏晋南北朝时期数百年的畜牧经济发展提供了特殊的机遇。

一、中原农耕区的畜牧业发展

长期战乱造成人口剧减，经济萧条，农田荒废。原先人口稠密的中原地区，突然变得遍地蒿莱、地旷人稀。这在客观上给畜群放牧提供了充裕的草场。另外，战争造成的大量人口远距离迁徙，使得来自北方的人口显著增加，这些习惯于"食肉饮酪"的新居民对畜产品的需求量也相应增加，为畜牧业的发展提供了社会需求方面的推动力。

长期的战乱，对包括农牧业在内的社会经济造成空前破坏，人民生活于水深火热之中。统治阶段为了缓和社会矛盾，增加战争所需的兵员和物资，客观上也需要采取积极措施来推进农牧业生产。尤其是在战争影响较小的地区以及战争间歇的时期，农牧业都得到较快的恢复和发展。

在这样特定的历史背景下，此前被排挤到长城以北的大型畜牧业，又在黄河中下游地区得到某种程度的恢复。"农牧交错"的局面重新形成，农牧经济的布局和比重由此发生了重大变化。[①]

魏晋南北朝时期北方农牧经济布局的变化，首先表现为黄河中游畜牧区域的扩展，这一扩展过程以十六国及北朝前期为最盛期。这一时期的畜牧区包括了一向以农耕经济著称的黄河中游的黄土高原，中原腹地，乃至黄淮、江淮之间的广大地区。《晋书·食货志》记载，曹魏时期曾在号称农田沃野的"三魏近甸"设立"典牧"，大片土地被规占为养牛牧场。《晋书·束皙传》说，至西晋初年，尚有牛四万五千余头；西晋的京畿之地——司州（辖今山西南部、河南北部，东接河北南部及山东西境），在两汉时期乃为人口最密、农桑最盛之区，此时却是牧苑广阔，"猪羊马牧，布其境内"。与司州相邻的冀州平原，十六国时期亦有马牧苑的设置，羯人石勒起兵时，即利用了当时官办收苑的马匹。《魏书·食货志》记载，北魏迁洛之后，更辟"石济以西、河内以东，拒黄河南北千里为牧地"，设立河阳牧场，"恒置戎马十万匹"。在华北大平原上，内徙游牧民族聚居之地，往往都曾有过大片农田被规占为牧场的情况。少数民族中的贵族、官僚往往霸占大片土地，役使大量"牧子"为之放牧。在一段时期里，不仅黄土高原一带以畜牧业为主，而且黄河中下游平原也在一定程度上复归于"夷夏杂处""农牧交错"的局面。这在中国农业历史上乃是绝无仅有的情况，由此催生了以畜牧业为对象的"牧业丰收文化"。

---

① 王利华.中古华北饮食文化的变迁［M］.北京：生活·读书·新知三联书店，2018：17.

二、公私牧场的更替

北魏是中国历史上官办畜牧业最为繁盛的一个朝代。拓跋魏氏兴起于畜牧，对官牧经营十分重视，曾先后设立了四处大型官牧场。早在道武帝天兴二年（公元399年），即在平城附近地区开鹿苑牧场，至明元帝泰常六年（公元421年），又"发京师六千人筑苑，起自旧苑，东包白登，周回三十余里"，对旧牧场进行扩建。若干年后，太武帝拓跋焘又在鄂尔多斯以南地区大兴官牧。《魏书·食货志》称："世祖之平统万，定秦陇，以河西①水草善，乃以为牧地。畜产滋息，马至二百余万匹，橐驼将半之，牛羊则无数。"其后复于漠南建立牧场。《魏书·宇文福传》记载，孝文帝迁都洛阳以后，复有宇文福主持兴建河阳牧场，"时仍迁洛，敕（宇文）福检行牧马之所。福规石济以西、河内以东，拒黄河南北千里为牧地。事寻施行，今之马场是也。及从代移杂畜于牧所，福善于将养，并无损耗"。这个牧场"恒置戎马十万匹，以拟京师军警之备。每岁自河西徙牧于并州，以渐南转，欲其习水土而无死伤也"。

这些大型牧场，不仅为国家提供了以军马为主的役畜，而且提供了大量肉、奶和毛皮产品，是当时社会经济的重要组成部分。从历史文献的记载来看，几大官办牧场对北魏官府的物资供应，特别是军马、肉类和奶类食品的供应，发挥了很大作用，对国家财政经济具有重要影响。北魏晚期，由于官办牧场相继丧失，"而关西丧失尤甚，帑藏益以空竭"，于是不得不将内外百官及诸蕃客的廪食和肉奶食料减少一半，可见畜牧业在当时的国民经济中所占的重要地位。②

与官办牧场并驾齐驱的还有许多大型私营畜牧场。即使是农耕地区的农户饲养家畜，规模也有所扩大。当时，不少庄园地主、士绅官僚常以牧养为致富谋利之途。《太平御览》引石崇《金谷诗序》说，西晋富豪石崇，在其河南金谷庄园中"有田十顷，羊二百口，鸡猪鹅鸭之属，莫不毕备"。还有，高车是一个住穹庐、乘高车、放牧牛羊、逐水草而生的游牧民族。他们的畜牧业非常发达，前燕于景昭帝光寿元年（公元357年）征高车，《晋书·慕容俊载记》非常夸张地说："获马十三万匹，牛羊亿余万。"《魏书·太祖道武帝纪》描述拓跋珪另一次征伐高车，俘众七万余口，马三十余万匹，牛羊百四十余万。公元429年，拓跋焘讨高车，"获马、牛、羊亦百余万"。战争中俘获的马匹等牲畜的数量如此庞大，反映出当时北方畜牧业的发达程度。《魏书·高车传》载：

---

① 此"河西"指自今山西渡黄河而西的鄂尔多斯东南地区，非指河西走廊。
② 《魏书·食货志》载：当时群牧相继遭破坏，"而关西丧失尤甚，帑藏益以空竭。有司又奏内外百官及诸蕃客禀食及肉悉二分减一，计终岁省肉百五十九万九千八百五十六斤，米五万三千九百三十二石"，说明北魏时期政府肉料供应主要仰赖于官牧。

"其迁徙随水草，衣皮食肉乳，牛羊畜产尽与蠕蠕同。"石崇的金谷园和贾思勰的生活区域都在农耕地带，而他们家养的畜禽，单羊即达二百口，已是很不小的畜群了。

三、奶畜饲养与贸易

奶畜选育。魏晋南北朝时期对牛的外形鉴定也有一套方法。《齐民要术》提出：牛的体形要求"身欲得促，形欲得如卷"，"插颈欲得高。一曰体欲得紧"；并认为："大臁疏肋难饲……口方易饲。"对牛的各个部位的观察判断，头部要求"头不用多肉"，"角欲得细"，"眼欲得大"；躯干要求"膺庭（即胸）欲得广"，"肋欲得密，肋骨欲得大而张"，"臀欲方"。即要求胸部发达，后躯臀部成方形；四肢则要求肌肉发达，关节坚实，筋腱显明，即所谓"兰株欲得大，豪筋欲得成就，丰岳欲得大，蹄欲得竖，垂星欲得有怒肉，力柱欲得大而成"。如此等等，都相当细致具体，观察入微。

奶畜市场。魏晋南北朝时期虽因战乱频繁，社会经济受到破坏，但是畜牧业仍有相当程度的发展，尤其是周边少数民族纷纷进入中原，更促进了畜牧业的发展。因此这一时期的畜产市场相对来说还是相当活跃的。[①]

魏晋时期的经济在汉末衰乱之后得以复苏，洛阳东石桥南有魏时牛马市。西晋时洛阳有羊市。可见洛阳之牲畜市场在魏晋时期一直存在。农村之牲畜交换也一直在进行。《三国志·魏志·仓慈传》说，颜斐为京兆太守时，"课民无牛者，令畜猪狗，卖以买牛"。

魏晋南北朝时期，人们以奶山羊为主要的奶畜，这是这一时期很鲜明的特点，因此《齐民要术》把酪加工的技术放在养羊篇里来叙述。但是，该书还提到用牛奶、马奶和驴奶来加工酪的方法，还有一种将马奶与驴奶混合制作酪的方法。当时的奶畜，以羊为主，兼有牛、驴、马、骆驼等。

鲜卑族原本就是畜牧民族，建立北魏王朝后，对于畜牧业自然格外关注，平城宫中即有埠使千余人，织绩锦贩卖，沽酒，养猪、羊，牧牛、马，种菜逐利。

有关当时农村牲畜贸易的发展，可从《齐民要术》关于牲畜经营的论述中窥视其情形。书中特意介绍了"凡驴、马、牛、羊收犊子、驹、羔法"，其方法是"常于市上伺候，见含垂重欲生者，辄买取"，意即要着意购买怀孕之牲口，这种牲口买回来后很快就可以生产驹犊。再以其中良者留作种，"恶者还卖"，这样则"不失本价，坐赢驹犊"。意即不仅将本钱捞回，还可白白得到一批幼畜。"还更买怀孕者。一岁之中，牛马驴得两番，羊得四倍。羊羔腊月，正月生者，留以作种，余月生者，剩而卖之。用二万钱为羊本，必岁收千口。"按照上述方法，一年之间牛马驴数量可以翻两番，羊得四倍。从

---

① 黎虎.汉唐饮食文化史［M］.北京：北京师范大学出版社，1998：193.

中作者悟出了一个道理："人家八月收获之始，多无庸暇，宜卖羊雇人，所费既少。所存者大。"从贾思勰所总结的这一套奶畜经营策略，可见当时畜牧业的贸易是相当繁荣的。不仅北方地区如此，南方的畜牧业也有不同程度的发展。南朝的建康城（今南京）中的秦淮河边，设有牲畜交易市场，周边农村饲养的牛马等家畜，都在这里"列肆稗贩"。

《齐民要术》养羊篇中有一个解决养羊饲料的方案。贾思勰自己经营的庄园曾养羊二百口，由于有一年没有备足越冬饲料，结果羊只当年冬天饥死过半。这说明在北魏时期，农村养羊的规模一般都较大，《齐民要术》中谈及养羊经营时，常常以千口（头）计算，这被视为农家牧羊的常数。可以想见，当时农村中一个庄园主饲养的山羊数以千计，羊群越冬饲料是一个关键问题。如果一家养羊一千头，则每年春天要为此种植一百亩大豆，间种粟稷等"杂谷"，而且田间的杂草也要留下来，"不须锄治"，到夏末秋初时节，将田间作物连同杂草植株一起收割，"刈作青茭"。由此看来，北魏时中国农村已经采用越冬青贮饲料，而且规模很大。从当时的牲畜市场和畜产品贸易相当活跃的情况推测，牲畜饲料市场也应当发展起来了。这种青贮饲料除了家庭自用，也会在市场上互通有无，进行贸易交换。

四、饮奶习俗成为时尚文化

魏晋南北朝时期，生活于北方草原的游牧民族陆续大举内迁，形成了一次长达数百年的民族大融合。与此同时，以"食肉饮酪"为习俗的传统也相随进入华北各地，逐渐融入华北的饮食文化之中，成为一种饮食新时尚。此外，东晋渡江立朝，偏安江左以后，大批皇室官吏、北方群众也随之迁往南方定居。他们带来了北方民族的生产生活习俗，其中包括繁殖饲养、饮食乳制品相关的习俗和技术。南渡的北籍官员，仍然保留了在北方"食肉饮酪"的习俗，并且常以此来招待南方的士族宾客，有时还闹出一些趣闻来。

东晋丞相王导，祖籍琅琊（今山东诸城），是东晋的开国功臣。南渡以后，为了调和东晋官僚集团内部的北籍士族与南方本地士族之间的矛盾，一人之下万人之上的丞相王导，经常要在南方世家大族间斡旋。《世说新语》中记载说：有一次，出身吴郡（今江苏苏州）世家的东晋太尉陆玩到丞相王导家造访，王导就用北方人经常食用的乳酪宴请陆玩。陆玩吃了乳酪后，回到家里就感到不舒服，好像病了一场。第二天，陆玩给王导写信说："昨晚吃了你招待的乳酪，回家后通夜委顿（整宿疲乏，狼狈不堪）。我陆玩是南地吴人，却差一点做了伧鬼（"伧"是当时南方人对北方人的鄙称）。"[1]《世说新语》中还有一个类似的记载，说的是东晋时有一个吴人来到国都建康（今南京），有人招待

---

[1] 原文出自《世说新语·排调第二十五》："陆太尉诣王丞相，王公食以酪，陆还遂病。明日与王笺云：'昨食酪小过，通夜委顿，民虽吴人，几为伧鬼。'"

他食奶酪。吴人不知是何种食物，勉强吃了一回。可他一回家就吐，浑身疲乏。于是就对他的儿子说："我吃了奶酪，要是与那些北方佬一同死去，当也无恨无憾，可是你以后一定得小心啊。"① 说得有点像立遗嘱似的。

这两则故事告诉我们两点重要信息：第一，东晋的南渡官员仍然保留了北方生活中的食酪习俗，不仅自己食用，还常常用来招待宾客。但是当时南北军事对峙，物流断绝，因此，王导等大批北籍士民日常食用的乳制品当是在江南本地生产的。后世南方地区的乳业发展，便从这时开始。第二，南方人对于乳酪这类食品仍然不适应。

不过，随着时间的推移，南北饮食文化交流与融合，许多南方人也逐渐适应了饮食乳制品。据《洛阳伽蓝记》记载：北魏时，南方士人王肃北逃到洛阳，投奔北魏朝廷，皇帝很器重他，不仅让他入仕为官，而且还专门为他开设南食小灶，特供南方的餐饮食物。王肃在北方居住时间长了，也尝试食用乳酪，数年之后，也喜欢上了饮用酪浆。可见，南方人经过一段时间的饮食适应期，也能吃乳制品。

南朝文人沈约是吴兴武康（今浙江德清）人，他接受司徒所赠"北酥"，并写了一封《谢司徒赐北酥启》，称赞酥这种食品"旷阻阴山之外，眇绝蒲海之东，自非神力所引，莫或轻至"。这说明奶制品作为一种高级营养食品，已为南方士人所接受。但必须指出的是，迄至南朝灭亡，酪仅仅作为一种高级食品在南方上层社会流行，普通百姓还是无此口福的。②

《晋书·陆机传》说，西晋时，"文章冠世"的江浙人陆机和弟弟陆云来到洛阳，特地登门拜访"勇力绝人"的武将王济。王济很自豪地指着"羊酪"问道："你们吴地有什么食物能和这种羊酪媲美？"陆机回答说："千里太湖所产的莼羹，不用盐豉调料，味道都很鲜美呢。"南人饮茶，北人食酪，本是南北饮食上的习俗差别，自无优劣高下之分。可是当时的鲜卑贵族对"饮酪"似乎情有独钟，颇为自豪，常常看不起南方的名茶习俗，将茶贬称为"酪奴"。由此可见，虽然南北交流渐多，但是各地饮食习惯依然根深蒂固，需要经过长期的适应才能逐渐转变。

由于食用奶类食品的习俗是从北方草原地区传入的，因此就内地而言，食用奶酪首先是在北方地区，再从北方逐渐向南方传播。《魏书·崔浩传》载，北魏明元帝神瑞二年（公元415年）秋，平城发生饥荒，当局一度打算迁都于邺。崔浩上言："至春草生，乳酪将出，兼有菜果，足接来秋；若得中熟，是则济矣。"明元帝从之，遂未迁都。此事说明奶酪在北方饮食中占据着重要地位。

---

① 原文出自《太平御览·饮食部》引《笑林》："吴人至京师，为设食者有酪酥，未知是何物也。强而食之，归吐，遂至困，顾谓其子曰：'与伧人同死，亦无所恨，汝故宜慎之'"。

② 黎虎.汉唐饮食文化史［M］.北京：北京师范大学出版社，1998：143.

"食肉饮酪"历来被认为是北方游牧民族的一种饮食习俗。魏晋时期，由于北方游牧民族的大量涌入，"饮酪"已在内地的上层社会较为流行，一时成为风气时尚。"乳酪"一类的乳制品已是名贵食品，皇亲国戚、达官贵人，每以乳酪互赠，视为上礼。

《太平御览·与顾和书》记载，十六国时的前燕国，与南方的东晋交好，双方常有人员、物品的往来。有一次，前燕文明帝慕容儁以十斤醍醐作为国礼赠送给东晋大臣顾和。顾和是东晋司空（掌管水土及营建工程）。[1] 慕容儁以雄领华北和东北大片疆土的国君，外交国礼却只送十斤醍醐，这说明醍醐在当时十分珍贵。由于醍醐珍稀，很少见到古代中国人饮用醍醐的记载，醍醐也很少作为原料来加工食品或饮品。

经过"五胡十六国"的北方民族大举内迁，中国古代完成了一次大规模的民族融合，各民族的饮食习俗也得以相互借鉴和交流，形成了饮食多样化的格局。起源于北方草原的"食肉饮酪"习俗在中原地区广泛传播。内迁民族过去经常饮用的马奶酒是一种即做即饮的奶制饮料[2]，马奶易得，制作简便，因此，这种习俗在更广大地区的下层民众间传承。此外，牧民日常食用的奶酒、奶茶、奶皮子、奶疙瘩等民间奶制食品，自然也随着民族迁徙而传遍南北。

汉族人民在制作面食品时，也加入牛奶和羊奶，与面粉糅合在一起加工，如拨饼要用酪浆来调和，粉饼要加到酪浆里才吃。以畜乳及乳制品为配料烹饪和加工菜肴，中国古代文献中也屡有记载，如《齐民要术》记载的"苦笋紫菜菹法"，其中加有盐、酢、乳等配料。

魏晋南北朝时期，饮食奶制品的习俗主要集中于黄淮流域。上层社会和贵族集团已将奶类制品列为贡品，要求按时进贡朝廷。大量北方民族迁居中原和江南，进一步促进了"饮酪"文化的传播和扩展。多民族的饮食文化交流与融合，形成了中华民族独特的奶文化。

由于民族交融和饮食文化的传播，饮食奶制品的习俗逐渐传入中原甚至南方的汉族地区，逐渐融入中华民族的主流文化，进入以汉字为载体的历史文献中。由此可证，中华民族的奶文化是本土起源的中华饮食文化的组成部分，而不是从中国境外引入的"舶来品"。草原民族以乳品丰收为畜牧节庆，丰富和拓展了中华民族丰收文化的内涵。

---

[1] 时人称顾和为顾司空，相传他少年时聪明机警，今天成语"顾和机警"说的就是他。

[2] 欧洲传教士鲁不鲁乞（Guillaume de Rubru-quis）曾记有蒙古人加工马奶酒的方法："当他们收集了大量的马奶时——马奶在新鲜时同牛奶一样的甜——就把奶倒入一只大皮囊里，然后用一根特制的棒开始搅拌，这种棒的下端像人头那样粗大，并且是挖空了的。当他们很快地搅拌时，马奶开始发出气泡，像新酿的葡萄酒一样，并且变酸和发酵。他们继续搅拌，直至他们能提取奶酒。这时他们尝一下马奶的味道，当它相当辣时，他们就可以喝它了。"

第九章

隋唐五代时期的
农业经济与丰收文化

　　隋朝立国时间短暂。唐承隋制，隋朝的许多典章制度在唐朝都得到了继承和发展。唐代是一个外来之风与传统习俗相交融的时代，在它国际化的大都市里，五方杂处，华夷共生。中国古代的礼仪制度是国家政治系统的重要组成部分，这在《周礼·天官》中表述得很清楚："礼职，以和邦国，以谐万民，以事鬼神。"在唐代的礼俗关系中，礼位于俗与法之间，对俗起到制约的作用，尤其在新生的节日习俗中可以体现。但同时礼也受到俗的影响，当整个社会风俗发生变化的时候，礼也产生相应的变化。从时令制度，我们看到礼在唐代社会生活中地位的变化，以《礼记·月令》为代表的时政月令渐趋衰落，而规范庶民俗众之礼的书仪日渐兴起。根据书仪中的节日习俗内容之变化，我们可以说当礼逐步仪式化、日常化，节日中的应酬往来也就成为礼的一部分。

　　隋唐五代时期是中国历史上的又一段强盛时期，这一时期在民族思想上比较开放，政治、军事、文化、经济、科技得到前所未有的发展。这一时期的唐朝是繁荣强盛的大朝代，经济社会的发展达到了前所未有的高度。隋朝末年因为战乱产生了大量无主地，使唐朝实施均田制成为可能，均田制对于稳定农业有很大的帮助。而自孙吴、东晋以来，六朝江南经济的持续提升，成为隋唐时期经济增长的重要支撑。唐朝掌握南北经济，使得国力十分强盛，甚至在安史之乱后以及五代时期，传统中原地区经济凋敝的状况下，南方各政权还可以依赖江南的经济而持续复苏。这样的经济发展水平，为丰收文化的稳定和繁荣提供了动力。

第一节　隋唐五代时期官方祭祀的发展

唐太宗时期，节日习俗以沿袭前代为主，史籍记载较少，但从唐人诗作中可以看出一二。从高宗、武后至中宗时期，节日习俗开始丰富起来，节日宴会渐次增多，以中宗朝为最。有一些节日新增的因素在这时悄然出现，如寒食上墓、上元夜狂欢。而至盛唐，玄宗首创诞节，"自我作古"，开后世新风。同时被吸纳入唐代典章制度的节日习俗还有上元燃灯、寒食扫墓，以及三元节和老子的生日等。这是一个节日习俗缤纷多彩的时代，与当时的政治、经济状况息息相关。所谓的盛唐气象，应当也包含了唐人在这些春风秋景中的歌哭悲欢，与他们恣意流露的节日心态。而经过安史之乱以后的战火绵延，社会民生亟须安定，这种心理在中唐德宗时的节日中有所体现。随着三令节的产生，中和节的创制，整个社会趋于欢乐的心理在这些节日中表现出来。一时之间，人们恍如见到了开元盛世的重现，但其社会根本则已发生了变化。在旧家士族与进士阶层并立的时代，礼制方面出现了士庶化的倾向，节日在人们的生活当中受到了更多的关注，书仪的兴起表明节日成为人情往来的重要时间。而随着道教在唐玄宗后期的兴盛，中唐时期的节俗受道教神仙传说的影响，中秋赏月成为文人群体中的节俗行为，但与后世相比，还不能称之为全民性的节俗。晚唐至五代，节日的意味更趋俗化。在文人诗作中，节日习俗的内容已与中唐风俗入诗的情形有所不同，节日更多地成为诗人抒发情感的契机，而不仅仅是诗歌所表现的内容。这与唐代诗歌经过律诗定格及后来的探索以后，开始别走一径有关。

一、隋唐五代祭祀制度的变革

隋朝建立以后，继承历代王朝的天命观，同时继承了祭祀之礼。据《隋书·礼仪志》记载，隋朝亦有圜丘之设，以"再岁冬至之日"祭天帝及其他天神（如五方上帝、日月之神等）；又在都城外设置方丘，专门祭祀地祇；在北郊外设置专门祭祀神祇的建筑，并于每年孟冬祭祀。[①]《隋书·礼仪志》记叙了隋祈雨之雩祀，各种礼仪规程与秦汉魏晋时期颇为相似。譬如，史籍中"令人家造土龙"的记载汉时即有之。但是，隋朝祈雨有若干个七日之分，这是前所未有的。

唐代的节日，可分为官方假日和民间习俗两大类别。此外，唐代节日中还包括外来节日及本土宗教节日，例如佛诞日、三元节（道教的上元节、中元节和下元节）等。

---

① 陈戍国.中国礼制史：隋唐五代卷［M］.长沙：湖南教育出版社，1998：6.

因此，从新创的角度来区分，唐代的节日中既有前代文化源流中的节日（但是其节俗已经被赋予了新意）；又有完全新设的节日，或在传统节日中加入新的因素。对唐代的节日类别进行区分，能够更好地看清唐代节日文化所具有的特色、唐代的节日民俗包含的因素，以及它的变动如何影响后世的行为。

节假日在唐代始终处于变动之中，节假种类和休假日数的多少在不同时期各不相同。唐代的年中节日，以时间为序是：元日、立春、人日、上元、晦日、中和、春社、寒食、清明、上巳、端午、七夕、中元、秋社、中秋、重阳、下元、冬至、腊日、岁除，此外，佛诞日、老子诞日及皇帝诞日亦作为节日计入。

唐代的祭祀制度在前代基础上略有改变。唐初袭用隋礼。自太宗至玄宗，是唐代礼制变革发展日臻完备的时期。《通典》概述这段史实云：

> 及太宗践祚，诏礼官学士修改旧仪，著吉礼六十一篇，宾礼四篇，军礼十二篇，嘉礼四十二篇，凶礼六篇，国恤五篇，总百三十篇，为百卷。贞观七年，始令颁示。高宗初，以贞观礼节文未尽，重加修撰，勒合成百三十卷，至显庆三年奏上，高宗自为之序。时许敬宗、李义府用事，其取舍多依违希旨，学者不便，异议纷然。上元三年下诏命以贞观为定。仪凤二年，诏并依《周礼》行事。自是礼司益无凭准，每有大事，辄别制一仪，援古附今，临时专定，贞观、显庆二礼，亦皆施行。[1]

武则天临朝后，认为唐代初年礼官制定的制度不够详细、明确，特诏国子司业韦叔夏重新制定礼制，对唐初的礼制加以刊定。韦叔夏去世后，给事中唐绍继续担任此项任务，根据史书的记载对历代礼制加以详细研究，得到世人的肯定。唐玄宗开元十四年（公元 726 年），中书通事舍人王岩上疏，要求皇帝对《礼记》加以修改，削去旧文，编以今事。集贤院学士张说上奏称："《礼记》汉朝所编，遂为历代不刊之典，去圣久远，恐难改易。但今之五礼仪注，已两度增修，颇有不同，或未折衷，请学士等更讨论古今，删改行用制定之。"于是，皇帝令徐坚、李锐、施敬本等人历时数年，对《礼记》加以修撰。直到开元二十年（公元 732 年），唐王朝新编撰的礼制成形，共计一百五十卷，史称"大唐开元礼"。

"大唐开元礼"颁布后，得到官方的极力推崇，有"百代之损益三变而著明，酌乎文质，悬诸日月，可为盛矣"的高度评价。"大唐开元礼"体系庞大，内容丰富，是唐代礼制完备化的标志，充分体现了大唐帝国礼制建设的成就。唐德宗贞元二

---

① 黄留珠.周秦汉唐文明［M］.西安：陕西人民出版社，1999：520.

年（公元 786 年），科举考试特设"开元礼"一科，足见它在唐代政治生活中的重要地位。

《旧唐书》对唐朝祭礼的类型大致概括如下：对昊天上帝、五方帝、皇地祇、神州及宗庙的祭祀为大祀，对社稷、日月星辰、先代帝王、岳镇海渎、帝社、先蚕、释奠的祭祀为中祀，对司中、司命、风伯、雨师、诸星、山林川泽之属的祭祀为小祀。《新唐书》则讲道：大祀为天、地、宗庙、五帝及追尊之帝、后，中祀为社稷、日月星辰、岳镇海渎、帝社先蚕、七祀、文宣、武成王及古帝王、赠太子，小祀为司中、司命、司人、司禄、风伯、雨师、灵星、山林、川泽、司寒、马祖、先牧、马社、马步及州县之社稷、释奠。唐玄宗时期将风伯、雨师升为中祀，对风雨之神尊敬，有意强调风调雨顺对农业的作用。①

如果将"大唐开元礼"与《周礼》所列的五礼相对比，可以清晰地看出前者较后者更为缜密、周详和完备。这自然是与唐王朝空前鼎盛的情势相适应的，也是时代发展的必然结果。与此同时，礼学发展到唐代已经出现了一些集大成的成果，如贾公彦的《周礼疏》十二卷、《仪礼疏》五十卷，孔颖达等的《礼记正义》七十卷，等等，都构成了唐代礼制完备化发展的时代大背景。在唐王朝的官僚机构中，礼部、太常寺及殿院等部门，都是以掌管或监察礼仪为主要职责的。由于唐代礼制的完备，加之最高当局的导向，如用礼设立科举科目，劝以官禄等，故而造成了当时社会浓厚的重礼倾向。这从唐人杜佑编撰的《通典》中，九门之一的"礼典"竟占全书二百卷的一半，即可窥见端倪。②

二、隋唐官方重要丰收祭祀活动

隋唐时期，以农立国，实施重农抑商的基本经济策略。在社会生产中，农业生产相关的民俗居于中心地位。据《通志·礼略》记载，隋文帝、隋炀帝都曾举行过隆重的郊祭、明堂祭、五方帝祭和先农坛祭。隋代在长安南郊籍田，祭祀炎帝神农氏。唐太宗即位后，曾"亲耕籍田"，以示重农。唐玄宗开元二十二年（公元 734 年），玄宗自种麦于苑中，率太子以下亲往芟之。与此同时，唐代实行轻徭薄赋政策，恢复和发展农业生产，如在征发力役时，注意不夺农时，减免灾区的租赋。武则天执政时，屡次下令劝课农桑，奖励发展农业有政绩的官员。唐玄宗也重农，大兴屯田、垦田之风，兴修水利，从而使农业生产获得迅速发展，出现了空前繁荣的景象。③这一时期，官方重要的农业祭祀活动呈现出稳定发展的态势，对灵星、先蚕等的祭祀和籍田活动大部分延续了

① 陈戍国.中国礼制史：隋唐五代卷［M］.长沙：湖南教育出版社，1998：92-93.

② 黄留珠.周秦汉唐文明［M］.西安：陕西人民出版社，1999：524.

③ 惠明.关中农业生产民俗［M］.西安：西安交通大学出版社，2015：38.

秦汉以来的祭祀传统，并在经济社会发展过程中加入了许多时代内涵。

1. 灵星祭祀

隋唐时期的灵星祭祀系传承自北魏的礼制，其祭祀规格仍属于少牢之礼，但在隋朝和初唐呈下降趋势。比如，《隋书》记载隋朝灵星的祭祀规格称："开皇初，社稷并列于含光门内之右，仲春仲秋吉戊，各以一太牢祭焉。牲色用黑……又于国城东南七里延兴门外，为灵星坛，立秋后辰，令有司祠以一少牢。"[①] 即便是到了唐开元初年，对灵星仍祀于南郊，但属于小祀。而至开元中期，灵星的祭祀等级得到提高，"特置寿星坛，常以千秋节日祭老人星及角、亢七宿。请用祀灵星小祠礼，其坛亦如灵星坛制，筑于南郊，以秋分日祭之。"[②] 到唐玄宗天宝四年（公元745年），灵星祭祀被升为中祠。《大唐开元礼》说："立秋之后，祀灵星于国城东南，天宝四载，敕升为中祠。"[③] 由此可知，灵星祭祀之地位似乎在这一时期有所提升。安史之乱期间，国家正常的祭祀体制遭到破坏，灵星等诸多祭祀被迫中断，战乱平息后逐渐恢复正常。灵星原本是民间信仰的神祇，自汉高祖立祀之后，发展至隋唐时期，已成为官方祀礼中的一环，这反映出统治者对农事祠祀以及农本思想的重视。

2. 籍田

唐代初年官方对籍田是十分重视的，有关皇帝籍田的记载也比较多，如《唐会要》称："太宗贞观三年正月，亲祭先农，躬御耒耜，藉于千亩之甸。初，晋时南迁，后魏来自云、朔，中原分裂，又杂以獯戎，代历周、隋，此礼久废，而今始行之，观者莫不骇跃。"唐太宗之后的皇帝对籍田也较为重视，唐高宗和唐玄宗还将之前的"天子三推"改为"天子九推"，以表示对农业发展的高度认可。但是从肃宗乾元三年（公元760年）到宪宗元和五年（公元810年），籍田的官方活动一度中断，到宪宗元和六年（公元811年）时又重新举行，但此时官方已不知道具体的方法步骤，只能依据《礼经》，参考开元、乾元年间的方法。而宪宗之后，直到唐代灭亡没有再举行籍田之礼。五代十国时期，各政权也有自己的祭祀礼仪，但是几乎没有籍田礼。[④] 不过当时的皇帝对农业也有所重视。譬如，出身贫寒的后梁太祖朱温，开平三年（公元909年）闰八月"己卯幸西苑观稼"，四年（公元910年）二月"乙丑，出光政门，至谷水观麦"。后唐明宗天成元年（公元926年）八月，后晋高祖天福五年（公元940年）八月，后周世宗显德元年（公元954年）七月，皆有官方阅稼的记录。

---

① 魏征.隋书：二志 [M].北京：中华书局，1973：143.

② 脱脱.宋史：卷一三零 [M].北京：中华书局，1977：2515.

③ 杜佑.通典：卷44 [M].北京：中华书局，2016：4381.

④ 陈戍国.中国礼制史：隋唐五代卷 [M].长沙：湖南教育出版社，1998：484.

3. 先蚕祭祀

中国古代以农桑为本，丰收祭祀中自然包含蚕桑祭祀。统治者把蚕桑生产与粮食生产相提并论，确立了"农桑并举，耕织并重"的国策。因此，隋唐时期除了皇帝籍田，还有皇后躬桑先蚕的礼仪。隋朝时期，在宫北三里建坛，高四尺。皇后穿鞠衣，乘重翟，率三夫人、九嫔、内外命妇，以一太牢祀蚕神。礼毕，皇后就采桑位采桑三条，命妇依次采桑五条、九条。交给蚕母切碎后喂蚕，礼毕，皇后回宫。唐太宗贞观三年（公元629年），"三月癸巳，皇后亲蚕"。唐高宗显庆元年（公元656年）"三月辛巳"，皇后武则天"祀先蚕于北郊"；总章二年（公元669年）三月、咸亨五年（公元674年）三月、上元二年（公元675年）三月，武则天多次进行先蚕祭祀。其中上元二年，史书中称呼其为天后，即"丁巳，天后亲蚕于邙山之阳"。纵观中国古代历史，无论是汉族统治时期还是少数民族统治时期，农桑业都是非常受统治者重视的，蚕丝织品不但是主要的衣被原料之一，而且是中央王朝对外贸易的最重要的物资，特别是汉代开辟"丝绸之路"以后，丝织品给历代统治者带来了源源不断的财政收入。所以历代，都把督劝农业与养蚕业看作官府的主要工作，也是考核地方官员政绩的重要指标。①

4. 大雩

大雩是求雨的重要祭祀礼仪，与农耕社会的丰收祈愿具有很大的联系。大雩之礼，在秦汉时存时无，正雩礼一度被废除。南北朝时期大雩之礼始又渐渐复兴。南朝梁武帝让大雩之礼制度化、系统化。唐代对其有继承和革新。②中国较早就有大雩之礼。汉代不设常雩，遇旱则祷于郊庙。晋武帝咸宁二年（公元276年）曾行雩祀。《晋书·礼志上》记载："春久旱。四月丁巳，诏曰：'诸旱处广加祈请。'五月庚午，始祈雨于社稷山川。"隋朝设雩坛于南郊，据载："高一丈，周百二十尺。孟夏之月，龙星见，则雩五方上帝，配以五人帝于其上，以太祖武元帝配飨，五官从配于下。"唐代将雩祀列入郊祭大典。唐高祖武德初年下令"孟夏之月，雩祀昊天上帝于圜丘……五方上帝、五人帝、五官并从祀。"至修订《贞观礼》，则定"孟夏雩祀五方上帝、五人帝、五官于南郊"。以后《显庆礼》又改为"雩祀昊天上帝于圜丘"。③虽然如此，与雩礼有关的祈雨制度则仍被执行，特别是临时性祈雨的祈祷程序在隋唐时期大多被继承下来，只是具体做法有所变通。

5. 后土祭祀

后土是中国古代社会官方祭祀的土地神，起源于上古母系社会的土地崇拜。隋唐

---

① 宗宇. 先蚕礼制历史与文化初探［J］. 艺术百家，2012，28（S2）：95-98.

② 雷闻. 郊庙之外——隋唐国家祭祀与宗教［M］. 北京：生活·读书·新知三联书店，2009：297-305.

③ 杨志刚. 中国礼仪制度研究［M］. 上海：华东师范大学出版社，2001：284.

之制，夏至日祀皇地祇于北郊，立方丘坛，其坛在宫城之北十四里渭水之北。在唐玄宗时期，有两次皇帝亲祠汾阴后土。唐玄宗开元十年（公元722年），玄宗将自东都北巡，幸太原，张说进言曰："太原是国家王业所起，陛下行幸，振威耀武，并建碑纪德，以申永思之意。若便入京，路由河东，有汉武睢上后土之祀，此礼久阙，历代莫能行之。愿陛下绍斯坠典，以为三农祈谷，此诚万姓之福也。"这个建议为玄宗所接受，于是在开元十一年（公元723年）二月举行了亲祠后土的大典。这在当时是一个非常重大的政治活动。

唐玄宗开元二十年（公元732年）唐王朝又举行了一次亲祠后土的大典，这次是出自中书令萧嵩的建议："去十一年亲祠后土，为祈谷，自是神明昭格，累年丰登。有祈必报，礼之大者。且汉武亲祠睢上，前后数四，伏请准旧祀后土，行赛之礼。"显然，这次亲祠是为了赛谢上次祭祀后土神所带来的好运。据此，玄宗自认为他亲祠后土并不仅仅是为了祈谷，而是"郊丘之礼"。很显然，玄宗着意赋予后土亲祠以儒家礼制的色彩，虽然这并不能完全掩盖其神祠性质。在这次亲祭后土之后，玄宗在太常寺创设了一个新机构，专门负责汾阴后土神祠的祭祀与日常管理事务。[1]唐代继汉代之后又对后土进行高规格的祭祀，既反映了当时社会文化的发展内涵，也体现了对农业社会经济的关注。

6. 社稷祭祀

《隋书·礼仪志》载，晋元帝创太社、帝社、太稷三坛，梁、陈、后齐相沿不变。至隋开皇初，"社稷并列于含光门内之右，仲春仲秋吉戊，各以一太牢祭焉。牲色用黑"。唐玄宗时，升社稷为大祀，四时致祭。[2]《孝经·援神契》中说："社者，土地之神，能生五谷。"首先，社神主要被看作孕育农作物的丰产之神，能保佑风调雨顺、庄稼丰收。其次，社神是地域保护神，被认为能保佑在某个地域进行的一切大事顺利。隋唐时期的皇帝每年有三次常规的社祭：第一次是仲春祈谷，春耕时节祭社，祈求这一年能得好收成，叫作"春祈"；第二次是中秋报谢，八月收获时节祭社，向社神报告收成并感谢恩赐；第三次是年终祭社，庆祝一年的收获，求告来年丰收。除了常规性祭祀外，在征战、田猎、禳灾等大事时也会祭社。

唐玄宗时期，社稷成为"大唐开元礼"规范的重要内容。"大唐开元礼"对"皇帝仲春仲秋上戊祭太社""仲春仲秋上戊祭太社有司摄事""诸州祭社稷""诸县祭社稷""诸里祭社稷"均有详细规定，这就将从最高层到最基层的社祭活动都纳入国家的制度体系。唐玄宗天宝元年（公元742年），玄宗下《饬敬祀社稷诏》，要求人们依礼祭

---

① 雷闻.郊庙之外——隋唐国家祭祀与宗教［M］.北京：生活·读书·新知三联书店，2009：58-59.

② 杨志刚.中国礼仪制度研究［M］.上海：华东师范大学出版社，2001：327.

社稷。《饬敬祀社稷诏》云："社为九土之尊，稷乃五谷之长，春祈秋报，祀典是尊。而天下郡邑所置社稷等，如闻祭事，或不备礼，苟崇敬有亏，岂灵祇所降，欲望和气丰年，焉可致也。朕永惟典故，务在洁诚，俾官吏尽心，庶苍生蒙福。自今已后，应祭官等庶事宜倍加精洁，以副朕意。其社坛侧近，仍禁樵牧。至如百姓私社，宜与官社同日致祭。"天宝三年（公元 744 年），又将祭社稷从中祀升为大祀。上述所有例子均表明，祭祀社稷在隋唐时期确实备受官方重视。

唐代圜丘的遗址位于唐长安郭城南墙正门外道东约一千米处，坛外为黄土封筑，高出地面八米。发掘揭示出的圜丘为四层圆坛，每层环设十二陛，呈十二辰分布。坛体表面均抹以黄泥并涂饰一层白灰面，外观显得洁白而又庄严。[①]"大唐开元礼"规定："冬至祀昊天上帝于圜丘，大报天神；孟春之月祀昊天上帝于圜丘，祈求谷实；孟夏祀昊天上帝于圜丘，大雩求雨。"唐制还规定：以夏至日祭皇地祇，于宫城北郊十四里建方丘坛，皇帝亲祠后土，为苍生祈粟谷，为天下祈丰稔。

第二节　隋唐五代时期民间的农业节庆

唐朝在全国实行均田制，国家经济得到了极大的发展，小农经济空前繁荣。社会发展引起的节俗变化，在隋唐时期十分明显。比如，在元旦，爆竹不再是驱鬼的手段，爆竹声已象征着欢乐与热烈，庄严神秘的祭年仪式变成了人们喜闻乐见的娱乐活动；元宵节的祭神灯火变成了人们游观的花灯；中秋节人们由拜月变成了赏月；重阳节已成了赏菊盛会；上巳节被楔为踏青所替代。每逢佳节，"游乐成观""仕女如云"的记载在唐代的诗赋中多有体现。[②]这些中国传统的节日庆俗，在不断发展的过程中增加了新的内涵。

一、隋唐五代时期的民间农业习俗

农事活动受到自然环境尤其是季节转换的制约，生产力水平越低，这种制约就越强。中国古代的季节性节日，就是建立在劳动者长期农业生产实践的总结的基础上，与农业生产风俗有密切的关系。不同的节日不仅提供了农事安排的重要依据，而且也是人们预卜年成的重要机会。

《高陵县志》载："社稷坛，在接蜀门北百余步，每岁春秋仲月上戊日，由县官率僚属至坛祭祀土神谷神，为民祈报。各里亦有社稷坛，由社人致祭。先农坛，在迎翠门

---

① 安家瑶，李春林.陕西西安唐长安城圜丘遗址的发掘［J］.考古，2000（7）：29–47+114–116.

② 张宏梅.唐代的节日与风俗［M］.太原：山西人民出版社，2010：2–3.

外偏东，是祭农神的地方。每岁仲春亥日，主祭官及诸官俱穿朝服齐集先农坛行祭礼。"又载："汉景帝庙在县西南三十里鹿苑塬上，逢祭日，承祭官到陵前上香献供，读祭文进行祭祀。此俗隋唐期间亦在流行。"

《周至县志》载，两千多年前，秦始皇在楼观建清庙，谒祀老子，是庙会的先声。魏晋南北朝时，周至建起一些佛教寺庙，庙会渐兴。唐朝李渊认李耳为远祖，在楼观大兴土木，修建规模宏大的宗圣宫等建筑。唐朝皇帝六次到楼观，举行隆重的皇家谒祀大典。唐德宗建中二年（公元781年），副将伊斯出钱营建大秦寺，建《大秦景教流行中国碑》，正月初七立碑，信徒集会庆祝五十天，这是首次正式记载的周至庙会。唐德宗贞元十二年（公元796年）县尉裴均建终南、太白山祠，柳宗元撰《终南山祠记》《太白山祠记》。唐宪宗元和元年（公元806年）县尉白居易祭祀黑龙潭。周至县自唐以来，民间信仰佛、道、儒诸教。见庙齐磕头，见神都烧香，民间俗称大教。自县城至乡村，或者建有恢宏庙宇，或者建有小庙堂，就连穷家小舍，亦有祀神的地方。敬祀一般按节气进行，祈求来年粮食丰收。

在自然经济条件下，农民种田只有祈求天地庇佑，相信"稷降以百谷"之说。除前文记述的天旱祈雨、雨霖求晴的各种活动外，春秋还要祭祀天地，收获时先敬谷神。如关中的祭五神习俗就表现了当地人对现实中自然现象与动物的崇神观。唐朝诗人元稹的《织妇词》，则反映了织女祭蚕神的风俗："织妇何太忙，蚕经三卧行欲老。蚕神女圣早成丝，今年丝税抽征早。"

陕西武功县上阁寺姜嫄祠建在山顶，每年农历正月十六日在此举行盛大的祭祀活动，叫"祭婆婆"。届时山上有戏有社火，锣鼓喧天，旗帜招展。附近各乡村民排成长队，在几个手捧香盘的名人带领下向姜嫄祠进发。祭时，陈五谷，燃香烛，焚黄表，并宣读祭文。武功县旧城东门外有一座砖砌长方形平台，是后人为纪念后稷教民稼穑的功绩而建的，叫"教稼台"。每年农历十一月在此祭祀后稷。隋唐时期也有过类似活动，民间每年在一定时间祭祀稷神。

祭五神是祭牛王、马王、山神、土地、水草大王五神的仪式，曾流行于陕西咸阳、长武一带。每年正月中旬至三月上旬，各村举行跳神会，设香案供五神；请专搞此事的神汉，头插黄色花，身披彩衣，手敲皮鼓（俗称善鼓），边唱边舞，以祈五神保佑人口平安、六畜兴旺、五谷丰登。

历史上各地的春社和秋社活动，亦为祈求天地神灵保佑一方。现录某地《春社祭文》如下：

维年月日，弟子谨以清酒香褚果品之仪，致祭于春社神之前，曰：维神职司稼穑，位奠中央，保佑黎庶，财取千仓。弟子默祝，愿求万箱，兹届东作，谨备酒浆，焚香祭告，福佑无疆，竭诚致敬，神其来缯，谨告。

农业生产适应气候的变化规律是保障丰收的重要条件之一。一年四季中的旱涝、风霜、虫害等因素直接影响当年的农业收成好坏。隋唐时期农民从备耕、播种、防灾、收获到植树造林，都是"顺天时，量地利"。正如关中流行的农谚所说："节气不饶人"，"人误地一时，地误人一年"，"春打六九头，遍地走耕牛"，等等，这些农谚都是适应季节、不违农时、按节气抢种等经验的积累。

唐朝汉民族和各少数民族之间也有着频繁的经济文化交流。此外，大唐佛、道、儒三教并存，其文化习俗深深地打上了三者的印记。唐王朝疆域广大，各地自然环境不同，农业、牧业均有所发展，因此农事习俗呈现出丰富多彩的特点。

二、隋唐五代时期的民间丰收节庆

隋唐五代时期是中国节日风俗的重要裂变时期，许多节日从迷信、禁忌、神秘的气氛中脱离，转变为娱乐型、礼仪型的节日。前人将韩鄂《岁华纪丽》、欧阳询等《艺文类聚·岁时部》、徐坚《初学记·岁时部》记载的相关唐代节日进行了梳理，发现这一时期与农业和丰收相关的节庆有：元日、社日、中和节、三月三、千秋节、端午、中元、中秋、冬至、腊日等。这些都是这一时期颇具代表性的农业节庆。

1. 元日

隋唐时期，元日为一年之中最为重要的节日。元日时除了其他习俗，还有关于农业的一些习俗。《四时纂要·春令》卷一记载："岁旦服赤小豆二七粒，面东以齑汁下，即一年不疾病。阖家悉令服之。又岁旦投麻子二七粒、小豆二七粒于井中，辟瘟。"可见，当时的民众认为元日当中吃赤小豆可以辟除瘟疫。此外，隋唐时期，元日当天民众还有祈求丰收的习俗："元日理败履于庭中，家出印绶之子。又晓夜子初时，凡家之败帚，俱烧于庭中，勿令弃之出院，令人仓库不虚。又缕悬苇炭，芝麻稽排，插门户上，却疫疠，禁一切之鬼。"[1]这些习俗都与农业生产息息相关。

作为一年之首，元日的意义自不待言。南朝《荆楚岁时记》记载："长幼悉正衣冠，以次拜贺。进椒柏酒，饮桃汤。进屠苏酒，胶牙饧。下五辛盘。进敷于散，服却鬼丸。各进一鸡子。造桃板著户，谓之仙木。凡饮酒次第，从小起。"《酉阳杂俎》曰："梁主常遣传诏童赐群臣岁旦酒、辟恶散、却鬼丸三种。"这些具有辟邪意味的节日习俗，在

---

① 窦怀永.中华礼藏：礼俗卷 岁时之属［M］.杭州：浙江大学出版社，2016：417.

唐人那里得到了继承和发扬，如白居易有《岁日家宴戏示弟侄等兼呈张侍御二十八丈殷判官二十三兄》："弟妹妻孥小侄甥，娇痴弄我助欢情。岁盏后推蓝尾酒，春盘先劝胶牙饧。形骸潦倒虽堪叹，骨肉团圆亦可荣。犹有夸张少年处，笑呼张丈唤殷兄。"这其中即包含了元日的几种节日民俗。所谓屠苏酒，在韩鄂《四时纂要》中载："屠苏酒：大黄、蜀椒、桔梗、桂心、防风各半两，白术、虎杖各一两，乌头半分。右八味，剉，以绛囊贮。岁除日薄晚，挂井中，令至泥。正旦出之，和囊漫于酒中，东向饮之，从少起至大，逐人各饮少许，则一家无病。"饮酒的次序亦与《荆楚岁时记》相同，由此可见这一节日习俗至晚唐五代仍为人所沿用。而进椒柏酒的习俗，在唐中宗时仍然可见："（景龙）四年正月朔，赐群臣柏树。"赵彦昭、李乂、武平一均有《奉和元日赐群臣柏叶应制》诗存世。

2. 人日

"正月七日为人日，以七种菜为羹，剪彩为人，或镂金箔为人，以贴屏风，亦戴之头鬓。又造华胜以相遗，登高赋诗。"关于人日的节俗，李商隐《人日即事》中有所描写："文王喻复今朝是，子晋吹笙此日同。舜格有苗旬太远，周称流火月难穷。镂金作胜传荆俗，剪彩为人起晋风。独想道衡诗思苦，离家恨得二年中。"这种在人日时所用的节物，据日本的《杂财物实录》（成书于公元856年）称："人胜二枚，一枚有金箔字十六，一枚押彩绘形等……天平宝字元年（公元757年）闰八月二十四日献物。"实物现藏于日本正仓院北仓。而唐中宗景龙四年（公元710年），"七日，重宴大明殿，赐彩缕人胜"，作《奉和人日重宴大明宫恩赐彩缕人胜应制》诗的，有李峤、赵彦昭、崔日用、韦元旦、马怀素、苏颋、李乂、郑愔、李适、沈佺期、刘宪、阎朝隐等人。同样，人日登高的习俗亦可于唐人诗歌中见之，如韩愈即有《人日城南登高》诗。虽然人日登高的源头早在隋代已不甚了了，如杜公瞻曰："则春日登临，自古为适，但不知七日竟起何代。晋代桓温参军张望，亦有正月七日登高诗。近代以来，南北同耳。"但这些相沿成习的节俗行为，在唐人及至后代中就这样被传承着，让学者们感慨"文化生命力之鲜活长寿，不止在圣人之条教，尤其更在乡民之应用惯熟"。

3. 晦日

南朝梁宗懔的《荆楚岁时记》云："元日至于月晦，并为酺聚饮食。士女泛舟，或临水宴乐。"到隋代，则将此一月之节定于月晦。杜公瞻曰："《玉烛宝典》曰：'元日至月晦，今并酺食，渡水。士女悉湔裳，酹酒于水湄，以为度厄。'今世人唯晦日临河解除，妇人或湔裙。"三月三日，"士民并出江渚池沼间，为流杯曲水之饮"。两个节日的节俗行为有相似之处，那就是在水边的祓禊宴饮。从唐人诗歌来看，这两个节日成为他们诗宴相欢的日子。在《全唐诗中》，保留了大量的节日应制唱和诗，晦日与上巳就是其中的两大节日，如宗楚客《正月晦日侍宴浐水应制赋得长字》、宋之问《奉和晦日幸昆明池应制》、崔知贤《晦日宴高氏林亭》、高球《三月三日宴王明府山亭》和刘宪《上巳日祓禊谓滨应制》等。这些诗多有大量同题作品存世，可见唐人在这两个节日的宴饮承继了前人的习俗。在唐德宗贞元四年（公元788年），更是将晦日、上巳与重阳作为三令节，九月丙午诏："比者卿士内外，左右朕躬，朝夕公门，勤劳庶务。今方隅无事，蒸庶小康，其正月晦日、三月三日、九月九日三节日，宣任文武百僚选胜地追赏为乐。"虽然随着中和节的设立，晦日的节日地位有所下降，但是上巳依然是三令节之一，它们的欢娱功能在唐代得到了延续。

4. 上巳

农历三月三，亦称"上巳节"。农民渴望获得丰收，他们用不同的方式祈求风调雨顺；农作物的病虫害是农业生产的大敌，他们也用不同的方式禳除。传统的节庆日中增加了不少祈福禳灾的内容。唐代农民祈福禳灾的习俗很多，比如在正月初三这天，买四个竹筒放置在家中四壁上，可令"田蚕万倍，钱财自来"。隋唐时期，三月三携酒食出游，踏青聚饮更加蔚然成风。隋代卢思道《上巳禊饮》诗云："山泉好风日，城市厌嚣尘。聊持一樽酒，共寻千里春。"唐代杜甫《丽人行》诗云："三月三日天气新，长安水边多丽人。"这些诗均对上巳节春游的习俗做了生动的描述。唐代长安的曲江池，是游览的胜地。每逢三月初三日，皇帝都在这里宴会群臣、恣意玩乐，"曲江流饮"，名重一时。此风直至清代亦然。[①]

5. 端午

《风俗通义》曰："五月五日以五彩丝系臂者，辟兵及鬼，命人不病瘟。亦因屈原。""五月五日以五彩丝系臂，名长命缕，一名续命缕，一名辟兵缯，一名五色缕，一名朱索。"由辟兵续命，亦将屈原传说附加于此。隋杜公瞻对《荆楚岁时记》所作的注文中，则将竞渡与屈原联系在一起："按五月五日竞渡，俗为屈原投汨罗日，人伤其死，故并命舟楫以拯之。至今竞渡是其遗俗，舸舟取其轻利，谓之飞凫。一自以为水军，一自以为水马。州将及土人悉临水观之。"

端午节起源于纪念屈原这一说法，在唐代被普遍接受。《唐会要》记载了唐高宗龙朔元年（公元661年）五月五日，唐高宗问侍臣："五月五日，元为何事？"许敬宗回答说："《续齐谐记》云：屈原以五月五日投汨罗而死，楚人哀之，每至此日，以竹筒贮米投水祭之。汉建武中，长沙区回，白日忽见一士人，自称楚三闾大夫。但常所遗，苦蛟龙所窃。今若有惠，可以楝树叶塞其上，以五彩丝缚之。此二物，蛟龙所惮也。回依其

---

① 魏光邺.云南云：中国民俗探略［M］.昆明：云南人民出版社，2011：29.

言。今俗人五月五日作粽，并带五采丝及楝叶，皆汨罗遗风。"上曰："我见一记有云，五色丝可以续命，刀子可以辟兵，此言未知真虚，然亦俗行其事，今之所赐，住者使续命，行者使辟兵也。"而唐太宗贞观十八年（公元644年）五月，太宗为飞白书，作鸾凤蟠龙等字，笔势惊绝，谓司徒长孙无忌、吏部尚书杨师道曰："五日旧俗，必用服玩相贺，朕今各赐君飞白扇二枚，庶动清风，以增美德。"这说明端午赐衣物，是沿袭前代的节俗。在唐人的端午谢赐表中，对于赐百索、衣物等均有叙述，如权德舆《谢端午赐衣及器物等表》、令狐楚《为人谢端午赐物等状》等。李肇《翰林志》云："每岁内赐春服物三十匹，暑服三十匹，绵七屯……端午衣一副、金花银器一事、百索一轴、青团镂竹大扇一柄、角粽三服、秒蜜。"

6. 重阳

九九归真，一元肇始，古人认为九九重阳是吉祥的日子。重阳源于上古，鼎盛于唐代以后。古时民间在重阳节有登高祈福、拜神祭祖及饮宴祈寿等习俗。重阳节传承至今，又添加了敬老等内涵。《荆楚岁时记》曰："九月九日，四民并籍野饮宴这一习俗，杜公瞻注云："九月九日宴会，未知起于何代，然自汉至宋未改。今北人亦重此节。佩茱萸，食饵，饮菊花酒，云令人长寿。"对于唐人来说，这是一个文人化的节日，作于此节的节日诗篇为诸节日之冠。诗人们在此节日诗宴上，唱和酬还，以菊花自况，用诗酒相娱，对于唐诗的律诗定格及发展产生了重要的影响。据现存史料及考证，古人在九月农作物丰收之时祭天帝、祭祖，以谢天帝、祖先恩德，这是重阳节作为秋季丰收祭祀活动而存在的原始形式。唐代是传统节日习俗糅合定型的重要时期，这些节日习俗中的主体部分传承至今。

7. 社日

唐代社日的影响力超过中秋节、重阳节等节日，春秋二社是当时的重人节日。春社、秋社自其产生之时起，就是官方和民众共享的节日，只是对于官方和普通民众而言具有并不完全相同的意义。对于官方，祭社是社日的标志性习俗。对于民众，祭社和庆乐共同构成了其社日节的标志性习俗，普通民众因生活于同一方土地而被"成群立社"，并有机会聚集在一起，共同参与同一个"社"的祭祀活动，祈求、感谢社神的恩惠。

社日除了祭社稷，还有迎神赛社、歌舞饮宴的活动。宴会上击鼓喧闹也有唤醒大地、催生万物的含义。王驾七绝诗《社日》，生动地描绘了当时江西省铅山县鹅湖祭祀土神时集体欢宴的热闹场面，表达出人们祈盼风调雨顺、获得丰收的良好心愿："鹅湖山下稻粱肥，豚栅鸡栖半掩扉。桑柘影斜春社散，家家扶得醉人归。"

社日期间，民众还要"酿酒迎新社"，早在节日来临之前就积极做着准备。他们"木盘擎社酒，瓦鼓送神钱"，在节日期间饮酒赛神，沉醉于欢乐之中。各地州府通常也会每年组织举办两次祭社活动，让辖地内的民众参加。社日不仅是祈愿丰收、恩报丰收的祭祀盛会，也是社区联谊、交流情感、推广农业良种良法的大型盛会。在都城宫苑，皇帝会在社日里赐予大臣节日礼物，白居易就在一次秋社时收到过皇帝赏赐的社酒、蒸饼、椒饼等物。可见隋唐时期每年的秋社之日，无论士民工商，都会休假歇业，大庆丰收。

整体上来看，从唐高祖到唐中宗时期，节日体系的构成、节日活动内容等方面都更多因袭了前代，没有发生大的变化。虽然有些节日，如元宵节、上巳节，呈现出兴盛面貌，但节日生活总体上没有大的更革兴作。经过100多年的恢复和发展，唐玄宗开元、天宝年间，出现了国力强盛、经济繁荣、政治稳定、教育发达、中外交往频繁、百姓安居乐业的盛世局面。这一时期，社日的原始宗教色彩逐渐淡去，而演变为以祈求风调雨顺、农事顺利开展为目的，乡间邻里共同庆祝的群众集会和休闲娱乐民俗节日。

8. 中和节

中和节是唐德宗时新创的节日。据《册府元龟》载，唐德宗贞元五年（公元789年）正月乙卯，德宗诏曰："自今宜以二月一日为中和节，以代正月一日。备三令节之数，内外官司休假一日。"对此，《唐会要》卷二十九"节日"所述尽详：

> 贞元五年正月十一日敕：四序嘉辰，历代增置，汉崇上巳，晋纪重阳，或说禳除，虽因旧俗，与众宴乐，诚洽当时。朕以春方发生，候维仲月，句萌毕达，天地同和，俾其昭苏，宜助畅茂，自今以后，以二月一日为中和节，内外官司并休假一日，先敕百僚，以三令节集会，今宜吉制嘉节以征之，更晦日于往月之终，揆明辰于来月之始，请令文武百僚，以是日进农书，司农献稬稷之种，王公戚里上春服，士庶以尺刀相遗，村社作中和酒，祭句芒神，聚会宴乐，名为缮句芒，祈年谷。仍望各下州府，所在颁行。

所谓三令节，原本指的是正月晦日、三月三日、九月九日三个节日。如前文所述，唐德宗贞元四年（公元788年）九月丙午的诏敕中即有"其正月晦日、三月三日、九月九日三节日，宣任文武百僚选胜地追赏为乐"的规定。而将正月晦日更变为二月一日的中和节，是因为"晦日"的名称，字面上不吉利，因此需要取一个吉祥节名以代之。这在当时的诗文中，乃有"皇心不向晦，改号称中和"的说法。

以"中和"命名，一是象征皇德和熙，与时节同风；二是基于农事时令，有益推进农牧生产，夺取全年丰收。至此，一个从宴乐目的出发、以传统民俗为根本、以重农务本为节日依据、敦睦臣子、娱乐万民的新节日就诞生了，并通过国家法律手段固定下来，在这一天大小官员皆休假。

中和节与农业推广关系最密切的事项是"进农书"，即每年中和节时，地方官员要向皇帝进献新刊农书和黍粟嘉种，以示重农爱民。《唐会要》卷二十九说："其年，以中和节，始令百官进太后所撰《兆人本业记》三卷，司农献黍粟种各一斗。"《唐书·文宗纪》记载："大和二年二月庚戌，敕李绛所进，则天太后删定《兆人本业》三卷，宜令所在州县写本散配乡村。"由此可知，《兆人本业》在唐代曾经普遍传录，用以教导农民。北宋四大部书之一《文苑英华》载有文学家吕温所撰《代百寮进农书表》，表中说："宏我政本，实惟农书。书凡十二篇，共成三卷。"这里的"农书"指的就是《兆人本业》。从上文可以看出朝廷对农事的重视，这正是"中和节上农书"这一节日行为的思想背景。

《全唐诗》卷十五"郊庙歌辞"保留了唐德宗所作的《中和乐舞词》一首：

> 芳岁肇佳节，物华当仲春。乾坤既昭泰，烟景含氤氲。德浅荷玄贶，乐成思治人。前庭列钟鼓，广殿延华臣。八卦随舞意，五音转曲新。顾非《咸池》奏，庶协《南风》熏。式宴礼所重，泱欢情必均。同和谅在兹，万国希可亲。

中和节是唐代首设的祈求农业丰收的节日，意在"正俗调风，整顿朝纲"。政府通过节日形式来倡导和推广适宜的社会风尚。唐代废止了正月最后一天的送穷节"晦日"，而由朝廷颁诏设立二月初二中和节。过节时，皇帝给在京的大臣赐宴，各地官员在当地宴飨属官；上司给下属赠刀、尺，表示为政要谨慎裁度，地方官员要向上级献农书，表示不忘农事；一般百姓亲友邻里之间要用青袋子装着优良的谷物、瓜果种子互相赠送，表示关心农业；村社都要提前酿造"宜春酒"，届时祭祀句芒神，以祈求丰收。此类由统治者亲自倡导推行的习俗，影响区域广大，深入民间乡村，为大江南北不同地区的百姓所共同恪守和传承。

后世的"二月二，龙抬头"即源自唐代的中和节，因此这一节日也称"春龙节""青龙节"。[①]这一节日的产生与当时社会的稳定、人们的安居乐业有很大关系。二月是天气由寒转暖、万物复苏、农事开始之际，正是古代君主鼓励农桑、祈祷丰收之时。推出这一节日，无疑寄托了古代民众对农业丰收的美好期盼。

9. 中元节

道教将正月十五、七月十五、十月十五这三个月圆之夜分别定为上元、中元、下元，分别为天官、地官、水官的诞辰，形成了天官赐福、地官赦罪、水官解厄的三元

---

① 张宏梅.唐代的节日与风俗［M］.太原：山西人民出版社，2010：61-78.

节。三元作为系统化的民俗节日，在唐朝有突出的表现。李唐王朝建立后，为了树立精神权威，将被道教奉为教主的老子李耳尊为圣祖，道教地位因之上升，高居三教之首。唐玄宗是以崇道著名的皇帝，他不仅在各州设立道观，而且诏令全国士民必须每家收藏一本道教经书《道德真经》（即《道德经》）。开元二十二年（公元734年）十月，玄宗敕令：十月十四、十五日是下元斋日，官民禁屠并素食，"自今已后，两都及天下诸州，每年正月七月十月元日起，十三至十五，兼宜禁断"。可见，此时道教节俗已介入民众生活。唐后期"中元"已成为固定节名，诗人李商隐《中元作》一诗称："绛节飘飘宫国来，中元朝拜上清回。"表面上看，中元节与庆祝丰收好像并无联系，但关于中元节的起源，还有一种说法，认为它是由古代祭天祭地的郊社之礼演变而来的。农民在夏收之后，趁农闲举行祭田、祭祖仪式，酬谢管理土地的神灵和开辟田园的祖先，这些仪式也含有庆祝丰收的意义。

10. 中秋节

《荆楚岁时记》《艺文类聚》《北堂书钞》《初学记》中没有列入八月十五中秋节，说明南北朝至初唐时期的社会风俗无所谓中秋节日。事实上，晚唐五代时的《岁华纪丽》同样没有中秋一条，甚至北宋时的大类书《太平御览》也没有。直到宋时的《东京梦华录》《梦粱录》《岁时广记》等，才将中秋节作为一个独立条目列入类书。需要指出的是，唐代没有列明"中秋节"的节日名称，但是已经把后世称为"中秋"的农历八月十五日列入国家公假日。《唐六典》吏部卷第二记载：内外官吏则有假宁之节，谓元正、冬至各给假七日，寒食通清明四日，八月十五日、夏至及腊各三日。正月七日、十五日……并给假一日。由此看来，唐玄宗时已有以"八月十五"称谓的中秋节。

唐代开元以后，以赏月赋诗为内容的中秋玩月开始兴起，但它主要基于文人的趣味风尚，而以宴饮游乐、家人团圆为节日内容的中秋节，到宋代才形成。在唐代中秋玩月诗中，有中国传统题材的内容，亦受到了道教的一定影响，诗境多趋清冷，与神仙传说有关。

一个节日的形成需要有固定的节期，也需要有固定的民俗模式。农历八月是庄稼、瓜果成熟丰收的时节，许多地方有用新收获的粮食瓜果祭月和祭祖的习惯。上引的《唐六典》的记载说明，唐朝正式将八月十五定为国家公假日，公职人员享有三天假期。农历七、八、九三月为秋季，八月十五为三秋之半，故而八月十五成为中秋节。江南一些地方就称此节为"八月节"，北方人更习惯称为"八月十五"。中秋节和秋分节气在时间比较接近，自古有"春祭日，秋祭月"之说。秋分就是传统的"祭月节"，后来人们发现秋分时月亮不一定圆，有时甚至没有月亮，于是逐渐将"祭月"的风俗改在了农历八月十五，而"祭月"这个习俗也主要是为了祈祝来年的丰收。

第三节　隋唐五代时期丰收文化的发展

经过近 300 年的民族冲突和民族融合，隋唐时代进入中原的少数民族与汉民族之间的界线渐趋消弭，南北经济社会发展水平基本拉齐，经济科技文化交流更为密切。民族融合缓解了矛盾冲突，农牧结合调整了生产结构，南北统一提升了经济科技实力，这是隋唐出现盛世的时代背景与社会条件。正是在三大农业类型（北方畜牧业、中原旱作农业、江南稻作农业）的基础之上，出现了隋唐时期的空前盛世，铸就了充满生机与活力、自信与开放的隋唐文明，开启了中华丰收文化大发展的新篇章。

一、农业经济的发展为丰收文化奠定了物质基础

随着社会的稳定和农业的振兴，隋唐时期人口迅速增加。杨坚夺取北周政权时有 3599604 户，灭陈得 50 万户，总计约 410 万户，人口超过 3000 万人，已经超过西晋统一时候的人口总数。到隋炀帝大业五年（公元 609 年），人口更是多达 8907546 户，46019956 人。隋朝统一中国之前，北齐、北周等实行均田制，国家经济已经大大发展；隋朝统一中国之后，隋文帝令"自诸王以下至于都督，皆给永业田，各有差。多者至一百顷，少者至三十顷"。而唐高祖武德七年（公元 624 年）始定律令，以度田之制："五尺为步，步二百四十为亩，亩百为顷。丁男中男给一顷；笃疾、废疾给四十亩；寡妻妾三十亩，若为户者加二十亩。所授之田，十分之二为世业，八为口分。世业之田，身死则承户者便授之，口分则收入官，更以给人。"

唐代，统治者颁布了一系列倡导农耕的政策。唐高祖李渊颁布了《均田令》，开始实行均田制；武则天在位时继续推行重农政策，规定凡州县"田畴垦辟，农有余粮"，则地方官得到升奖，"为政苛滥，户口流移"，地方官必受惩罚。[①] 这一时期，皇帝为了学习农事，常常来到课农轩亲自体验农耕。当时划出一块地，叫演耕田，每年由皇帝、皇后亲耕，表示普天之下该种五谷了，并以此显示皇帝对农业生产的重视。《唐大昭令集》卷第一百十一收录的唐高祖武德六年《劝农诏》[②] 记载：

朕膺图驭极，廓清四海，安辑遗民，期于宁济。劝农务本，蠲其力役。然而

---

① 孙华熙 . 我国古代"重农"政策的实施及效果 [J]. 山东省农业管理干部学院学报，2001（2）：20–21.

② 《中国皇帝全书》编委会 . 中国皇帝全书：第 3 卷 [M]. 北京：大众文艺出版社，2011：1581.

边鄙余寇，尚或未除。顷年以来，戎车屡出，所以农功不至，仓廪未登，永言念此，无忘寤寐……时维溽暑，方资耕耨，废而不修，岁功将阙，宜从优纵，肆力千亩。其有公私债负及追征输送，所至之处，宜勿施行。寻常营造工匠等，事非急要，亦宜停止……州县牧宰，明加劝导，咸使戮力，无或失时。

唐政府规定，遇有水旱虫霜等灾害，农作物损失十分之四以上，免纳租；损失十分之六以上，免纳租调；损失十分之七以上，租庸调全免。如仅桑麻受损，则免纳调。[①]此外，隋唐时期还十分重视农田水利，中央设置有水部郎中、都水使者、渠堰使等官员。水部郎中员外郎是兼理航运、灌溉之职官，掌天下川渎陂池之政令，以导达沟洫，堰决河渠，凡舟楫灌溉之利，咸总而成之。都水使者则属于专总京畿灌溉水利之官，"凡京畿之内，渠堰陂池之决坏，则下于所由而复修之。每渠及斗门，各置长一人。至于溉田时，乃令节其水之多少，均其灌溉焉"。而各要渠则往往设置渠堰使。

经过唐代前期的发展，到唐玄宗天宝年间，社会经济发展达到鼎盛。据《通典·食货六》估计，天宝年间计账收入总数，所列举之税目可知，"天宝中天下计账户约有八百九十余万一其税钱，约得二百余万贯；其地税约得千二百四十余万石；课丁八百二十余万；庸调输绢约七百四十余万匹；绵则百八十五万余屯；租粟则七百四十余万石"。这些数据表明，隋唐时期南北经济发展已经十分繁荣，这也是隋唐时期农业丰收文化繁荣发展的根本原因。

二、农牧生产发展丰富了丰收文化的内涵

隋唐时期是继汉代以后政治、经济、文化均取得杰出成就的又一个鼎盛时期，即使在当时世界范围内也居于领先地位。唐人生命充实，处世态度豪迈乐观，有着享受人生、亲近自然的强烈渴望，并对风俗加以改造。如广汉等四郡，"俗并不以庚日为伏，或问其故，云地气温暑，草木早生，异于中土，常自择伏日"。在《四时纂要》的记载中，唐代农民以稻、麦等大田作物的经营为主，对蔬菜种植、家畜饲养、果树栽培以及蚕桑、渔业、养蜂等农家副业生产也有记载。表现出农家多种经营的习俗。

唐代中期以后，饮茶之风遍及大江南北，《四时纂要》第一次记载了农民种茶的方法。唐以前无茶业，因饮茶之风在唐以前尚未普及南北，唐代后期茶开始成为政府税源之一，且成为对外重要输出品。唐人封演《封氏闻见记·饮茶篇》述饮茶风习之传播如下："茶，早采者为茶，晚采者为茗。本草云：止渴，令人不眠。南人好饮之，北人初

---

① 王仲荦.隋唐五代史：上［M］.上海：上海人民出版社，2016：23-27.

不多饮。开元中，泰山灵岩寺有降魔师，大兴禅教。学禅务于不寐，又不夕食，皆许其饮茶。人自怀挟，到处煮饮。从此转相仿效，遂成风俗。自邹、齐、沧、棣，渐至京邑城市，多开店铺，煎茶卖之，不问道俗，投钱取饮。"[1]可见，唐朝饮茶之风已遍布全国。五代十国时期，南唐、闽、吴越、楚、南平、前蜀、后蜀各国，植茶事业都有所发展。[2]四川、重庆、湖南、湖北、河南、江西、福建在当时都是很有名的产茶区。其中南唐境内及巴蜀地区产茶区分布最广。

南方的进一步开发也使农业耕作出现了新的模式。唐代安史之乱后，国家经济重心开始南移。五代十国时期，北方战乱不断，且有水患等灾害，经济受到了较大的破坏，而南方相对太平，经济发展。南方社会相对稳定，统治者注重对水利的兴修。以四川为例，彭山县西北四十里，有大堰一，小堰十，自成都新津口引渠南下，灌溉彭山眉州沿江之地，凡百二十里，计田千六百顷。又有"五代时，张琳复自新修觉山浚故址至州西南，合于汶江，其利尤博"。自魏晋南北朝以来，巴蜀大地及太湖流域等地的经济就得到了较快的发展；前蜀、后蜀政权统治时期也较为稳定。长江流域在吴、南唐、吴越等政权的统治下也得到了开发。吴越还修建了防止海潮的捍海石塘，并且招募人民开垦田地，免于田税。由此，南方经济得到了更大的发展。

在魏晋南北朝，南人服饰，尚以麻织物为主，东南区域，虽因北人南徙之故，也开始种桑育蚕，且北方机织工艺渐次传入东南，但蚕丝织物尚未能与麻葛织物抗衡。进入唐代以后，长江流域之丝织品，上自川蜀，下至吴越，皆已臻于极发达之境。蜀锦在汉时已驰名，兹不必论，由荆襄而下至吴越，则属后起之业，江南东道一隅，尤呈冠绝时辈之象。[3]此外，南方地区还大面积发展纺织业，养蚕业也十分发达，一些边疆地区在唐末五代甚至开始种植起了棉花等经济作物。总之，隋唐五代时期是中国农业经济繁荣的重要时期，农业生产的多样化促成了民间农事习俗的丰富多彩，从而使这一时期的丰收文化内涵更加丰富。

三、儒道佛兼容并蓄为丰收文化注入内生动力

唐代，佛教较为兴盛，寺院开始慢慢地由城市向山林转移，一些僧侣也从事农业生产活动。现在佛教界一般认为隋唐之交的禅宗四祖道信大师（580—651）在今天的湖北黄梅县一带山里带领徒众开荒种地，开了中国佛教史上僧人为养活自己而参与农业劳作之先河。虽然此前许多城市寺院在乡下也有土地，但僧人自己不种地，而是有佃农

---

① 王双怀.古史新探［M］.西安：陕西人民出版社，2013：162.
② 王仲荦.隋唐五代史：下［M］.上海：上海人民出版社，2016：854.
③ 李剑农.中国古代经济史稿［M］.武汉：武汉大学出版社，2006：452.

代劳，这依然还是属于"供养制"的范畴，与僧人扛起锄头亲自下地不可同日而语。

从道信大师之后，中国的山川丛林就多了僧人劳动的场景。比如，香严智闲禅师一日因山中芟除草本，以瓦砾击竹作声，俄失笑间，廓然省悟。遽归沐浴，烧香遥礼沩山。（沩山灵佑禅师）摘茶次，谓仰山曰："终日摘茶只闻子声，不见子形。"仰撼茶树，师曰："子只得其用，不得其体。"仰曰："未审和尚如何？"师良久，仰曰："和尚只得其体，不得其用。"（百丈怀海禅师）普请锄地次，忽有一僧闻鼓鸣，举起锄头，大笑而归。师曰："俊哉！此是观音入理之门。"师归院，乃唤其僧曰："适来见甚么道理，便怎么？"曰："适来肚饥，闻鼓声，归吃饭。"师乃笑。[1]另外唐代普愿禅师，在池阳（今安徽省贵池市）南泉山填塞谷地，砍伐山木，建造佛寺，并砍除山上荆棘，烧掉杂草，种植粮食，过着自给自足的清修生活，在南泉山生活达30年之久。唐代宗杲普光禅师（1089—1163），发动僧人和信众劝募，于江浙购海埔地1000多亩，披荆斩棘，建筑岸堤，命名为广利庄，年收入千斛之多。

道教和中国传统农业关系十分密切，这种关系体现在道教仪式和农业的关系中。道教仪式具有明显的重农意识，道教仪式的举行及仪式中所供奉的神、所使用的供品和所消耗的粮食均与农业有关，仪式的不少行为具有仿农性质。仪式中的静、净观能培养人的敬农意识，宗教仪式中的幻想成为农民追求技术进步和求善的外在动力。正如中国佛教禅宗中的"农禅"一样，道门人士进行农道合修不仅与中国古时的经济背景相关，还与其生活环境密切相关。中国乃农业大国，"民以食为天"和农业为本的传统思想根深蒂固，对道教影响甚深，致使道门人士无不重农。再加上受"道人宁旋人，勿为人所施"戒律的影响，道门中人以力耕自食为荣。道教"辟谷"之初衷是为了减轻中国传统农业所存在的粮食不足问题，但这并非不食，而是以精代粗，例如道人嗜酒，这样也根本离不开种植业。这就存在农道双修的必要性。[2]

---

① 陈坚."农禅并重"的农业伦理意境与佛教中国化 [J].兰州大学学报（社会科学版），2016，44（5）：69-77.

② 盖建民，袁名泽.道教与中国传统农业关系略考 [J].福建师范大学学报（哲学社会科学版），2009（3）：137-142.

第十章

宋辽金西夏时期的
南北丰收文化分异

10—13 世纪是宋、辽、金、西夏等王朝并立的时期。这一时期是中国历史上又一个民族交融的重要时期，也是中华民族多元一体格局形成的关键时期。赵匡胤建立的宋朝结束了唐末五代以来的混乱局面，统一了中国长城以南的大部分区域，经济实力雄厚，但军事力量无法与北方辽、西夏等少数民族建立的政权相抗衡，只能多次以和约的形式换取稳定。在宋、辽、金交战时期，北方的金朝多次侵扰中原，黄淮一带民众遭受巨大的灾难，一时间"老幼离散，田野荒芜"，农业生产受到巨大破坏。与之相对应，南宋时期较少受到战争侵扰的江南地区得到了广泛的开发，这一时期南方地区的水稻生产规模扩大，江南地区人口剧增，精耕细作的农业生产方式得到推广。

随着农业生产和城市商品经济的发展，两宋时期社会经济有了长足进步，为探究丰收节俗的演变提供了史料依据。[①] 就丰收文化本身而言，宋朝依然延续汉唐以来官方形成的一系列礼法制度，并根据自身的具体情况将部分礼法制度加以丰富和完善。而民间的丰收文化与岁时节令进一步融合，形成了丰富多彩的农事信仰与节日习俗。

第一节 宋辽金西夏的丰收祭祀活动

中国古代礼仪制度内容甚广，包括各个时期的国家政治、经济、军事、文化的所有典章制度以及人们的伦理道德修养、行为准则规范等。按照传统的习惯，这些礼制可分为吉礼、嘉礼、宾礼、军礼、凶礼五类。[②] 其中吉礼、嘉礼中的许多祭祀活动与庆祝

---

① 陈文华. 中国古代农业文明史 [M]. 南昌：江西科学技术出版社，2005：314.

② 杨渭生. 两宋文化史 [M]. 杭州：浙江大学出版社，2008：233.

丰收、祈祷丰收关系密切，而各类礼制的具体内容则与前代稍有不同。这些礼制是为了维持和巩固新的社会阶级结构和宗法关系而制定的，是官方倡导并大力推行的行为。吉礼居于古代五礼的首位，是历代王朝对天地、人鬼的祭祀礼法，按照祭祀规模的不同，可以分为大祀、中祀、小祀三个等级。

一、宋朝的礼制

与隋唐时期的官方祭祀类似，两宋时期最隆重的典礼是郊祀和享明堂，而其中郊祀之礼与祈求丰收密切相关。通常在京城以外举行的祭祀典礼都可以称为郊祀，其中国家层面最为重视的当属祭祀昊天上帝和神州地祇的活动。五代后梁和后唐的郊祀坛修建在洛阳，宋代在汴京城南薰门外重新建立了祭坛，"共四成、十二陛、三墙（矮土墙），每墙十二步，内墙以青绳缭绕，以为限域"①，还建造了供皇帝祈福时居住的青城斋宫。宋太祖乾德元年（公元963年）冬，宋廷首次在南郊"合祭天地"，此后的仁宗、神宗等朝基本上每三年举行一次规模较大的祭典，且对祭祀场所多有扩建。此外，宋朝还在汴京皇城北十余里处修建了方丘，供皇帝在夏至日祭祀神灵，在北郊建造圜坛，每年孟冬祭祀天地。

宋朝的国家礼制规定：

> 凡祀典皆领于太常。岁之大祀三十：正月上辛祈谷，孟夏雩祀，季秋大享明堂，冬至圜丘祭昊天上帝，正月上辛又祀感生帝，四立及土王日祀五方帝，春分朝日，秋分夕月，东西太一，腊日大蜡祭百神，夏至祭皇地祇，孟冬祭神州地祇，四孟、季冬荐享太庙、后庙，春秋二仲及腊日祭太社、太稷，二仲九宫贵神。中祀九：仲春祭五龙，立春后丑日祀风师、亥日享先农，季春巳日享先蚕，立夏后申日祀雨师，春秋二仲上丁释奠文宣王、上戊释奠武成王。小祀九：仲春祀马祖，仲夏享先牧，仲秋祭马社，仲冬祭马步，季夏土王日祀中霤，立秋后辰日祀灵星，秋分享寿星，立冬后亥日祠司中、司命、司人、司禄，孟冬祭司寒。②

两宋时期，北郊、南郊的祭祀活动一直没有常态化，其间发生了诸多变化。北宋初年，由于礼制规定皇帝每年须到南郊祭祀昊天上帝和祖先神灵，因此北宋前期的皇帝尚未亲自到北郊祭祀，仅派遣官吏代为祭祀，"遣内臣降香""差官诣北郊行事"等记载十分丰富。到了宋神宗元丰元年（公元1078年），朝廷上下对皇帝要不要在北郊亲自祭

---

① 杨渭生.两宋文化史［M］.杭州：浙江大学出版社，2008：234.
② 朱溢.事邦国之神祇：唐至北宋吉礼变迁研究［M］.上海：上海古籍出版社，2014：75.

祀发生了争论，欲改变过去冬至在南郊合祀天地的惯例，复兴北郊的祭祀。但直到哲宗初年皇帝仍然没有亲自到北郊祭祀，只是派遣有司代为摄事。于是朝廷中对礼制的贯彻又展开了讨论，以礼部尚书苏轼为首的一派支持按照旧例实行"合祭天地于南郊"的做法，并且得到多数人的赞成。直到徽宗时期在绍述"熙丰新法"的背景下，停止合祀南郊的惯例才被打破，皇帝亲自到北郊祭祀天地成为常态。宋徽宗政和三年（公元 1113年），政府在北郊重新修建方坛以完善祭祀设施。次年夏至日，徽宗亲自到北郊主持祭地仪式。从北宋年间天地祭祀分离的过程不难看出，土地神作为北宋年间重要的神祇，地位日益提升，并受到官方隆重的祭祀。

除了祭祀对象的改变外，两宋时期国家祭祀的人员构成也发生了变化。两宋时期每当遇到郊祀、明堂大礼等国家重要祭祀活动时，一般会设置大礼使、礼仪使、仪仗使、卤簿使、桥道顿递使"五使"，负责祭祀礼仪。"五使"人员分配一般如此：宰相往往担任大礼使，太常卿任礼仪使，御史中丞任仪仗使，兵部尚书任卤簿使，知开封府任桥道顿递使。[①]如果遇到官员暂时缺失的情况，则以学士或其他六部尚书、侍郎等重要官员担任。可见，作为国家礼法的祭祀天地活动，在两宋时期规格极高。两宋时期，官方在春秋季节的一些重要农事节日结束后，还会举行皇帝巡幸回京等规模宏大的庆祝活动，以示祭祀神灵取得成功。比如，仁宗年间，在籍田、郊祀等典礼后，皇宫中举行盛大宴会，宴会被装饰成山楼排场和群仙庆贺的场面。宰相、枢密使、各部尚书等重要官员列坐大殿，文武四品以上的官员被安排在侧殿，而其他京城的官员分坐两侧，场面十分壮观。

从上述对两宋时期有关农业祭祀的对象、祭祀规模、祭祀人员构成等方面的考察可以看出，两宋时期国家祭祀的等级制度逐步强化，大、中、小三种等级之间有关农业方面的祭祀明显增多。国家以法律的形式对籍田、郊祀、先农祭祀等农事祭祀予以肯定，使君主的意志同民众祈愿年丰的心理结合起来，在　定程度上实现了官方和民间的沟通，表明中央政府对农业祭祀活动的重视和对发展农业经济的期盼。

二、辽朝的礼制

辽朝是 10 世纪初契丹人在中国北方建立的多民族王朝。契丹是中国古代北方一个古老的民族。历史文献中关于契丹的记载始见于《魏书》。契丹出自鲜卑别支，与库莫奚属"异种同类"。公元 388 年，北魏大破库莫奚，契丹从库莫奚分离出来，退居潢河（今西拉木伦河）以南、土河（今老哈河）以北的地区。经过数十年，契丹逐渐得到恢复和发展。契丹通过"朝献""岁贡"等方式同北魏进行贸易活动，与中原保持联系。

---

① 杨渭生.两宋文化史［M］.杭州：浙江大学出版社，2008：236.

契丹初期，分为八部。至唐朝初期，契丹形成了以大贺氏为首的部落联盟。916年，耶律阿保机在今内蒙古自治区西拉木伦河流域建立契丹国，后改号大辽。1125年天祚帝时，辽被金朝所灭，共存在209年。辽灭亡后，耶律大石率部西迁，建立政权，史称西辽。1218年，西辽为蒙古所灭。

辽朝境内，除契丹外，还有奚、渤海、汉、女真等民族。辽朝各民族的传统、广阔的疆域、复杂多样的自然环境等都不可避免地直接影响着其社会经济的发展和风俗文化的形成和演变。他们既传承本民族的传统风俗，又互相交融和影响，共同构成了辽朝风俗文化的多彩画卷。

辽朝的契丹族以游牧为生，擅长骑射，同时信奉萨满教，信仰万物有灵。礼仪有吉仪、凶仪、军仪、宾仪和婚仪等类。其中与丰收节密切相关的是吉仪。

吉仪是关于祭祀的礼仪。吉仪的祭祀对象有天神、地祇、人鬼三类。祭祀时又分大祀、中祀、小祀等。

1. 祭山仪

祭山仪举行地点为木叶山，辽朝皇太后、皇帝、皇后、群臣、命妇都参加。仪式举行当天，先于木叶山设立天神、地祇位，并植树以象征皇帝及群臣。帝、后穿着祭服乘鞍马至君树前接受群臣、命妇赞拜。随后，帝后亲自向天神、地祇祭奠，北府宰相、惕隐则依次祭奠君树等。祭拜后，由皇帝率领皇族三父房绕神门树三匝，余族绕神门树七匝。绕神门后，帝后率群臣、命妇跪拜上香。帝后及群臣、命妇稍事休息后，又至祭东所。由白衣巫者三致辞，帝后及群臣命妇三拜。随后，帝后持酒肉各二，群臣、命妇持酒肉各一祭奠，并由惕隐将酒肉掷于东方。帝后、群臣六拜后复位，再命中丞向天神、地祇位献茶果、饼饵。最后，帝后饮福酒、受胙肉毕，率领群臣拜神位而退。

祭山仪不是单纯的山岳祭祀，其中融合了天、地祭祀等内容，故辽朝视祭山为大礼，等同于中原郊天之礼。因此，该礼仪被置于辽朝吉仪首位。

2. 瑟瑟仪

祈雨是中国古代重要的礼仪活动，官方最主要的祈雨礼仪便是雩祀。辽朝专司祈雨的礼仪为瑟瑟仪，又称为射柳仪。每逢天旱，便选吉日行此仪以祈雨。仪式须先设百柱天棚一座，举行时间则需二日。第一日，先祭奠先帝御容，然后行射柳。皇帝射柳两次，亲王、宰执则各依次射柳一次。射中柳枝者，获得植柳者所质冠服，不中者则将自己的冠服质出，最后负者向胜者进酒，并归还各自冠服。第二日，于天棚东南侧植柳，由巫师以酒醴、黍稗祝之。帝后祭拜东方后，由子弟射柳。参与者皆有赏赐。最后，视祈雨的结果，决定对礼官奖惩与否。

3. 拜日仪

拜日是契丹族的传统习俗，契丹族在许多重要场合均要拜日。故辽朝专门制定拜日仪。拜日仪中，皇帝、诸司、阁门、南北臣僚皆参加。当日，皇帝登露台，于褥位向日两拜并上香，陪位臣僚亦皆两拜。随后，皇帝升座，先由北班起居，并向皇帝两拜曰："圣躬万福。"其余臣僚则与之相同。待群臣起居完毕，方向皇帝奏事。除了专门行拜日仪外，辽朝在柴册仪、腊仪、皇后生辰仪、冬至朝贺仪等礼仪中，亦有拜日环节，由此亦足见辽朝对于拜日之重视。

4. 拜容

契丹族有祖先崇拜之传统，如其于父母去世后三年，唱祝歌以求得先人庇佑，然并无宗庙、山陵等制。辽朝建立后，方创制拜容、拜陵等仪式。拜容分两种：一曰告庙，一曰谒庙。凡是行柴册仪或亲征则告庙，若幸京城则谒庙。此外，正旦、帝后生辰、忌辰等亦行拜容礼。

告庙是有事告于宗庙，一般遣大臣行之。举行告庙仪的当日拂晓，臣僚着朝服至太祖庙。臣僚合班以后，先拜见御容并两拜，然后由班首左上至褥位，祭拜上香。待众臣僚站定，侍者于御容之前跪举告庙祝版，由中书舍人于御容前跪读告庙祭文。读祭文讫，班首由褥位退下，并两拜。然后众臣僚次第上殿，并向御容进酒三次。最后，臣僚分别引出。

谒庙是祭奠宗庙，由皇帝亲于宗庙祭奠。举行谒庙仪的当日拂晓，南北臣僚着朝服于庙外等候皇帝车驾。待皇帝车驾至，群臣于门外排班序列，向车驾鞠躬，并由班首奏告"圣躬万福"。皇帝下车后，南北臣僚分左右至丹墀，而皇帝则至露台褥位并率领群臣两拜。待皇帝上香毕，群臣则依次上殿向御容进酒。最后，群臣两拜，分班引出。

5. 蕝节仪与烧饭

蕝节仪与烧饭即契丹人焚烧酒食以祭祀祖先的丧葬习俗。据辽、金、元的历史文献记载，女真、蒙古等北方游牧民族都有此风俗。契丹人的蕝节仪的程序比较简单，蕝节仪主要是便于四时捺钵途中祭祀先帝。每逢节辰、忌日、朔望之日，于穹庐之前祭祀；然后筑一个高丈余的土台，其上放置一个大盘，将先前祭祀之酒食于盘内焚烧，此即为蕝节仪，又称作"烧饭"。其中大穹庐便为供奉先帝、后妃金像之毡殿。《辽史·礼志》记载："帝崩，所置人户、府库、钱粟，穹庐中置小毡殿，帝及后妃皆铸金像纳焉。节辰、忌日、朔望，皆致祭于穹庐之前。又筑土为台，高丈余，置大盘于上，祭酒食撒于其中，焚之，国俗谓之蕝节。"

6. 柴册仪

柴册仪也是辽朝的吉仪，是辽朝皇帝继承大统之标志。柴册仪大致分为再生、拜日、立誓勒、拜容、受册等几个环节。柴册仪共行二日。前期准备阶段,先设置柴册殿及祭坛。以木材堆积高台,其上设置祭坛,祭坛之上铺设百尺龙纹方形毡。最后设置再生、母后及搜索室。首日,皇帝先于再生室内行再生仪。再生仪毕,契丹八部之长者前导后扈,左右护持着皇帝至册殿之东北处行拜日仪。拜日毕,皇帝则乘由外戚长者所驭之马疾驰。随后,驭马者及从者以毡覆盖皇帝并带至一处高地。高地处,大臣、诸部早已列仗以待。皇帝遣使者向群臣表达让贤之意,群臣则以效忠之心对之。于是,皇帝与群臣订立誓约,皇帝"将信明赏罚",群臣则"唯帝命是从"。随后,皇帝祭拜先帝御容并大宴群臣。第二日,皇帝出柴册殿,由护卫太保护持登祭坛。群臣各手持龙纹方形毡边,站成一圈。枢密使捧玉宝、玉册进入,有司读册文讫,枢密使进尊号,群臣三呼"万岁"并跪拜。宰相、北南院大王、诸部帅则进赭、白羊各一群为贺。最后,皇帝更衣,祭拜先帝御容,大宴群臣并赏赐。[①]

三、金朝的礼制

金朝是 12 世纪初以女真为统治民族建立的王朝。女真的先世可以上溯到先秦时期的肃慎。肃慎又称息慎、稷慎,是东北地区见诸文献记载的最古老的民族。其后裔,两汉时称挹娄,北魏时称勿吉,隋唐时称靺鞨。其中以粟末、黑水两部最为强大。698 年,以粟末靺鞨为主体建立渤海国。926 年,渤海国为辽所灭。

12 世纪初,由于女真社会自身发展的需要和女真人不堪契丹人的统治压迫,其首领阿骨打揭开了反辽斗争的序幕。1114 年 9 月,女真人进攻宁江州(今吉林扶余东南小城子),10 月攻克宁江州城,11 月与辽军大战于出河店(今黑龙江肇源西南),取得了重大胜利。1115 年,阿骨打在今黑龙江哈尔滨东南的阿城称帝,是为金太祖,国号大金,建元收国。

金世宗完颜雍在位期间,稳定政局,发展经济,与宋议和,整顿吏治,金朝出现了"群臣守职,上下相安,家给人足,仓廪有余"的"小康"局面。金章宗完颜璟即位后,在许多方面承袭世宗的施政方针,取得了一定成效。章宗时期,金朝政治制度更臻完善,中原汉文化得到广泛传播,社会经济得到较大发展。世宗、章宗两朝是金朝社会的鼎盛时期。章宗后期,在同北方和南宋的战争中消耗了大量人力物力,章宗的一些弊政加深了金朝社会的内部矛盾,金朝开始由盛转衰。

金朝境内的民族,除女真外,还有契丹、奚、渤海、汉族等。金朝的疆域,在其最强大时,北起外兴安岭,南与宋朝接界(西起大散关,东沿淮河一线),东濒大海,

---

① 王凯.辽朝礼制研究[D].长春:吉林大学,2017:14–21.

西与西夏为邻。其版图约相当于南宋的两倍。金朝疆域辽阔，有山区、平原、河流及绵长的海岸等各种地形地貌。

山区的原始森林和江河，是女真人从事渔猎的好场所；一望无际的沃野草原，则为农耕、畜牧的发展提供了条件。金朝历史、社会与地理环境影响和制约了其风俗的形成与发展。

女真人建立金政权后，相继灭辽和北宋，臣服于西夏、高丽，成为雄踞中国北方的强大政权。在此过程中，女真族既保留了部分本族礼俗，又不断吸收境内其他少数民族的礼俗和中原王朝的礼制，逐步形成了以汉族礼仪文明为主，兼容本族和他族礼俗因素的独具特色的礼乐文明。

1. 祭天礼仪

太祖时期，对天的祭祀主要是行拜日和拜天之礼。此时的"天"被作为自然神加以崇拜，这种崇拜主要来自女真族萨满教中的自然崇拜观念。在萨满教中，以天应地，以地应天，天人感应是萨满教的核心信仰之一。金朝女真族的萨满教成为王权政治的一部分，参与并服务于当权者的重大活动或决策。他们通过拜日、拜天，祈求神灵的福佑。因为经过长期积累，人们对天界、星空已形成了相对稳定的认识模式。在金朝的政治理念中，天象吉兆是统治者制定决策、神化自我、鼓舞部众的精神武器。告祀天地只是皇帝即位仪式的一个环节，本质上属于奏告礼，不同于汉礼中的郊祭之礼。

女真族的拜日礼俗源于本族原始萨满教的多神崇拜。萨满教是一种起源于远古时代的原始宗教，也是中国北方民族所普遍信仰的原始多神教。它以万物有灵论为思想基础，认为一切事物都由"神鬼"不分的"灵"所支配，在内容上包括自然崇拜、图腾崇拜和祖先崇拜。太阳，是萨满教自然崇拜的主要对象之一，它影响着人类生存的主要自然条件。尤其在寒冷的北方草原上，诸游牧民族对太阳的崇拜成为萨满教自然崇拜的一个重要内容。古代有许多北方民族都有太阳崇拜的习俗，为了获取温暖，人们逐渐对太阳所出的东方顶礼膜拜，因此，形成了以东为贵的观念。金人对祭祀日神、月神异常重视。金朝皇帝亲祭日神，最初用本民族习俗中的拜日礼仪。金太宗天会四年（公元1126年）正月，开始朝日于乾元殿，而后接受祝贺。金朝举行朝日夕月仪式时，斋戒，陈设、查看祭祀用的三牲和祭器，进献玉帛，进献烹熟的祭品，这些方面的礼节都如同大祀的仪式一样。

2. 拜天射柳礼仪

契丹人从北方其他游牧民族那里继承了"射柳"，并将其作为祈雨的重要礼仪，固定为程式化的瑟瑟仪。契丹族生活在北方荒漠草原地带，自然环境比较恶劣，夏季时常干旱少雨。他们行瑟瑟仪，祈求风调雨顺、水草丰美，以维持生存。女真人的射柳运动是宗教与民俗结合的产物。女真人笃信萨满教，在巫祭的仪式上，把箭放在最显赫的位置，并对着神箭诵诗求福，以求平安。在官方或民间的祭天及其他祭祀仪式上，都要进行骑射活动。上层皇权贵族往往将射柳作为娱乐和助兴的方式，在与臣下宴饮或招待宾客时进行。拜天射柳是按照节辰举行的常礼，是国家祭天礼制的一部分。

拜天射柳是女真王朝重要的礼制，它与汉礼的南郊祭天并行，但较之后者更为频繁，几乎每位皇帝在位期间都要举行这种拜天之礼。

3. 祭地礼仪

金建国后，受汉文化的天地崇拜的影响，在祭天之外，还祭地。按照中国传统思想认识，天和地是一阳一阴，一覆一载，两者相交，构成整个世界，它们是万物的本源或创造者。金朝在北郊方丘祭皇地祇，这是与南郊圜丘合祀天地同时存在的祭地礼。祭前三日行斋戒，散斋二日。祭前二日，部署兵卫、设乐，清扫坛壝。祭前一日，升设皇地祇及配位各神座。斋戒是国家祭祀中参加祭祀的人员必须执行的首要环节，金代方丘祭地仪中，参与斋戒、受誓的只有官员，而没有皇帝，说明皇帝没有亲祀，而是由有司行事。金朝未专设祭"神州地祇"的祭地礼，只是在南郊祭天时将神州地祇列为一等从祀。在方丘祭地礼中，主要祭祀对象是皇地祇，皇地祇作为至尊的大地之神，而"神州地祇"只是处于从祀地位。

4. 社稷祭礼

社稷祭礼是"吉礼"中的一项重要礼仪制度。社稷神归于地祇门，属祭地礼之一。土地崇拜现象是中国古代社会的鲜明特征之一，历代帝王在"父天母地"观念之下，都非常重视社稷坛的建造和祭祀。在农业文明的影响下，女真人崇本重农的意识和强化国土的观念进一步加深，逐渐形成了崇拜土地的信仰，开始举行社稷祭礼，向神灵祈求丰年和福佑，并报答土地和谷物的养育之恩。

金朝基本继承了唐朝的社稷制度。其社坛、稷坛亦是东西对峙的两坛，坛上铺以五色土，土色随其方位，正合中国古代金、木、水、火、土五行之说。金朝的社坛、稷坛制度也与唐朝基本相同，如两坛均在皇城之内，其坛之规制、社主的材质和规格等大体类似。

5. 山水祭礼

金朝继承中原王朝儒家化的祭祀体系，对山水等自然神封爵封王后，仍保留了本民族原始自然崇拜的特点。需要明确的是，金人重视山水祭礼，在他们的神祇体系中，地神系列的岳镇海渎与山林川泽属于不同等级的神灵，前者是继承中原王朝的岳镇海渎祭祀传统，后者主要是基于女真自身的山川信仰。金朝的岳镇海渎祭祀，继承了唐宋旧制，而且在祭祀官员的任用上也仿照唐制。金朝将岳镇海渎祭祀规定为"常祀"，对在境内者就本庙致祭，在他界者则"遥祀"。立春，祭东岳、东镇、东海、东渎大淮。立夏，望祭南岳、南镇、南海、南渎大江。季夏土王日，祭中岳、中镇霍山。立秋，祭西岳华山、西镇吴山，望祭西海、西渎。立冬，祭北岳恒山、北镇医巫闾山，望祭北海、北渎大济。

金朝统治者尤其重视长白山祭礼。金世宗大定十二年（公元1172年）规定，长白山乃王兴之地，礼合尊崇，议封爵，建庙宇。金朝对长白山的册封，继承了中原王朝祭礼中对山水封神封爵的做法。女真统治者将长白山与"金德"联系在一起，显示出他们在接受汉文化与保持传统文化之间的选择与继承。他们在接受汉文化的过程中，将蕃汉两种不同文化进行杂糅融合，反映出女真人在接受中原祭礼时，对本族旧有的山水崇拜的礼俗文化的固守。[1]

四、西夏的礼制习俗

西夏的多神教信仰延续了很长时间。西夏建国后，佛教广泛传播，党项族，特别是其中的皇室，信仰佛教，然而他们依然崇奉众多神灵。李元昊称帝后，曾不远千里亲自到西凉府祀神。至西夏中期，多神信仰仍在民间有很大影响。

1. 自然崇拜

隋唐之际，党项族居住在山谷草原之中，主要从事狩猎畜牧业。这一时期尚未出现有组织体系的宗教，但已经有"三年一聚会，杀牛羊以祭天"的习俗[2]。

祭天是党项族重要的原始宗教活动。"三年一聚会"，这应是十分隆重的带有原始氏族组织形式的宗教活动。祭天要"杀牛羊"，这与畜牧业生产有关。牛羊是生活必需品，也是祭祀的供品。

2. 鬼神崇拜及巫术

《宋史·夏国传》指出，西夏民众"笃信机鬼，尚诅咒"。《文海》中关于神鬼的条目有20多条。从释文可以看到，党项人心目中的神鬼，神通广大，先知先觉，主宰一切，并且有明确分工。神主善，叫作"守护"，他们给神下的定义是："神者祇也，守护者之谓。"鬼主恶，叫作"损害"，其定义是："鬼者害鬼也，魑魅也，魑鬼也，鬼怪也……饿鬼也、鬼魅也，损害之谓。"神灵有天神、地神、畜神、战神、大神、护羊神等；鬼有饿鬼、虚鬼、孤鬼、厉害鬼、杀死鬼等。对具有守护作用的神要尊崇、供奉、祭祀、祷告；对有着损害威胁的鬼要进行驱逐、诅咒。《辽史》记载，党项人有"送鬼之俗"。"病者不用医药，召巫者送鬼"，或迁他室，谓之"闪病"。西夏信仰巫术，有巫师，社会盛行"厮乱"，即巫师为人们祈祷鬼神，占卜吉凶。西夏人对这种具有功利目的的巫术，深信不疑。凡事都要事先卜问吉凶。卜问后，就完全按卜辞的指示去做。还有占卜"六畜之灾祥"和"五谷之凶稔"等。西夏还逐渐接受了中原传入的易卜。

[1]　徐洁.金代祭礼研究［D］.吉林大学博士论文，2012：24-29，68-76.
[2]　罗矛昆，戴锡章.西夏纪：卷三［M］.银川：宁夏人民出版社，1988：73-94.

3.佛教崇拜

西夏佛教经历了传入、发展、兴盛和衰微的过程，这一过程正和西夏王朝的兴衰相一致。西夏统治者大力传播和提倡佛教。他们把佛教当作精神统治的重要支柱之一，有意识地利用它作为维护统治的思想武器。西夏时，佛教成为全民性的宗教活动。景宗时期规定，每年各季节第一个月的初一为圣节，下令官民礼佛。这实际上是用行政命令的手段使全民皈依佛教。《马可·波罗行纪》中多次提到，西夏居民多崇拜偶像教（即佛教），偶像教徒自有其语言，境内有不少寺庙，其中满布种种偶像，居民以虔诚大礼供奉。可见西夏地区佛教流行的盛况和礼佛定俗。

西夏历代统治者在发展佛教的过程中，都十分重视建设佛教寺庙和石窟。正如西夏重修护国寺感应碑时所记载的："七宝庄严，为塔为庙者有矣；木石领壁，为塔为庙者有矣，熔塑彩绩，泥土砂砾，无不为之，故浮图梵刹，遍满天下。"西夏人笃信佛教的盛况展现得淋漓尽致。我们今天所能见到的银川承天寺、贺兰拜寺口双塔、甘肃炳灵寺、敦煌莫高窟、安西榆林窟、酒泉文殊山石窟、西千佛洞石窟、肃北五个庙石窟以及内蒙古一些地区的佛教古迹，都是西夏兴建或重修的。这些寺庙和石窟，是具有浓郁的民族和地方特色的文化艺术遗产，是考察党项族和以其为主体的西夏政权的政治、经济、历史、宗教、文化、民族关系、民族习俗等情况的重要形象资料。

第二节　岁时节令与丰收习俗

宋辽金西夏时期的农事节日，都在继承隋唐节日的基础上进一步发展，分别形成各自农事节日的基本格局。这些节日有少数是宗教节日，多数与农事、节令有关。农牧社会的民众，在祈祷佛祖和神仙庇佑福体安康的同时，往往也会祈求五谷丰登、六畜兴旺，因此可以说，这些节庆或祈祷的活动，都与农牧丰收的祈愿密切相关。概括而言，这一时期与丰收相关的重要岁时节令有元旦、立春、花朝、立秋、乞巧、秋社、中秋、重阳等。①

一、宋朝的岁时节令

1.元旦

两宋时期的元旦是一年之中重要的岁时节日之一，上至帝王将相，下至普通百姓，在元旦时都要举行隆重的庆祝活动。宫廷中要举行盛大的朝会，诸侯、藩城、外国使节

---

① 陈文华.中国古代农业文明史［M］.南昌：江西科学技术出版社，2005：381.

会到京城的皇宫中觐见皇帝,孟元老《东京梦华录》中记载:"正旦大朝会,车驾坐大庆殿,有介胄长大人四人立于殿角,谓之镇殿将军。诸国使人入贺。殿庭列法驾仪仗,百官皆冠冕朝服,诸路举人、解首亦士服立班。"① 这描绘的就是元旦当日京城的豪华气象。普通百姓家中则会悬挂祖先的画像,人们在家中祭祀祖先,以求来年顺心如意。据施宿等《嘉泰会稽志》记载:"元旦男女夙兴,家主设酒果以奠,男女序拜,竣乃盛服,诣亲属贺,设酒食相款,曰岁假,凡五日而毕。"② 可见两宋时期的民众春节期间祭祀祖先是十分常见的。

两宋时期的元旦习俗中最能反映民众祈盼丰收心理的,当属拜年礼仪。就官方而言,皇帝在举行大朝会期间要焚香为天下百姓祈福,以求上天保佑来年国泰民安、五谷丰登,文武百官也要当众向皇帝拜年。民众在这一天要穿上新衣,走出家门到亲朋家中拜岁做客,"细民男女亦皆鲜衣,往来拜节"。王安石《元日》一诗对民众过元旦的描述更为细致:"爆竹声中一岁除,春风送暖入屠苏。千门万户曈曈日,总把新桃换旧符。"应该说,两宋时期的元旦是民众阖家团聚、走亲访友的重要节日,是维系人际关系的重要纽带,其中祈求来年风调雨顺的拜年习俗,也是民众农业生产的直接反映。

2. 立春

立春是二十四节气中的第一个节气,在农历的正月间,标志着一年农事的开始,是传统中国社会中与农业生产密切相关的节令。两宋时期,民众在立春前后有打春牛、祭春牛、贴宜春帖等习俗,且这些习俗多由地方政府官员组织,以劝导民众参与春耕。据宋人袁文《瓮牖闲评》记载:"出土牛以送寒气,此季冬之月也。牛为丑神,出之所以速寒气之去,不为人病耳。而今乃用于立春之日,皆所不晓。"③ 可见,迎接春牛的目的在于送走寒冷之气。

宋代,迎接春牛的活动成为民间迎接春天到来的重要民俗。鞭打春牛、迎接春耕的习俗在民间受到广泛的喜爱。《东京梦华录》卷六"立春"条载,北宋时,"立春前一日,开封府进春牛入禁中鞭春"。《梦粱录》卷一"立春"条载,南宋时,"临安府进春牛于禁庭,立春前一日,以镇鼓锣吹妓乐迎春牛,往府衙前迎春馆内,至日侵晨,郡守率僚佐以彩仗鞭春"。从中可以看出,两宋时期,无论是大人还是小孩,对鞭打春牛的活动都是十分热爱的。除了打春牛,贴宜春帖也是两宋时期盛行的民俗活动。据史料记载,每逢立春之日,文人墨客便会专门为民众撰写宜春帖子,粘贴于门外,以求迎春纳福。到后来,"宜春"不必一定用帖子,也可直接写在门扇上,并且是用土块来写,即

---

① 孟元老.东京梦华录［M］.北京:中国画报出版社,2016:140.

② 王丽娜.中华民俗通鉴:第9卷［M］.呼和浩特:内蒙古人民出版社,2012:24.

③ 徐吉军.中国风俗通史:宋代卷［M］.上海:上海文艺出版社,2001:659.

文献记载中的"立春日,争取土牛士,书吉语于门,当宜春字。"总之,这些习俗都表达了民众珍惜春光、勤于耕耘的寓意。

3. 花朝

花朝节又称"花神节""挑菜节""扑蝶会"等,是两宋时期重要的农事节庆。花朝节流行于东北、华北、华东、中南等地,其具体时间各地并不完全一致,但以农历二月间居多。是时,人们结伴到郊外游览赏花,称为"踏青",姑娘们剪五色彩纸粘在花枝上,称为"赏红"。旧时江南一带以农历二月十二日为百花生日,这一天,家家都会祭花神,民众还要到花神庙去烧香,以祈求花神降福,保佑花木茂盛。传说花神专管植物的春长夏养,所以,祀奉花神的群体就不仅仅限于花农了,还包括耕种庄稼的农人。

长江三角洲一带多有花神庙,旧时吴越花农家还常供奉花神的塑像,花朝节时农人都要聚集于花神庙内设供。东北一带还讲究用素馔来供奉。有的地方还要演戏娱神,通常是由十二伶优分扮各月花神故事。花朝节期间,地方长官还要率幕僚出郊巡游,召集民众饮酒游玩,劝以农桑。如宋人吴自牧《梦粱录》记载:"仲春十五日为花朝节,浙间风俗,以为春序正中,百花争放之时,最堪游赏……此日帅守、县宰率僚佐出郊,召父老赐酒食,劝以农桑,告渝勤劬,奉行虔恪。"所以说,花朝节归根结底还是与农业耕作紧密相关的节日。

4. 立秋

立秋是二十四节气之一,意为秋季的开始,时间在每年农历七月上旬。两宋时期,立秋之日的民俗活动主要有插戴楸叶、占卜、祭祀等。两宋时期的妇女、儿童喜爱在立秋之日佩戴楸叶,《东京梦华录》记载:"立秋日,满街卖楸叶,妇女儿童辈皆剪成花样戴之。"[1] 两宋时期,立秋前后民众还要举行赛神会。叶梦得《石林燕语》卷五记载:"京师百司胥吏,每至秋,必醵钱为赛神会,往往因剧饮终日。"魏泰《东轩笔录》卷四也记载:"京师百司库务,每年春秋赛神,各以本司余物货易以具酒食,至其时吏史列坐,合乐终日。"[2] 可见,立秋之日还是民众休闲放松的重要节气。实际上,立秋的早晚往往可以预测当年庄稼的丰歉,因而民众格外重视。

5. 乞巧

两宋时期的乞巧作为七夕节的重要组成部分,与隋唐时期多有相似之处,不过在一些具体的节日习俗方面略有区别。北宋初年沿用唐末五代的旧俗,在每年农历七月六日晚举行乞巧活动。宋太宗太平兴国三年(公元978年),宋太宗下令将乞巧的时间改为七月七日:"七夕佳辰,著于令式。近代多用六日,实紊旧章,讹俗相承,未之或改。

① 孟元老,颜兴林.东京梦华录(外2种)[M].南昌:二十一世纪出版社,2018:165.
② 陈新,杜维沫.欧阳修选集[M].上海:上海古籍出版社,2016:350.

自今以七日为七夕，仍令颁行天下为定制。"至此，七夕乞巧的时间便固定为每年七月七日。七夕作为秋季重要的节日在两宋时期非常盛行，吴自牧《梦粱录》称："其日晚晡时，倾城儿童女子，不论贫富皆着新衣。富贵之家，于高楼危榭安排筵会，以赏节序。"① 可见，广大民众十分喜爱在七夕节晚间聚会游玩。

两宋时期，牛郎织女的传说已十分完备，人们七夕乞巧最主要的目的就是以此纪念牛郎织女，并希望得到织女的祝福，使女子变得心灵手巧。《岁时广记》载："京师人七夕以竹或木或麻秸编而为棚，剪五彩为层楼，又为仙楼。刻牛女像及仙从等于上以乞巧。或只以一木剪纸为仙桥，于其中为牛女，仙从列两旁焉。"两宋时期，都城中还有专门为七夕乞巧而设立的商品市场，并且十分热闹，"七夕，潘楼前买卖乞巧物。自七月一日，车马嗔咽，至七夕前三日，车马不通，相次壅遏，不复得出，至夜方散"②。七夕乞巧的时间在每年秋季，正是庄稼丰收的时间，是时妇女聚集在一起向织女星乞求智巧，从本质上讲是农业社会男耕女织形态的反映。

6. 秋社

秋社是古代农业社会中一个重要的节日，原是秋季祭祀土地神的日子，始于汉代。后世将秋社定在立秋后第五个戊日，此时收获已毕，官府与民间皆于此日祭神报谢。那天人们要加工各种民俗食品，其中许多都是用糯米为原料制作的。宋时有食糕、饮酒、妇女归宁之俗。孟元老《东京梦华录·秋社》记载，八月秋社，人们各以社糕、社酒相赍送。吴自牧《梦粱录·八月》载："秋社日，朝廷及州县差官祭社稷于坛，盖春祈而秋报也。"顾禄《清嘉录·七月·斋田头》载："中元，农家祀田神，各具粉团、鸡黍、瓜蔬之属，于田间十字路口再拜而祝，谓之斋田头。案：韩昌黎诗：'共向田头乐社神。'又云：'愿为同社人，鸡豚宴春秋。'……则是今之七月十五日之祀，犹古之秋社耳。"

酒是秋社不可少的一道食品。苏辙《秋社分题》："天公闵贫病，雨止得丰穰。南亩场功作，东家社酒香。分均思孺子，归遗笑东方。肯劝拾遗住，休嫌父老狂。"社酒和社糕都需要用糯米来制作，所以古代农民有意识地种植一些能在秋社前后成熟的糯稻品种。《新安志》卷二"物产"载，"交秋糯，七月熟，米亦好，酿之可以及社节"，"有秧田糯，善耐肥，莳之早者亦可及社"。一些地方也直接将秋社前后成熟的糯稻称为"交秋糯""社交糯""抄社糯"，或径直称为"社糯"。

两宋时期的秋社日十分隆重，《东京梦华录》记载："八月秋社，各以社糕社酒相赍送。贵戚、宫院，以猪羊肉、腰子、奶房、肚肺、鸭饼、瓜姜之属，切作棋子片样，滋味调和，铺于饭上，谓之社饭，请客供养。人家妇女皆归外家，晚归，即外公姨舅皆以

---

① 陈文华.中国古代农业文明史［M］.南昌：江西科学技术出版社，2005：390.

② 王冬梅.中国古代文化与文学［M］.石家庄：河北人民出版社，2007：172.

新葫芦儿、枣儿为遗，俗云宜良外甥。市学先生预放者生钱作社会，以致雇倩祇应、白席、歌唱之人。归时各携花篮、果实、食物、社糕以散。"① 作为报答神灵给予丰收的重要节日，官府和民众对秋社均十分重视，谷物、果实的丰收也正好犒劳一年以来的辛勤耕作，是两宋时期民众舒缓调节、享受生活的重要表现。

7. 中秋

中秋节起源于先民对月亮的崇拜，在汉代初步发展，到两宋时期盛行于民间。北宋时期，中秋节已经成为普遍的民俗节日，并正式定阴历八月十五为中秋节。文学作品中出现了"小饼如嚼月，中有酥和饴"② 的节令食品。并且，中秋节的民俗活动也十分复杂，如孟元老《东京梦华录》载："中秋夜，贵家结饰台榭，民间争占酒楼玩月。丝簧鼎沸，近内延居民，深夜逢闻笙竿之声，宛如云外。间里儿童，连宵婚戏；夜市骈阗，至于通晓。"③ 细致描述南宋临安百姓赏月、玩月的情形。一时间，王孙公子、富家贵族莫不登楼望月，饮酒高歌。对于普通民众而言，中秋佳节也是难得的休闲时机，即便是居住在陋巷的贫穷之人，也要在此时欢笑娱乐，以示对丰收的庆贺。对两宋时期的民众而言，赏月的同时还要举行一系列祭月的活动，较为简单便捷的是在庭院中焚香祭拜月神，以求得到神灵庇护。祭月作为中秋节重要的祭礼之一，从古代延续至两宋时期，逐渐演化为民间的赏月、颂月活动，同时也成为民众渴望团聚、寄托对生活美好愿望的主要习俗。

8. 腊月节

腊月节是两宋时期重要的民俗节日，其日期在腊月二十五日前后。在江南蚕桑稻作地区，此日晚上农民要点着竹竿、麻杆、秃帚等物制成的火炬，在田地里四处行走，以祈求来年蚕桑和稻谷丰收，称为"照田蚕"。南宋范成大《照田蚕行》一诗对此有生动的描写："乡村腊月二十五，长竿燃炬照南亩。近似云开森列星，远如风起飘流萤。今春雨雹茧丝少，秋日雷鸣稻堆小。侬家今夜火最明，的知新岁田蚕好。夜阑风焰西复东，此占最吉余难同。不惟桑贱谷芄芄，仍更苎麻无节菜无虫。"④ 除此之外，人们还要在家门口用松柏枝、稻草、谷秆等点起篝火，用以祛除邪气。腊月是年岁之终，古代农闲时人们无事可干，便主动出去捕猎，一来可以为过冬多积蓄些食物，二来可以用打来的野兽祭祖敬神，祈福求寿，避灾迎祥。许多地方的民众还用杂粮做成"腊八粥"，将"腊八粥"甩洒在门、篱笆、柴垛等上面，以祭祀五谷之神，祈求来年继续丰收。

---

① 孟元老，颜兴林. 东京梦华录（外2种）[M]. 南昌：二十一世纪出版社，2018：166.

② 苏轼，李之亮. 苏轼文集编年笺注 [M]. 成都：巴蜀书社，2011：456.

③ 孟元老，颜兴林. 东京梦华录（外2种）[M]. 南昌：二十一世纪出版社，2018：167.

④ 范成大，富寿荪. 范石湖集 [M]. 上海：上海古籍出版社，2006：412.

上述列举的两宋时期民间重要的丰收文化节俗祈愿，其时间并不限于秋季丰收之时。春季是农业播种的时节，民众的一些生产生活习俗蕴含了祈求丰收的元素；而冬季是一年间享受丰收、阖家团圆的季节，许多相应的岁时民俗也表达了民众对一年耕作的总结以及对来年丰收的祈盼，同样具有庆祝丰收的内涵。总之，两宋时期与丰收相关的民间岁时节令，既延续和保留了许多隋唐时期的节日民俗，又为元明清时期丰收节令的稳定融合注入了一些新的内涵，起到了承上启下的重要作用。

二、辽朝的节庆习俗

关于辽朝节日、节气的记载，主要集中在《契丹国志》卷二七"岁时杂记"和《辽史·礼志六》"岁时杂仪"之中。辽朝的节日与当时中原的汉族节日基本相同，但是有个别节日具有契丹民族的特点。

1.契丹元旦

契丹元旦这天，以糯米饭和白羊髓，做成拳头般大小的团子，每个毡帐赐49枚，戊夜（五更天），各从帐内窗中将饭团抛出。如是偶数，则奏乐，饮宴；若是奇数，则令十二名巫者鸣铃，执箭，绕帐歌呼。帐内，将盐放在火炉中，"烧地拍鼠"，谓之"惊鬼"。人们在帐中住七天，方能出帐。这种习俗中带有萨满教信仰色彩。巫者"鸣铃，执箭，绕帐歌呼"，在后世萨满教仪式中，是很常见的。

臣僚及各国使节于元旦凌晨入朝，皇帝升殿坐，藩汉臣僚及使节对皇帝舞蹈，五拜，鞠躬。此后，还有一系列跪拜、鞠躬、饮寿酒等礼节，颇为繁缛。这就是正旦朝贺仪。在正旦朝贺仪上，还有皇帝同臣僚使节观赏表演、皇帝赏赐宗室臣僚贡物等活动。如遇国丧，则停止朝贺活动，如辽圣宗统和元年（公元983年）元旦，"以大行在殡，不受朝贺"。

2.契丹放偷日

契丹有正月十三日放国人做贼三日的风俗，限盗十五贯以下，如盗及十五贯以上，仍依法治罪。契丹语称之为"鹘里尀"。"鹘里尀"，汉译"偷时"。此俗后来为金元所承袭。明郎瑛《七修类稿》卷四五载："金与元国俗，正月十六日谓之'放偷'。是日，各家皆严备，遇偷至，则笑而遣之；虽妻女车马宝货为人所窃，皆不加罪。"清樊彬《燕都杂咏》诗云："上元良夜永，灯火畅遨游。守户劳黄犬，金吾正放偷。"诗后注云："元夕小窃，元时不禁，名'放偷'。"这些都是辽金元上元前后"放偷"的写照。

3.契丹端午节

契丹端午节风俗，与中原风俗大同小异。他们于五月五日午时，以艾叶和绵做衣，用五彩丝为索缠背，称"合欢结"，还以彩丝做成人形插在头上，谓之"长命缕"。渤海厨师向皇帝进艾糕。皇帝与蕃汉群臣宴饮为乐。清人陆长春有诗咏契丹端午风俗曰："采叶刚逢讨赛篱，大黄汤熟泛琼卮。合欢定合君王宠，缠臂新添五彩丝。"史梦兰亦有诗云："艾衣轻袭御炉香，内院缠丝祝命长。筵上题糕同九日，天厨频唤大黄汤。"

契丹皇帝于这天行"重午仪"。凌晨，臣僚赴御帐，皇帝系长寿彩缕坐在车中，接受南北臣僚跪拜，并赐寿缕，然后赐宴。此外，契丹端午节还有拜天、射柳、击球等风俗。

4. 契丹中和节

契丹中和节承自唐制。李肇《唐国史补》、王溥《唐会要》卷二九，及《新唐书》卷一三九"李泌传"等载，唐德宗贞元五年（公元 789 年），初置中和节。在这天，民间以青囊盛百谷瓜果种子互相馈赠，称"献生子"。里闾酿宜春酒，聚会宴乐，以祭句芒神，祈丰收。契丹中和节风俗当由此衍化而来。

5. 契丹上巳节

这是承自唐朝的契丹节日，但其节日风俗已大异其趣，增添了北方民族的豪爽之气。契丹皇帝也有曲水流觞赋诗咏唱之举，其时间是四月。如辽兴宗重熙五年（公元 1036 年）四月甲子，兴宗"幸后弟萧无曲第"，泛觞赋诗。辽国的汉族士人仍保留中原上巳节传统习俗。例如，燕蓟（今北京、天津一带）间颇有文名的马唐俊在上巳节"与同志被禊水滨，酌酒赋诗"，涿州人王鼎与马唐俊不期而遇，援笔作赋，因其"敏妙"，遂成挚友。

6. 契丹中元节

契丹中元节名称虽同汉名，但风俗迥异。农历七月十三日夜，皇帝于宫西三十里毡帐中住宿。先备好酒馔，次日与随从奏蕃乐，宴饮至傍晚，归行宫，谓之"迎节"。十五日，奏汉乐，大宴。十六日凌晨，随行者向西方大喊三声，谓之"送节"。

7. 契丹中秋节

汉族中秋节向有赏月、吃月饼的风俗。契丹的中秋节风俗，大异其趣。中秋节前七天，即八月八日，要屠白犬，于寝帐前七步地方埋之，犬之嘴须露在外边。到中秋当日，移寝帐于埋犬处。契丹语称之为"捏褐耐"。"捏褐"，犬也；"耐"，首也；意即中秋犬首祭。

8. 契丹重阳节

辽朝皇帝在重阳节这天行重九仪，率群臣部族射虎，射获少者为负，罚重九宴。射毕，择高地搭设毡帐，赐蕃汉臣僚饮菊花酒。如辽圣宗统和三年（公元 985 年）重九，圣宗于骆驼山登高，并赐群臣菊花酒。次年九月甲戌，"次黑河，以重九登高于南阜，祭天。赐从臣命妇菊花酒"。此外，还有以"兔肝为镌，鹿舌为酱，又研茱萸酒，洒门户以神桧禳"的风俗。

契丹重阳节俗，不仅行于契丹祖居之地，而且传到幽燕地区（今北京、天津、河北一带）。《燕北杂记》有云："辽俗，九月九日打围，赌射虎，少者为负，输重九一筵席。射罢，于高处卓帐，饮菊花酒，出兔肝生切，以鹿舌酱拌之。"《辽史》《契丹国志》均有同类记载。清人《辽宫词》咏契丹重阳风俗说："深秋白兔长霜毫，割肉分肝饭血豪。南客不知边味美，菊花惟换吉祥糕。"陆长春《辽宫词》云："重阳时节想题糕①，射虎平原意兴豪。叨赐天厨菊花酒，骆驼山上共登高。"这些宫词反映了辽朝重阳风俗。

中原汉族二十四节气中的立春、清明、夏至、冬至等，在契丹文献中均有记载，节俗大致与中原汉族相同。

三、金朝的节庆习俗

女真是一个善骑射的北方民族。受自然环境的影响，他们"耐寒忍饥，不惮辛苦，食生物，勇悍不畏死"，具有坚忍、强悍、勇敢的性格。女真人以游猎为主要生存方式，畜牧业比较发达，尤其"土产名马"，以马牛羊的数量为财富的重要标志，以养好畜群为丰收目标。

汉族的传统岁时风俗，多为女真人所接受，实际上成为金朝各族生活中共同的风俗。据《大金集礼》载，元旦、上元、中和、立春、春分、上巳、寒食、清明、立夏、四月八日（佛诞日）、端午、三伏、立秋、七夕、中元、中秋、重阳、下元、立冬、冬至、除夕等，都是金朝法定的节日，各级官员享有一至三日的休假。

1. 女真的除夕、元旦

金朝除夕、元旦的主要风俗有燃放爆竹、饮屠苏酒、树桃符等。除夕还有守岁、祭灶、驱傩等俗。此外，每逢元旦，皇帝即御座，鸣鞭报时之后，接受皇太子及文武百官参拜。致辞、奏乐后，皇帝举酒宴饮臣僚。同时，宋、西夏朝廷和高丽等国遣使来贺，有奏乐、举酒等仪。

2. 女真的立春

金朝立春风俗，大体与前代相同。有击土牛、作春盘、馈春盘、食春菜、饮酒等俗。击土牛、送寒牛都是取送寒迎春之意。后来的所谓"进春牛""鞭春牛"等，盖源于此。女真人延续了这些立春风俗。《岁时广记》卷八引唐《四时宝镜》云："立春日，食芦菔春饼生菜，号春盘。"《摭遗》云："东晋李鄂，立春日命芦菔芹菜为菜盘馈贶，江淮人多效之。"《齐民月令》云："凡立春日食生菜，不可过多，取迎新之意而已。"②

① "题糕"源自典故"刘郎题糕"。刘禹锡一次作诗，想用"糕"字，但是四书五经上没有这个字，于是放弃不用了。后世以"题糕"喻谦逊自察。

② 宋德金. 辽金风俗［M］. 上海：上海文艺出版社，2017：474.

3.女真晦日

每月最后一天称晦日，元月晦日有送穷之俗。唐人在这天"沥酒""拜街"，以送穷祈福。金人沿袭此俗。元好问《送穷》诗云："煎饼虚抛墶[①]撒堆，满城都道送穷回。不如留取穷新妇，贵女何曾唤得来。"将煎饼抛弃，表示送走"穷鬼"。

4.女真上元

女真本无上元张灯之俗，后由南宋传入。据说，金初从宋地掳得一僧人，他在上元节以长竿擎灯。金太宗完颜晟（吴乞买）见之大骇，问臣僚说："这是星星吗？"臣僚据实回答。太宗深有疑虑，认为僧人举灯通敌，"啸聚为乱"，遂将僧人杀了。后来女真占领了燕地，才知上元张灯之俗，这一习俗逐渐成了各族遵行的习俗。

5.女真中和

唐德宗贞元年间始以二月一日为中和节，因与二月二日龙抬头日相连，金朝多将二者混为一个节日。据《大金集礼》卷三二记载，金朝定中和节为官方假日，按规定举国休假一日。

6.女真端午

女真端午又称端阳、重五、重午。汉族端午节历来有插艾叶、系彩丝、悬菖蒲、饮黄酒、吃粽子、浴兰汤、赠扇子、划龙舟等俗，金朝端午节俗，亦大体如此。

四、西夏的尚武重文习俗

西夏的党项族（羌族的一支）是一个历史悠久的民族，民俗勇悍，善忍饥渴，擅长兵战，民风乐斗死而耻病终，常民所不能为。党项人讲义气，讲气节，讲信用，重视乡里感情，崇尚团结互助，把这些看作民族的美德。《宋史·郑文宝传》记载："其性大抵质直而上（尚）义，平居相与，虽异姓如亲姻。凡有所得草食豆羹，不以自私，必招朋友。朋友之间有无相共，有余即以予人；无即以取诸人，亦不少以属愈。"正是党项民族的优良传统习俗，发挥了族群的凝聚作用，维护了西夏安定团结的局面，强化了民族自强不息的意识。《西夏书事》记载，西夏大臣野利仁荣说过："国家表里山河，蕃汉杂处，好勇喜猎，日以兵马为务……惟顺其性而教之功利，因其俗而严以刑赏，则民乐征战，习尚刚劲，可以制中国（宋朝）驭戎夷。"这种因势利导，利用民俗治理国家，安抚民心，秣马厉兵的做法，确是西夏统治者的高明之举。[②]

尚武重文最能体现西夏民族的传统素质和习俗风尚，培养了西夏的政治、军事能力。

---

① 墶，古汉字，意为尘埃。

② 郭晓明.西夏民俗［C］//中国古都学会开封年会筹备组.中国古都学会第九届年会论文集.中国古都学会，1991：169-174.

元朝有很多高官重臣就是由西夏遗贤担任的。这实际上就是对西夏精英才能的肯定。

尚武是党项民族的传统。西夏风气强梗，其部族一家一帐，小族数百帐，大者千余帐，故制年登十五为丁，每有战斗，随族之大小出丁助阵。甚至连妇女也勇于战斗。西夏部队中就有"麻魁"（健妇）组成的女兵队伍。西夏军队善骑射，这正是党项游牧民族的狩猎习俗所养成的。西夏骑兵，百里而走，千里而期，倏忽往来若云电飞驰。

第三节 与丰收有关的农事习俗及庆典

两宋时期民间与丰收有关的农事习俗种类繁多，大体而言，可以分为与农业祭祀相关的习俗、与农业占卜相关的习俗、祈雨习俗以及农业禁忌习俗等不同类别。这些农业习俗呈现出多元化、世俗化、地域化的特点，在民众生产生活中发挥了重要的作用。

一、宋朝的农事习俗与丰收庆典

1. 农祀习俗

农祀习俗是民众在农业生产中产生并长期流传下来的农业祭祀活动的统称。两宋时期，因北方受到战争的影响，位于江南的吴越之地成为国家农业经济发展的命脉。江南地区历来就是产稻谷的地区，在长期的农业发展进程中，当地民众出于对自然的崇敬，渐渐形成了一系列独具地域色彩的农祀习俗。宋代文人墨客普遍具有强烈的人文关怀，在外出做官时或外出交游中，时常关注到民众社会生活的方方面面，因而对农业耕作习俗的描写成为他们诗文创作的重点题材。江南地区发达的农业文明和民众在农业生产活动中的种种民俗事象多见载于两宋时期的诗文作品中，具有较高的史料价值。

社日是两宋时期最有代表性的农祀节日，民众在春秋两社日时常常会以隆重的规格祭祀神灵，场面十分热闹。宋诗中诸如"社下烧钱鼓似雷""豚蹄满盘酒满杯，清风萧萧神欲来"的描写，生动形象地刻画了江南地区民众社日祭祀的场景。

除了社日，在中秋、除夕、小年等一些传统节日期间，民众也有许多祭祀神灵的活动，例如范成大的《祭灶词》中描述了民间在腊月间祭祀灶神的习俗："古传腊月二十四，灶君朝天欲言事。云车风马小留连，家有杯盘丰典祀。猪头烂热双鱼鲜，豆沙甘松粉饵团。男儿酌献女儿避，酹酒烧钱灶君喜。"[①]可以看出，民众为向上天祈求庇护，以上等的食材祭祀灶神，希望灶神向上天美言，从而降福人间。

不仅在社日和其他节日中民众会祭祀神灵，在一些对农业生产意义重大的日子中，

---

① 范成大. 范石湖集［M］. 北京：中华书局，1962：411.

民众也会有各式各样的祭祀活动。比如，江浙一带的农民在春耕时常常祭祀掌管作物生长发芽的农神句芒。诗人楼璹在其《浸种》一诗中描写："只鸡祭句芒，再拜祈秋成。"再如，浙江绍兴一带的民众为祈祷天晴，常常向龙神祭祀，陆游诗中就有"丛祠牲酒走村村，赖是龙归为解纷"，对这种习俗进行了描述。此外，江浙一带的民众"画鼓祭蚕神""扶箕迎紫姑""再拜丝满目"等祭祀蚕神的习俗也时常出现在两宋诗人的文学作品中。可见，祭祀蚕桑的习俗在江浙一带较为普遍。

如此繁多的农祀活动一定程度上会给民众的生活带来负担，但他们并不因为经济上的困难而减少对神灵的祭祀。无论当年生产丰歉，他们总是会对祭祀神灵的行为保持最大限度的虔诚，这是两宋时期民众社会心理中的普遍现象。江浙一带民众为祭祀神灵"典衣买纸"的情况时有发生，许多民众即便自身生活困苦，但只要经济状况有所好转，便立即购买祭祀用品，范成大《乐神曲》诗中"去年解衣折租价，今年有衣著祭社"一句就是很好的例证。这种对农业神灵虔诚的信仰有一个直接的目的，就是祈求丰收。

两宋时期的民众普遍认为农业生产的结果是神灵活动的影响，如果遇到某年生产不足，民众会主动将其原因归结于神灵的惩罚，于是一系列祈神、酬神、谢神的农祀习俗广为流传。从文学作品的描述中，我们可以清晰地看到这种价值观念的影响，"再拜奠神重酌酒，男耕女桑十倍强""愿神来享常欢娱，使我嘉谷收连车"，谢神的同时还不忘祈祷来年的丰收，反映了两宋时期民众对农业丰收、岁岁平顺的强烈渴望。可见，在农祀活动背后有着劳动人民强烈的趋利心理的支撑。[1]宋代画家李嵩《货郎图》（现藏于北京故宫博物院）描绘的货郎肩挑着杂货担，上面有锅碗盘碟、少儿玩具和各种瓜果糕点，旁边站着两个欢喜的儿童。可以想象，在南宋社会，一副货担相当于一个小小的百货店，这样的场面不仅出现于集市，还是各种民俗节日的常见景象。

不仅江浙一带的民众重视农祀，关中地区的民众还有祭祀土地神的习俗。宝鸡一带的民众十分重视对土地神的祭祀，灶神祠堂或土地庙在许多村庄都有分布，一些较大的农村甚至有多个土地庙。当地的民众将土地神称为"土地爷"，每当春季播种或秋季丰收时都要举行祭祀活动，报答神灵的恩赐。土地神还是一个村庄的守护神，每逢重要节日，土地庙的香火同样旺盛，民众可以向土地神祈福，包括祈求健康、祈求子嗣、祈求丰收等，一旦愿望实现，民众便以瓜果等食物献祭还愿，具有强烈的地域特色。而土地庙里的管理人员也会得到来自民众的自愿捐助，当地人称之为"上布施"。收到的财物主要用于庙宇的修缮和日常开支。此外，一些地方的民众还流行请戏班唱戏的酬神活动，以求实现"人神共娱"的目的。是时，为庙宇捐款较多的人将会被邀请到现场，民

---

① 蒋东玲，侯英. 从宋诗看宋代两浙地区的农业崇信习俗［J］. 农业考古，2012（4）：86-88.

众公开表达对其善行的接受和认可。在关中地区的农村，每家每户还供奉有土地神的神龛。这种神龛通常高半米左右，供奉在住宅的左前方，通常有土地神的画像。每逢重要节日，民众都要在土地神的神龛面前烧香祭拜，以求四季平安、和顺幸福。①

上述列举的两宋时期不同地域民众在社日的祭祀、对蚕桑的崇拜、对土地神的祭祀等，只是众多农祀习俗中具有代表性的一部分，除此之外，在许多地方还有祭祀牛神、蝗神等多种独具特色的祭祀活动，兹不赘述。总体而言，这些农祀习俗虽有许多封建迷信的成分，但集中表达了民众对美好生活的向往之情，寄托了民众对平安和顺的祈盼，是两宋时期经济社会发展的必然产物。

2. 占验习俗

占验是指人们通过占卜得出吉凶的行为。两宋时期的民众在漫长的生产过程中获取了许多物候气象知识，经过代代传承逐渐形成了农业占验的习俗。两宋时期，江南地区以种植水稻、饲养蚕桑为主要农业生产模式，受到天气的影响。这些地区的民众对占验行为较为虔信，从占验行为本身来看，主要有以下几种类别。

第一种是以某一特定日子的天气来占卜当年的丰歉。在两宋时期，甲子日是民众十分重视的日子，这一天往往也被赋予许多特殊含义。如甲子日天气晴朗，则当年可能风调雨顺；反之，则预兆着灾荒。比如，范成大《秋日田园杂兴》中有"秋来只怕雨垂垂，甲子无云万事宜"的表述，陆游《甲子晴》一诗中也有"今日甲子晴，秋稼始可言"之说。可见这一时期的民众对甲子日天气晴朗有着极强的期盼。对于从事农业生产的民众而言，"春雨甲子，赤地千里；夏雨甲子，乘船入市；秋雨甲子，禾头生耳；冬雨甲子，飞雪千里。"②甲子日的晴雨对于预测当季的收成有着重要的参考价值。

当然，并不是所有地方的农业生产都以甲子日作为占验参考，比如浙江湖州一带多产出晚稻，这种水稻在孟夏时扦始移秧，而移秧时最需要水源，于是当地民众在长期的实践中形成了孟夏甲申日占验的独特习俗。宋代诗人赵孟坚《辛丑孟夏甲申日得雨》一诗便反映了这种习俗："来牟迨既登，甘霖乃方到。甲申占久雨，古语信可考。"此外，苏州当地的一些民众还根据立秋日是否打雷判断当年的收成，如范成大《秋雷叹》诗云："立秋之雷损万斛，吴侬记此占年谷。"其另一首诗也有"今春雨雹茧丝少，秋日雷鸣稻堆小"的表述。可见，当时的民众认为立秋时打雷是极为不好的征兆。

第二种是以动物的活动来占卜收成。动物是民众农业生产时很常见的东西，因此

---

① 刘冬妮.民间习俗与农耕文化的区域解读——以宝鸡地区民间信仰为例［J］.咸阳师范学院学报，2019，34（1）：54-57.

② 钱仲联，马亚中.陆游全集校注：卷3［M］.杭州：浙江教育出版社，2011：15.

动物的活动往往成为预测当年收成的重要参考。比如，两宋时期苏州一带的民众常常根据上巳日青蛙的叫声来判断丰歉。上巳日是农历三月的第一个巳日，宋代以三月初三为上巳日。上巳日时，祭祀宴饮、曲水流觞、郊外游春等都是民众喜爱的活动。范成大诗云："渝裙水满绿苹洲，上巳微寒懒出游。薄暮蛙声连晓闹，今年田稻十分秋。"可见，上巳日青蛙的叫声被赋予了特别的含义。另外，杜鹃的鸣叫也被许多地方的民众用以占卜农事。

第三种是用火把的亮度来占验粮食或蚕桑收成。江南一带的农村有着"照田蚕"的农事习俗，即每年腊月二十五日在田边点燃火炬。这一习俗源于民众用火焚烧田间的杂草，以利化草为肥和杀除害虫，并提高田地翻耕效率。中唐以后太湖以东地区得到开发，火耕的习俗逐渐废除，但由于积养下来的习惯，田间放火焚烧活动以一种岁时节日娱乐的形式残留下来，逐渐转变为两宋时期一种固定的岁时民俗。宋诗中就有"侬家今夜火最明，的知新岁田蚕好。夜阑风焰西复东，此占最吉余难同"的表述。当时的民众以"焰高者稔"的标准来判断来年的收成，或者以火焰的颜色判断水旱。苏州地区的民众甚至还有用火烧龟壳看纹理占卜农事的习俗，即古诗中"偶为灼龟逢吉兆，再供租约赁耕牛"的记载。值得注意的是，耕牛作为农业生产重要的工具，在两宋时期十分贵重，一般的民众租赁耕牛会花费不小的开支，于是许多民众用火烧龟甲的方式占卜，得到吉祥的征兆后，才敢租赁耕牛。

第四种占验习俗是以符卦占卜判断蚕桑的收成。蚕桑作为江南地区重要的农业生产方式，地位不容小觑。生活在杭州一带的民众常常以符卦的形式占卜蚕桑的收成。诗人陈尧道有诗云："化日村田乐，春风耕织图。秧肥科斗动，桑暗鹁鸠呼。罢社翁分胙，占蚕媪得符。傍花随柳处，此事不关吾。"[1]此即对此种习俗的描绘。当地的民众有时用符卦占卜，有时也用针线穿过蚕茧等其他手段占卜，独具地域风味。

总之，两宋时期的江南地区随农业生产而产生的占验习俗形式纷繁复杂，但各种习俗关注的焦点仍然是农事的歉与丰，这是当时民众对农业生产结果未知而产生的复杂心理的表现，折射出民众对丰收的强烈祈盼。

3. 祈雨习俗

所谓祈雨是人们以象征性的仪式、方法试图影响降水数量、时间、空间的一种努力。[2]在传统农业社会，水是农业发展的命脉，农作物的种植、生长都离不开充足的水源，降水的多少直接关系到民众的生产质量。农民最大的愿望就是风调雨顺、五谷丰登、衣食丰足，因此祈雨习俗在民间极为普遍。

① 厉鹗.宋诗纪事：第4册［M］.上海：上海古籍出版社，2013：1973.
② 皮庆生.宋代民众祠神信仰研究［M］.上海：上海古籍出版社，2008：144.

1989 年 10 月，在山东省微山县发现了一块北宋仁宗天圣五年（公元 1027 年）的祈雨碑。根据碑文记载，当年河岸上建有"龙堂"（应是今之龙王庙之类），薛河两岸居民旱涝时都要来龙堂设脯醴馨，诚心祈祷，感谢龙王让乡民旱涝保收的恩德。碑文还记载说："四时之内灵雨未沾，骄阳作崇，经至诚而祷之，则顺人心而风雨弗迷矣"；"致雨者云，召云者必龙，龙之变化其大"。宋祈雨碑反映了千年前此地的气候变化、乡土民俗、百姓信仰、祈雨仪式等珍贵内容。

宋人谢采伯曾言："祈雨，三代用巫觋，后世用僧道。唐僧不空、罗公远、一行、无畏，祈雨法各不同。"可见，两宋以前佛道二教都有以祈雨见长的人物。两宋时期，求龙祈雨是民间常见的祈雨习俗，民众到龙潭、龙王庙请圣水的活动常见于史籍中。僧人在祈雨时常用"岁以旱告，靡神不举。百谷方仰于膏雨，神龙犹卧于灵湫。爰遣属僚，修郡故事"①之类的祝文祈雨。民间祈雨的场所也是种类繁多。北宋泗州普照寺僧伽塔是国家层面的祈雨场所；苏轼在扬州任职时因江淮地区连年不雨，于是亲自前往"大圣普照王之塔"祈求降雨。祈雨的观音神像"舆致城中，作佛事与民祈禳"成为两宋社会祈雨的常态。道家按照天人感应的观念，认为人事的过错会导致时序的紊乱，于是在祈雨青词中有大段反省自身的文字："天惟至仁，久宽水旱之谴；吏实有罪，仰累阴阳之和。既闵雨之历时，敢叩阍而请命。伏念臣滥膺上指，出使近畿，深惟冥顽固陋之资，莫副恻怛之训，徒积勤于夙夜，冀无负于幽明。"②

此外，在不同的地区民众还有独具特色的祈雨习俗。地处渭河平原峡谷地带的宝鸡，在两宋时期经常会出现"旱伏少雨"的现象，对农作物的生长极为不利，会导致严重歉收，甚至饿殍遍野。因此，当地到龙王庙烧香祈雨的习俗便十分隆重，产生出烟祀、食物献祭、鼓乐献祭等多种祈雨仪式，以求龙王治水，风调雨顺。具体而言，祈雨活动开始时，民众先向龙王献上新鲜水果等祭品，然后点燃薪柴焚烧牺牲，在烟火缭绕时众人舞龙鼓乐，以求取悦龙神，让龙神满足民众降水的需求。山西汾晋一带的民众，在祈雨时会袒露胸膛，用水洒在行人身上，十分幽默。"汾晋间祈雨，裸袒叫呼，奋臂反覆手状，又以水洒行道之人，殆可笑。按董仲舒传注，有闭阴纵阳，以水洒人之说，盖其自也。"巴蜀地区河流众多，当地民众祈雨的习俗与北方迥异，常常将祭品投入江中，谓之摄水，文献记载："蜀中祈雨尤不同，增堰壅水入支江，三四宿水即遍，谓之摄水，水皆如期而应。嘉州雷洞初祷，香币不应，则投死彘及妇人敝履之类以枨触之，雷风随发。"这些流传在民间的祈雨方法大多简单易行，且巫术色彩浓烈，极具地域色彩。

---

① 曾枣庄，刘琳.全宋文：第 266 册［M］.上海：上海辞书出版社，2006：287.
② 陆游.陆游集：第 1 册［M］.北京：中华书局，1976：2191.

4. 禁忌习俗

两宋时期的农事禁忌习俗主要表现在播种、收获时或一些特殊的时令节气时民众在言行举止方面表现出的非常规行为。出于对农业丰收的渴求以及对自然界不可抗力的畏惧，民众农业风俗中出现了许多禁忌习俗，体现在对播种收获时间的选择、言行举止的慎重以及对特定行业的禁忌等方面。

许多地区的民众在播种前还会先进行一系列祭祀活动，以求得到神灵庇护，播种时忌讳将种子掉在地上，民间认为这样会得罪土地神。一些地方挑种子出门时还故意使用深度较浅的箩筐，以寓意"浅出满进"的兆头。[①] 而江南一带的民众春耕时往往会选择一个黄道吉日进行稻谷的浸种，例如范成大诗中曾反映苏州农民春耕时的禁忌习俗："吉日初开种稻包"。似乎当地的民众认为开种日期的选择关系到一年的丰收。

此外，两宋时期农事还有"禁戊"的习俗。所谓禁戊，就是从立春后的第一个戊日起，直到第五个戊日止，每当遇到戊日民众便休息一天，而第五个戊日过后，民众便可以停止此项禁忌，即西南地区所谓的"五戊大赦"。戊日禁忌的习俗主要是受到道教的影响，两宋时期道教在西南地区十分盛行，于是"禁戊"的习俗也广泛流传于巴蜀一带。当然，"禁戊"习俗的传播也有更深层次的原因。一方面是由于对大自然灵力的崇拜，人们宁愿以不劳作的自行"惩罚"来博得神灵的同情；另一方面让人们在紧张的生产过程中能够得到适当的放松，从而舒缓紧张情绪。

宋代江南地区蚕桑业发达，是当地民众重要的经济产业，因此有关蚕桑业的禁忌习俗也有许多。两宋时期江南养蚕的人家每到三四月份有整月的禁忌，是时家家闭门谢客，大门外贴红纸以避秽，如杭州一带到了蚕桑发育的关键时刻，便会"村村多闭门"；苏州地区也是"三旬蚕忌闭门中"；绍兴地区同样是"蚕家忌客门门闭"。

当蚕桑繁育时，如遇到外人鲁莽闯入，主人家便会立马将其喊出家门。吴可《村巷诗》中"柴门有客忙相揖，摇手低声蚕大眠"即描绘此场景。由于桑蚕生长周期短，农人还有禁止声响的习俗，如果家中有小孩啼哭，便会被蚕农认为是不吉祥的征兆。实际上，蚕子性情较脆弱，温度、湿度的细微变化都可能影响蚕的存活和吐丝，从而影响蚕农的收成。在长期的生产实践中，江南一带的蚕农虽不明白其中的科学依据，但会总结出这些规律性的认识，并认为有神力左右他们的农事活动，于是类似的养蚕禁忌便随之产生。这背后表现出了蚕农对蚕事丰收的渴望。[②]

民众在生产生活中形成的农祀、占验、祈雨、禁忌等习俗在两宋时期趋于大众化，带有浓厚的趋利避害色彩，这既源自民众对长期以来流传的农业文化的传承，也表达出

---

① 庄华峰.中国社会生活史：第2版［M］.合肥：中国科学技术大学出版社，2014：254.
② 蒋东玲.从宋诗看宋代吴越地区的农业崇信习俗［J］.江西服装学院学报，2014（1）：46—49.

农人在自然压力下的功利化心境。从本质上讲，这一系列农事习俗属于农业丰收文化的范围，是农业丰收文化在两宋时期功利化、极端化的表现。

两宋时期是中国历史上农业丰收文化稳定发展的重要时期，因统治者的重视和民间社会的崇敬，农业丰收文化较隋唐时期发生了许多变化。这种变化既是民众主动推动的结果，也是农业经济发展的必然产物。具体而言，两宋时期农业丰收文化的发展有以下几个特点是值得注意的。

首先是具有承上启下的连续性。一方面，两宋时期中央政府对于从前代传承下来的各种礼乐制度是十分尊崇的，其中与丰收相关的各种祭祀活动在这一时期得到政府较高的重视，一些祭祀活动如郊祀、大雩等地位有所提高，表现出明显的继承前朝的特点；另一方面，因经济社会发展水平较前代迅速，两宋时期的各项礼乐制度更加趋于完备，农业祭祀得到政府和民间更好的推动，由此产生出许多有别于前代的农事习俗，如蚕桑业发达的江南地区产生了成体系的养蚕习俗，巴蜀地区因水源丰富形成了独特的水神崇拜，等等。这些农事习俗中产生的新元素，为元明清时期丰收文化的最终成形奠定了基础。因此，两宋时期丰收文化最大的特征是具有承上启下的连续性。

其次是多民族交流产生融合性。两宋时期在中国历史上是重要的南北对峙时期，这种多政权并存的局面客观上促进了不同民族间的交流和融合。来自北方的契丹、女真、党项等民族与中原汉族长期交往，相互融合，形成了文化上相互影响的局面。比如，位于陕甘地区的陇东是宋、辽、西夏对峙的前沿阵地，这一地区的农业丰收文化呈现出多民族融合的重要特征，既有传统中原文化重视农耕的习俗，又融合了北方游牧民族的一些原始宗教的礼俗，多元文化交融的特点明显。

最后是不同地区之间存在差异性。两宋时期，不同地区农业经济发展模式是有巨大差异的，北方地区因战乱和气候的影响，传统农耕经济受到冲击，畜牧业、旱地农业等反而得到发展，由此造成民间祈求龙神降雨、除蝗防蝗的习俗较为普遍；而江南地区水稻、蚕桑等农业经济发展迅速，与谷神、稻神、蚕神等相关的祭祀活动便十分盛行。不同地区因农业发展模式不同，在丰收文化的具体表现上呈现出巨大的差异性，这是两宋时期农业丰收文化发展的又一重要特征。

总之，两宋时期是中国古代社会经济迅猛发展的时期，耕地面积的不断扩大以及江南地区的进一步开发使得这一时期农业生产能力大大提高，农田的亩产量可以稳定在两石上下（约194千克），这是隋唐时期的农业生产难以达到的。宋代的人口一直保持较好的增长势头，相关统计表明北宋末年人口已接近1亿，远远超过汉唐时期，即便是南宋时期，全国人口也能达到6000万左右，大体与汉唐相当。正是在两宋时期经济社会迅速发展的保障下，一系列与丰收相关的节令习俗进一步稳定发展，形成了连续性、融合性、多样性的发展特征。

二、辽朝的农事习俗

1. 首倡"本俗"

契丹的某些传统风俗，终辽之世都得以保留和传承，这与统治者的倡导是分不开的。如契丹独具特色的礼俗"祭山仪""拜日仪""柴册礼""再生礼""瑟瑟礼""射鬼箭"等，大都是从契丹早期传承至辽朝后期。这些礼仪，一般都由皇帝、皇后、臣僚等参与。

2. 接纳汉俗

辽朝在保持契丹民族传统风俗的同时，注重吸收和借鉴汉人礼俗。中原的典章、制度、器物、乐工等大量入辽，汉族礼乐如雅乐、大乐、散乐等，都先后传入辽国。《辽史·穆宗纪上》记载，辽穆宗应历元年（公元951年），穆宗重申"朝会依嗣圣皇帝（太宗）故事，用汉礼"。盛行于中原的伦理道德观念、习俗等，经过辽朝统治者的倡导，也在各族民众中逐渐流行开来。如辽圣宗教诫诸侄说："惟忠惟孝，保家保身。"统治者对这些忠孝节义风习的倡导和推动，促进了汉族岁时节日风俗在辽朝的流行。当时中原汉族的许多岁时节日风俗，如"上元观灯""重九登高饮酒赏菊"等习俗，都在辽朝境内传播成俗。

3. 儒佛并重

辽朝建立伊始，辽太祖耶律阿保机先后诏建孔子庙、佛寺、道观，亲谒孔子庙，命皇后、皇太子分谒寺观，对儒释道采取兼容并包的态度。辽圣宗、兴宗、道宗三朝，提倡儒家思想，崇佛佞佛，对辽朝社会风俗的形成和演变产生了极为深刻的影响。

4. 革除陋习

随着社会的进步和社会财富的增多，辽朝颁布一系列诏令，对原始陋习及侈靡风习予以禁限。如辽太宗会同三年（公元940年），"除姊亡妹续之法"；辽圣宗统和十年（公元992年），禁丧葬礼杀马，及藏甲胄、金银、器玩；辽圣宗太平五年（公元1025年），禁天下服用明金及金线绮，国亲当服者，奏而后用。《辽史·圣宗纪》赞语中肯定了圣宗在位期间"抑奢僭"的功绩。这些诏令的颁布，对限制原始陋习及侈靡之风起了积极作用。

5. 丰收畜牧

辽朝疆域广大，契丹等民族世代生活在地广人稀的大草原上，"畜牧畋渔以食，皮毛以衣，转徙随时，车马为家"，过着游牧的生活。长期的游牧生活中，人们主要养殖牛、马、橐驼、青羊、黄豕等。宋人使辽，常看到北方民族的游牧生活并记载下来。

鉴于当时辽朝征战和税收、个人和家庭生活的需要，无论国家还是个人，在畜牧中最看重的是马匹。首先，契丹人将马视为财富的象征，"其富以马"，马匹的多少即是财富多寡的标志，蕃汉人户皆"以牧养多少为高下"。其次，由于马匹是草原民族赖以生存和征战的重要物资，能否熟练驾驭马匹，成为人们评价一个人价值的重要标准，所以有"人知良御乡评贵，家有材驹事力豪"的记载。

马、牛、羊、驼等食草动物赖以生存的水草及其生长特性、质量等就成为游牧民族必须首先考虑的问题，于是"逐水草而居"形成的季节性迁徙成为游牧民族生活的一大特点。在长期的游牧生活中，人们也总结出一些畜养经验，史载："契丹牛马有熟时，有不熟时，一如南朝养蚕也。"这里所谓熟，应是羊肥马壮的意思。而这种畜牧业之熟，是与每年的降雪量对牧草的滋润程度有密切关系的，故史书上说，"有雪而少露出草一寸许，如此时则牛马大熟，若无雪，或有雪而没却草，则不熟"。[①]时人以为这是契丹人的一种主观认知，因"契丹视此为丰凶"，事实上，这是他们根据雪水对牧草的滋润程度总结出来的经验。

辽朝大部分地区，或许是因为受到地理环境的影响，农业发展水平有限，如室韦人居住的地方，"地尤寒，马溺至地成冰堆"，虽然有的地方有农田，但"田收甚薄"。而且，他们的农业劳作方式是"斫木为犁，不加金刃，人牵以种，不解用牛"，可见农耕技术还相当粗放。

辽朝疆域广大，自然条件差，故农业经济发展极不平衡，作物的种类也有限。粮食作物多为黍、粟、稷、粱、谷、麦等。果类作物主要有山梨、柿子、榛栗、松子、李子、面枣等，这些作物栽种有一定规模，且当时人们已经总结出防寒的经验。

三、金朝的农事习俗

女真人建立的金朝历时120年。在此期间，金朝辖地内的社会经济、文化风俗都发生了很大变化。

1. 天地崇拜

女真人对天地的崇拜在其信仰文化中占有极为重要的地位。拜天是女真人的传统礼俗，通常在重午（端午）、中元、重九（重阳）举行。其祭拜方式是，将一块木头挖剜成舟形的木盘，涂为红色，画上云鹤纹饰。木盘架在高五六尺的森林架上，盘内盛放祭品食物，全体族人聚集行祭拜之礼。金朝时，每当国家有大事，如皇帝即位、上尊号、纳后、册命以及军队出征、临敌、班师等，都要举行祭告天地的仪式。

在女真先民的世居族源地，自古就有的祭天仪式。《后汉书·东夷列传》记载，夫

---

① 钟敬文，萧放，游彪，等. 中国民俗史：宋辽金元卷［M］. 北京：人民出版社，2008：273.

余国"以腊月祭天，大会连日，饮食歌舞，名曰'迎鼓'。有军事亦祭天，杀牛，以蹄占其吉凶"。祭拜天地时，各以一人主祭天神，号为"天君"，划定一个布施神道的特殊区域；称为"苏涂"，其中竖立一个大木柱，以悬挂铃鼓，敬事鬼神。女真直接承袭了契丹拜天祭天之礼。正如《金史·礼志》所说："设天神、地祇于木叶山，用赭白马、玄牛、赤白羊作牺牲，悬于树上。祭祀由太丞主持，皇帝、皇后及大臣、命妇等以次就位，相继致奠天神、地祇。"

女真拜天之礼是从汉人那里学来的。"金之郊祀，本于其俗有拜天之礼。其后，太宗即位，乃告祀天地，盖设位而祭也。天德以后，始有南北郊之制，大定明昌其礼浸备。"女真人还从中原汉人那里学来了对地神的崇拜。金海陵王贞元元年（公元 1153 年）闰十二月，"定社稷制度"，始建社稷坛于上京。社即地神。金朝皇帝常以冬至日合祀昊天上帝、皇地祇于圜丘，夏至日祭皇地祇于方丘。

2. 日月崇拜

太阳照耀万物生长，给人类以温暖和光明，许多民族都有崇拜太阳的信仰和习俗。女真也是如此，有元日拜日相庆之俗，并且门皆东向。后来在汉文化影响下，女真又有朝日夕月之仪。金太宗天会四年（公元 1126 年）正月，始朝日于乾元殿。金熙宗天眷二年（公元 1139 年），定朔望朝日仪，于每月朔望之日行拜日礼。拜日之时，设百官褥位于殿门外，朝向东方。

3. 山川崇拜

金朝建立后，中原王朝祭祀风雨雷师、岳镇海渎等礼仪制度都为金朝所承袭。金章宗明昌五年（公元 1194 年）分别筑坛，以每岁立春后丑日祀风师，立夏后申日祀雨师和雷师。金世宗大定四年（公元 1164 年），依唐宋之礼，于立春、立夏、季夏、立秋、立冬之日，分别对长白山、大房山、混同江、泸沟河等建庙祭祀，敕封公侯，以示崇敬。大定十二年（公元 1172 年），以长白山乃兴王之地，礼应尊崇，故在山北修建庙宇。大定二十一年（公元 1181 年），敕封山陵地大房山神为保陵公，混同江因太祖征辽"策马径渡，江神助顺，更应昭著"，封神为兴国应圣公。金昌宗明昌元年（公元 1190 年），因泸沟河水势泛滥，损坏民田，封安平侯，建庙，每岁委本县长官春秋致祭。

4. 动物崇拜

中国古代对于自然界本来不存在的神异动物"龙"的迷信尤深，认为它可兴云致雨。《金史·世宗纪》说，金世宗一日方寝，忽然有红光照室，黄龙出现在寝室之上，结果那一年东梁洪水泛滥成灾，于是世宗亲自登城，举酒祭奠，水才退下。这个传说反映了金朝女真及各族人对龙的笃信。此外，每遇天旱，人们要向龙祈祷祈雨。

5. 鬼魂崇拜

女真人相信人在睡眠时灵魂暂时离开身体，人死之后灵魂长期离开肉体而继续存在，活着的人可通过"招魂"把先人的灵魂召唤回来。鬼魂崇拜就是在灵魂不死观念下产生的信仰行为，在父系社会，进一步发展成为祖先崇拜。丧葬制度和陵寝、宗庙制度，都反映了人们对祖先崇拜的祭祀礼仪。

6. 萨满崇拜

萨满教是一种包括了自然崇拜、图腾崇拜、万物有灵观念、祖先崇拜、巫术等信仰在内的原始宗教。女真萨满巫师是人神之间的中介。在祭祀祖宗、社稷、风雨雷师、岳镇海渎时，以及在皇帝即位、受尊号、纳后、册命、巡狩、征伐等仪式中，都由萨满巫师司仪。女真"无医药，尚巫祝，病则巫者杀猪狗以禳之，或车载病人至深山大谷以避之"。女真人还相信巫能代人求生子女。

女真早期无历法，不知纪年，"以草一青为一岁"。后来，中原汉族历法传到金朝，传说岁时风俗也逐渐在女真人中传播开来。然而女真的民族节日及风俗仍然并行不悖。有的节庆虽然采用了中原节日名称，但其风俗却具有民族和地方特色。如金朝重五、中元、重九有拜天、射柳之俗。金朝皇帝还有在端午慰劳宗室的传统。金世宗大定二十四年（公元1184年），金世宗说："念本朝风俗重端午节，比及端午到上京，则燕劳乡间宗室父老。"女真人重九出猎的旧俗，至金世宗时尚存。

7. 纵偷日（或称放偷日）

《松漠纪闻》载，金国治盗甚严，唯有正月十六日（或作正旦）纵偷一天。这天，盗窃别人财物、车马以至妻女，均不加刑。所以，每到这天，人们都严加戒备。遇有小偷来，则含笑将他们打发走。小偷无所获，总不甘心，至少要拿点不值钱的东西。妇女到显赫人家，往往乘主人出去接客之机，指使奴婢拿几件茶壶、茶碗之类。过后，当主人发现或偷者自言时，主人则用一些点心之类的东西，将所失之物赎回。更离奇的是有人先同未出嫁的女子相约，到时将人带走，女子愿留下者，听任之。有人认为后世北京及华北各地，除夕之夜不闭户，任人出入，名曰"迎福"，实是辽金放偷之遗俗。

四、西夏的农事习俗

《旧唐书·党项羌传》记载，党项族的生计不再是"不知稼穑，土无五谷"的状况，而是"西羌之俗，岁时以耕稼为事"。这时的党项牧民有一部分开始经营农业。西夏建国后，农业方面也有进步，改变了单一的畜牧经济，推动了社会的发展。

1. 畜牧习俗

畜牧业是党项族主要生计来源。隋唐之时，党项族还游牧于四川松蕃以西和青海积石以东一带的山谷草原之间,《旧唐书·党项羌传》特别提到,"畜牦牛、马、驴、羊以供其食,不知稼穑,土无五谷",部落繁衍,不相统一,过着逐水草迁徙的游牧生活。到了西夏时,畜牧业在部分地区得以发展进步。在西夏辞典《文海》中,有关畜牧业的词目有100余条。其中对"牧"字的解释是:"管理牲畜,寻找水草也。"这是"逐水草,无定居"游牧习俗的反映。与畜牧业生产相伴而生的牲畜分类、马匹名称、马匹毛色、羊的种类、羊的岁龄,以及与牲畜的繁殖、管理和疾病防治等,在《文海》中都有详细的诠释和专名术语,体现了党项民族丰富多彩的畜牧习俗文化,以及为夺取畜牧业丰收而积累的传统知识和实践经验。

2.农耕习俗

农业生产对地理和气候的选择性很强。西夏人已掌握并应用了二十四节气,如汉文、夏文合编的历书都使用二十四节气。《金史》卷一三四记载,西夏部分地区"自汉唐以水利积谷,食边兵,兴州有汉唐二渠,甘凉亦多灌溉,土境虽小,能以富强,地势然也"。《宋史》也说,西夏境内"耕稼之事,略与汉同"。西夏文典籍《圣立义海》记有:八月份桃子、野蔷薇果、洋槐果、葡萄等都熟了;十二月豹子和老虎交配,来年七月生子,等等。西夏人已经能够根据季节有步骤地安排农事活动,形成了一年四季,季季有生产的习俗惯制。

第十一章

元明清时期丰收
文化的礼制与庆典

元明清时期是中国丰收习俗的转折时期。元明清三个朝代是国家疆域稳定、江山大一统的时期。自 1271 年元朝建立，到 1911 年清帝退位，长达 640 年的时间里，以庆祝丰收为目的的民间习俗在民众生产生活中孕育形成，寄托着劳动人民对人畜两旺、五谷丰登的不倦追求，带有鲜明的农耕文化色彩。中国在地理环境、气候、土壤等方面的优势使得元明清时期农业发展十分迅速；官方对发展农业生产的重视，让郊社、祈谷、雩祀等祈求风调雨顺的礼制得到进一步巩固和完善。民间则形成了传承至今的祭社、祈雨、祭蝗、祈子等与农业发展紧密相关的丰收文化。与此同时，元明清时期也是节日民俗巩固定型的关键时期，许多传统节日在演变过程中被注入了祈求丰收的新元素。元明清时期的丰收文化因官方的重视和民间的传承而繁荣发展，具有节日延续性强、习俗丰富多彩等时代特征。这一时期的丰收文化除了能够表达民众对农业丰收的祈盼外，还承载了沟通邻里、稳定社会、调节生产等多重社会功能。

第一节　官方倡导的丰收祭祀

元明清时期为中国封建社会的晚期，在政治制度、经济发展、文化传统、民俗信仰方面都存在着一定的继承性与延续性，但是由于民族习惯不同、生活习惯差异、统治者治国策略有所区别，各朝代在政治、经济、文化、民俗方面也有自己的特点，这使得庆祝丰收的节庆习俗在不同时期呈现出不同特征。比如，八蜡信仰从明代的普遍流行到清代乾隆朝以后的折中与削弱，反映了清代统治者对汉民族所信奉的神农、后稷等神灵的干预与影响，希图通过国家强力的手段使民间的信仰发生变化，从而更有利于强化国家和民族的凝聚力。

一、元朝的祭祀文化

元朝的建立在中国历史上实现了空前的大一统局面。国家的统一促进和加强了草原与农耕地区、东方与西方的交通与联系，各种文化得以在元朝的辽阔疆域内碰撞、交汇，为各种文化的交流提供了充分的条件，使得各民族、各地区之间的相互影响进一步加深、加强。元朝的文化是一种多元文化，它既围绕着中原传统文化的核心继续运转，又呈现出多元文化绚丽的色彩。元朝的丰收文化在承袭前朝习俗的基础上，因其境内民族众多、文化多样，又呈现出开放性和兼容性。由于受到不同区域或民族文化的影响，元朝丰收文化更加丰富多彩。

广袤无垠的漠北草原是蒙古人生息、崛起的摇篮。蒙古族兴起以前，这片草原早已养育过许多闻名世界的游牧民族：匈奴、鲜卑、柔然、突厥、回鹘等。早期蒙古人的畜牧文化与逐水草而迁徙的生活密切相伴。他们的食品以牲畜（主要是羊、牛、马）肉和奶制品为主，并以猎物作为补充。对此，13世纪上半期出使蒙古的南宋使臣赵珙记载说："鞑人地饶水草，宜羊马，其为生涯，只是饮马乳以塞饥渴。凡一牝马之乳可饱三人。出人只饮马乳，或宰羊为粮。故彼国中有一马者，必有六七羊，谓如有百马者，必有六七百羊群也。如出征于中国，食羊尽则射兔、鹿、野豕为食。故屯数十万之师，不举烟火。"[①] 马是蒙古人重要的交通和作战工具，且蒙古人念及"出入只饮马乳"，故"非大燕会不刑马"，平时"宰羊为粮"。

随着蒙古汗国的建立，其活动区域更加广阔。与其他民族的频繁接触和相互交往，使蒙古民俗文化发生了很大变化。许多蒙古人南迁到农业地区定居，与汉人、色目人的习俗文化相互渗透，与从事农业的汉族和其他民族之间的联系日益密切。

元代宫廷和民间的节日庆典，既有按照汉族传统习俗安排的各种活动，也有按北方游牧民族的传统习俗安排的各类活动，还有各种宗教仪式和活动。同时西域、中亚地区的一些节日也对其产生了若干影响。元世祖至元元年（公元1264年）八月，元世祖颁布圣旨条画规定："京府州县官员，每日圆坐参议词讼，理会公事。若遇天寿、冬至，各给假贰日；元正、寒食，各三日；七月十五日、十月一日、立春、重午、立秋、重九、每旬，各给假一日。公务急速，不在此限。"[②] 从假日的安排来看，元朝岁时活动基本上沿用汉地的传统习俗。

---

① 见赵珙《蒙鞑备录》，转引自：王国维.王国维遗书：第8册［M］.上海：上海古籍书店，1983：177.

② 方龄贵.通制条格校注：卷2［M］.北京：中华书局，2001：606.

1. 祭牲节

农历四月九日和九月九日，是蒙古人的祭牲节日。蒙古人在这一天一般要洒马奶酒祭祀，而且根据蒙古人尚白的习俗，要用白马所产奶酿成的奶酒。据张德辉《岭北纪行》记载，贵由汗在位时，"四月九日，率麾下复会于大牙帐，洒白马湩，什器亦如之。每岁惟重九、四月九日，凡致祭者再，其余节则否"。该书又记载，"至重九日，王师麾下会于大牙帐，洒白马湩，修时祀也。其什器皆用禾桦，不以金银为饰，尚质也"。进入元朝以后，这种祭祀仪式仍然保存下来，但时间改在六月二十四日，地点在上都。

2. 天寿节

元代帝王的生日，称作天寿节，亦称"圣节""圣节本命日"。从忽必烈统治时期开始，各地都要在皇帝诞辰日举行盛大庆典，官府也规定天寿节放假三天。

天寿节的主要活动是为皇帝祝寿。据《元典章》记载，其礼仪是："圣节拈香，前期一月，内外文武百官躬诣寺观，启建祝延圣寿万安道场，至期满散。"宫内也在准备过节的服装、饮食以及礼仪等事。天寿节当天，朝臣诣阙称贺，各地官员等"望阙"举行庆祝活动。

天寿节当天，各宗教人士也要为皇帝举行祝延寿祈祷仪式。元代对各种宗教兼容并蓄，宗教人士享有免除赋役的特权，承担为元朝皇帝"告天祝寿"的义务。马可·波罗在其行纪中说："在陛下万寿日这天，所有的基督教徒、佛教徒、撒拉逊人和各色人等，都分别虔诚地祷告他们的上帝和偶像，祈求保佑皇帝万寿无疆，民富国强。一年一度的皇帝陛下的万寿日，就是在这样海内欢腾、普天同庆中度过的。"[①]

另外，在天寿节时，元朝廷经常派遣僧道进行法事活动，有时释放重囚。禁止宰杀牲畜的律令也经常实行。大臣、官府须向皇帝进献礼物，如《元史·文宗纪》载，中书省臣言："旧制，正旦、天寿节，内外诸司各有贽献，顷者罢之。今江浙省臣言，圣恩公溥，覆帱无疆，而臣等殊无补报，凡遇庆礼，进表称贺，请如旧制为宜。"进言被采纳。

3. 燕九节

元宵节以后，正月十九为燕九节。该节主要流行在大都及其周围地区，源于纪念全真教著名道士长春子丘处机。1219年，丘处机应召前往西域，在阿姆河营帐中会见成吉思汗。针对蒙古军的屠杀和掠夺，丘处机一再进言：统一天下之术"必在乎不嗜杀人"，为治之方"以敬天爱民为本"，长生之道"以清心寡欲为要"。[②]成吉思汗很赞赏

---

① 马可·波罗.马可波罗行纪［M］.冯承钧，译.上海：上海书店出版社，2000：100-101.

② 宋濂，王祎.元史·释老传［M］.北京：中华书局，1976：4525.

他的话，称他为"神仙"，让他掌管天下道门，并免除道士的赋税、差役。丘处机的诞辰为农历正月十九，死后葬于白云观。此后，每年这一天观内举行纪念活动，遂演变成燕九节。元代熊梦祥《析津志辑佚》记载，每到燕九节，大都士女"俱往南城长春宫、白云观，宫观葳扬法事烧香，纵情宴玩以为盛节"。

4. 佛祖祭祀

元朝每年二月十四日在大都、上都做佛事，举行盛大的游皇城活动。元世祖至元七年（公元1270年），根据帝师八思巴的建议，忽必烈在大明殿御座上设置白伞盖，伞盖"顶用素段，泥金书梵字于其上，谓镇伏邪魔护安国刹"。此后每年二月十四日，帝师在大明殿做大规模的佛事活动，次日奉伞盖周游皇城内外，"云与众生被除不祥，导引福祉"。《元史·祭祀志》详细记载了次日即二月二十五日清晨奉伞盖周游皇城内外的声势和经过："恭请伞盖于御座，奉置宝舆，诸仪卫队仗列于殿前，诸色社直暨诸坛面列于崇天门外，迎引出宫。至庆寿寺，具素食，食罢起行，从西宫门外垣海子南岸，人厚载红门，由东华门过延春门而西。帝及后妃公主，于玉德殿门外，搭金脊吾殿彩楼而观览焉。及诸队仗社直送金伞还宫，复恭置御榻上。"仪仗队送伞盖于大明殿后，整个游城活动结束，队伍或在东华门解散，或者出厚德门解散。但在大明殿内，帝师和僧人还要做法事，到十六日才告结束。

5. 浴佛节

四月初八日是浴佛节。汉族地区相传四月初八日为释迦牟尼生日，佛寺常在此日举行诵经，并用各种名香浸水，灌洗释迦太子的诞生像，取法传说中"龙王以香水洗灌太子"的故事，以纪念佛的诞生。元代各地佛寺举行浴佛斋会，煎香药糖水，称为"浴佛水"。大都城内也在帝师和高僧主持下举行浴佛会，"帝师剌麻（喇嘛）堂下暨白塔、青塔、黄塔、两城僧寺俱为浴佛会，宫中佛殿亦严祀云"；"宫廷自有佛殿，是曰剌麻。送香水黑糕斋食奉上，有佛处咸诵经赞庆，国有清规，一遵西蕃教则。京城寺宇进有等差"。[①]

6. 游皇城

每年六月中旬，元朝皇帝驻跸上都，帝师在上都主持佛事，同样也举行大规模的游皇城活动。元人杨允孚在《滦京杂咏》卷下记载："每年六月望日，帝师以百戏人内，从西华（门）入，然后登城设宴，谓之游皇城是也。"袁桷曾作《皇城曲》描述上都游皇城时的景象："岁时相仍作游事，皇城集队喧憧憧。吹螺击鼓杂部伎，千优百戏群追从。宝车瑰奇耀晴日，舞马装管摇玲珑。红衣飘裾火山耸，白伞撑空云叶从。王官跪酒

---

① 熊梦祥.析津志辑佚［M］.北京：北京古籍出版社，1983：213.

头叩地，朱轮独坐颜酡烘。蚩氓聚观汗挥雨，士女簇坐唇摇风。"①

7. 蒙古族腊八节

腊八节，即每年农历十二月初八，又称为"法宝节""佛成道节""成道会"等，本为佛教纪念释迦牟尼佛成道之节日，后逐渐也成为民间节日。先秦时期，我国一些地方已有与"腊"相关的腊祭习俗，节期在腊月，具体日期并不固定。该腊祭习俗被后人视作"腊八节"的来源之一。我国一些地方有在腊月祭祀祖先和神灵（包括门神、户神、宅神、灶神、井神）的习俗，祈求丰收和吉祥。相传这一天是释迦牟尼的成道日，佛寺在当天举行诵经，并效法佛成道前牧女献乳糜的传说，取香谷及果实等造粥"供佛饭僧"，名腊八粥。后来民间效仿，在这一天吃腊八粥，有庆丰收之意。《析津志辑佚·岁纪》记载，这一天"都中官员、士庶作朱砂粥"，"士庶有力之家，丰杀不同，馈送相尚，亦故典也"。宫廷也有类似的活动，"十二月，宫苑以八日佛成道日，煮腊八粥，帝师亦进"。

二、明清两朝的丰收礼制

明朝建国初期，中央政府便着手制定符合规程的祭祀体系，以郊、庙、社稷、先农为大祀，后改先农及山川、帝王、孔子、旗纛为中祀，诸神为小祀。嘉靖中期，以朝日、夕月、天神、地祇为中祀。只要涉及郊庙、社稷、山川诸神，明朝皇帝皆亲自祭祀，即便是因遇到国家大事而耽搁，也会遣官告祭。清朝基本延续了明朝的祭祀制度，增孟春祈谷为大祀，并增堂子为中祀。这些种类繁多的祭祀活动是官方直接推动的产物，其中诸如郊祀、祈谷、社稷、先农等多数祭祀与祈求丰收关系密切。

1. 郊祀

明清时仍将郊祀礼仪奉为大典，在京城南北郊专门辟有郊祀天地的礼制场所。郊天圣所称作天坛，建于宫城南正阳门外，由圜丘坛、皇穹宇、祈年殿、神乐署等建筑组成。圜丘坛又称祭天台，为明清帝王冬至日祀天场所。郊地圣所为地坛，又称作方泽坛，位于宫城北安定门外，明清皇帝每年夏至在此举行祭皇地祇祀典。地坛整体建筑由垣墙、祭坛、神厨、宰牲亭、祭器库、斋宫等组成。

郊祀是在国都郊外祭祀上天的一种重要祭祀活动，受到历代中原王朝的重视。元明清时期的郊祀更加制度化、体系化，成为全国隆重的祭祀活动之一。有明一代，对于天、地的祭祀发生了一些细微变化，且明朝郊祀的演变与国家祭祀体系的革新有着密不可分的联系。明朝建立初期，朱元璋率先在南京附近的钟山修建圜丘，规定于每年夏冬

---

① 袁桷.清容居士集：第二册［M］.杭州：浙江古籍出版社，2015：492.

二至日举行祭天典礼，后来又规定于每年孟春正月在南郊祭祀天地。洪武初年，朱元璋开设礼乐二局，广征海内名儒，命中书省、翰林院、太常寺等机构制定礼法，总结、优化历代的祭祀规程，制定了统一的郊祀礼仪。朱元璋还召集礼官和名儒编辑《存心录》《大明集礼》等书，辑录历代王朝坛庙祭祀之制，为礼制的规范化提供参考。明成祖朱棣迁都北京后，随即大规模兴建皇宫紫禁城，接着兴建太庙与社稷坛，又高规格地兴建了天坛、先农坛等神灵祭坛，在北京正阳门附近仿照南京圜丘的规制修建大祀殿，并规定祭祀时间为每年冬至日。到了嘉靖年间，明世宗热心于规范礼制，以制礼作乐为重要施政措施，于是政府又重新将祭祀天、地的环节分开，在大祀殿南侧另修圜丘，各项礼制更加完备。①

清代的郊祀制度基本沿袭明代。顺治元年（公元 1644 年）定都北京后，清朝政府立即着手在正阳门修建与天坛配套的祭祀建筑，并于乾隆年间形成了包括圜丘、大享殿、皇穹宇、皇极殿、斋宫、井亭、宰牲亭等在内的一系列祭祀建筑群。同时，清政府还着手将祭祀的体系进一步完善，规定冬至祀圜丘，以日、月、星辰、云、雨、风、雷为配位；夏至祀方泽，以岳、镇、海、渎为配位。在郊祀的过程中，更加注重礼制的威仪，即斋戒及设玉帛、祝文、香亭仪注、用胙牛之礼、省牲之制。② 这些制度上对郊祀的规范在康雍乾三代最终定型。

除了沿袭汉人的祭天习俗外，清朝还保留了独具民族特色的祭天习俗——祭堂子。堂子是清朝皇族爱新觉罗家族的萨满祭祀场所。祭祀时，由萨满巫师充任司祝，高举神刀，唱着赞歌，用三弦、琵琶、拍板等民族乐器和声。总体而言，明清时期郊祀制度已广泛融入儒家五礼体系中，是吉礼的主要内容。这一时期，朝廷对祀神体系、坛遗之制、神位、祭器、玉帛、牲牢、祝册之数、郊祀仪注，有着严格的规定。伴随着君主权力的强化，皇帝直接参与郊祀的情况在明清时期十分常见，由此可见国家政权对郊祀的推动和重视。

2. 祈谷

祈谷是古人向上天祈求五谷丰登的重要祭祀活动。中国古人每年都要向上天祈祷，祈求五谷丰登，这种祈求丰收的典礼称为祈谷大典，即所谓的"天子乃以元日祈谷于上帝"。秦汉以后，中国历史上的许多朝代都设有祈谷典礼，多以每年的元月设坛祭祀，祈祷丰收，因此祈谷祭祀是典型的由政府推动的祈求丰收的重要节俗。

明清两朝的祈谷大典，均于农历正月十五日举行。其礼制大致流传如下：在正式祭祀的前一天，皇帝要到皇乾殿上香行礼，亲自将祖先的神位和皇天上帝的牌位请到祈

---

① 王鹤鸣，王澄，梁红．中国寺庙通论［M］．上海：上海古籍出版社，2016：41.

② 徐迎花．汉魏至南北朝时期郊祀制度研究［M］．哈尔滨：黑龙江人民出版社，2009：54.

年殿中，然后到神厨、神库等地视察祭祀物品的准备情况，以表达皇帝对祈谷仪式的重视。随后，皇帝要返回斋宫斋戒，直到祭祀大典开始前的凌晨。大约到了日出前，皇帝出斋宫，到祈年殿外的丹陛桥更换祭祀礼服，是时祭祀大殿内外将点燃各种灯具，并焚烧松柏枝，一时间香烟紫绕、烛火通明，气氛十分庄严肃穆。祈谷大典开始时，王公大臣列队于祈年殿外，数百名鼓乐手演奏祭乐，皇帝身穿蓝色祭服缓缓进入祈年殿，向皇天上帝和祖宗牌位行隆重的叩拜之礼，文武百官也于祈年殿外一并叩拜。接着，皇帝献酒、读祝文，祈祷天帝保佑人间风调雨顺、五谷丰登、国泰民安。一系列礼仪完毕后，皇帝将所有的贡品放到专门的燎炉内焚烧，并返回紫禁城，祈谷大典完毕。①

3. 祭拜社稷

社稷是元明清时期官方祭祀的重要神祇。据两汉时期班固等人所撰《白虎通义》记载："人非土不立，非谷不食。土地广博不可遍敬也，五谷众多，不可一一祭也，故封土立社，示有上尊。稷，五谷之长，故封社稷而祭之也。"可见，社稷是土地神和庄稼神的统称。北京天安门西侧的社稷坛是明清时期官方祭祀社稷的主要场所，其主要建筑呈南北中轴线布局，与天安门东北侧的太庙相对，一左一右，体现了"左祖右社"的都城设计原则。

社稷坛中最具代表性的当属"五色土"，中黄、东青、南红、西白、北黑，象征金、木、水、火、土五行的运转，也象征东、南、西、北、中五个方位。明清时期，皇帝在祭祀社稷时，把全国各地的太岁神集中到坛台上主祭。坛台上黄土的中央有土龛，龛内埋藏一根长三尺六寸、方一尺六寸的石柱，又名"江山石"，象征江山永固。相传黄帝居天下之中，其他四方各一统治者：东为太皞，辅佐者是木神，掌管春天；西为少昊，辅佐者是金神，掌管秋天；南为炎帝，辅佐者是火神，掌管夏天；北为颛顼，辅佐者是水神，掌管冬天。社稷坛的五色土在历史上都是由各地进贡而来，有"普天之下，莫非王土"的含义。②

4. 祭祀先农

元明清时期，先农祭祀和耕耤礼③是国家祭典和官方政治仪式的重要部分。先农坛是明清时期专门祭祀农业之神的最高级别祭坛。元代《析津志》载："松林之东北，柳巷御道之南，有熟地八顷，内有田。每岁，上亲率近侍躬耕半箭许，若籍田例。"明代建先农坛于国都南郊，有籍田六百多亩。清代建先农坛于京城正阳门外西南，历朝均行籍田礼并祭享先农。至明清时期，祭享先农、皇帝亲耕，成为封建国家重要的典章制度

---

① 杨学军.世界自然与文化遗产：中国［M］.延边：延边大学出版社，2006：125.

② 李穆文.鬼斧神工的古代建筑［M］.西安：西北大学出版社，2006：203-204.

③ 耕耤礼.亦称"耕籍礼""耕藉礼"，是中国古代帝王亲耕田地的礼仪制度.

之一。①

祭祀先农和皇帝亲耕是明清时期重要的祭祀典礼。每年仲春亥日，皇帝率百官在先农神坛祭拜过先农神后，在俱服殿更换亲耕礼服，随后到亲耕田举行亲耕礼。清朝祭享先农和耕耤礼的仪式基本上沿袭了明朝的制度，但重视程度远甚于明朝。比如，雍正帝在位 13 年，除元年因忙于其皇考妣大葬等新政要事未能亲祭外，从二年起至十三年，共亲祭先农、亲耕籍田 12 次。清朝此后历代皇帝尤其重视耕耤礼。雍正帝不仅亲祭，同时颁布了一系列相关政策。耕耤礼中，皇帝躬耕耤田时，按照原有礼仪，皇帝三推，雍正二年（公元 1724 年）规定，三推毕，加一推，并颁新制《三十六禾词》。雍正四年（公元 1726 年），又颁上谕，要求全国各级官员均亲行耕籍礼，更将祭祀先农的活动推到历史高峰。②

明清时期祭祀先农和行耕耤礼，作为国家祭典和官方政治仪式，无论是时空、祭器、祭品、仪程、服饰、乐舞，抑或参加者的身份、数目，都经过了精心的设计。而这些设计和安排，一方面象征着专制国家等级森严的社会秩序，另一方面表明皇帝以亲耕的方式来敦促农耕，表达敬天勤民之意。

5. 雩祀

雩祀是中国古代官方吉礼的一种。唐代经学家陆德明解释说："雩，吁嗟求雨之祭也。"就是说雩礼是祈天求雨的祀礼。而所谓"龙见而雩"，是指举行雩祀的时间。"龙"即二十八星宿中的苍龙星，在每年农历四月，苍龙星会出现在东方，古人认为这是一年耕作的开始，于是便会举行雩祀祈求上天广洒甘露，以保五谷丰收。

雩祀为历代王朝所重视，明清时期依然保持着较高规格的祭祀。明嘉靖九年（公元 1530 年），政府在圜丘坛外的泰元门之东建造了崇雩坛，是为举行雩祀的专门场所。清代将雩祀上升为国家大祀，将其分为三种不同类型，在不同时期遇到不同情况，举行其中之一。一为常雩，即在每年的孟夏（阴历四月）择吉日行于天坛的圜丘；二为在三坛（天神坛、地祇坛、太岁坛）及社稷坛祈雨，这是"常雩"礼后，遇旱无雨才举行的雩祭；三为大雩，这是雩祀中祭祀等级最高的礼仪，是遭遇特大旱情才举行之礼，多在三坛祈雨后仍未降雨的情况下进行，由皇帝亲自祭祀皇天上帝。大雩期间，皇帝本人则要轻车简从，少食素服，倍致虔敬。比如，乾隆二十四年（公元 1759 年）曾有过一次大雩，当时的乾隆皇帝"减膳虔斋，不设卤簿，不陈乐，不乘辇，乘骑出宫，诣坛斋

---

① 北京古代建筑博物馆 . 北京古代建筑博物馆文集［M］. 北京：中国民主法制出版社，2012：260.

② 吴丽平 . 国家祭典的历史变迁和当代复兴——以北京先农坛祭祀为例［J］. 民间文化论坛，2014（3）：85-92.

宿，次日，御雨冠素服，步祷于坛"[①]。可见非常时期的大雩之礼受到官方的高度重视。

与历代雩礼并存的，便是盛行于民间的各种祈雨仪式，是由不同族系的宗教文化和祈雨巫术发展而来的。如果说雩礼极力突出了礼制化特点，那么民间求雨仪式则具有更显著的巫术特色。虽然二者之间体系不同，祭祀规模、形式和仪规等方面存在明显差异，但具体祭法却有某些相似之处，如呼雩、舞雩以及运用祈请、交感、模仿等方式恳请上苍降雨。甚至在求雨过程中，二者也都遵循类似的禁忌。在祈雨动机方面，二者具有共同目标，那就是为了天赐甘霖，大地丰收。民间盛行的各种祈雨仪式，尽管保留着较多的原始宗教文化色彩，但受正统雩礼的影响和冲击是显而易见的。道理很简单，民间宗教信仰虽能形成强大的习惯势力，却从来未取得合法的地位。

中国历朝都以农为本，经济繁荣取决于农产品的丰盛，而在科学技术尚不发达、人类征服自然的能力还较弱的年月里，风调雨顺才能保证经济的稳固和发展。落后的生产力使人们把风调雨顺视为上苍的赐予，于是便更加虔诚地祈祷，以求助于神灵的保佑，这也就是雩祀之所以盛行不衰的原因。

明清两代，封建王朝统治中心均建有太社坛、太稷坛。如明成祖迁都北京后，在西苑建造帝社坛、帝稷坛。神位以木为之，分别题写"帝社之神""帝稷之神"。祭祀时间选择在每年仲春、仲秋上戊之日。各州县均要在本城西北兴建社稷坛，由守土文武官员负责祭祀。[②]《大清会典图·社稷坛图》记载，清代沿用明代社稷建筑，后又经过重修。坛体方形二层，四出陛，均四级，皆砌以白石。

第二节　民间祈求丰收的农神崇拜

中国古代的农业经济在元明清时期发展到前所未有的高度。元人因游牧民族的特性，对农业耕作的重视不足，元代史书典籍中对农事的记载甚少。元代无论是官方还是民间，最主要的节庆还是秦汉以来历代相沿的传统节日，同时在节庆中容纳了北方民族活动的若干内容。

一、元代的民间节俗

元代的民间节俗主要有元旦、元宵、清明、重午、七月十五、中秋、重阳、冬至等，节日期间举行各种宴饮、游乐活动。

---

① 李侃.文史知识：第 1 期［M］.北京：中华书局，1986：79–80.

② 刘芳贤，等.珞巴族的原始宗教［M］//宋恩常.中国少数民族宗教初编.昆明：云南人民出版社，1985：119.

1. 元旦

元旦朝贺早在蒙古国前四汗时期就已经举行。忽必烈迁都中原以后，内地节庆习俗与蒙古传统习俗融为一体，庆典活动内容更为丰富。当日清晨，大都城内百官齐聚于崇天门下"待漏"，等待皇帝升殿，举行元正受朝仪式。朝贺一般安排在大明殿，皇帝、皇后就座于御榻之上，接受怯薛人员、后妃、诸王、大臣朝贺。随后中书省丞相向皇帝进酒，宣读中央、地方官府的贺表和礼物清单，僧人、道长及蕃客等先后入殿朝贺。朝贺结束以后，举行宴饮，"大会诸王宗亲、驸马、大臣，宴飨殿上"，举行盛大的"诈马宴"。根据《元史·礼乐志》记载，元日宴饮，"四品以上，赐酒殿上；五品以下，赐酒于日精、月华二门之下"。在朝贺上，蒙古人尚九尚白的习俗依然保留。皇帝和所有参加朝贺的官员都穿白色衣服，中央和地方官府进贡的礼品也要配上白布。据马可·波罗记载，进贡礼品的数目应与"九"相合，如果进献马匹，应该是八十一匹；黄金和绢的数量也应该是九乘九。在这一天进奉的马匹，大多数是白马。

在外路府州县的官员虽然不能入朝拜贺，但在正月初一都要"拜表仪"，遥拜皇帝。举行仪式的时间也在清晨，"望阙置香案"，奉贺表，"官属叩头中间，公吏人从等相应高声三呼万岁"。朝贺以后，百官脱去官服，私人之间的拜年活动开始了。官员之间互相拜贺，往往互相"赠与手帕"。士庶之间的节庆活动则持续多日，有时一直到元宵节以后。《析津志辑佚·风俗》记载："京官虽已聚会公府，仍以岁时庆贺之礼，相尚往还迎送，以酒醴为先，若肴馔，俱以排办于案桌矣。如是者数日，车马纷纭于街衢、茶坊、酒肆，杂沓交易至十三日。"

2. 元宵

元宵节亦称"上元节"，是汉族传统节日。每年农历正月十五，通宵张灯，供人观赏为乐，所以又称作"灯节"。上元观灯习俗始于汉代，盛行于唐宋以后，元代更为隆重。每逢元宵节，从官府到民户，从城里到农村，都要贴放花灯。从官员到普通百姓，从老人到儿童，都要出外观赏花灯。元朝大都居民一般从正月十三开始悬灯，一直到十六日为止。元朝初年，宫中在元宵节也张灯结彩，据说忽必烈本人亲自穿制过珍珠垂结灯。每年正月十五，宣徽院、资正院、中政院、詹事院等宫廷机构，"常办进上灯烛、糕面、甜食之类，自有故典"。在大都丽正门外有一棵树，忽必烈赐名"独树将军"。每年上元节，大树上悬挂各色花灯，高低照耀，远望好似一条火龙，"树旁诸市人数，发卖诸般米甜食、饼蔗、枣面糕之属，酒肉茶汤无不精备，游人至此忘返"。

3. 清明

清明前一日或二日，是为寒食。古代有禁用烟火、只食前期做好的冷食的习俗。元朝规定寒食放假三天，自然就将清明包括在其中了。元朝寒食节与清明节合二为一，称作"清明寒食"。三月三日这一天，朝廷派遣大臣代祀三皇等古代帝王以及名山大川，并在宫廷举行各种娱乐活动。大都城内上至内苑，中至宰执，下至士庶，俱立秋千架，日以嬉游为乐。寒食在冬至后的第 105 天，所以元代有"寒食一百五"的说法。

4. 重午

重午，元代也称"午节""端午节"，民间又称"蕤宾节"。端午节不仅流行于民间，而且受到汉族传统习俗的影响。元代宫廷对端午节也很重视，举办各种节庆活动，特别是举行击球和射柳等大型娱乐活动。这一天，宣徽院等机构向朝廷进献彩索、珠花金罗、酒醴、凉糕、香粽等物。中政院、中书省礼部也献上各种礼品。"赛关王会"活动在大都城内举办。关羽画像极其华丽，各衙门以关羽画像以及鼓乐等进行比赛。城内小商贩们出售凉糕、粽子等物。

5. 立秋节和中秋节

中秋节，是汉族地区的重要节日。元朝廷在立秋前和中秋节都举行相应的节庆活动。立秋也是元朝例定假日。这时皇帝还在上都，山野树叶已呈红色，太史院官员奏明时间，就要摘红叶，选择吉日，铺张宴席，侍臣进奉红叶。《析津志辑佚·风俗》记载，立秋这天，"三宫太子诸王共庆此会，上亦簪秋叶于帽，张乐大燕，名压节序"。八月十五日中秋前后，太史院官员选择吉日，奏请在上都举行洒马奶酒的祭典。大都城内，设瓜果、香水梨、银丝枣、大小枣、栗、御黄子、频婆、奈子、红果子、松子、榛子诸般时果发卖。中秋节以后，皇帝开始返回大都。

6. 送寒衣节与冬至节

十月一日是送寒衣节，熊梦祥作诗称："十月天都扫黄叶，酒浆出城相杂还，爇送寒衣单共袷。愁盈颊，追思泪雨灰飞蝶。"出城祭坟扫墓是送寒衣节主要活动，"是月，都城自一日之后，时令谓之送寒衣节，祭先上坟，为之扫黄叶。此一月行追远之礼甚厚，虽贫富咸称家丰杀而诚敬"。按照汉族地区的传统习惯，当天要置酒办暖炉会，准备过冬。

十一月称作冬月。二十四节气中的冬至一般都在十一月，元代冬至节一般放假两天。冬至前，太史院等向皇帝、太子、宫中后妃及官府敬献新年日历，宰相率领百官向皇帝朝贺并奉献礼品。在街市中有新年日历出售，一般人家也互相道贺。冬至以后，人们的主要活动是围绕新年展开的。

二、明清时期的丰收文化

明清时期，民众对农业生产极为重视，农时历法、灌溉技术、耕作方式等生产技术有了显著进步，人们对于农事信仰的记载也较元代大为丰富。农业生产因气象物候具有较大随机性，避免不了"看天吃饭"的特性。为了祈求平安，获得丰收，上至统治阶级，下至普通百姓，人们对掌管农事的神灵如神农、后稷、八蜡等的信仰十分虔诚。牛王庙、蒲神庙、刘猛将军庙等民间农神宗庙在中原大地广为分布。人们不但为这些农神修建庙宇，还形成了一系列独具特色的信仰。这种官方推动、全民普及的农神崇拜，是一定历史条件下的产物，也是明清时期丰收节俗的重要内容。

1. 八蜡崇拜

在明清时期，最为普遍的民间信仰当属八蜡（亦称八腊）崇拜。八蜡是古代民众祭祀的与农业生产相关的神灵，在先秦时期的史书典籍中便有具体记载。八蜡崇拜在明清时期形成了一套系统的信仰体系。明人徐树丕在其《识小录》中将八蜡祭祀的神灵解释为："一先啬，神农也；二司啬，后稷也；三农，田官也；四邮表，约农事之所也；五迎猫，为其食田鼠也；六迎虎，为其食田豕也；七坊，水坊也；八庸，水沟也。社以祀五土之神，稷以祀五谷之神。"而在中原地区的一些方志中，则将蝗虫视为八蜡，如《枣强县志》称："呼蝗为八蜡，以为虫神，每飞过境，则焚纸钱拜祀之。"《怀柔县新志》亦称："八蜡庙在城内东北高阜上，祀八蜡神，俗称虫王庙，春秋编祭。"①

不同的史书典籍对八蜡神灵的记载虽有出入，但具有相同的功能，那就是祛害祈福、保佑风调雨顺。这一时期，农业生产技术有了巨大进步，但民众对水旱灾害、病虫害等自然灾害缺乏客观的认识，自然而然期盼得到神灵的庇护。于是，民众在自己的家乡修建了许多八蜡庙，将自古流传下来的农神一并罗列，并加入猫、虎等有益农业的动物以及水坊、水沟等农业基础设施，一同祭祀，反映了区域社会的民间信仰、风俗文化与百姓心理状态。由此可见，八蜡崇拜是这一时期民众生产生活的反映，在广大农村地区拥有广泛的社会基础。

单从八蜡庙区域分布的数量来看，北方地区远远多于南方地区，而且传统的中原地区分布最广。明代李元阳在其著作《中溪家传汇稿》中记载称："腊祭，古礼也。岁夕大举万物而享之，曰腊。今两河、山、陕皆有庙，吾南中独无。长沙一洲江侯，佐大理郡之三年，为岁癸亥。维时政通人和，乃行郭课农，农人以田鼠告侯，侯恻然曰，祭腊可举也。遂建庙于北郭浮屠之原。"②从这段记载中我们可以看出，八蜡庙在河南、河北、陕西、山西等传统中原地区分布较广，在南方分布较少。究其缘由，一方面是因为北方气候较为干旱，旱涝灾害对农业生产的影响较南方更为严重；另一方面是因为民众对八蜡神中的神农、后稷的崇拜在陕西、山西地区有着长期的社会历史土壤，加之政府官员倡导，他们不但亲自建庙、祭祀、膜拜，而且把这种文化传播到了民间，形成了具

---

① 郭郛.中国飞蝗生物学［M］.济南：山东科学技术出版社，1991：516.

② 李元阳.李元阳集：散文卷［M］.昆明：云南大学出版社，2008：87.

有浓厚地域色彩的民间信仰。①

2. 刘猛将军

刘猛将军是明清时期民众信仰的祛虫之王，民间称为"蚂蚱神""虫王""刘王菩萨"等。

刘猛将军的原型，一说是宋末抗元名将刘锜，比如清道光年间山东《观城县志》记载："宋提举江州太平兴国宫淮南江东浙西制置吏。赠开府仪同三司，刘武穆公，讳锜，字信叔，于理宗朝以驱蝗有功，勒封扬威侯天曹猛将之神，庙祀盖五百余年矣。"刘锜于宋高宗绍兴年间被封为江淮江东浙西制置使，与北方少数民族政权进行了常年的战争。相传正值宋元激烈交锋之际，漫天的蝗虫席卷整个北方地区，刘锜克服重重困难，祛除蝗灾，被敕封为"天曹猛将军"，深受百姓崇敬。

另一种说法是，刘猛将军的原型是元末江淮指挥使刘承忠，如清嘉庆年间《合肥县志》记载："神名承忠，吴川人，元末授指挥使。若冠临戎兵不血刃，郡盗鼠窜。适江淮千里飞蝗蔽天，神挥剑逐之，须臾蝗飞境外。后因鼎革自沉于河，有司请崇祀。"

虽然典籍中对刘猛将军原型的记载不同，但从人们对刘猛将军的信仰的大致演变过程可以看出，元明之际，民众主要宣扬刘猛将军抗击异族的功绩，而到了明清时期，则主要崇尚其祛蝗免灾的神力。据史料记载，清雍正二年（1724 年），皇帝诏令全国各省、府、州、县建刘猛将军庙。直隶总督李维钧在《将军庙碑记》中写道："吾乃元时吴川人，吾父为顺帝时镇江西名将，吾后授指挥之职，亦临江右剿除江淮群盗。返舟凯还，值蝗孽为殃，禾苗憔悴，民不聊生。吾目击惨伤，无以拯救，因情极自沉于河。后有司闻于朝，遂授猛将军之职，荷上天眷念愚诚，列入神位。"② 由于蝗虫的危害在农业社会极为严重，特别是黄淮平原的晋冀鲁豫等地区受蝗虫的袭扰最为频繁，当地民众希望从历史记载或传说中找到祛蝗的人物，并赋予其神力，以求驱虫免灾。对刘猛将军的崇拜，寄托着劳动民众对自然神灵的敬畏，以及顺应自然，追求自然万物和谐共生的美好愿望。

历史上以刘猛将军诞辰日正月十三为祭拜日。这一天，各地均有地方官府到刘猛将军庙主持祭祀活动，民间也要举行盛大的迎神赛会。此俗至今仍在一些地方传承。

3. 牛王崇拜

对牛王（牛神）的崇拜主要集中在明清时期的西南地区。在农耕社会，牛是民众不可或缺的生产工具，牛的辛勤劳作往往与丰收相关联。在长期的历史发展过程中，民

---

① 刘宇，郑民德.农神崇拜与社会信仰：以明清时期的八蜡庙为对象的历史考察［J］.农业考古，2014（1）：315–319.

② 郭郛.中国飞蝗生物学［M］.济南：山东科学技术出版社，1991：516.

众通常认为耕牛具有朴实、厚重、温和、勤劳等特点。为了犒劳耕牛一年的辛勤耕耘，同时也为了祈祷来年取得丰收，在不同的地方产生了"耕牛节""牛王会""祭牛王"等活动。牛王节在不断的演化和传承过程中，成为一种敬神爱牛的民间节日。人们通过牛王节来酬谢牛王的保佑并寄托"丰收兴旺"的美好愿望。牛王节的活动本身，显示其为与庆祝丰收息息相关的节日。

明嘉靖年间《洪雅县志》中记载："十月朔，作饼饵饭牛，余则挂之角，谓牛是日照水，角无饼饵则悲鸣。佣者是日与之衣以归，遂纵牧于野。"由此可知，在秋季，人们给耕牛喂饼，还把饼挂在牛的角上，让牛休息，被雇佣劳动的人也会有一天的假期，这是农耕社会民众自我调适的体现。清嘉庆二十一年（公元1816年）刻本《华阳县志》载："十月一日，人家焚纸衣祀先，谓之'送寒衣'……是日为'牛神诞辰'，农人捣糯米为粢祭之，并置牛角……神隐云：'田家以糯糍安牛角上，谓之牛接角。仍以桑叶包糕喂牛，以报一年之力。其日，撒放不收，又送糕于亲邻，名曰庆牛。'"①云南《镇雄县志》亦有类似记载："'牛王会'十月初一日，农家请师念'牛王经'。用米粮舂糍粑吃，以糍粑喂牛；并将糍粑糊于牛角，采山花给牛插戴，意味'吃饭不忘牛辛苦'。"②由此可见，西南地区每到秋季犒劳牛神的习俗是十分普遍的。

耕牛是农业社会主要的耕作力量，身强力壮的耕牛预示着农业生产的顺畅，而顺畅的农业生产是丰收的重要保障。明清时期，民众过牛王节，就是为了感谢牛神为农业生产带来的收获。从时间上看，庆祝牛王的节日多集中在春秋两季（如部分地区为十月初一，部分地区为四月初八），多是在秋收后或春耕前。秋收后的牛王节，目的在于感谢牛神的庇护；而春耕前的祭春牛则在于"贿赂"牛神，试图通过此举措实现连年的丰收。而许多地方牛王节的主要习俗是在牛角上挂糯糍，主要目的也是酬谢耕牛的劳作。在牛王节让农民休假是为了实现劳逸结合，为接下来的劳作积蓄能量。在明清时期，民众虔诚地希望耕牛真能长命百岁，许多地方还专门修建牛王庙以供牛王节这天祭祀，祈求一年风调雨顺、庄稼丰收。③

4. 土地崇拜

"中国自古以农立国，原始农业发生之后，人与土地的关系更为亲近，所需生产、生活资料都离不开大地。特别是农作物的丰歉，在原始初民的心目中似乎有神灵在支配，人们由于不懂得农作物生长的原因，又出于对粮食丰收的祈盼和依赖，因从自然崇

---

① 丁世良，赵放. 中国地方志民俗资料汇编：西南卷［M］. 北京：北京图书馆出版社，1991：11.
② 丁世良，赵放. 中国地方志民俗资料汇编：西南卷［M］. 北京：北京图书馆出版社，1991：752.
③ 左莹. 试论牛王节所反映的民间信仰的特点［J］. 古今农业，2013（1）：61-66.

拜的思路出发，形成了土地有灵观念和土地神崇拜。”[1]中国古代的民众认为，土地能承载万物，具有如同女性一样的生殖繁育功能，于是出现了对地母的崇拜。明清时期，四川各地广泛分布有地母庙、地母殿等祭祀场所，而在广大农村地区，各式各样的土地神成为保护村寨的地方神灵。与此同时，由于谷物生产是民众食物的重要来源，民间还产生了稷神、五谷神等农神崇拜。

以明清时期的四川地区为例，民众一般在每年农历二月、八月举行社祭活动，各地方志均有记载。如四川盆地中部的三台县每年“二月二日，俗以是月醮谢中雷，祀田祖以祈谷实”[2]。四川盆地中东部的蓬溪县则在每年八月初祭社，“夫社，春、秋之五戊也，今皆以仲月二日为小异矣”[3]。而成都周边的一些地方，“乡民祀以七月七日或二月二日，犹是春祈秋报之遗留，时俗循之，而失其意。言土地生以是日，为之庆生”[4]。这些都是史籍对民间祭祀土地神重要活动的记载。清代四川民间土地祠不仅数量多，还有多种类型，《巴县志》记载：“土地不一，有花园土地，亦为灾于小儿，祀之花园者也；有青苗土地，农人所祀；有生长土地，家堂所祀；又有栏垭土地、庙神土地等，皆随地得名。”[5]

民间有关土地神的崇拜还衍生出了许多民俗活动，其中最隆重的活动就是以酬谢田祖为主题的青苗会等乡村赛会。举行赛会的日期大多是六月初六，四川民间以这一天为秧苗土地即田祖的诞辰，因此包括綦江、浦江、绵州、彭山、大竹、绵阳、三台等在内的许多州县都要演剧、赛会以庆祝。在四川射洪地区，稻苗收获时祭祀田祖的祭品要比前几次丰盛，鱼要金黄色的大黄鱼，且要头尾齐全，说是一年能余到头。在乐至县，新收获的稻谷以必先祭过田头菩萨才挑回家。有的地方还要特意制作“扁担果”祭祀田祖，谢其保佑丰收。此外，为了稻苗丰收，四川民众不仅要祭田祖，还要通过诵经、建醮、驱邪、张贴神像等各种方式进行祭祀，人们相信这些围绕田祖崇祀进行的活动除了能确保庄稼丰收，还有医治疾病的功效。[6]

5. 灶神信仰

在民间还有许多与祈求丰收相关的神灵信仰，如灶神信仰就是一例。灶神本是人们在锅灶边供奉的掌管一家祸福之神。魏晋时期人们将祝融供奉为灶神，后来陆续有炎帝、黄帝等也被奉为灶神。到了唐代以后，随着道教在民间的广泛传布，灶神逐渐与道

---

① 梅新林．中国古代的社神崇拜与社祭礼仪［M］．上海：学林出版社，1995：232.

② 谢瓤，甘梯云，张树勋，等．三台县志：卷四［M］，民国二十年铅印本．

③ 萧应明，曾世礼，庄喜．蓬溪县志：卷十九，民国二十四年刻本．

④ 林志茂，王金相，胡忠阀．简阳县志：民国十五年至十六年铅印本．

⑤ 段玉裁．富顺县志．卷二［M］．光绪八年刻本．

⑥ 林移刚．清代四川土地崇拜和土地神信仰［J］．农业考古，2014（3）：307-311.

家的神灵体系相融合。

直至明清时期，民间出现了比较统一的灶神绘像：灶王爷是黑面长须，头戴礼冠，身着朝服，其旁坐着灶王奶奶。与此同时，灶神的神灵体系也逐渐完备，如明代刊刻的《正统道藏》中有专门记载灶神事迹的《太上灵宝补谢灶王经》一册，向人们系统呈现了灶神的信仰状况："五方五帝、灶君夫人、天厨灵灶、地厨神灶、天帝娇男娇女、囱中童子、童男童女、曾灶祖灶、灶公灶母灶夫人、灶妇灶子灶孙、家灶外灶、大灶小灶、长灶短灶、新灶旧灶、五方游弈灶君、左右将军、炊涛神女、前后直符、灶君小使、进火神母、游火童子、灶家娘子、姊妹新妇、七十二灶侍从"①等等，都是灶神的神仙体系，十分庞杂。

相关研究表明，明清时期的灶神信仰经历了"夫妇化""老龄化""世俗化""队伍扩大化"等演变特点②，形成了灶王爷和灶王奶奶并肩而坐的供奉形式，并广泛流传于民间传说或故事中，增加了许多与劳动民众生产生活息息相关的故事叙述，反映了这一时期劳动人民的思想和感情。明清时期的灶神信仰虽与直接体现生产收获的农神崇拜有一定区别，但在古代社会，灶台是每个家庭不可或缺的，灶台实际上成为民众兴旺发达的载体。每到秋冬丰收以后，民众便会在自家灶台摆上各种祭品，烧香点烛祭祀灶神，表达的是祈求来年继续丰收平顺的良好心愿。从这个意义上讲，民间的灶神信仰与丰收文化，表达的情感是一脉相承的。

6. 祈雨习俗

中国大部分国土位于亚热带季风气候区。在传统农耕社会，每年降水的多少直接关系着当年庄稼的收成，每当遇到降水稀少的年份，严重的灾荒往往随之而来。比如，据位于关中平原的宝鸡市的地方志记载，明神宗万历年间，凤县、眉县、麟游县等地接连大旱，"扶风、岐山、凤翔连续大旱，斗米千钱，民多逃亡，饿殍载道。二十二年，凤县饥。二十七年，扶风大饥。二十八年，麟游自八月旱至次年四月始微雨，民大饥。二十九年，关中自去年六月不雨，至于今日三辅嗷嗷，民不聊生，草木皆尽，剥及树皮，夜窃成群，兼以昼劫，道殣相望，村空无烟，坐而待毙者十八万余人"③。在如此严重的旱灾面前，古人无力与大自然抗争，只好祈求兴云布雨的龙神能为土地带来甘霖，因此祈求降雨的习俗在民间流传极广。明清时期常见的祈雨习俗有龙王庙祈雨和"取湫"两种类型。

最常见的一种祈雨习俗是到龙王庙祈雨。每逢风雨失调、久旱不雨或久雨不止时，

---

① 詹石窗.百年道学精华集成：第2辑［M］.上海：上海科学技术文献出版社，2018：315.

② 詹石窗.百年道学精华集成：第2辑［M］.上海：上海科学技术文献出版社，2018：314–315.

③ 宝鸡市地方志编纂委员会.宝鸡市志［M］.西安：三秦出版社，1998：197.

民众就到龙王庙烧香请愿献祭，以求龙王治水，风调雨顺。献祭有烟祀、食物献祭、鼓乐献祭三种方式。祈雨活动开始后，民众先在龙王像前摆放供馍、新鲜水果，然后以柴薪燃火，焚烧牺牲，祭祀龙王。在烟祀时辅之以鼓乐龙舞，通过娱悦神灵的方式使龙王降雨。古人认为，龙王从人间获得物质或精神的享乐之后，便会反过来满足人们普降甘霖的要求。①

另外一种祈雨活动被称为"取湫"。据《宝鸡县志》记载："倘若某庙会区域遇到旱灾，便由该会会首主持，组织取湫队伍，到神地取水。水瓶带回后，供于龙王庙神坛前，由八到十人昼夜礼拜。在此期间，如下大雨，祈雨者便唱大戏、敬神、谢神赐雨。"②《重修凤翔府志》亦有关于"取湫"的描述："雍州西南界于梁，其山曰太白。其地恒寒，冰雪之积未尝已也。其人以为神，故岁水旱则祷之，寒暑乖候则祷之，历疾崇降则祷之，咸若有答焉者。"③清乾隆年间关中大旱，时任陕西巡抚毕沅两次取湫祈雨，并向皇帝奏称："因率属霁吁于太白山神祠，并遣员诣灵湫取水。甫到山而雷雨立沛，经时始霁。初四日，所取之水至省，即于是夜，大获甘霖，连三昼夜，入土深透，各属亦同日普沾。已种之禾，倍觉发荣滋长。"④水是农业发展的命脉，农作物的种植、生长都离不开充足的水源，农民最大的愿望就是风调雨顺、五谷丰登、衣食丰足，因此祈雨习俗在民间极为普遍。上述列举的龙王庙祈雨和"取湫"是关中地区明清时期常见的祈雨习俗，当属民众祈求丰收的节俗无疑。

7. 水神崇拜

对河神、湖神、泉神、水神的崇拜，源于先民对山川湖泽的神灵崇拜和远古时期的雩祭，和祈雨拜龙王等活动一样，有祈求气候适宜、风调雨顺、有利丰年的内涵。元明清时期，各地仍然保留该传统习俗。例如，山西洪洞广胜寺的传统节庆活动保存至今，人们于每年农历三月十八来到这里，举行祭祀水神的传统仪式。

广胜寺水神庙是唐代为当地水利而修建，元代1324年重修，是中国现存最为完整的供养水神的庙宇。据元仁宗延佑六年（公元1319年）《重修明应王庙碑》记载：

> 每岁三月中旬八，居民以今节为期，适当群卉含英、彝伦修时也。远而城镇，近而村落；贵者以轮蹄，下者以杖履，挈妻子，舆老羸而至者，可胜既哉！争以酒

① 刘冬妮.民间习俗与农耕文化的区域解读——以宝鸡地区民间信仰为例［J］.咸阳师范学院学报，2019，34（1）：54-57.

② 宝鸡县志编纂委员会.宝鸡县志［M］.西安：陕西人民出版社，1996：1044.

③ 达灵阿.重修凤翔府志［M］.西安：西安地图出版社，2002：490.

④ 眉县地方志编纂委员会.眉县志［M］.西安：陕西人民出版社，2000：1547.

者香纸，聊答神惠，而两渠资助，乐艺牲币，献礼相与。娱乐数日，极其魔饫。①

明清两代延续了前朝的祭祀水神习俗，并与每年的庙会结合在一起，传承至今，已同当地文化旅游业结合起来。

第三节　庆祝丰收的节令习俗

岁时节日民俗是在中华民族特有的自然环境、经济方式、社会结构、政治制度等因素制约下孕育、发生并传承的，具有丰富的文化内涵，更具有独特的民族个性。它洋溢着浓厚的东方文化色彩，不仅调节着人们的生产和生活节奏，整合着复杂的社会人际关系，调适着人们的精神意绪，而且承载了丰富的民族情感，是中国民族凝聚力和向心力的体现。②元明清时期，是丰收文化得以发展成型的重要时期，许多庆祝丰收的节令习俗在这一时期固定下来，延续至今。如汉俗中的七夕节、中元节、中秋节、重阳节、腊八节等岁时节日，都被民众或多或少地赋予了庆祝丰收的内涵。

一、七夕乞巧

七夕节历史悠久，汉魏六朝时即已成为中原社会重要节日。晋代周处所作地方风物志《风土记》详细描述了七夕节的情况："七月七日，其夜洒扫于庭，露施几筵，设酒脯时果。散香粉于河鼓织女，言此二星神当会。守夜者咸怀私愿。或云见天汉中有奕奕正白气，有耀五色，以此为征应，见者便拜。而愿乞富乞寿，无子乞子。唯得乞一，不得兼求。"③类似的记载表明，魏晋南北朝时期，七夕已然成为影响较大的节日。到了元明清三朝，七夕依旧是民间社会极具活力的节日，且与庆祝丰收联系密切。

明末文学家冯梦龙撰写的白话短篇小说集《醒世恒言》中，对元明时期七夕节广泛的群众基础做了描述："元来七夕之期，不论大小人家，少不得具些酒果为乞巧穿针之宴。"这一时期的七夕节，乞巧是最为重要的节俗活动，民众在自家院落中以当年收获的新鲜瓜果延请织女送巧，在简单的仪式过后便进行乞巧。乞巧的具体形式各地有所不同，有的是在月下进行穿线入针，如女子顺利穿过，便为得巧，穿不过的，便不得巧，以此预示一年耕织的巧拙。有的地方则是在白天进行投针合巧，比如《帝京景物略》记载：

---

① 黄竹三、冯俊杰.洪洞介休水利碑刻辑录［M］.北京：中华书局，2003：16.
② 辛明.浅析中国岁时节日民俗的现状及传承对策［J］.北方文学，2015（2）：177–178.
③ 上海文艺出版社.五朝小说大观［M］.上海：上海文艺出版社，1991：161.

七月七日之午，丢巧针，妇女曝盎水日中，顷之，水膜生面，绣针投之则浮。则看水底针影，有成云物花头鸟兽影者，有成鞋及剪刀水茄影者，谓乞得巧。其影粗如槌，细如丝，直如轴蜡，此拙征矣。[①]

除了乞巧，祈祷丰收也是明清时期七夕节的重要内容。明人沈榜的《宛署杂记》云："七月浮巧针，挂地头，祭麻谷。宛农家岁以是月祈祷年丰，各用面果送纸钱，挂田禾之上，号曰'挂地头'。宛平西山一带，乡民以十五日取蜀黍苗、麻苗、粟苗，连根带土，缚竖门之左右，别束三丛，立之门外，供以面果，呼为'祭麻谷'。"[②]这一记载清晰地表明了在七夕节时，北京一带的民间有挂地头、祭麻谷、祈祷年丰等民俗活动。可见，明清时期的七夕节并非单纯的女性乞巧的节日，其习俗亦被赋予了庆祝丰收的重要内涵。

二、中秋祭月

明清时期的中秋节也是一个祭祀农神的日子。中秋节的起源较早，《礼记》中已有记载，大约从唐代中后期开始，中秋节成了祭祀农神的节日。学者萧放曾对中秋节在社会生活中地位的升格进程给予描述："八月十五日，中秋节，是明清时期的民俗大节。中秋节在宋元时代是一般性节日，明朝以后中秋地位显著上升，清代成为与新年、清明、端午并重的四大节之一。"[③]

每年农历的八月十五，正值秋收之后，加之天气寒暑适中，月圆天清，民众便举家团聚，饮酒赏月，并食用月饼、石榴等象征团圆的食品。在中秋节当天，候月焚香以求来年继续丰收的仪式是必不可少的。比如，明人刘若愚在其记录万历朝至崇祯初年宫廷事迹的杂书《酌中志》中，就对明代宫廷赏月祭祀的情况有详细描述："八月，宫中赏秋海棠玉簪花，自初一日起，即有卖月饼者，加以西瓜、藕，互相馈送西苑蹓藕。至十五日，家家供月饼瓜果，候月上焚香后，即大肆饮啖，多竟夜始散席者。如有剩月饼，仍整收于干燥风凉之处，至岁暮合家分用之，曰团圆饼也。"[④]对于宫廷皇室而言，每年农历八月，正值赏秋海棠、赏月之时，人们在这段时间里欢聚饮啖、焚香祭月，表达的是对当年大获丰收的喜悦之情。

如果说宫室中的中秋习俗颇有高高在上之感，那么民间的中秋祭月则显得朴素而

① 刘侗，于奕正.帝京景物略［M］.上海：古典文学出版社，1957：27.
② 沈榜.宛署杂记［M］.北京：北京古籍出版社，1980：192.
③ 萧放.中秋节的历史流传、变化及当代意义［J］.民间文化论坛，2004（5）：29–35.
④ 刘若愚.酌中志：第2册［M］.北京：商务印书馆，1935：176–177.

庄严，蕴含了民众对来年风调雨顺的向往。明人陆启浤在其记录明代北京及其周边地区岁时节日民俗的《北京岁华记》中称："中秋夜，人家各置月宫符像。符上兔如人立，陈瓜果于庭，饼面绘月中蟾兔，男女肃拜烧香，旦而焚之。"①明清时期，邻里间在中秋之际互邀赏月宴饮已被作为增进友谊的手段，发挥着人际交往的功能。四大名著之一《红楼梦》描述民间中秋祭月的场景也十分详细："嘉荫堂前月台上焚着斗香，秉着风烛，陈献着瓜饼及各色果品。邢夫人等一干女客，皆在里面久候。真是月明灯彩，人气香烟，晶艳氤氲，不可形状。地下铺着拜毯锦褥。贾母盥手上香，拜毕，于是大家皆拜过。"②清人富察敦崇《燕京岁时记》中亦称："京师之曰八月节者，即中秋也……至十五月圆时，陈瓜果于庭以供月，并祀以毛豆、鸡冠花。是时也，皓魄当空，彩云初散，传杯洗盏，儿女喧哗，真所谓佳节也。唯供月时男子多不叩拜。"③

总之，元明清时期的中秋节不单单是一个象征团圆的日子，更是一年一度的民间祭祀性节日。在中秋节当天，民众阖家团聚、祭月饮酒，表达了对当年丰收的喜悦之情，也寄托了对来年继续平安顺意、五谷丰登的期待。

三、霜降祀神

在元明清时期，霜降是一个十分重要的节气。古籍《二十四节气解》中说："气肃而霜降，阴始凝也。"可见"霜降"表示天气逐渐变冷，开始降霜。霜降节气常与收获联系在一起，如农谚常说："霜降见霜，米谷满仓。""霜降前降霜，挑米如挑糠。"在广大北方地区，只要霜降节气到来，就预示着一年耕作的结束，"霜降不起葱，越长越要空"，即便是生命力旺盛的葱也不再生长。而在南方地区，霜降前后的三秋时节则是农业收获最忙碌之时，晚稻的收割、油菜的种植、棉花的采摘均在这一时期，这也就是农谚所讲的"霜降到，无老少"，意思是此时田里的庄稼不论成熟与否，都可以收割了。④

在传统中国，霜降日有一种鲜为人知的风俗。在这一天，各地的教场演武厅例有隆重的收兵仪式。按古俗，每年立春为开兵之日，霜降是收兵之期，所以霜降前夕，府县的总兵和武官们都要全副武装，身穿盔甲，手持刀枪弓箭，举行收兵仪式，以期拂除不祥、天下太平。例如，明人田汝成撰写的《西湖游览志余》⑤称：

---

① 王灿炽. 燕都古籍考［M］. 北京：京华出版社，1995：181.

② 曹雪芹，高鹗. 红楼梦［M］. 南京：凤凰出版社，2012：449.

③ 潘荣陛，富察敦崇. 帝京岁时纪胜 燕京岁时记［M］. 北京：北京出版社，1961：73-74.

④ 罗方扬. 二十四节气之霜降［J］. 科学大众（中学生），2020（10）：48.

⑤ 田汝成. 西湖游览志余［M］. 上海：上海古籍出版社，1958：362.

霜降之日，帅府致祭旗谷之神，因而张列军器，以金鼓导之，绕街迎赛，谓之扬兵。旗帜、刀戟、弓矢、斧钺、盔甲之属，种种精明，有骁骑数十，飞辔往来，逞弄解数，如双燕绰水、二鬼争环、隔肚穿针、枯松倒挂、魁星踢斗、夜叉探海、八蛮进宝、四女呈妖、六臂哪吒……穷态极变，难以殚名。腾跃上下，不离鞍蹬之间，犹猿猱之寄木也。

此外，元明清时期，在霜降之日，民众还有祭祀五谷之神的习俗，且常与立春时节的祭祀芒神互为关联。明代张瀚《松窗梦语·时序纪》记载："古者立春迎青帝于东郊，今塑芒神为太岁，塑土牛以起事。盖以前月建丑为牛，故出土牛以送寒气，且升阳也。杭人增设迎春之仪，集优俳诸人，饰以冠带，被服乘马，效古人云台诸将、瀛洲学士之类，多至数十队……至秋，霜降祀五谷之神，先期亦罗列将卒，盛陈兵器，如行师队伍，旗帜剑戟，精光蔽天，而金鼓铙角，喧填盈耳。杭人亦聚观之，以为盛事。"[1] 霜降时节是秋冬气候的转折点，也是阳气由收到藏的过渡。民众在霜降时节祭祀五谷之神，是庆祝丰收的重要活动。

四、腊八祈福

腊八节是中国传统的岁时民俗节日之一，其渊源是中国古代岁末祭祀的腊日节。腊八节与腊日节在古代本是两个不同的节日，但在宋以后，随着五德终始说的衰落，以五德为时间标准的腊日节随之衰微，与此同时，腊八节则渐渐世俗化，在民间广泛兴盛起来。元明清三代，由于元朝直接废除了腊日节，作为农闲时节、年节之前重要节日的腊八节，成了盛况空前的节日。

元代学者熊梦祥《析津志辑佚》中记载："宫苑以八日佛成道日，煮腊八粥，帝师亦进。士庶有力之家，丰杀不同，馈送相尚。"[2] 刘若愚《明宫史》中亦有描述宫中吃腊八粥的情形："初八日，吃'腊八粥'。先期数日，将红枣槌破泡汤，至初八早，加粳米、白果、核桃仁、栗子、菱米煮粥，供佛圣前；户墉、园树、井灶之上，各分布之。举家皆吃，或亦互相馈送，夸精美也。"[3] 据《明会典》等记载，腊八日皇帝还会赐宴群臣。到了清代，皇家成员更是要在这一天向文武百官赐腊八粥，并向各大寺院发放米、果等贡品，供僧人食用。可见无论宫廷还是民间，过腊八节、吃腊八粥都颇受重视。

腊八节在历史发展进程中经历了一个源于佛家、渐入世俗，并由京城向乡村普及

① 张瀚，盛冬铃.松窗梦语［M］.北京：中华书局，1985：135.

② 熊梦祥.析津志辑佚［M］.北京：北京古籍出版社，1983：212.

③ 刘若愚，高士奇.明宫史 金鳌退食笔记［M］.北京：北京古籍出版社，1980：90.

的过程，且成形于宋代以后，到明清时期成为一个上至宫廷下至民间举国共庆的节日。人们在腊八节这一天用当年丰收的不同食材煮成腊八粥，既承袭了佛教普度众生、洗佛浴佛的某些活动，又寓意着驱邪避灾、迎接来年的农业丰收的愿望。比如，长安一带的习俗是，在这一天要煮肉糜，抛撒在花木之上，谓之"不歇枝"，寓意驱邪避灾，迎接来年的农业大丰收；华阴市民众会在这一天煮腊八面敬神；陇县农村在腊八粥内混煮荞面饺子，俗称"雀儿头"，这一天五更时，当地农民还会在不见日光时敲取大冰块置放于粪堆之上，名曰"堆冰狗"，传说这样可免除庄稼病虫害。[①] 这些都是腊八节中融入丰收文化的例证。

历史上，腊八节风俗还融入了各地的宗教活动，北京雍和宫的腊八活动就是明清以来有名的传统风俗。海南省道教南宗宗坛玉蟾宫，同样也保持了腊八节的历史风俗，在腊八日要举行"祭先祖""报百神"的盛大祈福法会，祈求神明保佑来年五谷丰登、家国太平。

元明清时期，政府和民众如此重视农事丰收文化，是由多种原因造成的。首先，农业是封建国家的立国之本，是维持整个封建政权运作的物质基础，所以农业丰收是统治者所期盼的。只有丰收，才能保证国家的各项农业税收，才能充裕国库。其次，在封建时代，粮食是民众生存的最基本保障，民众只有满足了最基本的生存需求，才能为国家、为社会做出贡献。最后，这一系列庆祝丰收的信仰习俗有着漫长的发展历程，尽管在演化过程中有过曲折，但因其深深扎根于中华民族优秀的传统文化中，长期以来得到不断传承，到了元明清时期成为民族的精神财富。

元明清时期庆祝丰收的信仰习俗是封建国家神灵崇拜和民俗文化的重要组成部分。从元明清时期农业的地位来看，尽管这一时期工商业有了巨大的进步，但农业依然是封建国家的立国之本，所以对各种农神的崇拜依然有着广泛的社会基础，全国各地都有分布。从国家神灵供奉方面看，除了关帝、城隍、土地、龙王等历来受封建政府重视、享受正神祭祀礼仪的神祇，八蜡、金龙四大王、刘猛将军、天后等神灵则根据封建统治的需要，或被提倡，或被取缔，或因时、因地发生变化，完全与封建政府的政治、经济、文化策略相适应。这些与丰收相关的农事节俗，也并非全是政治化的产物，从很大程度上讲是一种寄托了民众心声的民俗文化。这些与丰收相关的信仰习俗的传播与积淀，是继承和发扬中国优秀传统文化的重要力量。

---

① 毕悦.腊八节考略——兼论陕西地区腊八节诸习俗［J］.咸阳师范学院学报，2018，33（3）：83-88.

中华丰收文化：
源自农耕，助益农耕

　　本篇各章，系统阐述了中华丰收文化承传嬗变的演进过程。夏商周三代以降，丰收祭祀和节庆活动年复一年、周而复始的进行，体现出坚韧的文化传承力和顽强的文化传播力。《礼记·礼运》中说："夫礼之初，始诸饮食。"从远古先民的执穗而歌，到历久成俗的籍田礼，祈愿五谷丰登、六畜兴旺的习俗，寄望风调雨顺、国泰民安的礼制，绘制成中华丰收文化的绚丽画卷。丰收文化最初源自农业实践，形成后又继续推动农业发展，往复循环，绵延不绝。历朝历代通过籍田礼和丰收节庆的举办，强化国家的重农意志，促进农业生产的持续发展进步。归结起来，中华丰收文化具有"助益农耕、襄助乡邑"的五大功能。

一、兴农富国的功能

　　在殷商时代，甲骨文的丰收祭有"告秋"的礼俗，寓意是向神灵报告谷物长势。"告秋"之后是"蒸尝"。"蒸尝"一词源于上古，是收获以后的祭祀庆典，与今天的丰收节大致类同。丰收祭属于恩报类的祭祀，既是对农业神灵的恩报、对稼穑有功者的感谢，也是对来年丰收的祈祷。在各种重大的祭祀活动中，丰收祭是不可或缺的国家庆典。

　　古代盛行万物有灵的信仰，敬畏自然，承天应时。万事万物都拥有其存于天地间的运行法则，农业生产尤其要遵循植物的生长规律，春天播种，秋天收获。因此，籍田礼蕴含着对自然的敬畏之心，祈求"时和岁稔、穰穰满家"。起源于民间的丰收祭祀升华为国家礼制以后，化礼仪为制度，产生了约束规范、教化宣导的作用。丰收礼制重在"塑德规行，以祭理政，以礼驭民"，发挥了对农业生产的引导推动作用。

　　丰收礼制传达出来的重农思想，包含三个层次：一是哲学层面的"天人关系"思想，重点是敬畏自然，天人合一，处理好农业生产与自然环境条件的相互关系；二是宏观层面的农政管理思想，主张通过政策导向和行政措施来加强农业生产和协调利益分配，勤政爱民，劝农力作，躬身稼穑；三是微观层面的农牧经营思想，主要解决农业资源的配置利用和土地资源的永续使用问题，讲究精耕细作，用地养地，轮作复种，增产增收。

丰收礼制昭示的重农措施，包括两方面：一是将重农意志体现在农政管理制度上，建立国家农政管理体制；二是将重农政策体现在管理方法上，贯彻符合当时社会情势的重农管理方法。从皇帝到各级官员，都负有推行农业的管理职能。可以说，为了落实重农理念，皇帝本人就是全国最高农官，地方的州牧、郡守、县令，都是本级辖地的农业主官。从中央到地方，都可以被视为"农业特别行政机关"。西周的政治家、军事家周公提出，君王"知稼穑之艰难"，国家才能"兴教化、厚风俗、敦孝悌、崇礼教、臻太平"。周王室能够兴王业八百年，关键就在于举国重农，体恤百姓疾苦，朝野谨身节用。后世通过设立国家丰收祭祀的籍田礼，皇帝亲耕，后妃亲蚕，传达重农意志，强化重农意识，促使农业发展，保障长治久安。

丰收祭祀的主要功能是劝勉农耕。只有动员农民努力耕作，农业才能丰收。因此在国家礼制中，安排了相当多的劝勉农事的祭祀活动。其中影响最为深远、延续最为悠久的是籍田礼。籍田礼在2000多年前的西周时期，就被正式纳入国家礼制序列，成为隆重的劝农典礼。每年立春之日，天子要举行籍田仪式，以此作为全国春耕动员令。籍田礼历代都作为国家礼制在全国推行。京城和全国各地的州、府、郡、县都设有先农坛，安排有专用的"籍田"，由皇帝和州县主官分别主持籍田礼。籍田礼的奥秘在于"礼意节文，功在祀外"。历代君王，通过籍田礼仪，向天下宣示重农兴邦的国策，推动农业发展，夺取粮食丰收。《国语·周语上》说："王耕一坺，班三之，庶人终于千亩。"意思是，天子犁一坺，大臣犁三坺，庶民耕种千亩。可见，籍田礼只是表达重视农耕的教化信号，倡导社会重农风气，引导黎民勤耕力耘，最终目的是"终于千亩"，起到"因俗施政、以制驭民"的农耕导向作用。

二、不违农时的功能

农业生产需要按照气候节令进行，古代称为"农时"。农时观念与农业起源相伴而生，协同进化。历代持续不辍的"春祈秋报"丰收礼制，反映了"万物因时受气，因气发生，时至气至，生理因之"的农时观。中国传统农业讲究时宜、土宜和物宜的"三宜"原则，主张根据气候、土壤和作物的各种情况来安排农牧生产，提出"顺天时，量地利"的农牧生产布局，制定"不违农时""以时禁发"的农业政策。

中华民族历来把"不违农时"列为农业生产的首要大事。在中华文明早期，黄河流域是中国的政治、经济、文化中心，也是农业生产的中心。二十四节气是以黄河中下游的气候、物候以及农业生产为依据建立起来的。

从二十四节气的名称上，即可看出古人对于农业环境变化的关切，看出节气与农业的关系。"两至两分四立"八个节气属于严格意义上的"天文"；还有一个出现于阳历六月六日前后的"芒种"，是表示冬麦成熟的节气；其余十五个节气都是表示与农业生产密切相关的气候和物候。黄河流域一般多见春旱，因此在春季有雨水、谷雨的节气，体现了人们对于春雨的祈望。而到了初夏，黄河流域进入雨季，反过来需要进行防洪防涝了，于是在立夏之后，安排了一个带有警示性质的"小满"，意思是此时河湖陂塘开始涨水，出现"小满"了，要注意加固堤坝，防止"大满"发生洪涝灾害。因此农谚说："小满小满，固堤厚坝忙到晚。"（顺便指出，有的书上解释"小满"为小麦灌浆，这是用今天的农学概念去猜度古人，其实古人尚未认识小麦灌浆的生物现象）。夏秋之际，天多暑热，出现三暑并连的节气（小暑、大暑和处暑）。此时要做好防暑保墒、培肥苗稼。进入秋季，容易发生气温骤降害稼，因此出现白露、寒露、霜降等反映低温的节气，提醒人们注意秋季作物的管理，防止冻害减产。秋天之后，"冬雪雪冬小大寒"六个节气都与冬寒有关，这时田间的农作物已经收获冬藏，需要注意的是耕牛家畜的防寒保暖，备足饲粮草料，确保年年"五谷丰登、六畜兴旺"。由此可知，二十四节气是名副其实的"农历"，是中华丰收文化的重要遗产。

古人认识到，二十四节气反映的"四季天时"，会影响作物的生长和庄稼的丰收，农业劳作都要遵循节气时令。《孟子·梁惠王上》说："不违农时，谷不可胜食也。"《荀子·王制》说："春耕、夏耘、秋收、冬藏，四者不失时，故五谷不绝，而百姓有余食也。"春秋战国以后各时代的农学家，继承并发展了"三宜"思想。汉代农学家氾胜之总结出"趣时，和土，务粪泽，早锄，早获"五项措施。明代农学家马一龙在《农说》中说："合天时、地脉、物性之宜，而无所差失，则事半而功倍。"清代《浦海农咨》说："天有时，地有气，物有情，悉以人事司其柄。"清代的《农说》云："知时为上，知土次之，知其所宜，用其不可弃，知其所宜，避其不可为，力足以胜天。"实际就是主张农业生产要趋利避害，扬长避短，以求达到"人定胜天"的目的。

由此看出，农业生产的关键要素是掌握好季节时令，不能违背农时，首先要做到的一点就是"知时为上"。每年孟春之月，朝廷都要举行隆重的春祈祭祀，借以敬授民时，动员春耕播种，凸显"时"在农业中不可替代的重要性。

三、农耕改良的功能

古代的丰收礼制，有着明显的"农耕导向"。通过符合丰收礼制的活动，加深人们对于农耕稼穑的心理认知，从而寻找改善之策，发明避退之术，达到改良作物品种、提高农业技术、御除农业灾害、保障农业丰收的目的。受到丰收文化追求产量品质的导向，中国形成了一套精耕细作的丰收技术体系。

一是因地制宜，良种选育。农作物各有不同的特点，需要采取不同的栽培技术和管理措施。古人很早就认识到，在一定的土壤和气候条件下，必然具有相应的植被和生物群落，每种农业生物都有它所适宜的环境。同时，作物的风土适应性又是可以通过育种驯化和耕种技术来改变的。元代的《农桑辑要》以理论和实践经验证明，农业生物与环境具有辩证关系。在"物性可变论"的指引下，我国古代人民不断培育出新的品种并引进新的物种，不断为农业丰收增添新的因素，增添新的农业增长点。

二是用地养地，培肥地力。古代将土地肥力称为"地力"。战国时代农业已从休闲制过渡到连种制，比西方早了1000年。中国的土地在不断提高利用率和生产率的同时，几千年来地力基本上没有衰竭，不少土地还越种越肥，这是世界农业史上的一个奇迹。

三是种养循环，永续使用。在传统农业中，施肥是将废弃物质资源化、实现农业系统内部物质良性循环的关键一环。明清时代发明了"桑基鱼塘"生态循环的生产布局：在鱼塘岸边植桑养蚕，桑叶喂蚕，蚕粪养鱼，塘泥肥桑，形成良性循环。这正是今天的有机农业所提倡的生产方式，通过建立生态循环农业模式，达到人与自然环境的共荣共存。桑基鱼塘、稻田养鱼等种养结合的方式都是生态循环农业的典范。

四是轮作复种，多熟种植。轮作复种是在人口激增、耕地不足、粮食缺乏的国情条件下发展起来的。多熟种植是在有限的耕地上，通过提高复种指数，来增加粮食产量的增产方法，包括间作、套种、轮作等。

在北方地区，以常年积温而论，只种一季庄稼，积温有余；种两季庄稼，则积温不足，不能实现接茬轮作。于是，为了在有限的耕地上获得更多收成，古人非常智慧地将轮作变通而成麦粟间作或者麦棉套种，在北方地区做到了一年二熟甚至三熟。在南方地区，多数地区采用水稻连作的办法实现一年二熟，或者稻麦轮作一年二熟。在江南棉区，多数采用套作的方法，实现棉麦或棉豆一年二熟。在华南比较炎热的地区，则利用热量充足的条件，用连作的办法实现水稻一年三熟。古代劳动人民利用不同的耕作措施，延长田间生产的时间，扩大耕种面积，充分利用空间，借以提高复种指数，这是丰收文化助推农业技术进步的成功案例，至今仍有继承弘扬的现实价值。

精耕细作的技术体系，是以集约利用有限耕地为基础，以改善农业环境、保持耕地肥力为手段，以提高农作物产量为目标的一整套技术措施。精耕细作的技术体系是应对不同的农业资源禀赋而形成的技术举措，是长期农业生产经验的理性升华。精耕细作是在人多地少的国情条件下，依靠劳动力集约投入，提高单位面积产量的农业丰收体系。

四、御灾济时的功能

中国是一个自然灾害多发的国家，传统的封建朝廷经常举行御灾祭祀，通过御灾祭祀的心理暗示和灌输强化，使人们在思想上、精神上形成抗灾意识，产生主观上的抗灾努力，进而调适农牧生产的环境要素，优化农业生产的内部结构和种植布局，实现农业丰收。

历史上的农业灾害，主要是旱、水、蝗三大灾，其中又以旱灾发生频率最高、成灾区域最广、灾害损失最大。因此，求雨御旱是最为多见的御灾祭祀，有龙神祈雨之祭、有焚巫尪求雨之祭、有歌舞求雨之祭，等等。殷商时代的"求年"（祈求丰收）卜辞中，多见"有雨？""大雨？"的卜问，在卜辞后有"吉""大吉"的验辞。似乎当时的人们并不惧怕雨涝成灾，多以"大雨"为吉。很显然，地处黄河中下游的殷商京畿之地，最渴望的是春种时能够降雨。可知当时旱灾是常态，故以求雨为常祭。

求雨祭祀的正面功用在于，每年多次隆重举行祈雨求雨的祭祀活动，不断强化对雨水的强烈渴求，从而转化为寻找水源的主观动能，推动水工技术的发明和应用。掘井取水、开渠引水、筑堤防水、垒坝拦水，各种水利类型相继问世，水工技术日臻完善，年积岁延，最终使古代中国成为世界水利工程最发达的国家。这些治水文明成就，与历代祭雨神、求龙王有着某种因果联系。以此观之，断不能将祈雨祭祀简单地斥为迷信活动。

此外，历代的"祭蝗""瘗蝗"礼俗，也与祈雨有着事类功同的作用。据研究统计，秦汉时期蝗灾发生的频率约8.8年一次，两宋时期为3.5年一次，元代为1.6年一次、明清时期为2.8年一次。可见古时蝗灾之重。古人的对策是，一边祭蝗以求宁，一边灭蝗以保稼。大凡蝗害最重处，也是立祭最笃时。这种有着明确针对性、指向性的祭祀，会产生独特的心理预设效应。不停的祭蝗活动使人们保持着对蝗灾的警惕。因此，一旦蝗虫来袭，朝廷就能立即谕令地方官吏率民扑杀土埋，捕净为止。如果州县官吏督捕不力，"轻则革职，重则拿问"。可见，"祭蝗"的真实目的还是治蝗，人们并不因为有了"祭蝗"的活动而放弃治蝗的行动。因此，把"御灾祭祀"视为丰收礼制，是由于它在心理上和行动上都有助于丰收的实现。

五、价值认同的功能

丰收习俗通过不同形式的庆典活动，在乡村居民心灵上内化为强大的行为约束，然后外化为遵守公序良俗的自觉行动，实现乡村社会的和谐稳定。丰收习俗信仰中祈福、避灾的功能指向，构成了丰收文化的丰富内涵和多重价值。

丰收祭祀习俗，最初只是一种心灵慰藉，后来逐渐衍化成凝聚乡村社会价值认同的文化符号。丰收文化的价值逻辑在于，村寨的兴旺发达与农业丰收、生活富足紧密关联，由此唤醒人们对于丰收习俗的文化自觉，在维护乡村道德规则方面发挥出世俗的约束作用。这样的约束又会在文化逻辑中强化丰收文化的传承。在整个良性循环过程中，丰收文化的世俗价值始终是支配习俗传承的动力源泉。正因如此，丰收习俗才会在历史进程中与时俱进，绵延不辍，表现出坚韧、可持续的优异禀性。

中华先民通过丰收习俗信仰来规范人们的行为，在潜移默化中造成"勤谨力耕、兴发农桑"的价值追求和道德潜质，从精神层面推进农牧生产的发展和进步。丰收习俗蕴含着悠久的民俗文化渊源，历经了沧桑岁月的积淀，形成了牢固的族群记忆，反映出乡村共同体的"习俗认同、族群认同、地域认同"；形成了稳定的民俗、禁忌、乡规民约等丰收文化体系，维持着乡村社会协和安顺、康宁富足的盛世景况。丰收文化表现出了强大的生命力和凝聚力。

丰收文化的现实价值又会在文化逻辑中证明信仰的必要性和有效性，进而强化信仰民俗的传承。在历史进程中，丰收文化的世俗功能始终是支配习俗信仰的精神力量，是丰收文化正向引导的文化根基。丰收文化通过节日庆典习俗实现代际传递，实现精神寄寓和行为约束，潜移默化地发挥出塑造良俗公序的积极正向作用。

铸魂篇
中国农民丰收节的塑形铸魂

中国农民丰收节：
赓飚遗珍，笃行致远

中华丰收文化在"万年肇启，千年演进"的曲折历程中，经历了朝代更替的颠沛坎坷，经受了岁月长河的波涛洗汰，传承了世界上数量最多、内容最丰富的习俗。这是中华文化的瑰宝，也是中华农耕文明鲜活、具体的体现。丰收文化与华夏文明一道成长壮大，领异标新，与时俱进，绵延不辍，传承至今。

改革开放以后，中华丰收文化迎来了涅槃新生。全国各地逐渐恢复传统节俗活动。进入 21 世纪，全国大规模开展历史文化遗产保护工作，数以百计的节俗文化项目被列入国家级非物质文化遗产名录。中央提出弘扬中华传统文化和乡村振兴战略，中华传统丰收文化迎来了创新发展的机会。以中国农民丰收节的设立为标志，中华丰收文化进入"百年铸魂"的新时代。

习近平总书记在主持中央政治局第三十九次集体学习时发表重要讲话指出："经过几代学者接续努力，中华文明探源工程等重大工程的研究成果，实证了我国百万年的人类史、一万年的文化史、五千多年的文明史。"中国的"人类史、文化史、文明史"都与中华民族的农业起源、农业发展和国家建立密切相关，都与农耕文明、丰收文化密切相关。

一、中国农民丰收节在农耕文化沃土上诞生

经党中央批准、国务院批复，自 2018 年起，将每年农历秋分设立为中国农民丰收节。在国家层面专门为农民设立的节日，进一步彰显了"三农"工作的重要地位，提升了亿万农民的获得感、幸福感、光荣感，有利于传承、弘扬中华农耕文明和优秀文化传统，凝聚起推动乡村振兴战略实施的强大力量。

2018 年是中国农民丰收节元年。这一年的秋分日，被赋予了新的内涵，定格为中国亿万农民的节日、城乡融合联动的节日、炎黄子孙共庆共享的节日，也是一个新时代的民俗节日、新民俗的乡土节日、新乡土的大众节日。中国农民丰收节以农民为主体，充分发挥亿万农民的主体作用，激发农民群众的积极性、主动性、创造性。同时，鼓励城乡民众广泛参与，为他们参加节日活动创造有利条件。让中国农民丰收节发挥联结城乡情谊、凝聚爱国爱乡情怀的作用。通过政府适度引导、基层主动作为、社会各界积极参与，形成强大的城乡互动的合力。

进入新时代，全国大规模开展历史文化遗产保护工作，数以百计的节俗文化项目被列入国家级非物质文化遗产名录。中央提出弘扬中华传统文化和乡村振兴战略这两项重大政策措施，中华传统丰收文化迎来了创新发展的机会。以中国农民丰收节的设立为标志，中华丰收文化承担了民族精神塑形铸魂的神圣使命。

中国是一个农业文明古国，数千年绵延不断的农业实践深刻地影响了中国的社会结构和精神文化。中国农民丰收节是一个凝重的文化符号，承载着中华民族的美好期许和重托。节日期间，由农业农村部会同有关部门和地方组织举办节庆的主场活动、分会场活动及系列活动，通过政府发动和带动，形成影响力和推动力。活动期间，全国各地到处展现出五谷丰登、六畜兴旺的丰收场景，亿万农民喜气洋洋，社会各界共享丰收喜悦，真正成了全国人民的"丰收季"和"欢乐季"。

中国农民丰收节是传统节日向现代文化活动转型升级的成功典范。丰收节的成功举办，充分表明了传统习俗与现代化发展并不矛盾，而是相得益彰。丰收节以城乡融合协同发展的包容性，产生了强大的文化穿透力和感召力，在充满喜庆氛围的活动中，促进了城乡要素和人员的流动，有利于消除资源要素自由流动的各种体制性障碍，营造消除"城乡二元结构"的制度环境。中国农民丰收节是促进城乡融合发展的新民俗，是促进乡村文化振兴的典范，具有鲜明的文化导向和标识性时代意义。

新时代的中国农民丰收节是农民的节日，也是市民的节日，更是全民族的节日，融入了中华民族的生产生活和情感世界，推动了中华农耕文化延续和发展；在中华民族伟大复兴的征程中，以中华民族人文始祖伏羲、炎帝、黄帝为文化旌旗，以筑牢中华民族命运共同体为鹄的，以中国农民丰收节为舞台，演绎中华民族凝心聚力、共襄大业的新时代风貌。中国农民丰收节通过国家力量举办庆典仪式，更好地培育节日的气氛和内涵，最终成为中华民族的一个重要文化节庆符号。

二、中国农民丰收节赓续农耕文明的优秀基因

习近平总书记指出："中华文明根植于农耕文明。从中国特色的农事节气，到大道

自然、天人合一的生态伦理；从各具特色的宅院村落，到巧夺天工的农业景观；从乡土气息的节庆活动，到丰富多彩的民间艺术；从耕读传家、父慈子孝的祖传家训，到邻里守望、诚信重礼的乡风民俗，等等，都是中华文化的鲜明标签，都承载着华夏文明生生不息的基因密码，彰显着中华民族的思想智慧和精神追求。"①中华丰收文化坚守着与农耕文明相生相长的本土文化和本源文化，赓续着农耕文明的优秀基因。

一是"天人合一"的哲学基因。"天人合一"思想把自然界与人类社会视为一个统一的整体，追求农业生产与生态自然的协调发展。其核心要素是"顺时"，就是要尊崇自然，遵守规律。"顺时"是农业丰收的前提和保障。农业生产以至整个社会生活都要与自然界的气候节律保持一致。中华丰收文化，弘扬"天时、地利、人和"的农业准则，助推生态文明建设。

我国在先秦时代就已产生生态环境保护思想：一是对人类在天、地、人自然系统中的地位与作用的认识，二是对生态环境结构的认识，三是对保护生态环境重要性的认识，为此提出了许多行之有效的保护生态环境的具体措施。先秦的思想家在对天、地、人相互关系认识的基础上，进一步建立了人类赖以生存、发展的生态环境的结构关系。②

古代的环境问题，主要是农牧业生产活动对森林、水源及动植物等自然资源和自然环境的破坏，人口集中的聚落造成了局部环境污染。随着环境问题的增多，出现了保护自然环境的论述和保护自然环境、生活环境的立法。中国传统法律是"经世致用"的礼制统治的工具，所谓"出礼入刑""德礼为政教之本，刑罚为政教之用"。老子认为："故贵以身为天下，若可寄天下；爱以身为天下，若可托天下。"意思是说，人要像珍惜自己一样珍惜天下，则可安心生存于天下；像爱护自己一样爱护天下，则可担当起天下之责。这种以"寄天下""托天下"为己任的思想，正是丰收文化的价值精髓和优良基因。人类能够繁衍生息和可持续发展，取决于正确认识自己，善待自然。这正是古代环境保护思想给予今世的警示和启迪。

中国古代"天人合一"的农学思想，与当今人们孜孜追求的"可持续发展"理念相契合。近年兴起的"生态农业""有机食品"，就是对被人类曲解了的"农业现代化"的一种反思。由此可见，经验农学与实验农学都有其长处与短处，都有其存在的价值，都有其特定的适用范围。继承中华农耕文明中的历史精华，将其恰到好处地运用于现代农业之中，则对于今人和来者，善莫大焉。

二是厚基固本的农政基因。中国在传统农业时代能够长期称雄于世界，与历朝历代的重农兴农制度密切相关。其核心是在农业制度中摆正了"三大关系"，即人与自然

① 习近平.关于"三农"工作论述摘编［M］.北京：中央文献出版社，2019：124.

② 鞠继武.试论我国先秦时代生态环境保护思想［J］.自然科学史研究，1990（2）：184-189.

的关系、农业生产与生态环境的关系、主观能动性和客观规律性的关系。在小农经济为主体的传统社会，保障农业生产持续发展的关键要素和基本建设，并不是一家一户、一村一社、一州一县所能独立实现的，必须动员国家力量来组织、实施和推广，才能弥补小农经济的发展缺陷，确保农业的稳定发展，保障农民的增产丰收。例如，兴农举措中的兴修水利、劝课农桑、蠲赈济贫、奖励生育等制度安排，都是厚培农业基础、保障丰产丰收的重要政策安排。

家喻户晓的大禹治水的故事，就反映了我国开展大规模水利工程的先河。战国末年，蜀郡太守李冰率众修建的都江堰水利工程，是全世界迄今为止年代最久、唯一留存、以无坝引水为特征、一直使用至今的宏大水利工程，被誉为"世界水利文化的鼻祖"。古代农业水利，肇始于夏，发展于商，兴盛于战国秦汉。此后历朝历代都不同程度地兴修水利，减少农业生产受到的旱涝侵害，确保农业丰收。

"劝课农桑"就是农业技术推广。这是古代对地方官员进行政绩考核和确定职级升迁的重要依据。为了使官员了解和掌握农业新技术、新品种和新发明，以便普及推广，我国形成了世界上最连续、最完整的古农书体系。汉代大力推广冬小麦和牛耕铁犁，推广桑蚕饲养，成就我国的第一次文明盛世，开辟了对外贸易的丝绸之路。明清时期大力引进、推广原产美洲的红薯、玉米、马铃薯等高产作物。这些丰产丰收的政策举措，使我国古代的农业生产一直位居世界前列。

"蠲赈济贫"是古代施行的一项社会制度，是中华优秀文化中"和衷共济、和合共生"思想的政策体现。我国是一个自然灾害频繁的国家，救灾赈济历来是政府的主要职责之一。我国早在春秋时代就有了专门处理"荒政"的职官和救灾赈济措施。现在一说到社会保障制度，就说源于西方近代文明，这是一个极大的历史误解。因为我国封建时代早期就形成了一套完整的优抚体恤的蠲赈制度。我国用于救济灾荒的粮食储备"常平仓""义仓"，一直沿用了两千多年。

奖励生育是保障农业发展的重要举措。我国经历过许多次惨烈的改朝换代，每次战乱都造成人口的急剧减少。因此，每个朝代在立国之初，都会实施奖励人口增殖、恢复发展经济、重建社会秩序的政策。例如，《周礼·地官》提出"六养万民"，即慈幼、养老、赈穷、恤贫、宽疾和安富。战国时齐国"掌幼署"的奖励生育政策是：生养三个孩子，免除母亲的人头税；再生一个，免除全家赋税；等等。此后，历代都将人口繁滋列为州县官员的考核指标。

总之，历朝历代都施行了水利建设，推广了农业技术，安排了蠲赈济贫，还有了源源不断的农业劳动力补给，小农社会固有的"四守"即"守成、守土、守旧、守财"的缺陷得到克服，促进了农业的稳定发展。这就是丰收文化传承的农耕文明基因，其利在兹，其功在万世。

三是家国情怀的文化基因。在中国人的心中，国与家紧密联系、休戚与共，家是最小的国，国是千万家，个人命运与民族存亡息息相关。对此，孟子曾做了精辟阐释："天下之本在于国，国之本在于家，家之本在于身。"这就是中国人的家国情怀，已经成为中华民族生生不息的文化基因。家国情怀是人们对国家的认同感、归属感、责任感和使命感的高度融汇和系统集成，是一种深层的文化心理密码。展开中华丰收文化习俗的浩瀚长卷，我们读到的满是家与国的一体一元，个人前途与国家命运的同频共振。

丰收文化是具有很强包容性的、充满家国情怀的节庆文化，是乡土文化在长期融合、吸收、借鉴、"和而不同"的发展过程中积淀而成的传统文化瑰宝。在传统乡村的祠堂上，常有"耕读传家久，诗书继世长"的对联。这是传统乡村家族对子孙后代的启蒙教导，宣扬勤劳耕稼、追求知识的家风与族风。正是这种潜移默化的耕读教育，培养了无数先贤圣哲为国家利益和民族大义而献身的爱国精神。儒家将"仁爱"的修身要求与"重民"的治国要求统一起来，将"爱民惠民"作为君主推行"仁政"的前提和基础。

丰收民俗中还有敬老传统。敬老传统的基础是，数千年来农耕技术和文化知识大多靠口耳传承，人的年龄越高，其农业经验越多，见识越广，也越受到尊重。经验和文化代代相传，成为宝贵财富，所以，对长者的尊重实质上是对经验和知识的崇拜。人们常常以"年高德劭""德高望重"等词语，来形容那些富于道德和知识的长者。年轻后辈将他们当作学习的楷模，予以尊敬、爱戴、孝养。

无论是《礼记》里"修身齐家治国平天下"的价值追求，还是《岳阳楼记》中"先天下之忧而忧，后天下之乐而乐"的责任担当，抑或是陆游"位卑未敢忘忧国"的使命驱动，家国情怀不仅与人们的理想抱负密不可分，更与老百姓的生产生活、习俗文化紧密相连。正如习近平总书记所说："中国人历来抱有家国情怀，崇尚天下为公、克己奉公，信奉天下兴亡、匹夫有责，强调和衷共济、风雨同舟，倡导守望相助、尊老爱幼，讲求自由和自律统一、权利和责任统一。"[①]

回望历史时不难发现，正是在这弥足珍贵的历史文化传统的熏陶和滋养下，先民厚植起的家国情怀，成为丰收文化的固有基因。

此外，还有"藏富于民"的惠农基因、"御欲尚俭"的道德基因等。"藏富于民"的思想源于春秋战国的孔子、孟子、荀子，在历朝历代都起了重要的历史作用，成为两千多年来传承的农耕文明制度基因。汉初推行"重农、薄赋、节用"的"与民休息"政策，司马迁在《史记·货殖列传》中说："（货殖）善者因之，其次利道之，其次教诲

---

① 习近平.在全国抗击新冠肺炎疫情表彰大会上的讲话［N］.人民日报，2020-09-09（2）.

之，其次整齐之，最下者与之争。"可见，司马迁主张政府是经济活动的管理者，直接参与市场经营就是"与民争利"，就是"最下者"。汉代以降，两千多年，大凡升平盛世，朝廷都恪守人尽其才、地尽其利、货畅其流、国得其治的重农法宝，实现"上则富国、下则富民"的国家治理目标。"御欲尚俭"和"强本节用"思想在今天仍然有警示和借鉴的作用。不仅古代思想家、政治家把"强本节用"列为治国理政的重要措施之一，老百姓在生产生活和习俗文化中，也遵循"强本节用"的理念。"强本"就是努力生产，"节用"就是节制消费。《荀子·天论》说："强本而节用，则天不能贫。"《墨子》强调农民"耕稼树艺，多聚菽粟"，同时提倡"节用"。古人提倡"节用"，目的之一是积储备荒，同时也告诫对物力的使用不能超越自然界所能负荷的限度，否则就会出现难以为继的危机。与"节用"相联系的是"御欲"。自然界能够满足人类的生存需要，但是不能满足人类的无限贪欲。要实现可持续发展，必须记取"节用御欲"的古训。

上述这些方面，只是我国农耕文明优秀基因的一部分，但足以体现中华优秀传统文化的独特优势。习近平总书记指出："博大精深的中华优秀传统文化是我们在世界文化激荡中站稳脚跟的根基。中华文化源远流长，积淀着中华民族最深层的精神追求，代表着中华民族独特的精神标识，为中华民族生生不息、发展壮大提供了丰厚滋养。"[1]中国农民丰收节赓续着农耕文明的优秀基因，代表着中华民族独特的精神标识，是伟大中华民族拥有坚定自信的底气所在。

三、中国农民丰收节显示出强大的文化凝聚力和向心力

中华丰收节庆是农耕文明的一种缩影。既反映了农牧生产的具体过程和收获喜悦，也包含了大量的农业信仰、农业哲学以及相关的天文、气象和物候知识。丰收文化是中华文明的哲学思想、审美意识和道德伦理的集中体现。丰收节庆既是多元、复合的文化活动，也是一种地域的、族群的民俗事象。中国是一个民族众多、地域辽阔的国家，因此，丰收文化多种多样，有地域、生态、民族和信仰习惯的差别。

"国之大事，在祀与戎。"中华文明有着悠久的"奉祀农神"的传统。《礼记·祭统》说："礼有五经，莫重于祭。"在传统农业时代，丰收是耕种牧养活动的终极愿望。农业神就是丰收之神。华夏民族更有"敬宗法祖"的传统，有谒祖寻根的执着不舍。华夏文明是沟通心灵的桥梁，具有跨越山海的力量。很多海外华侨华人，不远万里回到祖国，前往伏羲陵、炎帝陵、黄帝陵以及纪念三皇始祖的庙堂处所，虔诚祭祀中华民族的人文始祖。这些地方都是全球华人的精神家园。进入新时代，随着国家物阜民丰、笙歌

---

[1] 人民日报.习近平在中共中央政治局第十三次集体学习时强调把培育和弘扬社会主义核心价值观作为凝魂聚气强基固本的基础工程［N］.人民日报，2014-02-26（01）.

盛世的到来，各地为了表达对圣祖先哲的敬意，竞相把伏羲、炎帝和黄帝的陵墓和祠庙修建得气势恢宏、富丽堂皇，并且建有宽大的祭祀广场。这些地方都成为举行中国农民丰收节的主会场，成为游历他国异邦的华夏赤子拜谒先祖的圣地。

为了纪念和缅怀始祖精神，历代都有隆重的祭祀活动。新时代以来，海外华夏儿女纷纷回国拜谒、祭祀黄帝，祭祀规模盛大隆重。祭祀黄帝已成为传承中华文明、凝聚华夏儿女、共谋祖国统一、开创美好生活的一项重大活动。农民丰收节活动期间，许多地方都将黄帝祭祀纳入丰收庆典之中，成为节庆中最受欢迎的民俗项目。

中国农民丰收节高举中华民族共同体的旗帜。丰收文化具有对内促进文化认同、对外彰显民族身份的文化功能，能够重构和创新中国节日文化和丰收庆典文化底蕴，增强民族的文化自觉和文化自信，彰显丰收文化的民俗功能，强化中国丰收文化寄寓的民族感情和价值追求。

中国农民丰收节焕发出强大的凝聚力和向心力，表明各民族有着共同的价值追求和精神依归，在历史的沉浮跌宕中不断发展，凝聚为风雨同舟的命运共同体。中华丰收文化蕴含的核心价值理念，与中国特色社会主义发展要求紧密契合，与中华优秀传统文化和文明成果一脉相承，是铸牢中华民族共同体意识的文化要素。

四、农民丰收节的功能与使命

在本书的最后一章，我们将专门留一些篇幅，讨论中国农民丰收节的功能与使命。中国农民丰收节既重视传统文化的延续，更突出新时代的文化创新，是新时代新民俗的典范。作为一个有着悠久的历史文化积淀，同时又具有新时代文化内涵的民俗节日，中国农民丰收节在当前的社会转型期起到了促进城乡融合互动、凝聚华夏民族智慧、拉动农村新发展的重要作用。

随着城乡融合新民俗的开展，各地围绕丰收节活动开拓了一批富有特色的节庆市场，为乡村的产业开发和特色农副产品销售开通了广阔的渠道，把中国农民丰收节推向市场，让市场走进民众生活，打造特色农业品牌，满足城乡各界共享丰收的祈盼。社会各界以丰收节为契机，积极投身乡村振兴大潮，助力农民丰产增收。

中国农民丰收节对乡村振兴战略的呼应和促进体现在三方面：首先，农民是农业农村发展的主体，也是实施乡村振兴战略的主体，举办丰收节可以让广大农民参与进来、投身进来，充分发挥主体作用。其次，乡村振兴将为中国农民丰收节提供厚实的社会经济基础，为乡村振兴战略的实施营造浓厚氛围，有助于把各方面的力量、资源调动起来，聚集起来，有助于促进乡村产业振兴、人才振兴、文化振兴、生态振兴、组织振兴，实现乡村全面振兴。最后，通过丰收节这个载体，可以展示广大农民的劳动成果，为农民群众提供更多的公共文化服务、更丰富的精神文化生活、更多样化的文化产品，满足农民对美好生活的需要。①

各地大力鼓励和推广中国农民丰收节，用好这个重要的文化品牌。例如，在广大农村地区，在传统的生产方式下所生产的农副产品往往具有绿色、环保、有机的特点。各地的跑山鸡、稻香鱼、优质牛肉、有机蔬菜、绿色瓜果等产品，都是品质较高、天然绿色的农产品。各地举办点可以依托中国农民丰收节这个国家文化品牌，打造出自己的绿色农副产品品牌，把丰收节文化品牌注入优质农产品中。通过赋予农产品品牌文化内核，挖掘这些农产品的经济价值，进而提升产品的市场价值，增加农产品的附加值。又如，围绕丰收节主办会场、纪念馆，在其周边打造度假村、乡村民宿、养老休闲基地，组织节庆民俗表演队等，都体现出品牌效应。

中华农耕文明和丰收文化已经拥有万年根脉、千年演进，进入百年铸魂的创新时期。费孝通论及"文化的自觉与反省"时说："我们这一代人，正经历着人类历史上一次最激烈和最巨大的社会文化变革，旧的在消失，新的在成长。""我们的社会将从一个封闭的、乡土的、传统的社会转变为一个开放的、现代化的、和平共处的社会，它正在发生些什么变化？怎样变化？为什么这样变？这些都要探索，我们要勇于探索，对新的东西要有新的认识……我们不应辜负这个伟大时代。"丰收文化百年铸魂的时期，正处在中国社会"将从一个封闭的、乡土的、传统的社会转变为一个开放的、现代化的、和平共处的社会"，这也是费老所说的一个"伟大的时代"！中国农民节的设立，正是这伟大时代的一种社会文化的变革，它需要我们深入挖掘中国历史上丰收节庆风俗文化的优秀内涵和多彩的形式，需要我们发现其创新的价值和建设中华民族共同体的重大意义，从而为中华农耕文明中优秀的丰收文化重新铸魂，为中国农民丰收节增添厚重的历史根脉，使之真正成为广大群众欢庆丰收的节日，使之服务于当今的弘扬中华优秀传统文化工程，服务于国家乡村振兴战略，服务于亿万中国人民。

---

① 中华人民共和国农业农村部．国新办就"中国农民丰收节"有关情况举行发布会［EB/OL］．（2018-06-21）［2022-06-25］.http://www.moa.gov.cn/hd/zbft_news/gxbjxzgnmfsj/.

第十二章

中国农民丰收节
辉耀新时代

中国农民丰收节继承了中华优秀传统的文化基因，为民俗节日注入新活力，赋予新功能。在国家层面专门为农民设立的节日，充分体现了以习近平同志为核心的党中央对"三农"工作的高度重视、对广大农民的深切关怀，是一件具有历史意义的大事，是蕴含人民情怀的好事。

近年来，辉耀新时代的中国农民丰收节着力于化风成俗，深入挖掘传统优秀农耕文化，盘活地方和民族特色文化资源，不断丰富丰收节历史文化内涵。中国农民丰收节在构建城乡公共文化空间、创新节庆内容形式、促进乡村文化资源与现代消费需求有效对接、推动构建可持续发展的乡村文化生态等方面都起到了重要作用。

第一节　中国农民丰收节是新时代的重农符号

中国亿万农民在革命、建设、改革等各个历史时期都做出了重大贡献。党中央、国务院始终将农业、农村、农民问题置于关系国计民生的战略高度和基础地位，始终把解决好"三农"问题作为全党工作的重中之重。习近平总书记强调，任何时候都不能忽视农业、忘记农民、淡漠农村。设立中国农民丰收节，顺应了新时代的新要求、新期待，极大调动起亿万农民的积极性、主动性、创造性，提升了亿万农民的荣誉感、幸福感、获得感，为实施乡村振兴战略、推进农业农村现代化提供了磅礴力量。

一、新时代催生中国农民丰收节

2017 年 1 月 25 日，中共中央办公厅、国务院办公厅颁布《关于实施中华优秀传统文化传承发展工程的意见》。在贯彻落实意见要求的过程中，农业农村部提出，中华优秀传统文化的基础和源泉是农耕文化，弘扬和传承中华农耕文化是实施中华优秀传统文化传承发展工程的重要组成部分，是农业部门、农业系统的重要职责，于是提出设立中国农民丰收节的设想，组织相关专家进行专题调研和论证。当时的论证和调研任务主要有四个。第一是汇集和整理古代丰收节的资料，新时代的丰收节既要继承中华丰收文化的历史传统，又要有新时代的特质，要有继承、有创新；第二是搜集国外丰收节的资料，中国农民丰收节既要有广泛的文明价值，又要有中华传统文化的特色；第三是提出新时代丰收节的主旨和内涵，培育一个助力推动新时代三农工作的丰收节；第四是设计丰收节庆祝内容和庆祝方式。丰收节应该是农民的节日，是扎根在乡村沃土的节日。不是把农民请到城里来过节，而是让城里人到乡村去过丰收节。

在调研论证之初，也有一些不同的意见。有的专家表示，不赞成以行政行为来设立一个民俗节日，不赞成把农民的习俗变成一个政治性节日。也有专家认为，中国幅员辽阔，农业类型很多，作物成熟季节也不一致，不赞成设置统一节期的丰收节。还有专家认为，我国各民族、各地区历来就有各自的传统丰收节，应该尊重地方习俗，不宜改动，等等。

经过多轮专家论证，并邀请基层农民代表座谈之后，逐渐有了一个基本统一的认识：设立中国农民丰收节，有着重要的现实和历史意义。

一是农事节庆有传统。我国古代就有庆五谷丰登、盼国泰民安的传统。通过举办民俗表演、技能比赛、品尝美食等活动，大家一起分享丰收的喜悦。不仅是汉族，我国各地的许多少数民族也有庆祝丰收的节日，这为设立中国农民丰收节积累了经验。

二是各地有探索。各地在发展过程中，举办了具有地方特色、主题鲜明、和农事有关的节庆活动，形成了一批观花赏景、采摘体验的民俗活动以及"农业嘉年华"等品牌活动，为设立中国农民丰收节探索了道路。

三是农产市场有需求。2018年丰收节设立时，中国人均GDP接近9000美元，休闲观光大众化正成为常态，广大市民也有回归乡村、参与农事体验、品味农村情调的需求和梦想，这为设立中国农民丰收节提供了广阔市场空间。

四是"三农"发展有基础。改革开放以来，特别是党的十八大以来，我国农业连年丰收，农民持续增收，农业现代化在加快推进，绿色发展、农村改革、结构调整都取得了明显的成效，特别是脱贫攻坚和农民增收，这些都为举办中国农民丰收节奠定了坚实基础。

总之，从现实角度看，随着国家现代化的快速发展，农业作为第一产业在国民经济中的比重在下降，但是农业的基础性地位没有变，农民占全国人口多数的国情没有变，粮食安全的战略需求没有变。国家始终把做好"三农"工作摆在重中之重的位置。设立中国农民丰收节，能够引起社会各界更多地关注农业、关心农村、关爱农民。同时，我国的农业现代化进入了新的阶段，农业商品化的程度越来越高，农业和市场的结合也越来越紧密，设立中国农民丰收节，本身也是一个提升农业产值、推动农业现代化、提高农民收入的契机。从历史角度看，中国是一个古老的农业国家，即便在今天，大多数人仍居住在农村，对农村、对农业怀有深厚的情怀。中国农民丰收节有利于提升中华民族的凝聚力和自信心，也会成为一个新时代新民俗的文化符号。

二、中国农民丰收节登上历史舞台

2017 年全国"两会"期间，45 位全国人大代表根据前期的调研成果，联名提出设立中国农民丰收节的方案，中央政治局常委会会议进行了审议。2018 年 6 月 7 日，《国务院关于同意设立"中国农民丰收节"的批复》决定，自 2018 年起，将每年农历秋分设立为中国农民丰收节，具体工作由农业农村部与有关部门组织实施。

农业农村部按照习近平总书记重要指示精神和国务院批复要求，会同有关部门，精心组织，加强指导，秉承"庆祝丰收、弘扬文化、振兴乡村"的宗旨，遵循"务实、开放、共享、简约"的原则，坚持农民主体、政府引导，因地制宜、突出特色，开展喜闻乐见的活动，展示科技强农新成果、产业发展新成就、乡村振兴新面貌。同时提出了办好这个节日的"四个坚持"。一是坚持因地制宜办节日。鼓励各地从实际出发，结合当地的民俗文化、农时农事，组织开展好农民群众喜闻乐见的活动，做到天南地北、精彩纷呈。突出地方特色，不搞千篇一律。庆祝活动不要搞全国统一的规定动作，而要让地方去创造。二是坚持节俭热烈办节日。乡村风情不在奢华，办好中国农民丰收节，既要有节日的仪式感，又要避免铺张浪费，要形成上下联动、多地呼应、节俭朴素、欢庆热烈的全国性节日氛围。三是坚持农民主体办节日。农民是丰收节的主体，农民广泛参与是关键，这是亿万农民的节日。所以，我们支持鼓励农民开展与生产生活生态相关的丰富多彩的活动，让农民成为节日的主角，农民的节日农民乐。四是坚持开放搞活办节日。中国农民丰收节是综合性的节日，既是农民的节日，也向其他社会群体开放。所以，要用开放思维办节日，组织开展亿万农民庆丰收、成果展示晒丰收、社会各界话丰收、全民参与享丰收、电商促销助丰收等各具特色的活动，还要举办各种优秀的农耕文化活动，让全社会、全民都感受到丰收的快乐。中国农民丰收节要办成世界上最有特色、最有人气、最为丰富、最有影响的农民节日、丰收节日。中国农民丰收节要办成农业的嘉年华、农民的欢乐节、丰收的成果展、文化的大舞台。

中国农民丰收节的实践充分表明，新时代需要新民俗，需要有一个顺应城乡协同发展、广大民众喜闻乐见、丰富多彩、积极向上的节日。全国各地借助庆丰收活动的契机，展示农业成就，推介特色产业，表彰先进典型，开展民俗表演，吸引大批市民走进农村、感受农村、支持农村，产生了强大的城乡互动的文化穿透力和感召力。

三、中国农民丰收节彰显"三农"重中之重的地位

中国农民丰收节是现代节庆概念，中国古代没有同样名称的节日。古代在国家祭祀序列中，专门设有农耕祈愿和丰收庆典的门类。这种由朝廷皇室举办的农业祭祀是规制严密、礼制详备的国家庆典。农业祭祀的主祭身份象征国家最高权力。农业祭祀的重要功能是劝勉农耕，其中影响最为深远、延续最为悠久的是籍田礼。在民间，不同民族还有为庆祝丰收而举办的各具特色的丰收祭。深入挖掘中国丰收文化的深厚内涵，构建新时代新民俗，是传承和发展优秀传统文化的重要抓手。

中国农民丰收节把古老的中华农耕文化习俗注入了新时代的文化内涵，把社会主义核心价值观注入了广袤的神州大地，对全面实施乡村振兴战略、打赢脱贫攻坚战、加快推进农业农村现代化产生了强大的推动作用。中国农民丰收节是中华优秀传统丰收节庆文化创新发展的结晶，为新时代弘扬中华优秀传统文化和振兴乡村战略写下了新的篇章。

中国拥有五千年绵延不断的文明，创造了辉煌灿烂的节日文化，有着丰富的节日民俗文化遗产。中国农民丰收节是亿万农民庆祝丰收、享受丰收的节日，也是五谷丰登、国泰民安的生动体现，具有重大的现实意义和深远的历史意义。

一是有利于进一步彰显"三农"工作的重要地位。习近平总书记在党的十九大报告中强调，"农业农村农民问题是关系国计民生的根本性问题"。设立中国农民丰收节能够进一步强化"三农"工作在党和国家工作中的重中之重的地位，引起各方面对于农业、农村、农民的关注和重视，营造重农强农的浓厚氛围，凝聚爱农支农的强大力量，推动乡村振兴战略实施，促进农业农村加快发展。

二是有利于提升亿万农民的荣誉感、幸福感、获得感。设立中国农民丰收节，给农民一个专属的节日，通过举办一系列具有地方特色、民族特色的农耕文化、民俗文化活动，可以丰富广大农民的物质文化生活，展示新时代新农民的精神风貌，这顺应了亿万农民的期待，满足了人们对美好生活的需求。

三是有利于传承弘扬中华农耕文明和优秀文化传统。在工业化、城镇化加快推进的过程中，人们对传统农耕文化的记忆正在淡化。设立中国农民丰收节，树立一个鲜明的文化符号并赋予新的时代内涵，可以让人们以节为媒、释放情感、传承文化、寻找归属，可以汇聚人民对那座山、那片水、那块田的情感寄托，从而享受农耕文化的精神熏陶。

中国农民丰收节既重视传统文化的延续，更突出新时代的文化创新，是新时代新

民俗创新的典范。作为一个继承了悠久的历史文化积淀，同时又具有新时代文化内涵的民俗节日，中国农民丰收节在当前的社会转型期起到了促进城乡融合互动、凝聚华夏民族智慧、拉动农村新发展的重要作用。中国农民丰收节具有强大的生命力、凝聚力和扩张力，更有着深厚的民意基础和丰富的活动内容，必将成为促进乡村振兴、增强民族文化的自信心、实现中华民族伟大复兴的永不枯竭的力量源泉。

第二节　首个中国农民丰收节的主会场和分会场

2018 年 9 月 23 日，是一个镌刻于中国历史上的重要纪念日。这一天，正值中国农历二十四节气的秋分，开天辟地第一个中国农民丰收节在这一天隆重登台问世。经过周密的策划安排，首个中国农民丰收节活动由"1+6+N"组成，即 1 个主会场活动、6 个分会场活动和若干分布在全国乡村的系列活动。

一、北京主会场：庆祝丰收　弘扬文化　振兴乡村

秋分清早，旭日东升，晴空万里。设在全国农业展览馆的主会场人声鼎沸，喜气流溢。上午 9 点 40 分，欢快隆重的庆祝活动正式开始。主会场两侧布置了大型粮仓的造型，使人一进入庆祝活动广场，就感受到丰收的喜悦扑面而来。会场周围的 24 根大柱上写着二十四节气及相关诗句，显示出中华农耕文明的源远流长，体现着人与自然和谐相处的中国智慧。仓囤上悬挂的丰收农作物饰品，显示了祈愿风调雨顺、五谷丰登的美好愿景。

在主会场精心营造的"丰收农庄"里，摆放了东北的大米、山东的苹果，展示着藏族的服饰。各地的农产品、特色产品溢香流彩，赏心悦目。56 个民族的农民代表参加了丰收节主会场的庆典活动。在丰收节活动现场，邀请了很多农民艺术团体。表演者们身着色彩鲜丽的服饰，舞龙舞狮、击鼓敲锣，歌舞表演各具特色。他们热情饱满的演绎，使整个主会场沉浸在丰收节庆的欢乐中。

丰收是一幅多彩的画卷，是一场热闹的庆典，也是一份真挚的祝福。我们礼赞丰收，既是检视过去辛勤的劳作，也是寄予未来美好的祝愿。祈风调雨顺，祝幸福安康，盼稻谷满仓，愿国泰民安！

二、六个分会场

1. 安徽省滁州市分会场

安徽省滁州市分会场以"希望的田野——颂改革、庆丰收、兴乡村"为主题，秉持"唱农民、唱农村、农民唱、大家唱"的办会原则，聚焦"三农"，突出改革开放伟

大实践，展示改革开放 40 年来特别是党的十八大以来，农村改革取得的重大突破，农业农村发生的深刻变化、取得的历史性成就，展示新时代中国农村风貌、中国农民风采，展现乡村振兴的美好前景。活动期间，组织开展了走进小岗演出活动、农民篮球大赛、农民广场舞汇演、农村改革发展 40 年成就展等系列活动。

2. 广东省梅州市分会场

梅州市分会场暨广东省庆祝首个中国农民丰收节主会场活动于 9 月 23 日在梅县区松口镇大黄村成功举办，主题是"广东农民话丰收、岭南大地庆佳节"。活动坚持"突出农民丰收主题、突出农民主体参与、突出岭南文化特色、突出广东省农业特点"的基本原则，紧扣"广东农民话丰收，岭南大地庆佳节"的主题，大力营造"让农民乐起来，让农村美起来，让城里人回乡来，让企业投资来"的良好氛围。庆祝活动紧紧抓住"岭南文化、热区农业"定位，具有浓郁的岭南民俗文化风味。广东省内遴选佛山醒狮、茂名高脚狮、湛江人龙舞、瑶族长鼓舞、客家山歌等一批国家级非物质文化遗产项目，参与了庆丰收活动，展示了农民丰收成果，传播了岭南文化。

3. 黑龙江省庆安县分会场

庆安县分会场以"放歌龙江黑土、同庆五谷丰登"为主题，以农民为主体，以庆丰收为主线，以大农业、大粮仓、大机械、新农民为题材，全面展示龙江农村新风貌、农业新成果、农民新形象。会场活动有"庆丰收祈福""水稻开镰庆丰收""九月金秋庆丰年"等活动。黑龙江省享有"中华大粮仓"的称号，因此农民丰收节更具有不同凡响的深刻含义。黑龙江省的丰收，意味着国家粮食安全的稳固保障。在金色的稻田中，在丰收的大地上，庆安县分会场的庆祝活动充分彰显了农民丰收节的特殊意义，彰显了尊农、重农、崇农的价值取向。

4. 陕西省杨凌市分会场

杨凌市分会场以"悦动三秦大地、共贺五谷丰登"为主题，以农民为主体，展现新时代新农民新风貌。中心会场举行"杨凌锣鼓＋安塞腰鼓"千面锣鼓庆丰收等表演，组织全省十佳农民专家、十佳职业农民、优秀科技特派员、杨凌铁娘子果树嫁接队代表等参加了中心会场幸福丰收大检阅。杨凌市分会场凸显陕西省农业特色，展示陕西省农业成就。庆祝活动通过庆丰收花车展示巡游、中心会场幸福丰收大检阅等活动，集中展示了陕西省扎实推进特色现代农业建设所取得的成就，突出特色现代农业产业，提升陕西省农业的影响力。杨凌市分会场弘扬深厚农耕文化，传承华夏农耕文明，专门邀请有关方面专家创作了《丰收赋》，在中心会场大联欢活动上，由农业专家、学生代表共同朗诵，引起了强烈的社会反响。

5. 四川省都江堰市分会场

都江堰市分会场的庆祝主题是"传承悠久农耕文明、展现富饶天府风貌"，在柳街镇七里诗乡金龙社区举行。庆祝活动由"牢记重托迎跨越""千古一堰润天府""文脉融汇纵诗歌""金字招牌焕新彩""巴蜀大地丰收乐"和"宴晒丰收话未来"六个篇章构成，充分展现了千年都江堰的历史底蕴、天府农耕文化的生动传承、四川省乡村振兴战略的最新成果。都江堰市分会场遵循"坚持因地制宜办节日、坚持农民主体办节日、坚持节俭热烈办节日、坚持开放搞活办节日"，体现民办、民乐、民享的特色亮点。都江堰市分会场着力弘扬和传承了天府农耕文化，展现川西林盘院落等传统乡村画卷，绘出四川省农业全面升级、农村全面进步、农民全面发展的锦绣天府兴旺景象，推动进一步传承好、弘扬好天府农耕文化和传统民俗文化，释放情感、传承文化、寻找归属，共同助推四川省乡村振兴、农业强省建设。

6. 浙江省安吉县余村分会场

安吉县余村是浙江省乡村生态文明的缩影，也是美丽乡村建设的典范。安吉县余村的庆祝活动坚持农民主体、因地制宜、节俭热烈、开放搞活的原则，突出"两山"理念，突出浙江精神、浙江文化、浙江特色。安吉县分会场活动包含丰收节日庆典、乡村马拉松、农民丰收展等环节，节目内容丰富、精彩纷呈。庆祝活动将"两山"转化的故事，以及精湛的传统工艺、美食、农产品、现代农用机械全面呈现，展现出新时代浙江农业、浙江农村、浙江农民的形象。

三、城乡享丰收"5个100"活动

中国农民丰收节既是亿万农民喜庆丰收的新节日，又是城乡融合共享丰收喜悦的新民俗。2018年首个中国农民丰收节推出了"5个100"活动，即100种品牌农产品、100个特色村寨、100场乡村文化活动、100道乡村美食、100条乡村旅游线路。"5个100"涉及乡村美景、美食、文化、品牌，涵盖生产、生活、生态，包括生命、康养等丰富内容。"5个100"体现了我国各地区和各民族的生产习俗、生活习俗、岁时节庆习俗、礼仪处世习俗、乡村游艺竞技习俗和社会组织习俗，使农民丰收节成为我国乡土文化的集中展现，成为城乡融合联谊的新民俗典范。民俗活动里的"100"寓意"圆满"，并非限定"100"的实数。

中国农民丰收节是城乡融合、协同发展的新时代文化符号。"5个100"活动凝聚了全社会关注农业、关心农村、关爱农民的浓厚氛围，调动了全社会重农爱农的积极性、主动性、创造性，汇聚起全党上下、社会各方支持"三农"的强大力量。中国农民丰收节在古老农耕文明习俗中注入了新时代的文化内涵，在深厚传统文化沃土中注入了社会主义核心价值观，对全面实施乡村振兴战略、打赢脱贫攻坚战、加快推进农业农村现代化产生了强大的推动作用。

第三节　各省（自治区、直辖市）的丰收庆典活动

2018 年首届中国农民丰收节秉承"庆祝丰收、弘扬文化、振兴乡村"的宗旨，遵循"务实、开放、共享、简约"的原则，坚持农民主体、政府引导，因地制宜、突出特色，全国各地广泛开展喜闻乐见的系列活动，尤其是挖掘展示农业产业、农业品牌的主体活动，展示农业发展成果，提升亿万农民的荣誉感、幸福感、获得感，传承弘扬中华农耕文明和优秀文化传统。

一、直辖市

1. 北京市：金色北京·醉美田园·共享成果·欢庆丰收

北京市首个中国农民丰收节的庆祝活动包括农家美食大赛、秋收节、金秋田园体验季、农时荟，异彩纷呈，喜庆热烈。全市评选出 20 名"京郊农业好把式"、30 个"北京农业好品牌"、30 项"北京乡村特色好活动"、40 个"北京乡村休闲好去处"四大板块的庆祝活动项目。活动呈现出务实、节俭、喜庆、共享的节日氛围，引导城乡共促乡村振兴、共建美丽乡村、共享美好生活的情趣。

2. 上海市：分享丰收喜悦·共创美好生活

浦东新区是首个中国农民丰收节的上海市主会场。"中国农民丰收节·浦东美丽乡村嘉年华"在大团镇"海上桃花源"隆重举行，包括 6 项主题活动。一是"丰收礼赞"，由浦东的农民和"三农"从业者共庆丰收表演。二是"丰收之家"，邀请在沪外国友人和艺术家走进美丽庭院，与上海市郊区的农民代表共享丰收的喜悦。三是"丰收之约"，在丰收节现场，举行百家生产基地"让市民放心"签约仪式，各镇相关农业企业、合作社代表和农民代表 700 余人到场，宣读《让市民放心》倡议书，浦东新区 200 个生产基地正式启动。四是"丰收之歌"，由来自浦东新区各镇涉农企业、合作社的代表共唱《丰收之歌》。五是"丰收之路"，表彰"素质全面、视野开阔、敢闯敢试、热爱生活"的浦东新型职业农民，公布"浦东新区十佳新型职业农民"名单。六是"丰收之光"，这是上海市丰收节最闪亮的主题，有"大地艺术展""浦东新区美丽庭院摄影展""浦东特色农产品创意展"等，演绎出上海市浦东新区农村的希望之光。

3. 天津市：农民·农艺·乡愁

天津市首个中国农民丰收节共组织了 30 项活动。其中蓟州区 9 项，宝坻区 1 项，

武清区 3 项，宁河区 2 项，静海区 1 项，东丽区 1 项，西青区 3 项，津南区 2 项，北辰区 3 项，滨海新区 1 项，广播影视 2 项，民委 1 项，体协 1 项。蓟州区是天津市首个中国农民丰收节主会场，举办了"丰收成果照片展""丁连举民俗画展""非遗文化展"等文化展演活动。天津市的庆丰收活动取得了丰硕成果，在展示科技强农新成果、产业发展新成就、乡村振兴新面貌的同时，宣传展示农耕文化的悠久厚重，传承弘扬中华优秀传统文化，推动传统文化和现代文明有机融合，增强文化自信心和民族自豪感。

4. 重庆市：双桂田园·万石耕春

重庆市首个中国农民丰收节主会场设在重庆市梁平区的"双桂田园·万石耕春"园区的稻田上。梁平自古就是巴蜀粮仓。庆祝会场的场景设计别出心裁，将舞台和观众席设置在稻田当中，并用簸箕、箩筐、背篓等常见的农业生产用具和稻草、竹子等原生态材料作为道具，各种蔬菜水果在农业生产用具簸箕里被拼成了一幅幅生动可爱的图画，吸引了不少观众驻足关注，让游客共享丰收的喜悦。重庆市的中国农民丰收节充满"农味""土味""乡味"。活动有抬儿调、草把龙、狮舞、锣鼓、唢呐等非遗和民俗表演，还有搓玉米、打谷草、打糍粑等充满了丰收农趣的表演。

二、华北地区

1. 河北省：农专家·农创客·农秀才·农巧匠

河北省首个中国农民丰收节庆祝活动在沙河市红石沟现代农业园区举办。主会场的"庆丰收"汇演，组织了藤牌阵、秦王破阵鼓、四匹缯手工织布非遗展演、现代豫剧《太行新愚公——李保国》精选片段表演，还有舞龙、舞狮、秧歌等庆丰收民俗活动，以及省农民体协组织的各市文体汇演。"画丰收"展览，举办了农民书画展，集中展示摄影、剪纸等具有浓郁地方特色和优秀文化传统的艺术作品。"展丰收"表演，组织"农专家""农创客""农秀才""农巧匠""返乡创客"等农村技能人才以及新型农业经营主体和龙头企业等，进行系列农产品展示和传统特色农耕文化展示。"晒丰收"观摩，在主会场周边展示现代农业发展和农村面貌变化。

2. 山西省：喜庆大地丰收·弘扬传统文化·推进乡村振兴

山西省首个中国农民丰收节系列活动在太原市小店区华辰农耕园启幕。系列活动突出农民主体，突出节俭热烈，突出乡土特色，突出全民联欢。山西省有着悠久的农业历史和灿烂的农耕文化。启动仪式上，歌舞《三晋风韵》、潞安鼓书《五谷丰登人欢笑》、诗歌《黄土赋》，抒发了农民庆贺丰收的喜悦与幸福；歌曲《在希望的田野上》将现场气氛推向了高潮。高平市的神农炎帝农耕文化园举行了"农耕颂""田野风""乡村美"三个表演，抒发人们对生活的热爱和丰收的喜悦。

3. 内蒙古自治区：塞外青城·百果飘香

内蒙古自治区首届中国农民丰收节主会场设在呼和浩特市新城区生盖营村。在一个偌大的"丰"字造型的展台上，展示了乳、肉、面粉、果蔬、调料等多种优质农畜产品。在主会场上，有农民优秀摄影书画作品展、民俗技艺现场展等展览和大丰收入仓赛、拔河比赛等文体民俗活动。一系列的民俗庆丰收活动充分展示了内蒙古自治区农牧业改革发展的巨大成就以及农民庆祝丰收、享受丰收的喜悦心情。丰收节体现出农民的主体地位，突出了首府各地的民俗特色，展示了内蒙古自治区首府呼和浩特农村改革发展的巨大成就，激发了农民的积极性、主动性、创造性，为脱贫攻坚、全面建成小康社会、实施乡村振兴战略、加快推进农业农村现代化提供了不竭动力。"丰收"二字已经不局限于量的丰产，让农牧民的腰包鼓起来成为丰收新内涵。丰收节为越来越兴旺的休闲农业和乡村旅游添了一把柴，燃起一把火，让城乡居民可以在不同时节到各地乡村乐享田园生活，品鉴农家美食，体验农耕乐趣，感知民俗风情，品赏乡土文化。

三、华东地区

1. 江苏省：农民的节日·市民的盛会

江苏省庆丰收主会场设在著名的华西村。来自海内外的农民代表欢聚一堂，共享各地农村的丰收喜悦。主会场展示了农村改革发展的喜人成就，共话乡村振兴的美好愿景。主会场为大家带来一场可看、可吃、可玩、可学、可购的"农民的节日、市民的盛会"。江苏省的丰收节庆祝活动，遵循"坚持农民主体办节日"的原则，充分调动发挥农民群众的积极性和主体作用，融市民参观、体验、互动为一体。通过对新型职业农民、新型农业经营主体等表彰授牌，以及农民戏曲歌舞展演、农民广场舞比赛、欢乐锣鼓庆丰收等活动，展现出新时代新农民热爱生活、昂扬向上的精神风貌。

2. 浙江省：两山热土·浙里丰收

浙江省的主会场与作为首个中国农民丰收节全国庆祝活动六个分会场之一的安吉余村合并举办活动。浙江省分会场充分彰显了"两山"理念的丰富内涵和实践成果。分会场设立乡村马拉松比赛项目，来自省内各地的400多名运动爱好者齐聚安吉，感受绿水青山中的奔跑喜悦，分享农民丰收的硕果。在跑道两边，展示着各种非物质文化遗产和特色农产品，让游客享受地道美食的同时，也深切感受到安吉非物质文化遗产的魅力所在。在现代农业展示区，通过农村电商、农家乐（民宿）、农旅结合、茶产业、绿色家居、美丽乡村未来规划展示六个模块，展示安吉特色产业的丰收景象。浙江省农民体育协会参与了庆丰收活动，举办了挑担接力、插秧、斗鸡、障碍滚铁环、趣味拔河等比赛项目，让浙沪两地的农民运动员体验了农活竞技的乐趣。

3. 山东省：相约齐鲁·共享丰收

山东省首个中国农民丰收节在济南市济阳区举办。丰收节展示了山东省现代农业发展的成就，设立了"名特优"农产品展示区。农民带着自己的丰收成果庆祝节日，既展现了新时代农民的精神风貌，也让市民感受到现代都市农业的魅力。由山东省体育总会、山东省农民体育协会、嘉祥县人民政府主办的"庆丰收农民运动会启动仪式暨嘉祥县第二个农民运动会"，设置了挑水抗旱、晒场收谷、独轮车运粮、户外狩猎、同心锯木、稻田插秧、拔河等八个贴近农村农民生活的运动项目。

4. 安徽省：颂改革·庆丰收·兴乡村

安徽省的中国农民丰收节由主会场活动和若干主题系列活动组成。主会场的活动内容包括大型主题文艺晚会、系列大型主题宣传、大型涉农成果展会，还展示了助农惠农电商平台和精品乡村旅游线路等。庆祝活动重点凸显"亿万农民庆丰收、成果展示晒丰收、社会各界话丰收、全民参与享丰收、电商促销助丰收"五大特色，集中展现安徽各地的农业发展成果及特色旅游线路、特色农产品、特色农业发展模式。在省城合肥市，丰收节文艺晚会以"话改革·庆丰收"为主题，伴随主题视频《我们的节日》，提炼出"冬伏、春生、夏耘、秋丰"四个节律，呈现了安徽农业发展的丰硕成果，反映出安徽大地五谷丰登、瓜果飘香，表达了人民欣逢盛世、豪情满怀的喜悦心情。

四、华中地区

1. 湖北省：炎帝故里庆丰收

湖北省主会场庆祝活动在随县炎帝故里谒祖广场举行。主会场活动包括以"炎帝故里庆丰收"为主题的民俗表演，现场展示了香菇、核桃、柑橘、龙虾、莲藕等湖北各地的农特产品，充满农耕味、荆楚味、随州味、喜庆味。其间穿插展示当地摄影家的作品集《荆楚百幅农民丰收笑脸》和画家集体创作的《炎帝故里丰收图》巨幅美术作品。庆典仪式开始，鼓三通、钟三鸣，编钟演奏出悠扬的《丰收颂》，表达了荆楚劳动人民丰收的喜悦和对美好生活的祈愿。庆祝会还开展了农产品采购、美食品鉴、特色农产品展示、电商促销、农民体育赛事、农事体验等活动。湖北是农业大省，"粮棉油菜果茶"在全国具有举足轻重的地位。

2. 湖南省：芙蓉国里话丰年

湖南省首个中国农民丰收节主题活动主会场设在韶山市。韶山是毛泽东主席的故乡。毛泽东主席非常重视农业农村，一代一代的中国共产党人不忘初心、继往开来，推动农业农村发展步入现代化的轨道。主会场展出了来自全省 14 个市州的特色优质农产品，以"节"为媒，助力农民丰收，助推乡村振兴。湖南省设有韶山市一个主会场，以及桑植县、花垣县、洪江市、澧县、炎陵县、湘潭市九华经济技术开发区六个分会场，全省各市州自行组织系列活动，"晒"出湖南美丽乡村的新风貌和农民幸福美好的新生活。世界杂交水稻之父袁隆平院士通过视频为活动送上祝福寄语，共庆中国农民丰收节。"湖广熟、天下足"，湖南素有"鱼米之乡""天下粮仓"的美誉。其中，稻谷产量位居全国第一，生猪出栏和油菜籽产量位居全国第三，烟叶产量位居全国第四，茶叶产量位居全国第五，蔬菜、棉花产量位居全国第六。

3. 河南省：传承农耕文明·共庆五谷丰登

河南省首个中国农民丰收节主会场设在新郑市，四个分会场是原阳分会场、正阳分会场、灵宝分会场和柘城分会场，同时还有农产品采摘、农事体验、民俗表演、技能比赛、美食品鉴、特色农产品展示、电商促销、农民体育赛事、文化教育、乡村旅游等活动。主会场围绕"传承农耕文明·共庆五谷丰登"的主题，设有"中原丰收晒场""中原农耕文化""中原大厨房""中原美丽乡村""中原农业科技""中原喜话丰收"六大板块，通过"庆丰收、晒丰收、话丰收、享丰收、促丰收"等形式，全面展示河南省的中原农耕文化、现代农业发展新成就、农村改革发展新变化、中原农民新创造新风貌。

4. 江西省：赣鄱大地庆丰收·秀美乡村展新貌

江西省首个中国农民丰收节主会场设在上饶，与"丰收中国"上饶乡村旅游文化节联合举办。上饶市举办的"丰收中国"乡村旅游文化节有着得天独厚的优势。上饶是世界稻作文化的发源地，万年县仙人洞和吊桶环遗址发现了世界上最早的稻作文化遗存，距今有12000多年。上饶拥有婺源"中国最美乡村"的靓丽名片，是我国唯一以整县命名的国家AAA级旅游景区。进贤县前坊镇西湖李家村，是一个具有600多年历史的古村，在春节、元宵、清明、端午、中秋、重阳、冬至等传统节日，都要举行相应的民俗文化活动。丰收节夜晚，村民和游客围坐在象征二十四节气的24张桌子前，吃着甜美的月饼，尝着清香的柚子，祈望日子红红火火、岁岁平安。

五、华南地区

1. 广东省：乡村振兴新时代·欢乐共庆丰收节

广东省把全国首个中国农民丰收节梅州分会场同时作为本省的主会场，设有佛山、惠州、江门、韶关、清远、湛江、茂名、云浮八个分会场，通过各项庆丰收活动，营造"让农民乐起来，让农村美起来，让城里人回乡来，让企业投资来"的良好氛围。广东主会场活动分为六大板块：岭南民俗文化表演区、南粤农耕文化展览区、民间传承工匠展示区、热区名牌产品推介区、广东农家美食品鉴区、梅州地方特色活动演示区，充分展示和推广具有地方特色的新技术、新模式、新业态、新装备、新产品，宣传推介"粤字号"名特优新农业品牌。

2. 广西壮族自治区：绿色"那"文化·红色右江情

广西壮族自治区首个中国农民丰收节启动仪式在百色半岛公园隆重举行。活动突出壮族民俗特色，突出传统"那"稻文化，突出红色文化，突出广西壮族自治区农村改革发展的成就。整个节庆成为农业的嘉年华、农民的欢乐节、丰收的成果展、文化的大舞台。结合八桂农耕文化、民族民俗文化以及名特优农产品，广西丰收节举行了农民丰收感恩祈愿添粮仪式，举办了民族团结舞蹈演出、农民大联欢庆演等活动。少数民族同胞穿上了节日盛装，长号、芦笙此起彼伏，各色美食摆上了簸箕宴、长桌宴，德保猪血肠、那坡糯米酒、隆林五色糯米饭、田东杧果、西林麻鸭让游客和市民饱了眼福和口福。

3. 海南省：丰收海南　欢乐乡村

海南省第一个中国农民丰收节庆祝活动在三亚水稻国家公园举行。全省19个市县近千名农民代表参与趣味农事竞技、农业成果展示展销等活动，乡村成为主场，农民唱起主角。在横贯稻田的百米农业成果展销街上，摆满了琼中柠檬、定安肉粽、万宁槟榔、儋州海鱼、海口荔枝、三亚杧果、琼海莲雾、临高菠萝、东方火龙果、乐东哈密瓜。节庆当晚，月色辉映山海，灯笼照亮原野。农民、市民、游客间杂而坐。乡味、农味、土味、趣味，为中国农民丰收节海南庆祝活动增添了无穷趣味。

4. 福建省：新农人·新产业·新业态

福建省首个中国农民丰收节精心组织的系列活动是"赞丰收""晒丰收""话丰收""促丰收""享丰收""庆丰收"，集吃、喝、玩、乐、游、购于一体。"两岸农民共庆丰收节"和"大陆阿里山"拉开序幕，2000多名来自海峡两岸的农民朋友及各界人士欢聚一堂，通过歌舞、小品、茶叶与美食等活动，共庆祖国的首个中国农民丰收节。两岸农民是休戚与共的兄弟姐妹，两岸乡村是同舟共济的大家庭。两岸同胞同根同源，是血脉相连的一家人。位于福建省漳平市的漳浦台湾农民创业园目前已入驻66家台企，吸纳前来创业就业的台湾农民达600多人，是两岸农业合作交流的重要平台。

六、西南地区

1. 四川省：千古一堰润天府·巴蜀大地乐丰稔

四川省都江堰市是首个中国农民丰收节全国六个分会场之一，也是四川省主会场。除了主办农业农村部指定的分会场活动之外，四川省内的庆丰收活动同样丰富多彩。广元市庆丰收活动在剑阁县汉阳镇金星村举行。千余名农民朋友欢聚一堂，通过民歌民舞表演、传统打谷比赛、新特奇鲜活农产品展示，以及品尝剑门关豆腐宴、剑门关土鸡宴、锯山垭大肉宴等美食，共庆首个中国农民丰收节。阿坝州"净土阿坝"农特产品参加展示展销。达州市广大农民载歌载舞，欢庆丰收，感恩盛世。广汉市以"庆祝丰收、弘扬文化、振兴乡村"为主题，以文艺歌舞展演、优质农产品展销、传统农俗活动、乡村美食节、农耕文化体验为内容，增强了广汉农民的产业自信、现代农业发展自信，推进了广汉市农业产业化发展，让农业成为有奔头的产业，让农民成为有吸引力的职业，让农村成为安居乐业的美丽家园。

2. 贵州省：南山寄乡愁·欢歌庆丰收

贵州省首个中国农民丰收节暨第六个贵阳农业嘉年华在息烽县"美丽南山田园综合体"举行，通过组织园区重要节点农耕文化静态场景布置、田间地头农事活动动态场景再现、民族民间民俗庆丰收文化展演、农特产品及民间美食展销五类活动，推动农村环境整治、富美乡村建设以及乡村振兴战略实施。通过展示"农味十足、趣味无限、庄园引领、共建共享"的田园综合体建设成果，营造欢乐祥和、喜庆丰收的节日氛围，增强农民群众的幸福感、获得感和投身乡村振兴的自信心。

3. 云南省：庆改革开放 40 年·贺中国农民丰收节

云南省首个中国农民丰收节系列活动暨地方系列活动，共举办省级活动 1 场、州（市）级活动 12 场、县（区）级活动 100 余场、乡（镇）级活动 300 余场。云南省立足于不同地区的地方特色和民族习俗，坚持农民主体办节日，活动内容形式多种多样，充分调动了农民群众的积极性和参与度，形成了热烈的节日氛围。云南省首个中国农民丰收节主会场设在宜良县。分会场分别设在西山区、晋宁区、安宁市、寻甸县、富民县。优质农产品推荐品鉴活动、昆明市农业系统活动启动仪式、强农惠农论坛等活动同期进行。通过一系列具有地方特色、民族特色的农耕文化、民俗文化活动，以体育竞技、农民文艺演出、农产品展示展销、农耕文化展示等形式，进一步丰富了农民的物质文化生活，展示了新时代新农民的精神风貌，唤醒了人们对传统农耕文化的记忆。

4. 西藏自治区：圣地拉萨庆丰收·秀美藏区展新貌

西藏自治区首个中国农民丰收节举办活动 83 场，其中自治区级 4 场，主会场设在拉萨市林周县，另在拉萨市当雄县、日喀则市白朗县巴扎乡、南木林艾玛山巴村设立了 3 个分会场。除拉萨市与自治区共同举办外，其余 6 个地市都举办了不同特色的庆祝活动，包括县区级庆祝活动 35 个、乡村级庆祝活动 38 个。参与农牧民人数达 2 万余人。西藏自治区首个中国农民丰收节主会场各项活动在拉萨市林周县举行。庆祝活动除了民间艺人、民间艺术团以及农牧民带来的藏戏、劳动歌舞等文艺表演，还有特色农畜产品展销、农牧业科技宣传、现场演示饲草一体化收割打包机等丰富多彩的活动，既表达了丰收的喜悦，也展现了西藏灿烂悠久的农耕文明。首个中国农民丰收节集农耕游牧民俗文化展示、农牧业科技成果展示、农畜产品订单签订、体育竞技为一体，进一步弘扬了西藏悠久厚实的农耕文化和地方民俗特色文化，激发了全区广大农牧民群众的积极性、创造性和自豪感、幸福感。

七、西北地区

1. 陕西省：悦动三秦大地·共庆五谷丰登

陕西杨凌示范区是首个中国农民丰收节全国六个分会场之一，全区上下彩旗飘扬、锣鼓喧天，处处洋溢着浓郁的节日氛围。庆祝会分别展示了上川口锣鼓等民俗文化，展示了秦川牛、奶山羊等农牧产品，自动巡航拖拉机队、无人机队、十佳农民专家、十佳职业农民、优秀科技特派员和花车代表队参加展演，让观看中央电视台直播的全国人民尽情欣赏杨凌高新技术产业的独特魅力。杨凌分会场活动期间，杨陵区"三镇两办"到处呈现农民朋友载歌载舞、欢天喜地庆丰收的幸福场面。揉谷镇的锣鼓、大寨镇的快板、五泉镇的秦腔、杨陵街的美食、李台街的歌舞，鼓声、笑声、欢乐声，一片欢乐的海洋。歌手献唱《丰收中国》，将陕西杨凌分会场活动推向高潮。

2. 甘肃省：庆祝改革开放 40 年·共享农民丰收喜悦

甘肃省在兰州市西固区河口镇首石发田园小镇举办首个中国农民丰收节主会场庆祝活动。活动现场设立了农机展示厅、花卉展示厅、农产品展示区、特色小吃区等。庆祝会上，表彰了西固区种养殖能手、优秀合作社和龙头企业；来自全区的文艺爱好者表演了精彩的文艺节目；各涉农街道农民参与了农事趣味运动会，举行了拔河、挑水接力、袋鼠跳接力、"大丰收"等农事趣味比赛。甘肃各地农民群众通过农事趣味运动会、农产品展示展销、致富达人评选、乡村美食大赛等丰富多彩的活动，欢庆着属于自己的节日。陇原大地沉浸在丰收的喜悦之中。

3. 新疆维吾尔自治区：五谷丰登话团圆·砥砺奋进谱新篇

新疆维吾尔自治区首个中国农民丰收节主会场活动分别是昌吉菊花节和若羌红枣节。昌吉菊花节开展大田花海观花、有机果蔬采摘、菊花文化展示等特色民俗活动。若羌红枣节突出打造"吃轮台白杏、走沙漠公路、品若羌红枣"特色旅游线路品牌。菊花展会上，1000 多种菊花姹紫嫣红，喜迎宾客，突出了昌吉州秋季旅游亮点，以大景区带动大旅游，推进"旅游＋农业"的深度融合发展。若羌红枣节的庆祝活动包括红枣展示展销、楼兰歌舞表演、黄玉文化展示等。若羌县的铁干里克镇、瓦石峡镇、吾塔木乡三个地方同期进行红枣庆丰收的活动。

4. 新疆生产建设兵团：庆丰收民族团结一家亲·享丰收农牧兴旺幸福多

新疆生产建设兵团首个中国农民丰收节主会场活动与第四师 68 团稻香文化旅游节

共同举办。兵团各师结合当地特色举办了系列庆祝活动。各族职工群众欢声笑语，载歌载舞，共话丰收，同庆佳节。兵团组织开展丰收节活动170场次，其中兵团级活动1场、师（市）级活动3场、团级活动30场、连队基层活动近135场。兵团主会场展示了改革成果，激发了职工荣誉感、自豪感。第四师68团稻香文化旅游节举行了职工文艺表演、农特产品品鉴、游览水稻陈列馆、欣赏稻田画等丰富多彩的活动，各族职工群众用自身才艺和收获的果实表达丰收的喜悦，发出拥护兵团团场改革的心声，展示了兵团农业现代化建设成果。

5. 青海省：高原农产品·绿色新发展

青海省首个中国农民丰收节在海东市乐都区举办，与原有的青海高原第三个农产品展交观摩会同期举行。庆丰收展交会开展了民族特色美食和特色农产品的展示、农产品交易、乡村振兴产业发展高峰论坛、庆丰收系列展演、农事体验、农牧民书画摄影展等活动。展会期间，邀请了巴基斯坦、吉尔吉斯斯坦、土耳其、俄罗斯、德国、荷兰等国家的参展商和嘉宾参会；邀请了省外的西安市、无锡市、营口市、成都市、乌鲁木齐市、宜春市、深圳市等友好城市的党政代表、企业精英、采购商参加展会，让外界更广更深地了解了青海高原现代农业的魅力、潜力和实力。

6. 宁夏回族自治区：喜看稻菽千里浪·塞上江南庆丰收

宁夏回族自治区首个中国农民丰收节活动由一个自治区主会场和五个分会场组成，举办了若干系列活动。自治区文明办组织开展移风易俗、弘扬时代新风行动，积极引导各级文明村镇参与丰收节庆活动。文化部门以此为契机，宣传普及人类非物质文化遗产代表作二十四节气，组织引导乡村文化艺术创作，开展农民歌手大赛、农村广场舞展演、农民书画摄影展等乡村文化艺术活动。旅游部门组织了有民俗特色的乡村旅游活动。广播电视部门充分调动相关媒体资源，加大节日宣传力度。民委、体育、工会、共青团、妇联、文联等部门围绕各自工作领域，积极开展形式多样的活动。中国农民丰收节期间，全区共举办70多场活动，10几万农牧民群众参与。宁夏回族自治区庆丰收主会场设在贺兰县常信乡四十里店稻渔空间休闲农业园。活动现场，举行了钓鱼大赛、开镰活动、稻田赶鸭、摸鱼活动、捉泥鳅、蟹王争霸、摄影绘画等活动，搭建了农民群众庆祝丰收、享受丰收的舞台，展示了宁夏农村改革发展巨大成就，展现了新时代农民的新风采、新面貌。

八、东北地区

1. 黑龙江省：放歌龙江黑土·同庆五谷丰登

黑龙江省庆祝首个中国农民丰收节的主会场设在作为全国六个分会场之一的绥化

市庆安县。主会场突出农民主体，突出庆丰收主线，以"赛、演、展、赏、乐"为展现形式，以大农业、大粮仓、大机械和新农民为题材，全面展示龙江农村新风貌、农业新成果、农民新形象。在庆安现场参加丰收节活动的农民朋友达 10000 多人。主会场的活动由"庆丰收祈福"仪式、"水稻开镰庆丰收"仪式、"九月金秋庆丰年"颁奖、"情定三农、系住乡愁"作品展和"弘扬时代主旋律、推进乡村振兴"主题论坛等板块组成。"弘扬时代主旋律、推进乡村振兴"主题论坛邀请了国内"三农"领域的专家和基层代表，围绕实施乡村振兴战略、实现农业绿色发展、建设美丽乡村、推进三产融合等主题开展对话研讨，分享发展经验和模式，为黑龙江"三农"发展贡献智慧力量。

2. 吉林省：丰收中国·品牌吉林

吉林省首个中国农民丰收节暨"吉林大米"品牌发展论坛在吉林市大荒地村水稻种植基地拉开帷幕。本次活动主要有开镰节、文化宣传活动、专题报告、"吉林大米"品牌发展论坛等丰富多彩的活动。在开镰活动中，来自全国近 20 个省份的嘉宾穿上靴子，头戴草帽，手持镰刀下地割稻，亲身体验丰收的乐趣。本次丰收节的开镰节活动，为社会各界提供了体验、弘扬、推广稻米文化的互动窗口，与行业专家、消费者、合作社建立起文化和精神的交流渠道，展示出让消费者放心的大米产业链，更让参会者深刻了解了吉林省农耕文化。来自国家粮食部门及吉林省内外粮农行业的数百名嘉宾与村民欢聚一堂，共赏吉林稻区风采，共同感受丰收喜悦。

3. 辽宁省：丰收中国·幸福辽宁

辽宁省庆丰收活动在盘锦市辽东湾新区田庄台镇拉开帷幕。具有浓郁地方特色的专题片《丰收中国、幸福盘锦》在中央电视台农业频道播出，将庆丰收的氛围推向高潮。《丰收中国、幸福盘锦》演出分为"水上中央堡""文化中央堡""浪漫中央堡"三大主题，展示出农民的丰收喜悦，共谱美好生活新篇章。50 名村嫂的走秀节目《丰收喜悦》表现了农村经济发展带来的新变化和农民的美好生活；儿童矮跷《欢乐》欢天喜地，童趣十足，寓意农村家庭儿童生活学习越来越好，享受天真无忧的乐趣。

第四节　中国农民丰收节的实践成效

设立中国农民丰收节，继承了中华五千年农耕文明的精髓，见证了中华民族伟大复兴的新时代。这是第一个在国家层面为农民设立的节日，贴近农村农民，扎根乡村沃土，厚植节庆内涵，增加文化质感。农耕文明作为中华文明的底色，积淀了丰厚的思想观念、人文精神、道德规范，这是丰收节深入人心、扎根城乡的底蕴底气所在。中国农民丰收节能把乡土传统文化继承好、保留好、发扬好，让丰收节既有乡土气息，又有文化韵味。

一、首个中国农民丰收节的丰硕成果

首个中国农民丰收节共举办了 1 个主场活动、6 个分会场活动和各地系列活动，农民群众广泛参与，社会各界大力支持，庆祝活动各具特色，大江南北普天同庆，呈现出上下联动、遍地开花的节日氛围，实现了农民节日农民办、农民节日农民乐、农民节日全民乐，为新型农民标兵、农业科技服务能手授牌。广东梅州传承弘扬岭南文化，福建漳平举行"茶香两岸"农民庆丰收活动，其他省区也都开展了各具地方特色的节庆活动。

中国农民丰收节搭建了城乡互动、农村一二三产业融合发展的大平台，既服务市民，又富裕农民。广大市民回到乡村，参与农事体验，享受农耕乐趣，品味农村情调，乡村旅游占各地节庆活动的比例达到 45% 以上。社会各界以中国农民丰收节为契机，通过品牌农产品推介、农产品网络销售、流通费用减免等方式，多措并举促进农民增收。

首个中国农民丰收节共举办 5000 多场庆祝活动，现场参与农民超过 3000 万人，全国各地展现出五谷丰登、六畜兴旺的丰收场景，亿万农民喜气洋洋，社会各界共享丰收喜悦。丰收节真正成为全国人民的"丰收季"和"欢乐季"。丰收节活动的举办进一步凝聚起了全社会关注农业、关心农村、关爱农民的浓厚氛围。

中国农民丰收节在国际上引起了良好反响。在首个中国农民丰收节来临之际，联合国粮食及农业组织、世界粮食计划署、国际农业发展基金等国际组织为中国农民丰收节发来祝贺视频，保加利亚、意大利、日本、韩国等数十个国家对中国的农业农村发展成就表示祝贺。时任联合国粮食及农业组织总干事何塞·格拉齐亚诺·达席尔瓦（José Graziano da silva）说："我相信中国农民丰收节会给世界农业可持续发展带来灵感和贡献，联合国粮食及农业组织很自豪能与中国并肩作战。"国际农业发展基金总裁吉尔伯特·洪博（Gilbert Hounbo）说："今年恰逢中国改革开放四十周年，改革始于农村，首个中国农民丰收节在今年举办意义非凡。"中国农民丰收节一登上历史的舞台，就受到了世界的瞩目与喝彩。

首个中国农民丰收节创新办节理念与形式，丰富节日内涵，强化节日效应，成为最有特色、最有人气、最为丰富的农民的节日、丰收的节日。

二、连续五个中国农民丰收节的庆典主题与丰硕收获

"我的丰收我的节。"继 2018 年首个中国农民丰收节成功举办后，2019 年秋分，第

二个中国农民丰收节在北京市顺义区以"我的丰收我的节"为主题成功举办。习近平总书记向全国农民和工作在"三农"一线的同志表示诚挚问候，亿万农民欢欣鼓舞，社会各界倍感振奋。全国县、乡、村举办的庆祝活动超过3000场，充分展现了蓬勃的时代气象、火热的生活激情、多样的农耕文化、光明的振兴图景以及农民的时代风采，在全社会营造了重农强农和欢庆新中国成立70周年的浓厚氛围。

同时，丰收节庆祝活动进一步下基层，形成了分散举办、规模宏大、亮点纷呈的格局，营造了礼赞丰收、致敬农民、祝福祖国的庆祝特色。节庆活动呈现出在全国乡村全面开花的恢宏局面。国家层面大力推动丰收节庆活动，指导各地，支持带动县、乡、村根据当地农时、农事特点，根据乡村优秀传统文化和"三农"发展实际情况，组织开展特色活动，鼓励每个县重点支持和培育至少一项丰收节庆活动，并以此为契机，搭建平台，整合资源，营造氛围，调动社会各界投身乡村全面振兴的积极性、主动性、创造性，提高农民的参与度和基层的覆盖率，提升节日的影响力和内生动力，展示了丰富的农耕文明、民族风情和丰收美景。

节庆活动重点在县、乡、村，舞台设在田间地头，镜头对准农民，农民成为节日主体。河南在县以下举办活动343场，参加农民260多万人次。各地的庆祝活动中都是农民自编自导自演的文艺节目、农民自制的乡村美食、农民自产的特色农产品和农民参加的趣味体育竞赛，亿万农民真正享受到了节日的快乐和收获的喜悦。

各地注重发挥丰收节平台效应，城乡互动，全社会共享，吸引了人流，汇聚了商家，拉动了消费，凝聚了民心，为乡村振兴提供了强大动力。活动形式更加新颖，载体更加多元，"节"的味道更加浓厚。

"庆丰收、迎小康。"2020年秋分，第三个中国农民丰收节在山西省运城市以"庆丰收、迎小康"为主题成功举办。习近平总书记向全国广大农民和"三农"战线同志致以节日祝贺和诚挚慰问，广大农民欢欣鼓舞，社会各界倍感振奋。全国各地乡村举办丰收节庆活动超6000场次，城乡群众共庆丰收、喜迎小康，充分展现了农业新成就、农村新面貌、农民新气象。

第三个中国农民丰收节深入基层，以农民为主体，成风化俗，有力度、有特色、有声势、有影响，汇聚起决战决胜脱贫攻坚，继而推进乡村全面振兴的磅礴力量。这次中国农民丰收节更加注重突出区域特色、民族特色、乡村特色，贴近"三农"一线，以县、乡、村为主举办系列节庆活动。开镰节、开渔节、民俗体验、丰收大集、农事绝活、非遗展演、农事比赛等丰富多彩的节庆活动，吸引了城乡居民广泛参与。

在丰收节主场活动中揭晓当年"全国十佳农民"，已连续三年成为丰收节招牌活动。2020年新增"最美农技员"表彰，树立扎根基层、深耕农业、服务乡村的先进典型，带动广大农民群众实干兴业、勤劳致富，鼓励农业工作者深入基层服务奉献。黑龙江省推选农业生产大王、最具带动能力的家庭农场、最受欢迎农技员、脱贫致富带头人等优秀代表。陕西省西安市表彰"十佳带贫益贫农民专业合作社"等十类"十佳"农民专业合作社。

在全国遭遇新冠肺炎疫情严重侵扰的情况下，2020年的中国农民丰收节组织开展了"6个千万"乡村振兴系列活动，即"千村万寨展新颜、千家万户传美德、千乡万镇品美食、千山万水赏美景、千企万品助增收、千县万特促消费"；围绕"手机助力农产品出村进城"主题，举办全国农民手机应用技能培训活动；配合中国银联等单位发行"农民丰收节"系列银行卡；倡导组织指导委员会各成员单位及社会公益力量为农民做实事，发布"丰收节公益清单"。此外，还设立了中国农民丰收节推广大使，启动丰收历史文化数字保护工程，组织农产品产销对接活动等。

"庆丰收感党恩。"2021年秋分，第四个中国农民丰收节在浙江省嘉兴市以"庆丰收，感党恩"为主题成功举办。习近平总书记在第四个中国农民丰收节来临之际的重要指示，强调坚持农业农村优先发展，加快农业农村现代化，让广大农民生活"芝麻开花节节高"。这充分体现了习近平总书记对农民群众和"三农"工作的关怀关爱，对农业喜获丰收的赞许肯定，对全面推进乡村振兴和农业农村现代化的期望嘱托。

中国农民丰收节逐渐化风成俗，基层覆盖面不断扩大，参与度不断提升，活动内容更加丰富，形式更加新颖，乡土味道更浓，农民参与更广。第四个中国农民丰收节着眼农民群众需要，构建为农惠农平台和载体。各地坚持农民主角、农业主线、农村主场，以各具特色的活动载体把丰收节办得实实在在，形成了农民身边的政策宣传平台、为民服务平台和学习交流平台。全国近1200个县实现"1县1丰收"节庆品牌活动。山西在县以下举办活动350余场，参加农民超过120万人次。北京延庆丰收休闲游吸引100余万人次。河北、吉林、湖北、四川等省连续4年举办丰收赛诗会、捕蟹节、龙虾节、丰收摄影展等活动，热闹非凡，已成为乡村新习俗。各地活动大多在田间地头，大部分是农民自编自导自演的文艺节目、农民参加的趣味竞赛、农民自制自产的乡村美食，农民在节日中真正享受到了丰收的快乐和收获的喜悦。

各地坚持农民主角、农业主线、农村主场，以各具特色的活动把丰收节办得实实在在，形成了农民身边的政策宣传平台、为民服务平台和学习交流平台。多个省份的法务工作者深入田间地头，开展《中华人民共和国民法典》《中华人民共和国乡村振兴促进法》普法宣传活动。吉林四平把学习黑土地保护性耕作办到了丰收节，寓教于乐。

丰收节突出地方特色，结合农耕文化，聚焦农时农事，丰富活动内容，深化文化内涵，既有乡土气息，又有文化韵味。2021年，农耕文明体验、民俗文化表演等活动占丰收节庆活动的比例超过 50%。

丰收节庆魅力在乡村，活力在农民。习近平总书记指出，"要尊重人民主体地位，尊重人民群众在实践活动中所表达的意愿、所创造的经验、所拥有的权利、所发挥的作用，充分激发蕴藏在人民群众中的创造伟力"[①]。只有把乡村作为重点，坚持农民节日农民办，让广大农民群众参与进来、融入其中，丰收节才能越办越精彩，越办越有生命力。

根据丰收节组织指导委员会的统一安排，第五次中国农民丰收节将在 2022 年以四川省成都市为主会场举办，主题拟为"庆丰收 迎盛会"。[②] 总之，中国农民丰收节是一项长期性、系统性工作，各地要将其作为抓好"三农"工作的重要内容，统筹安排，精心组织，培育打造一批接地气、有亮点的节日品牌活动。组委会统筹谋划丰收节全国主场活动，做好对各地的指导和支持。地方各级农业农村部门要加强工作的统筹协调，会同相关部门，结合实际制订节日活动组织实施方案，广泛动员各方力量，引导全社会共庆丰收、共享喜悦。

[①] 北京市习近平新时代中国特色社会主义思想研究中心.深入学习贯彻习近平新时代中国特色社会主义思想深刻领会坚持以人民为中心 ［EB/OL］.（2019-10-30）［2022-05-23］. http://theory.people. com.cn/n1/2019/1030/c40531-31427282.html.

[②] 关于第五次中国农民丰收节的活动组织实施方案，可参见：农业农村部办公厅.农业农村部办公厅关于做好 2022 年中国农民丰收节有关工作的通知 ［EB/OL］.（2022-07-12）［2022-07-23］. http://www.gov.cn/zhengce/zhengceku/2022-07/14/content_5700996.htm. 2022 年 9 月 23 日，第五次中国农民丰收节到来，参见：新华社.习近平向全国广大农民和工作在"三农"战线上的同志们致以节日祝贺和诚挚慰问 ［N/OL］.（2022-09-22）［2022-09-22］. https://mp.weixin.qq.com/s/ kCm3kKD7hygLC3IginmKzw.

第十三章

中国农民丰收节继承
农耕文明优良传统

中国农民丰收节作为一个鲜明的新时代农耕文化符号，既彰显了新时代的内涵特质，更弘扬了中华优秀农耕文化，推动了传统文化和现代文明的有机融合，增强了文化自信心和民族自豪感。

中国农民丰收节蕴藏着伟大的农民创造、农民意志、农民精神。历经数千年的岁月洗汰，中华农耕文明孕育了最深厚的文化底蕴和最顽强的生长势能。正是这种创造、这种意志、这种精神、这种生生不息的蓬勃生命力，推动中国农民丰收节成风化俗，行稳致远。

第一节　继承敬天守时的农耕哲学

中华农耕文化是我们祖先改造自然和改造自身的物质成果和精神成果，是中华五千年文明的重要组成部分。中国古代的农学思想具有整体观念，强调人与自然和谐相处之道，强调可持续发展，农事依靠自然规律来运行。①

一、丰收文化的哲学境界是"天人合一"

丰收是农业生产的终极目标。"天人合一"是丰收文化的最高哲学境界，强调处理好农业生产与自然环境之间的相互关系。《庄子·山木》说："人与天，一也。"《庄子·齐物论》说："天地与我并生，而万物与我为一。"这是我国历史上"天人合一"思想的最早出处。庄子认为，天之所生谓之物，人只是万物之一。当代学界泰斗季羡林的

---

① 胡泽学，李琦珂.关于中华农耕文化现实价值的思考［J］.古今农业，2015（2）：98-108.

精辟解释是：天，就是大自然；人，就是人类；合，就是互相理解，结成友谊。他指出，"天人合一"文化对人类有着巨大的贡献。"天人合一"有两层意思：一是天人一致；二是天人相应，或天人相通，一切人事均应顺乎自然规律，以达到人与自然的和谐。[①]

敬天信仰衍生出"天人合一"的哲学思想，强调人与天相合，人要归大道、复根命。老子《道德经》第十六章说："夫物芸芸，各复归其根。归根曰静，静曰复命。复命曰常，知常曰明。不知常，妄作凶。"意思是说，万物纷纷芸芸，各自都会返回其根本或原点。回归根本是事物的守静。遵循规律才有谦卑之明。如果不坚守自然规律，就是强作妄为。合乎自然法则就合乎大道，合乎大道则长久永存。这正是丰收文化的"天人合一"精魂所在，意境所在。

"天人合一"指出了人与自然的辩证统一关系。它首先强调天与人分别代表了万物与人类这两个"和谐并立"而非"矛盾对立"的自然存在，其次表明人类具有生生不息的进取精神，最后体现了中华民族思维模式的全面性。"天人合一"的思想构成了天、人、地和谐统一的整体。人是自然界不可分割的一部分，最初这种认识是以巫术信仰和原始思维方式为基础的，是一种"自然有灵论"，认为自然现象和人的行为息息相关。《尚书·洪范》说：君主有德行，体恤民众，天就会风调雨顺；君王能肃敬，雨水就会适时；政治办得好，阳光就会适度；君王能昭然明察，气候就会和暖；善于计划，寒冷就会适时。反之，如果君王狂妄，霪雨就会不止；政治有偏差，就会导致干旱；放纵逸乐，气候就会不正。中国古代的农业经济长盛不衰，与人们对安全的农业生产环境的追求和生态保护型的农业生产方式密切相关。古人在有限的土地上维持着众多人口的生计，从而维系了几千年传统农业社会的绵延发展，因此"天人合一"思想在中国独特的农耕文化土壤里产生发展，并在几千年中不断强化和演进，成为古代农耕文化的思想精髓。

"天人合一"是中华传统文化的基本信念和主要基调。《黄帝内经·灵枢·岁露论》说："人与天地相参也，与日月相应也。"人类作为天地万物之中的一分子，与天地、与万物息息相通；人与天地要达到和谐统一，主观与客观要达到浑然一体。这是中华民族一直秉承的世界观和人生观。老子说："人法地，地法天，天法道，道法自然。"他所讲的"天"就是"道"，就是自然规律，是天地宇宙万物生化之机的总和，因此他要求人们从"天道"出发，顺应自然。天之所生称为物，人是万物之一，而人又不同于万物，因为人类能够知天命（认识自然规律）和循天命（遵循自然规律）。

① 季羡林.关于"天人合一"思想的再思考［J］.中国文化，1994（2）：10.

二、丰收文化的环境意识是"三才一体"

"三才"专指哲学概念上的天、地、人①，也称天道、地道、人道。战国时代的许多思想家从不同角度论述了"三才"之间的相互关系。管子将"三才"称为"三度"："所谓三度②者何？曰：上度之天祥，下度之地宜，中度之人顺。"孟子指出："天时不如地利，地利不如人和。"荀子从治国理财的角度强调"上得天时，下得地利，中得人和"，这样才能做到"财货浑浑如泉源"，才能实现国家富强目标。

《吕氏春秋》第一次将"三才"思想用于解释农业生产："夫稼，为之者人也，生之者地也，养之者天也。"这里的"稼"指农作物，也可泛指农业生产活动；"天""地"则指农业生产的环境因素；"人"是农业生产活动的主体。这段话是对农业生产诸要素之间辩证关系的哲学概括。它很精辟地指出了农业的二重性；既具有生物再生产的特点，又具有经济再生产的特点。这个哲学理念包含了深刻的含义。其中突出之点在于阐述了农业生产的整体观、联系观、环境观和动态变化观，在我国自古至今的丰收文化中占有重要的指导性地位。

《齐民要术》的作者北魏农学家贾思勰继承和发展了"三才"思想。他指出，只有在尊重和掌握客观规律的前提下，才能实现人在农业生产中的主导作用，违反客观规律就会事与愿违，事倍功半。他强调说："顺天时，量地利，则用力少而成功多。任情返道，劳而无获。"他辛辣地将"任情返道"（违反客观规律）的做法讽喻为"入泉伐木，登山求鱼"。

在推进现代农业的今天，处理好"天、地、人"的相互关系，仍然是具有重大现实意义的哲学命题。大自然是一个复杂的系统，农业生产也是如此。现代农业自身存在不可持续的弊端，比如大量使用化肥、农药等农业投入品，就是不可持续的模式，还可能造成环境和食物的污染。而传统农业中，我们的祖先在数千年劳作中积累了一套与自然和谐相处的生产模式，这种模式既对生态友好，也是可持续的。另外，现代农业更多强调标准化生产，这必然会导致作物品种的单一化。举例来说，假如全国只种一个品种的玉米，那么我们生产一种农机就可以，只用一个标准就可以监测它的质量。如果种几百个品种，玉米的高矮、熟期不同，产量、品质也不一样，可能就要研发更多不同的农机，制定更多不同的质量标准。

---

① 《易传·说卦传》载：昔者圣人之作《易》也，将以顺性命之理，是以立天之道曰阴与阳，立地之道曰柔与刚，立人之道曰仁与义。兼三才而两之，故《易》六画而成卦。

② 此处的"度"音"duó"，指计量、测量、揣测等。

三、丰收文化的节令观念是守时守则

古代儒家在论述自然天空的物质世界时，另外建立了"天人相分"理论叙事模式。也就是说，"天人合一"的"天"是意识信仰的"天"，而"天人相分"的"天"是现实世界的"天"。最早提出"天人相分"理论的代表人物是战国时代的荀况。《荀子·天论》说："列星随旋，日月递炤，四时代御，阴阳大化，风雨博施，万物各得其和以生，各得其养以成，不见其事，而见其功，夫是之谓神。皆知其所以成，莫知其无形，夫是之谓天。"荀子在这段话里论述了天上群星相随、日月交替照耀、四季物候轮回、阴阳曼妙万化、风雨润泽万物等自然现象。同时指出了万物得天之谐和而生，得天之滋养而长的自然规律。荀子还说，人们平时未察天之行事，却见到了天之功绩，这叫神妙。大家都知道万物仰赖天而成长，却从来看不见虚渺无形的天。荀子所说的"天人关系"，大体相当于自然界与人类的关系。荀子认为，"天"不会给"人"降祸或赐福，人只能遵循"天"的运行规律来谋求福祉。荀子的名言是"制天命而用之"。在荀子的观念中，人"最为天下贵"。人是与"天地"并立齐位的参与者，三者没有高下之分。因此，"天人相分"并非"天人对立"，人类和天地万物共同处于和谐的整体之中，"各得其和以生，各得其养以成"。

以老子、庄子为代表的道家学说里的"天"也是自然界之天。道家学派更彻底地摒弃了天的神圣，更深刻地强调人与自然的并立关系。《道德经》第二十五章说："故道大，天大，地大，人亦大。域中有四大，而人居其一焉。人法地，地法天，天法道，道法自然。"这里的"道"，含有规律、道理、道术等多重含义。把"道"运用到农业生产上，就是重视"天道"，讲究"天时"，遵循四季轮回的规律。

不违农时是我国传统农业遵循的基本原则。由于四时节令对于农业丰收有着非同寻常的重要性，因此先秦诸子百家都主张勿失农时、不违农时。不违农时的关键在于"适时"或"得时"。农业生产各个环节都要做到适得其时，过早或过晚都不能获得丰收。春秋战国时期，农业生产的"天时"处于突出的地位。人们认识到"天时"决定作物的生长和收成好坏，因此强调在整个农业生产过程中都要加以重视。《孟子·梁惠王上》曰："不违农时，谷不可胜食也。"《吕氏春秋·任地》说："皆时至而做，竭时而止，是以老弱之力而尽起，其用日半，其功可使倍。"这是知时而作的成果。如果违误农时，"时未至而逆之，时既往而慕之，当其时而薄之"，自然就会事倍功半，甚至颗粒无收。清代的《知本提纲》也说："种有定时，不可不识。及时而布（播），过时而止，是为得时。若未至而先之，既往而追之，当其时而缓之，皆谓失时。"[①] 播种是否适时，对于一

───────────

① 见清代杨岫撰《知本提纲·农则》，乾隆十二年（1747）刻本，南京农业大学藏。

年的丰收影响最大。其后的各个生产环节，也要做到不违农时。《荀子·王制》说："春耕、夏种、秋收、冬藏，四者不失时，故五谷不绝，而民有余食也。"《王祯农书·农桑通诀》说："四时各有其务，十二月各有其宜。"[①]因此，耕地、耙地、播种、锄地、施肥、灌溉、收获各个环节，都要"得时而作"，在适宜的时间完成。先时、晚时都是有违农时。只有适时而作，才能事半功倍，获得丰收。

天时条件如温度、水分、日照、风、霜等，直接影响着农作物的生长发育。《吕氏春秋》说："得时之禾，长秱长穗，大本而茎杀，疏穖而穗大，其粟圆而薄糠，其米多沃而食之强"；还说："得时之稻，大本而茎葆，长秱疏，穗如马尾，大粒无芒，抟米而薄糠，舂之易而食之香。"为了引起对"得时"耕作的重视，《吕氏春秋》还特别描述了"先时"和"失时"造成的影响。

秦汉时代，"月令"是帝王诏令中的高频词汇，体现了统治者对天人和谐境界的笃信与追求。季节时令成为"顺时施政"的自然法则。当时的"月令农书"涉及的内容，范围非常广泛，举凡农业生产、环境保护、应对灾害甚至报囚理狱等，无所不包。在这样的思维观念下形成的中华丰收文化，体现出高超灵活的农事节令智慧。

一是"因地为时"。我国地域辽阔，生态类型众多，不同地区的耕种收获有不同的适宜季节。《氾胜之书》说："种禾无期，因地为时。"意思是，播种谷子没有固定不变的日子，要根据各地的气候特点择定播种的日期。《农桑辑要·论九谷风土及种莳时月》说：洛阳以南千里，气候多暖，播种期不得不提早；洛阳以北千里，气候多寒，播种期不得不推迟。又因山川和地势高低的影响，在洛阳以南地区的高山上，也有和北方一样寒冷的地方；在洛阳以北山环掩抱、风和日暖的地方，也有和南方一样暖和的地方。因此，确定农作物的播种期，不能拘泥成法，要根据当地的具体情况决定。这些都是既要不违农时，又要灵活趋时的宝贵经验。

古人为了做到因土择时，积累了不同土壤类型上耕作早晚的知识和理论。《吕氏春秋·辩土》说，坚硬的垆土要早耕，因为它水分含量少，易干结；松软的轻土要后耕。《氾胜之书》也说："凡耕之本，在于趣时和土，务粪泽，早锄早获。"并且它特别指出："得时之和，适地之宜，田虽薄恶，收可亩十石。"适时耕种，即使土壤不是很肥沃，也能获得"亩收十石"的大丰收。

二是"因时播种"。即使在同一个地方，每年的天气变化情况也不一样，因此要因时因地制宜，不可拘泥于定制成法，要根据当时的天气情况择宜而从。宋代的《陈旉农书》说："盖万物因时受气，因气获生，其或气至而时未至，或时至而气未至"；又说：

---

① 王祯. 王祯农书［M］. 王毓瑚，校. 农业出版社，1981：57.

"寒暑一失代谢，即节候差不能运转一气。在耕稼盗天地之时利，可不知耶?"《陈旉农书》专门指出了"气至而时未至，或时至而气未至"的特殊年份的情况，这是需要特别加以注意的。这也说明，当时已经积累了丰富的因时制宜的生产经验。种庄稼不能固守节令，必须随着天气情况而灵活变化，才能获得预期的丰收。

三是"因物择时"。古代种植的农作物种类繁多，有食用作物、饲料作物和纤维作物。同一类作物中又有各样的品种。不同作物和不同品种的生长期长短不同，对环境条件的适应不同，因此需要针对作物品种特性采取适时的耕种收获管理，才能获得丰收。《氾胜之书》在谈到不同作物的收获期时说:"获麦之法:熟过半，断之。获豆之法:荚黑而茎苍，辄收无疑;获枲(雄麻)之法:穗勃，勃如灰，拔之。"这就是说，小麦应在半熟(黄熟)时收获，豆子在荚开始发黑、茎开始褪色时收获，雄麻在开始吐花粉时收割，等等。这说明不同作物有不同的种获时期。类似的农谚也很多，比如，"清明前后，种瓜点豆"，"白露早，寒露迟，秋分种麦正当时"，"小满芝麻芒种谷"，"处暑收黍，白露收谷"，"处暑高粱遍地红"，等等。千百年来各地农民根据不同作物对外界环境条件的不同要求，分轻重缓急安排种收时期，都得到了好效果。可见，如果不分作物、品种、用途等，强调同一时间内完成某种农事工作，也就违背了"不违农时"的本意真谛。不违农时是需要灵活变通、择宜而为的智慧。

四是"以时禁发"。我国古代除了对农牧业生产活动确定了"不违农时"的行事原则，对于与农业生产密切相关的生态环境，也制定了一套保护利用的法律规定。近年出土的许多先秦简牍，都可见到"以时禁发"的法律条文。提出了"循理举事，以时禁发"的资源保护原则。[①]这里的"禁"是保护，"发"是利用。秦汉时期的月令农书以"无变天之道，无绝地之理，无乱人之纪"为思想旨趣，构建了一个自然节律与社会节奏高度契合的天人和谐系统。意思就是，不违背自然规律，这叫变天之道;不破坏环境状态，这叫绝地之理;不损害人的纲纪习俗，这叫乱人之纪。月令农书以一年 12 个月的农事活动为叙事经纬，具体地规定了每个月份的农事活动禁忌，体现出鲜明的"顺时而动""以时禁发"的节气时令原则，形成了合理开发利用自然资源的宝贵思想，与今天的生态保护和可持续发展思想高度契合。农业生产遵循春生、夏长、秋收、冬藏的年间节律，周而复始，相生相息，永不停歇。

秦汉时期的月令农书构建了一整套顺应时令、保护利用自然资源的制度体系。春

---

① 例如，银雀山汉墓出土竹简整理小组.银雀山汉墓出土竹简[M].北京:文物出版社，2010.睡虎地秦墓竹简整理小组.睡虎地秦墓竹简[M].北京:文物出版社，1990.张家山汉墓整理小组.张家山汉墓竹简[M].北京:文物出版社，2001.甘肃省文物考古研究所.居延新简[M].北京:文物出版社，1990:370.等等。

夏秋冬，应遵循大自然的节律特征，对于飞禽走兽、山林川泽等自然资源，该保护时就严加保护，该获取时就放开获取。这样的制度安排可谓取舍有度，秩序井然。最为可贵的是，当代世界各国的季节性休渔制度，我国在两千多年前的战国时代就已经立法施行了，并且具体规定了"渔季之禁""渔法之禁""渔具之禁"。

五是"顺时施政"。除了对自然资源实行"以时禁发"的保护性规定，古代还有大量的针对统治者和文武百官的约束性施政规定，凸显了"敬奉天时，顺时施政"的原则。汉初的《春秋繁露》说："天之道，春暖以生，夏暑以养，秋清以杀，冬寒以藏，暖暑清寒，异气而同功，皆天之所以成岁也。圣人副天之所行以为政，故以庆副暖而当春，以赏副暑而当夏，以罚副清而当秋，以刑副寒而当冬，庆赏罚刑，异事而同功，皆王者之所以成德也。"[①] 这里说的"天之所行"，就是大自然的运行规律。寒来暑往、物换星移、月圆月缺、昼夜更替、草木枯荣、候鸟迁徙，都是"天之所行"。只有做到"敬奉天时，顺时施政"，才能顺应时序法则，天下和畅，国泰民安。

根据月令农书的阐述，春季属木，阳气渐长，万物复苏。天子的政令应当以宽厚仁恩为旨，保护自然界万物生命力的延续，禁止杀伐伤生。此外，天子当劝勉农桑，躬耕籍田，抚恤幼孤，赈灾济贫，演习乐舞，修订祭典，以顺应时令的要求。夏季属火，是万物继续生长繁育的季节，因此，天子发布的政令仍应以宽厚为主，举荐贤良，封授爵禄，不应大兴土木、起兵动众。秋季属金，是万物成熟并走向衰落的季节，此时，农事已毕，可以兴建城郭宫室。秋德肃杀，配合这样的时令，天子可以发布政令，惩治罪恶，征伐不义。冬季属水，是万物收敛闭藏的季节，天子发布政令必须顺应冬阴闭藏之气，要积聚粮食，修茸要塞关卡，制作各种器物，等等。天子，作为顺应天道运行的人间至高代言人，每一个月份、每一个季节，都要配合大自然的节律特征，顺时施政。

六是"观天授时"。我国自古就十分重视季节时序。《管子·四时》说："情通天地，必知四时。不知四时，乃失国基；不知五谷，国家乃亡。"2003 年在山西省襄汾县考古发现的距今大约 4300 年至 3900 年的陶寺遗址，被认为是帝尧的都城。陶寺遗址中有一组由 13 根板状柱子构成的装置，考古学家称之为"陶寺观象台"。它的功能是，可以通过柱缝之光来观测太阳在不同的季节升起的方位变化。例如，东 2 号柱的缝隙对应冬至日出，东 12 号柱的缝隙对应夏至日出。发现了新石器时代黄河流域的陶寺观象台之后，考古学家在长江流域发现了距今 5000 年至 3700 年的汇观山和瑶山两个祭坛，也是用于天文观测的建筑，属于良渚文化遗址。在祭坛中心竖立的标杆，用于测量日影的长度和日出日落的方位，可以定出冬至、夏至、春分、秋分等节气的日子。由此证明，汇观山

---

① 董仲舒.春秋繁露 [M].郑州：中州古籍出版社，2010：179.

和瑶山的祭坛都是用来观测天象发布纪年授时的场所。[①]

成书于公元前5世纪的《尚书·尧典》，用了很大篇幅来记载传说中帝尧时期的天文活动，并说："食哉唯时。"这句话包含三重意思：一是所有的食物生产都与时令节气有关，二是人们日常饮食养生的食品种类与节气有关，三是不同的作物种植收获与相应的季节有关。这些都说明季节的"时"对于农业生产和饮食物品的重要性。在农业起源的时代，已有"神农因天之时，分地之利"的传说。当时的先民已经把"天"和"时"联系起来。西周的"天"仍指人头顶上的苍天，同时将"天"作为"至上神"即"上帝"的代称。西周末年，"气"介入"天"的概念中。春秋时代，人们开始把"气"视为"天"的本质，把"时"视为"气"运行的秩序。如《左传·昭公元年》载："天有六气……六气曰：阴、阳、风、雨、晦、明也。分为四时，序为五节，过则为灾。"而"气"和"阴阳"等概念的形成，也与农业生产密切相关。在这以后，人们逐步把"天"和"时"联系起来，形成"天时"的概念。这一概念实际上是把"时"即气候变化的时序性作为"天"最重要的内容和特征。而在以农业为基础的中国古代社会，"观天授时"成为历代统治者的首要政务。

第二节 继承相土养地的丰收法宝

农业生产离不开土地。供奉土神，就是保护土地，保障丰收。这是原始农业信仰的原初功能。后土信仰源于对土地的崇拜。古人将后土与黄帝并列，可见其神位之重。农耕牧养受到环境气候的影响，存在着收获的不确定性和不稳定性，古时人们只能借助神灵信仰和图腾崇拜来得到精神慰藉。在古人的意识里，土地同人一样，是有生命的，有情感的，懂得知恩图报的。所以要种地养地，不能只向土地索取，要给土地滋养，给土地回报。祭祀土神的信仰，催生了养地技术的进步，由此形成了用地与养地的有机结合，促进了传统农耕文化体系发展和完善，确保耕地长期耕种而肥力不衰，确保农业生产连续丰产丰收。

一、相土辨壤的土壤分类

在中国古代，"土"和"壤"是不同的概念，各有特定的含义，但都与农业生产有关，与农业丰收有关。《周礼·地官》在"土宜之法"中，分别提出了"辨十有二土"和"辨十有二壤"的问题。"辨十有二土之名物，以相民宅而知其利害，以阜人民，以

---

① 徐凤先.天空之光如何照亮文明——中国早期天文学与文明若干专题研究［M］.广州：广东人民出版社，2019：58+70-71.

蕃鸟兽，以毓草木，以任土事。"在这个义项下的"土"，实际是指广义的土地，或者指一个地域。"辨土"是为了确定村落的地望和宅基的位置，同时也为了因地制宜发展农、林、牧生产。

"辨十有二壤之物，而知其种，以教稼穑树艺。"这个义项下的"壤"，就是指实际耕种的土壤，是农田里不同肥瘠性质的土壤。"辨壤"是为了因壤种植，根据土壤性质来安排作物种植。后汉人郑玄在注释《周礼》时说："以万物自生焉，则言土；土，吐也。"又说："壤，以人耕树艺焉，则言壤；壤，和缓之貌。"可见，"土"就是万物生长的自然土地。"壤"则是经过耕种而熟化的"土"，是耕作土壤或农田土壤。"土"具有"万物自生"的自然肥力，而"壤"则除自然肥力外，还因"人耕而树艺"而有人工肥力。通过人工施肥，可以使自然的"土"变为肥沃的"壤"。因此形成了"地可使肥""地力常新"的思想，为"养地"提供了依据。

《尚书·禹贡》将九州土壤按肥力高低分为上、中、下三等，每等又分上、中、下三级。上等土壤中，雍州之黄壤为上上，徐州之赤埴坟为上中，青州之白坟、海滨广斥为上下。中等土壤中，豫州之壤、下土坟垆为中上，冀州之白壤为中中，兖州之黑坟为中下。下等土壤中，梁州之青黎为下上，荆州之涂泥为下中，扬州之涂泥为下下。《周礼·地官》也按此标准，将土地分为"上地""中地"和"下地"三等。特别是《管子·地员》说，"九州之土，为九十物"，即将九州之土壤，据其肥力所反映的生产能力，兼及其他性状、适宜种植的作物、宜于生长的草木等因素，分为3等7级共18类，每类5种，总计90种。古代按土壤肥力分类的方法对后世影响很大，今天常说的"肥土""沃土""瘠土""薄土"等，都是沿袭了古代的土壤分类系统。

二、五土取宜的草土之道

"五土"即五色土，是指青、红、黄、白、黑五种颜色的自然土壤。五色土是华夏传统文化的社稷符号，寓意国土疆域的"东西南北中"。五色土在《山海经》《禹贡》《周礼》等文献典籍中多处出现。春秋战国时代，中国先民就已经认识到，不同的生态环境，会生长不同的自然植被，适宜种植不同的作物。例如，《易经·离卦》说："百谷草木丽乎土。"说明西周时已认识到，种植的百谷和自然的草木，都与土壤存在依存关系。战国时代的《管子·地员》通篇的主要精神，都在于阐述"土宜"原则，主张因地制宜地发展农、林等生产，在此基础上，提出了"草土之道"的理论："凡草土之道，各有谷造，或高或下，各有草土。"意思是说，植物与土地之间有着密切关系。地势高低不同，所生长的植物也就不同。该篇以一个水陆兼有的梯形地带为例说："叶（荷）下于菱，菱下于莞，莞下于蒲，蒲下于苇，苇下于雚，雚下于蒌，蒌下于荓，荓下于萧，萧下于薜，薜下于萑，萑下于茅。"这里列出了 12 种水陆生长的草类，依照地形高低次序，深水处是荷，浅水处是菱、莞、蒲等；芦苇生于水边湿地，介于水陆之间；自蓷始为旱地植物，依次有蒌、苵、萧、薜、萑等，处于旱地高处的是茅。这 12 种草类，自水生逐渐转向陆生，依地势高低分布。《管子·地员》不厌其烦地罗列了 12 种植物在土地上生长的高下位置，目的是说明天下九州的土壤也有不同的作物在其上生长。强调"每州（土）有常而物有次"，强调"草土之道"的普遍性和规律性，为"因地制宜"进行农、林、牧生产提供了理论依据。"地宜"一词，战国时期已出现，其对农业生产也具有重要性。《管子·治国》说："五谷不宜其地，国之贫也。"

　　此外，《管子·水地》把"地"看成是"万物之本原，诸生之根菀也。"《孟子·公孙丑下》说："天时不如地利，地利不如人和。"为什么对土地称"利"呢？清代学者俞樾解释说："盖利之本义谓土地所出者。土地所出莫重于禾；以刀刈禾，利无大于此者矣。"[1] 可见，"利"的会意本义是"以刀割禾"，泛指丰收。正如《管子·宙合》所说："山陵岑岩，渊泉闶流，泉逾瀵而不尽，薄承瀷不满。高下肥硗，物有所宜，故曰地不一利。"在这个义项下，"地利"也可以称为"地财""地材""地生"或"地用"。与"地利"密切相关的还有"地宜"或"土宜"等。《左传·成公二年》说："先王疆理天下，物土之宜而布其利。"追求"物土之宜"，正是为了"尽地之利"，只有用其宜才能得其利。而"地宜"原则是不可逾越的。

　　到了汉代，人们因地种植的意识已经非常明确。例如，西汉的《淮南子》指出，选择什么样的生产方式要根据人们所处的自然环境来确定，因地制宜：水处者渔，山处者木，谷处者牧，陆处者农。[2] 肥硗高下，各因其宜。山丘阪险，不生五谷，以树竹木。[3] 东汉思想家王充也认为："地性生草，山性生木，如地种葵、韭，山树枣、栗，名曰美园茂林。"[4] 这些思想都主张，要根据土地资源特点选择合适的生产方式，宜农则农，宜牧则牧，宜林则林，宜渔则渔。因地制宜，合理利用土地资源。东汉中期的道教经典《太平经》将因地制宜发展农业生产上升到了维护国家稳定、社会和谐的政治高度："古者圣人明王之授事也，五土各取其所宜，乃其物得好且善，而各畅茂，国家为其得富，令宗庙重味而食，天下安平，无所疾苦，恶气休止，不行为害。"这里的"五土各取其所宜"，就是强调因地制宜才有好收成，才能做到国家富强、天下平安。如果不按照土地资源本身的条件和特点来安排生产，就会"万物不得成"，"万物无可收得"，国家就

---

①　见清代俞樾《儿笘录》，《第一楼丛书》卷六，光绪二十五年（1899）刊本。

②　刘文典. 淮南鸿烈集解·齐俗训［M］. 北京：中华书局，2013：421–422.

③　刘文典. 淮南鸿烈集解·主术训［M］. 北京：中华书局，2013：370.

④　王充. 论衡全译：中［M］. 袁华忠，方家常，译注. 贵阳：贵州人民出版社，1993：761.

会贫困，甚至会发生社会危机。① 这里面仍然蕴含着鲜明的顺应自然、尊重自然规律的思想意蕴。

三、土壤肥力观与"地力常新壮"

秦汉时期，黄河中下游农业区的人口大量增加，促进了垦殖事业的发展，同时也发生了土地资源的破坏或退化。其中最为突出的是土地肥力下降，造成亩产减少，粮食紧张。于是，作为农业生产最主要的生产资料，土地资源的保护和永续利用成为亟待解决的农业问题和环境问题，由此产生了土地资源保护思想和保护措施。

首先是土壤肥力观。战国时期的《吕氏春秋·任地》提出了"地可使肥，又可使棘"的观点，在当时是非常先进的理念。这里的"肥"指土壤肥沃，"棘"指土壤瘦瘠。土壤肥力观的要旨是，土地在耕种过程中，要通过施肥和精耕细作，不断培肥地力，保持地力不衰退，而且还应该越种越肥沃。

中国古代很早就认识"地可使肥"的道理。春秋时期的《国语·周语》就有"阳气俱蒸，土膏其动"的说法。"土膏"，就是指土壤肥力，说明在公元前 5 世纪中国人就知道土壤具有肥力的特点，且把"土膏"看作是动态变化的，而不是静止不变的。《周礼·地官》有"草人掌土化之法"的记载。土化之法即"化之使美"，指用粪肥提高土壤肥力。汉代王充在其《论衡·率性》中指出："夫肥沃硗埆，土地之本性也。肥而沃者性美，树稼丰茂。硗而埆者性恶。深耕细锄，厚加粪壤，勉致人功，以助地力，其树稼与彼肥沃者相似类也。"② 王充这个论述的高明之处在于，虽然自然状态下的土壤有肥沃和瘠薄之分，但是土壤的美与恶、肥与瘦的特性，不是固定不变的，而是可以改变、可以发展的。可以通过合理的耕作与施肥，进行人工改良来增进地力。即使瘠薄硗埆之地，只要精耕细作，多施粪肥，也能与肥沃之地一样获得丰收。

其次是"地力常新壮"。语见《陈旉农书·美田之宜》。其文曰："若能时加新沃之土壤，以粪治之，则益精熟肥美，其力常新壮矣。"陈旉的具体做法是，经常在耕地上添加肥沃的客土，多施肥料，就可以培肥地力，使土壤变得肥沃，地力保持新壮。到元代，"地力常新壮"的土地增肥思想又有新的发展。《王祯农书·粪壤》将以往的多粪肥田和施肥改土的经验，概括为"粪壤"理论："粪壤者，所以变薄地为良田，化硗土为肥土也。"由此可见，"粪壤"是通过多施肥和合理施肥，促进土壤改良，使地力常保持新壮，可长期持续获得丰产。清代的《知本提纲》也指出："地虽瘠薄，常加粪灰，皆可化为良田。"又说："若夫勤农，多积粪壤，不惮叠施补助，一载之间，即可数收，而

---

① 王明.太平经合校：卷五十四［M］.北京：中华书局，2014：210.

② 王充.论衡全译：上册［M］.袁华忠，方家常，译注.贵阳：贵州人民出版社，1993：108.

地力新壮，究不少减。"书中总结道："产频气衰，生物之性不遂，粪沃肥滋，大地之力常新。"土地连续耕种，总会瘦瘠气衰，收成减少。但是只要"粪沃肥滋"，都能种出好庄稼，都能获得大丰收。

"地力常新壮"也可称为辩证的土壤肥力观。即使在今天，"地力常新壮"的理论依然具体重要价值。它用发展的观点看待土壤肥力，采取积极的措施改良土壤和培肥地力，使肥土更肥，瘠土变肥土，为人工培肥地力奠定了理论基础。

再次是绿肥种植。《诗经·周颂》有"其镈斯赵，以薅荼蓼。荼蓼朽止，黍稷茂止"之诗句。大意是，锋利的镈薅下杂草荼蓼，荼蓼腐朽后成为肥料，地里的黍稷就会长得很茂盛。这表明在《诗经》时代，人们已经认识到黍稷生长茂盛与锄下杂草腐烂肥田有关。

我国栽培绿肥的最早记载是西晋《广志》。书中写道："苕草，色青黄，紫华，十二月稻下种之，蔓延殷盛，可以美田，叶可食。"说明在公元 3 世纪时，华南地区已在稻田内套种绿肥了。南北朝时，绿肥在黄河中下游地区有很大发展。《齐民要术》说："凡美田之法，绿豆为上；小豆、胡麻次之……为春谷田，则亩收十石，其美与蚕矢熟粪同。"这里明确指出种植绿肥能使后茬作物大幅度增产丰收。以绿豆为绿肥作物时，既可春种夏翻，也可夏种秋翻。宋元时期，绿肥种植又有新进展。北宋苏轼的《元修菜》诗有"春尽苗叶老，耕翻烟雨丛。润随甘泽化，暖作青泥融。始终不我负，力与粪壤同"的诗句，描写了以苕子作绿肥的情况。元代《王祯农书》在转引《齐民要术》以绿豆等为绿肥的文字后，接着指出种植这些绿肥在"江淮以北，用为常法"，可见当时在江淮以北的广大地区种植绿肥很普遍。明清时期的绿肥约有 20 余种，如天蓝（即金花菜）、大麦、小麦、蚕豆、梅豆、拔山豆、手鲁豆、黎豆、黑豆、葫芦巴（即香豆子）、油菜、白菜、黄蒿、萝卜、满园花（即肥田萝卜）、紫花地丁、酸模、薄儿江、萍（水生植物）等。原来只在南方种植的绿肥扩展到北方，如紫云英在清代已被引种到河南光山等地。明代《沈氏农书》指出："一亩草（指紫云英）可壅三亩田，今时肥壅艰难，此项最属便利。"清代《抚郡农产考略》说："红花草比萝卜菜子尤肥田，为早稻所必需，可以固本助苗，其力量可敌粪草一二十石。无草者虽以重本肥料壅之，其苗终不茂，故乡人种红草者极多，不敢以籽种贵而稍吝。"江西抚州草子种，出产甚多，运集建昌、饶州各府县。

最后是肥田之法。中国古代的施肥理论，都有其长期的实践基础，并对后世产生深远影响，尤其是"粪药"论的出现为其他的认识和理论奠定了必要基础。

善其根苗，用粪如药。《陈旉农书·善其根苗》中强调要"用粪得理"，即要求施肥合理。同时在《粪田之宜》篇中说，施肥要"相视其土之性类，以所宜粪而粪之，斯得其理矣。俚言谓之'粪药'，以言用粪犹用药也"，认为施肥要根据不同性状的土壤，施以它所适宜的肥料，就像给人治病时要对症下药一样。《王祯农书·粪壤》中也说，"粪田之法，得其中则可，若骤用生粪，及布粪过多，粪力峻热，即烧杀物，反为害矣"，认为施肥要达到适宜的程度，这也是同用药一样的要求。这种"粪药"论对于经济合理地施肥、改良土壤和保证作物的良好生长，都有重要意义。这是中国古代在施肥认识上的一次重大发展，并为合理的施肥技术奠定了理论基础。

"相其时候，察其颜色。"这是《沈氏农书》根据浙江湖州地区对单季晚稻施用追肥的实践，总结性地提出来的一种正确的科学认识。《沈氏农书》指出："盖田上生活，百凡容易，只有接力一壅，须相其时候，察其颜色，为农家最要紧机关。"这说明"下接力"，即施追肥，是农家最难掌握的关键性技术，必须"相其时候"，即掌握作物的生长发育阶段，并"察其颜色"，即观察作物的营养状况。要把这二者结合起来考虑，而后才能决定在什么情况下追肥最好。《沈氏农书》还具体介绍了如何贯彻这种看苗施肥的原则。它指出："下接力，须在处暑后，苗做胎时，在苗色正黄之时。"所谓"做胎"，即孕穗，正属幼穗分化期。至于所察的"颜色"，是指从苗色变化，观察稻苗的营养状况，标志是"苗色正黄"。这是正确的认识，因谷类作物在幼穗分化时期是需水肥最多最切的时期，故此时施追肥可为增产奠定基础。《沈氏农书》还强调指出，即使到了"苗做胎时"，而"苗色不黄"，也"断不可下接力"，要是"到底不黄"，就"到底不可下"，只能在"若苗茂密，度其力短"的情况下，"俟抽穗之后，每亩下饼三斗，自足接其力"。必须注意，"切不可未黄先下，致好苗而无好稻"，否则就会减产。同时《沈氏农书》还指出："无力之家，既苦少壅薄收；粪多之家，每患过肥谷枇。究其根源，总为壅嫩苗之故。"说明不论肥料多少，都要根据这个原则来施肥。《沈氏农书》所提出的"相其时候，察其颜色"的看苗施肥指导思想，是《陈旉农书》中"粪药"论的发展，而且影响后世。

化土渐渍，余气相培。清代杨屾在其《知本提纲》中提出"化土渐渍之法，必使余气相培"的论点。他的学生郑世铎对此解释说："土有良薄、肥磽、刚柔之殊，所产亦有多寡、坚虚、美恶之别；使不能化磷为肥，何以浸渍其苗，令之发荣滋长乎？故欲耕道克修，不可不先明化土渐渍之法，以畜其粪壤也。粪壤之类甚多，要皆余气相培。即如人食谷、肉、菜、果，采其五行生气，依类添补于身；所有不尽余气，化粪而出，沃之田间，渐渍禾苗，同类相求，仍倍禾身，自然强大壮盛。又如鸟兽牲畜之类，及猪骨、蛤灰、毛羽、肤皮、蹄角等物，一切草木所酿，皆属余气相培，滋养禾苗。"这里"余气"的"气"，不是指虚无的东西，而是指物质而言。他们着重说明肥料中含有作物所需要的营养物质，施肥可以"化土"，即改良土壤，提高肥力，而肥料在土中又"渐渍禾苗"，即逐渐释放养分供作物吸收，故使作物发荣滋长、强大壮盛，从而提高产量。

同时，他们又指出，作物的可食部分经人畜食用后，人畜粪便又成为作物的营养物质，而一切草木，包括农作物在内，也含有这种"同类相求"的"余气"，故腐烂后就能成为"化土"和"渐渍禾苗"的肥料。说明作物、肥料和土壤之间有着一种互相循环和转化的关系，反映了朴素的辩证法思想。

"三宜"用肥，事半功倍。中国古代的农业生产非常重视因时、因地、因物制宜，这种观念不仅贯穿在整个农业生产中，也体现在各个生产环节中，在施肥方面也不例外。最先提出"三宜"的是明代马一龙的《农说》。书中说："合天时、地脉、物性之宜，而无所差失，则事半而功倍。"明清以前，已有关于施肥要因时、因地、因物制宜的论述，但尚未形成系统性的理论。明清时期在"三宜"施肥理论方面有很大发展。杨屾的《知本提纲》以陕西兴平当地经验为案例，提出"生熟有三宜之用"说。杨屾的学生郑世铎加以诠释申论，形成了"三宜施肥"的原则：一是生粪仅可用于木果栽植，余皆不可用；二是熟粪诸种均可用，唯有时宜、土宜、物宜之别。时宜就是不同季节要施用不同的肥料，如春季宜施人粪、牲畜粪，夏季宜施草粪、泥粪、苗粪，秋季宜施火粪，冬季宜施骨蛤、皮毛粪。土宜即依土性肥瘠沃埆用粪，如阴湿之地宜用火粪，黄壤宜用渣粪，沙土宜用草粪、泥粪，水田宜用皮毛蹄角及骨蛤粪，高燥之处宜用猪粪。物宜即对不同作物施用不同的肥料，如稻田宜施骨蛤蹄角粪、皮毛粪，麦粟宜施黑豆粪、苗粪，瓜菜宜施人粪、油渣之类。清代《浦部农咨》说："天有时，地有气，物有情，悉以人事司其柄。"在中国古代农业生产中，"三宜"原则贯穿于农事活动的始终。因时、因地、因物制宜，采取机动灵活的耕作方法，是中国古代土壤耕作和施肥沃壤的优良传统之一。"三宜"施肥是夺取丰收的法宝，在今天依然有着传承应用的价值。[①]

第三节　继承天地和同的生态理念

在天、地、人和谐相处的农业哲学影响下形成的中国传统农学，不仅对农业耕作的土壤有着强烈的保护意识，形成了可持续的种地养地相结合的优良传统，而且对于农业生产的周围环境，同样有着强烈的保护意识。《吕氏春秋》里有一句质朴至理的名言："竭泽而渔，岂不获得，而明年无鱼。"明代马一龙《农说》提出了精辟独到的农业环境观："知时为上，知土次之。知其所宜，用其不可弃；知其所宜，避其不可为，力足以胜天矣。"在进行农业生产和农业布局时，必须首先要"知时"，即了解当地的气候，了解温光水湿条件的变化；还要"知土"，了解当地的山川地形和土壤肥瘠情况。充分掌

---

① 李根蟠."天人合一"与"三才"理论——为什么要讨论中国经济史上的"天人关系"[J].中国经济史研究.2000（3）：11.

握农业环境条件之后，就可以"用其不可弃，避其不可为"，达到人力胜天的效果，实现农业丰收的目标。

一、先秦时代的环境保护意识

只有在尊重客观规律的前提下发挥人的主观能动性，农业才能获得丰收。古人在长期实践中认识到对生物资源的"护养用结合"的重要性和必要性。在"三才"思想所推崇的农业环境观影响下，我国在公元前三四世纪就产生了保护农业环境的意识。先秦古籍《礼记》《国语》《左传》《管子》《孟子》《荀子》《吕氏春秋》等都有保护山林川泽的论述。

《礼记·月令》指出，在"天气下降，地气上升，天地和同，草木萌动"的孟春季节，必须"禁止伐木，毋覆巢，毋杀孩虫，胎夭飞鸟，毋麛毋卵"。仲春之月，一方面告诫统治者"毋作大事，以妨农时"，同时也希望百姓"毋竭川泽，毋漉陂池，毋焚山林木"。《礼记·曲礼》中对国君、大夫、士的狩猎活动都有具体限制：国君春田不能采取合围猎场的办法；大夫不能对野兽不分老幼全群猎杀；士不能拿走鸟巢中的小鸟和鸟卵。这种资源保护意识普遍受到先秦思想家的认同和重视。荀子说："汙池渊沼川泽，谨其时禁，故鱼鳖优多而百姓有余用也。"还说在鱼鳖"孕别"之时，要做到"网罟毒药不入泽，不夭其生，不绝其长也"；在果木"荣华滋硕"之时，要做到"斧斤不入山林，不夭其生，不绝其长也"。《周礼·地官》规定："凡窃木者，有刑罚。注曰：天之生物有限，人之用物无穷。若荡然无制，暴殄天物，则童山竭泽，何所不至！刑罚之施，至是不得不行。"

孟子指出，齐国东南山区之所以发生"童山濯濯"、草木不生的生态破坏，是由于"斧斤伐之"和"牛羊又从而牧之"的结果。孟子认为，要利用好生物资源，首先要保护好资源。《孟子·告子章句上》说："苟得其养，无物不长；苟失其养，无物不消。"这个"养"字，形象地说出了对生物资源的保护意识。养是人类的主动行为，是利用生物资源所秉持的节制性和时制性。《孟子·梁惠王上》出的对策是："数罟不入洿池，鱼鳖不可胜食；斧斤以时入山林，材木不可胜用也。"

管仲是春秋时期齐国著名的政治家、军事家，辅佐齐桓公治国理政，成就了千秋霸业。《管子·五事》是给齐桓公提出的治国对策："君之所务者五：一曰山泽不救于火，草木不植成，国之贫也；二曰沟渎不遂于隘，鄣水不安其藏，国之贫也；三曰桑麻不植于野，五谷不宜其地，国之贫也；四曰六畜不育于家，瓜瓠荤菜百果不备具，国之贫也；五曰工事竞于刻镂，女事繁于文章，国之贫也。"可以看到，管子提出的治国五事，第一条就是山泽保护，与之对应的是："山泽救于火，草木植成，国之富也。"在

《管子·七法》中，他甚至将山泽保护提高到"以为天下王"的高度："为人君而不能守其山林范泽草类，不可以为天下王。"这是因为："人民、鸟兽、草木之生物，虽不甚多，皆均有焉，而未尝变也，谓之则。"这段话提出了人类与动植物即"鸟兽草木"之间是"均有"即平衡关系，这是不能改变的规则和规律。这是管仲先知先觉的生态平衡思想。

荀子继承了管仲的生物保护和生态平衡的思想，进一步提出"制天命而用之"的自然资源利用思想。保护的根本目的是为人类服务，为人类利用，但是必须遵守自然界的规律。《荀子·王制》说："圣王之制也，草木荣华滋硕之时，则斧斤不入山林，不夭其生，不绝其长也；鼋鼍鱼鳖鳅鳣孕别之时，罔罟毒药不入泽，不夭其生，不绝其长也；春耕、夏耘、秋收、冬藏四者不失时，故五谷不绝而百姓有余食也；污池渊沼川泽，谨其时禁，故鱼鳖优多而百姓有余用也；斩伐养长不失其时，故山林不童而百姓有余材也。"荀子提出的"斩伐养长不失其时"的思想，有着极为丰富的保护利用内涵。

《吕氏春秋·十二纪》提出一年十二个月的"以时禁发"原则，一般都是春夏禁止，秋冬开放。比如，仲春二月，"无竭川泽，无漉陂池，无焚山林"；季夏六月，"树木方盛，乃命虞人入山行木，毋有斩伐"；仲冬十一月，"日短至，则伐林木，取竹箭"，"山林薮泽，有能取疏（蔬）食、田猎禽兽者，野虞教导之"。

二、秦汉时期的资源管理机构与法令

国家的资源保护，是对全体国民的行为约束，需要设立资源管理的行政执法机构，专司其责。因此，我国先秦时代就已经设有专门机构，负责山林川泽的资源保护和利用。其名称因朝代而别。周代称为"虞衡"。《尚书·舜典》记载："帝曰：俞，咨益，汝作朕虞。"注曰："虞，掌山泽之官。"相传帝舜曾任命伯益为山林水泽保护的长官。这是我国第一位"国土资源部部长"。春秋战国时，称"虞人"或"虞师"。先秦时，虞衡还按职权对象细分为山虞和林衡、泽虞和川衡等不同职级的官衔。山虞制定山林资源保护的政令并负责督察，林衡是山虞的下级机构，负责实地巡视山林、执行护林禁令、调拨守护林吏役以及对辖属吏员进行业绩考察、颁行奖罚等。泽虞与川衡，负责管理水生生物资源。其职责分工，亦与山虞和林衡相似。

战国时，有的诸侯国以虞人一职而兼管山林渊泽全部事务，如《荀子·王制篇》所说："修火宪，养山林薮泽草木、鱼鳖、百索，以时禁发，使国家足用而财物不屈，虞师之事也。"还说："獭祭鱼，然后虞人入泽梁"，"草木方盛，乃命虞人入山林，毋有斩伐"。由此可知，虞衡的职责包括制订防火条例（修火宪），养护草木、鱼鳖、百索（野生蔬菜），还要入泽梁和入山林进行巡查，等等。

先秦时代施行的"以时禁发"的政策，是一种保护与利用相宜而行的政策。如

《礼记·王制》规定，正月獭祭鱼后可以下水捕鱼，九月豺祭兽后可以猎兽，八月鸠化鹰后可以张网捕鸟，冬季草木零落之后可进山砍伐树木，昆虫蛰伏以后可以烧草肥田。这些规定具有保护与利用统筹兼顾的良好效果。

汉代的《淮南子·主术训》说："先王之法，畋不掩群，不取麛夭，不涸泽而渔，不焚林而猎。豺未祭兽，罝罦不得布于野。獭未祭鱼，网罟不得入于水。鹰隼未挚，罗网不得张于溪谷。草木未落，斤斧不得入山林。昆虫未蛰，不得以火烧田，孕育不得杀，鷇卵不得探，鱼不长尺不得取。"这里系统讲述了当时重视环境保护、促进社会和谐的情况。商朝、西周的时候，人们就懂得了在农业种植中施用草木灰和绿肥；到战国时期，国家制定了护林法律，约束乱砍滥伐的行为，实施封山育林。

三国曹魏时期的资源保护机构改称"虞曹"。隋唐及宋朝都在工部下设虞部或虞衡司。明清时代，仍在工部下设虞衡清吏司，清朝末代皇帝溥仪逊位后始废。需要注意的是，唐宋以后，虞衡职司中，除了掌握山林川泽政令，还养护京城的街道绿化，管理帝王苑囿，安排王室狩猎，采办皇宫内苑的薪炭，筹备官牧场的越冬饲草，等等。据《明史》记载，虞衡司掌管"帝王、圣贤、忠义、名山、岳镇、陵墓、祠庙有功德于民者，禁樵牧"。可见，从商周以降的 3000 多年，我国一直在中央政府中设置有生态资源保护和开发的机构，这是全世界所独有的现象。

三、出土简牍所见的秦汉环境保护法

古代中国的环境法，始见于战国时代的秦国，可能是商鞅变法的法律内容之一。1975 年出土于湖北云梦睡虎地的秦简《田律》篇记载："春二月，毋敢伐材木山林及雍（壅）堤水。不夏月，毋敢夜草为灰，取生荔、麛卵鷇，毋□□□□□毒鱼鳖，置阱罔（网），到七月而纵之。唯不幸死而伐绾（棺）享（椁）者，是不用时。邑之（近）皂及它禁苑者，麛时毋敢将犬以之田。百姓犬入禁苑中而不追兽及捕兽者，勿敢杀；其追兽及捕兽者，杀之。河（呵）禁所杀犬，皆完入公；其它禁苑杀者，食其肉而入皮。"[1] 这条律文的大意是：早春二月是万物生发孕育的季节。不准入山中砍伐木材，不准堵塞水道。不到夏季，不准烧草作为肥料，不准采摘萌芽的植物，不准捉取幼兽、鱼卵，不准毒杀鱼鳖，不准设置捕捉鸟兽的陷阱和纲罟。每年七月解除前述禁令。因先人亡故而需伐木制作棺椁者则不受时禁约束，随时可上山砍伐木材。居邑靠近山林或禁苑者，幼兽繁殖时不准带着狗去狩猎。百姓的狗进入禁苑的，如果没有追捕野兽，则不准打死；如果追捕野兽，则要打死。在禁区内打死的狗要完整上缴官府，在其他禁苑打死的，可以

---

① 睡虎地秦墓竹简整理小组.睡虎地秦墓竹简［M］.北京；文物出版社，1990：20.

吃掉狗肉而上缴狗皮。

这条《田律》体现出重要的立法思想。一是生态的保护和利用要相容并存，不可禁而不发，也不可发而无度。实际执行的是，每年农历二月初到六月底，是禁止时段，自七月至翌年正月底，是开放时段。此外，对于皇家禁苑的规定，也讲究仁慈公平，并非恃势凌民。二是环境保护的对象涉及林木、植被、水道、鸟兽、鱼鳖等，范围相当广泛。三是立法时考虑了律文限定之外的特殊情况，明确做出相应规定，体现出柔性法治的思想，增强了执法实践的可操作性和例外情形的执法灵活性，最为可贵。

云梦秦简的《法律问答》中还有这样一则材料："者（诸）侯客来者，以火炎其衡厄（轭）。炎之可（何）？当者（诸）侯不治骚马，骚马虫皆丽衡厄（轭）鞅辕，是以炎之。"[①]意思是，远客入秦，须以焰火熏其车架衡轭，以灭除可能附着其上的侵害牲畜的害虫。这种做法已与当代的海关检疫相似，环境保护的意识强烈，而且采取的措施科学有效。说明秦国的环境立法已经相当完善。[②]

秦亡汉兴，高祖"约法三章"，废除了秦朝的苛法，但秦律的法律原则、指导思想仍然得以延续。1983年12月至1984年1月，荆州地区博物馆在湖北江陵张家山发掘了三座汉初墓葬，出土竹简1236枚及若干残片，包括《历谱》《二年律令》《奏谳书》《脉书》《算数书》《盖庐》《引书》等。[③]竹简《二年律令·田律》有："禁诸民吏徒隶，春夏毋敢伐材木山林，及进〈壅〉堤水泉，燔草为灰，取产麛卵；毋杀其绳重者，毋毒鱼。"[④]此条文的内容与秦时如出一辙。春夏之时不许砍伐林木，不得堵塞水道，不得焚烧草木灰为肥料，不许捕猎幼兽、怀孕的母兽，不许用毒药来毒杀鱼鳖。据考古报告研判，《二年律令》系简文原题，独写一简，出土时与同墓的《历谱》共存一处。《历谱》所记最早年代为汉高祖五年（公元前202年），最后年代为吕后二年（公元前186年），据此推测，《二年律令》之"二年"，应指吕后二年，亦即吕后二年之前施行的律令。汉初继承了秦律保护动植物资源的法律内容，尤其是关于保护动植物资源的法律条款。

汉代保护生态资源的法律，在全国范围内得到了广泛的实施。甘肃敦煌悬泉置汉代遗址发掘出土的泥墙墨书《使者和中所督察诏书四时月令五十条》（简称《四时月令》）中有大量的生态保护内容，是迄今我国所发现的最早关注自然节律与人间时序相

---

① 睡虎地秦墓竹简整理小组.睡虎地秦墓竹简［M］.北京：文物出版社，1990：135.

② 姜建设.古代中国的环境法：从朴素的法理到严格的实践［J］.郑州大学学报（哲学社会科学版），1996（6）：53.

③ 荆州地区博物馆.江陵张家山三座汉墓出土大批竹简，江陵张家山汉简概述［J］.文物，1985（1）：9-15+98.

④ 张家山汉墓整理小组.张家山汉墓竹简［M］.北京：文物出版社，2001：167.

因相应的法律文书，对了解秦汉时期的生态保护具有重要价值。《四时月令》的文首是太皇太后"诏文"，次为和中下发郡太守的"例言"。主体部分是月令50条，其中春季20条，夏季8条，冬季10条。令文按春夏秋冬的时序颁布。简版书写分上下两栏，上栏是纲目，下栏是条释。结束部分为安汉公王莽的奏请和逐级下达文书的格语，最后是敦煌太守的发文告语。据诏文可知，《四时月令》颁行于汉平帝元始五年（公元5年）五月，是年八月发至敦煌。十二月，平帝殁，王莽居摄朝政，刘歆为羲和。《汉书·平帝纪》记载："五年春，刘歆等四人使治明堂、辟雍，太仆王恽等八人使行风俗。宣明德化，万国齐同。"《四时月令》应是此时所出。《四时月令》共50条，涉及生态保护者16条。其内容与《礼记·月令》《吕氏春秋·十二纪》《淮南子·时则训》大致相同。以"孟春"条为例。诏书的内容是：

> 禁止伐木：谓大小之木皆不可伐也，尽八月草木令落乃得伐其当伐者
> 毋摘剿：谓空实皆不得也，空剿尽夏，实者四时常禁
> 毋杀幼虫：谓幼少之虫，不为人害者也，尽九月
> 毋杀子台：谓禽兽六畜怀妊有胎者也，尽十二月常禁
> 毋矢蜚鸟：谓矢蜚鸟不得使长大也，尽十二月常禁
> 毋麑：谓四足……及畜幼少未安者也，尽九月（麑为小鹿）
> 毋卵：谓蜚虫及鸡□卵之属也，尽九月
> 瘞骼貍（埋）骴：骼谓鸟兽之□也，其有肉者为骴，尽夏

与上述令文对应的《礼记》《吕氏春秋》《淮南子》等书的内容是：

> 是月也，命乐正入学习舞；乃修祭典，命祀山林川泽，牺牲毋用牝；禁止伐木；毋覆巢，毋杀孩虫，胎夭，飞鸟，毋麛毋卵；毋聚大众，毋置城郭；掩骼埋骴。

通过以上的对照，可以看出，出土的《四时月令》与传世的《礼记》《吕氏春秋》《淮南子》等书涉及的内容大致相同，但是《四时月令》的规定更为具体可操作，而且每条令文均有禁与发的时限，若终年不可开禁，则明确写上"常禁"，以警世人。

这里最为重要的一条是"瘞骼貍骴"。相类的内容是《吕氏春秋·孟春纪》中"揜骼霾髊"、《淮南子·时则训》中"掩骼埋骴"、《礼记·月令》中"掩骼埋胔"。虽然遣词稍异，但其质相同。意思都是在早春时节，要注意掩埋野地死亡的鸟兽的尸体，不让其暴露在外。《吕氏春秋·孟春纪》高诱注："顺木德而尚仁恩也。"这是从道德伦理上

的解释。《淮南子·时则训》高诱注："骼，骨有肉，掩覆埋藏之，慎生气也。"这里已经从环境影响的"气"来解释了。《礼记·月令》郑玄注："为死气逆生也。"蔡邕《月令章句》注："畜兽死在田野，春气尚生，故埋藏死物。"① 这里提到的"死气逆生"，更接近于现代科学的认知，死去野兽的尸体可能会逆生于活体中。总之，在春夏两季掩埋动物尸骨的做法，完全合乎科学，也完全合乎生态保护的理念。从这一点看，古人保护环境，保护农业，保护丰收，已经从生产生活实践中总结出或者观察到切合实际的可行的禁忌条款。

1930 年发掘居延汉简，出土简牍 1 万余支。这批汉简分布于我国内蒙古自治区额济纳旗的居延地区和甘肃省嘉峪关以东的金塔县肩水金关一带。居延汉简中是基层军事组织上报的生态保护方面的官方文书，其中有"吏民毋犯四时禁"和"吏民毋得伐树木"，体现出当时维护生态环境的制度安排。文书中频繁出现的"有无四时言"的督察结果，反映了对于执行这种制度的纪律检查机制的严肃性。但是，形成鲜明对照的是，现今居延地方的生态环境只是连天的戈壁黄沙，似乎并没有林木可以砍伐。历史变迁不能"以今度古"，因为汉代居延的生态环境远非现今可比。仅以当地出土大量用于书写的竹简，即可说明当时的生态环境优越且优美。如此大量的竹简，应是就地取材，不会是通过遥远调运而来。同时，在简文中也可见到使用"大竹""竹长者"制造车具的记载。值得关注的是，居延汉简还多见关于渔获的记述，简文有称作"海"的浩大水面。② 文献史料证明，古代弱水③沿岸有良好的森林植被，胡杨和红柳组成森林的主体。它们都是极耐干旱的植物。汉时曾在弱水两岸修筑了一系列烽燧，烽燧之外又修筑了塞墙。居延塞即指这种由烽燧和塞墙构成的军防体系。修建这种大规模的军事工程，需要使用大量竹木建材。许多遗存至今的城障建筑（如破城子）和烽燧，仍然可以看到竹木材质的残存。④ 可能正是因为建设边防工事砍伐了当地的植被林木，才使得军政当局注重开展对树木的保护。

居延汉简"勿犯四时禁"的内容，大部分属于光武帝刘秀建武年间的法令。简文内容都是统治者对吏民"毋犯四时禁""勿伐树木"的命令以及下属机构对执行情况的汇报。值得注意的是，简文中禁令的语气非常强硬，不容丝毫迁就容忍，反映了统治者对保护生态资源特别是林木资源的强硬态度。此外，从简文中还可以看到，当时各行政机构建立了一整套按季度逐级向上汇报执法巡视状况的督察制度，以确保生态保护的法令在这些地区得到了良好的执行。

① 石声汉.四时月令校注［M］.北京：中华书局，1965：16.

② 王子今.汉代居延边塞生态保护纪律档案［J］.历史档案，2005（4）：111–116+121.

③ 弱水指黑河自金塔县的鼎新以下到额济纳旗湖西新村的河段，亦称额济纳河。

④ 景爱.额济纳河下游环境变迁的考察［J］.中国历史地理论丛，1994（1）：41–62.

第十四章

中国农民丰收节的
民俗文化渊源

　　丰收节起源于猎获或者收获后的祭祀仪式和狂欢活动。先民在获得丰收的时候，会对渔猎生产过程进行艺术模仿，戴着各种装饰表演打猎、种植或其他劳动动作，表达愉快喜悦的心情。这种原始的庆祝丰收的形式，逐渐演变成欢庆丰收的礼仪。模仿劳动场景的歌舞或习俗，本身就含有劝导部落成员勤力务农、夺取丰收的初衷。

　　在生产生活过程中，某些日常活动和行为表达了人们的共同理念、共同要求或共同愿望，久而久之，就约定成俗，形成了某种特定的仪式，产生出表达某种情感、意念的习俗，或者称为"民俗"。丰收文化的起源和形成，也是人们祝愿丰收的意念和庆祝丰收的喜悦活动，历久成俗，传承不辍。丰收文化是天生带有正能量的文化，助力农耕，增益社稷，最终升格为国家礼制文化。

　　新时代农民丰收节的庆祝活动下沉基层、分散举办、规模宏大、亮点纷呈的格局，营造了礼赞丰收、致敬农民、祝福祖国的热烈氛围，展现了蓬勃的时代气象、火热的生活激情、多样的农耕文化、光明的振兴图景以及农民的时代风采。

第一节　中国农民丰收节的民俗意涵

　　古代在国家祭祀活动中，专门设有农业祭祀的门类，包括农耕祈愿和丰收庆典。由朝廷举办的农业祭祀是规制严密、礼制详备的国家庆典。农业祭祀既反映了观念上的天地信仰，更体现出重农悯农的国家意志。特定的政治仪式不断强化了这种意志。

一、丰收节的源与流

真正具有人文意义的丰收习俗，都与农牧业的起源和发展密切相关。根据考古学家的考证，中国的农业丰收祭祀，早在新石器时代后期就已普遍流行。这个时期相当于华北地区的仰韶文化时期。当时的华北农民主要种植粟和稻，饲养狗、猪、牛、羊。由于生产力水平低下，农业处于刀耕火种的游耕阶段，收成很不稳定，因此遇上风调雨顺的丰收年景，人们就会狂欢庆贺一番。如此日久成俗，演化为固定日子的丰收节。那时候，农民集中居住在村落里。每个村落有十几户人家，属于一个或多个亲族群。村落之内，可能有酋长。部落成员之间，就是传说中的"耕而食，织而衣，无有相害之心"的神农氏的社会。这种自给自足式的农业社会，主要的生活资源是农耕，主要的期盼是丰收，主要的仪式是农业祭。

农业祭在中国文明史中一直占有重要地位。早在仰韶文化时期，祈年祭便已成为重要祭祀。汉字在创制之初，已经融入了丰收文化的意涵。不少汉字的象形或会意，都含有丰收的意思。

例如，起源于远古时代祈年祭的"年"字，其象形本意就是"丰收"。《谷梁传》说："五谷大熟，为大有年。"庄稼收割完毕，要过一个庆丰收的节，这个节就称为"年"。所以，"过年"就是庆丰收。

甲骨文的"年"是个会意字：上面是一棵禾，禾穗低垂，表示庄稼已经成熟；下面是一个面朝左、臂下垂、弯着腰的人，表示把捆好的成熟庄稼背回家，意为"丰收了"。

"秀"也是个会意字：上面是成熟了的禾，禾穗下垂；下面是一个手臂前伸的人，表示在欣赏丰收成果。"秀"字的本义就是好收成。"年"与"秀"的意涵区别是，"年"指丰收的果实，"秀"指丰收的景象。

此外，还有"利"字。古代的"三才"论有"天时不如地利，地利不如人和"，以及"上得天时，下得地利，中得人和"的说法。什么是"地利"？"利"是"犁"的初文。这个字由农作物的"禾"和代表刀的符号"勿"组合而成，其中刀（勿）间的小点表示犁地时翻起的土块。由此可见，古人早在几千年前就知道深耕土地有利于农业丰收。

"和"字也与丰收有关。"和"的本义是一种吹奏

年

秀

利

和

类乐器，引申为和谐、协调。《礼记·乐记》说："其声和以柔。""和"有柔顺、舒畅的意思。这就是农业丰收需要"人和"的道理。如果人与人之间的关系不平顺、不和谐，怎么能欢庆丰收呢？古人造字，充满智慧和哲理。这就是农耕文化对中华传统文化的影响。

中国传统丰收文化的形成和发展，是一个历史文化长期积淀凝聚的过程。这些节日从远古走来，流传至今的传统节俗反映出先民社会生活中的精彩画面。在古代中国，农历十月初十日曾经是丰收节，并且这个节日有着上千年的历史。进入秋天，风和日丽，丹桂飘香，蟹肥菊黄，正是一派瓜果飘香谷满仓的丰收景象，人们将迎来二十四节气中第十六个节气秋分。此时正好是从夏至到冬至的中点。历史上，秋分既是秋收冬藏的起点，又是春耕夏种的终点。现在国家把中国农民丰收节设置在每年的秋分时节，正是对传统节气文化的尊重和传承，同时也体现了当代中国人顺应自然规律和可持续的生态发展观，可谓优秀传统文化和当代新发展观的有机结合。

丰收节不仅是满足人们渴望丰收心理的表征符号，同时也寄寓了人们追求丰收的意涵。例如，立春的"鞭打春牛"，就是祈愿丰收的开春习俗。立春是二十四节气之一，是农业生产中的重要节气。《礼记·月令》记载，立春有"出土牛"的习俗。最初是在立春日由官府主持"出春牛"的催耕仪式。宋代孟元老《东京梦华录》卷六及陈元靓《岁时广记》卷八中，记载了地方官在立春日举行"鞭打春牛"的仪式。[①]与此相应，据《东京梦华录》卷十记载，宋代已有刻版印刷的牧童与春牛构成的《春牛图》。图中牧童与牛的站位关系，需要表示出当年立春节期与春节的时间关系。[②]当立春早于春节时，牧童站在前面牵着牛；当立春与春节相近时，牧童骑于牛背；当立春晚于春节时，牧童站在牛后驱赶牛。[③]由此可见，古代的《春牛图》其实是为了夺取农业丰收而巧妙设计的"催耕"符号。此外，引龙兴雨的"春龙节"、分龙彩雨的"分龙节"、打囤添仓的"添仓节"，都是祈求风调雨顺、祈愿农牧丰收的生产习俗。

少数民族丰收节民俗中，也有不少是属于农事生产的内容。如藏族的"望果节"，人们"在田地边上转圈舞蹈"以祈丰年；苗族杀鱼节时有杀鱼活动；西北蒙古族、维吾尔族、哈萨克族、乌孜别克族等的传统节日中，都流行有赛马、叼羊以及摔跤、射箭等围绕农牧生产的民俗活动。这些也属于与农事生产相关的丰收节庆，以庆贺丰收、欢庆人畜两旺、吉祥幸福为主题。

---

① 赵杏根.中华节日风俗全书[M].合肥：黄山书社，1990：8-9.

② 立春是按阳历制定，春节是按阴历制定。为了调整阴历、阳历与实际季节的偏差，每隔几年就要在阴历里加入一个闰月，因此立春与春节会有一个月的时间差距。立春最早会早于春节15天，最晚会晚于春节15天。

③ 张德宝，庞先健，完颜绍元，等.中国风俗图像解说[M].上海：上海书店出版社，1999：21.

另外，如立夏节"尝三新"以及立秋节的食瓜等节俗，也都以品尝果实、欢庆丰收为宗旨，同样属于喜庆类民俗。①

我国不少民族都有类似汉族的春节一样的年节，都是以喜庆丰收、迎接新岁为宗旨，以社交娱乐为活动形式的节庆。最有代表性的是在少数民族中流行的一些节日歌会、歌墟等民俗活动。如大理白族每年农历四月二十三至二十五日的"绕山林"，苗族的"踩花山"，仫佬族的"走坡"，彝族的"插花节"以及在西北地区流行的六月六"花儿会"等，都是祈愿丰收的歌舞民俗活动。特别是蒙古族的"那达慕"，人们以射箭、摔跤、赛马等比赛活动，表达丰收的喜悦，传递"拥抱自然，亲吻草原"的炽热之情。②

农民丰收节的时代创新，首推线上"丰收平台"的搭建。这是城乡互动、社会共享的便捷形式，吸引人气，点燃热点，汇聚商家，拉动消费，为乡村振兴提供了强大动力。丰收节上许多脍炙人口、雅俗共享的文创主题，深受城乡人民欢迎。

二、丰收节的礼与俗

丰收文化是乡村民间的"草根文化"，与之对应的是国家层面的礼制祭祀。这与近代美国人类学家罗伯特·芮德菲尔德（Robert Redfield）提出的民俗"大传统"与"小传统"学说有着对应关系。在任何一种文明里，都存在两个文化传统，其一是学堂或庙堂之中的少数文化精英培育出来的大传统；其二是由广大平民百姓创造出的小传统。③与这个理论相对应的是，我国传统的丰收习俗是构成社会风俗的小传统，而丰收礼制则是构成国家庆典的大传统。丰收文化的俗与礼，同时存在于民间习俗和国家礼制两个层级之中。但是，一个大传统所包含的全部文化要素实际上都脱胎于小传统。国家丰收礼制根植于民间丰收习俗的土壤之中。因此，丰收礼俗既是"礼"的俗化，又是"俗"的升华；丰收文化既是一种社会文化现象，又是一种推动农牧经济向前发展的原生动力。丰收文化的礼与俗，经过历史岁月的塑形缘饰和重复习行，交叠不辍，延衍至今。

我国各地民间普遍传承的"尝新节"，在礼制里衍化成"荐新祭"，成为天子在每年农作物收获之后举行的祭祀祖先、荐尝新谷的宴会。《礼记·祭统》说："广秋祭曰尝。"《礼记·月令》说："孟秋之月，农乃登麦，天子以彘尝麦，先荐寝庙。"我们注意到，在民间称为"祭祖尝新"的习俗，升格为国家礼制后，称为"尝祭荐新"。同一个节日，把"尝"变为"荐"，其功能意义就大不相同了。"尝"是民间对新获食品的鉴赏和评说，而"荐"已转化为对民间收获的作物良种加以引导推荐，是推广优良品种的一

①　徐万邦.中国少数民族节日与风情［M］.北京：中央民族大学出版社，1997：63-91.
②　赵东玉.中华传统节庆文化研究［M］.北京：人民出版社，2002：3-9.
③　芮德菲尔德.农民社会与文化［M］.王莹，译.北京：中国社会科学出版社，2013：27.

项宣传展示。这一仪式后来进一步推演成地方州郡的"庙会赛嘉种"习俗，成了遍布乡村的农业良种展览会。

"以礼化俗"的尝新节，最终构成一个从中央到地方的良种推广网络。遍布全国州郡的民间丰收庙会，增添了良种展示的功能，完成了作物良种遴选、展示、推广的全过程。在没有专职育种机构的古代，我国大量流传至今的传统良种，就是在丰收庆典的潜移默化中被发现、被传播的。

在古代的丰收礼制中，还有一类称为"告秋登尝"。其形式近似于后世的"丰收祭"，但在概念上与今天的丰收节不完全一致。甲骨文中的"告秋"礼仪，是向神灵报告谷物长势，以求得丰收，不一定到秋季再告。登尝就是收获以后的丰收祭了。

丰收祭既是对农业神灵的恩报、对有功于稼穑者的感谢，也包含着对来年农业年景的祈祷。古代的丰收祭，形式很多，如年终大蜡、腊祭、祈来年、祭社和门闾等。

《国语·楚语下》详细记述了蜡祭肃穆庄严的仪式："天子遍祀群神品物，诸侯祀天地、三辰及其土之山川，卿、大夫祀其礼，士、庶人不过其祖。日月会于龙，土气含收，天明昌作，百嘉备舍，群神频行。国于是乎烝尝，家于是乎尝祀，百姓夫妇择其令辰，奉其牺牲，敬其粢盛，洁其粪除，慎其采服，禋其酒醴，帅其子姓，从其时享，虔其宗祝，道其顺辞，以昭祀其先祖，肃肃济济，如或临之。于是乎合其州乡朋友婚姻，比而兄弟亲戚。于是乎弭其百苛，殄其谗慝，合其嘉好，结其亲暱，亿其上下，以申固其姓。上所以教民虔也，下所以昭事上也。"

从这段记载可以看到，年终大蜡的丰收祭是举国共庆的吉日良辰，家家户户奉献牺牲，清扫房舍，穿上祭服，备好祭酒，率领同姓子弟举行祭祀。在这时，远近乡党亲友会聚在一起，兄弟亲戚更加亲近。这样就可以消除各种矛盾隔阂，上下安宁，社会和谐。这正是丰收祭的功用所在。丰收祭是全国狂欢宴饮的节日，表现了一年的辛勤劳作之后，人们庆祝丰收的愉快心情。

在《礼记·杂记下》里，有一段孔子和子贡关于蜡祭的对话，更说出了蜡祭庆丰收的本质意义："子贡观于蜡。孔子曰：赐也乐乎？对曰：一国之人皆若狂，赐未知其乐也。子曰：百日之蜡，一日之泽，非尔所知也。张而不弛，文武弗能也。弛而不张，文武弗为也。一张一弛，文武之道也。"孔子的意思，国家通过举办年终丰收祭，可以使老百姓"劳逸以时，张弛有度"，这样更符合于治民治国之道。

秦汉以降，丰收庆典则改为"腊祭"。"腊"与"蜡"，音同而质异。南宋名儒罗泌的《路史》辨析说："蜡与腊异。腊也者，猎也，猎取禽兽以祭祖，故礼腊先祖五祀在蜡后。"[1]腊祭是诸侯之礼，天子不行腊祭。腊祭时，诸侯为主祭者，田夫身着黄衣黄冠，

---

[1] 秦蕙田.五礼通考：卷五十六［M］.苏州：江苏官书局，1883：8.

作为助祭者参加仪式。《礼记·月令》载："腊先祖五祀，劳农以休息之。"[①] 祭祀"先祖"是报答和祈求祖先保佑农业生产获得丰收。

年终丰收祭还包括祈来年、祭社和门间。"祈来年的祭祀对象为天宗（包括日、月、星、辰、寒、暑），在年终报答众神时也对这六位神灵进行祭祀，报答他们对一年农业顺利的保佑之恩，并为第二年农业生产顺利而举行祈祷之祭。祭社是祭祀公社，公社是王侯大夫治民之社，私社为贵族的本族之社。祭门间是祭祀村门和里门等门神。"[②] 在各种重大的祭祀活动中，庆丰收就成为不可或缺的国家庆典。这种风俗一直延续到清朝结束。

古代的丰收礼制，涵盖一切为了丰收的努力过程，具有明确的教化宣导功能。一是国家丰收礼制源自民间，是因俗制礼的结果。但是丰收礼制并不取代或掩盖民间原有的丰收节庆习俗，朝野各行其道，并行于世。二是丰收礼制重在塑形立矩，以祭理政，以礼驭民，对农业丰收产生引导推动的作用。三是丰收礼制在国家层面确立之后，转而化礼成俗，反过来对民间丰收习俗产生规范约束、教化宣导的作用。

三、丰收节的节期与习俗

节期和习俗是构成丰收节必不可少的两大因素。因此，论及丰收节习俗的源头，需要从丰收节的仪式和节期着手，梳理它们之间的关系，勾勒节日起源的轮廓。

历法产生以后，丰收节日的时间规定是以农历为主：取月相的变化周期（即朔望月、圆缺周期）为月的长度，参考太阳回归周期（地球固定观测位置阳光照射角度的回归周期）为年的长度，运用二十四节气以及闰月的设置，使平均历年与回归年相适应，从而构成了"阴（月亮）阳（太阳）"混合历。

中国人发明的历法是世界时间文化中的一种独特表达，它不仅要遵循阴阳混合历法规定的年份和月份，还要依照观天测地所得到的自然物候、天文运行规律，阐发出对世间"阴阳"属性的哲学认知，从而进一步细化日月（阳和阴）运行的时间顺序以及对应关系，由此进一步发明天干地支学说。天干即甲、乙、丙、丁、戊、己、庚、辛、壬、癸共十个时辰，地支即子、丑、寅、卯、辰、巳、午、未、申、酉、戌、亥共十二个时序（和北斗七星的斗柄对应）。天干与地支相对应，从而构建出六十年为一个甲子的时序刻度体系。中华传统历法文化形成了一套完整的文化理念，由阴阳（月日）、天地（天干地支）等二元结构排列组合在一起，构成了中国古代的时空观念。

金、木、水、火、土谓之"五行"，在地理方位中各自代表着东、南、西、北、

---

① 孔颖达.礼记正义［M］.上海：上海古籍出版社，2008：726.

② 李强.周代农业祭祀研究［D］.长春：吉林大学，2017：190-193.

中，形成了一套完整的阴阳五行哲学方法，用以阐释日月、天地、昼夜等天象变化，构成了天、地、人三个层面的统一。它们包含着古人对自然规律、万物生长、生命周期的整体性把握，奠定了中华传统历法的重要基础。古代历法不仅是指导农事等社会生产实践的重要依据，而且对应着人们的生产、生活和社会习俗，是节庆活动时间的制度安排。先民创造的各种传统节日，基本上都遵循上述时间制度安排。也就是说，天人合一、阴阳五行、二十四节气、天干地支等时空认知体系以岁时理念为核心，结合各地自然地理环境的变化规律、生产方式的周期节律，从而创造出了丰富多彩的中华传统丰收文化。

中华先民创造出的时间制度，主要表现为对自然规律的把握、与自然和谐相处的文化价值，最终形成了自己的丰收文化。

对自然规律的把握，为中华文明的发展奠定了坚实的基础。作为时间制度的节日文化，为养育中华文明提供了坚实的科学基础。以农耕文化为主的中华文明，在漫长历史发展进程中在历法上多有创造，像夏历、殷历、周历和众多少数民族历法等，都在努力遵循、尊重自然规律，服务生产生活。

农耕、渔猎、游牧、海洋捕捞和养殖等领域的生计方式，在不同地区的地理环境条件下，虽然表现为不同的丰收节庆习俗，但以农历作为主要的节日时间依据，其对物候等自然规律的准确性掌握，至今仍然具有不可替代的现实意义。

与自然和谐相处的文化价值观，在各地区、各民族的节日文化实践中得以落实。透过对节日文化传统的认知，不难发现，几乎所有的传统节日，都将处理好天人关系作为节日的首要文化功能，与自然和谐相处，对自然长存敬畏、感恩之心，培育了努力认知自然天象、但求和谐相处的科学态度。

遵循自然时间的基本文化结构，更加符合人类发展的普遍规律，它来自人类对自然世界的认知和生产生活实践中的经验积累，比如渔民出海要"谢洋"，猎人狩猎要"敬山"，牧民感谢"水草丰盛"，农民期盼"风调雨顺"，等等。因此，节日文化是对人与自然和谐相处的追求的一种保存。中华文明体系的节日时间制度，是一种遵循自然时间、符合天人合一哲学理念的传统文化体系。[①]

农事活动往往与节令紧密联系，与季节、节气分不开。大多数民族都有自己的年节，如春节、藏历新年、彝族年等。南方稻作民族有开秧门、迎新谷、敬牛、庆丰收等丰收节日。此外，还有彝族的密枝节、藏族的望果节、侗族的活路节、怒族的祭山林、苗族的护山节、羌族的山神祭等，以及牧区的鄂温克族的"吉雅奇"祭畜神、蒙古族的马奶节、裕固族的剪马鬃等，渔区的高山族的丰渔祭、鄂伦春族和鄂温克族的米特尔

---

① 李松.节日的四重味道［N］.光明日报，2019-02-02：10.

节、苗族的杀鱼节、京族的海神节等。种类繁多民族节日，都与丰收节有重要渊源。

此外，蒙古族的"那达慕"，藏族的藏戏节（雪顿节）、赛马节，苗族的龙船节，苗族、侗族的芦笙节，彝族的斗牛节，白族的"绕三灵"，西北民族的"花儿歌会"，南方少数民族的歌会歌节等，都是在春季播种时节和秋季收获时节举行，都与丰收节庆密不可分。[①]

丰收节日是适应生产生活需要而创造的民俗文化，是中华民族精神和情感的重要载体。几千年历史发展过程中，中华民族形成了独具特色、形式多样、内容丰富的丰收节日。丰收文化深深地扎根于民众之中，具有强盛鲜活的生命力。历经沧桑岁月的变迁，丰收文化逐渐成为中华传统文化的重要组成部分。党中央将中国农民丰收节定于每年秋分，既兼顾了南北各地的秋稔节候，又寄托了对传统文化的敬重和弘扬的深意。

第二节　中国农民丰收节的中华民族共同体意识

在农业文明早期，不同氏族都有自己的丰收节庆活动。由于收获的作物不同，饲养的家畜不同，各地收获的季节也不同，由此形成了各个氏族部落的形形色色的丰收节。有关丰收节的民俗资料显示，目前中国各地各民族还在传承举办的丰收节庆共有73个之多。也就是说，56个民族，平均每个民族拥有1.3个丰收节日，这在世界上是独一无二的。丰收文化形成之后，各个氏族部落就逐渐有了自己特定的丰收节日和节庆内容。

一、丰收节庆形成民族融合内聚力

中国古代人民经过数千年的发展，大约在公元前3000年，黄河中游各部族之间交流融合，形成了新的共同体，称为华夏。华夏部族不断汇聚周围其他部族，以其独特的文化凝聚力把周围的部族吸收进来。它在拥有黄河中下游和长江中下游的东亚平原之后，形成了以农耕社会为主的汉族。汉族继续不断吸收其他民族的成分而日益壮大，而且渗入其他民族的聚居区，构成了起着凝聚和联系作用的网络，奠定了疆域内多民族联合成的不可分割的统一体的基础，形成一个自在的民族实体，它就是中华民族。

历史上形成的各民族大杂居、小聚居的分布格局，就是各民族长期相互交融、和谐共处的写照。既有同一民族聚集而居的情况，也有同一民族分散在祖国各地的情况。即使是分处各地，但小区域、小聚落内部又保持着各自的聚集性。有时在一个民族的聚

---

① 赵东玉.中华传统节庆文化研究［M］.北京：人民出版社，2002：11-17.

居区内，还有不同民族的小聚居或散杂居的情况。

如此的民族分布特点，使得各个民族能够保持和传承各自的文化习俗，能够举行各自的丰收节庆活动，从而展现出异彩纷呈的丰收文化特色，传递出各民族独特的丰收文化神采。各个民族之间的丰收文化，既保持了民族风格，又融合成共通共享的文化符号。

汉族的丰收文化历史悠久，以农耕文明为基础，以历法和二十四节气为发展脉络，以秋社、中秋节等节日为节期，以敬天地、尊神灵、祭祖先、祈丰收、保平安为主题内容，国家祭典形式宏大，民间庆丰收早已成风化俗。

少数民族的丰收节以农林牧副渔业为基础，同样以敬天地、尊神灵、祭祖先、祈丰收、保平安为主题内容，但丰收的对象不仅指庄稼，还包括丰富多样的其他生产对象。由于有的少数民族在历史上社会发展程度不高，南方有的少数民族甚至从原始氏族社会直接进入了社会主义社会，人们的认识受到原始宗教信仰、图腾崇拜、自然崇拜的影响；有的少数民族保持了本民族浓厚的宗教信仰。凡此种种因素也难免在其丰收文化中留下痕迹。少数民族擅长歌舞和传统体育比赛，这为丰收节增添了丰富的色彩。

现今，每年的丰收节期间，都举办海峡两岸共庆丰收的活动，成为一道亮丽的节日盛景，成为构建中华民族命运共同体的重要举措。在两岸和平统一的大趋势下，扩大两岸丰收节文化交流，具有新的时代意义。

高山族最盛大的节庆是每年秋收季节的丰年祭，节期6~10天。主要活动是举行祭祀仪式，向祖先神灵祷告，祈求保佑农作物顺利收获，并预祝来年五谷丰登、人畜两旺。祭礼之后，还要举行聚餐、歌舞、游戏及篝火晚会等。例如，人数最多的族群阿美人的丰年祭，就是他们一年中最盛大的节庆活动。阿美人的丰年祭没有固定节期，每年在秋收后的第一个月圆日举行。历史上以粟祭祀神灵、祖先，现在有以稻米祭祀的，但是坚守传统的村落依然以粟祭祖。阿美人的丰年祭包含"迎灵""宴灵"和"送灵"三场祭仪，临水的村落则增加祭鱼的仪式。近年来，丰年祭缩短节期、简化祭仪、招徕游客、四方同乐，演变成洋溢时代气息的新节庆。

高山族分支鲁凯人的丰年祭是一项具有传统特色的仪式，在每年的8月前后举办。当地人都会穿着传统服装参加各种活动，如山地歌舞、秋千大赛、抛物比赛、晚会、百米赛跑等，展现出鲁凯族人豪放的个性，其中最具观赏性的是女子荡秋千比赛。

邹人的丰年祭是以"公妈篮"为供奉对象。每一个家庭都有一个"公妈篮"（祖灵篮），内盛祖先遗留之衣饰，代表祖灵。女祭司称为"先生妈"，奉侍最高祖灵和氏族祖灵，为族人告解，驱魔除秽，求取平安。

雅美人的丰渔祭是民间渔祀节日，每年农历三月二日上午举行。事先，出海捕鱼者要集中在一起，共食共宿，并向神灵祈求保佑今年渔业获得丰收。届时，主祭人携一张渔网，另一人持一支木桨，走向大海，其他捕鱼者依次跟上，每人抓起一把沙子投进自己的渔船中，口中默祷："今年捉的鱼如沙一样多丢进船中。"再将海水洒进渔船，并对渔船说："出海时，请带我们到飞鱼最多的地方去。"然后，各自返家，手摸专晒飞鱼的竹竿默祷："今年要捕很多的飞鱼晒在这竿上。"然后众人回到海滩，拾起小石块丢到自己的渔船里，由主祭人捡回五块较大的石块带回家，放在晒飞鱼的竹竿旁边。

进入新时代，海峡两岸的丰收节庆活动交往频繁，已经成为两岸文化交流的重要组成部分。2008年10月13—19日，首届海峡两岸少数民族丰收节在福建省举办。在为期7天的丰收节期间，来自台湾省的高山族等少数民族和大陆高山族一起，走访福建省著名景点，举行了多场联谊交流活动。这项活动注重与其他节日的融合，已经连续举办了12届。2019年，第十二届海峡两岸丰收节与其他文化节相结合举办，内容更加丰富，形式更加多样，促进了两岸民间文化交流合作。

中国农民丰收节把海峡两岸的丰收节庆文化元素融合进来。2018年首次中国农民丰收节期间，在福建省漳平的台湾农民创业园举办了福建省"两岸农民共庆丰收节"活动，纳入了台湾农民传统的丰收祭文化内容。漳平台湾农民创业园是全国最大的高山乌龙茶生产基地，是台商个体在大陆投资最密集的乡镇，每年中秋节，园区台农都会自发组织举办迎中秋、庆丰收活动，每家每户出一道台湾菜，与福建省当地民众一同烤肉、欢歌起舞，举办联欢互动等多彩节目，增进情感融合，共享丰收喜悦，进一步丰富了活动内容内涵，增进了两岸民众交流。

在少数民族的庆典节日中，有相当一部分是多民族共同参与的节日，比如春节、元宵节、清明节、端午节、中秋节等。这些节日不是汉族的专利，满族、彝族、壮族、朝鲜族等许多少数民族也要参与，且群众的参与度和重视度不减汉族。而一些区域性的节日，如农历三月三的上巳节，为汉族、壮族、苗族、瑶族等民族重要的传统节日；火把节是彝族、白族、纳西族、基诺族、拉祜族等民族祈求丰年、迎接福瑞的重要节庆。直接与庆祝丰收相关的丰收祭在汉族、朝鲜族、高山族、满族等民族中均有相关节俗。除此之外，我国少数民族中还有一些宗教节日是多民族共有的，如信仰伊斯兰教的回族、维吾尔族、哈萨克族、乌孜别克族、柯尔克孜族等民族共同的节日有开斋节、宰牲节、圣纪节；信仰藏传佛教的藏族、蒙古族、土族等民族共同的节日有佛诞节、浴佛节、燃灯节、开门节、关门节等。[①]

---

① 沈林 . 中国的民族国情与理论政策 ［M］. 北京：知识产权出版社，2017：77–78.

二、丰收节是文化认同的节日符号

不同的民族有着不同的丰收文化，即便是同一民族的不同群体之间，因所居住的环境不同，有时也会有不同的习俗。"百里不同风，千里不同俗"，这是自然环境、历史条件、经济发展等因素决定的。各少数民族的丰收文化演化为中国农民丰收节，形成了多民族的共同节庆。各民族庆丰收的传统习俗，为中国农民丰收节提供了历史依据，奠定了文化基础。多民族同期举行的农民丰收节，是铸牢中华民族共同体的实现途径之一。中国农民丰收节有利于弘扬中华优秀传统文化，增进民族团结和区域交流，增添和谐吉祥的社会氛围。

要把握好中华文化和各民族文化的关系。各民族优秀传统文化都是中华文化的组成部分，中华文化是主干，各民族文化是枝叶，根深干壮才能枝繁叶茂。还要正确把握物质和精神的关系，要赋予所有改革发展以彰显中华民族共同体意识的意义，维护统一、反对分裂的意义，改善民生、凝聚人心的意义，让中华民族共同体牢不可破。[①]

我国各民族交往交流交融的悠久历史积淀，是铸牢中华民族共同体意识的坚实基础。中华民族共同体意识根植于中华民族共同体的形成过程中。中华民族作为一个自觉的民族实体，是在对西方列强的反抗中出现的；但作为一个自在的民族实体，则是在几千年的历史过程中形成的。从夏朝开始，"四方之民"就开启了各民族不间断的、深入的交往交流交融的历史，共同开拓并维护祖国领土，共同发展了具有中华民族独特品性的文化，凝聚并传承着中华民族的共同属性，形成了文化上交流交融、经济上互补吸纳、政治上协力奋斗的民族交融史，共同构筑了水乳交融、荣辱与共的中华民族共同体。

中华民族共同体是历史上各民族共同的选择和奋斗凝结而来的，是解决历史矛盾的必然结果。铸牢中华民族共同体意识是中华民族共同体在共同的奋斗目标和价值基础上，面对国内外矛盾冲击的积极回应。进入新时代，需要在复杂的国际环境中凝神聚力，形成进行伟大斗争的凝聚力和向心力，为实现中华民族伟大复兴中国梦保驾护航。

铸牢中华民族共同体意识，对于夯实民族团结的基础，引导各族人民从悠久的历史、璀璨的中华民族历史文化中汲取力量，增强"四个自信"，构筑中华民族共有精神家园，实现中华民族伟大复兴，具有深远意义。中华民族共同创造的历史和现实基础，表现在文化上的兼收并蓄、经济上的相互依存、情感上的相互亲近。多元一体是实现中华民族伟大复兴的精神动力。

---

① 本报记者.铸牢中华民族共同体意识［N］.人民日报，2021-08-30（01）.

三、中国农民丰收节延续传统文化基因

中华民族庆丰收的习俗，传承着中华优秀传统文化的基因，历经沧桑岁月的积淀，形成了牢固的民族记忆，有着深厚而广泛的民俗基础，蕴含着深厚悠远的民俗文化渊源。今天，在广大农村实现了脱贫的大好形势下，要更好地传承中华民族的优秀文化，增强中华民族的凝聚力和认同感，全力打造出一个适合新时代需求、体现新时期价值的庆丰收节日，形成促进城乡融合、推动乡村振兴的新民俗。

农民丰收节不仅重视传统文化的延续，更突出新时代的文化创新，是一个继承悠久历史文化，同时又被赋予了新时代内涵的新民俗节日。中国农民丰收节在当前的社会转型期起到了促进城乡融合互动、凝聚华夏民族智慧、拉动农村新发展的重要作用。

中国农民丰收节的成功举办说明，我国传统的农业民俗仍然具有强大的生命力、凝聚力和扩张力，有着深厚的民意基础和丰富的活动内容。中国农民丰收节必将成为促进乡村振兴、增强民族文化自信、实现中华民族伟大复兴的永不枯竭的力量源泉。

中国农民丰收节不是对传统节日的简单复原，而是在充分吸纳传统民俗有益元素的同时，结合现代农民的生活方式、娱乐方式，打造出适合新时代需求、体现新时期价值取向的节日。丰收节的庆典活动，要深入挖掘农耕文化传统的根与魂，赋予农民丰收节新民俗内涵，做到传统文化与现代文明的融合互动、相得益彰，以农民为主体，鼓励城乡民众广泛参与，实现维系城乡情谊、凝聚爱国爱乡情怀的作用。

民俗节庆具有对内促进文化认同、对外彰显民族身份的功能。在历史上，我国的传统节日体系曾对周边国家产生过重大影响，显示出强大的文化生命力和影响力。

中国农民丰收节既重视传统文化的延续，更突出新时代的文化创新，是新时代新民俗文化创新的典范。作为一个继承了悠久的历史文化积淀，同时又具有新时代文化内涵的民俗节日，中国农民丰收节在当前的社会转型期起到了促进城乡融合互动、凝聚华夏民族智慧、拉动农村新发展的重要作用。

中国是农业大国，农民人数最多。中国农民丰收节的成功举办，进一步凝聚起了全社会关注农业、关心农村、关爱农民的浓厚氛围。丰收节可以宣传好我国农业农村发展的巨大成就，推介好农业农村科技发展新成果，展示好乡村振兴新面貌，表达好农民的获得感、幸福感，调动起亿万农民的积极性、主动性、创造性，共同谱写我国农业农村改革发展新的华彩乐章。中国农民丰收节赓续传统，笃行致远，必将成为世界上最有特色、最有人气、最为丰富、最有影响的农民节日、丰收节日。

第三节　中国农民丰收节的谒祖寻根情怀

中华传统文化积淀深厚，历史悠长，民族血脉赓续绵延。在祖国日益强大、日渐回到世界舞台中心的今天，大力弘扬传统文化、持续增强国家软实力，成为中华民族复兴路上的不二选择。数以千万计的海外华人华侨谒祖寻根，既是对祖国的民族认同和文化认同，也是积极参与祖国建设、见证民族复兴的实际行动。随着城镇化和经济建设的发展，我国许多传统村落已经或者将要消失。许多新华侨、新市民，已经难觅当初离开时的祖宅家园。设立中国农民丰收节，可以让离乡的人们，在每年举行国家丰收庆典的时刻，回到祖国，回到家乡，通过地缘近邻或县市归属，参与丰收节活动。在共享丰收欢乐、共祝祖国兴旺的同时，品尝家乡的味道，追忆故乡的风情，慰藉思亲的幽情，消释乡愁，进而汇成强大的民族凝聚力，转化为民族复兴的强大精神力量。

一、丰收节与谒祖文化

作为炎黄子孙，作为龙的传人，中华民族历来有"血脉根源"的认识，怀有"寻根溯源"的炽热情感。在异国他乡谋生奋斗的华侨华人，随着岁月流逝，代际繁衍，总会希望回到祖先的圣地，拜谒祖先圣哲的茔墓，倾诉思乡念祖的衷肠。

先秦以来，炎帝、黄帝都被赋予丰收神的神格。这些由民族始祖转化而成的神祇，为中华农耕文明做出了重要贡献。对于史前时期的重要历史人物，古代文献主要提到了三皇和五帝。简单地说，古代文献所提到的三皇五帝生平事迹就是中国上古史的重要部分，三皇五帝传说就是中国最早的古史体系。对于三皇五帝，古代文献有不同的说法。

古时的"三皇"，有八种组合：①伏羲、神农、燧人；②伏羲、神农、祝融；③伏羲、女娲、神农；④伏羲、祝融、神农；⑤伏羲、燧人、神农；⑥燧人、伏羲、神农；⑦伏羲、神农、黄帝；⑧燧人、伏羲、女娲。以出现频率多少为据，则远古时代的三皇是伏羲、燧人、神农。

关于"五帝"，则有五种组合：①黄帝、颛顼、帝喾、唐尧、虞舜；②少昊、颛顼、帝喾、唐尧、虞舜；③黄帝、颛顼、帝喾、唐尧、虞舜；④轩辕、少昊、高阳、高辛、陶尧、有虞；⑤黄帝、少昊、帝喾、高阳、帝挚、帝尧。[①]郑玄的解释是："德合五帝坐星者称帝，则黄帝、金天氏、高阳氏、高辛氏、陶唐氏、有虞氏是也。实六人而称五帝，以其具合五帝坐星也。"司马迁在《史记·五帝本纪》中说："余并论次，择其言

---

① 许顺湛.三皇五帝解读［J］.重庆文理学院学报（社会科学版），2011（1）：1-8.

尤雅者，故著为本纪书首。"因此以"黄帝、颛顼、帝喾、唐尧、虞舜"为五帝组成。

秦始皇统一六国之后，沿袭了秦国对白、青、黄、赤、黑五帝的祭祀。五帝即五方上帝，分别代表金、木、水、火、土和东、西、南、北、中。《隋书·礼仪》说："昊天上帝、五方上帝、日月、皇地祇、神州、社稷、宗庙等为大祀。五方上帝紧随昊天上帝并列为大祀。"

具体的五方上帝是：首曰青帝，本名太昊，居东方，摄青龙，掌管东方。亦称"苍帝""木帝"，五行之中对应木，木为青色，古称为青帝。次曰赤帝，亦称炎帝，号神农氏。姜姓部落首领擅长用火，火攻而得王位，因此被称为炎帝。炎帝神农氏为了治疗人间疾病，亲尝百草，发明草药治病。《淮南子》说："尝百草之滋味，水泉之甘苦，令民所避就。当此之时，一日而遇七十毒。"三曰黄帝，又称轩辕氏。黄帝居五帝首位，被尊为中华人文初祖。《史记·五帝本纪》载："生而神灵，弱而能言，幼而徇齐，长而敦敏，成而聪明。"黄帝居中原，炎帝在西方，蚩尤在东方。后来，蚩尤打败炎帝，夺取了黄河下游地区。随后，黄帝和炎帝联合，击败了蚩尤，一统中华。四曰白帝，本名少昊，亦名玄嚣，黄帝长子，母亲是嫘祖。《史记·五帝本纪》记载："黄帝居轩辕之丘，而娶于西陵之女，是为嫘祖。"黄帝殁，少昊登基。《山海经·大荒东经》说："东海之外大壑，少昊之国。"因其处西方，属金，故称白帝。五曰黑帝，本名颛顼，姬姓，名乾荒。其父乃黄帝次子昌意。昌意娶蜀山女为妻，生颛顼。由是知之，颛顼实乃黄帝之孙，白帝亲侄。白帝死后，兄终弟及，颛顼继得帝位，号高阳氏。《史记·五帝本纪》记载颛顼"静渊以有谋，疏通而知事"。他统领的疆域"极其广大"。"北至幽陵（今河北、辽宁一带），南至交趾（今广东、广西、越南一带），西至流沙（今甘肃一带），东至蟠木（今东海）。"

与五方上帝同样享有国家祭祀地位的神格化丰收之神是后稷。后稷是周族部落的始祖，姬姓，名弃，生于稷山（今山西省稷山县）。其母有邰氏女，曰姜嫄。《诗经·大雅·生民》记载说，弃还是孩子时，就好种麻菽；成人后，擅相地之宜，善种谷稼穑，教民耕种，为尧舜之相，司农之神。后稷制定"祭飨礼"，用掺入香蒿的牛脂作为灯油，使燎祭的香气弥漫在祭坛上。还用剥过皮的烤羊供奉神灵歆享，以祈求丰收。

二、丰收文化中的始祖祭祀

伏羲、炎帝和黄帝是中华民族的共同始祖。始祖祭祀的目的都是祈求祖先保佑五谷丰登、六畜兴旺、风调雨顺、国泰平安。因此，始祖祭祀实际就是丰收祭祀，就是丰收文化在国家祭祀中的体现。

历史上，始祖祭祀有两种祭仪。一是庙祭，二是陵祭。庙祭早于并多于陵祭，因为神庙随处可建，随处可祭，而陵祭需要亲往陵墓祭拜。通常帝陵只有一处尸骨冢及分散各地的两三处衣冠冢。古代交通不便，普通民众难于亲临陵祭。但是不论庙祭还是陵祭，都是随着历史的延伸，越来越放大，越来越被看重，成为中华民族数千年来崇高、隆重、神圣的祭奠活动。①

秦灵公于周威烈王四年（公元前 422 年）恢复祭祀黄帝和炎帝。"秦灵公作吴阳上畤，祭黄帝，作下畤，祭炎帝。"汉高祖刘邦治国理政笃以黄帝为鉴，国祀必以祭黄帝为上。汉武帝刘彻即位后，"先振兵泽旅，然后封禅。"元封元年（公元前 110 年）冬，武帝巡边，"祠黄帝于桥山"，率军士 18 万人登黄帝陵祭祀，同时修筑了汉武仙台，以供华夏族人登临怀古。这是历史上规模最大的一次官方祭祖活动。

中华文明数千年生生不息、蒸蒸日上，与强烈的祖先崇拜信仰密切相关。许多原始时代的人文制度和器用创造都被归集到伏羲、炎帝、黄帝身上，塑造出圣贤亲民的民族英雄伟大形象，树立起激励后世子孙筚路蓝缕、开疆拓土、万难不辞、奋发进取的崇高模范。与祖先祭祀相随相续的农民丰收节，不仅缅怀祖先的丰功伟绩，也是传承中华优秀传统文化的重要活动；不仅具有追念民族祖先的意义，而且具有凝心聚力、协和认同的教化作用。

一年一度的公祭伏羲大典在甘肃省天水举行，是全世界中华儿女寻根认祖、祭拜中华人文始祖、增进文化认同和民族凝聚力的盛事。伏羲是古史传说中的中华民族人文始祖，是古籍中最早记载的王。伏羲开创了中华文明的先河，是中国早期文明成就的集大成者，对中华民族的文明进步和发展做出了巨大贡献。伏羲文化作为中华民族的本源文化和优秀传统文化，深刻地影响了整个中华民族历史文化和人类文明的形成与发展，其深远影响备受关注和尊崇。伏羲文化蕴含着丰富的中华传统文化基因。伏羲祭祀是对文明和进步的礼赞、对劳动和创造的肯定、对无私奉献者的感恩。

伏羲文化与当代的思想观念、人文精神、道德规范一脉相承。伏羲文化具有地域特色、民族特色、当代价值、世界意义。提炼伏羲文化的精神标识和文化精髓，激发伏羲文化新的生命力和影响力，发扬伏羲文化的开创精神，是实现中华传统文化的创造性转化和创新性发展的必由之路。

轩辕黄帝是中华民族的人文始祖。《史记·五帝本纪》说："黄帝崩，葬桥山。"桥山即陕西省黄陵县城北桥山。陵前有碑亭，石碑上镌刻"桥陵龙驭"四字。陵墓南侧有一土台，台前石碑上镌刻有"汉武仙台"四字。

炎帝陵祭祀初始于秦，兴于汉唐，盛隆于宋，定制于明清，经过数千年的传承和

---

① 霍彦儒.黄帝陵是中华文明的精神标识［J］.华夏文化，2015（4）：6-8.

沉淀，形成了严格的规制。炎帝陵祭典同样分为官祭和民祭两种。西晋时，皇甫谧的《帝王世纪》写道：炎帝即神农氏，"在位一百二十年而崩，葬长沙"。虽然具体到了长沙郡，但未知墓茔所在。其后，西晋司马彪的《续汉书·郡国志》复述道："炎帝神农氏葬长沙。长沙之尾，东至江夏，谓之沙羡。今郡有万里沙祠，故曰长沙。"

炎帝祭祀，既有陕西省宝鸡、湖北省随州、湖南省炎陵、山西省高平等的庙祭，也有陕西省宝鸡、湖南省炎陵、山西省高平的陵祭。以湖南省炎陵为例，陵祭自宋初开始，已有 1000 多年的时间。宋代虽未留下官方祭祀的文字，但从官方的多次重修看，祭祀活动是必不可少的。明清两代朝廷祭祀炎帝陵的活动留下了较多的文字记载。明代皇帝遣官在炎帝陵祭祀 15 次，清代皇帝遣官在炎帝陵祭祀 38 次。

炎帝陵祭祀方式包括文祭、物祭、火祭、乐祭、龙祭，其中龙祭最具特色。上古时代，为驱虫禳灾，炎帝教人用稻草扎成龙形，龙身插满用艾叶制成的燃烧物，夜间沿田埂起舞，旁人呐喊助威，意在"诱杀成虫，吓破虫卵"。后来，人们用稻草扎成龙形，外裹红布或黄布，拴上铁丝网兜，内装炭球和辅助材料，夜间点燃后随风起舞，舞动之处焰火飞腾，繁星点点，煞是壮观，形成了独具特色的"炎陵火星龙"，并逐渐衍生出三人布龙、草龙、竹叶龙、板凳龙等龙舞形式。

三、丰收文化中的寻根情愫

海外华人是拥有华人血统、取得外国国籍的人。华侨是旅居海外的中国公民。传说周秦时代便有国人侨居外国。汉武帝时，开辟了中西交通，各国使节和商贾往来频繁，其中有定居于驻在国者，便是早期海外移民。唐朝强盛于世，华夷舟车，踵接而至。此时，移居国外者渐多，世人称为"唐人"，其聚居处称为"唐人街"。明朝永乐三年至宣德八年（1405—1433），郑和七下西洋，率船队 240 余艘，随行船员 27400 多人，沿途泊访 30 多个国家，最远抵达非洲东岸及红海沿岸港口。船员中即有定居海外者。延至近代欧美工业革命开始，大量华人赴海外淘金，遍及北美、南美、大洋洲、南非。19 世纪以后，东南沿海地区的青年出国谋生之风尤盛。改革开放以后，海外新移民呈加速度递增趋势，迅速改变了海外华人分布的格局。近年回国参与丰收节庆祝活动的海外华人，多是明代以来入籍外国的华人后裔。有统计报告称，当前共有分布于近200 个国家和地区的海外侨胞 6200 万人。[①]

海外华人爱乡、念祖、寻亲问祖的传统根深蒂固，文脉绵长。但是岁月悠深，沧海桑田，山川依然在，人事一番新。祖辈举家海外谋生的华人，每当回到祖国，或因政

---

① 刘芳彬.华侨华人与人类命运共同体构建［J］，中央社会主义学院学报，2022（2）：34–41.

区变化，或因乡村变迁，已经无法寻觅到先辈口传的祖籍原址，也无法找到族谱记载的血缘宗亲。在这时候，每年秋分时节举办的农民丰收节，作为华夏民族文化认同的习俗符号，自然而然地成为华人与祖国之间的血缘纽带、文化纽带和共情纽带。

丰收节继承了中华民族的优秀传统文化，增强了海外华人华侨的"本根"意识。继承了中华优秀传统的中国农民丰收节，具有强大的生命力、感召力、创造力和凝聚力，是中华民族绵绵瓜瓞、生生不息的民族精神支柱。作为新时代的一项全民参与的民俗活动，中国农民丰收节对于培育爱国主义志向、培养爱农兴农情怀、宣扬粮安天下思想，都能起到积极的作用。

第四节　中国农民丰收节的乡愁情结

2013年中央城镇化工作会议提出了"让居民望得见山、看得见水、记得住乡愁"。[①]乡愁是对过往的乡村生活的深切思念。乡愁常常凝聚着"游子思归""落叶归根"这样悠远而厚重的"回归"情怀，是具有"精神"气质的伦理认同。

一、乡愁的由来

乡愁是人们久别家乡之后产生的一种思念情结。与前述的华侨华裔中代际传递的思乡念祖情怀不同，乡愁是对家乡生活有过切身经历和体验的个体，对家乡有着美好的记忆，但因眼前无法回归甚至永远不能回归家乡而产生的心底忧伤。乡愁最特殊之处是没有具体的"愁"的对象，也就是没有可以倾诉、可以宣泄的"消愁"对象。如果家乡有亲人，那是"思亲"之愁；如果是对家乡的发小、闺蜜、情侣、挚友的思念，那是"友情"之愁。这些都不是引发乡愁的原因，因为直接对他们倾诉就可以"消愁"。通常，引起乡愁思绪的对象比较虚泛，比较朦胧。比如，村头的一棵树冠宽大的老树下，全村老少一堆一伙地纳凉嬉戏；雨过天晴碧净如洗的天际边跨出的彩虹；夏日傍晚结群低飞的蜻蜓；村边潺潺溪流上几个村姑在洗衣的码头；全村的孩子还没吃晚饭就搬着家里的大小板凳到生产队晒谷坪占位子等着晚上看露天电影；或者哪一天饿了，随便窜进村里不知隔多少辈的一个宗亲老伯家，往灶台上拿个烤红薯转身就走，身后驼着弓背的伯娘还说："怕是没做作业挨你娘赶出来吧？饿了就多拿两个呀。"……万千诸如此类的记忆，引发出万千缠绕心头、挥之不去的乡愁。

乡愁的产生，根源之一在于人们因心灵之家遭到变故、文化受到破坏而产生的一

---

① 新华社.中央城镇化工作会议在北京举行［N］.人民日报，2013-02-15（01）.

种惆怅失落的情绪。深藏心底的故乡，不只是曾经的生养之地，更是心灵寄寓之家、文化皈依之所。乡愁是当下的境遇与过往的记忆产生错位、落差时的"内忧"。正因为乡愁根植于心底，可以随遇而发，随感而发。[①]

社会高速转型造成了乡村的巨大变化，引发了群体性、时代性的乡愁。择其要者，则有如下的四方面：

一是故乡消失。许多绵延了几千年的乡村，在我们眼前消失了，这是最让人痛楚的乡愁。有个可能不完全的数据，2000 年我国还有 360 万个自然村，到 2010 年，锐减到 270 万个。10 年间消失村庄 90 万个，每天消亡近 250 个，每小时消亡约 10 个。[②] 而最让人无望的是，这样的消亡速度，不仅没有减速迹象，有的地方甚至有加速的趋势。乡村消失的原因主要是城镇外扩、交通基建、工商用地、生态移民等。

二是乡村像城镇。某些地方在农村搞大拆大建，把烙着中国传统文化印记的村庄，建成与城里的"水泥森林""水泥盒子"一样的公寓住宅，原先那种自然古朴、乡里乡亲的村庄见不到了，给乡村的原住民平添了无尽乡愁。有人说，旧时的城市像农村，今天的农村像城市。古代受交通条件的限制，生鲜农产品的物流范围很小。直到 1958 年以前，北京的古城墙外侧即现在的二环路之外，还分布着许多奶牛场，因为鲜牛奶的销售，须在一两小时的马车车程以内。应当说，古时候城市像农村，那是不得已而为之。今天的农村像城市，却是念了错经、唱错了谱。乡村变成街巷规整、高楼林立的"小城"。原先那种幽静闲适、亲和相照的情景没有了。"房前屋后，种瓜种豆"的生活没有了。

三是人际关系疏离化。乡村民居公寓化，造成了乡村社会的人际关系日趋多元化、物质化，亲属关系淡漠化，人际交往层级化，出现了诚信意识缺失、人际关系疏离和价值判断困惑等现象。造成农村人际关系变迁的原因很多，主要是传统道德的控制力弱化、市场经济意识凸显、农村行政体制的转变和农村劳动力的流动等。传统乡村的邻里亲情和互惠经济有些已经不复存在。

四是乡村空心化。当前，许多乡村出现了人口空心化、人才空心化和产业空心化。大量青壮年人口离土离乡，长期外出务工。乡村出现危旧房屋多、留守老人多、弃耕土地多的颓废衰败景象。乡村少了人气，少了生气，少了财气，如此形成了恶性循环。这种状况甚至超出了"乡愁"的边界，演变成转型时期的"村忧"。

以上种种情况表明，城镇化的高速发展，并不一定能保证心灵得到真正的自在自由。如果过度追逐财富，追求物质，就有可能忽视当初大力发展物质文明的初衷。那么，人们大力发展物质文明的初衷是什么呢？一个可能的答案，便是为了满足人的全面

① 章伟文. 城市化、乡愁与精神文化之原乡 [J]. 当代中国价值观研究，2017（3）：66-73.
② 张孝德. "记得住乡愁"的城镇化与有根的中国梦 [J]. 绿叶，2014（12）：5-11.

发展，包括精神和文化发展的需要。但在现实的城市化过程中，人们往往容易忘记这个初衷。一旦如此，人这个社会中最重要的因素可能被忽略。[①]

二、农民丰收节的"丰"味乡土活动

当前，中国人享有法定公休假日的传统节日如春节、清明、中秋等，在节俗意义上都属于血缘亲缘的节日，强调的是亲人的团聚、孝悌，包含祭祖的功能，而中国农民丰收节属于地缘社群的国民节日。它有利于乡村社会乃至城乡各界的整合，有利于乡贤楷模的示范，有利于乡村新风尚、新道德的建立和传承。

中国改革开放以来的工业化、现代化进程表明，虽然农业经济在国民经济总量中的占比越来越低，乡村人口和农业劳动力在人口总量中的占比越来越低，但是农业的粮食保障功能不变，国家粮食安全和食品安全的自给需求不变，农业的重要地位不变。中国农民丰收节的设立，有利于引起社会各界对农业的关注和重视，改善农业生产的基础设施和生产装备，筑牢农业可持续发展的基础，巩固国家粮食和食品的安全保障。

随着农业生产机械化、自动化的快速发展，直接参与农田耕种的劳动力已经大大减少，大量的农民逐渐离开田园牧场，对于日常的春种、夏耘、秋收、冬藏的农业劳动日渐陌生淡忘。中国农民丰收节的设立，有利于传承重农兴农的农本思想，表达"五谷丰登、六畜兴旺"的美好祈愿，培育广大民众特别是青少年爱农珍粮、节俭尚廉的道德情操。

城镇化和现代化的建设，产生了大批失去祖宅家园的新市民。中国农民丰收节的各项接地气、聚人气的庆祝活动，散发出浓浓的"丰"味，消解了远归游子的千般乡愁离绪。一些海外华侨、华人通过地缘近邻或行政归属，找到了记忆中的故乡，增强了思念故土、寄托乡愁的民族凝聚力。

2020年的中国农民丰收节，以"庆丰收、迎小康"为主题，广泛发动，深入基层，农民主体，成风化俗，有力度、有特色、有声势、有影响，全国各地乡村举办丰收节庆活动超6000场次，城乡群众共庆丰收、喜迎小康，充分展现了农业新成就、农村新面貌、农民新气象。各地突出区域特色、民族特色、乡村特色，贴近"三农"一线，以县乡村为主举办系列节庆活动。开镰节、开渔节、民俗体验、丰收大集、农事绝活、非遗展演、农事比赛等丰富多彩的节庆活动，吸引了城乡居民广泛参与。各地紧密结合全面实施乡村振兴战略，丰富节庆内容，围绕拉动乡村产业、繁荣乡村文化、活跃城乡市场、建设美丽乡村等方面，谋划节庆活动，拓展节日内涵载体。全国超过1000场农牧

---

① 章伟文.城市化、乡愁与精神文化之原乡［J］.当代中国价值观研究，2017（3）：66-73.

节庆活动纳入丰收节开展。

农民丰收节的"丰"味，主要体现在如下 10 方面的活动：

一是搭建城乡互动的桥梁。中国农民丰收节既是亿万农民喜庆丰收的新节日，又是城乡融合共享丰收喜悦的新民俗。乡村是中华文明的源头。到乡村去，才能领悟农耕文化的悠远绵长，才能体会筚路蓝缕的创业艰辛，才能洞悉乡村振兴的真谛。农民丰收节的各项活动下沉到农民的生活场景中，开展乡土气息浓厚的传统庆祝活动，吸引离乡外出的游子回来品味家乡的"丰"味。

二是突出农耕文明传统。农耕文明是中华文明发展的物质基础和文化基础。在"实施中华优秀传统文化传承发展工程"中，包含一个城乡互动的"文化兴农"的命题。广大农村拥有丰富深厚的乡土文化资源，在丰收庆典活动中可以大力发掘、传扬爱乡敬贤、邻里相亲、孝老扶幼的优良传统，塑造新民俗，培育新民风，培养新农民。

三是宣传塑造特色地方农产品品牌。农民丰收节的重点活动之一是举办"名特优新"农产品的展示会。通过丰收节、丰收月、丰收季的展示推介，推进区域农产品公共品牌建设，擦亮老品牌，塑强新品牌，引入现代要素改造提升传统名优品牌，打造国际知名的农业品牌和国际品牌展会。

四是开通农产品出村进城渠道。在丰收节期间，各地都积极举办电商"丰收购物节"，既增强了节庆喜悦的气氛，拓展了农产品的销售渠道，增加了农民收入，又通过乡村旅游、展览展示、乡村美食等活动，畅通了农产品出村进城的渠道。

五是推介丰收节专题旅游线路。中国农民丰收节使农业景观旅游、乡村休闲旅游的影响进一步扩大，在城镇化发展的社会转型期，越来越显示出乡村文化返璞归真的原生态价值。乡村民俗休闲旅游、乡村自然景观旅游在农村开展，惠及农民，融通城乡，是一、二、三产业联动的新业态。

六是带动农业节庆的发展。中国农民丰收节日渐增强的社会影响力，将各地传统中的民俗节日以及近年陆续设立的农业品牌节日，逐渐汇集，与丰收节同期举办。据不完全统计，全国已有近 40 个传统节日和 160 多个农业品牌节与丰收节一起举办，取得了良好的宣传效果。

七是弘扬优良的乡村传统文化。乡村振兴战略的实施，不是把农村建成城市，而是要把农村建成美丽乡村。广大农村在保障国家农产品供应的同时，还要承担生态涵养、社会和谐、文化传承等诸多功能和使命。中国农民丰收节召唤离乡游子返回故乡，追忆乡村风俗，享受农耕乐趣。

八是增进乡村社区的亲和力和凝聚力。中国农民丰收节注重吸纳传统民俗中的有益元素，主动适应现代农民和市民的生活方式、娱乐方式，开展大家喜闻乐见的联谊活动，传承中华民族的根祖文化和乡愁情思，增强中华民族的凝聚力和认同感，特别是培育年轻一代的乡情。

九是带动乡村文体事业、产业的发展。村庄既是农耕文化的载体，也是农耕文化传承的单元。越是古老的村庄，保留的农耕文化就越丰富、越完整。地域性、民族性、文化性是丰收文化的典型符号，是历史传统与现代时尚的完美结合。中国农民丰收节举办的丰富多彩的乡村传统文艺表演、非物质文化项目展演、乡村体育项目比赛、农事生产技艺比赛等娱乐赛事，最受回乡游子们的欢迎，因为这些活动项目正是勾起美好记忆的乡愁元素。

十是培育爱乡爱农的情怀。每年的丰收节期间，各地都举办"新乡贤书画笔会"以及农民赛歌会、赛诗会、报告会、美食会等，丰富了节日的活动内容，增强了节日的参与感和仪式感。中国农民丰收节在这些活动中逐渐成风化俗，万年传承，流播广远。

通过设立中国农民丰收节，以节为媒、释放情感、传承文化，会让更多的人寻找归属感，留住对那座山、那片水、那块田的情感记忆。同时，中国农民丰收节丰厚的文化底蕴也会吸引更多的城里人到乡村看一看农村的文化与发展。

三、农民丰收节重建有活力、有希望的故乡

乡愁不是"过去时"，而是"现在时"和"将来时"。更为重要的命题是，如何在激荡的时代浪潮中重建一个有活力、有希望的故乡。"故乡"别称"老家"，是人们出生或长期居住过的地方。乡愁具有情感价值的伦理认同。伴随着急速和大面积的都市化、现代化和剧烈的生活革命，乡愁作为一种礼赞传统、缅怀往事的情绪，大约自 20 世纪 90 年代以来，开始迅速地弥漫，成为中国社会文化最显著的时代特征之一。全社会怀旧思潮和乡愁情绪的蔓延，与不可逆转的都市化及生活革命有着直接的关系。这些乡愁不仅是个人情绪与趣味的表达，更是渗透于当前社会生活及大众文化中的集体趋好。[1]

乡愁是深切思念家乡的忧伤心情，是对家乡深邃的热爱和依恋。乡愁是人们对乡里乡亲之间和睦相亲、守望相助的平凡而又生动的生活故事和亲情关系的记忆和怀念。乡愁又是人们害怕再也回不到自己曾经生活过的地方的耽愁和哀痛情思。乡愁还包括那些烙上快乐童年、温暖时光的印记的老屋、古树、古桥、里弄、码头、河流、乡音、民谣、社戏等。显然，乡愁流溢着"游子思归""落叶归根"的"正念"情怀。[2]

乡愁产生的个人因素很多，但是乡愁都有两个特点：一是没有实现回归的现实可能性，二是多根据现在的需求对缅怀和念想的对象予以理想化的想象。乡愁可以是个人的情绪，如游子对故乡、故土的怀恋，对于返乡的渴念，也可能以集体记忆的形式表现

① 周星．生活革命、乡愁与中国民俗学［J］．民间文化论坛，2017（2）：42-61.
② 刘磊．"留住乡愁"的伦理意蕴［J］．宁波大学学报（教育科学版），2022（1）：38-44.

出来。①

客走异乡的人们在功成名就后，都希望以各种各样的方式建设家乡，改变家乡的面貌。特别是在落后的农村和偏远山区，衣锦还乡的人被家乡父老赋予"新乡贤"的尊荣，家乡父老希望他们帮助家乡的建设。"留住乡愁"唤醒了离乡别井的思乡情结，召唤专业人士、文化精英、社会贤达重返故乡，在建设家乡的事业中贡献才智和资财。

2013年中央城镇化工作会议使用了诗意化的表述："城镇建设要体现尊重自然、顺应自然、天人合一的理念，依托现有山水脉络等独特风光，让城市融入大自然，让居民望得见山、看得见水、记得住乡愁。"这种在正式的官方文件中极为罕见的文风，表达出把"乡愁"置于中华传统文化范畴中来认识，把实现中华民族伟大复兴的中国梦置于历史、文化、国情中来思考的强烈价值指向。以乡村社会为根基的中华文明，决定了乡村不仅携带着中华文明演化的基因，也携带着中华民族的兴衰密码。乡村兴，则中国兴。

某些地区推行的城乡统筹和城乡一体化，简单地把农村建设成城市，让农民变成市民，究其根源，就在于忘记了中国乡村负载着城市所没有的文化与历史价值。中国乡村文明是一块尘封的美玉。中国乡村文明的复兴，是人类文明中心从西方回到东方的又一次涅槃。

2021年，中国农民丰收节以"庆丰收感党恩"为主题，广泛发动、下沉基层，进一步营造了歌颂党恩、礼赞丰收、关注"三农"的浓厚氛围。习近平总书记在第四个中国农民丰收节来临之际做出重要指示，强调坚持农业农村优先发展，加快农业农村现代化，让广大农民生活芝麻开花节节高。②这充分体现了习近平总书记对农民群众和"三农"工作的关怀关爱、对农业喜获丰收的赞许肯定、对全面推进乡村振兴和农业农村现代化的期望与嘱托。中国农民丰收节逐渐化风成俗，基层覆盖面和参与度不断提升。活动内容更加丰富，形式更加新颖，乡土味道更浓，农民参与更广。全国有1200多个县市实现了1县1个丰收节庆品牌活动。

全国各地坚持农民主角、农业主线、农村主场，以各具特色的活动载体把丰收节办得实实在在，形成农民身边的政策宣传平台、为民服务平台和学习交流平台。农民丰收节的设立和连续举办，充分汲取了中华优秀农耕文化的精髓，旨在重建一个个充满活力、寄寓希望、缭绕着乡愁情愫的新村和故乡。

① 周星.生活革命、乡愁与中国民俗学［J］.民间文化论坛，2017（2）：42-61.
② 新华社.在第四个"中国农民丰收节"到来之际 习近平向全国广大农民和工作在"三农"战线上的同志们致以节日祝贺和诚挚慰问［N/OL］.（2021-09-22）［2022-05-23］.http://www.gov.cn/xinwen/2021-09/22/content_5638708.htm?jump=true.

第十五章

中国农民丰收节的
功能与使命

中国农民丰收节是传统节日向现代文化活动转型升级的成功典范。丰收节的成功举办，充分表明了传统习俗与现代化发展并不矛盾。丰收节以城乡融合协同发展的包容性，产生了强大的文化穿透力和感召力，在充满喜庆氛围的活动中，促进了城乡要素和人员的流动，有利于消除资源要素自由流动的各种体制性障碍，营造消除"城乡二元结构"的制度环境。新时代的中国农民丰收节不单是农民的节日，也是市民的节日，更是全体炎黄子孙的节日。

第一节　中国农民丰收节的新时代特质

新时代设立的中国农民丰收节，进一步强化"三农"工作重中之重的地位，引起各方面对于农业、农村、农民的关注和重视，营造重农强农的浓厚氛围，凝聚爱农支农的强大力量，推动乡村振兴战略实施，促进农业农村加快发展。

中国农民丰收节唤起了社会各界对于重视国家粮食安全、倡导大食物观和建设农村优美生态环境的关注、参与和支持。

一、中国农民丰收节凸显"粮安天下"要旨

中国历史上的重农思想常常就是"重粮思想"，农业丰收首先是"粮食丰收"。粮食关乎国家命脉。大至国运兴盛，小到百姓温饱，无一不与粮食有关。历代兵家征战、度荒救灾，最重要的就是粮食。在中国传统农业中，粮食生产几乎等同于农业生产。

"粮食"一词初见于《左传·襄公八年》："楚师辽远，粮食将尽，必将速归，何患焉？"汉代经学家郑玄附注说："行道曰粮，止居曰食。"后世将"粮"与"食"合称"粮食"。历史上，"粮食"既不等同于"谷物"，也不等同于"食物"。[①]因为广义的"粮食"包括用于餐食的谷类、豆类和薯类的原粮和成品粮；狭义的"粮食"则专指谷物类食物。

1. 重农即重粮

我国在原始社会的尧、舜、禹时代，就设立了掌管治水、农耕、渔猎的农业职官。到春秋战国时代，列国并立，群雄争霸，富国强兵成为各诸侯国一致追求的目标。富国和强兵都离不开农业生产特别是粮食生产。

春秋战国时代的诸子百家，虽然政见互相对峙抵牾，但在粮食问题上的见解都如出一辙。秦国改革家商鞅在《商君书·弱民》中提出："善为国者，仓廪虽满，不偷于农。"意思是国家粮食多了也不能放松农业生产。商鞅最早将农业定为"本业"，将农业以外的经济行业一概称为"末业"，主张"事本"而"抑末"。这就是中国历史上推行"重农抑商"政策的由来。

儒家代表人物孟轲在《孟子·滕文公下》中说："民之为道也，有恒产者有恒心，无恒产者无恒心"，要做到"易（治）其田畴，薄其税敛，民可使富也"。人民的粮食充裕了，生活富足了，就不会发生"不仁"的行为。

法家代表人物管仲在《管子·牧民》中有"仓廪实而知礼节，衣食足而知荣辱"的千古名言。《管子·治国》说："民事农则田垦，田垦则粟多，粟多则国富。国富者兵强，兵强者战胜。"这里明确指出了"国富兵强"的前提必须是"粟多"。

战国后期思想家荀况主张通过"节用裕民"的政策来促进粮食生产。《荀子·富国》说："节用故多余，裕民则民富。民富则田肥以易，田肥以易则粟出百倍。"

综观历史，历朝历代始终"视粟为国命"。粮食是国家的重要战略物资、军需物资和工商市民的生活物资。粮食既是治国安邦的重要保证，同时又是稀缺物资。在古代，粮食具有交换功能、支付功能、计价功能、保障功能、储备功能等。有时候，粮食还具有"一般等价物"的货币职能。

2. 大丰收和广积粮

历朝历代都大力发展生产，夺取粮食丰收。丰收之后，就大力储备粮食，久兴不衰。"广积粮"历来都是国家坚守的基本国策。《礼记·月令》说："谷藏曰仓，米藏曰廪。"意思是，存放原粮的粮库叫"仓"，存放成品米面的粮库则叫"廪"。"仓廪"合称，就通

[①] 任继周，张自和.华夏农耕文化探源——兼论以粮为纲[J].世界科技研究与发展，2003（2）：21-26.

指藏粮之所。国家储备粮食的粮仓叫"太仓""常平仓",社会公益性储粮的粮仓叫"义仓""社仓"等。

历史上著名的大型粮仓很多。例如,秦国的敖仓,是公元前246年秦国在荥阳所建的大粮仓。《史记·高祖本记》说:"汉王军荥阳南,筑甬道属之河,以取敖仓。与项羽相距岁余。"可见敖仓储粮规模之大,足够刘邦的军队一年多的粮食消费。汉初名臣郦食其把敖仓看作"天所以资汉也"。

还有陈留仓,是秦始皇在陈留所建,史称"积粟数千万石"。后来刘邦也夺得了陈留仓的积粟,"留出入三月,从兵以万数,遂入破秦"。楚汉对峙期间,关中、巴蜀成为刘邦的军粮、兵源基地。萧何"发蜀米万船而给助军粮",并且"转漕关中,给食不乏",最终成就了刘邦的开国大业。

3. 粮食贸易的"遏籴"与"请籴"

"遏籴"就是禁止粮食出口。进入春秋战国时期,各诸侯国的都城市镇兴起,城居的非农业人口迅速增加。由于各地的粮食生产条件不同和经济发展不平衡,出现了地区性粮食供应的丰歉余缺,客观上促进了粮食贸易的发展。但是,一旦出现灾荒缺粮,各诸侯国就会禁止粮食出口,即"遏籴"。这使得受灾严重的国家雪上加霜。为了禁止这种不顾他人死活的做法,公元前651年,齐桓公出面召集诸侯大会于葵丘,与会者有鲁、宋、郑、卫、许、曹等国的诸侯,周天子也派人前往。会上订立了"毋遏籴"盟约。用今天的话说,就是各国不能阻止受灾国前来采购粮食。

这个盟约的订立,至少可以说明三点:一是当时的粮食贸易已经很发达,在特定情况下会危及列国的粮食安全;二是提出"禁遏籴"恰恰表明了当时各国"遏籴"已经相当严重;三是列国已意识到救灾是大家的责任,不应受国界限制。不过,允许粮食出口需要订立外交盟约,说明粮食市场的贸易壁垒在先秦时代就已经被垒筑起来了。

"请籴"就是请求进口粮食,往往是发生灾荒的国家向有余粮的国家购买粮食。受灾时,诸侯国之间需要通过"毋遏籴"的盟约来维护缺粮国的利益,粮食剩余国要鼓励粮食出口,促进粮食贸易,调剂各诸侯国之间的粮食供需。这种粮食流通政策在春秋战国时代,发挥了一定的积极作用。

有一则春秋时的故事说,晋惠公五年(公元前646年),秦国发生饥荒,"请籴"于晋,向晋国采购粮食。晋国大夫庆郑认为,以前晋国闹饥荒,秦国曾慷慨支援;如今秦国发生了饥荒,晋国理当还报,主张把粮食卖给秦国度荒。但是这个建议遭到惠公之舅虢射的反对。结果惠公采纳了虢射的意见,"不予秦粟"。我们从这个故事看到,春秋时代,各诸侯国的粮食均由国家管理,人民不能随意进行进出口贸易。[①]

4.粮食谋略的制胜法宝

古代的粮食贸易战,对于今天的治国理政,具有借鉴和警示的意义。在《管子·轻重戊》中,记述了管仲策划施行的"兴齐三策",富含智慧谋略,历代传颂。

一是"服帛降鲁梁"。有一次,齐桓公想借机打压近邻的鲁国和梁国,问计于管仲。管仲对策说:"鲁、梁两国都擅长织绨[②]。您作为国君,带头穿鲁、梁产的绨衣,让臣子吏属也穿,全国百姓都穿。但是严禁齐国织绨,全部高价从鲁、梁进口。"管仲又对鲁、梁绨商鼓动说:"子为我致绨千匹,赐子金三百斤;什至而金三千斤。"在巨额利润诱惑之下,鲁、梁商贾重金收绨,鲁、梁百姓弃农织绨。鲁、梁国君乐不可支,宣布不要农民缴纳田赋粮了,于是两国的经济结构发生了畸形变化,成为单一产绨国和粮食进口国。时局至此,管仲对齐桓公说:"君止服绨而衣帛。全国关闭关津要隘,停止进口绨衣,禁止出口粮食。"于是,鲁、梁价值千金的绨衣瞬间一钱不值,而原本盛产膏粱好米的国家忽然仓空粮绝。管仲的谋略智慧其实很简单,超常抬高绨价,制造鲁、梁经济泡沫,最终迫使鲁、梁衰败求降。

二是"买鹿制楚"。齐桓公时,楚国是实力强大的对手。齐桓公欲以武力震慑。管仲对策说:"齐楚皆大国,武战则两败俱伤,商战则可袖手制敌。"于是,管仲使出"重金买鹿"的撒手锏。楚国多野鹿,物多则贱。管仲擅长"将欲夺之必先予之"的门道,派人以五倍高价入楚购活鹿。楚国君得知,以为这是天掉馅饼的好事,乐待其成。楚国朝野都忙于捕鹿换钱,无人关心农时,连此前的公私储粮都已耗尽。当楚国的野鹿被追捕得无路可逃,几近灭绝时,管仲即向齐桓公进言,停止与楚国的活鹿交易,关闭通商口岸。此举逼得楚国物价疯涨,民不聊生。楚成王内外交困,无计可施,不得不向齐国低头。管仲以商止战,此为一绝。

三是"狐皮得代"。代国是战国时西北地区的小国,都城在平城。代国境内多狐狸。管仲同样采用"贵买其狐"的计策,逼迫代国最终臣服于齐。一开始,管仲遣人到代国去高价收购狐皮。代国的狐狸不像楚国的野鹿那么多,再说狐狸非常狡猾,不容易被逮着。因此,代国的百姓终日外出捕捉狐狸,但是真能捕到卖钱的人很少。结果是,狐狸没逮着,农活却荒废了。钱没有,粮也没有,只能投降齐国,乞求救济。齐国不费一兵一卒就收服了代国。

以上与粮食生产有关的贸易战,给了我们两个历史警示:一是任何时候都不能放松粮食生产,应谨记商鞅说的"仓廪虽满,不偷于农"的警言;二是不能轻易在贸易上

---

① 吴宾.中国古代粮食安全问题研究 [D].西北农林科技大学,2007:28-45.

② 绨是古代的一种价格昂贵的增厚丝织品。

贪便宜，只要涉及国家的粮食安全，白送也不受。这就是丰收文化留给我们的精神遗产，是丰收文化铸魂启新的精神财富。

5. "端牢饭碗"是新时代丰收文化的灵魂

进入新时代以来，以习近平同志为核心的党中央将粮食安全纳入国家安全大局，确立了"谷物基本自给，口粮绝对安全"的国家粮食安全观，提出了"以我为主、立足国内、确保产能、适度进口、科技支撑"的国家粮食安全战略，引领推动了我国粮食安全理论创新、实践创新、制度创新。习近平总书记关于国家粮食安全的重要论述，高瞻远瞩，内涵丰富，思想深邃，为我国有效抗击疫情、从容应对世界百年未有之大变局、实现中华民族伟大复兴中国梦、构建人类命运共同体提供了坚实的物质基础和强劲的战略定力。①

部署粮食安全，首要的是战略维度。自古以来，粮食安全都是关系国家经济的"大账本"，关乎国家安全的大战略。我国之所以能够实现社会稳定、人心安定，一个很重要的原因就是我们手中有粮、心中不慌。历史上，多少兴旺衰败的教训，都说明了守住天下粮仓的重要性。

守护粮食安全，基础的是资源维度。耕地是粮食生产的命根子。土地资源富集，粮食生产就能保供。这意味着，农田就是农田，也必须是良田。既要确保18亿亩耕地实至名归，又要努力建成10亿亩高标准农田。

确保粮食安全，关键的是科技。农业的稳定发展，根本出路在科技。需要实现种业科技自立自强，做到"藏粮于地、藏粮于技"，让粮食安全基础更牢靠、更可持续。

扛起粮食安全，重要的是责任维度。要全面落实粮食安全党政同责，严格粮食安全责任制考核。从种子到土地、从产粮到销售、从自产到进口、从农民到企业、从科技到创新、从水利设施到信息服务等一系列问题，都要提高政治站位、压实压紧责任，以担当作为保安全无虞。

践行粮食安全，坚守的是生活维度。一是开流，保护好生态环境，树立大食物观；二是节约，既要吃得丰富多样，又要吃得适度适量。对粮食而言，日常生活中的每一次"开源节流"，都是在添加粮食安全的砝码、增加粮食安全的保障。②

二、中国农民丰收节是宣传大食物观的平台

中华丰收文化，既重视粮食生产，强调粮食丰收，又不唯粮独尊，放弃其余食物

---

① 唐仁健. 中国共产党农史纲要［M］. 中国农业出版社，2022：12.

② 人民网. 人民网评：五个维度理解粮食安全是"国之大者"［N/OL］.（2022–03–08）［2022–05–27］. http://news.hnr.cn/rmrtt/article/1/1501025569366421505.

的生产。五谷是纲，食物是网，纲举目张，万物为粮。在古代，常常以"某某户"来特指从事多种经营的专业农户，他们之中有种粮大户，也有经营其他食品物资的专业户。由此可见，在古代，中国的农业结构是以粮为纲，多业并举。

中国的丰收文化，自古就包括了植物、动物、微生物食品，也包括陆生、水生、两栖的动植物食品。生业万物，应时丰稔，丰衣足食，国泰民安。

中国农民丰收节继承和发展了丰收文化的传统，展示了"大食物生产"成果。近年举办的丰收节展览会展出的食用栽培植物超过 600 种，丰收购物节上出售的食用商品超过 30000 种。

1. 粮油作物类

五谷杂粮 20 种：水稻（籼、粳、糯）、玉米、小麦、大麦、黍、粟、高粱、青稞（元麦）、荞麦、燕麦、糜子、青豆、赤豆、豌豆、绿豆、扁豆、豇豆、红薯、马铃薯、山药。

油料作物 37 种，包括以下类型。

日常食用油料植物产品 5 种：菜籽、芝麻、花生、大豆、油茶。

草本食用油料植物产品 8 种：亚麻、油用大麻、向日葵、苏子、红花子、月见草、南瓜籽、葡萄籽。

木本食用油料植物产品 20 种：棉籽、乌桕、漆树、椰子油、橄榄油、棕榈油、核桃、油梨、木棉籽、香榧子、山苍籽、八角、桂树、黄楝籽、车梁木籽、文冠果、楝木、茶叶籽油、杏仁、沙棘、牛油果。

粮食加工副产品开发的植物油 4 种：水稻米糠油、稻米胚油、玉米胚芽油、小麦胚芽油。

2. 干鲜蔬菜类

中国古代对可食用的草菜统称为"疏"，汉代以后加"艹"头成为"蔬"。《诗经·大雅》里的"蔌"，《尔雅》解释为"菜谓之蔌"，即"蔬"。汉代以前食用的蔬菜多是来自野生采摘，栽培的只有韭、瓠、甜瓜、姜等。东汉时栽培的蔬菜增加到 20 多种，南北朝时达 30 余种，其后到元末未超过 40 种。明、清两代数量增加较快，主要栽培蔬菜将近 60 种。到今天，我国常用的蔬菜有数百种。大量的蔬菜种类是近代陆续引进种植的。常用蔬菜包括：

叶菜类：菠菜、莴苣、芹菜、蕹菜、苋菜、叶荟菜、菊苣、冬寒菜、落葵、茼蒿、芫荽、茴香、菊花脑、荠菜、菜苜蓿、番杏、苦苣、紫背天葵、罗勒、马齿苋、紫苏、榆钱菠菜、薄荷、莳萝、鸭儿芹、蕺菜、蒲公英、马兰、香芹菜、珍珠菜。

根菜类：萝卜、胡萝卜、芜菁、芜菁甘蓝、根荟菜、美洲防风、牛蒡、根芹菜、婆罗门参、山葵、黑婆罗门参。

薯芋类：马铃薯、姜芋、魔芋、山药、甘薯、豆薯、葛菊芋、菜用土圞儿、蕉芋、草石蚕。

葱蒜类：韭、大葱、洋葱、大蒜、蒜薹、蒜苗、分葱、胡葱、细香葱、韭葱、楼葱、薤。

白菜类：大白菜、普通白菜、乌塌菜、菜薹、薹菜、紫菜薹。

芥菜类：叶芥、茎芥、根芥、薹芥。

甘蓝类：结球甘蓝、球茎甘蓝、花椰菜、青花菜、芥蓝、抱子甘蓝、羽衣甘蓝。

瓜类：黄瓜、冬瓜、节瓜、南瓜、笋瓜、西葫芦、越瓜、菜瓜、丝瓜、苦瓜、瓠瓜、佛手瓜、蛇瓜。

茄果类：番茄、茄子、辣椒、青椒、酸浆。

豆菜类：菜豆、长豇豆、菜用大豆、豌豆、蚕豆、扁豆、莱豆、刀豆、多花菜豆、四棱豆、藜豆。

水生蔬菜：莲藕、慈姑、水芹、荸荠、菱、豆瓣菜、芡实、莼菜、蒲菜、海带、紫菜。

食用菌类：香菇、草菇、蘑菇、木耳、银耳、猴头、竹荪、松茸、口蘑、红菇、灵芝、虫草、松露、金针菇、白灵菇、牛肝菌、羊肚菌、马鞍菌、块菌。

杂类蔬菜：竹笋、芦笋、黄花菜、百合、香椿、枸杞、襄荷、菜蓟、辣根、食用大黄、黄秋葵、桔梗、蕨、乾苔、蒌蒿、薇菜、车前草、食用菊、玉米笋、嫩玉米、糯玉米、甜玉米。

3. 干鲜果品类

我国栽培的果树包括原产的和引进的。在中国农民丰收节上展出的果品种类有：

仁果类：苹果、沙果、梨、海棠、山楂。

核果类：桃、李、杏、梅、樱桃。

浆果类：葡萄、树莓、草莓、猕猴桃。

坚果类：核桃、板栗、榛子。

聚复果类：菠萝、草莓。

荚果类：酸豆、角豆、苹婆。

柑果类：柑、橘、橙、柚、柠檬。

荔果类：荔枝、龙眼、韶子。

柿枣类：柿、枣。

4. 与时俱进的新时代大食物观

进入新时代，食品消费由数量型向质量型转变，城镇居民更倾向于购买低脂肪、高蛋白的动物性食物。城乡居民对加工食品的消费需求上升更多地体现在对安全、绿色、营养的加工食品需求量的增加。一方面，大食物观要求政府和企业推动农产品与食品产业高质量、差异化发展，从供给端发力来满足人民群众对食品多样化、精细化、营养化、生态化的需求；另一方面，大食物观要求从需求端发力推动食品消费方式与业态更新，为匹配食品消费新结构赋能。在保护好生态环境的前提下，从耕地资源向整个国土资源拓展，宜粮则粮、宜经则经、宜牧则牧、宜渔则渔、宜林则林。

人民群众对美好生活的向往，反映到生活中就是一餐一食。从"粮食"到"食物"再到"大食物观"，这是一个与时俱进的观念转变，也是一个内涵丰富的观念创新。这要求我们尽快从传统的粮食观中走出来，通过逐步树立和科学构建大食物观，让粮食安全更稳固，食物营养更全面，食物生产更低碳，食品科技更高端，"食育"教育更普及，从而牢牢守住人民群众的"舌尖幸福"。

人民的美好生活不仅体现在吃得饱，还要体现在吃得好、吃得健康。粮食安全"国之大者"和大食物观，体现在百姓餐桌上，就是在保障口粮的基础上，让食物的品类更加丰富，食物的结构更加优化，折射出的是高质量发展的内涵。

2017年12月28日，习近平总书记在中央农村工作会议上指出："现在讲粮食安全，实际上是食物安全。老百姓的食物需求更加多样化了，这就要求我们转变观念，树立大农业观、大食物观，向耕地草原森林海洋、向植物动物微生物要热量、要蛋白，全方位多途径开发食物资源。"2022年3月6日，习近平总书记看望参加全国政协十三届五次会议的农业界、社会福利和社会保障界委员，进一步阐述了大食物观："要树立大食物观，从更好满足人民美好生活需要出发，掌握人民群众食物结构变化趋势，在确保粮食供给的同时，保障肉类、蔬菜、水果、水产品等各类食物有效供给，缺了哪样也不行。"

总书记提出的大食物观，一是要调整优化食物生产结构和区域布局，二是要丰富扩大食物来源，三是要以需求导向积极推进农业供给侧改革。

三、丰收文化体现农业与环境的协同优化

农业是一个世代传承的产业，在历史上它从来不能被割断。我们的许多土地，几千年来几乎没有停止过耕种，哪怕是在战火纷飞的年代，农民也要冒着生命危险下地耕种，尽最大努力种好地，打好粮，夺取最大的丰收。因此可以说，今天的丰收文化是从古代传承下来的，它深深地烙上了中华民族农耕文化的印记。虽然今天的农业科技进步了，生产的手段提高了，装备更先进了，但是丰收文化的精髓还在，丰收文化的本质还在。它是我们祖先的智慧结晶，是经历千百年传承、发展、改造和提高的农业文明成

果，是天人合一哲学的产物，是环境生态保护利用思想的延续。

在鸿蒙开化之初，人类发明了渔猎工具，学会了用火。制造工具的材料主要是木头、石头、骨头、蚌壳等自然材质，对周边环境和生灵万物的影响很小，还谈不上生态破坏。但是人类学会用火，对环境的影响则不同，人类活动诱发山林大火的概率增加了，对大自然产生了人为的干扰。可以这么认为：只要是有人活动的地方，就会有环境生态问题，区别只在轻重之间。

发明农业生产以后，人类第一次有了固定资产，比如田地、果园、鱼塘、牛棚等。这些农业设施搬不动、带不走，就得建房定居，守着赖以生存的土地。于是原始的村落出现了。定居有利于社会组织形成，有利于文明的积累和进步。最初出现的是血缘村落。后来由于多个血缘村落共同使用周边的生产生活资源，于是它们联合组成地缘村落。再后来，发展出许多次生村落，例如移民杂居村落、军事屯垦村落、商道驿站村落、交通要津村落，集市交易村落，等等。

林林总总的村落出现了，它们各有各的生产生活方式，总会遇到不同的生态问题，同时也孕育出不同的生态文明。所谓生态文明，就是解决生态问题的智慧和办法。农业发展与资源环境条件密不可分，不同地区的自然环境孕育了不同的农业生产方式和农业文化特征。在农业与自然环境不断协同进化的历史进程中，许多独特的农业生产方式、农业技术以及与之相关的农业文化，作为宝贵的历史财富被保留了下来，有的甚至在今天的高科技现代农业中仍然具有重要作用，得到了继承和发展。目前，世界各国大力提倡的生态农业、有机农业、自然农业、生物动力农业等发展理念，都可以从历史上的农业文化中得到启迪。

征诸国内外史实，农业系统发展的途径头绪万端，究其要领，不外草地农业系统和耕地农业系统两大农业系统的交互影响及其兴衰演替。人类文明的第一缕曙光，来源于史前时期的原始草地农业，这是农业系统的本初形态。

农业发源于采集和狩猎，进而萌生了草地放牧畜牧业。大约距今 18000 年前，华夏大地燧巢时代鸿蒙初开，为草地农业准备了最初的条件。大约距今 8000 年至 6000 年前，经过羲娲时代，历时 2000 年，人类迎来了原始草地农业，即所谓茹毛饮血、穴居野处的草地游牧畜牧业。这应该是华夏族群的创世肇始。此后神农时期，在原始草地农业系统中孕育萌发了耕地农业。至黄帝时期，耕地农业有所发展而与草地农业并立于世。于是形成了华夏大地三足鼎立的农业系统大格局，即黄淮以南的稻作系统、黄淮以北的旱农灌溉系统和中国西部内陆的草地畜牧系统。这一格局延绵至今仍清晰可见。但史前时期，由于当时的动力和工具的限制，耕地面积不大，耕地农业零星分布于广大草地的背景之中。而以放牧为主的草地畜牧业，也就是原始草地农业系统，应居农业系统的主流。①

丰收文化注重农业生态的保护与修复。每当发生危及社会整体的严重生态破坏时，人们就会寻求对策，以求恢复生态元气，推进社会发展，使历史运行在正常的轨道上。我国在公元前三四世纪就产生了资源保护意识，并在政策措施上予以体现。战国时代的诸子百家都有关于资源保护的论述。《礼记·月令》提到，"毋作大事，毋妨农时"，"毋竭川泽，毋漉陂池，毋焚山林"。这种生态保护意识，普遍受到历代思想家的认同和重视。中国在战国时代就有了一套完整的禁渔制度，制定了渔季之禁、渔具之禁、渔法之禁，与今天的世界禁渔法律几乎相同。

12世纪的宋朝隆兴、乾道年间（1163—1173），朝廷颁布了"退田还湖"的法令，规定大江大湖沿岸的滩涂湿地一律不准围垦，已经围垦的要退田还湖。这些法令与近年推行的"退耕还林"，几乎如出一辙。

尽管农牧两大农业系统有过一定程度的系统耦合，取得了效益，但遗憾的是它们各自保持了自身的固有特征，没有引发耕地农业系统和草地农业系统之间的融合、进化从而发生新的、类似西方的准现代草地农业系统。主要原因是农耕地区的农业系统与草原地区的畜牧业系统拥有各自的文化背景，尤其是根底深厚的农耕文化具有难以撼动的稳定性。"稳定性"的另一表述方式就是拒绝改革的"保守性"。中华大地稳居主流的农耕系统和它所衍生的农耕文化，无可置疑地成为中国的主导力量。②

我国传统农业之所以能够实现几千年的持续发展，是由于我们的祖先在农业生产实践中摆正了三大关系，即人与自然和谐共处的关系、经济规律与生态规律的关系、农业开发与尊重自然的关系。这就是中国人在两千多年前提出的天、地、人三者的关系，强调农业生产要"顺天时，量地利，用力少而成功多"。

我国传统农业有着很强的农时观念，主张"勿失农时""不违农时"。"顺时"的要求也被贯彻到林木砍伐、水产捕捞和野生动物捕猎等方面。我国早在3000年前就制定了"以时禁发"的法律。"禁"是禁止，是保护，"发"是开放，是利用。这也是我国传统农业能够持续发展的重要基础之一。二十四节气的发明，就是指导农业生产实践的产物。

在我国传统农业中，施肥是废弃物质资源化、实现农业持续丰产丰收的关键一环。在甲骨文中就有"粪"字的字形，后来，"粪"就逐渐变为肥料和施肥的专称。我们的祖先还学会了用地养地的方法，种植绿肥，间作套种，水旱轮作，培肥地力。难能可贵

---

① 任继周.中国草地农业系统与耕地农业系统的历史嬗替——《中国农业系统发展史》[J].中国农史，2013（1）：3-8.

② 同上。

的是，这些感性的农业经验逐渐上升为理性的认识，出现了"桑基鱼塘"的生态循环的生产布局。这就是在鱼塘岸边种植桑树，桑叶喂蚕，蚕粪养鱼，然后捞起鱼塘淤泥培肥桑树，实现农业生产的良性循环。可以说，中国的传统农业是一种"零排放"农业，几乎所有的人畜废弃物都会在农业生产过程得到循环利用，这正是今天人们所提倡的有机农业、生态农业、绿色农业、循环农业的生产方式。

在实施乡村振兴战略、实施农业现代化过程中，我们需要从丰收文化的历史遗产中吸取营养，需要继承发扬历经几千年自然与社会考验的农业经验。只有这样，我们才能在古人的智慧的基础之上，创造出更加辉煌的农业文明。

第二节　中国农民丰收节赋能乡村振兴

进入新世纪，文化建设成为国家战略，被列为中国新农村建设、美丽乡村建设的重要目标之一。乡村振兴战略和文化建设的有机结合，成为中华传统丰收文化活动的又一个重要契机。习近平总书记在党的十九大报告中指出："文化是一个国家、一个民族的灵魂。文化兴国运兴，文化强民族强。"

新时代的中国农民丰收节，既是弘扬中华优良传统文化的民俗创新，也是增进民族团结和区域交流，增添和谐吉祥的社会氛围的现实需要。要坚持取其精华、弃其糟粕、批判改造、推陈出新、古为今用的方针，顺应城乡协同发展的时代要求，弘扬优秀传统文化，举办广大民众喜闻乐见、丰富多彩、积极向上的庆丰收活动。

一、中国农民丰收节创新发展的社会基础

2021 年 4 月 29 日全国人大常委会通过的《中华人民共和国乡村振兴促进法》规定了中国农民丰收节的法律地位。《中华人民共和国乡村振兴促进法》第七条规定："每年农历秋分日为中国农民丰收节。"将中国农民丰收节与"坚持社会主义核心价值观、大力弘扬民族精神和时代精神、加强乡村优秀传统文化保护和公共文化服务体系、繁荣发展乡村文化"等内容并列提出，既表明了中国农民丰收节在法律层面的地位，也确定了农民丰收在乡村振兴中的现实功能以及对弘扬传承优秀传统文化的积极作用。

为了促进农业经济、拉动农产品的销售，很多地方政府根据各地节日庆典的不同特点，举行了主题鲜明、具有浓郁地方特色的节庆活动，如"农产品展销节""鲜果采摘节""红高粱文化节""农产品嘉年华""中国开渔节"等。这些节庆活动顺应了时代发展的要求，展示出科技进步为农产品销售市场带来的便捷通道，体现出中央和地方政府对农业、农村、农民的重视。这些积极探索的经验，为全国开展大范围大规模的庆祝

活动奠定了良好的社会基础。

改革开放以来，尤其是进入新时代以来，中国的经济发展水平得到极大提升，人均 GDP 已经超过 1 万美元，农业生产连年丰收，农民收入持续增长，粮食生产能力稳定提高。作为乡村新业态的休闲农业、观光农业、采摘农业、生态农业获得广大市民的热情关注和参与。各地围绕丰收节活动开拓了一批富有特色的节庆市场，为乡村的产业开发和特色农副产品销售开通了广阔的渠道，把中国农民丰收节推向市场，让市场走进民众生活，打造特色农业品牌，满足城乡各界共享丰收的祈盼。社会各界以丰收节为契机，积极投身乡村振兴大潮，助力农民丰产增收。

人们对乡村生活、农事体验、村野情调的向往和追逐，从客观上为农民丰收节的举办注入了新鲜活力，使得丰收节庆典活动具备广阔的市场需求和社会基础。

二、中国农民丰收节促进城乡融合发展

中国农民丰收节既是亿万农民喜庆丰收的新节日，又是城乡融合共享丰收喜悦的新民俗。中国农民丰收节是城乡融合、协同发展的新时代文化符号。

乡村是中华文明的源头。到乡村去，才能领悟农耕文化的悠远绵长，才能体会筚路蓝缕的创业艰辛，才能洞悉乡村振兴的真谛。丰收节促进城乡融合，共生共荣。农民丰收节不是请农民进城里来过节，而是让市民下到乡村与农民一道过节。丰收节活动下沉到充满生机活力的乡村去，下沉到亿万农民的生活场景中去，营造出全社会关注农业、关心农村、关爱农民的浓厚氛围。

新时代的中国农民丰收节不单是农民的节日，也是市民的节日，更是全民族的节日。丰收节通过"互联网＋"的线上线下聚气发力，成功打造出了人气旺盛的庆丰收全民购物节。丰收购物节创新推出了品牌农产品推介、农产品网络销售、流通费用减免等营销方式，调动了全社会重农爱农的积极性、主动性、创造性，形成了全社会共庆丰收、共话丰收、共享丰收的良好局面。

党和国家始终将"三农"问题列为一切工作的重中之重，着力解决目前存在的城乡差别问题。随着城镇化的迅速发展，大量农村人口流向城市，一些地方出现了乡村衰落的迹象。当前，需要凝聚热爱乡村、发展乡村的共识，为发展乡村提供积极的舆论氛围。在乡村振兴战略"产业兴旺、生态宜居、乡风文明、治理有效、生活富裕"的总要求中，生活富裕是乡村振兴的根本。生活富裕不仅体现在物质层面，也体现在精神层面。我们要运用好在全国各地举办的中国农民丰收节活动这个平台和载体，展示农民一年来辛苦耕耘的劳动成果，并以此为契机，为广大农民群众提供更多、更优质的公共服务，让全社会感受到党和国家建设乡村的坚强决心。

只有乡村美、农村富，做到绿水青山有乡愁，才留得住人；只有把乡村振兴起来，才能实现乡村和城市共同繁荣。中国农民丰收节的设立体现了党和政府重视农业生产、重视农民利益的坚强决心。

三、中国农民丰收节助力乡村振兴

进入新时代以来，农业农村取得了历史性成就、发生了历史性变革。2020年12月，中央农村工作会议号召："脱贫攻坚取得胜利后，要全面推进乡村振兴，这是'三农'工作重心的历史性转移。"

乡村建设以产业振兴、人才振兴、文化振兴、生态振兴、组织振兴为基础，实现"产业兴旺、生态宜居、乡风文明、治理有效、生活富裕"；让农业成为有奔头的产业、农民成为有吸引力的职业、农村成为安居乐业的家园，实现"农业高质高效、乡村宜居宜业、农民富裕富足"的乡村全面振兴的宏大目标。乡村振兴是经济、政治、文化、社会、生态的全面振兴，而且不仅是乡村自身的振兴，还是以城乡融合为基础的整个中国的振兴，全体中华民族的振兴。

中国农民丰收节虽然是一个新设立的节日，但它有深厚的文化底蕴，体现了中华民族数千年来祈祷丰收、追求丰收、欢庆丰收这条主线。为了丰收，就需要重视农耕、重视农业，农业和粮食问题就成为至关重要的重大问题。从历史长河来看，坚守重农思想、传承农耕文化是我们的优秀传统，其中天人合一、道法自然、应时取宜、和谐共生、循环发展、节俭御欲、勤劳务实、自强不息等是文化精髓。中国农民丰收节在以下几方面助力乡村振兴：

一是发挥中国农民丰收节促进城乡融合发展的张力。《中华人民共和国乡村振兴促进法》第二十九条指出："各级人民政府应当组织开展新时代文明实践活动，加强农村精神文明建设，不断提高乡村社会文明程度。"设立农民丰收节，就是顺应时代发展要求的重要举措。各地借助庆祝活动的契机，展示农业成就，推介特色产业，表彰先进典型，开展民俗表演，吸引了大批市民走进农村、感受农村、支持农村，培养文明向上的社会风尚。政策上要有明确的政治导向和顶层设计，形成城乡联动、全民参与的强大社会张力。

二是培育中国农民丰收节创新民俗文化的引力。源远流长的农耕文化是丰收文化的根基和源泉。丰收文化本质上属于乡土文化、乡村文化、百姓文化。丰收文化以其特定的审美情趣和价值观念，唤起了返璞归真的文化回归，唤起了乡村文化创意的社会热潮。沉淀于乡村的丰收文化成为传统民俗的瑰宝。当前要以中国农民丰收节为乡村文化振兴的契机，着力培育乡村民俗文化建设的创新引力。

三是激发中国农民丰收节催生文化产业的活力。《中华人民共和国乡村振兴促进法》第三十二条提出："各级人民政府应当采取措施保护农业文化遗产和非物质文化遗产，挖掘优秀农业文化深厚内涵，弘扬红色文化，传承和发展优秀传统文化。"丰收文化的活态保护和活态开发利用的途径之一就是为节庆旅游提供合适的文化产品。在政策设计上，需要体现传承和弘扬农耕文化的宗旨，需要适应丰收文化的特点。丰收文化产品要将乡村生态资源、农业资源、人文资源和民俗资源融为一体，通过时尚的文化创意设计，激活以农民丰收节为开发平台的休闲旅游产业的活力。

四是汇聚中国农民丰收节塑造农业品牌的推力。据初步调研数据，目前中国各地共有200多个每年定期举办的旨在推介地方农业品牌的农牧节日，其中已有160多个先后靠拢中国农民丰收节同期举办。首次中国农民丰收节期间在全国遴选出"5个100"即"品牌农产品、特色村寨、乡村民俗、乡村美食和乡村旅游线路"各100个的文旅创意，创设了相应的"丰收购物节"，实践效果非常好，农民群众非常满意。

五是赋能中国农民丰收节发展壮大的动力。当前，广大农民求知、求乐、求新、求美的精神需求日益增强。通过丰收节的举办，可以更好地激励农民的自强精神，丰富农民的文化生活。通过丰收文化创意的实践，可以提高农民的审美能力、修养水平和思想道德境界，潜移默化地陶冶道德情操，为实施乡村振兴战略、建设美丽乡村汇聚强大的内生动力。

习近平总书记向全党全国人民发出了时代最强音："民族要复兴，乡村必振兴。"[1]中国农民丰收节的设立，逢盛世，担大任，成伟业，成为新时代巩固脱贫攻坚成果、全面推进乡村振兴、加快农业农村现代化建设的动力源泉。

四、中国农民丰收节保护和利用农业文化遗产

习近平总书记在党的十九大报告中指出："文化自信是一个国家、一个民族发展中更基本、更深沉、更持久的力量。"随着中华优秀传统文化的弘扬以及乡村振兴战略的实施，各地优秀传统文化节庆活动不仅得到了传承和恢复，而且如雨后春笋般呈现出创新发展的勃勃生机。

农耕文明是中华文明发展的物质基础和文化基础。在"实施中华优秀传统文化传承发展工程"中，包含城乡互动的"文化兴农"的问题和传承发展农耕文化的问题。中国拥有丰富深厚的乡土文化资源，在丰收庆典活动中发掘、传扬了广大农村的爱乡敬贤、邻里相亲、孝老扶幼的优良传统，塑造新民俗，培育新民风，培养新农民。各地因

① 人民网.人民网评：民族要复兴，乡村必振兴［N/OL］.（2021-01-05）［2022-05-27］.https://www.chinanews.com.cn/ll/2021/01-05/9378934.shtml.

地制宜地举办传统文化活动，创新活动形式，满足广大农民求知、求乐、求新、求美的精神需求。

稼穑悠远，岁月沧桑。中国广大乡村有着大量的农业遗产、历史建筑、遗迹遗址，尤其是有关农事、宗教、祭祀等的文化遗产，是发展乡村旅游的不可再生的珍稀文化资源。中国农民丰收节是新时代成风化俗的文化平台，正在把中国优秀的农业文化遗产融合进来，把文化遗产的保护和利用结合起来。

传承文化遗产是中国农民丰收节的时代使命之一。文化遗产是历史留给人类的宝贵财富，分为物质文化遗产和非物质文化遗产。物质文化遗产是具有历史、艺术和科学价值的文物，非物质文化遗产是各族人民世代相传的各种传统文化及其表现场所。中国著名的二十四节气就是重要的非物质文化遗产，也是中华农耕文明的瑰宝。

农业文化遗产蕴含着极其丰富的历史文化记忆。它们产生于民间，成长于民间，繁荣于民间，贴近农村、贴近农民、贴近生活，其重要意义和珍贵价值随着岁月的流逝而弥足珍贵，必将成为新农村特色文化建设的不竭源泉和永久动力。

2013年12月，习近平总书记在中央农村工作会议上指出："农耕文化遗产是中国农业的宝贵财富，是中华文化的重要组成部分，不仅不能丢，还要发扬光大。"中国农民丰收节秉持弘扬传统文化、培育时代民俗的宗旨，大力挖掘优秀丰收节庆风俗，传承创新传统丰收节庆活动，为丰收文化注入时代的新风采，注入更加旺盛的生命力。

第三节　中国农民丰收节的宗旨使命

随着工业化、城镇化的快速发展，人们对传统农耕文化的记忆日渐淡化。中国农民丰收节树立了一个鲜明的新时代文化符号，承担了新时代的宗旨使命。中国农民丰收节以农民为主体，充分发挥亿万农民的主体作用，激发农民群众的积极性、主动性、创造性；同时，鼓励城乡民众广泛参与，为他们参加节日活动创造有利条件，发挥联结城乡情谊、凝聚爱国爱乡情怀的作用。

一、"农为党本"与"本党为农"

中国古代的重农思想，以维持小农经济生产方式为出发点和终极目标。它的全部制度安排都是为了巩固小农经济的社会基础。因此漫长的封建社会，人们无论是在思想上还是制度上都更愿意接受"重农抑商"的政策。它把工商业的发展困囿于小农经济的范围之内，由此形成了中国封建社会闭关自守、安土重迁、小富而安的特征。重农思想的核心在于重农民，但是，农民仅仅是被怜悯的对象。重农的结果只能是培育出对"皇权"和"官"的顺从和服从。皇权专制和官本位的存在，使得以农民为主体的中国封建社会缺乏民主意识。农民从来都不能平等地表达自己的利益诉求。农民的利益和权益常常被侵犯和剥夺，因此发生了无数次悲壮的农民起义和农民战争。2000多年的封建社会都是在治乱交替中螺旋演进。封建统治者提出"民为邦本""民贵君轻""吏为民役"等重农思想，只是为了缓和阶级矛盾的政治话语。一个不能维护大多数社会成员利益的社会不可能做到长治久安。

几千年农业社会的基本特征是以农养生、以农养政。历代君王深知"民之大事在农"，不得不以农为本，实行重农政策。重农只为重税。历史上所谓的赋税改革，实际只是对纳税对象、方式、时间等形式加以调整，征税的总量总是有增无减，从未动摇重税的本质。简而言之，封建社会的重农实质上是重民力而轻民利。在这种社会制度下，农民即使生产再多的农产品，也总是被无偿掠夺。《诗经·魏风》喊出了"不稼不穑，胡取禾三百廛兮"的不满。这就是历次农民起义的根本原因。[①]

中国共产党的重农思想，一扫历史积垢，既重"农力"，更护"农利"；既从方法论上指出"重农固本是安民之基、治国之要"，更从价值观上指明"人民对美好生活的向往，就是我们共产党人的奋斗目标"。1926年，毛泽东在广州举办第六届农民运动讲习所，培养了大批农民干部，成为中国现代农民运动的滥觞。当时讲习所教室内，挂着一面横排右起写有"农为党本"的红旗。巧合的是，用现代的左起阅读方式，就成了回文句"本党为农"。铿锵四个字，顺读回读，都表明了中国共产党和亿万农民之间的最本质关系：任何时候，农民既是党依靠的对象，又是党服务的对象。

从"农民是中国革命的主力军"到"农村包围城市"；从"农业是国民经济的基础"到"要先把农民这一头稳下来"；从"改革开放的发明权是农民的"到"抓住农村这个大头"；从"重中之重""两个趋向"到"小康不小康，关键看老乡""民族要复兴，乡村必振兴"。100年来，中国共产党人不断探索创新，不断实践发展，最终形成了一脉相承的符合中国国情的三农理论体系，从而拓宽了马克思主义解决三农问题的理论视野，形成了中国化的马克思主义重农观。

这智慧的闪亮之处在于，既提出了要组织农民、团结农民，更强调要尊重农民、信任农民，要把农民满意与否作为我们制定农村政策的出发点；既明确了要依靠农民、发动农民，也意识到了要启迪农民、教育农民，努力提高农民的政治、经济、科技、文化水平。中国共产党带领着以广大农民为主体的中国人民，结束了战乱频仍、民生凋

---

① 曹幸穗.中国历史上的重农思想与农政演变［M］//王伟光.建设社会主义新农村的理论与实践.北京：中共中央党校出版社，2006：52.

敝、丧权辱国的历史，实现了几代中国人梦寐以求的民族独立和人民解放。[①]

培育文化自信、传承中华优秀传统文化是重要的时代主题。举办中国农民丰收节具有深远的历史意义。中国是农业大国，中华农耕文化源远流长，孕育了顺应天时的自然意识、和衷共济的伦理精神、时和岁丰的生活理想、齐家善邻和修身养德的观念、朝耕暮耘和励志勤学的态度。设立中国农民丰收节，具有深厚的历史根基、民意基础、文化底蕴，是传承弘扬中华优秀传统文化的题中应有之义，必将推动传统文化的创造性转化、创新性发展，提升全社会的文化自信。[②]

二、农民是丰收节的主人

"中国农民丰收节"中的"农民"，特指农民是丰收节的主人，是节日的主体。在2020年的中国农民丰收节上，习近平总书记在向全国亿万农民致贺词时强调："重农固本是安民之基、治国之要。广大农民在我国革命、建设、改革等各个历史时期都作出了重大贡献。"设立中国农民丰收节的主旨，就是要以提高农民、扶持农民、富裕农民为方向，以吸引年轻人务农、培养职业农民为重点，构建一支有文化、懂技术、善经营、会管理的新农民队伍。

丰收节要契合中国农耕文明的文化元素，包括农业的生产节律、人与自然关系的理念。它的节点是秋分。在这个重要节点上，我国不少地区的丰收节传统民俗活动中都有体现农耕文明的仪式和符号，而且多是结合地方特色，丰富而多元。

要注意保护传承好丰收传统习俗中显示农耕文明的仪式和符号。与此同时，在新民俗中，要注意摈弃一些内涵丧失、形式走样、功利色彩浓重、浅薄化、空壳化的伪民俗。

作为一个农业大国和农业古国，几千年绵延不断的农业实践造就了中华民族的文化和精神。丰收节的民族文化精神中有崇尚孝道的祖先祭祀、重农爱农的家国情怀、勤奋勇敢的优良品质、自强不息的进取精神、团结统一的价值取向，等等。由于丰收节属于乡村社会地缘社群的节日，它更有利于乡村社会的整合，有利于乡贤楷模的示范，有利于乡村新风尚、新道德的建树，是乡村振兴中的文化振兴、人才振兴不可或缺的组成部分。

中国共产党领导下的新生政权，赋权农民，让农民自己当家做主，其开创性意义不亚于回天转日。历史不再是帝王将相的家谱，也不再需要文人墨客的悲悯，在中华人

[①] 仲农平.大智慧，中国道路开天辟地——中国共产党与中国农民（下）［N］.农民日报，2021-06-23（1-2）.

[②] 光明日报评论员.读懂丰收节的丰富内涵［N］.光明日报，2018-09-23（01）.

民共和国的土地上，人们获得了真正的平等，延续数千年以等级秩序为基础的统治体系土崩瓦解。中国共产党从她诞生的那一刻起，就把为中国人民谋福祉、为中华民族谋复兴作为自己的初心使命。这里面就包括为农民群众谋福利，保障农民群众的物质权利，维护农民群众的民主权益。正是由于中国共产党真正做到了为人民谋福利，所以才能够真正走出历代封建王朝"其兴也勃焉，其亡也忽焉"的历史周期律。

1982 年，第一个中央一号文件为包产到户和包干到户正名。1983 年，家庭联产承包责任制作为农村改革的一项战略决策正式确立下来。第二年获得大丰收。历史表象的背后，往往是多种复杂因素的激烈碰撞。在经历了十年曲折后，彼时的社会和人心正酝酿着一股变革的热望与激情。而农民又一次扮演了历史的关键力量，推倒了农村改革的第一面骨牌，自下而上引发了一场社会大变革。终于，农民创造力与国家意志力交织并行、桴鼓相应，共同开启了大变革时代。

从 20 世纪 90 年代开始，党中央就提出高度重视"三农"问题的战略思想。2002 年，党的十六大将对"三农"问题的认识推向一个新的高度，大会提出："统筹城乡经济社会发展，建设现代农业，发展农村经济，增加农民收入，是全面建设小康社会的重大任务。"2003 年，中央农村工作会议要求："切实把解决好三农问题作为全党工作的重中之重。"2004 年，党的十六届四中全会又做出了"两个趋向"的重要论断。自此，"反哺"成为城乡关系的关键词，我国"三农"发展进入了一个新的变革期。

在这一轮变革中，农民个体感知到的是收入增加、民生保障等方方面面的权益；而从宏观层面来说，更是国家与农民关系发生的深刻变化，农民成为反哺的对象，其中具有里程碑意义的事件就是取消农业税。

为了适应我国农业现代化建设的需要，适应乡村振兴战略的需要，我们必须大力培养造就一大批新型农民。在这方面，除了需要用现代的道德文化、科学技术和经营理念来武装广大农民之外，我国传统文化中许多为人处世、修身养性的道德理念、传统农业科技遗产以及传统商业中的职业操守，都可以在新型农民的培养过程中发挥很好的潜移默化的作用。例如，我国的乡村文化，自古就有爱乡敬贤、邻里相亲、孝老扶幼的传统，这些都可以在塑造新型农民高尚道德情操和构建安定和谐新农村过程中发挥重要作用；在农业技术方面，我们也需要在现代农业科学技术的应用中继承发扬我国优良的农业传统，例如施用有机肥、种植绿肥的用地养地理念，"种必杂五种"的农业生物多样性理念，等等。在"会经营"方面，新型农民不仅需要掌握市场经济所必需的知识和手段，更需要吸取传统商业道德中的精华。例如，我国商业道德所崇尚的"诚信为本、童叟无欺""扶困济贫、乐善好施""敬业勤业、忠于职守"，都是现代新型农民所必需的道德情操。可见，传统文化在"育农"上确实有着重要作用。

当前，广大农民求知、求乐、求新、求美的精神需求日益增强，通过开发农村传统文化产品，让农民自编自演，自娱自乐，可以更好地激励农民的自强精神，营造农民的娱乐文化，丰富农民的文化生活。生产农业文化产品，使农民掌握文化知识，了解文化需求信息，研究文化市场变化趋势，可以提高农民的审美能力、修养水平和思想道德境界，潜移默化地陶冶道德情操，增强处理社会生活中各种关系的能力，对保持农村社会稳定和推动乡村振兴战略实施发挥积极的作用。

在革命、建设、改革等各个历史时期，农民的奋斗，顶天立地；农民的创造，惊天动地。亿万农民用辛勤的汗水和默默的耕耘，为我国推进工业化、城镇化做出了巨大贡献，创造了以占世界7%的耕地养活占世界22%的人口的奇迹。在同心共筑中国梦的进程中，把乡村振兴战略作为新时代"三农"工作总抓手，促进农业全面升级、农村全面进步、农民全面发展，才能让农业成为有奔头的产业，让农民成为有吸引力的职业，让农村成为安居乐业的家园。

三、农民丰收节的勃勃生气

中国农民丰收节秉承"庆祝丰收、弘扬文化、振兴乡村"的宗旨，遵循"务实、开放、共享、简约"的原则，坚持农民主体、政府引导，因地制宜、突出特色，开展农民喜闻乐见的系列活动，挖掘展示农业产业、农业品牌的主体活动。

传统丰收节庆都以协调人与季节物候的关系为核心，遵循农耕活动的时序，遵循中国人特有的时间制度和时间观念，蕴含着丰富的人生哲理和文化内涵。中国农民丰收节定于每年秋分举行，既兼顾了南北各地的秋稔节候，又彰显了对传统文化的敬重和弘扬的深意。农民丰收节具有对内促进文化认同、对外彰显民族身份的功能，显示出强大的文化生命力和影响力。

随着城乡融合新民俗的开展，各地围绕丰收节活动开拓了一批富有特色的节庆市场，为乡村的产业开发和特色农副产品销售开通了广阔的渠道。中国农民丰收节面向市场，走进民众生活，打造特色农业品牌，满足城乡各界共享丰收的祈盼。社会各界以丰收节为契机，积极投身乡村振兴大潮，助力农民丰产增收。

农民是农业农村发展的主体，也是实施乡村振兴战略的主体。推进乡村振兴，为了农民，也要依靠农民。据不完全统计，各地举行丰收节时，乡村旅游占各地节庆活动的比例达到45%以上，吸引了大量城市居民前往体验参观。丰收节不仅带动了乡村旅游经济的发展，还能助力其他相关产品的销售。

农民丰收节蕴藏着伟大的农民创造、农民意志、农民精神。中国农民是世界上人数最庞大的群体。数千年农耕文明孕育了最深厚的文化底蕴和强大的生存能力。正是这种创造、这种意志、这种精神，给了伟大新时代以最丰厚的滋养，给了中国崛起最坚实的支撑，让中国道路行稳致远。

"百里不同风，千里不同俗。"民间风俗是人民群众的生活文化的统称，也是在一个国家、民族、地区中集居的民众所创造、共享、传承的生活习惯，它属于非物质的文化形态。任何一个民族和国家都有其独特的历史文化，而民俗正是作用在这个民族和国家联结点上的"生命基因"。中华优秀传统节庆文化是中国农民丰收节的文化之魂和"生命基因"，它早已深入民间，深入 56 个民族的血液和灵魂之中。

设立中国农民丰收节是落实实施中华优秀传统文化传承发展工程的具体举措，是对传统节日注入新活力、赋予新功能的文化创新。中国农民丰收节给了农民一个专属的节日，提升了亿万农民的荣誉感、幸福感、获得感。丰收节通过举办一系列具有地方特色、民族特色的农耕文化和民俗文化活动，可以丰富广大农民的物质文化生活，展示新时代新农民的精神风貌，这顺应了亿万农民的期待，满足了他们对美好生活的需求。

习近平总书记重视民间习俗，尊重各民族节庆习俗。2014 年春节前在内蒙古自治区锡林浩特市宝力根苏木（乡）冬季"那达慕"五畜祈福仪式上，习近平特别按照蒙古族的习俗，用无名指蘸上银碗盛着的鲜牛奶弹了三下，祝福来年风调雨顺、五畜兴旺、人民幸福安康。大力挖掘和弘扬历代优秀传统节庆风俗，是促使丰收节庆活动成风化俗、得以长久开展下去的重要传承方式。

农历秋分举办的中国农民丰收节与农历八月十五的中秋节日期接近，这就将中国文化中"丰收"与"团圆"的意象联系在了一起，将怀古之思与怀土之情联系在了一起。回家团圆的游子，怀揣着乡愁赶路，迎接他们的则是新麦的芬芳和陈年的酒香，这本身就是意蕴悠长的中华文化情境。岁稔年丰、天心月满，这是中华民族几千年以来的冀望，其所形成的共同的社会心理，必将激励中华儿女在促进乡村全面振兴、实现"两个一百年"奋斗目标的征程中阔步向前，再开新篇。①

---

① 《光明日报》评论员.读懂丰收节的丰富内涵［N］，光明日报 2018-09-23（01）.

结　语

中国农民丰收节：
与时俱进，塑形铸魂

习近平总书记指出："'农，天下之本，务莫大焉。''务农重本，国之大纲。'历史和现实都告诉我们，农为邦本，本固邦宁。我们要坚持用大历史观来看待农业、农村、农民问题，只有深刻理解了'三农'问题，才能更好理解我们这个党、这个国家、这个民族。必须看到，全面建设社会主义现代化国家，实现中华民族伟大复兴，最艰巨最繁重的任务依然在农村，最广泛最深厚的基础依然在农村。"①

中国农民丰收节是历史上第一次在国家层面为亿万农民设立的节日，是党中央高瞻远瞩、承前启后的英明决策，是重农爱农、强本固基的重大举措。中国农民丰收节顺应了新时代的要求、顺应了人民对美好生活的向往，营造了重农强农的浓厚氛围，凝聚了爱农支农的强大力量，极大提升了亿万农民的荣誉感、幸福感、获得感，调动起他们的积极性、主动性、创造性，进而形成了加快农业农村现代化、实施乡村振兴战略、全面建成小康社会的巨大推动力。

中华丰收文化的寻根与铸魂，在于培植历史自信、培育文化自信、培养爱国情怀、培附品格修养，还在于感知民俗、体验农事、珍爱环境、崇尚自然。中国农民丰收节秉承 5000 年优秀农耕文化精髓，彰显博大精深的丰收文化底蕴，散发厚醇的乡土芬芳气息，满蘸传统文化韵味。新时代新征程，要重视拓展农业多种功能，实现乡村多元价值，尤其是彰显农耕文化弘德养心、教化育人、助力乡村振兴的作用。

作为新时代的重要文化节庆符号，"农民丰收节既要塑形，注重仪式感，符号化，

---

① 习近平.坚持把解决好"三农"问题作为全党工作重中之重，举全党全社会之力推动乡村振兴（2020 年 12 月 28 日在中央农村工作会议上的讲话）[N/OL].（2022-03-31）[2022-05-27]. https://www.cnjxol.com/toutiao/202203/t20220331_958516.shtml.

更要铸魂，赋予文化内涵，凝聚精神力量。只有根植于丰厚的农耕文化，作用于亿万农民的精神世界，才能拥有强大的生命力。以中国农民丰收节为契机，推动优秀传统农耕文化的创造性转化、创新性发展，以现代社会的文化生产方式、表现方式、传播方式、体验方式，让传统农耕文化活起来，通过优秀文化的传承发展来增强文化认同"①。

一、丰收节塑出梦萦魂牵的美丽乡村

中国农民丰收节在实施乡村振兴战略的开局之年诞生，担负着助力乡村振兴的时代使命。中国的社会主义革命和建设都是将马克思主义的普遍真理同中国实际相结合，其中包括同中华优秀传统文化相结合。对中华优秀传统文化进行创造性转化、创新性发展，是传承发展中华优秀传统文化的客观要求。正如习近平总书记在亚洲文明对话大会开幕式上的主旨演讲中指出的："传统文化在其形成和发展过程中，不可避免会受到当时人们的认识水平、时代条件、社会制度的局限性的制约和影响，因而也不可避免会存在陈旧过时或已成为糟粕性的东西。这就要求人们在学习、研究、应用传统文化时坚持古为今用、推陈出新，结合新的实践和时代要求进行正确取舍，而不能一股脑儿都拿到今天来照套照用。"

传统文化是社会历史的产物，必将随着社会历史的发展而不断演进。中华丰收文化源自中华民族5000多年文明史所孕育的优秀传统文化，植根于中国特色社会主义的伟大实践。丰收是多彩的画卷，是节日的庆典。中国农民丰收节是乡村振兴战略的重要抓手。

1. 丰收节塑出乡村新面貌

2018年5月18日，习近平总书记出席全国生态环境保护大会并发表重要讲话，引用《荀子·王制》的一段话："草木荣华滋硕之时，则斧斤不入山林，不夭其生，不绝其长也。"同时指出，中华民族向来尊重自然、热爱自然，绵延5000多年的中华文明孕育着丰富的生态文化。这些观念都强调要把天地人统一起来，把自然生态同人类文明联系起来，按照大自然的规律活动，取之有时，用之有度，表达了我们的先人对处理人与自然关系的重要认识。

习近平生态文明思想，体现了党性与人民性的结合、继承性与创新性的结合等鲜明特征，具有世界意义、话语意义、理论意义和民族意义，为解决全球生态危机提出了中国理论、中国方案和中国经验。习近平生态文明思想，印证了新时代以来中国生态文明建设取得的巨大成就。一是中国经济增长已经摆脱了以牺牲生态环境作为代价的粗放

---

① 李慧.既要塑形更要铸魂——农业农村部市场与经济信息司司长唐珂谈丰收节活动筹备进展［N］.光明日报，2018-09-12（02）.

式增长模式，二是经济增长和导致环境影响的某些污染物之间正在发生可喜的脱钩，三是形成了可持续的经济发展形式。[①]

新时代丰收文化的创新和重构，注入生态文化建设的内容，创设体现生态文明的活动项目，提升绿色农业、生态农业、有机农业的水平；进而催生乡村美、生态美、环境美、农业美的乡村发展新模式。通过新时代丰收文化的塑造，改善了乡村人居环境，增强了村民的环境与健康意识。村容村貌的"颜值"大幅提升，乡村变得更有灵气、更有引力。

2. 丰收节塑造新型农民

丰收节的成功举办，吸引广大农民参与进来、投身进来，发挥了亿万农民的主体作用。广大农民群体在丰收节的文化表演、经贸交流、文艺演出、书画展示、农产品销售的节日活动中增长了才干，得到了实践的锻炼，由此塑造出大批"有文化、懂技术、会经营"的"新型农民"。我国优秀传统文化中许多为人处世、修身养性的道德精华和行为操守，发挥出潜移默化的正能量。例如，重才敬贤、邻里相亲、孝老扶幼的传统，以及诚信为本、扶困济贫、乐善好施、勤劳敬业等道德修养，都在新时代丰收文化中得到弘扬光大。

3. 丰收节催生乡村新业态

丰收节庆活动带动了乡村的民俗文化旅游、休闲农业旅游发展，带动了休闲农庄、农家乐、新民宿的新业态。此外，家庭农场、农民合作社、农业企业等各类新型经营主体不断涌现，农产品精深加工、农村电商等新兴产业也获得了快速成长。大批农民、退役军人、大学生等返乡下乡创新创业，为农业增效、农民增收、农村繁荣发展注入前所未有的新动能，衍生出农业众筹、订单农业、乡村养老服务业、乡村服务业等农业新业态。

农民丰收节坚持创新发展理念，着力培育农业发展的新机制、新动能，坚持以创新、创造、创业为依托，培育特色鲜明、产业发展、绿色生态、休闲宜游的乡村产业新业态。乡村新业态的蓬勃发展，进一步加快了农业农村高质量发展的步伐，加快了现代农业转型升级，形成乡村产业兴旺的良性循环，为实施乡村振兴战略注入了旺盛的新鲜血液和强大的原生动力。

4. 丰收节繁荣乡村新文化

文化是村容村貌的根基，是乡村发展的内在底气。文化传承与乡村产业发展互相融合、互相促进，处处显文化、见历史。中国农民丰收节活动触摸了历史脉动，彰显了文化魅力，形成了文化自觉，增强了文化自信。广大农民在丰收节的筹办和展演中，对

[①] 杨帆. 习近平生态文明思想海外研究评析［J］. 现代哲学，2021（1）：58-67.

自身的历史和文化产生强烈的体悟感、认同感、自豪感，从而产生自觉的保护意识和审美愿望，进而激活乡村产业开发，形成经济增长的新业态，获得真金白银的好处，产生丰收的获得感和幸福感。

习近平总书记在庆祝中国共产党成立 95 周年大会上提出的"中国特色社会主义道路自信、理论自信、制度自信、文化自信"的"四个自信"中，文化自信是最深厚的、最根本的自信。中华农耕文明是华夏文明之源，是中华优秀文化的根和魂。在历史长河中，农耕文明的勤劳质朴、崇礼亲仁，草原文明的热烈奔放、勇猛刚健，海洋文明的海纳百川、敢拼会赢，共同熔铸了以爱国主义为核心的伟大民族精神。

5. 丰收节是寄托乡愁的乐土

连续多年举办的中国农民丰收节，既是海内城乡欢庆丰收的时节，也是异国他乡的华侨华人回国省亲问祖的美好时光。丰收节同时也是"寻根节""省亲节"。丰收节慰藉了万千游子内心深处割舍不断的乡愁离情。通过丰收节富有吸引力、感召力和凝聚力的庆典活动，广大海外华侨华人切身感受到祖国的盛世情景、人民的安居乐业、社会的祥和富庶，极大地增强了遍布世界各地的炎黄子孙的民族认同感，提高了全体中华民族的向心力和凝聚力。这正是中华民族历经数千年的艰难险阻，最终不灭不裂、且富且强的力量所在。

传统的村庄格局、优美的自然风貌、和谐的空间构成、独特的建筑样式，都是故乡伦理文化的现实表达，时时启迪人们的伦理体悟，潜移默化地引导人们对故乡伦理的内在认同，催生出缅怀、眷恋、追思、向往的炽热之情，最终积淀成一种醇厚的乡愁情愫，产生强烈的回馈故乡、建设故乡、美化故乡的渴望。[①]

二、丰收节铸出伟大复兴的盛世家园

中华民族的复兴是一种全面的复兴。随着我国社会生产力的不断进步，中华民族的伟大复兴有了坚实的物质基础和深厚强大的思想基础。新时代的丰收文化，要深入把握中华民族伟大复兴的思想内涵，肩负起新时代赋予的历史使命。新时代的历史方位为中华民族的全面复兴提供了历史机遇。中华丰收文化蕴含着实现中华民族伟大复兴的文化基因，是锻铸新时代盛世强国的内在动力。为了实现伟大复兴的中国梦，必须在思想意识上和物质基础上铸牢盛世强国的坚实基础。

1. 铸牢中华民族共同体之基

实现中华民族伟大复兴是我们所处时代的远大奋斗目标。站在新的历史起点上，

---

① 刘磊.发现"我"与认同"我们"——公民诞生视角下的公民教育 [J].教育研究，2016（5）：55-59，104.

要把民族共同体意识与民族复兴紧密结合起来。习近平总书记自 2014 年鲜明提出"中华民族共同体意识"重大论断，深入阐释了铸牢中华民族共同体意识的深刻内涵和重大意义。在 2021 年 8 月 27—28 日在北京召开的中央民族工作会议上，习近平总书记提出："铸牢中华民族共同体意识，就是要引导各族人民牢固树立休戚与共、荣辱与共、生死与共、命运与共的共同体理念。"一部中国史，就是一部各民族交融汇聚成多元一体中华民族的历史，就是各民族共同缔造、发展、巩固统一的伟大祖国的历史。

新时代的中国农民丰收节，要把各民族的优秀丰收节庆习俗挖掘出来，融入各地的节庆活动中，为建设好中华民族命运共同体发挥出应有的作用。通过形式多样、人民喜闻乐见的丰收节活动，潜移默化地培育中华民族的价值认同和共享意识，凝聚强大动力实现中华民族伟大复兴的中国梦，筑牢全体人民共同奋斗的思想基础，发挥出中国农民丰收节对内促进文化认同、对外彰显民族身份的作用。中国农民丰收节属于地缘社群的节日，更有利于乡村资源的整合，有利于乡贤楷模的示范，有利于乡村新风尚、新道德的建树和传承。

我国各民族世代传承的丰收文化有着丰富的民族精神内涵。民族精神是一个民族赖以生存和发展的精神动力和精神支柱，是民族文化的核心和精华。几千年来，中华民族之所以历经劫难而不衰，屡遭外敌入侵而不亡，不断发展壮大，民族精神无疑起了凝聚、整合以及支撑、推动的重要作用。要继承和弘扬自强不息的进取精神、忧国忧民的爱国精神、修身为本的重德精神、和而不同的宽容精神，还有生态平衡、天人协调的精神，等等。[①]

中国农民丰收节是以习近平同志为核心的党中央带领全国人民实现民族复兴、乡村振兴的伟大部署，是造福亿万农民、彪炳千秋华夏的历史盛举。中国农民丰收节的庆典实践，显示出中华丰收文化和丰收习俗具有强盛的生命力、凝聚力、扩张力，具有深厚的历史根基、民意基础、文化底蕴和丰富多彩的活动内容。中华丰收文化跨越时空，历久弥新，永续传承，世代发扬。同祝农民丰收，共庆国家昌盛。

2. 铸牢重农稳粮之基

实现伟大复兴的盛世时代的重要标志之一是国家的粮食安全。没有粮食安全的绝对保障，就无法实现国家的长治久安，就谈不上民族复兴。习近平总书记 2022 年 3 月 6 日在参加全国政协十三届五次会议农业界、社会福利和社会保障界委员联组会时讲话指出，粮食安全是"国之大者"。悠悠万事，吃饭为大。我国之所以能够实现社会稳定、人心安定，一个很重要的原因就是我们手中有粮，心中不慌。实施乡村振兴战略，必须

---

① 王文章.中国先进文化论［M］.北京：文化艺术出版社，2004，165-178.

把确保重要农产品特别是粮食供给作为首要任务，把提高农业综合生产能力放在更加突出的位置，把"藏粮于地、藏粮于技"真正落实到位。要未雨绸缪，始终绷紧粮食安全这根弦，始终坚持以我为主、立足国内、确保产能、适度进口、科技支撑。[①]

丰收文化缘起于农业，缘起于粮食。最早的丰收祭祀就是粮食丰收之后向神灵的恩报。虽然时代越往后，丰收的对象越多样，但是粮食或者谷物的丰收始终是丰收庆典的核心内容，"五谷丰登"始终是丰收的最大祈愿。今天，重农稳粮依然是国家的重中之重、农业的重中之重。中国农民丰收节的主旨，首先要为铸牢重农稳粮根基培壅助力。

要始终坚守口粮自给的底线，既不能向发达国家讨饭碗，也不能与发展中国家争饭碗。在任何时候、任何情况下都要确保国家的粮食安全。

一是储粮于仓。要调动粮食生产的最大产能，配置最优的粮食生产条件，每年都能生产出满足粮食供给和仓储备存需要的粮食。这是铸牢粮食安全根基的首要之举，是乡村振兴的首要任务。必须抓紧抓实，确保种粮面积和产量稳中有升，粮食供给不出问题，以国内稳产保供的确定性来应对外部环境的不确定性。[②]

二是藏粮于地。中国人均耕地少而且梯田山地多，农用水缺乏而且时空分布不均，农地土壤质量达不到高产稳产的现实要求。要一手抓当年的产量，一手抓潜在的产能，大力建设适合机械化集约化的高标准农田。这是一项夯实重农稳粮基础的艰巨工程。"藏粮于地"，粮食生产就能游刃有余。粮食充裕时，可以主动压产，让部分耕地轮休培肥；粮食短缺时，可以开足马力，把生产潜能调出来。"藏粮于地"是久久为功的投入，是持之以恒的努力。

三是藏粮于技。实现重农稳粮的目标要依靠科技进步，依靠第一生产力。培育高科技良种是核心，是"种业芯片"。新时代需要新良种。科技对粮食安全的贡献渠道很多。在仓储保管、加工利用、物流配送甚至在营养配餐等环节，都需要数字化、智能化、机械化的科技支撑。

四是节粮于餐。农民丰收节要宣扬"节粮就是丰收、餐桌就是粮田"的观念。某些地方的餐桌食物浪费问题严重，对我国资源环境、社会风气、经济发展乃至国家粮食安全等都存在负面影响。数据显示，每年城市餐饮浪费的食物有170亿至180亿千克。餐饮业食品浪费现象已成为中国经济健康持续发展的巨大障碍。餐桌浪费贻害很多，威

---

① 习近平.论"三农"工作［M］.北京：中央文献出版社，2022：330.

② 唐仁健.扎实推进乡村全面振兴［J/OL］.（2021-10-16）［2022-05-28］. http://www.qstheory.cn/dukan/qs/2021-10/16/c_1127960009.htm.

胁粮食安全，损耗资源环境，败坏社会风气，影响社会和谐。①

五是贸粮于世。加强构建粮食领域的"双循环"新发展格局，利用好国内国际两个市场、两种资源，是保障国家粮食安全的重要途径之一。总的来看，我国的粮食进口量逐年增多，但占国内粮食产量的比重并不高，始终保持在安全线以内，确保饭碗里装的主要是中国粮。以粮食进口量创历史新高的2020年为例：玉米进口量为1129.6万吨，占当年玉米总产量的4.33%；小麦进口量为837.6万吨，占当年小麦总产量的6.24%；大米进口量为294.3万吨，占当年大米总产量的1.98%。除了2020年小麦进口比重略高于5%，其余品种都低于5%的水平。②三大粮食作物中，只有大米有少量出口。总之，在粮食问题上，既不能闭关自守，也不能放任自流。在严格做好顶层设计的前提下，有节有序开展国际粮食贸易，坚决防止"以粮制华"的发生。

最后，还要汲取粮食安全的历史经验教训。中华人民共和国成立后，在农业发展和粮食生产方面，取得了世界瞩目的伟大成就。但是其间也吃过亏、走过弯路。要鉴古知来，谨记"仓廪虽满，不偷于农"的千古遗训。粮食大丰收了，也不能放松粮食生产。要居安思危，处丰虑歉，夯实基础。始终坚持藏粮于仓、藏粮于地、藏粮于技、节粮于餐、贸粮于世，确保粮食安全，护航民族复兴伟业。

3. 铸牢大食物观之基

我国自古就有大食物观的传统。《尔雅·释天》说："谷不熟为饥，蔬不熟为馑，果不熟为荒，仍饥为荐。"意思是，谷子歉收为"饥"，蔬菜歉收为"馑"，瓜果歉收为"荒"，连续两年饥荒称为"荐"。古语"荐饥"就是连年发生饥荒。此外，《黄帝内经·素问》说："五谷为养，五果为助，五畜为益，五菜为充，气味合而服之，以补精益气。"这里提到的食物，都缀以"五"的前缀，表达出种类繁多之意。我国见诸古籍的五谷杂粮有20种。近年的丰收节展览会展出的食用栽培植物超过600种，"丰收购物节"线上出售的食用商品超过30000种。

2022年3月6日，习近平总书记看望参加全国政协十三届五次会议的农业界、社会福利和社会保障界委员时说："我在福建工作时就提倡大食物观，福建是亚热带气候，肉、蛋、禽、奶、渔、菜、果、菌、茶等都是食物。要在保护好生态环境的前提下，从耕地资源向整个国土资源拓展，宜粮则粮，宜经则经，宜牧则牧，宜渔则渔，宜林则林，形成同市场需求相适应、同资源环境承载力相匹配的现代农业生产结构和区域布局。"树立大食物观是铸牢粮食安全的保障。

---

① 汤夺先，王莽.我国餐桌食物浪费问题的饮食人类学研究［J］.青海民族大学学报（社会科学版），2021（3）：1-10.

② 国家统计局.中国统计年鉴［M］.北京：中国统计出版社，2021：11-7.

构建更加绿色、更加生态、更可持续的大食物生产观，要求从需求端发力推动食品消费方式与业态更新，为匹配食品消费新结构赋能。在强调粮食安全的同时，把粮油菜、肉蛋奶、鱼虾蟹、食用菌及瓜果类等有营养、利健康的可食之物，作为一个整体范畴纳入考量并作出全面部署，树立大农业、大食物的观念，已成为新时代农业发展和丰收观念面临的新课题。[①]

三、丰收节彰显协和万邦的大国形象

习近平总书记指出："古往今来，中华民族之所以在世界有地位、有影响，不是靠穷兵黩武，不是靠对外扩张，而是靠中华文化的强大感召力和吸引力。"中华民族历来讲求"天下一家"，崇尚"和为贵""和而不同""兼爱非攻"等理念，憧憬"大道之行，天下为公"的美好世界。我们的先人早就认识到"远人不服，则修文德以来之"的道理，在处理不同民族、不同国家的关系时，主张以"协和万邦"为交往原则，以"天下大同"为追求目标。[②]

1. 中华民族历来是开放包容的民族

中华民族在不同历史时期都建立了通畅的国际交流互鉴渠道。在当前"世界百年未有之大变局"中，人类正在经历"全球化"和"逆全球化"的剧烈博弈。习近平总书记审时度势，向世界提出了"创建人类命运共同体"的理念，发出了共建共享"一带一路"的倡议，与协和万邦、追求大同的历史传统一脉相承，展现了中华民族热爱和平、天下一家、追求世界大同的博大胸怀。

中国农民丰收节秉持交流互鉴、各扬其长、互补其短、共享人类文明和经济发展成果的主旨，为农业领域的"两大两双"（大资源、大市场、双循环、双驱动）开辟了丰收主题的交流互鉴平台和合作开发空间。我国5000年文明发展历程，大多数历史时段是充分开放包容的，只在某些短暂时期实行过"闭关"，但是并未"锁国"。历史上，中国一直敞开国际商贸交往的"四大通道"，一是史前即已开通的"草原通道"，也是后来从中国武夷山经库伦（现蒙古国乌兰巴托）直达圣彼得堡和欧洲各国的"万里茶道"；二是经过西南山区的"西南茶道"，主要通往南亚各国和古印度；三是经过新疆的"沙漠丝路"（或称"绿洲丝路"）；四是有南北多个出海港口的"海上丝路"。我国古代领先于世界的农耕文明成果，通过这些通道传播到世界各地，同时也引进了异域他邦的作物和畜禽品种，丰富了我国的种养种类，影响了膳食结构。

---

① 刘奇. 树立大食物安全观保障国家粮食安全［J］. 乡村振兴，2021（3）：32-35.

② 高翔. 中国历史文化具有一脉相承的优秀传统［N］. 人民日报，2020-10-26（09）.

2. 丰收节融入"一带一路"新时代潮流

"一带一路"是"丝绸之路经济带"和"21世纪海上丝绸之路"的简称。在世界多极化、经济全球化、文化多元化和智能信息化的世界格局下，中国政府秉持"人类命运共同体"的开放合作精神，致力于维护全球自由贸易体系，提出了与欧亚各国共建"一带一路"，促进经济要素有序流动、经济资源高效配置和市场交流深度融合的倡议，建设更大范围、更高水平、更深层次的区域合作，共同打造开放、包容、均衡、普惠的区域经济共同体。连接中国与欧洲及"一带一路"沿线各国的"中欧班列"，是农业"双循环"的经济大动脉。

在农业领域的交流互鉴中，我国的传统畜禽品种资源占有显著优势。我国各民族在不同的生态环境下，选育了大量的作物品种和畜禽品种。这些优质品种具有农业品种的多样性，能够增强农业抗击病虫害和自然灾害的能力，增加农产品供给的种类和风味，使农业成为有文化意蕴、有民族情感、有历史记忆的新型产业。中国的栽培植物、家养动物及其野生亲缘种质资源，不仅为中华民族的繁衍生息提供了衣食之源，而且也为人类文明做出过重要贡献。

站在新的历史起点上，可以通过丰收文化领域的对外交流，落实国家的外交、外经、外贸的战略部署，服务国家的农业、农村、农民的发展大局，借力我国丰富的丰收文化资源优势和民俗文化影响力，力争在更大范围、更宽领域、更深层次上推动农业对外交流合作，实现农业领域的交流互鉴、互利共赢。

3. 构建"双循环"的新发展格局

党的十九届五中全会提出加强构建"双循环"的新发展格局，为我国利用好国内国际两个市场、两种资源，推进农业国际化发展指明了方向。"一带一路"倡议提出"共商、共建、共享"，构建人类命运共同体，为我国参与国际竞争、带动沿线国家发展勾勒出了宏伟蓝图。

我国与"一带一路"沿线国家在土地资源、农产品贸易类型、农业发展水平以及农耕文化习俗等方面具有很强的互补性。我国先后与沿线的60多个国家建立了农业国际合作机制，在边境经济合作区、贸易口岸、跨境工业园区建设等方面取得了新的突破，为我国与沿线国家的农业合作提供了制度保障。我国积极发展"一带一路"农产品跨境电子商务，为沿线各国农民提供网络营销平台，与各国消费者直接沟通和交易，减少中间环节，降低物流成本，推进农产品物流发展。在新冠肺炎疫情影响下，我国克服困难加强与各国农业合作，共保粮食安全的人类生命线，坚持"共商、共建、共享"的原则，践行人类命运共同体的理念，弘扬协和万邦的文明传统。

习近平总书记在十九届中央政治局第二十三次集体学习时发表重要讲话强调："在

历史长河中，中华民族形成了伟大民族精神和优秀传统文化，这是中华民族生生不息、长盛不衰的文化基因，也是实现中华民族伟大复兴的精神力量，要结合新的实际发扬光大。"中华农耕文明源远流长、博大精深，要增强历史自觉，坚定文化自信，以社会主义核心价值观为引领，筑牢中华民族共同体意识。夯实做中国人的志气、骨气和底气，坚定不移走中国特色社会主义道路。要敬畏历史、敬畏文化、敬畏生态，推动中华优秀传统文化创造性转化和创新性发展，为民族复兴立根铸魂。

历史不是逝去的过往。今天是历史的延续，又是未来的起点。只有珍视历史文化、胸怀历史自觉的民族，才拥有远大的未来。坚定文化自信，首先要坚定对我们民族历史文化、历史道路的自信，在继承中发展，在发展中弘扬。作为中华传统文化重要组成部分的农耕文化和丰收文化，必将在新时代全面建设社会主义现代化强国的伟大征程中，获得新生，结出硕果。丰收是永恒的追求，丰收是美好的祈愿，丰收是国泰民安的基石。

主要参考文献

一、图书

［1］白寿彝，徐喜辰，斯维至，等. 中国通史：第三卷 上古时代（上册）［M］. 上海：上海人民出版社，1994.

［2］宝鸡市地方志编纂委员会. 宝鸡市志［M］.西安：三秦出版社，1998.

［3］宝鸡县志编纂委员会. 宝鸡县志［M］.西安：陕西人民出版社，1996.

［4］北京古代建筑博物馆. 北京古代建筑博物馆文集［M］.北京：中国民主法制出版社，2012.

［5］曹书杰. 后稷传说与稷祀文化［M］.北京：社会科学文献出版社，2006.

［6］曹婉如. 中国古代的物候历和物候知识［M］// 自然科学史研究所. 中国古代科技成就［M］.北京：中国青年出版社，1978：257–263.

［7］曹雪芹，高鹗. 红楼梦［M］.南京：凤凰出版社，2012.

［8］晁福林. 先秦民俗史［M］.上海：上海人民出版社，2001.

［9］陈戍国. 中国礼制史：隋唐五代卷［M］.长沙：湖南教育出版社，1998.

［10］陈戍国. 中国礼制史：魏晋南北朝卷［M］.长沙：湖南教育出版社，2002.

［11］陈文华. 中国古代农业文明史［M］.南昌：江西科学技术出版社，2005.

［12］陈文华. 中国农业通史：夏 商 西周 春秋 卷［M］.北京：中国农业出版社，2020.

［13］陈新，杜维沫. 欧阳修选集［M］.上海：上海古籍出版社，2016.

［14］达灵阿. 重修凤翔府志［M］.西安：西安地图出版社，2002.

［15］丁世良. 中国地方志民俗资料汇编：西南卷［M］.北京：北京图书馆出版社，1991.

［16］窦怀永. 中华礼藏：礼俗卷 岁时之属［M］.杭州：浙江大学出版社，2016.

［17］渡部忠世. 稻米之路［M］.尹绍亭，等译. 昆明：云南人民出版社，1982.

［18］范成大，富寿荪. 范石湖集［M］.上海：上海古籍出版社，2006.

［19］方龄贵．通制条格校注：卷2［M］．北京：中华书局，2001．

［20］费孝通．六上瑶山［M］．北京：中央民族大学出版社，2006．

［21］冯天瑜，杨华，任放．中国文化史［M］．北京：高等教育出版社，2005．

［22］符马活．结字录：汉字里的格局与人生［M］．北京：朝华出版社，2016．

［23］傅东华．陶渊明诗［M］．武汉：崇文书局，2014．

［24］高占祥．中国民族节日大全［M］．北京：知识出版社，1993．

［25］顾颉刚．古史辨自序［M］．北京：商务印书馆，2011．

［26］郭郛．中国飞蝗生物学［M］．济南：山东科学技术出版社，1991．

［27］郭沫若．中国古代社会研究［M］．北京：中国华侨出版社，2008．

［28］何光岳．东夷源流史［M］．南昌：江西教育出版社，1990．

［29］赫丽生．希腊宗教研究导论［M］．桂林：广西师范大学出版社，2006．

［30］胡起望，项美珍．中国少数民族节日［M］．北京：商务印书馆，1996．

［31］湖北省荆沙铁路考古队．包山楚墓［M］．北京：文物出版社，1991．

［32］黄留珠．周秦汉唐文明［M］．西安：陕西人民出版社，1999．

［33］黄逸之，王新才．陆游诗［M］．武汉：崇文书局，2014．

［34］惠明．关中农业生产民俗［M］．西安：西安交通大学出版社，2015．

［35］姜彬．稻作文化与江南民俗［M］．上海：上海文艺出版社，1996．

［36］蒋英炬，杨爱国．汉代画像石与画像砖［M］．北京：文物出版社，2001．

［37］雷闻．郊庙之外——隋唐国家祭祀与宗教［M］．北京：生活·读书·新知三联书店，2009．

［38］黎虎．汉唐饮食文化史［M］．北京：北京师范大学出版社，1998．

［39］李根蟠，卢勋．中国南方少数民族原始农业形态［M］．北京：农业出版社，1987．

［40］李剑农．中国古代经济史稿［M］．武汉：武汉大学出版社，2006．

［41］李侃．文史知识：第1期［M］．北京：中华书局，1986．

［42］李穆文．鬼斧神工的古代建筑［M］．西安：西北大学出版社，2006．

［43］李元阳．李元阳集：散文卷［M］．昆明：云南大学出版社，2008．

［44］厉鹗．宋诗纪事：第4册［M］．上海：上海古籍出版社，2013．

［45］刘成纪，杨云香．中原文化与中华民族［M］．郑州：河南人民出版社，2012．

［46］刘侗，于奕正．帝京景物略［M］．上海：古典文学出版社，1957．

［47］刘芳贤，等．珞巴族的原始宗教［M］//宋恩常．中国少数民族宗教初编．昆明：云南人民出版社，1985．

［48］刘若愚，高士奇. 明宫史［M］. 北京：北京古籍出版社，1980.

［49］刘若愚. 酌中志：第 2 册［M］. 北京：商务印书馆，1935.

［50］刘晓春. 中国少数民族经济发展史［M］. 太原：山西经济出版社，2017.

［51］刘芝凤. 中国稻作文化概论［M］. 北京：人民出版社，2014.

［52］刘志远，余德章，刘文杰. 四川汉代画象砖与汉代社会［M］. 北京：文物出版社，1983.

［53］陆游. 剑南诗稿校注［M］. 上海：上海古籍出版社，1985.

［54］陆游. 陆游集：第 1 册［M］. 北京：中华书局，1976.

［55］吕布韦，陈奇猷. 吕氏春秋新校释［M］. 上海：上海古籍出版社，2002.

［56］吕思勉. 秦汉史［M］. 南京：江苏人民出版社，2017.

［57］罗矛昆，戴锡章. 西夏纪：卷三［M］. 银川：宁夏人民出版社，1988.

［58］马可·波罗. 马可波罗行纪［M］. 冯承钧，译. 上海：上海书店出版社，2000.

［59］眉县地方志编纂委员会. 眉县志［M］. 西安：陕西人民出版社，2000.

［60］梅新林. 中国古代的社神崇拜与社祭礼仪［M］. 上海：学林出版社，1995.

［61］蒙文通. 古史甄微［M］. 成都：巴蜀书社，1999.

［62］孟元老，颜兴林. 东京梦华录（外 2 种）［M］. 南昌：二十一世纪出版社，2018.

［63］孟元老. 东京梦华录［M］. 北京：中国画报出版社，2016.

［64］缪勒. 宗教的起源与发展［M］. 金泽，译. 上海：上海人民出版社，1989.

［65］潘荣陛，富察敦崇. 帝京岁时纪胜 燕京岁时记［M］. 北京：北京出版社，1961.

［66］裴安平，熊建华. 长江流域的稻作文化［M］. 武汉：湖北教育出版社，2004.

［67］皮庆生. 宋代民众祠神信仰研究［M］. 上海：上海古籍出版社，2008.

［68］钱穆. 国史大纲［M］. 北京：商务印书馆，1997.

［69］钱仲联，马亚中. 陆游全集校注：卷 3［M］. 杭州：浙江教育出版社，2011.

［70］芮德菲尔德. 农民社会与文化［M］. 北京：中国社会科学出版社，2013.

［71］上海文艺出版社. 五朝小说大观［M］. 上海：上海文艺出版社，1991.

［72］沈榜. 宛署杂记［M］. 北京：北京古籍出版社，1980.

［73］沈林. 中国的民族国情与理论政策［M］. 北京：知识产权出版社，2017.

［74］沈约. 宋书［M］. 北京：中华书局，2019.

［75］石应平. 中外民俗概论［M］. 成都：四川大学出版社，2002.

［76］睡虎地秦墓竹简整理小组. 睡虎地秦墓竹简［M］.北京：文物出版社，1990.

［77］宋德金. 辽金风俗［M］.上海：上海文艺出版社，2018.

［78］宋恩常. 中国少数民族宗教初编［M］.昆明：云南人民出版社，1985.

［79］宋濂，王祎. 元史·释老传［M］.北京：中华书局，1976.

［80］苏轼，李之亮. 苏轼文集编年笺注［M］.成都：巴蜀书社，2011.

［81］苏舆. 春秋繁露义证［M］.北京：中华书局，1994.

［82］孙诒让. 周礼正义［M］.北京：中华书局，1987.

［83］田阡. 多学科视野下的农业文化遗产与乡村振兴［M］.北京：知识产权出版社，2018.

［84］田汝成. 西湖游览志余［M］.上海：上海古籍出版社，1958.

［85］田天. 秦汉国家祭祀史稿［M］.北京：生活·读书·新知三联书店，2015.

［86］王灿炽. 燕都古籍考［M］.北京：京华出版社，1995.

［87］王冬梅. 中国古代文化与文学［M］.石家庄：河北人民出版社，2007.

［88］王国维. 王国维遗书：第8册［M］.上海：上海古籍书店，1983.

［89］王鹤鸣，王澄，梁红. 中国寺庙通论［M］.上海：上海古籍出版社，2016.

［90］王丽娜. 中华民俗通鉴：第9卷［M］.呼和浩特：内蒙古人民出版社，2012.

［91］王利华. 中古华北饮食文化的变迁［M］.北京：生活·读书·新知三联书店，2018.

［92］王双怀. 古史新探［M］.西安：陕西人民出版社，2013.

［93］王襄. 簠室殷契征文·考释：第五编［M］.天津：天津博物院石印本，1925.

［94］王志艳. 八千年文明看河南：走进河南文明［M］.哈尔滨：黑龙江人民出版社，2006.

［95］王仲荦. 隋唐五代史：上［M］.上海：上海人民出版社，2016.

［96］王仲荦. 魏晋南北朝史［M］.上海：上海人民出版社，2016.

［97］卫斯. 卫斯考古论文集［M］.太原：山西古籍出版社，1998.

［98］魏光邺. 云南云：中国民俗探略［M］.昆明：云南人民出版社，2011.

［99］魏向东. 走过历史：魏向东学术论文集［M］.苏州：苏州大学出版社，2014.

［100］魏征. 隋书：二 志［M］.北京：中华书局，1973.

［101］乌丙安. 中国民间信仰［M］.上海：上海人民出版社，1995.

［102］向怀林. 中国传统文化要述［M］.重庆：重庆大学出版社，2016.

［103］萧放. 岁时记与岁时观念——以《荆楚岁时记》为中心的研究［M］.武汉：华中师范大学出版社，2019.

［104］熊梦祥. 析津志辑佚［M］.北京：北京古籍出版社，1983.

［105］徐吉军. 中国风俗通史：宋代卷［M］.上海：上海文艺出版社，2001.

［106］徐迎花. 汉魏至南北朝时期郊祀制度研究［M］.哈尔滨：黑龙江人民出版社，2009.

［107］严可均. 全晋文［M］.北京：商务印书馆，1999.

［108］杨宽. 中国上古史导论［M］.上海：上海人民出版社，2016.

［109］杨琳. 中国传统节日文化［M］.北京：宗教文化出版社，2000.

［110］杨万里，周汝昌. 杨万里选集［M］.上海：上海古籍出版社，1962.

［111］杨渭生. 两宋文化史［M］.杭州：浙江大学出版社，2008.

［112］杨学军. 世界自然与文化遗产：中国［M］.延边：延边大学出版社，2006.

［113］杨志刚. 中国礼仪制度研究［M］.上海：华东师范大学出版社，2001.

［114］叶舒宪. 诗经的文化阐释——中国诗歌的发生研究［M］.武汉：湖北人民出版社，1994.

［115］游修龄，曾雄生. 中国稻作文化史［M］.上海：上海人民出版社，2010.

［116］游修龄. 稻作史论集［M］.北京：中国农业科技出版社，1993.

［117］游修龄. 中国稻作史［M］.北京：中国农业出版社，1995.

［118］游修龄. 中国农业通史：原始社会卷：第2版.［M］.北京：中国农业出版社，2020.

［119］袁桷. 清容居士集：第二册［M］.杭州：浙江古籍出版社，2015.

［120］苑利，顾军. 中国民俗学教程［M］.北京：光明日报出版社，2003.

［121］曾枣庄，刘琳. 全宋文：第266册［M］.上海：上海辞书出版社，2006.

［122］詹石窗. 百年道学精华集成：第2辑［M］.上海：上海科学技术文献出版社，2018.

［123］张光直. 中国考古学论文集［M］.北京：生活·读书·新知三联书店，1999.

［124］张瀚，盛冬铃. 松窗梦语［M］.北京：中华书局，1985.

［125］张宏梅. 唐代的节日与风俗［M］.太原：山西人民出版社，2010.

［126］张天柱. 黄河后土文化探析［M］.北京：中国轻工业出版社，2020.

［127］张影，邬晓东. 两汉祭祀文化研究［M］.哈尔滨：哈尔滨工程大学出版社，2017.

［128］张云，王慧军. 中国粟文化研究［M］.北京：中国农业科学技术出版社，2014.

［129］张政烺. 张政烺文史论集［M］.北京：中华书局，2004.

［130］郑玄，孔颖达. 礼记正义［M］.上海：上海古籍出版社，2008.

［131］《中国皇帝全书》编委会. 中国皇帝全书：第3卷［M］.北京：大众文艺出版社，2011.

［132］中国社会科学院考古研究所. 新中国的考古发现与研究.［M］.北京：方志出版社，2007.

［133］钟敬文，萧放，游彪，等. 中国民俗史：宋辽金元卷［M］.北京：人民出版社，2008.

［134］周耀明，万建中，陈华文. 秦汉·魏晋南北朝汉族风俗［M］.上海：学林出版社，2004.

［135］朱芳圃. 甲骨学：文字编［M］.台北：台湾商务印书馆，1983.

［136］朱天顺. 中国古代宗教初探［M］.上海：上海人民出版社，1982.

［137］朱宜初，等. 少数民族民间文学概论［M］.昆明：云南人民出版社，2016.

［138］朱溢. 事邦国之神祇：唐至北宋吉礼变迁研究［M］.上海：上海古籍出版社，2014.

［139］庄华峰. 中国社会生活史：第2版［M］.合肥：中国科学技术大学出版社，2014.

［140］宗懔，杜公瞻，姜彦稚. 荆楚岁时记［M］.北京：中华书局，2018.

二、期刊论文

［1］安家瑶，李春林. 陕西西安唐长安城圜丘遗址的发掘［J］.考古，2000（7）：29-47+114-116.

［2］毕悦. 腊八节考略——兼论陕西地区腊八节诸习俗［J］.咸阳师范学院学报，2018，33（3）：83-88.

［3］陈坚. "农禅并重"的农业伦理意境与佛教中国化［J］.兰州大学学报（社会科学版），2016，44（5）：69-77.

［4］盖建民，袁名泽. 道教与中国传统农业关系略考［J］.福建师范大学学报（哲学社会科学版），2009（3）：137-142.

［5］高丙中. 民族国家的时间管理——中国节假日制度的问题及其解决之道［J］.开放时代，2005（1）：72-82.

［6］谷建祥，邹厚本，李民昌，等. 对草鞋山遗址马家浜文化时期稻作农业的初步认识［J］.东南文化，1998（3）：15-24.

[7] 管东贵. 中国传统社会组织的血缘解纽——主要以台湾社会为例 [J]. 中国史研究, 1995（2）: 19–23.

[8] 邯郸市文物保管所, 邯郸地区磁山考古队短训班. 河北磁山新石器遗址试掘 [J]. 考古, 1977（6）: 361–372+433–434.

[9] 韩伟. 秦国的贮粮设施浅议 [J]. 考古与文物丛刊, 1983（3）: 23.

[10] 何炳棣, 马中. 中国农业的本土起源 [J]. 农业考古, 1984（2）: 43–52.

[11] 贺刚, 陈利文. 高庙文化及其对外传播与影响 [J]. 南方文物, 2007（2）: 51–60+92.

[12] 胡厚宣. 从甲骨文字看殷代农业的发展 [J]. 中国农史, 1986（1）: 27–30.

[13] 季羡林. 关于"天人合一"思想的再思考 [J]. 中国文化, 1994（2）: 8–17.

[14] 蒋东玲, 侯英. 从宋诗看宋代两浙地区的农业崇信习俗 [J]. 农业考古, 2012（4）: 86–88.

[15] 蒋东玲. 从宋诗看宋代吴越地区的农业崇信习俗 [J]. 江西服装学院学报, 2014（1）: 46–49.

[16] 金则恭, 贺刚. 湖南石门县皂市下层新石器遗存 [J]. 考古, 1986（1）: 1–11.

[17] 李锦山. 中国古代农业礼仪、节日及习俗简述 [J]. 农业考古, 2002（3）: 75–87.

[18] 李星星. 粟（小米农业）经长江上游南传的途径与方式 [J]. 中华文化论坛, 2005（4）: 69–75.

[19] 梁满仓. 魏晋南北朝皇家宗庙制度述论 [J]. 中国史研究, 2008（2）: 13–35.

[20] 廖彩樑. 陕西西乡李家村新石器时代遗址 [J]. 考古, 1961（7）: 352–354+7.

[21] 林移刚. 清代四川土地崇拜和土地神信仰 [J]. 农业考古, 2014（3）: 307–311.

[22] 刘冬妮. 民间习俗与农耕文化的区域解读——以宝鸡地区民间信仰为例 [J]. 咸阳师范学院学报, 2019, 34（1）: 54–57.

[23] 刘文杰, 余德章. 祭祀灵星舞的画象砖质疑 [J]. 农业考古, 1985（2）: 126–129.

[24] 刘宇, 郑民德. 农神崇拜与社会信仰: 以明清时期的八蜡庙为对象的历史考察 [J]. 农业考古, 2014（1）: 315–319.

［25］刘雨．西周金文中的射礼［J］．考古，1986（12）：1112-1120.

［26］刘毓庆，柳杨．晋东南炎帝史迹及其对华夏文明探源的意义［J］．晋阳学刊，2005（4）：20-25.

［27］罗方扬．二十四节气之霜降［J］．科学大众（中学生），2020（10）：48.

［28］麻国庆．民族研究的新时代与铸牢中华民族共同体意识［J］．中央民族大学学报（哲学社会科学版），2017，44（6）：21-27.

［29］裴安平．彭头山文化的稻作遗存与中国史前稻作农业［J］．农业考古，1989（2）：102-108+2.

［30］彭博．中国早期稻作农业遗存及相关问题［J］．农业考古，2016（1）：40-45.

［31］彭适凡．试论山背文化［J］．考古，1982（1）：40-47.

［32］浦汉昕，钮仲勋．地理环境对我国农业发展的影响［J］．中原地理研究，1982（2）：74-82.

［33］秦建明，张在明，杨政．陕西发现以汉长安城为中心的西汉南北向超长建筑基线［J］．文物，1995（3）：4-15.

［34］邵正坤．汉代边郡军粮廪给问题探讨［J］．南都学坛，2005（3）：11-15.

［35］孙华熙．我国古代"重农"政策的实施及效果［J］．山东省农业管理干部学院学报，2001（2）：20-21.

［36］田天．先农与灵星：秦汉地方农神祭祀丛考［J］．中国国家博物馆馆刊，2013（8）：60-67.

［37］王丙珍，郭红，敖荣凤．鄂伦春族狩猎禁忌的生态文化意蕴［J］．学理论，2012（31）：160-161.

［38］吴宾．秦汉魏晋时期陕南地区农业开发研究［J］．华中农业大学学报（社会科学版），2007（3）：43-47.

［39］吴丽平．国家祭典的历史变迁和当代复兴——以北京先农坛祭祀为例［J］．民间文化论坛，2014（3）：85-92.

［40］向安强．论长江中游新石器时代早期遗存的农业［J］．农业考古，1991（1）：121-135+12.

［41］萧放．社日与中国古代乡村社会［J］．北京师范大学学报（社会科学版），1998（6）：27-35.

［42］萧放．中秋节的历史流传、变化及当代意义［J］．民间文化论坛，2004（5）：29-35.

［43］辛明．浅析中国岁时节日民俗的现状及传承对策［J］．北方文学，2015（2）：177-178.

［44］徐浩生，金家广，杨永贺．河北徐水县南庄头遗址试掘简报［J］．考古，1992（11）：961-970+986+1057-1058.

［45］徐治亚，赵振华．洛阳战国粮仓试掘纪略［J］．文物，1981（11）：55-65+50.

［46］严文明．中国稻作农业的起源［J］．农业考古，1982（1）：19-31+151.

［47］杨权喜．试论城背溪文化［J］．东南文化，1991（5）：206-212.

［48］杨文文．西王母神话与上古丰收庆典［J］．民俗研究，2014（2）：99-105.

［49］姚促源，梅福根．浙江嘉兴马家浜新石器时代遗址的发掘［J］．考古，1961（7）：345-351+354+5-6.

［50］游修龄．粟黍余论——中国与西欧的对比［J］．中国农史，1995（2）：30-33+48.

［51］张忠培．华县、渭南古代遗址调查与试掘［J］．考古学报，1980（3）：297-328+409-412.

［52］赵旭腾．漫话中国古代军粮［J］．世界军事，2011（5上）：82-86.

［53］郑慧生．商代的农耕活动［J］．农业考古，1986（2）：42-45.

［54］中国科学院考古研究所安阳发掘队．1971年安阳后冈发掘简报［J］．考古，1972（3）：14-25+66-68.

［55］中国社会科学院考古研究所河南一队．1979年裴李岗遗址发掘简报［J］．考古，1982（4）：337-340+449-450.

［56］朱冠楠．江河流向与农耕文明［J］．江河，2017（5）：72.

［57］宗宇．先蚕礼制历史与文化初探［J］．艺术百家，2012，28（S2）.

［58］左莹．试论牛王节所反映的民间信仰的特点［J］．古今农业，2013（1）：61-66.

三、析出论文

［1］顾海滨，张镇洪，邱立诚．牛栏洞遗址水稻硅酸体的研究［C］//英德市博物馆，中山大学人类学系，广东省博物馆．中石器文化及有关问题研讨会论文集．广州：广东人民出版社，1999：382-387.

［2］郭晓明．西夏民俗［C］//中国古都学会开封年会筹备组．中国古都学会第九届年会论文集．中国古都学会，1991：169-174.

［3］刘芳贤，等．珞巴族的原始宗教［M］//宋恩常．中国少数民族宗教初编．昆明：云南人民出版社，1985：119.

［4］邹衡．夏商文化论集序［G］//邹衡．夏商周考古学论文集．北京：文物出版社，1980：221-225.

［5］邹衡．夏商文化研究［M］//邹衡．夏商周考古学论文集．北京：文物出版社，1980：244.

四、学位论文

［1］李强．周代农业祭祀研究［D］．长春：吉林大学，2017.

［2］李玉明．东北民族生存智慧的结晶［D］．长春：吉林艺术学院，2016.

［3］李玉明．东北民族生存智慧的结晶——论北方民族渔猎工具［D］．长春：吉林艺术学院，2016.

［4］王星光．黄河中下游地区生态环境变迁与夏代的兴起和嬗变探索［D］．郑州：郑州大学，2003.

五、报纸

［1］贺云翱，邵磊，王前华．南京首次发现六朝大型坛类建筑遗存［N］．中国文物报，1998-09-08（01）.

［2］黄展岳．西汉礼制建筑遗址群发掘追记［N］．中国文物报，1998-11-01（06）.

［3］李松．节日的四重味道［N］．光明日报，2019-02-09（10）.

［4］乔林晓．谷子糜子［N］．人民日报（海外版），2013-02-27（24）.

［5］宋镇豪．甲骨文中的商代农业礼俗［N］．人民政协报，2012-09-03（11）.

［6］张锡磊．商代生活系列之观念：举头三尺有神灵［N］．郑州晚报，2004-05-25（08）.

后 记

本书的主题是中国农民丰收节俗的历史文化研究，重在寻找中华传统丰收文化的万年根脉，探索几千年来我国农民丰收文化的历史演进与传承发展，为当前和未来如何办好中国农民丰收节提供可资借鉴的案例和参考。

本书是一本学术理论研究、文化探索、政策调研并重的多学科综合研究成果。第二届中国农民丰收节举办以后，农业农村部市场与信息化司唐珂司长最早提出了本书的撰写主题和思路，并和中共成都市委党校／成都行政学院刘文杰教授进行了反复讨论，形成了完整的研究路径、写作思路和风格。2020 年初，本书研究正式启动，在中国农民丰收节组织指导委员会调研课题项目"中国丰收节俗历史文化内涵及传承调研"的基础上，精心组织实施研究工作。本书以"万年根脉""千年演进""百年铸魂"为主线，以丰厚的历史文献、考古发现以及社会学、民族学调查报告为依据，深入挖掘中华传统丰收文化的历史渊源、发展脉络，全方位、多角度分析研究，克服了疫情期间遇到的各种困难，认真撰写并完成了全部初稿。

在唐珂司长的整体指导和各位专家的共同努力下，本书研究顺利完成。刘文杰教授负责部分篇章的撰写；南京农业大学朱冠楠研究员和中国农业博物馆曹幸穗研究员对初稿进行了篇章的结构调整、内容增补；唐珂司长对各章主题和研究思路做了精心策划，并完成全书统稿。四川师范大学副校长王川教授、四川大学中国传统文化研究院刘学智（特邀研究员）等专家学者积极参与并付出艰辛努力；胡洋、刘朋乐、王彬等老师参加了资料的收集和部分写作。写作过程中，中国农民丰收节组织指导委员会提供了各地开展丰收节庆活动的部分资料。在此一并表示诚挚的感谢！

希望本书的出版能够为今后中国农民丰收节庆活动的开展，提供更为丰富的中华传统节庆文化资源，为弘扬优秀传统文化、振兴乡村战略而助力，让中国农民丰收节"活起来"并永续传承下去！